本书撰稿人（以姓氏笔画为序）

王怀德　王建平　王俊荣　李维建

吴云贵　金宜久　周燮藩　戴康生

新版
宗教史
丛书

任继愈 总主编

伊斯兰教史

YISILANJIAOSHI

金宜久 主编

江苏人民出版社

图书在版编目(CIP)数据

伊斯兰教史/金宜久主编 . —南京:江苏人民出版社,
2006.1(2025.4重印)

(新版宗教史丛书/任继愈总主编)
ISBN 978 - 7 - 214 - 04148 - 7

Ⅰ . 伊… Ⅱ . 金… Ⅲ . 伊斯兰教史—世界 Ⅳ . B969

中国版本图书馆 CIP 数据核字(2005)第 124342 号

书 名	伊斯兰教史
主 编	金宜久
责 任 编 辑	金书羽
特 约 编 辑	府建明 戴宁宁
装 帧 设 计	刘葶葶
责 任 监 制	王 娟
出 版 发 行	江苏人民出版社
地 址	南京市湖南路 1 号 A 楼,邮编:210009
照 排	南京凯建文化发展有限公司
印 刷	江苏凤凰扬州鑫华印刷有限公司
开 本	652 毫米×960 毫米 1/16
印 张	39.75 插页 2
字 数	500 千字
版 次	2006 年 1 月第 1 版
印 次	2025 年 4 月第 16 次印刷
标 准 书 号	ISBN 978 - 7 - 214 - 04148 - 7
定 价	98.00 元

(江苏人民出版社图书凡印装错误可向承印厂调换)

新　版　总　序

任继愈

距离组织编写这套宗教史书至少有 15 个年头了。15 年来，我们国家发生了值得骄傲的变化，世界格局也发生了巨大的变化。在这样形势下，出版社还要求再出新版，说明这套读物还有读者群，还有社会需要。

最初编写的目的比较简单：我们对于宗教缺乏知识，尤其是对于世界性宗教，缺乏系统的、客观的知识；而通过对宗教史的基础研究，可以是补上这一课的一个好方法。因此，在研究和写作过程中，参加编写的同志普遍注意到社会史与宗教史的关系，宗教信仰与宗教神学的关系，同时也探讨了诸多宗教派别的各自特色，以及它们得以形成的原因。在语言上，尽可能简练明晰，争取蕴涵的内容充实一些，可读性强一些。虽然在方向上是这样定的，但具体做起来，各本书的风格还是有差异的。

研究世界宗教，学习宗教知识，是当年毛泽东同志的提议。而今国内外宗教形势的演变，证明这一提议是多么的富有远见。我们当年编写这套宗教史书，主要是给大学文科学生作选修课教材用的。到了现在，我感到一些有关的领导也不妨翻翻，或许有助于更全面地了解当前世界奇谲多变的局势，认识宗教在社会历史和文化发展中的实际作用。

据我所知，这几本宗教史著作总体反应是好的。出版了十多年，经历了考验。这期间，本书的作者和有些读者指出了书中的某些错误、欠妥或不足之处，这次新版大都作了改正，藉此机会，我代表编者、作者一并致谢,希望继续得到读者指正。另外,经出版社提议,将原本不属于这个系列的《道教史》(卿希泰、唐大潮著),这次也一并纳入进来,希望给读者提供更全面的关于我国的宗教知识。

2005 年 3 月

序

任继愈

社会发展的历史表明,宗教是人类社会发展到一定阶段才会产生的一种社会现象。人类社会的初期,还不可能产生宗教。[①] 从没有宗教到产生宗教标志着人类社会的进步。宗教是历史的产物,它历史地产生,也将历史地消亡,它也受历史发展规律的支配。

宗教是社会的产物,它不能悬空地存在着,它有具体的表现形式。宗教也必须生存(传播)在一定的民族和地区。宗教的发展变迁与社会历史的发展变迁息息相关,社会历史变化了,宗教也发生变化。宗教生活要受社会生活的制约,尤其是政治生活的制约。历史上有些民族原先共同信仰某一种宗教,由于政治的原因,有的被迫,有的自动改信了另一种宗教,这类实例很多,中国有过,外国也有过。那种认为宗教是永恒不变的说法,是没有根据的。认为宗教信仰与民族风俗习惯牢固结合,永远不可改变的观点也是没有根据的,宗教信仰与民族风俗习惯有关,但不能等同。

宗教存在于民族中间,有全民族信奉同一个宗教的,也有一个民族有多种宗教信仰的。有一个国家只信仰一种宗教的,也有一个国家有多种宗教信仰的。有同一个民族,早先信奉一种宗教,后来又改信了另一种宗教的。在阶级对抗的社会里,有的信仰流行于社会上层,有的信仰流行于社会下层。这种种差异,都不是宗教

[①] 动物没有宗教,儿童,如果不是由家庭、社会的影响,也不会自己产生宗教意识。

本身造成的。因此,科学地认识宗教,研究宗教,唯一正确的方法是用历史说明宗教,而不是用宗教说明历史。

迄今为止,我们还没有发现有哪一个国家或民族没有宗教的。为了全面了解一个国家、一个民族的文化结构,如果不了解它的宗教,那是不可能的。世界上的宗教种类繁多,若一一介绍,比较困难。佛教、基督教、伊斯兰教已成为世界性的宗教,它们的影响已远远超出了原先起源地区的范围,对全世界广大地区的群众起着影响。这三大宗教在世界各地的传播,又各具特点。读者学习了某一两种具体的宗教活动的历史,不仅可以学到某些知识,如果能举一反三,从中学习到历史唯物主义的思想方法,对我们编写者将是最大的鼓励。

现代高等教育为国家培养的人才,如果他们对祖国传统文化及世界传统文化了解得不多、不够,就无法满足当前面向世界、面向未来的新局面的需要。过去我们对宗教学科注意不够,现在补上这一空白,很及时,也很必要。国家组织人力,为高等院校文科选修科编写一系列宗教学教材,是一项重大改革,这一创举令人鼓舞。

世界宗教研究所接受国家教委的委托,承担了《佛教史》、《基督教史》、《伊斯兰教史》、《宗教学原理》的编写任务,这几部书的主编都具有高等院校教学经验,内容力求简明,立论力求稳妥,以期适合我国大学生水平。希望各校在使用过程中,发挥教师课堂讲授的主动性,积累经验,发现问题,以便进一步修改,使它进一步得到完善。

1988 年 10 月

目　录

第一编　伊斯兰教的兴起

第二编　伊斯兰教的全面发展

3

第三编　伊斯兰教在各地的传播

7

第四编　近现代伊斯兰教

11

第一编

伊斯兰教的兴起

引 言

公元 7 世纪初,伊斯兰教兴起于阿拉伯半岛的希贾兹地区。拜占廷帝国与波斯萨珊帝国为控制东西商道和争夺势力范围发生剧烈冲突,使阿拉伯地区变成军事入侵的一个焦点,影响到希贾兹地区定居民和游牧民的经济生活,从外部激发了阿拉伯人的民族意识。阿拉伯各部落联合成为统一的民族和国家的历史前提渐趋成熟。同时,随着氏族社会的解体和阶级对立的出现,古老的部落宗教也濒于崩溃。犹太教与基督教虽然早已传入阿拉伯半岛的一些地区,但因异族入侵的政治背景妨碍了它们在阿拉伯人中间的传播。一些具有模糊一神观念的人转而探索"真正的"民族信仰。宗教领域中的这种发展,为新宗教的产生作了思想准备。伊斯兰教的兴起,正是这些社会经济变动和政治统一要求在意识形态上的反映。

穆罕默德的宗教革命顺应了由部落到民族和国家的历史进程。他借助传统宗教的一神观念,塑造了阿拉伯人的民族宗教,并突破氏族制的外壳,建立了以信仰为纽带的新型社会组织,皈依伊斯兰教成了政治统一的号令。在他去世后,伊斯兰教又成为对外征服的旗帜。在正统哈里发时期(632—661),麦地那神权政体向世界帝国迅速过渡,为伊斯兰教由民族宗教向世界宗教的发展和演变奠定了基础。

第一章

伊斯兰教兴起前的阿拉伯社会

第一节　阿拉伯半岛的自然状况

地理位置　阿拉伯半岛位于亚洲的西南部,北邻美索不达米亚平原,西北界约旦谷地,西滨红海,南临阿拉伯海,东濒波斯湾(阿拉伯湾)和阿曼湾,面积达300多万平方公里,是世界上最大的半岛。

阿拉伯半岛通过叙利亚沙漠的延伸,插入在最古的两大文明发源地——埃及和巴比伦之间,南部的海路又使它与第三个古老文明的发源地——印度的旁遮普相接。自古以来,它就跨在东西贸易的一条主干商道上。这种地理位置,使它在欧亚大陆和非洲之间,以及地中海世界和印度及远东之间,占据着一个重要的战略位置。

地形地貌　阿拉伯半岛的西部和南部为山脉所环抱,是个向东北逐渐倾斜的"台地式高原"。西部因红海海岸断裂下沉,边缘掀动而翘起,形成希贾兹山脉。它沿着西部海岸,直至也门,绵亘1 800公里。在北部的麦地那附近,山脉海拔为1 200米左右,自塔伊夫往南,上升到2 000米以上,巍峨山岭蜿蜒起伏,越来越高。也门的哈杜尔舒艾卜峰,海拔3 760米,是半岛的最高点。由希贾兹迤东,地势渐趋低缓,大多属平坦高原和低地。但沿南部海岸,海拔1 000—3 000米的山脉依然连绵不断,直抵东端的阿曼湾,约有1 600公里。一条南北走向的山脉分布在阿曼湾西岸,主峰绿山海拔3 352米,陡崖峭壁,巍然耸起,雄视着印度洋。这些山脉构成挡住海风带湿空气的自然屏障,是半岛内地形成广袤沙漠旷野地带

4

的原因之一。

除了山脉和高地外,半岛约有 40% 的地区是沙漠。真正的沙漠分为三类:(1) 内夫得沙漠,位于北部,主要是沙质沙漠,常常被大风吹动而迁移,堆积起来形成一望无际的沙丘丘陵。这一地区内,除了罕见的绿洲外,大多干燥贫瘠,但在冬季降雨以后,地面会萌发一层青翠的牧草,成为骆驼和羊群出没之处。(2) 红沙地区(达赫纳),北自内夫得沙漠,南到哈达拉毛山脉,一片红沙,迤逦500 公里,构成面积达 65 万平方公里的鲁卜哈利沙漠(空旷无人地区)。红沙地区的西部,通称为艾哈噶夫(沙丘地区)。季节性降雨时期,这里长有丰盛的牧草,能吸引贝杜因人赶着畜群前来放牧几个月,但在夏季,却是草木枯萎,人迹罕至。(3) 熔岩地区(哈赖),主要分布在中部和西部,地表铺满了火山熔岩的碎碴。这种岩质沙漠是真正的不毛之地。

实际上,半岛的大部分地区属于半沙漠或干燥草原,即阿拉伯人所说的旷野(巴迪叶)。著名的有叙利亚哈马德旷野、伊拉克萨马瓦旷野以及东部的哈萨地区。此外还有一些沙丘围绕的圆形平原,由于地下水蕴量丰富而形成草原。在这些贫瘠的草原上,遍布着灌木丛,是骆驼的主要饲料。可种植的耕地主要分布在沿海的低地和零星散处的绿洲里,是生产粮食的唯一地区,历史上兴起的城镇大多出现在那里。

气候物产　　干旱和炎热,是阿拉伯半岛气候的显著特征。各地因地理条件不同,存在着相当明显的差异。沿海地区冬夏气温差别较小,即使在冬季,也很少降到 15℃ 以下,夏季一般在 40℃ 左右,可是湿度较高。在内陆地区,例如被沙漠和草原包围的纳季德高原,冬季夜晚气温经常下降到 0℃ 左右,而夏季白天气温通常达到45℃ 以上。不过,夏季一般湿度较低,昼夜温差很大,白昼虽然酷热,但夜间却比较凉爽。内陆的沙漠地区是世界上为数不多的干燥炎热地带之一。在鲁卜哈利沙漠,夏季白天气温超过 50℃,沙漠表面温度估算可达 82℃,夜间气温也在 30℃ 左右。只有希贾兹地区塔伊夫东南的山岭高原,气温较低,即使在夏季也会感到凉快。

各地的年降雨量,一般都在 100 毫米以下,集中在冬季的 11 月至翌年 4 月,而且几乎都是局部地区的暴雨。在希贾兹地区,有时长达三年滴雨不下;有时一阵暴雨骤降,会引起山洪暴发,沟壑横流,持续的时间虽然很短,但来势非常猛烈。这里没有常年潺湲的河流,却有遍布各地的干沟涸谷(瓦迪),即临时性的水流通道网。四条主要的瓦迪:锡尔汉瓦迪、鲁麦瓦迪、达瓦西尔瓦迪和哈达拉毛瓦迪,起着连接半岛各个地区的通道作用。西南地区的阿西尔和也门,因非洲大陆吹来的西南季风,经过红海登陆,在遇到山地抬升以后产生地形雨,每年 5—9 月能有充足的定期降雨。也门中部高地是半岛降水最多的地区,海拔 800 米以上的地方,年平均降水量约为 750 毫米,最多的地方可超过 2 000 毫米。从远古以来,这里盛产乳香、没药等香料,是世界著名的香料供应地。南部海岸的山谷中,至今仍长有茂密的香料植物。当地的居民利用高地的沃土和丰沛的降水,兴修水利,开辟梯田,种植多种作物,发展农业生产。

经济区域 自然条件的差异在半岛造成两个对照鲜明的经济区域:(1) 沿海地区,特别是西南部,从公元前 1000 年左右起,就在灌溉农业和香料贸易的基础上产生了高度发展的物质文明,在古代的国际贸易和政治史上占有重要的地位。它虽然在伊斯兰教兴起以前衰落了,但对整个半岛的政治经济生活和文化发展留有深刻的影响。(2) 中部和北部地区,主要是希贾兹、纳季德和叶麻麦。与艰苦的自然条件相适应,自古以来当地居民主要是逐水草而居的贝杜因人。除了周期性的迁徙游牧外,他们还依靠劫掠绿洲和勒索队商为生。贝杜因人放牧的骆驼、羊群和马,与绿洲城镇定居民生产的椰枣、谷物以及他们组织的队商贸易,成了互为补充的经济资源。经济基础不同而又互相依赖的两种社会集团——沙漠的游牧民和绿洲的定居民——并存于阿拉伯人的氏族社会中,是这一地区最重要的历史特征。

伊斯兰教兴起前的阿拉伯半岛（约600）

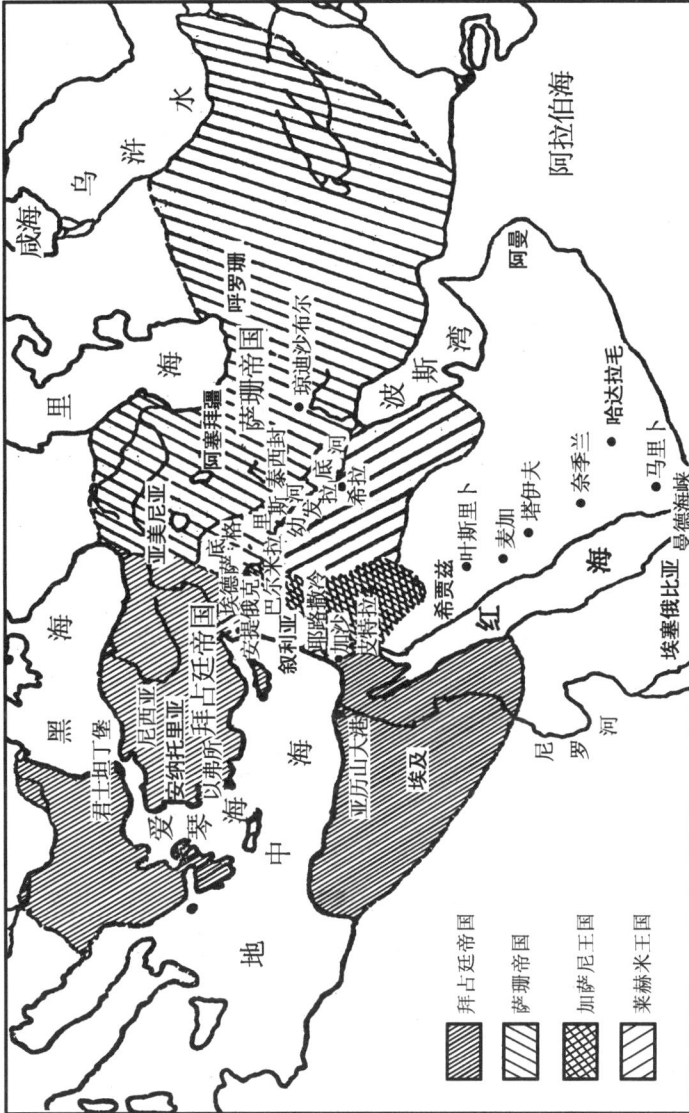

图例：
- 拜占廷帝国
- 萨珊帝国
- 加萨尼王国
- 莱赫米王国

第二节 古代的阿拉伯国家及其国际关系

最早的国家 远在公元前4000年,美索不达米亚的苏美尔人和阿卡德人就同他们西方的国家(阿穆鲁)有了水陆两路的密切交往。美索不达米亚古代文明的兴起,促进了国际间的贸易,特别是促进了穿越海湾的贸易。据泥板文书载,在海湾范围内三个最重要的贸易伙伴是蒂尔蒙(迪尔蒙)、麦干(马詹)和麦鲁赫。苏美尔人的泥板文书提到,蒂尔蒙(即现代的巴林)是包括卡塔尔半岛和哈萨海岸地区在内的"永生王国"的中心。目前一般认为,麦干即在阿曼,而且这一观点已被考古发掘所证实。"麦干"意为产铜的地方。它是苏美尔人所需要的铜和石料的供应地。相距最远的麦鲁赫,苏美尔人指的是半岛中部或南部,在后来的亚述铭文中,变为泛指西奈或东非等地,可能是古代南阿拉伯人的一个货物集散地,位于队商的道路上。这些泥板文书,是历史上关于阿拉伯地名和国家的最初记载。

泥板文书提到的"海地王国",大约位于半岛东北部的海湾西岸。公元前626年,国王纳布博拉撒攻陷巴比伦,建立迦勒底王朝。该王朝的亡国之君那波尼达斯(前555—前539在位)的最后几年,就居住在太马绿洲。这个王国被认为是迦勒底人和阿拉伯人的国家。

南阿拉伯人的古代国家 阿拉伯半岛西南隅,得天独厚,土地肥沃,雨量充沛,比较适宜于农业耕作;境内盛产香料,又地处东西交通的要冲,自古以来就是香料以及印度、非洲等地产品的转运贸易中心,在古代世界享有"阿拉伯福地"的美誉。那些水坝、城堡、寺庙等巨大遗址,都是古代灿烂文明的见证。公元前2000年左右,埃及获取"没药、香胶、树脂、香木"的"蓬特",可能是泛指曼德海峡两岸的地区,应当包括半岛的西南部。在亚述国王萨尔贡二世(前722—前705在位)和辛那赫里布(前704——前681在位)的楔形文版中,直接提到了南阿拉伯人的国家及其在半岛北部的商站。

广泛流传的阿拉伯和希伯来传说,关于萨巴女王拜访所罗门王(公元前 10 世纪中叶)的故事,大概是以一定的历史事件为依据的。

南阿拉伯语的铭文,在年代上要稍晚一些。可以肯定,在此之前他们已有几百年的历史了。在语言上,这些铭文可以分为两类:米奈铭文(马因、哈达拉毛、盖特班)和萨巴铭文(萨巴及其远亲哈姆丹各部落,后者的语言接近北阿拉伯语)。以前曾推测这两类铭文在年代上互相衔接,最早的萨巴铭文相当于最晚的米奈铭文。根据对现有证据的严谨分析,米奈和萨巴人的国家,在数百年的历史中并存于世。楔形文版证实,在记载第一位马因国王的铭文之前的 150 多年,萨巴王国已经有了充分的发展。

香料贸易 哈达拉毛(在古代包括现在阿曼的佐法尔省)是乳香的著名产地。远古以来,在埃及和北部其他地区,乳香是宗教仪式和朝廷典礼中必不可少的珍品,也是最有价值的贸易货物。最初的产品控制在哈达拉毛王国手中。沿海地区采集的乳香,要用木筏运至古代的盖奈港,然后经陆路送往都城沙卜瓦。经营继续北上的转运贸易,是南阿拉伯古代各国竞争的目标。他们还增添了广泛出产的没药和其他香料,以及来自非洲和印度的土产。有规律的季风,促进了他们与印度和东非的海上贸易。在红海上航行,没有便利的季风,缺少良好的港口,就会有种种难以克服的困难。因此,他们发展了北上的陆路交通,即沿半岛西岸前进,至北端分别通往埃及、叙利亚和美索不达米亚。当托勒密人、罗马人的商船进入红海后,陆上的运输就更为重要了。通过希贾兹的商路,沿途都有南阿拉伯人的商站,可以直达地中海的港口加沙。陆路运输主要得力于骆驼。从哈达拉毛出发,运载货物的商队在西部要避开崎岖不平的山脉,在东部要绕过无水的沙漠地带,以便到达北上的重要商站奈季兰。正是在商队通行的地带,一些古代国家作为转运贸易的伙伴相继兴起。共同的商业利益,把它们的历史紧密联结在一起。

马因 米奈人居住于现在萨那北部的焦夫地区,除首都盖尔诺(又称"马因")外,还有几个著名的城市,如叶西勒和奈什格。从

9

哈达拉毛出发的队商,既可以直接穿越沙漠地带,也可以通过盖特班和萨巴的农业峡谷区,抵达盖尔诺。这种有利的地理位置,使马因王国掌握了北上的贸易。在其极盛时代,它控制着希贾兹商路,享有组织和保护商队直至北端加沙的权力。

马因王国由一些依赖农业和商业的城市及游牧部落组成。除奴隶外,所有的人都属于"大部落"马因的成员。他们有共同的血缘关系,崇奉共同的部落主神——月神阿斯台尔。国王被视为神权的代理人,通常由他的儿子和继承人辅佐,共同执掌大权。国王行使权力时,要受到由部落贵族和神庙祭司组成的大议事会的限制。重大决定都记载在铭文中,有时任命一位税收官,也以国王和大议事会的名义联合颁布。这种统治模式一直延伸到基层,整个国家具有由部落联盟过渡而来的明显痕迹。

与邻国相比,马因王国显示了更浓的宗教色彩。它的才智似乎全都用于履行宗教礼仪上。但它的最高愿望,实际上还是维护国家在队商贸易中的支配地位。国家的财产被视为神的财产,由国王和神庙管理。从土地贵族选拔的官吏,与征集和管理神庙税收的祭司,组成一个双重的官僚阶层,同时也存在国家与宗教的两套税收制度。所有的收入都可用于民事工程,例如水利工程和防御建筑,因为这都是取悦于神、奉献给神的工作。从铭文中看,马因国王并不兼任祭司长,也没有主持宗教仪式的职能。几乎所有的重大工程都不是以国王的名义建造的,地方上的部落和氏族承担工程建筑,可以免除缴纳赋税。

马因王国成功地组织和保护了队商贸易。它在马安、乌拉及塔布克附近,建有重要的商站,活动范围远到伊拉克南部的乌尔和巴勒斯坦海岸的内盖夫、沙龙。马因没有强大的王权,也不是一个军事国家。一旦邻国强盛起来实行军事扩张时,它就无力组织全部力量进行抵抗。公元前 5 世纪下半叶,马因成了萨巴最初几任"穆卡里卜"(作为国家元首的神王的尊号)的附庸;公元 2 世纪时,她又接受了盖特班王国的宗主权;最后,马因的国土被希木叶尔王朝所吞并。

萨巴 萨巴位于马因的南部,首都是马里卜,另一个城市是西尔瓦哈。已经出土的萨巴铭文,最早的可以追溯到公元前 6 世纪末,其中国家的权威属于"国王、萨巴部落和部落神伊勒麦盖"。有一个包括社会各阶层的部落会议,但真正掌握权力的是贵族议事会,起着立法作用。它比马因更为集权,力求突破部落的界限,把其他部落王国统一在王国的政治体制之下。国王对于公共工程十分关注,在工程建造中起着突出的作用。在铭文记载中,每项工程的完成,都是国王的荣誉。从马里卜大坝的巨大规模,可以看出萨巴王国政府所享有的权力。在队商贸易中,萨巴人以垄断贸易为追求目标。

约在公元前 5 世纪末,萨巴王国进入全盛时期,在整个半岛南部建立了霸权。国王克里伯伊勒·瓦塔尔统治期间,哈达拉毛、奥桑、盖特班和马因都成了附庸。反映在铭文上,他废除了国王的称号,采用"穆卡里卜"的尊号,这显然是政治上大一统局面的标志。在他和以后几任"穆卡里卜"统治期间,萨巴人完成了马里卜大坝的宏伟工程,不断派遣商业使团渡过红海去收集香料和其他珍贵商品,在埃塞俄比亚建立了永久性的移民点,几个世纪以后在那里建立了阿克苏姆王国。这一时期,萨巴人牢固地控制着香料贸易。所有北上商队的香料和其他货物,都要存放在马里卜的伊勒麦盖神庙,在发还货物前,祭司要征收三分之一的税。公元前 323 年,当亚历山大派船队围绕阿拉伯半岛作探索航行时,据西奥菲拉斯托斯记载,萨巴王国无可置疑地统治着半岛南部,但他没有提及附庸国。

至公元前 3 世纪,萨巴的霸权逐渐崩溃,哈达拉毛、盖特班和马因再次独立,托勒密王国的地理学家埃托西尼斯(约前 273—前 182)描述了四个平等的王国,各自繁荣的京城,以及京城的神庙和王宫。在铭文中,萨巴的君主放弃了"穆卡里卜"的尊号,再次改称国王。而盖特班王国强盛起来,征服奥桑,控制了曼德海峡,有段时期还占领了哈达拉毛。后来,马因王国再次掌握北上的贸易,恢复了在乌拉的商站,控制着直达巴勒斯坦的商路。

当埃及在托勒密统治下再次成为世界强国时,开始建立红海的海上霸权。埃及人的目标是获取非洲海岸的贵重货物,但他们的船队对南阿拉伯人在海上贸易的垄断地位构成了潜在的威胁。与此同时,萨巴王国的政治制度发生了变化。位于萨巴西部海岸的哈姆丹部落联盟成员,哈希德人和巴基勒人开始在铭文中频繁出现。原地方官员卡比尔逐渐领有土地所有权,职务变成世袭,形成地方割据势力。国王虽然仍是全国的军事统帅,但其权力大大削弱。贵族议事会消失了,中央集权的政治制度趋于解体。

罗马的入侵　西方对于东方商品的需求日增,南阿拉伯人却提高货物,特别是乳香和没药的价格,增加了过境税。由于罗马没有什么物产可用于交换,一切货物都要用现金购买,所以造成了罗马的财政困难。公元前24年,罗马大将加拉斯率军入侵也门,结果遭到挫折。这次远征的目的,显然是想直接控制东西商道的枢纽,并占领也门的资源,以增加罗马的财富。军事征服失败后,罗马继续实行竞争海上霸权的政策。公元1世纪中叶,罗马吞并了埃及,对阿拉伯人的商业活动产生了灾难性的影响。皇帝克劳迪厄斯在位期间(41—54),一艘罗马商船在曼德海峡偶然地被吹往锡兰,因而得知平素所谓的阿拉伯土产,实际上源自远东。接着,希帕拉斯发现了季风的规律,罗马商船绕开南阿拉伯港口,直接驶向印度,造成也门商业衰落。南阿拉伯各国之间,继之出现一个长期的混战局面。大约建立于公元1世纪下半叶的阿克苏姆王国插足其间,扮演了日益重要的角色。在写作《红海周航记》的时代(约公元2世纪),萨巴和希木叶尔组成一个联合王国,君主称为"萨巴和祖·赖伊丹①之王",采法尔与马里卜并立为首都。它征服索科特拉岛和非洲之角的部分地区,恢复了穆扎港的国际贸易中心地位。接着,它又征服盖特班,只有哈达拉毛还保持政治上的独立。

希木叶尔王朝　萨巴-希木叶尔王国的君主属哈姆丹王朝,它取代原萨巴王族的时间和经过尚不清楚。哈姆丹王朝后期,出现

---

①　"祖·赖伊丹"是希木叶尔王国首府采法尔的一座宫堡。

了哈希德世系与巴基勒世系两位国王联合执政的局面。他们共同居住在马里卜的赛勒欣宫,都崇拜哈姆丹主神塔耳莱卜及传统的萨巴神祇。阿拉伯史籍还记载,巴基勒世系的伊勒舍赖赫,与同时在位的哈希德世系的舍阿尔,在萨那合作建造了传说中的雾木丹宫。这两位国王继续进行对哈达拉毛的征服,最终攻陷其首都沙卜瓦。但是,北部豪兰地区不久即发生叛乱,南部的希木叶尔人在叶西尔和沙米尔父子统率下乘机起事。阿克苏姆王国过去视希木叶尔为其直接的商业竞争对手,因而支持萨巴王国。现在萨巴王国控制了海岸,威胁到它与哈达拉毛和东方的贸易,所以它改与希木叶尔人结盟。由于得到了阿克苏姆的支持,沙米尔通过战争最终夺取了王位。他所控制的范围,在他的称号上得到了反映,即:萨巴、祖·赖伊丹、哈达拉毛和叶木奈特①的国王。上述事件大约发生在公元 275—300 年。

在希木叶尔王朝统治下,半岛南部第一次实现了政治统一,但是,几个世纪的战争和内乱,使生产遭到极大的破坏。由于丧失了东西贸易的垄断地位,国家失去一笔重要的财源。从这一时期稀少的铭文看,国王要以个人名义与各部落和地方贵族谈判协商,说明国家权力已经衰落。各种神祇仍是各部落的神,全国统一的主神还没有出现。国王的权力变成世俗的权威,神庙的权力和影响逐渐衰落,后来在犹太教和基督教的竞争下,约在 4 世纪最后告终。新的希木叶尔王朝的虚弱结构,使它无力防御外敌的入侵。

阿比西尼亚的入侵和一神教的传播　希木叶尔王朝的统一,直接控制了香料产地哈达拉毛,与阿克苏姆王国发生利害冲突。正处于全盛时期的阿克苏姆王国,再次改变政策,派兵吞并希木叶尔王国。这次占领的时间不长,约在公元 340—378 年间,但对阿拉伯南部的历史产生了深远的影响。外敌入侵的成功,使众多的部落神祇失去信誉,它们无力履行保障社团安全和战争胜利的主要职责。这就为一神教的传播敞开了大门。

---

①　"叶木奈特"大概是也门南部海岸地区的统称。

首先进入也门的一神教是犹太教。大量犹太人迁居也门,或许是 70 年罗马皇帝泰特斯摧毁耶路撒冷的结果。他们成功地使一些阿拉伯人改宗犹太教,到公元 2 世纪时形成一个强大的犹太教社团。基督教的传入发生在阿比西尼亚占领期间。入侵初期的阿克苏姆国王埃拉·阿米达是异教徒。他的儿子埃扎纳继位后,一名基督教俘虏弗鲁门蒂斯才使他皈依了基督教。大约在 356 年,叙利亚大主教西奥菲拉斯率领传教团进入也门。他显然使采法尔的首领改宗基督教,并以他为主教,建立主教教区,另外在亚丁和阿曼建了两座教堂。

因此,当希木叶尔人恢复主权时,他们对于一神教观念已相当熟悉。希木叶尔王朝的复国君主克里卜·优哈尼姆就崇拜单一神祇祖·赛马维为"诸天之主"。显然,他集中了所有古老部落神祇的职能和属性。有人认为,祖·赛马维就是西奥菲拉斯传教团布道中的上帝。然而,他的儿子继位后却信奉犹太教。此后的一个多世纪里,犹太教继续成为王朝的官方宗教和重要的社会力量。阿拉伯史籍记载,国王艾斯尔德·艾卜-克里卜(约 385—420 在位)在征服北部时信奉犹太教。在他和他的继承人统治期间,王朝的疆域达到极限,王号也变成"萨巴、祖·赖伊丹、叶木奈特及山区和沿海低地的阿拉伯人之王。"

希木叶尔王朝的倾覆 希木叶尔王朝的军事扩张并没有形成强大的中央政权。地方割据势力不断地与国王争夺政治、经济权利,连绵不断的内乱进一步破坏了社会生产力。由经济衰退引起的战争,到公元 5—6 世纪又带有宗教斗争的性质。希木叶尔王朝的末代君主优素福·艾什阿尔(外号祖·诺瓦斯),极力打击信奉基督教和异教的地方势力,企图通过推行犹太教来扩大国家权力。据说,523 年,他率军进入奈季兰,屠杀了不肯改宗的基督徒。这一事件在《古兰经》(85:4)和基督教圣徒传记中都有反映。幸存者向拜占廷皇帝求救,皇帝查士丁尼一世写信敦促阿克苏姆国王出兵干预。525 年,经过两次战役后,阿比西尼亚人再次占领也门。祖·诺瓦斯战败,被他的臣民所杀。

阿比西尼亚军队借口保护基督徒而驻扎了下来,并立地方贵族苏木叶法·艾什瓦为傀儡国王。他们的目的是要建立对印度的直接贸易,但始终无法打破波斯人的障碍,只是掠夺也门的资源,加速也门商业的衰落和政治的解体。535 年,阿布拉哈发动叛乱,在部分地方贵族的支持下夺取了王位。他连续几次击退了阿比西尼亚人为恢复直接统治而进行的远征,但在名义上仍然承认阿克苏姆王国的宗主权。

阿布拉哈在萨那建筑了一座壮丽的主教座堂,阿拉伯史籍称为"盖里斯"(意为"教堂")。为了传播基督教,他发动一系列战争。在阿拉伯传说中,他曾率领一支拥有象的大军,远征希贾兹,企图摧毁半经济半宗教性质的竞争对象——麦加的异教圣寺。《古兰经》(105:1—3)描述了这支军队溃败的情景。这一年被称为象年,据说是穆罕默德诞生的那一年。

马里卜大坝的崩溃 阿拉伯传说把马里卜大坝的最后塌毁,确定在阿比西尼亚人统治时期。铭文记载,大坝于公元 543 年发生过一次破裂。阿布拉哈曾主持修复。实际上,这次破裂至少部分是由于叛乱部落的破坏引起的。这次修复是南阿拉伯人为维护这项工程所作的最后一次努力。当它再次破裂时,原来赖以为生的部落置大坝和土地于不顾,流离四散。

古代马因和萨巴的农业生产十分发达,建有大量的灌溉工程。10 世纪时,史学家哈姆丹尼仍能列举 80 多处古代的水坝。其中最著名的马里卜大坝,成了古代南阿拉伯文明的象征。据铭文记载,公元 449 年,希木叶尔国王,舍赖哈比伊勒·雅耳夫尔曾重建大坝的部分工程,但又被当年的山洪冲毁。国王征集了两万人重新加以修复。从历史文献看,作为南部经济衰退的征兆,早在 3 世纪,可能由于地震或火山活动,这座大坝遭受严重损坏。在此之后,发生大规模的部落迁徙。在这些迁徙部落中,有叙利亚的加萨尼人,希拉的莱赫米人、雅斯里布的奥斯人和哈兹拉吉人的祖先。加萨尼人就是从大坝破裂开始纪年的。

阿拉伯史籍把南部社会的分崩离析和大批部落的迁徙,归之

15

于马里卜大坝塌毁的灾难。其实,真实的原因在于商路转移引起了经济衰退,进一步激化了社会内部矛盾。王权削弱,群雄割据,连年内乱,使原有的水利灌溉系统趋于废圮,最后造成宗教派别互相倾轧和外族入侵的结果,大坝塌毁的故事,不过是把长期的社会经济原因加以集中和象征性的渲染而已。

波斯人的统治 根据传说,为了推翻阿布拉哈建立的基督教政权和阿克苏姆的宗主权,希木叶尔的异教贵族赛义夫到萨珊朝廷请求援助。公元 575 年,波斯国王派遣韦赫里兹率兵 800 名,击溃阿比西尼亚驻军,使也门摆脱外族统治。起初,赛义夫当了国王,但实权掌握在波斯人手中。不久,也门变成波斯的一个省,南阿拉伯人仍旧处于外族统治之下,直到 628 年,也门的波斯统治者皈依伊斯兰教后,波斯的统治才告终止。

北部的阿拉伯国家 关于半岛的中部和北部,历史留下的资料更为匮乏。古代埃及、亚述和波斯的史料,以及《希伯来圣经》中,都提到过中部和北部的阿拉伯游牧民。南阿拉伯人的商站和移民,也有记载。正是在南部商站的基础上,后来出现了一系列的北阿拉伯人的队商城市。大约从公元前 2 世纪起,由于来自叙利亚的希腊文化的影响和半岛西部商路的变换,在叙利亚和半岛北部的沙漠外围相继兴起几个半文明的边境国家。这些国家的历史具有某些共同的特征:游牧部落开始定居,由于它们位于东西商道上,主要靠过境贸易而强盛一时;而且,他们在东西两个帝国争夺商路控制权的斗争中都充任过"缓冲国"。

奈伯特王国的兴起 公元前 6 世纪初,奈伯特人作为游牧部落首次出现在今外约旦的东部沙漠,占据了以东人、摩押人、亚扪人和基利人的地方。这些部族与希贾兹北部的赛莫德人和列哈彦人,后来都并入了奈伯特人的联盟。他们的首府皮特拉①是由岩石凿成的,四周悬崖峭壁,只能从北面的一条狭路进去。在奈伯特人

---

① "皮特拉",希腊文意为"岩石",是希伯来名词"西拉"的译名。阿拉伯语的对应词是"赖基木",有人认为就是《史记》和《汉书》中的"黎轩"(亦作"犁靬")。

占据以前,它是以东人的一座避难城,后来成为香料贸易商路交叉口上的一个商站。奈伯特人以皮特拉为基地,不断地向四邻扩张,开发移民点,重建以东人和摩押人的古城,设立保卫队商的哨所和开采矿物的驿站。自公元 4 世纪末期起,约有 400 多年的时间,皮特拉是连接也门与地中海之间队商贸易的关键城市。在约旦河与希贾兹之间,只有它能供给丰富而且异常清洁的水。南方来的队商在这里可以获得替换的骆驼和驼夫。奈伯特人因此控制着西往加沙港,北达布斯拉和大马士革,以及连接红海的埃拉(亚喀巴)港和穿越沙漠去波斯湾的商路。到公元前 2 世纪,他们开始接管南阿拉伯人在北部的转运贸易。

关于奈伯特人最早的历史记载,据说在公元前 312 年前后,他们打退了叙利亚国王安提哥那对"岩石城"的两次进攻。公元前 2 世纪初,奈伯特人开始崛起,成了政治舞台上一支不可忽视的力量。铭文中提到的第一位国王哈里萨斯(阿拉伯语称作"哈里斯"),就是公元前 169 年被提到的"阿拉伯国王阿里塔斯"。哈里萨斯三世(约前 87—前 62 在位)是王国的真正创始人。他乘塞琉古人和托勒密人衰微之际,大力开拓疆土,成了大马士革与科艾勒-叙利亚平原的统治者。公元前 73 年,他击退庞培的一次进攻。不久,奈伯特成了与罗马结盟的"被保护国",作为罗马对付帕提亚的缓冲国。俄比德斯三世(阿拉伯语称作"欧拜德",约前 28—前 9 在位)时,奈伯特成为罗马远征也门的基地,哈里萨斯四世(前 9—40 在位)时期,奈伯特臻于极盛。王国的疆域包括南巴勒斯坦、外约旦、东南叙利亚和阿拉伯半岛北部。这一时期,奈伯特人管辖着古代东方的商路,保护商队,征收过境税,享有某种垄断地位。发掘的铭文证明,从罗马的港口浦泰俄利到波斯湾的杰尔哈,都是他们从事商业活动的地区。

但从公元 1 世纪起,罗马商船逐渐开辟直达印度的航路,东西商路开始北移,南北商路也转向东线,皮特拉失去了优势,奈伯特王国也开始衰落。106 年,罗马皇帝兼并了奈伯特王国,阿拉伯人的皮特拉再也不见于史籍。

17

巴尔米拉 巴尔米拉①位于叙利亚沙漠的中心,是以几个阿拉伯部落定居村落为核心的一块绿洲,拥有一股水量充足的含硫矿泉。它是大马士革到幼发拉底河大路的必经通道。

公元前2世纪中叶,帕提亚入侵美索不达米亚,使得居于两大帝国之间的巴尔米拉,获得显著的地位。约在公元前41年,安东尼垂涎巴尔米拉的财富,派兵偷袭,但没有成功。直至公元前9年,巴尔米拉仍是罗马与帕提亚之间进行贸易的重要中心。从公元17—19年关于这座城市关税的帝国法令判断,巴尔米拉在公元初已经承认罗马的宗主权。在公元1世纪后大规模使用的新商道上,巴尔米拉是横贯沙漠的交通枢纽。在哈德良时代(117—138),巴尔米拉及其所属各城已变成罗马的属国。3世纪初叶,巴尔米拉从罗马塞弗鲁斯王朝那里取得了殖民地的地位,从此享有豁免关税的权利。巴尔米拉的首领向沙漠的部落酋长取得引导过境商队安全通行的保证。他们提供向导,派骑兵保护商队,而在货物通过该城关卡时,每种商品均被课以重税。巴尔米拉逐渐控制了地中海地区与波斯、印度和中国的大部分贸易额。2—3世纪时,巴尔米拉取代皮特拉的地位,成为近东最富庶的城市之一。

3世纪中叶,巴尔米拉开始在国际政治中崭露头角。260年,波斯萨珊王朝大举入侵叙利亚,俘虏罗马皇帝瓦勒里安。巴尔米拉族长伍得奈斯(阿拉伯语称作"伍宰伊奈")在危急关头起兵打败波斯军队,并一直追击到波斯国都的城下。巴尔米拉从此以武力著称于世。罗马皇帝迦里那斯封伍得奈斯为统治东方的副君,承认他是东方罗马军区的长官。小亚细亚和埃及在名义上归他统治,而叙利亚、阿拉伯北部,可能还有亚美尼亚,则实际上为他统治。但到267年,罗马人于希姆斯暗杀伍得奈斯及其长子,他的妻子齐诺比亚(阿拉伯语称作"宰巴伊")立即代幼子韦海卜·拉特摄政,起兵反抗罗马。她的军队连连取胜,占据整个埃及和小亚细亚

---

① "巴尔米拉",希腊文意为"一座枣椰城",阿拉伯语称作"塔德木尔",有人认为这就是《三国志·魏书》中的"且兰"。

的大部分地区,震惊了罗马帝国。272 年,皇帝奥利力安御驾亲征,摧毁巴尔米拉,使罗马在近东的统治又延续了 400 年。

加萨尼王朝 大约在巴尔米拉王国灭亡的同时,一个南阿拉伯部落加萨尼人,因马里卜大坝塌毁迁入豪兰地区。哲弗奈·本·阿穆尔·穆宰伊基雅开创了加萨尼王朝的基业。王朝的早期历史模糊不清。王国没有固定的首府,起初是一座活动的帐篷,一度固定在昭兰高地的查比叶,有一个时期迁往大马士革附近的吉里格。在公元 4 世纪中叶,加萨尼人信奉了基督教。5 世纪末叶,他们成了拜占廷帝国的附庸,作为抵挡贝杜因部落侵袭的缓冲国,加萨尼王国与其对手莱赫米王国一样,只是不稳固的军事政治联合体,其分合依军事力量的大小和战争的胜负为转移,并仰仗于宗主国的津贴和支持。

至 6 世纪时,加萨尼王国进入极盛时期,哈里斯二世(约 529—569 在位)在一次战役中重创依附波斯的莱赫米人。为了奖赏他的功劳,皇帝查士丁尼封他为叙利亚所有阿拉伯部落的首领,并授予"贵族"和"族长"的头衔,这是仅次于皇帝本人的最高封号。加萨尼人虽然在战场上拚命为拜占廷帝国效力,却信奉了基督教的异端一性派。563 年,哈里斯在君士坦丁堡获得皇后提奥多拉的准许,为不愿信奉正教的阿拉伯人任命两位一性派主教。其中一名是雅各·伯拉德伊斯,即"穿马衣的雅各",因他经常化装秘密传教而得名。他对该教派的复兴作出了贡献。重新兴盛的叙利亚一性派教会,在他之后称为"雅各派"。加萨尼王国这时的统治区域,从皮特拉附近到巴尔米拉北的鲁萨法,包括巴勒卡、赛法和哈兰。布斯拉是这一区域的基督教首府,也是著名的商业中心。在穆斯林的传说中,穆罕默德跟随商队经过这里时,与基督教修士有过接触。

哈里斯的儿子孟迪尔(约 569—582 在位)继其父位后,由于对一性派过分热心,被指控企图建立一性派的独立王国。580 年,他袭击并焚毁莱赫米王朝的京城,但仍不足以消除拜占廷的猜疑。两年后,他被皇帝设谋拘捕。他的儿子努尔曼起兵反叛,不久也中计落网。拜占廷随即停止对阿拉伯人支付津贴。从此以后,加萨尼人群龙无首,四分五裂,互相争雄。611—614 年,波斯人征服叙利亚时,加萨尼王朝遭受到最后的打击。直到穆斯林扩张时,一位加萨尼人才被选任为阿拉伯人的首领。

莱赫米王朝　莱赫米人站在波斯萨珊帝国一方,与加萨尼人长期征战。他们属于从也门迁徙来的台努赫部落。当时,正值萨珊王朝初兴之际。萨珊王朝为了争夺东西贸易的控制权,正在与拜占廷帝国大动干戈。萨珊人仿效拜占廷,也在边界扶植一个阿拉伯人的附庸国,既阻止游牧部落的侵扰,又利用阿拉伯人作为战争的辅助力量。据传,沙普尔一世(241—272 在位)时,就曾经任命莱赫米家族的阿慕尔·阿迪为边界阿拉伯人的国王。但是,莱赫米王朝第一位有史可考的国王是伊木鲁勒·盖伊斯。他卒于 328 年,在墓志铭中他自称为"全体阿拉伯人的国王"。他的后裔在希拉(本义是"帐篷")建立的王国中,有一部分居民是罗马战俘的后代,阿拉伯作家称他们为"伊巴德"(意为"崇拜者",即基督的崇拜者),属于叙利亚东方教会(后来的聂斯脱利派)。在他们的影响下,基督教有了广泛的传播,但王朝的统治者始终坚持异教信仰不变,直到公元 6 世纪末,王室才改奉基督教。

莱赫米人作为波斯的藩属,从 5 世纪初起地位日渐显赫。除了帮助波斯对拜占廷作战外,他们还在政治舞台上扮演重要角色。努尔曼一世(约 400—418 在位)时,波斯皇帝叶兹德吉尔德(399—420 在位)让他担任皇子伯海拉木的监护人。他曾建造了著名的赫维尔奈格宫堡,作皇子的寓所。孟迪尔一世(约 418—462 在位)继位后,波斯皇帝赐以"给叶兹德吉尔德增添欢乐者"和"最伟大的"荣誉称号。皇帝驾崩后,孟迪尔统率阿拉伯军队,拥戴伯海拉木即位,迫使觊觎皇位的波斯贵族和祭司就范。6 世纪前期,孟迪尔三世(约 505—554 在位)时,莱赫米王朝处于极盛时期。他的铁骑经常侵入叙利亚,有时进袭到安提俄克城下。直到加萨尼王朝的哈里斯继位,他才遇到了对手。602 年,莱赫米王朝由于企求独立而被波斯人所灭,另立泰伊族的伊雅斯为阿拉伯人的族长,但由波斯总督独揽大权。数年之后,阿拉伯部落在祖卡尔(库法附近)打败一支波斯军队,清楚地预示了由此而激化的民族矛盾所孕育的严重后果。

在经济上和文化上,希拉与阿拉伯内地有着密切的联系。在阿拉伯人的传说中,希拉被视为阿拉伯社会的一部分,而且还是重要的文化和经济中心。据载,麦加的古来氏人从希拉学得写字的技术和"赞达盖"信仰,后者大概是古代波斯的"光阴"(时间)信仰。由此可见,这些边境国家是外部文化影响阿拉伯半岛的重要通道。

肯德王朝 曾经在阿拉伯半岛中部短暂兴起的肯德王国,也是由北迁的南阿拉伯部落建立的。肯德部落原来居住在哈达拉毛西部,迁徙到鲁卜哈利沙漠东北边缘的法奥,在此建立基地后继续向北扩张。历史上关于他们的初次记载,大约在公元 4 世纪末叶。王朝的奠基人胡志尔,据说是希木叶尔王朝国王哈萨尼的异母兄弟。480 年,哈萨尼任命他为半岛中部阿拉伯部落的统治者。他的孙子哈里斯·本·阿慕尔是肯德王朝最勇武的国王,曾一度打败莱赫米人,占据希拉城,但他的都城大概迁至安巴尔城,这座都城位于幼发拉底河边,后来的巴格达城西北。529 年,孟迪尔三世率兵全力反击,哈里斯及 50 多名王室成员被杀,肯德王朝受到致命的一击。

哈里斯死后,肯德人内部发生分裂,他的几个儿子各据一个部落,争权夺位,互相倾轧,联盟迅速瓦解,王国灭亡。肯德王朝的后裔、著名诗人伊木鲁勒·盖伊斯,屡次企图恢复王朝,向莱赫米人报这血海深仇。他不远千里跑到君士坦丁堡,希望获得拜占廷的援助,但没有成功。据说他在还乡途中,在安卡拉被查士丁尼的密使毒杀了(约 540 年)。

肯德王朝虽然国祚短促,但是意义深远,它是阿拉伯部落在半岛中北部建立统一民族国家的第一次尝试。有关它的历史成就和传奇故事,极大地丰富了阿拉伯民族共同的语言和文学,推动了阿拉伯社会由部落向民族和国家的发展,在许多方面预兆着后来的伊斯兰教在这一地区的兴起和扩张。

第三节　阿拉伯人的社会生活

　　贝杜因人　根据阿拉伯人的诗歌和传说,伊斯兰教兴起前,阿拉伯社会在总体上仍属于以血缘关系为基础的氏族制社会。公元4世纪以来,在阿拉伯半岛的大部分地区,过去一度存在的城镇和商站趋于消失,贝杜因人不断扩大他们的活动范围,游牧生活普遍地取代了商业和农业。在伊斯兰教的策源地——希贾兹和纳季德,贝杜因人的部落一直占据着统治地位。

　　游牧经济的生活方式是由自然条件决定的。沙漠和干燥草原上植被稀少,只能养活羊群和骆驼。骆驼是贝杜因人最有用的牲畜,他们的衣食、运输、贸易都要依靠它。新娘的彩礼、凶手的赎金、赌博的赌注、酋长的财富,也无不以骆驼计价。贝杜因人认为,骆驼不仅是沙漠之舟,而且是神的特赐;假如没有它,沙漠的生活就很难设想。为了放牧驼群和羊群,贝杜因人要仰仗天时,随雨漂泊,逐水草而居,每年周期性地沿一定路线,在大范围内迁徙游动。由于食物和牧草的不足,部落总是分散为小规模的游牧群,大约以15—20个帐篷为一伙,保持在数小时的距离以内。一旦有事,部落可以集合500人左右的军事力量。贝杜因人的名称就起源于这种小的游牧群。

　　氏族组织是贝杜因人社会的基础。每个帐篷代表一个家庭,许多帐篷集结的地方构成一个区域,同一区域的人们组成一个氏族,自认为有共同祖先的氏族组成部落。部落成为基本的社会、军事组织,出于抵御敌对部落和克服艰苦的自然环境的需要,部落以遵奉共同的崇拜仪式和风俗习惯为基础,维系部落团结的首要因素则是血缘关系。

　　部落成员之间大体上保持民主和平等的关系。部落首领谢赫(长老)由推选产生。他必须是部落中年高德劭、智勇双全、仗义疏财的人。他的职权是仲裁而不是命令,是遵循而不是引导部落的统一意志。在公共事务中,他凭经验、威望和感召施加影响,并不能独断专行,因为权利和义务属于氏族,而且不能超越部落的界限。人们遵循长期形成的共同生活准则,一切大事都必须取得各氏族成员的一致同意,由长老会议(麦吉利斯)决定部落的公共事务。谢赫的主要职责是维持部落的团结。调整人们相互关系的社会规范,主要是世代因袭的习惯(逊奈)。对贝杜因人来说,破坏和违犯部落的逊奈,就是侵犯部落的集体利益,必将受到全体成员的谴责和惩罚。其中最严厉的措施就是解除氏族关系。违犯者因此成为"不受保护的人",除非被另一个部落接纳和收养,否则很少有生存的希望。所以,贝杜因人要对氏族和部落,而不是名义上的首领绝对忠诚。氏族和部落则保障他的权利和生计,为他所受的伤害报复,对他的罪行负责,并在他死后继承他的遗产。所有的成员,包括通过盟约或其他方式结成的"近亲",都享有随血缘关系产生的同样的权利和义务。在贝杜因人的氏族感情中,集体的荣誉和利益至高无上,血统的纯洁和宗谱的高贵优于一切。在部落之外,不存在共同的利益和权力,人们可以不受部落传统规范的约束。在部落的习惯中,"外人"和"敌人"是同义词。

　　贝杜因人的生活主要依赖共同放牧的驼群和羊群。在部落内部,牧场、水源、耕地,有时甚至牲畜也是氏族的集体财产,通常只有帐篷和随身携带的物品才属于私有。男子从事打猎、商品交换、充任商队的向导和护卫。在困厄和可能时,他们就劫掠其他部落,以弥补生活用品的不足。这种劫掠,主要是偷袭弱小部落,迅速地携走牲畜,也常常掠走妇女和儿童,目的是为了以后索取赎金。在贝杜因社会中,劫掠不仅是一种经济手段,而且被认为是一种民族风俗,是有数的几种表现丈夫气概的方式之一。弱小的部落、绿洲居民、队商,如果无力抵抗贝杜因人的劫掠,可以用所谓的礼物(兄弟税)购买"友好权",或换取强大部落的保护。贝杜因人在进行劫掠时,通常尽量避免流血,防止造成严重的部落争端。在这种情况下,血亲复仇起着调节和限制流血冲突,保护每个部落成员的作用。这种血亲复仇的原则被贝杜因人视为宗教义务,在争夺水草和牲畜的剧烈竞争中,往往酿成部落间的世代仇杀。部落首领也可以采用血金来达成和解,但在多数情况下,两个部落都要在长期残杀、两败俱伤后才同意和解。了结的办法常常要求一方交出罪犯,任凭受害一方报复。可是,部落的尊严和荣誉,多半是促使自己动手杀死杀人者。这种荣誉观念决定了贝杜因人的一切行动,是阿拉伯人道德规范的基础。

游牧与定居 阿拉伯半岛的居民分为两个主要集团:游牧民和定居民。在游牧民与定居民,以及半游牧半定居部落之间,通常没有明确的界线。除外来的移民外,城镇居民大多是定居不久的贝杜因人。不管他们的社会组织和经济生活存在多大差异,他们仍然被看作一个统一的民族——阿拉伯人。

定居民围绕绿洲和商路建立城镇,其中有的是古代南阿拉伯人的中转商站,有的是犹太移民或"犹太化"的阿拉伯人的农业垦区。这些小型聚居区形成新的社团,改变了单一的经济关系。这些城镇作为国际商路的中转站,它的存在取决于转运贸易的繁荣,还依赖贝杜因部落的合作和结盟。在贝杜因人的包围中,它们的地位十分脆弱,有时被迫向游牧部落缴纳贡金或降为附庸,例如海巴尔和后来称为麦地那的雅斯里布。城镇经常变换的统治部落,基本上属于地域性的血缘组织或转入定居的贝杜因人。他们珍视氏族的血缘联系,恪守游牧部落的习俗和惯例;在特殊条件下,都有恢复游牧生活的趋向。

蒙昧时代 穆斯林把伊斯兰教兴起前的时代统称为"蒙昧时代",以示与伊斯兰时期的区别。穆罕默德传播的一神教,是对阿拉伯的氏族制度以及宗教观念,特别是偶像崇拜的否定。他期望皈依伊斯兰教的阿拉伯人与传统观念彻底决裂。在《古兰经》中,"蒙昧时代"一词共出现 4 次(3:154;5:50;33:33;48:26),都特指对"真正的宗教"无知,缺乏应有的行为规范和生活态度。因此,该词是指阿拉伯人没有天命、先知和天启经典的那个历史时期。

广义上,阿拉伯人包括阿拉伯半岛的所有居民,但"蒙昧时代"的阿拉伯人,是指狭义的阿拉伯人,限于北阿拉伯人,主要是希贾兹和纳季德的阿拉伯人,大多数是过游牧生活的贝杜因人。他们与南阿拉伯人不同,没有自己的古代文化,也不像奈伯特人、巴尔米拉人、加萨尼人和莱赫米人,从未建立过统一的国家,长期停滞于氏族社会中。在伊斯兰教兴起之前的 100 多年里,他们正处于连绵不断的部落战争中,大体上属于野蛮时代的高级阶段或英雄时代。这就是说,所谓的"蒙昧时代"属于氏族制解体时期的军事民主制阶段。

部落战争　由于南阿拉伯部落大批北迁,开始了更大范围内的民族融合。拜占廷和波斯帝国强大的军事力量及其附庸国的存在,阻挡了游牧部落的往外迁移。相对稠密的人口聚集在半岛中部和北部,产生了稳定的经济联系。经济的发展和部落之间隔离的消除,使血亲复仇和部落战争变成以掠夺财富为目的而日趋频繁和残酷。在伊斯兰教兴起前的诗歌中,这一时期(约 500—622)叫作"阿拉伯人的日子",即部落战争时期。

在"阿拉伯人的日子"里,各部落经常为争夺牧畜和水源而挑起争端,有迹可寻的大大小小的部落战争就有 1 700 多次。最早而且最驰名的部落战争,是发生于半岛东北部的白苏斯战争。参战双方,伯克尔人和台格利卜人,都自认为是瓦伊勒的子孙。战争的起因是台格利卜部落酋长射伤了伯克尔部落一个名叫白苏斯的妇女的一只母驼。根据有关的稗史,这次战役延续了 40 年。到公元525 年左右,在双方精疲力竭之后,经希拉国王的调停才实现和解。与白苏斯战争齐名的达希斯和加卜拉战争①,发生于半岛中部。交战的阿布斯人和左卜彦人源自共同的祖先盖特方。战争是因赛马引起的。这次战争爆发于 6 世纪后半叶,断断续续地一直打到伊斯兰教时期。另一次著名的战争是菲贾尔战争(575—590)。这次战争发生于禁月②,因此称为违禁的战争。参加的一方是麦加的古来

25

---

①　"达希斯"和"加卜拉"是两匹马的名字。

②　异教的阿拉伯历法是太阴历。每年的 11、12、1 和 7 月为禁月。届时,是阿拉伯各部落定期交换商品和土产的季节,禁止劫掠和仇杀。伊斯兰教兴起后沿袭了这一风俗。

氏人和克那奈人,另一方是海瓦精人。据说,14岁的穆罕默德参加过其中的一次战役。

连绵不断的部落战争是这一时期的主要特征。这些大多发生在同宗部落之间的血族仇杀,极大地削弱了血缘联系,加速了氏族制度和部落宗教的解体,推动了各部落向地域性亲属部落联盟发展。在袭击和劫掠不断发生的情况下,保障自身安全的需要和力图以掠夺致富的欲望,使广大部落,特别是惶惶不安的中小部落,都企求托庇于最强大的部落联盟。这种倾向促使各部落走向更大规模的联合。同时,战争和动乱也破坏生产和经济的发展,由此产生的灾难性后果引起了对超越部落之上的权威的需要。阿拉伯社会由部落到民族和国家的这种发展,正是伊斯兰教兴起的历史前提。

古典诗歌和阿拉伯语 诗歌是一个强大部落不可缺少的武器。贝杜因人之间频繁的部落战争,为诗人提供充分施展才华的机会。部落之间的争斗,不仅取决于战场上的厮杀,而且更多地受到双方诗人唇枪舌剑的影响。对于贝杜因人,语言本身还保留着古代某种神秘的超自然力量。他们以诗歌衡量人的聪明才智;一个人如果能运用音调韵律的节奏、简洁犀利的语句、生动活泼的比喻,激励听众的情绪,他就会被推崇为部落的代言人。他的职责主要是颂扬、夸耀部落的荣誉,讽刺、诅咒敌人的弱点。

贝杜因人的诗歌起源于巫士的咒语,后来发展为有韵脚的散文"赛杰"。驼夫随着骆驼有节奏的步伐而咏唱的散曲,妇女嚎啕大哭时即兴创作的哀调,都是阿拉伯诗歌的雏型。最初出现的诗歌"赖斋子",是一种抑扬格和二重韵的短诗,仍带有脱胎于巫术咒语的痕迹。在部落战争中,诗歌演变成讽刺诗"希贾尼"。最后出现的是长诗"盖西达"(颂诗,字义是"有意图的诗")。这是一种以颂扬和讽刺为主题的长诗,结构精细,富于感染力,语言简洁有力,通篇贯穿着复杂而又灵活的韵律。据说,首先创作这一类长诗的,是白苏斯战争中台格利卜部落的英雄穆海勒希勒(? —531)。长诗的发展与阿拉伯人的部落战争,特别是台格利卜或肯德等部落之间的战争有密切联系。古典诗最伟大的诗人,就是肯德王室的后裔伊木鲁勒·盖伊斯。

古典诗歌的重要贡献在于确立共同的民族语言,这种超越狭隘的部落方言的、通用的诗歌语言,在公元 6 世纪时,以独特的传统方式和单纯的口传文化,把阿拉伯人与非阿拉伯人鲜明地区分开来,并为一个阿拉伯民族的新意识提供了基础。

国际商道的变化　自古以来,阿拉伯半岛就是地中海地区与远东交通的枢纽,东西商道的变化在很大程度上影响着它的历史。公元 4 世纪时,东西商道从阿拉伯西部转移到其他路线:经过埃及和红海或经过幼发拉底河和波斯湾。一直到 6 世纪,阿拉伯社会处于经济衰退时期,也是贝杜因人的部落战争时期。在 6 世纪下半叶,国际商路发生了一次意义重大的改变。由于拜占廷与波斯萨珊帝国之间爆发的长期战争,加之社会危机和政治斗争而引起的普遍混乱,堵塞了一直是东西贸易必经之路的幼发拉底河和波斯湾的商道,陷入内部教派斗争的拜占廷和埃及,也无力挽回尼罗河和红海航路的衰落,因此,商人们不得不重新启用由叙利亚经希贾兹至也门的商道。于是,希贾兹路线重新兴盛。这时,南端的也门已经分崩离析,并沦亡于外族统治之下,在北方曾因各种复杂因素而盛极一时的几个阿拉伯王国也早已消失。阿拉伯半岛的经济重心转移到了西部,希贾兹地区的队商城市开始繁荣起来。

麦加　希贾兹处于东面的纳季德高原与西面的帖哈麦低地之间,是一片不毛之地。在伊斯兰教兴起前夕,只有三座城市比较重要:麦加、麦地那和塔伊夫。

"麦加"的名称发源于南阿拉伯语的"麦库赖伯"(意为"圣地"),2 世纪的希腊地理学家提到过它,称之为"麦科拉巴"。它位于一条又深又长的贫瘠涸谷里,四周群山围绕,气候炎热干燥,《古兰经》说那是"一个没有庄稼的山谷"(14:37)。由于麦加地处南往也门、北达叙利亚、东至波斯湾、西接红海和东非的商路交叉口上,又有一眼水源丰富的渗渗泉和一座古老的圣寺克尔白,自古以来就以圣地和商站著称。

麦加的古来氏人原是一些半游牧半掠夺的贝杜因人，散处于麦加周围，以出租骆驼和护送商队为生。5世纪末，库赛伊(?—约480)召集各个氏族，并与克那奈部落和库达阿部落建立联盟，从南阿拉伯人的胡扎阿部落手中夺取了麦加。据说，他对部落制度作了改革，古来氏人从此由游牧转入定居，发展成为一个专业的商业部落，获得了"古来氏"①(从事贸易赚取利润)的名称。古来氏部落大约包括20个氏族，其核心叫作"内部古来氏人"或"圣寺周围的古来氏人"。其他氏族叫作"外部古来氏人"。在麦加外围，还有一些结盟或依附的贝杜因部落，叫做"古来氏阿拉伯人"。在部落内部，各氏族仍旧保留各自的长老会议和崇拜的圣石，只是把各氏族的圣石供奉在共同的圣寺里。麦加的克尔白是部落统一的象征，部落议事会马拉就设在那里。

古来氏部落除从事转运贸易外，还发展半岛内部的集市贸易。在他们的努力下，禁地和禁月的惯例得到保证，取得了重大的经济意义。阿拉伯人每年有四个月可以免于劫掠和仇杀，到麦加从事宗教和经济活动。在这些活动中，作为克尔白的守护人和集市贸易的管理人，古来氏部落的优越地位十分显著，有助于扩大它在游牧部落中的影响和威望。随着麦加的繁荣和集市的兴盛，城镇和游牧部落之间相互依赖的经济联系有了发展，克尔白逐渐成为许多部落的聚会地，阿拉伯人的民族意识和凝聚力得到了明显增强，而这是贝杜因社会显著缺少的。

塔伊夫和麦地那　塔伊夫②在麦加东南，两城相距120公里，地处海拔2 000米以上，但气候宜人，水源丰富，土地肥沃，出产谷物和水果，尤以葡萄、石榴和蔷薇花著名。

---

① "古来氏"，本义是"鲨鱼"，大概起源于古老的图腾崇拜，但早已失去了实际意义。

② 塔伊夫是一座古老的城市，阿马立克人占据时，因其酋长得名"瓦志"。后来，该城四周修建了一道防护性围墙，因而改称"塔伊夫"。在《古兰经》中，它与麦加并称为"两城"(43：31)。该地过去是麦加贵族的避暑胜地，现在是沙特阿拉伯王国的夏都。

　　塔伊夫是个重要的队商城市,与希拉和也门有着密切的贸易关系。在长途转运贸易中,塔伊夫的赛吉夫部落常与古来氏人合作。但塔伊夫也是麦加的一个竞争对手。赛吉夫部落与海瓦精部落结盟,企图排挤古来氏部落,垄断波斯湾至也门的转运贸易,因此爆发了菲贾尔战争。大概由于战争的结果,赛吉夫部落被迫承认古来氏部落的优越地位。赛吉夫部落内部分裂为两个明显对立的集团,这可能也是塔伊夫实力不如麦加的原因。

　　麦地那位于麦加西北 430 公里的希贾兹商道上,是个 30 多平方公里的绿洲。它在古代曾被埃及人用作贩运香料的商站,后被阿马立克人占据,因其酋长得名为"雅斯里布"。公元 1 世纪后,犹太移民在这里种植枣椰和谷物,把它变成一个富庶的农业中心。3 世纪起,贝杜因人受到吸引而陆续迁入,作为依附民耕种空闲土地。到 6 世纪中叶,强大起来的哈兹拉吉部落和奥斯部落夺取了绿洲的政治霸权,迫使彼此不和的犹太部落降至半依附地位。不过,犹太人仍占据南部高地的沃土,并控制着集市和手工业。

　　麦地那由交错杂处于枣椰林和耕地之间的一连串村舍寨堡组成。每个氏族都占有独立的生活区,战乱时可以避难于寨堡中,整座城市是这种氏族村落的联盟集团。麦地那的阿拉伯人和麦加的阿拉伯人一样,也是定居不久的游牧部落,而且保留了更多的贝杜因人的习俗和惯例。在伊斯兰教兴起前,哈兹拉吉部落与奥斯部落因争夺土地而长期互相残杀,犹太部落则起着维持不稳定的均势的作用,从这些犹太部落的名称和生活用语看,他们大半是犹太化的阿拉伯人,但他们的核心或许是流散的犹太人。把麦地那的名称解释成"先知之城",则是晚起的说法。

　　定期集市　游牧部落每年都有朝拜圣地的习俗。某些著名的圣地会成为几个部落的共同朝拜的地方。举行宗教仪式时,圣地就成了停止械斗的禁地,同时也为人们交换商品提供了便利。于是,集市与宗教仪式发生了联系,交换也逐渐地不仅限于商品。在重要的商业中心附近,就会形成一年一度的定期集市。据传,这种每年一次的集市,在禁月中举行。

29

乌卡兹、阿曼、亚丁、萨那、哈达拉毛，是"蒙昧时代"阿拉伯半岛的五大集市。希贾兹的乌卡兹，位于麦加东面，相隔约100公里，与其西南的塔伊夫相距约35公里。大约在公元556年以后，乌卡兹集市跃居五大集市之首，在每年的禁月11月，举行规模盛大的20天集市。此外，它还是最重要的文化和舆论中心，各部落的诗人都要到那里去朗诵自己的诗作，争取最高的荣誉。据说，著名的七篇《悬诗》，都在集市上获得过一次优胜，曾用泥金描绘，悬挂在克尔白的墙上。一位诗人若不在这里成名，就永远不会成名。正是这种文学集会，以及对克尔白朝觐和同麦加的商业关系，阿拉伯人才有了共同的风俗习惯、共同的荣誉观念、共同的社会心理，同时也形成了驾乎部落方言之上的共同语言。

麦加的经济地位　公元6世纪以后，麦加才真正有了重要的经济地位。古来氏商人与叙利亚、希拉、也门和阿比西尼亚有定期的商业往来，从事广泛的转运贸易。他们每年组织两次大规模的商队，在冬夏前往南方或北方。这些商队是麦加的各氏族联合经营的，甚至妇女也和贩运的货物利害攸关。商队的规模相当可观，据瓦基迪的传述，卷入白德尔之战的麦加商队，共计有骆驼1000头，货物约值5万第纳尔。有时在其他季节也派出一些小型的商队，同时还可以发现与非洲进行海上贸易的迹象。麦加附近的一些集市，包括最重要的乌卡兹集市，构成麦加商业活动的一部分。麦加的部落领袖们在贸易活动中的丰富经验和精明才干，赋予他们以合作、自制和组织能力。尽管每个氏族是独立的，整个部落的共同利益还是置于首要的地位。部落议事会马拉的主要职责是组织统一的商业活动，麦加的居民完全依靠转运贸易和集市贸易为生。古来氏部落团结一致的基础在于共同的经济利益，转运贸易的垄断地位是麦加富裕的保证。没有部落的团结一致，脱离富有经验的部落领袖和马拉，根本不可能保持这种霸权地位。由于具有这些条件，到6世纪末，麦加逐步控制了希贾兹及红海海岸地区，跃居为转运贸易的商业重镇。

麦加的社会变化　早在库赛伊死后不久，内部古来氏人中就发生了冲突。库赛伊的儿子阿布杜·麦那夫向其兄弟阿布杜·达尔的儿子争夺权力,由此形成两个集团。麦那夫、艾赛德、佐赫赖、泰姆和哈里斯等氏族组成"香料集团",阿布杜·达尔、麦赫祖姆、赛赫姆、祝麦赫和阿迪等氏族结成"联盟集团"。传说双方一度几乎兵刃相见,后来及时达成协议:阿布杜·达尔氏族保留名义上的特权,麦那夫氏族则攫取部分实权。公元6世纪初,阿布杜·麦那夫的儿子哈希姆发展了转运贸易,使古来氏商人在罗马帝国境内得到保护。他的弟兄穆塔里布、阿布杜·舍姆斯和诺法勒,又与阿比西尼亚、也门和波斯的统治者订立商业协议,还为麦加商队途经阿拉伯部落领土的安全取得保障。到6世纪末,商业经济的发展引起私有观念的滋长,合伙贸易的需要经常改变氏族间的亲疏关系,在氏族之间产生激烈的竞争,不断削弱作为部落统一基础的血缘关系。在国际政治和商道变化的复杂形势下,固守传统观念和习俗的氏族日趋式微,而精明强干的氏族开始崭露头角。也门被外族占领以后,依赖南部商队的哈希姆、穆塔里布等氏族,经济收益受到影响。而舍姆斯、诺法勒等氏族却富裕起来。原来的香料集团因此发生分化。麦赫祖姆等氏族由于借助塔伊夫经营与波斯的贸易,已跻身于麦加最富有的几个氏族之中。为了保持垄断地位,舍姆斯族与麦赫祖姆族合作组织大型商队,改变了麦加各氏族之间原有的关系。

麦加新的部落领袖是唯利是图、不顾氏族道德的商业贵族。他们不尊重部落传统的男子气概和荣誉标准,凭借财富和权势,利用部落组织,不择手段地谋求商业霸权,甚至不惜发动"违禁的战争"。中小氏族约于580年建立的"孚杜勒联盟",就起源于反对部落贵族背弃传统道德的某些行为。氏族之间的争斗,反映古来氏部落贫富分化所产生的一系列社会矛盾。部落统一的基础正在瓦解,共同的经济利益开始代替血缘纽带成为结盟的主要基础。

在穆罕默德传道的几十年里,麦加社会就处于这样的急剧变化之中。一方面,发展贸易的共同需要,产生了紧密的依赖的经济关系。古来氏部落对外的团结一致和转运贸易的垄断地位,是麦加繁荣的前提。另一方面,财富的增加和商业的竞争,使各氏族为维护各自的利益倾向于各行其是。甚至在氏族内部,氏族贵族利用特权聚敛财富,重视队商贸易的合伙关系而忽略本氏族的贫困成员。为此他们可以毫不犹豫地否认血缘关系,拒绝履行传统的氏族内的义务,对于不幸和窘困的亲属弃之不顾。部落领袖和富裕氏族也竭力利用部落制度和宗教仪式以掩盖剥削和欺诈行为。在部落的外壳下蕴藏着不可克服的利益冲突。但是,麦加的社会矛盾还隐蔽在氏族制度中。为了防范游牧部落的劫掠和保护队商贸易的安全,麦加一直保持着部落的军事组织。在地域和血缘统一的基础上,经济利益又把各氏族联结在一起,氏族组织在社会经济活动中还在起作用。所以,穆罕默德内心的激情没有直接迸发出社会改革的要求,而是以独一的安拉的名义,向信奉拜物教的部落贵族宣布:改悔吧,因为判决之日临近了!

第四节　阿拉伯人的宗教与文化

部落宗教　阿拉伯部落宗教是闪族信仰的最古老的形式,它主要是集体的崇拜仪式,而不是个人的信仰。阿拉伯人遵奉宗教的习俗,既是尊重传统的礼仪和风俗,也是顺从部落的统一意志。每个部落都有自己的神灵,同时也承认其他部落的神灵在各自范围内的权力。神灵一般都有固定的住处,其象征通常是一块石头,有时是树木、井泉或岩洞。宗教仪式的核心是献祭。圣石常常用作祭坛。通过分享祭牲或蘸舔血液,神灵就与部落建立了血缘关系,成为部落的守护神,有时变成部落的祖先。在举行仪式期间,人们要遵奉戒除性交一类的禁律,要隆重地给男孩举行割礼。地点总是在水源附近,以便执行洁净的规定。举行仪式的区域构成一块禁地,有时是一片不许外族人放牧的牧场。在此类禁地内,禁止砍伐树木、猎取禽兽和杀人流血。禽兽、树木和人的生命,与禁地中居住的神灵一样,享有不受侵犯的权利。受到复仇者追索的人,在禁地内受到保护。即使在神灵的概念形成以后,禁地的石头、树木、岩洞、井泉等自然物仍是圣洁的,因为这些自然物构成了媒介,崇拜者以此才能与神灵发生直接的联系。有些迁徙不定的贝杜因部落,将圣石安放在红色的帐篷里,在重要场合里则抬着或供奉在驼轿里,类似于希伯来人的"约柜"。有的神灵也为不同的部落所敬奉,在一个部落迁走以后,神灵留在原地接受其他部落的朝拜。重要的神灵逐渐成为几个部落在固定季节共同朝拜的对象。在朝拜的各种仪式中,最显著的是围绕圣物的列队行进仪式。巫士在队列前以节奏快速的半谐音韵句高诵咒语,人们在绕行时伸手触摸圣物,以便从中获取超自然的力量。贝杜因人最重要的朝觐中心是希贾兹的几个圣地。他们在集市结束后前往麦加,参加克尔白和阿赖法的绕行和行进仪式,然后在克尔白四周的360块"圣石"——或作祭坛,或作偶像,或兼而有之——上宰杀祭牲,把血洒在朝向克尔白的那一面上,祭牲就供奉在石头上。

阿拉伯人的部落宗教,只是感觉欲望的宗教。他们向神灵奉献祭品,企图得到神灵的报答,而神灵负有保护和赐福的义务。在他们的宗教观念中,没有说明神灵起源的神话,也几乎不存在由部落神发展而来的具体造像。语言本身也在"神的住所的石头"(沃斯恩)和"雕塑的偶像"(赛奈姆)之间作了区分。前者是指拉特和默那的祭坛;后者源自阿拉米语"偶像"(赛莱姆)一词的转借语,大概是指从叙利亚输入的偶像胡伯勒。

原始巫术与卜士 在阿拉伯人的部落宗教中,充斥着形形色色的卜士,但不存在真正的祭司职务或教士阶层。卜士(卡欣)的职能是发布神谕和预言,用神签决疑,主持朝拜或祈雨一类的迎神仪式。圣地护卫(萨丁)只是圣石或圣地的世袭监护人,他不主持献祭,因为每人都有权自己宰杀祭牲。占兆者(阿伊夫)能从飞鸟走兽的动向解释预兆,占卜吉凶,并裁决棘手的内部争执和血统问题。其中最重要的是卜士(卡欣),特别是女卜士(卡希娜),他们被认为具有一种神秘的力量,能够祈雨驱灾,除病辟邪。他们也行使仲裁人的职责。在部落战争中,他们伴随着驼轿,预卜敌人移动和谋划的情报,并用咒语使敌方的武器和战术失灵。在长期的部落战争中,随着部落宗教的解体和巫术的衰微,他们的地位逐渐被诗人所取代。

诗人 阿拉伯人称诗人为"沙仪尔"(本义是"感知者"),认为他们掌握超自然的知识,传之于不可见的精灵或魔鬼;在战时能用语言使敌人遭殃,成为部落的代言人和鼓动者,在平时则是部落的引导人。诗人作为一个部落的智者,精通本部落的宗谱和祖先的功绩,熟知各自的牧场、疆域和权利,了解敌对部落的心理弱点和历史耻辱。因此,他们的口舌有时能比战士的勇武产生更有效的打击。后来在颂扬和讽刺这两大主题中,诗人大力主张道德对比和道义的约束力,借以维护部落的生存。诗人表达和制定了较高的道德规范,明显地避免触及贝杜因人的较为低下而粗野的习俗。这些诗歌凭着口耳相传,成为当时阿拉伯人共同的精神财富,不仅是传世的文学珍品,而且具有历史资料的价值。

部落的美德和荣誉 阿拉伯人的道德标准称为"穆鲁阿"①(意为"美德")和"伊尔德"(意为"荣誉")。伊尔德是与宗谱的高贵和血统的纯洁相联系的,维护荣誉被认为是规范部落和个人行为的最高准则,损害一个人的荣誉便会招致致命的报复。维护荣誉的手段就是穆鲁阿。它的要素是勇敢、忠诚和慷慨。勇敢体现在劫掠和复仇上。慷慨要求能为不速之客和贫穷无告者宰杀自己的最后一只骆驼。忠诚即是无条件地忠于部落。到公元6世纪初,一种超越部落的美德——勇敢善战、忍受患难、有仇必报、扶弱抑强——成为部落共同的生存依据。部落关系仍是个人生存的条件,因此,个人的命运并不重要,也没有关于个人永生的信仰,永生存在于部落。但是,大批处于依附地位的弱小氏族在频繁的战争中出现,削弱了血缘关系的重要性。不稳定的游牧生活,使人们感到有一种不可捉摸的力量难以抗拒和抵御。至于不断降临的灾难,诗人都归咎于命运和光阴。每个人的享有、寿限、性别和幸福都听凭盲目的命运主宰,人类的活动和能力要受光阴的无情摆布,

---

① "穆鲁阿",本义是"男子气概",后来才发展为"美德"之义。

部落的美德和荣誉为之黯然失色。在古典诗歌中,常常表现出对生命短促、人生艰辛、祸福无常、爱情不永的悲叹哀伤。这种个人意识的产生,是对以外在仪式为特征的部落宗教的怀疑和否定,也是要求摆脱漠视个人的集体观念的觉醒。

精灵崇拜 贝杜因人在接触犹太教和基督教的宗教观念之前,还没有来世生活和灵魂不朽的观念。他们认为死者是在某个阴暗的住所睡觉,在一定的时间内还有半知觉状态。妇女的哀歌和嚎叫仿佛想挽回离开尸体的灵魂。男人则用誓言安慰死者。埋葬死者时通常都举行献祭:把骆驼拴在墓前,断其筋腱,让它慢慢死去。他们从不在坟堆上加添石头或树枝,忌讳乘骑经过墓旁。他们相信有一种超人的力量控制着周围的自然界,但用巫术能役使它。随着巫术的衰落,它进而与神灵区分开来,被设想成和人类一样具有繁衍,也受死亡支配的精灵。这就是阿拉伯语的"精尼"。人迹常至的地区,由神灵主宰;人迹罕见的荒野,归精灵统治。精灵即成了这种观念人格化的产物,在传说中常常伪装成性格残暴的贝杜因人出现。[①] 在伊斯兰教时代,精灵的数量增加了,因为拜物教的神灵都被贬入精灵的行列。

犹太教 一神教对阿拉伯人的影响可以追溯到很远。从所罗门时代起,犹太教与阿拉伯人就有了接触。在希腊化和罗马时代,犹太商人活动于也门到耶路撒冷的商路上。大约在公元1世纪,犹太移民开始进入阿拉伯半岛。在半岛南部,犹太教曾产生过很大的影响,希木叶尔王室改奉犹太教为国教,并对当地的基督教社团加以迫害。在半岛西北部,犹太人作为组织严密和居住集中的农业社团,在太玛、斐达克、海巴尔、雅斯里布和瓦迪古拉等地占据了绿洲的良田,从事农业和手工业生产,同时还垄断了当地的集市和金属制品贸易,在经济上占有优势。另外,阿拉伯人的古典诗歌

---

① 在《古兰经》中,精尼是安拉用火焰创造的(55:15),常常诱人作恶(6:128)。麦加的异教徒还认为安拉与精灵之间有姻亲关系(37:158),以精灵为他的伙伴(6:100),并祈求精灵保护他们(72:6)。

中,有许多涉及犹太人的诗句;《乐府诗集》和祝希麦的《诗人传》,都专门提到了犹太诗人。犹太诗人赛毛艾勒·本·阿迪雅,由于不顾儿子被杀,坚持信守对伊木鲁勒·盖伊斯的诺言,使他的名字在阿拉伯人中成了"忠实"的同义词。这反映犹太人在阿拉伯人的文化生活中的重要地位。但在宗教上,犹太人不仅保留了拉比、会堂、学校、经典和律法,而且也继承了排斥外邦人的传统。他们一般不愿向拜物教徒详细介绍经典中的寓言传说,只有少数人将一些故事赋予阿拉伯的历史背景,或在流行的阿拉伯传说中增添一位犹太教天使,以向阿拉伯人宣传教义律法。在乌卡兹集市上,宗教观念的传播就是这样与商品交易同时进行的。因此,犹太教的一神教义和历史传说,虽给阿拉伯人带来新的观念和知识,进一步冲击了正在解体的部落宗教,但对部落民的影响,多半停留在表面上,并且局限于城镇和集市附近。

基督教 基督教对阿拉伯人的影响,就广义的阿拉伯半岛而言,几乎与其自身的历史一样古老。据说保罗曾在沙漠的阿拉伯人中间住了三年。尼西亚会议上,有五名阿拉伯主教出席。几个世纪以后,北部边境的加萨尼王朝和莱赫米王朝先后改奉基督教的一性派和聂斯脱利派,从而对半岛内部,主要是北部的游牧部落产生影响。受基督教迫害的教士,在内地传播各种异端教义。公元6世纪初,奈季兰成了基督教的重要据点。奈季兰的大教堂,据说是一座装饰着拜占廷皇帝赠送的大理石和镶嵌砖的壮丽建筑。一性派在奈季兰的重要集市传播,甚至在南部边远地区有所发展,由于他们与入侵的阿比西尼亚的关系,奈季兰的赛义德被阿拉伯人叫作"阿比西尼亚总督"。在北部,由于拜占廷帝国设谋拘捕加萨尼国王和长期迫害一性派,在阿拉伯人心目中,基督教与背信弃义联系在一起,这无疑阻碍了基督教的传播。西奈半岛有一所正教的修道院,周围还有一些隐士,但看来在阿拉伯人中几乎没有什么影响。

在希贾兹,基督徒主要是一些小商、酒贩、屠夫和奴隶,还有各种异端的修士和隐士。他们人数不多,散处于绿洲的城镇和游牧

营地,没有自己的社团和教堂;在神学上简单粗糙,而且互相攻讦,
还杂糅有浓重的犹太教成分。由于阿拉伯队商和北部基督教地区
居民频繁往来,基督教的修士或隐士经常在集市上布道。阿拉伯
人对基督教的教义、传说和仪式多少有了一定的了解。他们按照
传统款待基督教徒,而商道上的修道院和隐士居所也欢迎阿拉伯
人。古典诗歌不仅经常提到基督徒以及他们的生活方式,而且还
产生了几名基督教诗人。现有的资料还不足以证明基督教在半岛
北部生了根,只可以说明许多诗人对于基督教观念及术语是熟悉
的。大量的阿拉米词汇变成了古典阿拉伯语,人们的宗教观念也
复杂了一些。

女神崇拜　公元 6 世纪时,以麦加为中心出现了超越部落的地
方神灵。这些神灵后来被穆斯林贬为偶像或"配偶"。其中最受崇
拜的,是麦加人称为"安拉女儿"的三女神:拉特、欧萨和默那(53:
19—20)。拉特(本义是"女神")的祭坛是一块方形的白石,位于塔
伊夫附近的瓦吉谷地。麦加人和其他地方的人都到那里去朝拜和
献祭。塔伊夫把她尊奉为"女主宰"。希罗多德曾提到她的名字艾
里拉特。她是奈伯特和巴尔米拉的一个神灵,后来为许多贝杜因
部落所崇拜。欧萨(意为"大能者",她和拉特大概都起源于金星,
分别代表启明星和长庚星)的祭坛在麦加东面奈赫莱的加卜加卜
山洞前,由三棵阿拉伯胶树组成,其中的一棵是欧萨树。希贾兹有
许多部落向她献祭,但她在麦加最受尊崇。据说,穆罕默德年轻时
向她献过祭。默那(意为"命运")是司命运和时间的女神,据说掌
管能剪断生命之绳的剪刀。在麦加和麦地那之间的古戴德有她的
圣坛,是一块黑石,曾是麦地那阿拉伯人的朝拜和献祭之处。她被
认为是最古老的神灵,是阿拉伯人的家神。这些神灵受到诸多部
落的信奉,是氏族社会解体和世界性经济力量变幻不定的现实在
宗教观念上的反映。由此体现的宗教领域内综合、抽象和统一的
趋势,是阿拉伯民族和政治统一进程的必然结果。

克尔白　麦加的崇拜中心克尔白是一座立方体型的简单建
筑,原来没有房盖。墙上嵌着一块黑色的陨石,被阿拉伯人当作神

物崇拜,成为朝觐者都要抚摸的圣物。约在公元 608 年,古米氏人利用一只触礁的拜占廷商船残骸,重建过克尔白,并加上了屋顶。当时,克尔白最显赫的神灵是胡伯勒(发源于阿拉米语,意为"蒸汽"、"精神")。他是一个真正具有人形的偶像,旁边摆着卜士用以决疑的神签。据说胡伯勒是胡扎阿人从美索不达米亚引进的,被用来替代原来受崇拜的那位神灵阿尔-伊拉。穆罕默德克复麦加后,他和其他偶像一齐被捣毁了。

安拉 安拉是阿拉伯人的一位古老神灵。古代南阿拉伯语的铭文中就有这个名称;作为泛指的神,也出现在奈伯特的人名中。在公元前 5 世纪的列哈彦铭文里,这个名称屡次出现。列哈彦显然曾是阿拉伯半岛崇拜这个神灵的中心。安拉是普遍崇拜的阿拉伯神灵,还是扩大崇拜范围的部落神,迄今尚无定论。从《古兰经》中看,至少麦加人已经认为,安拉是造物主、最高的养育者、盟誓和契约的监督者、流落他乡的异族人的保护人、在特别危急的时候可以呼救的唯一神灵。穆罕默德信奉的安拉与麦加人的概念显然有所不同。在伊斯兰教兴起前,安拉作为至上神的观念虽然被人熟知,但这位"天房之主"在宗教仪式和现实生活中还未占有真正的统治地位。"天地间唯一最高的神"观念的发展,不仅显示了原有宗教意识的融合和升华,而且还反映了犹太教和基督教的强大影响。

哈尼夫 在伊斯兰教兴起前,阿拉伯人中间已经出现了模糊的一神观念。氏族制度的瓦解和社会矛盾的加剧,使得部落宗教的观念和仪式越来越不合时宜。在这种背景下,一些人对以外在仪式为特征的拜物教感到厌倦,产生了对个人信仰和道德的追求,开始转向超越部落的有关个人得救的宇宙神信仰。但是,正在激烈竞争的基督教和犹太教,带有异族入侵的背景,尽管明显优越于阿拉伯人的拜物教,却有悖于阿拉伯人的民族感情。因此,有人在宗教领域中进行探索,主张追求真正的一神信仰。

这些人后来被称为"哈尼夫"(意为"真诚者")。先知的传记中提到四名麦加的哈尼夫,其中韦赖盖·本·诺法勒、奥斯曼·本·侯韦里斯、欧贝德拉·本·加赫什三人后来都成了基督徒,只有宰德·本·

阿慕尔(欧麦尔的叔父)不是基督徒,也不是犹太教徒。他因为否定麦加的偶像崇拜遭到驱逐,独自在麦加附近的山上隐修。有的资料还提到另外几个哈尼夫,如伊雅德族的库斯·本·赛仪达(他曾被误认为是一名基督教主教,穆罕默德在乌卡兹集市上听过他的讲道)、塔伊夫的倭马亚·本·阿比·赛勒特、麦地那的阿布·阿米尔等,后两人都是早期伊斯兰教的激烈反对者。这些哈尼夫声称追随"易卜拉欣的宗教",厌弃偶像崇拜,拒食祭牲腐肉,谴责活埋女婴,甚至反对部落贵族的特权。从他们的苦行隐修方式和宗教态度看,他们已经感受到时代的变化,为种种宗教问题所困扰,显示了基督教和犹太教的影响以及建立一神教的趋势。他们作为宗教领域中主张改革的先驱,可以视为穆罕默德接受一神教义的媒介。但是,能为广大阿拉伯人接受和信奉的新宗教,必须完全独立于基督教和犹太教,又要能担负社会变革的历史任务。这一超出哈尼夫的模糊一神观念而进一步发展一神信仰的使命,是由穆罕默德完成的。

第二章 穆罕默德与伊斯兰教的兴起 (610—661)

第一节 穆罕默德在麦加的创教活动

穆罕默德的青少年生活 穆罕默德是唯一出生在已有充分历史记载的时期的"先知"。可是,人们对于他的早年生活知之甚少,在提供他的传记材料的圣训中,为现代史学家确认为信史的内容并不多。据穆斯林传说,他出生于象年,这肯定不足凭信。根据各种推算,他大约出生在公元 563—573 年,一般都定为 571 年。在《古兰经》中,他的名字是"穆罕默德"(3:144;33:40;47:2;48:29),意即受到高度赞扬的人;也被称为"艾哈迈德"(61:6)。他的父亲阿布杜拉在他出生前已经去世。在他 6 岁时,母亲阿米娜死于从麦地那返回麦加的归途中。他的祖父阿布杜·穆塔里布和伯父阿布·塔里布相继担负抚育孤儿的责任。他所属的哈希姆氏族是古来氏部落的核心氏族,但不是麦加居统治地位的富裕氏族。据说,他的曾祖父哈希姆开创了每年夏、冬两季的队商旅行,并与叙利亚建立定期的贸易关系,使古来氏人开始从事国际转运贸易。哈希姆本人早死在巴勒斯坦的加沙,他的兄弟又与波斯、也门和阿比西尼亚建立类似的贸易关系,并从阿拉伯部落中为队商获得安全保障。据说穆罕默德的祖父阿布杜·穆塔里布曾重新发现并开掘出在一场部落冲突中被填没的渗渗泉,因而受人尊敬。他可能主要是担任部分中小氏族的首领。在穆罕默德的青少年时期,哈希姆氏族正处于式微之中。倭马亚和麦赫祖姆是麦加控制队商贸易、最有权势的两个氏族。穆罕默德从小没有受过教育,要从事牧羊等力所能及的体力劳动。据说,穆罕默德 12 岁时,跟随阿布·塔里布参加一支商队前往叙利亚,归途中在布斯拉遇见一位基督教隐士贝希拉①。这位基督教隐士预言了他的未来。围绕着这个传说,后来衍生出许多类似的故事,目的都是为了证明穆罕默德早就被一神教徒承认为先知。穆罕默德成年以后参加过许多次队商贸易,在途中完全有可能遇见犹太教徒和基督徒,这些会见对他产生过什么影响,从上述传说中很难得出可靠的结论。

赫蒂彻　穆罕默德在 25 岁时受雇于诺法勒氏族的赫蒂彻·宾·胡韦利德,替她经办商务。赫蒂彻的两个前夫从事商业,家道小康,丈夫死后她独自支撑门户。据说,穆罕默德对一次队商贸易所作的精明判断给她留下深刻的印象,同时,他的某种魅力也使她迷恋。她向穆罕默德主动求婚时,大多数资料说她已年届 40 岁。结婚后,她为穆罕默德生了四男两女,两个儿子都在幼年夭折。不过,与赫蒂彻结婚后,穆罕默德的生活发生了重大转变,从此摆脱为人帮佣以维持生计的贫寒困境。《古兰经》中说:"你的主没有弃绝你,也没有怨恨你……难道他没有发现你伶仃孤苦,而使你有所归宿?他曾发现你徘徊歧途,而把你引入正路;发现你家境寒苦,而使你衣食丰足。"(93:3—8)而且,赫蒂彻对他的信任和支持,特别在伊斯兰教的初期阶段,具有决定性的影响。赫蒂彻在世时,穆罕默德没有另娶妻子,就是这种影响的证明。

穆罕默德在麦加有了一定的财产和地位后,可以在闲暇时间去思考他感兴趣的问题。但是,对他结婚后到"为圣"前的 15 年生活,我们仍然一无所知。据说,他在 35 岁时得到了"艾敏"(意为"忠实可靠者")的称号,反映他的社会地位有所提高。至于他在这一时期形成宗教思想的精神背景,尚无足资凭信的资料。关于天启和先知的概念、宇宙一神和个人救赎的信仰、死者复活和末日审判的教义,以及类似《圣经》中的许多传说,显然是他受犹太教和基督

---

① 据穆斯林史学家麦斯欧迪称,贝希拉的名字叫塞尔基斯,是巴林的阿布杜·盖伊斯部落的一名阿拉伯人。在叙利亚语中,"贝希拉"意即"教士";有时,人们称为"聂斯脱尔",亦即"聂斯脱利派教士"。

教影响的证据。他的观念杂糅有基督教伪经和犹太教经外传说的因素，很可能是间接获得的知识，大概来自不谙神学的商人和奴隶。麦加的一些"哈尼夫"，如赫蒂彻的堂兄韦赖盖和宰德·本·阿慕尔，或许是穆罕默德转向一神教的桥梁。

希拉山洞的苦修生活 穆罕默德将近 40 岁时，据说常到麦加城北 5 公里的希拉山上去，在一个山洞里静居隐修，昼夜沉思冥想。据说在公元 610 年的一天夜晚，他在希拉山洞里正当精神恍惚之际，忽然接到"蒙召"的"启示"。后来，伊斯兰教就称该夜为"高贵之夜"或"受权之夜"。

穆罕默德不断接到通过圣灵降临的启示，起初他认为圣灵就是天使伊斯拉菲来，后来才确认为哲布勒伊来（即《圣经》中的天使长迦百利）。《古兰经》中没有确切说明天使是怎样显现的，只是说："他在东方的最高处，然后他渐渐接近而降低，他相距两张弓的长度，或更近一些。他把他所应启示的启示他的仆人。"（53：7—10）这完全是穆罕默德在希拉山洞的神秘主义体验，不论他内心听到的是以前听说过的观念，还是自己长期郁结于心的思虑，他个人的真诚和虔信是无庸置疑的。

最初的信徒 最初，穆罕默德只在至亲密友中传道。他的妻子赫蒂彻，因受堂兄韦赖盖的影响而首先成为他的皈依者。最早的信徒还有他的年轻的堂弟阿里（由他收养）和释奴宰德·本·哈里斯（他的义子）。宰德来自信奉基督教的凯勒布部落，他或许是向穆罕默德提供一神教知识的一位重要人物。在家庭的圈子之外，阿布·伯克尔是最重要的人物。跟随他加入伊斯兰教的还有赛尔德·本·艾比·瓦嘎斯、脱勒哈·本·阿布杜拉、祖白尔·本·奥瓦木、阿布杜·拉赫曼·本·奥弗、奥斯曼·本·阿凡。此后，在他的影响下，阿布·欧拜德·本·哲拉哈等人也成了首批信徒。

经过三年的准备和酝酿。穆罕默德大约在公元 613 年开始公开传道。这时，他还不是一种新宗教的自觉传播者，只是自己确信有责任向族人传达启示的警告，号召他们赶快改悔，以免在即将来临的末日审判时被罚入火狱。起初，他的布道没有遇到强烈的反对,很快就集合了40多名皈依者。这批以"年轻和贫弱"为特征的早期信徒中,有麦加统治氏族和家族的失意子弟,有中小氏族的重要成员,还有各氏族的依附民、释奴和奴隶。这些人比较深切地感受到商业经济和贫富分化所产生的社会后果,或者自身不同程度地受到损害和排挤,因而对于背弃传统的美德和荣誉观念、不顾一切地聚敛钱财和控制贸易的做法极为不满。穆罕默德向他们传达的"启示",提供了对现实社会的说明,主张以顺服安拉的教胞情谊作为社会的基础,反对以金钱关系取代氏族的血缘关系。穆罕默德强调,末日审判完全是对个人行为的裁决,与血缘和氏族关系毫不相干。遵行天启诫命而不断净化自己的信徒就是一名穆斯林。

早期启示的社会意义 从早期的经文看,穆罕默德传道的核心是死者复活和末日审判。其中没有强调安拉独一,也没有谴责多神崇拜。经文抨击了不顾氏族义务、排斥近亲贫人、欺凌孤儿弱者、侵吞财产、唯利是图的罪恶;宣布末日审判是对个人道德行为的清算,信道及行善者将进入"下临诸河的"天园享受优厚的报酬,而不信道的罪人则将被罚入火狱而备受煎熬。正是这些以天启名义发出的教诲,与麦加贵族的世俗观念截然对立,直接触及麦加的社会现实,从而拨动了下层群众的心弦,激起强烈的反响。

在《古兰经》的全部早期经文中,安拉的善行和威严总是与道德正义紧密相连,而末日审判又和现世罪恶不可分割。在逼真生动的文辞中,迫近的浩劫、火狱的酷刑,必定与"获得财富的时候是吝啬的"、"在大地上作恶"的人(70:21;42:27)相提并论。《古兰经》认为,追逐财富的欲望是麦加社会产生罪恶的渊薮,对财富的信赖是导致道德沦丧的原因。它教诲人们,要从信赖财富转为信赖创世主,由追求来世的永恒福乐代替企慕今生的虚荣浮华。经文斥责麦加贵族:"你们不优待孤儿,你们不以济贫相勉励,你们侵吞遗产,你们酷爱钱财。"(89:17—20)谴责他们"称量不公"(83:1),"不肯借人什物"(107:7),"聚积财产"(104:2),"竞赛富庶"(102:1),"他以为他的财产,能使他不灭"(104:3)。《古兰经》称他们为"卡菲

43

尔"(意为"不信者和异教徒")①。"卡菲尔"不仅表示对财富的占有,而且也包含占有财富的态度;他们仰仗私有财产,自认对安拉无求,相信金钱万能,而对安拉忘恩;他们操纵麦加的经济和公共事务;他们专横跋扈,对穷人、弱者以财富自夸,高傲自负,否认报应。经文指出:"你曾见否认报应日的人吗?他就是那个呵斥孤儿,且不勉励赈济贫民的人"(107:1—3),"那是因为他是有财产和子嗣的","以私欲为主宰的人"(68:14;45:23)。《古兰经》呵斥道:"该死的人!他是何等的忘恩!"(80:17)"人确是悖逆的,因为他自己是无求的。"(96:6—7)

因此,经文要求信徒对安拉感恩,而感恩的主要表达方式就是礼拜。礼拜作为初期伊斯兰教的主要特征,是《古兰经》自始就十分强调的(108:2;87:15),而对于穆斯林的最初迫害也是针对礼拜仪式的(96:10;72:19)。

对安拉的感恩还必须"奉行他所命令他的事务"(80:23)。在早期经文中,主要的诫命就是"净化自己"。作为行为规范,它与"违背正道,稍稍施舍就悭吝"(53:33、34)的人相反,"他虔诚地施舍他的财产"(92:18),"他们的财产中,有乞丐和贫民的权利"(51:19)。在麦加时期的经文中,这种"净化"的诫命,全都限定为对财富的正当使用,即为了避免沦入火狱,不得为私欲积聚财富,而应"赈济贫民,敬畏真主"(92:5)。它所强调的慷慨施舍,反对麦加贵族的吝啬贪婪和欺诈掠夺,正是穆罕默德在麦加时期得到中小氏族和下层群众支持的基础。到麦地那时期,"净化"的道德诫命演变成为社团管理的"天课"制度,并发展成为后来的哈里发国家的一种税收。

这样,早期经文反复要求的"谨守拜功,完纳天课",将信仰与个人道德结合起来,并通过对今世行为的最终审判,成为新宗教的

---

① "卡菲尔",本义"忘恩"(意即"抹煞或掩饰安拉的恩典"),引申为"高傲、无求、自负和专横"。

基点。

古来氏人的迫害 公元615年,穆罕默德宣读了一节经文,承认三女神能代人向安拉说情。这就是传说的所谓"魔鬼的启示"。接着,穆罕默德宣布,他得到天使的证实,这节经文是由魔鬼作祟加入"启示"的谎言。事实上,这可能是穆罕默德为争取部落上层支持而作出的妥协的尝试。但他很快就意识到,这意味着放弃自身生存和发展的权利。如果通过传统的献祭,"安拉的女儿"能替罪人说情,使之免于罚入地狱,那末,末日审判就失去意义。假若各类偶像都能行使神权,每名卜士都可以发布神谕,安拉的"启示"及传递天命的使者还有什么权威?在这个关键的问题上,他退无可退,只有以安拉的授权为根据,与麦加的拜物教彻底决裂。从此,安拉的独一和偶像的虚妄代替末日审判的预言,伊斯兰教的发展进入一个新的阶段。

从615年起,麦加反对派对穆斯林的迫害日甚一日,但不像传说的那样暴虐。穆斯林遭到呵斥和羞辱,垃圾倒在他们的门前,没有防备的个人受到袭击和殴打。在经济上,有的拒绝偿还债务,有的拒绝合伙经营;在氏族内部,特别是奴隶和依附民,则受到虐待,例如用大石块压在他们的胸脯上,或令他们在正午的太阳下曝晒,以迫使他们放弃信仰。据说,阿布·伯克尔曾用大部分财产来替遭受迫害的奴隶赎身。在这种情况下,先后有两批穆斯林迁移到阿比西尼亚避难。他们在信奉基督教的阿克苏姆王国得到庇护。麦加人曾派出使节去要求把他们交出来,但被严辞拒绝。穆罕默德及其主要信徒依赖氏族的保护继续坚持传道。

麦加的贵族统治集团作为反对派,似乎更多地是出于政治和经济的考虑。他们担心穆罕默德的活动会影响整个部落的统一和贸易的收益。至少会损害麦加作为朝觐和集市中心的繁荣。在他们看来,穆罕默德宣传的一神教必然要损害古来氏部落最重要的经济利益,因为克尔白供奉着众多的偶像,是全体阿拉伯人朝拜的中心,古来氏人是克尔白的管理人。对统治氏族的首领来说,他们预感到穆罕默德作为先知的政治含义。特别是穆斯林们低下的社会地位,使他们感到影响自身利益的威胁。他们同样意识到,早期启示的道德观念与他们的致富手段和生活方式的尖锐对立。经文中内含的批判锋芒,终将导致在教义上安拉与偶像的势不两立,于是,对穆斯林在政治和经济上的迫害加剧。

617 年,哈姆泽、欧麦尔等重要人物皈依新宗教,给处境艰难的穆斯林以极大的鼓舞。欧麦尔的母亲属于居统治地位的麦赫祖姆氏族,他本人在麦加又享有很高的威望,是穆斯林望而生畏的一位反对者。他的皈依所产生的影响非同一般。但他们两人的皈依并没有从根本上改变穆斯林受迫害的状况。麦加的贵族们诱迫穆罕默德的伯父,即哈希姆氏族的族长阿布·塔里布,要他解除对穆罕默德的庇护。他愤怒地加以拒绝。接着,麦赫祖姆氏族的族长阿布·贾赫勒组织全部落的"联合抵制":断绝与哈希姆和穆塔里布两氏族的商业往来和通婚。这一行动实际上早就在策划之中,穆罕默德的传道只不过为这次经济制裁提供了借口。不过哈希姆氏族顶住了这次压力,继续维持着他们自己通往叙利亚的商队。两年以后,在中小氏族的反对下,"联合抵制"自动撤销,因为这种手段对于搞垮以穆罕默德为首的新宗教并无实际效果。事实上,这次经济制裁只是进一步加强了富裕氏族在经济上的垄断地位。

赫蒂彻与阿布·塔里布的去世 公元619 年,赫蒂彻和阿布·塔里布先后去世,这对穆罕默德影响很大。尤其是他的伯父和保护人阿布·塔里布的去世,使事情的性质更加严重。阿布·塔里布没有皈依伊斯兰教,但他却坚定不移地保护他的侄子。据说,他在去世前作了最后一次调解的尝试,由于穆罕默德和麦加的领袖们各持己见而失败。他的另一位叔父阿布·拉哈布继任族长。阿布·拉哈布的妻子来自麦赫祖姆氏族,这一氏族是新宗教的激烈反对者。《古兰经》里曾点名诅咒过他们(111:1—5)。阿布·拉哈布身为族长不能不对穆罕默德加以保护。但为时不久,阿布·拉哈布就找到借口取消氏族保护。穆罕默德在麦加陷入了困境,而对穆斯林的迫害有增无减。穆罕默德的目的本来是改变他的族人的信仰,但他的布道既不能改变麦加社会的发展趋势,也无法阻止私有观念的滋长。伊斯兰教在麦加无法取得进一步的发展,反而面临夭折的危险。现实迫使他抛弃他的族人,到部落以外去谋求伊斯兰教的生存和发展。

塔伊夫被逐 穆罕默德在麦加附近的集市上布道,失败后来到塔伊夫,试图取得塞基夫部落的支持和保护,或在那里建立穆斯林的居留地。塞基夫部落内部分为两个政治集团:马立克族和"联盟"集团。后者可能是塔伊夫的早期居民,并且是拉特祭坛的管理人,与古来氏部落关系密切;前者势力强大,与哈瓦津部落结盟。穆罕默德争取"联盟"集团的阿布·叶利勒三兄弟,但他的努力没有成功。人们不仅嘲笑他,还掷石头驱逐他,他不得不跑到麦加一位反对派的果园里去避难。他神情沮丧,不断祈求"真主的保护"。只是在取得另一氏族族长的庇护后,他才得以返回麦加。

登霄和夜游 就在穆罕默德寻找出路期间,发生了"登霄和夜游"的"奇迹"。据穆斯林传说,穆罕默德于一夜之间就从麦加到了耶路撒冷,从那里上升到第七层天并顺利地返回麦加。穆罕默德的这次神秘主义体验经过后代的渲染,在苏非派信徒中成为反复赞扬和借喻的题目。耶路撒冷这座犹太教和基督教的圣城,又变成了伊斯兰教的第三圣地,其地位仅次于麦加和麦地那。但在当时,穆罕默德公开宣布他的经历后,遭到古来氏人的嘲笑和怀疑。由于阿布·伯克尔的坚信不疑,才制止部分穆斯林的动摇。对于处在最困难时刻的穆罕默德,这次"登霄和夜游"不失为一次令人欣慰和激奋的宗教经历,是伊斯兰教发生重大历史转折的预兆。

阿克巴协议 在公元620年的朝觐季节,穆罕默德向来自各地的阿拉伯人宣传教义。有6名麦地那的哈兹拉吉人在乌卡兹集市上遇见穆罕默德,开始对他的布道发生兴趣。翌年,12名麦地那人,其中有3名奥斯人和9名哈兹拉吉人,再次前来,大概就邀请穆斯林前往麦地那一事与穆罕默德达成初步协议。穆罕默德派了一名忠诚的穆斯林随同他们回去,并在麦地那发展信徒。除了与犹太部落杂居的一个氏族外,几乎每个氏族都有了皈依者。622年6

47

月底,75 名代表来到麦加,正式邀请穆罕默德前往麦地那定居,希望他能够调解奥斯部落与哈兹拉吉部落之间多年的争端。他们在夜晚与穆罕默德秘密会面,并发誓服从和保护他。这就是著名的"阿克巴誓约"。麦地那的阿拉伯人之所以能够接受穆罕默德和伊斯兰教,一般认为是由于他们长期与犹太人居住在一起,受到犹太教期待弥赛亚降世重建民族国家观念的影响,使他们比较容易接受以一位宗教人物为中心的统一社团的政治观念。穆罕默德虽然未能使他的族人改变信仰,但他的高贵品质和政治才干却已名声在外。麦地那人从社会现实出发,在穆罕默德及其一神教义中,看到了一位具有宗教权威的阿拉伯领袖,以及制止内部仇杀、实现统一的希望。

迁徙麦地那 这时,穆罕默德确信,他在麦加的传道肯定不会成功。因此,他敦促所有的穆斯林迁居麦地那。大约在三个月的时间内,穆斯林分批离开了麦加,最后只有穆罕默德、阿布·伯克尔、阿里等人还没有动身。据说,在古来氏人决定集体刺杀穆罕默德的前夕,阿里冒着生命危险躺在穆罕默德的床上,使古来氏人相信他还在家。穆罕默德与阿布·伯克尔却乘机避开敌人的防范,在麦加南部的一个山洞里隐藏了两天,等到对他们的搜寻松弛下来后,才前往麦地那。公元 622 年 9 月 24 日(前勒比阿月 12 日),穆罕默德和阿布·伯克尔抵达麦地那南郊的库巴,受到了麦地那人的欢迎。这就是著名的"希吉拉"(意为"迁徙"),一项经过两年的谈判和计划而采取的重大行动。它意味着突破了迄今为止保护他们的血缘关系。这一事件是伊斯兰教发展史上的一个重要转折点,标志着麦加时期的终结和麦地那时期的开始。17 年以后,穆斯林领悟到这一事件的历史意义。所以,欧麦尔决定,以迁徙这一年的太阳年岁首(7 月 16 日)作为伊斯兰教新纪元的起点。

第二节　麦地那的穆斯林社团

麦地那的社会状况　在迁徙以前,麦地那和整个阿拉伯社会一样,处于氏族制度解体、阶级社会形成的激烈变化之中。在麦地那,源自同一祖先的奥斯和哈兹拉吉部落已分裂为 8 个独立的氏族,此外还存在 3 个犹太人部落和一些小氏族。麦地那是个以农业为生的绿洲。农业生产倾向于家族分散经营,争夺良田的斗争又促使了私有观念的发展。渴望掠夺土地致富的动机,使耕地毗邻、村舍相望的氏族之间日益频繁地发生冲突。仇杀和战争接连不断,卷入的规模和残酷程度逐步升级。开始的仇杀和游牧部落一样,主要目标针对个人和牲畜。后来目标越来越集中于侵占土地和村舍,驱逐和消灭弱小氏族。从赫帖卜战役起,仇杀和战争延续近 50 年,到公元 617 年,终于把所有氏族都卷进去,爆发了两大部落之间的布阿斯战役。在犹太部落的支持下,奥斯人打败一直占上风的哈兹拉吉人,但双方都遭到惨重损失,暂时处于不战不和状态。生产活动陷于停顿,椰枣的产量也大大下降。用于调节社会冲突的血亲复仇原则,因复仇的目的不易满足而变得漫无限制。原先由于土地纠纷偶尔发生的氏族冲突,逐渐变成以掠夺为目的的长期战争。因为缺乏站在部落之上、具有足够力量来制止双方冲突的权威,也没有一位超脱于敌对双方的强有力人物进行仲裁、调解,双方无法摆脱眼前的灾难。

这时,穆罕默德关于安拉独一和无限威力的说教、关于现世浩劫和末日审判迫近的警告、对古代民族遭遇厄运惩罚的渲染,以及对追逐财富的谴责和对道德正义的申张,吸引着麦地那人,婉转地迎合了他们的愿望和要求,给麦地那人带来结束战争、实现和平的希望。因此,麦地那人邀请穆罕默德,主要不是作为一位尚未成型的新宗教的创始人,而是按照传统惯例,作为一个具有非凡能力、可以帮助他们解决争端的仲裁人。伊斯兰教对他们的效用,最初还不是作为新的宗教信仰,而是保障人身安全和恢复社会秩序的政治权威。麦地那社会的现实需要,促使大批部落民皈依伊斯兰教,迫使氏族首领们接受了穆罕默德的先知地位。

麦地那的社团章程 根据阿拉伯的惯例,穆斯林迁徙麦地那以后也就放弃和终止因血缘关系而自动产生的一切权利和义务。在他

49

们与麦地那人共同组成的社会中,伊斯兰教成为支配人们的意识形态力量。这样,穆罕默德就有可能突破氏族制的外壳,以信仰为基础建立一个完全新颖的社团——乌玛①,来满足麦地那的现实需要。

穆罕默德与各个氏族集团订立了一系列的协议,组成一份"麦地那社团章程",作为乌玛的"宪章"。这份章程一开头就宣布:他们是区别于其他族人的一个统一的社团,由"古来氏和雅斯里布的信士和穆斯林,以及那些服从和依附他们并与他们共同作战的人"组成,包括麦地那的犹太人和异教徒。所以,起初它是一个由不同血缘和信仰的全体居民组成的地域性组织。不久,它就成为单一信仰的穆斯林社团。社团的首要目标是制止内部仇杀。章程规定,"不论何时发生恐怕会引起灾祸的事端和争吵,都应提交安拉及其使者"仲裁(第42和23条)。由于每个成员都置于整个社团的保护之下,血亲复仇就变成全体的职责。而且,报复被限于对凶手本人的惩罚,不许任何人加以偏袒,但鼓励以血金代替流血(第13和21条)。由此,安拉站在血亲和部落之上,委托穆罕默德行使检察和司法的权力,就能有效地保障内部的和平。社团的第二个目标是力图适应社会发展趋势来调整内部关系。在确立整个社团的和平安全后,章程规定,"信士们不得抛弃他们当中的债务人,要按合理的标准帮助他们偿付赎金或血金"(第11条),他们中地位最低的人也同样享有安拉的保护(第15条)。这样,在氏族制度无能为力的地方,乌玛取代了它的职责。这使伊斯兰教有可能向不断改变依附关系而失去血缘联系的弱小氏族和个人提供一种远比部落联盟更为稳固和广泛的联系。社团的第三个目标是共同抵御外部的敌人。章程条款和战争誓约(阿克巴誓约)使它带有明显的军事联盟性质。但是,宗教的目的和制止信徒相互复仇的义务(第19条),

---

① "乌玛"一词源自苏美尔语。在古代阿拉伯铭文中,它意指伦理和宗教的共同体,或指具有某种身份和特征的人群共同体。该词在《古兰经》中经常出现,可能间接转借自希伯来语(意为"部落"、"族人",引申为"民族"、"国家"),用意广泛,但主要是指由宗教纽带结合在一起的人群共同体。

使战争失去血族仇杀的意义。章程宣布的共同敌人是信奉异教的麦加古来氏人(第20和43条)。在制止内部仇杀后,社团所面临的只有一种战争,即反对多神教徒和不信者的"圣战"。因此,伊斯兰教在麦地那,不仅成为一种政治制度,而且也是一个军事组织。

乌玛的性质　穆罕默德在麦地那建立的乌玛,并未超出部落社会的范围,却包含了对社会结构的重大改革。由于团结乌玛成员的社会纽带不是体现在氏族制度的血缘关系上,而是隐蔽在共同信仰的地域关系中,它就成了阿拉伯社会第一个突破血缘关系的新型社团。在此之前,部落是唯一的社会组织,部落之上不存在任何公共权力。但在麦地那,这种部落意识已与社会发展不相适应,由此引起对超越部落之上的权威,即建立公共权力以制止内部冲突,依靠仲裁以维护和平与秩序的需要。只是这种公共权力以宗教的形式表现出来。安拉是宗教名义上的社团首领,其至上权威体现在降示给先知的启示中。《古兰经》中"服从真主及其使者"的命令,确立了具有立法权的政治权威,并且通过满足社会的现实需要而演变为凌驾一切之上的国家权力。安拉就是拟人化的国家最高权力,乌玛以他的名义行使国家的职能。乌玛的建立为在麦地那建立统一的民族国家迈出了决定性的第一步,它成为后来的哈里发国家的雏型。

穆罕默德的地位　起初,穆罕默德在社团内部面临着许多困难,从麦加迁来的穆斯林被称为"迁士"(穆哈吉勒),是穆罕默德的忠实支持者,但人数不多。麦地那的穆斯林被称为"辅士"(安萨尔),他们有服从他的义务。但在麦地那人中,关于是否约请这位外来的仲裁人的问题,自始就存在不同的意见。穆罕默德到来后,一些人虽然表面上接受新宗教,而内心依然保持怀疑和不悦,有时在暗地里伙同犹太人反对他。这些人被称为"伪信士"(穆纳菲克),其首领是伊本·乌拜伊。这些伪信者一度拥有强大的政治势力,穆罕默德对他们不得不采取安抚政策。在伍侯德战役前,"服从真主和使者"的命令在《古兰经》中大约出现了40次,而且还许诺:"谁服从真主和使者,真主将使谁入那下临诸河的乐园,而永居

51

其中。"(4：13)后来由于伊斯兰教给予他们带来明显的利益而使他们逐渐转变态度。据说,伊本·乌拜伊死后,穆罕默德参加了葬礼,并带领穆斯林为他祈祷,使很多伪信者真正入了教。自从壕堑战役以后,麦地那社团转变为一个受到四周游牧部落崇敬的政权,穆罕默德也成了无可争议的社团领袖。安拉是社团的最高统治者,通过他的使者发号施令。穆罕默德行使的职权是凭借着安拉授予的绝对的宗教特权。"谁服从使者,谁确已服从真主。"(4：80)穆罕默德在麦地那的地位最终确立。

白德尔之战 迁往麦地那后的第二年,穆斯林开始武装袭击麦加的商队。依照阿拉伯人的传统观念,这在当时是一种正常的应急手段。通过劫掠战利品,迁士们可以摆脱对辅士们的经济依赖,提高社团及他们的实力、财富和威望。公元 624 年年初,穆斯林在麦加和塔伊夫之间的奈赫莱袭击麦加的一支小商队,携获许多战利品。由于这次行动发生在禁月(阴历 7 月),麦地那人对此有所非议。但这次成功的劫掠,引起另外几次更大的袭击。624 年 3 月(阴历 9 月),穆罕默德亲自率队去伏击一支由叙利亚返回的大型商队。商队首领阿布·苏福扬事先得到风声,早已派人回麦加求援。他带领商队绕道沿海岸返回麦加。穆斯林在麦地那西南的白德尔与赶来增援的麦加人相遇。在穆罕默德的指挥下,300 名穆斯林对付近千名麦加人,结果获得胜利。麦加的反对派领袖阿布·贾赫勒等50 人被杀,50 人被俘。穆斯林方面只损失 14 人,夺取了许多战利品。这场小规模的军事冲突,却产生了深远的影响,成为伊斯兰教走向胜利的起点。它作为安拉福佑的证明,赢得麦地那人的支持,为穆罕默德的权威奠定了基础,使他有可能采取强硬措施对付麦地那内部的反对派。

与犹太人的关系 麦地那的犹太人不仅在经济上占有优势,而且在政治和宗教方面也有很大的影响。穆罕默德曾经希望得到他们的支持并承认他是《圣经·申命记》预言的先知。他曾采用过犹太教的一些习俗和仪式,例如以耶路撒冷作为礼拜的朝向,遵奉中午的礼拜和"阿术拉"斋戒,选择犹太人安息日前一天的准备日作为穆斯林的公众礼拜日等。但是,犹太人不愿丧失在麦地那的统治地位,他们的教义也不允许接受一位阿拉伯人来做弥赛亚。他们极力否认穆罕默德为先知,诋毁他的教义。他们利用犹太教的经典知识,讥笑穆罕默德的错误,不断挑起争论,并且企图煽动辅士与迁士的不和。这严重威胁到新宗教的基础,导致穆罕默德与他们决裂。随着社团实力的增强和先知地位的巩固,穆罕默德改变礼拜的朝向,确定易卜拉欣为克尔白的创建人和朝觐的发起人,规定"莱麦丹"为斋月和朝觐克尔白为正制,给伊斯兰教涂上鲜明的阿拉伯民族色彩。他在宗教上开始排除基督教和犹太教的影响,把伊斯兰教确立为新的宗教信仰,同时在军事上也抓住每次有利时机,逐步解除麦地那犹太人的威胁。

盖努嘎尔部落 盖努嘎尔部落是三个犹太部落中最弱小的一个。它在政治上依赖与伊本·乌拜伊结盟,以制造首饰和武器为生,并控制着一个市场,但在麦地那不占据土地。白德尔之战后不久,一名阿拉伯妇女在市场受到戏弄,一名穆斯林愤而杀死一名犹太人,然后他也当场被犹太人杀害。穆罕默德召集穆斯林去攻打犹太人,围困 15 天后,迫使他们投降。由于伊本·乌拜伊的说情,犹太人免于一死,但必须留下武器和工具,在三天内离开麦地那。

伍侯德之战 公元 625 年,继阿布·贾赫勒后任古来氏新首领的阿布·苏福扬,带领 3 000 人前来报仇,而且要为商队扫清道路。他们在麦地那城北的伍侯德山安营扎寨,践踏庄稼,迫使麦地那人出城应战。穆斯林最初在战争中处于优势,由于埋伏在侧翼的弓箭手擅离阵地,出来抢夺战利品,遭到麦加骑兵的背后袭击。穆斯林因此被打败,穆罕默德在溃退中受伤。麦加人没有追击败退的穆斯林,也不敢进逼麦地那,立即收兵返回麦加。这场战役没有给穆斯林造成实际损害。穆罕默德不仅没有失去对穆斯林的控制,反而指责少数人不服从命令的行为,借机整顿内部的军事纪律,并对战利品分配作出明确规定。[①] 他还抓住时机扩大与附近贝杜因

53

---

① 见《古兰经》(8:41)。

部落的联盟,进一步增强麦地那社团的实力。

驱逐奈迪尔部落 公元 625 年 8 月底(或 9 月初),穆斯林对奈迪尔部落发起进攻,犹太人退守寨垒,抵抗了 20 天。他们的同胞古来扎部落坐视不救,伊本·乌拜伊也不敢前来援救他们。于是他们绝望了,乞求穆罕默德保证他们的生命财产安全,让他们撤离麦地那。穆罕默德只允许他们按每三人可以带走一匹骆驼,用来运载财产和粮食,其余的牧畜、财产,包括土地和武器全部没收。奈迪尔部落被放逐后,他们的土地分给了迁士。从此,迁士们不再依赖辅士的帮助,他们在社团内的地位也得到加强。

壕堑之战 北上的商路是麦加经济的命脉,古来氏人必然要竭尽全力来消除这一致命的威胁。公元 627 年,在经过两年的充分准备后,麦加人和贝杜因人组成一支约有万人的联盟军,在阿布·苏福扬的率领下前来与穆斯林决一胜负。仓促应战的穆斯林面对强大的敌人,很难在野外决战中取胜。据传,穆罕默德采纳门弟子波斯人赛尔曼的建议,在麦地那城北易受骑兵冲击处挖掘一条宽阔的壕堑,然后坚壁清野,据险固守。麦地那城三面有火山熔岩和寨堡相连,只是城北一面没有屏障。这条壕堑大出联盟军意料之外,因为这种防御办法是阿拉伯人前所未闻的。经过 40 天的围攻,联盟军求战不得,一无所获。由于当时田野上荒芜不毛,气候恶劣,补给困难,加之穆罕默德采取的分化瓦解,联盟军终于人心涣散,兵无斗志,只好悄然退兵,无功而返。这次战役是伊斯兰教在战略上由防御变为进攻的转折点。麦加人从此失去了向麦地那穆斯林进攻的能力,主动权转到穆罕默德手中。

古来扎部落的覆灭 据说,在壕堑战役中,古来扎部落对交战双方持暧昧态度,有帮助联盟军进攻穆斯林的动向。于是,穆罕默德就去讨伐住在麦地那南部的古来扎部落。围攻 25 天后,该部落被迫无条件投降。相传,穆罕默德同意由古来扎部落的盟友、奥斯部落的首领来作出裁决。在壕堑战役中受伤的阿萨德·本·穆阿兹作出了犹太人万万没有想到的判决:600 名壮丁全部处决,妇女和儿童卖身为奴,土地和财产在穆斯林中平分。到了公元 627 年末,麦地那人全都皈依伊斯兰教,麦地那成为单一的穆斯林宗教社团。

侯达比亚协议 公元 628 年春,穆罕默德获悉麦加有人主张向穆斯林妥协,就号召利用朝觐的机会向麦加进发。他在途中发觉,结盟的贝杜因部落没有响应,麦加人也已准备兵戎相见,于是他带领 1 400 名穆斯林绕过麦加骑兵的前哨,来到麦加城边的侯达比亚村,安营驻扎,开始和麦加人谈判。双方签订了一个为期 10 年的休战协定。穆罕默德同意放弃这次朝觐,返回麦地那;作为交换条件,麦加人每年撤出城外三天,让穆斯林不受干扰地前来朝觐。协定还规定,在休战期间未经监护人允许投奔麦地那的古来氏人均应送回;而背叛穆罕默德的人可以留居麦加,他人不得过问。穆罕默德不顾穆斯林的激烈反对,对麦加人作了妥协,但使对方承认他传播伊斯兰教的合法地位,为麦加的降服作了准备。其他阿拉伯部落则把这一协议看作是准许他们接受伊斯兰教的信号。据说,这一年入教的人数超过历年。次年春天,穆罕默德按照协议带领约 2 000 名穆斯林前往麦加朝觐。他们在麦加逗留三天,显示了新宗教日益增长的威望和力量。未来的伊斯兰教著名将领哈立德·本·瓦立德和阿慕尔·本·阿斯就在这时皈依了新宗教。

征服海巴尔 侯达比亚协议后,麦地那消除了后顾之忧,可以集中力量向北部扩张势力。同时,为了平息穆斯林中不满侯达比亚协议的偏激情绪,穆罕默德回到麦地那一个月后,挥师北上,进攻犹太人的重要据点海巴尔绿洲。海巴尔是个富裕的犹太人聚居地,并设有坚固的防御工事。他们凭借经济实力,和贝杜因部落联盟以对抗穆斯林,始终是对麦地那的严重威胁。穆斯林对海巴尔的进攻,遭到犹太人的顽强抵抗。穆斯林花了一个月的时间,摧毁海巴尔外围的小寨堡,最后因为有人背叛,穆斯林攻占了一座主要寨堡,其余的犹太人就请求投降。穆罕默德责令当地居民继续耕种土地,但须向麦地那政权交纳 50% 的贡赋。斐得克、瓦迪古拉和太玛的犹太人,不久也按同样的条件请降,有的是主动归顺,有的则经交战后投降。这一先例为以后的穆斯林国家建立交纳赋税的依附关系奠定了基础。

克复麦加 公元 630 年 1 月,麦加的结盟部落袭击改奉伊斯兰教的一个部落,据说有几个麦加人曾经参与其事,这就破坏了侯达比亚协议。穆罕默德闻讯后,立即号召穆斯林不失时机地向麦加进军。在行军途中,包括他的叔父阿巴斯在内的一些麦加人赶来投奔他。穆斯林在麦加西北扎营以后,连反对派领袖阿布·苏福扬也出来归顺入教。麦加城里只有少数人坚持准备应战。穆罕默德将 1 万人马分作四路,同时向城内进发,只有在南路遭到稍许抵抗。麦加就这样未经认真一战就屈服了。

穆罕默德进入麦加后,下令捣毁克尔白的全部偶像,并限令交出留存在私人家中的偶像,克尔白的黑石则作为伊斯兰教的圣物保存下来。他仅处死几个罪行特别严重的人,赦免其余的麦加居民。这样,麦加贵族的经济利益并未受到损害。经过八年的斗争,麦加这个拜物教的中心变成伊斯兰教的圣地,穆罕默德以胜利者的身份重返故里。随着麦加及邻近部落的顺服,伊斯兰教在阿拉伯半岛,特别在西北部的支配地位可以说已基本确立。

侯乃尼之战 正当穆罕默德在麦加欢庆胜利之时,塔伊夫的塞基夫部落和纳季德的哈瓦津部落组成一支 3 万人的联军,集结在奥塔斯,企图进犯麦加。于是,穆斯林与古来氏人第一次联合起来共同对敌。他们共有 1.2 万人,在穆罕默德指挥下发起进攻。敌人趁着黎明前的黑暗,在侯乃尼突然出击。穆斯林前锋溃退,引起混乱,但麦地那辅士的部队却顽强应战,制止了队伍的溃逃。经过一场恶战,他们击败数量上占优势的敌方联军,缴获大量的牲畜和财物,俘获敌人的妇女和儿童。接着,穆斯林乘胜追击直至塔伊夫城下。塞基夫人据险固守,穆斯林围攻一个月竟不能取胜。穆罕默德适时决定撤退,回去处置战利品。他用战利品作为礼物以坚定新入教者的信仰。四散逃亡的哈瓦津人,这时也赶来表示顺服,以便领回家人和索还财物。到塔布克之战后,陷入困境的塔伊夫人不得不主动请降,归顺伊斯兰教。

远征塔布克 麦加的降服和侯乃尼大捷,使穆斯林社团以最强大的一支军事力量出现在阿拉伯半岛。公元 629 年,穆罕默德曾派他的义子宰德率领 3 000 人袭击叙利亚。这支军队在摩耳台败于拜占廷人之手,宰德阵亡,此仇一直未报。公元 630 年夏,穆罕默德征集 3 万穆斯林组成的大军,陈兵于叙利亚边界的塔布克绿洲。艾伊莱的基督教领袖和麦格纳、艾兹鲁哈、哲尔巴三个绿洲的犹太教部落望风归降,以每年交纳一次人丁税为条件,换取穆斯林社团的保护和信教自由。这个先例对后来的穆斯林国家与被征服民族的关系,产生了深远的影响。

代表团之年　穆罕默德的军事胜利使得伊斯兰教威名远扬,631 年,几乎所有的阿拉伯部落都派代表团到麦地那来,表示对这位政治和宗教领袖的归顺,尽管有的代表团并不代表整个部落,仍有许多集团否认穆罕默德是安拉的使者,但穆斯林的势力还是渗入到所有地区。遥远的阿曼、哈达拉毛和也门等地区,著名的泰伊、哈姆丹和肯德等部落,纷纷派来代表团。奈季兰的基督教部落虽然不愿改宗,也派代表团与穆罕默德签订协议。这一年史称"代表团之年"。当年的朝觐季节,穆罕默德派阿布·伯克尔带队前往麦加。在朝觐将要结束时,他又派阿里赶往米那宣布:四个月后将不许异教徒进入麦加。假若不信奉伊斯兰教,任何阿拉伯部落与穆罕默德签订的盟约均将废除。这种与拜物教彻底决裂的通告毫无阻碍地得到接受。

在麦地那的社会改革　在麦地那时期,穆罕默德除制定宗教制度外,还以《古兰经》"立法"的形式,进行一系列社会改革。其中最重要的是关于财产继承和婚姻制度的改革。他首先通过遗嘱制度确立个人支配私有财产的部分权利,否决氏族的财产所有权;同时,逐步改革父系宗亲分配遗产的惯例,肯定直系血亲(包括妇女)的继承权。由于私有观念的发展,当时部落内氏族集体财产的管理权已向家族和个人的所有权转化。以前,氏族首领可以利用集体财产谋取私利,氏族的弱小成员的财产常常受到监护人的欺诈和侵吞,妇女和儿童则被剥夺继承权。穆罕默德为死者的男女近亲规定以个人身份继承遗产的固定份额,通过承认财产的个人私有,顺应社会发展的趋势。他为一些远亲所保留的部分权利,则反映了氏族观念的残余。这些规定说明,个人、家族和社团(国家)正在取代氏族和部落成为社会的基本单位。与此有关的是对家庭和婚姻制度的改革。《古兰经》关于一夫多妻制的规定(4:3),并非通常认为的是对漫无限制的多妻制的限制,而是对旧的婚姻形态的改革。实际上,当时流行的是对偶婚,两性的结合比较松散,夫妻不是独占的同居。穆罕默德用"天启"禁止"蒙昧时代"的旧俗,严厉谴责"陷于奸淫"的"恶劣"男女,鼓励建立稳定的一夫制家庭。其中最引人注目的一项改革,是规定妇女或寡妇改嫁前的"待婚期",以确定是否有孕。其目的是要辨明亲生子女确凿无疑的身份,以保证将来继承遗产的合法资格。穆罕默德以这样的方式,积极适应建立稳定的父系家庭的社会要求,并确实在短期内扫除了旧的婚姻形态,为阿拉伯社会在氏族制解体后的迅速发展奠定社会基础。《古兰经》的种种立法,后来构成伊斯兰教法的核心,这对于伊斯兰教的发展,特别是以教法为中心内容的发展,打下了不可磨灭的烙印。

辞朝　公元 632 年 3 月,穆罕默德亲临麦加指导只有穆斯林参加的第一次朝觐。他的一举一动都由穆斯林记述,作为正确执行宗教礼仪的典范传诸后世。《古兰经》说:"今天,我已为你们成全你们的宗教,我已完成我所赐你们的恩典,我已选择伊斯兰做你们的宗教。"(5:3)最后,他在阿拉法特山上发表著名的演说。在这次演说里,他重申伊斯兰教的基本义务和社会原则。他说:"众人呀!静听我的话,而且谨记在心。须知每个穆斯林都是其他任何穆斯林的兄弟,现在你们都是同胞。因此,别的兄弟所有的任何东西,不得他的同意而据为己有,这对于你们中任何人都是非法的。"这次朝觐是穆罕默德的最后一次朝觐,故史称"辞朝"。

穆罕默德的去世　穆罕默德返回麦地那后,身染重病,三个月后,即于公元 632 年 6 月 8 日溘然辞世。

穆罕默德在短短的 23 年中,通过对部落宗教的改革,建立起信仰安拉独一的伊斯兰教,以及以宗教为基础的社会组织,从而突破氏族制的外壳,奠定了统一的民族国家的基础。他的逝世并没有带来伊斯兰教的瓦解,而是紧接着出现一个新的发展时期。这一事实表明,他所发动的伊斯兰教革命,顺应了当时社会发展的历史趋势。他向阿拉伯人传授的经典和他的言行,至今仍在影响穆斯林的日常的宗教生活和世俗生活。

第三节　《古兰经》与伊斯兰教的基本制度

穆罕默德的启示　《古兰经》是伊斯兰教的基础和基本经典。"古兰"一词的本义是"诵读"。穆斯林认为,由安拉通过穆罕默德降示的启示,组成了一部"诵读的经典"——《古兰经》。《古兰经》是安拉的言语,源自保存在第七层天上的"天经原本"(13:39;43:4),不仅《古兰经》的意义是启示的,连每个词、每个字母也都是启示的。因此,它不是由凡人写成的。起初,穆罕默德认为启示是通过"圣灵"和"忠实的精神"降世的。[①]后来,他认为,"这确是一个尊贵的使者的言辞","他确已看见那个天使在明显的天边"(81:19,23)。只是在《古兰经》后期的启示中,他才确认启示的传递者是天使哲布勒伊来。

《古兰经》的早期启示,与卜士使用的有韵脚的散文(赛哲)有相似之处。麦加反对派把穆罕默德看成是一位卜士或诗人,据认为他们的灵感都来源于精灵。穆罕默德对此予以断然否认。他的思想已得到充实和深化,既受到一神教趋势的影响,也由于他对麦加社会矛盾的切身感受。他接受的启示,对于既有的宗教和社会现实含有批判的意义。按《古兰经》和圣训的说法,他是不识字的文盲。启示是在经常变换的情况中降下的,在不同的时候向不同的人们传述。有些内容必须重申,因此经文多有重复,还出现后降的启示废除以前的启示的情况(停经)。这说明,穆罕默德注重启示在社会活动中的实效,而不是拘泥于经文的规定。

59

[①]《古兰经》说:"圣灵从你的主那里降示这部包含真理的经典"(16:102),"那忠实的精神把它降示在你的心上"(26:193)。

经文的搜集和整理 穆罕默德在世时，《古兰经》并未汇编成书。他每次接到的启示，总是立即传授给圣门弟子，让他们反复背诵默记，以供宗教生活之需。未能听到传授的人，则从转述中熟习经文。在麦地那后期，他有几名书记，负责记录启示。某些章的内容，或许是按他的指示编排的。在礼拜时，他常常当众诵读一章或数章经文，这些章的内容是圣门弟子听熟了的。但是，经文的内容分散保存在记录者或默记者那里，没有人进行统一的搜集和整理。

穆罕默德逝世的次年，许多熟习并能背诵经文的圣门弟子在讨伐伪先知穆赛里姆的阿格赖伯战役中阵亡。欧麦尔觉察到问题的严重性，向阿布·伯克尔建议整理经文，以免散佚失传。阿布·伯克尔下令把分散的经文搜集起来。穆罕默德以前的秘书、麦地那人栽德·本·撒比特从事这项工作。记录在枣椰叶、石片、骨片和皮张上的，以及人们默记的经文，都被收集、汇编在一起，整理成册，交给阿布·伯克尔。阿布·伯克尔去世后，这个羊皮抄本归欧麦尔保管，后来由他的女儿、圣妻哈福赛保管。这个抄本就是后来编辑定本所依据的原本。

在奥斯曼任哈里发时期，主要由于书写体的缺点，流行的抄本有了不同的读法。公元646年，叙利亚和伊拉克的穆斯林在亚美尼亚和阿塞拜疆战役中为经文的读法发生争执。开始出现的这种争论几乎遍及各地，影响着伊斯兰教的统一。据说，军事长官侯宰法建议奥斯曼下令确定《古兰经》的最后版本。奥斯曼于651年委托栽德·本·撒比特主持校订工作，并让几名古来氏人协助他。新校的《古兰经》的原抄本保存在麦地那，另有6部抄本分送大马士革、也门、巴林、库法、巴士拉、麦加等地，其他的抄本一概销毁。奥斯曼下令审定的《古兰经》通称为"定本"或"奥斯曼本"。

由于早年的阿拉伯字母缺乏元音字母和标音符号，读法上的分歧并没有彻底解决。直至10世纪，才最后确定了《古兰经》本文的写法。

经文的编排 《古兰经》共有114章，6 200余节经文。各章的长短不等，每章均有一个简明的章目，有的章目可能与题材有关，有的只是经文中提及的某个词。各章的编排顺序,一般认为是机械的,按照篇幅长短排列的。最短的同时也是较早的各章都排在后面,而较晚的又是较长的各章排在前面。这一编排顺序有两处例外:其一,最后两章(第 113、114 章)不是最短的,这两章具有特殊的性质,可能是对恶魔的咒语。其二,《开端》章只有 7 节,却放在全书之首,无疑是因为这一章具有祈祷文和赞颂词的形式;经文要求穆斯林反复诵读这一章(15:87),在诵读完毕时通常要以"阿敏"(阿门)一词结束,这是与其他章的诵读所不同的。

《古兰经》定本没有按经文下降的历史顺序编排,也没有标明各章所属的时间、地点和节数。据说,阿里汇编的《古兰经》,各章的次第按年代先后排列,伊本·麦斯欧德和乌拜伊所汇编的,各有其编排原则。但这些版本均已失传。后来随着经注学的发展,穆斯林学者在注释经文的含义、下降原因和背景的同时,开始确定每章经文下降的时间和地点。这种早期的历史分类,被列入定本各章篇名之下,因此经文就大致地分成两部分:麦加章和麦地那章。

61

麦加章 根据传统的分期,从公元 610—622 年期间的启示,称为麦加时期的经文(即麦加章)。这一时期的经文,约计 86 章,大多短小尖锐,语调激昂,令人感动。开始,穆罕默德作为警告者,形象地描绘世界末日和末日审判的情景,宣传浩劫的迫近和死者复活,讲述人的本分和赏善惩恶的报应。接着,经文着重强调安拉的独一和偶像的虚妄。为了证明安拉万能和主宰一切,经文提出自然界的大量迹象,说明他是宇宙万物的创造者和养育者,可凭其绝对意志使万物生灭或兴衰。麦加后期的经文中,有关诸先知的故事传说越来越多,重复叙述传播启示的诸先知的事迹,以及不信启示的古代诸民族所遭受的厄运。同时,答复不信者的疑问和诘难的经文也逐渐增多,论辩的范围几乎涉及穆罕默德布道的所有问题。这样,经文的文体趋向于平稳和说理,篇幅较长,初期的咒语和警句不再出现。麦加章的主题是宗教,以后构成伊斯兰教教义的核心。

麦地那章 从公元 622 年迁徙麦地那,到 632 年穆罕默德去世,是伊斯兰教发展和胜利的时期。这一时期的经文,计约 28 章,称为麦地那时期的经义(即麦地那章)。穆罕默德在这一期间所接受的启示,是《古兰经》中篇幅较长、词藻较多的各章,大多平铺直叙,长篇大论,以立法为主题。这些经文都是他以宗教和政治领袖的身份传述的。他所面临的任务,不仅要传播信仰,建立完备的宗教制度,而且要为新建立的宗教社团奠定基础。因此,在麦地那章中,经文三令五申地强调:服从安拉和使者,以此确立穆罕默德作为社团领袖的政治权威。在此基础上,经文制定了有关信仰、礼拜、斋戒、朝觐、禁月等的礼仪规章,以及关于饮酒、赌博、食物的禁令。还有大量经文涉及天课和圣战等财政和军事义务,关于杀人、报复、继承、结婚、离婚、通奸、释奴、高利贷等民事和刑事的规定。这些规定主要收集在第2、4和5章中,共计500多节经文。麦地那章并没有为穆斯林提供一部真正的宗教法典。无论是伊斯兰教的信条,还是穆斯林的行为准则,都没有汇编成法典。尽管如此,这部经典仍然起到了"详解万事,向导信士"(12:111)的作用。穆斯林认为,《古兰经》是一切精神和伦理问题的最后依据,包罗了一切有价值的知识。

经文的渊源 穆罕默德起初认为,他的宗教与犹太教和基督教同源于"天经原本"。《古兰经》也不否认与犹太教、基督教经典的关系。经文说:"这部《古兰经》不是可以舍真主而伪造的,却是真主降示来证实以前的天经,并详述真主所制定的律例的。"(10:37)它是"一本在穆萨之后降示的经典,它能证实以前的天经,能指引真理和正路"(46:30)。经文提到的以前经典有《讨拉特》、《则逋尔》、《引支勒》,即《律法书》或《摩西五经》、《大卫诗篇》、《福音书》。显然,穆罕默德不可能直接阅读这些经典,从经文叙述的故事传说看,都是通过别人转述得来的知识,而且夹杂着伪经和经外传说,显示了经文的复杂渊源。

《古兰经》所叙述的传说,绝大部分在《圣经》里有类似的故事。这类经文约有1 500多节,占《古兰经》的四分之一。在经文提及的28位重要人物中,《圣经》人物占24位。其中《旧约》的亚当(阿丹)、挪亚(努海)、亚伯拉罕(易卜拉欣,分别在25章中提到70次)、他拉(阿宰尔)、以实玛利(易司玛仪)、以撒(易司哈格)、罗得(鲁脱)、雅各(叶尔孤白)、约瑟(优素福)、摩西(穆萨,分别在34章里提到130次)、扫罗(塔鲁特)、大卫(达伍德)、所罗门(素赖曼)、以利亚(易勒雅斯)、约伯(艾优卜)、约拿(优努斯)等,《新约》中的撒迦利亚(宰凯里雅)、施洗约翰(叶哈雅)、耶稣(尔撒)、马利亚(麦尔彦)等,在《古兰经》中都是著名的人物。这些故事所要证实的宇宙一神、天启经典、先知和使者等概念,正是伊斯兰教、犹太教、基督教的教义基础。《古兰经》中包含的基本教义和信条、宗教义务和制度、种种规定和禁令,都可以在犹太教和基督教中找到相似的出处。

凡此种种,并不能排除来自一神教传统以外的影响,例如第24章关于光的经文,一般都认为源自琐罗亚斯德教的教义。值得注意的是,在麦地那章中,经文提出了"易卜拉欣的宗教",并与古老的朝觐仪式结合起来,作为纯正的宗教。同时,经文开始攻击犹太教和基督教篡改经文,背离正教,使伊斯兰教成为具有鲜明阿拉伯色彩的新宗教。

63

基本信条 穆罕默德并没有构筑一套完整的教义神学。在他之后,穆斯林教义学家把伊斯兰教分为三个基本内容:宗教信仰(伊曼)、宗教义务(仪巴达特)和善行(伊哈桑),这三者统称为"丁"(意为"宗教")。

根据《古兰经》,宗教信仰包括信安拉、信使者、信经典、信天使和信末日(4:136)。根据"圣训",则还要加上信前定。

第一,信安拉。伊斯兰教首要的、最基本的信条,是"万物非主,唯有真主"。关于安拉独一,《古兰经》第112章作了最简明的概括:他是最高的实在,唯一的真宰,万物的创造主;他自有自在,独一无偶,全知全能,普仁特慈,永恒不灭,无形象无方位,同时又威严无比,善恶必报,清算神速。他有99个美名或德性。服从安拉的意志,是伊斯兰教的基本要求。这种坚决的、朴实的一神信仰,正是伊斯兰教主要的力量所在。

第二,信使者。这就是相信穆罕默德是安拉的使者和先知。

安拉曾不断拣选和派遣先知和使者向人们布道,最重要的有阿丹、努海、易卜拉欣、穆萨和尔撒。穆罕默德是"众先知的封印"(33:40),他只是一个凡人。他唯一的奇迹是显示《古兰经》的"绝妙性"。

第三,信经典。穆斯林认为,安拉曾先后下降过104部经典,但《古兰经》只提到四部:《讨拉特》、《则逋尔》、《引支勒》和《古兰经》。《古兰经》是他最后的启示,它证实以前的经典,并澄清以前的一切歪曲和篡改,从而取代以前的经典。《古兰经》被认为是永恒的和先在的,不是被创造的。伊斯兰教的基础不是"道成肉身",而是"道成经典"。《古兰经》就是安拉存在的世间表征。

第四,信天使。穆斯林认为,天使是安拉从光中所造的妙体,分布于天地之间,充当他的仆役,执行各种不同的任务。传递天启的哲布勒伊来、观察宇宙的米卡伊来、末日审判时吹号的伊斯拉菲来、专司死亡的阿兹拉伊来,是四位大天使,以哲布勒伊来的地位最高。叛逆的天使就是易卜劣斯,他在创世时不尊崇阿丹,并继续引诱人们误入迷途,到末日时,他和服务于他的精灵都将受到审判。

第五、信末日。末日审判、死者复活、天园(天堂)火狱(地狱),是穆罕默德早期传道的要点,在麦加时期的启示中有着生动逼真的描述。当世界末日到来时,每个人都将复生,他的功过簿就会打开,他的信仰和行为要受到最后的审判,或者进入天园,或者罚入火狱。圣战的殉教者可以立即升入天园,不必等待审判日。按《古兰经》的叙述,天园的福乐和火狱的恐怖,包含肉体上的痛苦和快乐。后来的教义学家对此作了寓意的解释,把天园分为八层乐园,火狱分成七层。

再有一个重要的信条是信仰善恶的前定。《古兰经》强调安拉的全能,必然导致世事万物皆由他前定的结论。但是,这并不防碍对人的行为作赏善惩恶的判断。安拉根据自己的意愿,或对人进行帮助,或使人孤立无援,人们除了服从和勤勉之外,别无他途。

宗教义务 穆斯林的宗教义务被概括为伊斯兰教的五项基本功课:信仰表白、礼拜、斋戒、法定施舍和朝觐。中国穆斯林把这些义务通称为"五功"(念、礼、斋、课、朝)。履行"五功"体现了个人对安拉全能的承认。《古兰经》对于这些义务大多只有原则性的要求,具体的内容是后来根据"圣训"规定的。这五项功课还不足以构成对一名虔诚穆斯林的全部要求,但它作为宗教的基础或柱石,是穆斯林的基本义务。信仰表白(舍哈达,意为"作证")的内容,就是口诵"证言":我作证,除安拉外,别无神灵;我作证,穆罕默德是安拉的使者。穆斯林在成年或智力健全后,至少要当众表白一次。在每日五次的礼拜中,信仰的表白要重复念诵多次。宣礼员每次高声宣礼时,都要宣扬这个信条。穆斯林在临死之前,或亲自念诵,或由他人代诵。任何人只要当众念诵一次"清真言",就被承认皈依了伊斯兰教。

礼拜与洁净　礼拜时必须朝向麦加,以阿拉伯语诵读祷文和某些经文,身体采取某些姿势完成一系列的动作。《古兰经》没有直接规定礼拜的仪式,但一开始就坚持必须奉行礼拜。后来规定,穆斯林必须履行每日五次固定时间的礼拜:破晓一次,称为晨礼;中午一次,称为晌礼;下午一次,称为晡礼;日落后一次,称为昏礼;夜间一次,称为宵礼。每次礼拜有一定的拜数:破晓二拜,日落三拜,其余都是四拜。礼拜的主要内容是赞念安拉之名,不包含任何的请求。每日五次的定时礼拜,都由宣礼员召唤礼拜。清真寺里的集体礼拜,在召唤后立即举行;在其他地方举行的礼拜,可以在下次礼拜前的任何时间举行。

星期五中午的公众礼拜,即聚礼,是所有成年男子都应当参加的;有些清真寺里,辟有专为妇女而设的场所。聚礼还包括一次简短的布道演说,通常由专职布道人宣讲。每年的两大节日中,都有一次专门规定的礼拜,即会礼。一次在伊斯兰教历10月1日,即斋月后的第一日(开斋节);一次在12月10日,即朝觐时在米那宰牲那一日(宰牲节)。会礼在晨礼和晌礼之间举行,也有一次布道演说。

礼拜时,必须保持宗教仪式上的洁净。不洁或坏净有三种:(1)由于接触法定不洁的物体及其掩盖物,例如血、不符合规定死去的动物尸体、粪便、猪、狗、酒等。(2)由于睡眠、大便、触摸近亲

65

以外的异性等与物质上的洁净无关的行为。这两种不洁,要用净水洗脸和手、洗臂至肘、摩头、洗脚至踝,通称"小净"。没有水时,可以用沙土"代净"。(3)由于性交、梦遗、行经、临盆等所造成的大的不洁,要求用水彻底清洗全身,包括头发在内,通称"大净"。宗教仪式上的洁净,不是宗教义务,也不是功德,而是正确履行某些宗教义务以及触摸、念诵经书的先决条件。

斋戒　麦地那时期的经文多次提到赎罪的斋戒,并规定莱麦丹的全月斋戒(2:185)。在斋月,全体穆斯林都必须封斋,自黎明到日落,禁绝所有的食物、饮料、兴奋剂和性交。

有些人可以免除斋戒:年近衰老的人和没有希望康复的病人(不必补斋),怀孕和喂奶的妇女(必须补斋和施舍),一般病人和因饥渴难以坚持的人(必须补斋),日出前出发的旅行者(回家后补斋),从事繁重工作的人(必须在夜晚说出心愿)。没有正当理由而不封斋的要被监禁或责打,强使产生斋戒的心愿。但有人若非故意吃了一些东西,则不算是破斋。斋月的开始和结束,与其他重要的宗教日期一样,取决于新月的出现。新月出现的时间,一般由两名有声誉的见证人进行观察,有时也由宗教学者和法官决定。在不同的地区,宣布斋戒开始的方式也不尽相同,如在宣礼塔顶挂灯或绿旗,鸣炮等等。

除了教法规定的斋戒外,在阿术拉日(伊斯兰教历 1 月 10 日)、阿拉法日(12 月 9 日)、10 月的 6 天(一般为 2—7 日)内自愿实行的斋戒是受嘉许的。但在两大节日、宰牲节后的三天节日和遇有危险时,以及经期的妇女,禁止实行斋戒。在犹太教的安息日和基督教的礼拜日封斋要受到谴责。

施舍与纳课　《古兰经》强调的施舍,原来是自愿捐赠的慈善行为,既没有规定施舍的数量,也没有说应该怎样执行。后来根据"圣训",这种法定的施舍发展成为一种课税制度——天课。原则上,天课要用实物支付,由专人征收。谷物和果品在收获后立即交付 1/10,采用人工灌溉的土地交付 1/20。畜群、货币和商品,是在连续占有一年后估价,然后交纳 1/40。不过,财产占有人只有在他的年收入超过规定的最低限额时才需纳课。《古兰经》规定,征收来的天课,"只归于贫穷者、赤贫者、管理账务者、心被团结者、无力赎身者、不能还债者、为主道工作者、途中穷困者"(9:60)。事实上,在不同时期和不同地区,天课制度的具体实施存在很大的差异。几乎所有伊斯兰国家,都通过行政法规和惯例形成一套独立的税收制度,而天课则变成不由国家直接控制、多少带有鼓励性质的自愿捐赠。

在斋月末,每个穆斯林必须替所有的家庭成员发放"开斋施舍"。这种义务不分男女老幼,只是发放的方式更多地按照地方习俗而不是教法的规定。人们常常施舍给有虔诚名声的人,希望他们的祈祷能给自己带来好运。除此之外,个人随意的施舍总是受到热烈赞许的。

朝觐　朝觐圣地是闪族的古老风俗。在伊斯兰教以前,克尔白就是阿拉伯人一年一度朝觐的目标。穆罕默德把一些过去分别进行的朝拜仪式结合在一起,经过改革制定了伊斯兰教的朝觐形式。作为宗教义务,每个穆斯林,不分性别,只要有条件(如身体健康、旅途安全、能自备旅费而且家属的生活有着落等),一生中应朝觐一次。这指的是大朝(哈只),即在伊斯兰教历 12 月 8—12 日于麦加及其东郊集体进行的一系列仪式。至于小朝(欧姆赖),个人随时都可以举行。

朝觐者必须首先受戒,穿上朝觐服进入圣地,绕克尔白环行七周,接着去附近的赛法和麦尔卧两座山丘之间奔走七趟,这些是欧姆赖的古老内容。朝觐的主要功课是进驻阿拉法谷地。12 月 9 日是大朝最隆重的一天,称"阿拉法日"。白天在阿拉法谷地停留,日落以后,人们急奔穆兹达利法,并在那里过夜。第二天清晨,人们急奔米那,途中要向象征魔鬼的三根石柱投掷小石子。到米那以后,朝觐者宰杀一只骆驼(或牛、羊),这就是伊斯兰教的宰牲节(俗名"古尔邦节")。全部仪式结束后,人们可以剃头或剪发,脱离受戒状态。在受戒期间,朝觐者不得修饰、争吵、行房、狩猎、折树、摘果、流血。

麦地那的圣寺和先知陵墓,很早就成为朝觐的另一个中心。尽管有瓦哈比派的反对,朝拜先知陵墓仍是穆斯林前来朝觐的目的之一。朝觐麦地那自然成为朝觐麦加的一个补充。

圣战 《古兰经》规定,除了礼拜和施舍外,拿起武器与多神教徒战斗,以财产和生命尽力为主道而"奋斗",也是一项重要的宗教义务,这就是"吉哈德"。"吉哈德"的本意是为主道而"奋斗",包括为传播伊斯兰教作出一切努力。圣战是早期穆斯林履行这一义务的主要形式,它在对外扩张和征服中起过重大作用。近代以来,穆斯林在圣战的旗帜下抵抗殖民侵略的斗争史不绝书。在理论上,发动圣战是哈里发的一项主要职责;事实上,早期穆斯林对外征服的高潮过去后,圣战在教法中的地位显著下降,始终未能成为伊斯兰教的一项主要宗教义务,只有哈瓦利吉派,才把圣战列为第六项功课。

禁戒与善行 《古兰经》还要求人们行善,从而使穆斯林社会的公德和私德都具有宗教的特性。《古兰经》说:"你们当崇拜真主,不要以任何物配他,当孝敬父母,当优待亲戚,当怜恤孤儿,当救济贫民,当亲爱近邻、远邻和伴侣,当款待旅客,当宽待奴仆。真主的确不喜爱傲慢的、矜夸的人。"(4:36)麦加时期许多关于劝善戒恶的经文,多数是用来反对麦加贵族贪婪和纵欲生活的。在麦地那,经文为新生的穆斯林社团规定了一系列伦理规范和社会关系准则。杀人要受到严厉的来世惩罚。谋杀、通奸、偷盗、劫掠、欺诈、诬告等都有现世的刑罚。对于赌博、吃利息、投机、饮酒、食物,以及制造偶像、画像都有禁令。有关社会义务和日常生活的行为举止,《古兰经》也提出了伊斯兰教的伦理规范。这些规范保留了阿拉伯部落的传统美德,但也作了意义重大的改革。针对血亲复仇的传统,《古兰经》认为,放弃报复不是懦弱和耻辱,真正高尚的行为是宽恕;那些"能抑怒,又能恕人"的人,将作为行善者进入天园(3:133)。由于伊斯兰教要求个人信仰和个人道德,阿拉伯以前的部落和氏族道德,就被穆斯林个人道德所代替。

第四节 正统哈里发时期

赛基法会议 穆罕默德去世后,麦地那政权立即面临第一次政治危机——继任者问题。穆罕默德作为"封印先知"的独特地位,别人无法继任。他没有留下决定继任人的有关制度,也不存在可以行使有关职权的机构。当时,只有一个先例可援,即以推选部落首领的类似方式产生一位领袖。在宣布先知死讯的当天晚上,麦地那的辅士们召开"赛基法"(意为"有篷的场院")会议,准备单方面推举赛尔德·本·欧拜德为社团的领袖。阿布·伯克尔、欧麦尔、阿布·欧拜德三人闻讯后,迅速采取果断行动,迫使参加会议的辅士们接受阿布·伯克尔为新领袖。第二天,甚至先知的葬礼还没有举行,穆斯林就聚集在清真寺向阿布·伯克尔宣誓效忠,承认他为继任者——哈里发。拥立他的唯一条件,就是维护和巩固麦地那政权的统治,继续执行先知的神圣使命。阿布·伯克尔当选后,由于局势的需要,立即行使除接受天启以外的一切权力,即穆斯林国家的统治权。

阿布·伯克尔 阿布·伯克尔比穆罕默德大约小三岁,也许是先知近亲以外的第一位皈依者。他出身于古来氏部落的一个中小氏族,是一位精明的商人。由于他对伊斯兰教坚定不移的信念,曾获得"虔信者"的称号。他为人温厚诚挚,具有清醒的头脑和判断力。在伊斯兰教初期,他和欧麦尔、阿布·欧拜德曾在政治方面对穆罕默德产生过重要影响。先知临终前,他已代理在清真寺领导礼拜和主持穆斯林集会的工作。他不是一位改革者,却是一个团结信徒应付危局的合适人选。他坚决执行穆罕默德生前制定的各项政策和原则。他在任期的头六个月中,还是一位兼职的哈里发,继续经营商业以维持生计。后来由于处理繁重政务的需要,穆斯林才决定改由国库负担他的家庭生活。在伊斯兰教兴危存亡之际,他坚决推行强硬的政策,维护麦地那政权的统治,成为阿拉伯半岛的征服者和绥靖者。

"里达" 阿布·伯克尔在哈里发的任期(632—634)内,几乎完全忙于镇压反对麦地那政权的各部落。穆罕默德在世时,真正信奉伊斯兰教或承认麦地那统治的地区,还不到阿拉伯半岛的三分之一,甚至希贾兹地区,也是在他去世前一两年才伊斯兰化的。在他去世后,除希贾兹以外,已经归顺麦地那政权的各部落都以先知去世为借口,或者拒绝交纳天课,或者追随本地的"先知",否认麦地那在经济上和政治上的控制权。这就是以"里达"(意为"叛教")著称的历史事件,其名称反映了后来的穆斯林史学家的宗教观点。实际上,各部落拒绝接受阿布·伯克尔的政治权威,并不是由新的信仰重返过去的拜物教,而是认为过去签订的协议,因先知的去世自然宣告无效。阿布·伯克尔的态度强硬,坚决要求"叛教"的部落无条件投降。在遭到拒绝后,他就采取军事行动对付各部落的叛乱,作为使他们重新信教的前奏。

"伪先知"穆赛里姆与赛查哈 阿布·伯克尔把统率军队主力平定叛乱的指挥权授予哈立德·本·瓦立德。他首先击败了邻近的泰伊部落,接着打垮了进攻麦地那的艾赛德部落和盖特方部落。后两个部落的"伪先知"是图莱哈(即脱勒哈),他留下若干节模仿《古兰经》的文字。图莱哈在战斗中为其信徒所抛弃,受伤后逃亡叙利亚。穆赛里姆(即麦斯来麦)是叶麻麦哈尼法部落的"伪先知"。这个部落主要从事农耕,有一部分人信奉基督教。穆赛里姆奉拉赫曼(至仁主)为宇宙真宰,打算以基督教思想为基础,建立新的宗教。穆罕默德在世时,他就要求承认他有同等的权利。他周围聚集了大批的追随者,是一个危险的竞争对手。北部的台米姆部落有一个女先知赛查哈,她用占卜者的韵体文进行说教,鼓动她的部落反叛。据说,她曾南下与穆赛里姆结成联盟,但两个部落未能组成抵抗穆斯林的联军,因此他们不久又分道扬镳。哈立德击溃台米姆部落后,赛查哈逃往美索不达米亚,回到她的母系亲属台格利卜部落。当哈立德率军进攻叶麻麦时,穆赛里姆已经击退穆斯林的两支军队,统率4万人北上。双方在阿格赖巴进行决战,这是"叛教"战争中最为激烈的一次决定性战役。穆斯林虽伤亡惨重,但取得了胜利,杀死穆赛里姆。在这一胜利的鼓舞下,其他穆斯林将领相继平定巴林、阿曼、哈达拉毛和也门。也门人曾承认艾斯瓦德为"先知",但很快又归顺了伊斯兰教。这样,以宽恕态度对待战败者的阿布·伯克尔,不到一年的时间内就平定各部落的叛乱,并把许多从未归顺过的部落置于伊斯兰教控制之下。因此,讨伐变节者的战争,与其说是一场"重新信教"的战争,还不如说是用武力迫使没有入教者信教的战争。

对外征服的开始　穆罕默德本人多少已经预见到对外扩张的需要,并为此作了准备。他沿着去叙利亚的路线侦察,与边界的阿拉伯部落结盟,预示着后来的征服方向和进军路线,他在临终前还忙于装备一支精锐部队,准备北上。伊斯兰教对外扩张的政策,是因全面禁止部落战争和游牧部落对劫掠的经济需要引起的。对贝杜因人来说,参加圣战的热情仍然来自对战利品的渴望。随着伊斯兰教统治地位在半岛的确立,参加圣战的热情在经济需要的推动下,不可避免地要转向对外征服。事实上,对内和对外的征服相互关联,几乎是齐头并进。公元633年穆斯林军队取得阿格赖巴大捷,充分显示麦地那政权的军事力量,使阿拉伯部落纷纷归附,统一在伊斯兰教的旗帜下参加对外的远征。

71

哈立德在征服半岛东北部后,接受边境上的舍伊班部落首领穆桑纳的建议,联合侵入萨珊波斯的领地伊拉克,占领了希拉城。这次在麦地那方面不太知晓的情况下进行的侵袭,是伊斯兰教对外扩张的开端。但是,麦地那政权却首先举目西瞩,把目标转向拜占廷帝国。对叙利亚的远征是一次有计划的出征。633年秋,讨伐变节者的各次战役结束后,阿布·伯克尔募集了三支军队,由阿慕尔、亚齐德和叔尔哈比勒统率,向巴勒斯坦和叙利亚进发。他们在死海附近击败拜占廷帝国派驻巴勒斯坦的总督,并于634年2月在加沙全歼溃军。为了对付拜占廷的重兵反击,阿布·伯克尔命令哈立德从伊拉克驰援友军。哈立德在仅仅18天的急行军后,穿越沙漠突然出现在大马士革附近。经过几次遭遇战后,他向南撤退,与其他穆斯林军汇合,担任联军的最高统帅。634年7月,穆斯林军在艾扎那代因一役击败拜占廷军队,取得了胜利。整个巴勒斯坦的门户,实际上已为他们敞开。

这个胜利的消息传到麦地那时,阿布·伯克尔已重病垂危。不过,他的逝世并未引起政治波动,因为他十分明确地指定欧麦尔继任哈里发。

欧麦尔 欧麦尔是初期伊斯兰教的中坚人物,也出身于麦加的中小氏族。他继任哈里发时已经 43 岁。他执政的十年(634—644)是伊斯兰教顺利地进行扩张和巩固统治的时期。当时,拜占廷与波斯萨珊帝国之间由于延续半个多世纪的战争而大伤元气,各自国内的社会矛盾激化,都面临着严重的政治危机。这种形势多少有利于阿拉伯人的扩张,但对刚刚在伊斯兰教旗帜下统一起来的新政权来说,进攻这两个世界帝国,仍然有着巨大的风险。欧麦尔生活简朴,态度严厉,精力充沛,刚毅果断,善于利用局势,激发人们的宗教热忱,压制各种分离倾向,使阿拉伯人的征服战争一直保持着汹涌前进的势头。他通过许多行政法规和宗教制度来加强伊斯兰教,重建了穆罕默德时期的穆斯林政权,是伊斯兰神权政体的第二位奠基人。

征服伊拉克 哈立德在公元 634 年西征时,把伊拉克前线的军事指挥权交给穆桑纳。年底,在希拉附近的桥头战役中,波斯人大举反击,冒险挺进的穆斯林援军遭到惨败。次年 10 月,穆桑纳重整旧部,在幼发拉底河岸上的布韦卜(意为"小门")击败波斯军队。然后他返回麦地那,请求增派援军。

635 年初夏,欧麦尔认识到,要占领并守住伊拉克,就必须消灭波斯军队的主力和攻陷泰西封[①]。因此,他征集一支大军,选派赛尔德·本·阿比·瓦嘎斯统率,开赴伊拉克前线。637 年夏天,在嘎迪西叶为期四天的决战中,波斯首相鲁斯特木指挥的 2 万大军惨遭失败,溃不成军。赛尔德率军乘胜追击,直取波斯的京城泰西封。叙利亚沙漠中的许多阿拉伯部落,也参加了穆斯林对泰西封的围攻。6 月,泰西封投降,穆斯林占领伊拉克全境。年底,波斯人集合

---

① "泰西封",阿拉伯语又称"麦达因",意为"诸城",包括分别座落在底格里斯河两岸的塞琉西亚和泰西封等城镇。

残部,企图收复失地,在哲鲁拉又被穆斯林击溃。穆斯林军队向北挺进,640年与叙利亚的友军会师于美索不达米亚,从而完成对"肥沃的新月地区"的征服。

在嘎迪西叶和泰西封战役后,穆斯林从新建立的巴士拉军事基地开始,进行系统性征服。后根据哈里发传来的急令,穆斯林放弃泰西封,以希拉附近的库法营地为首府。赛尔德在库法建造了伊拉克的第一座清真寺。

征服叙利亚 穆斯林军占领布斯拉后,于公元635年1月攻陷约旦河渡口上的斐哈勒。2月,一支穆斯林军队在素法尔草原击破敌人的防线,进逼大马士革。另一支军队则绕道北上,占领希姆斯,完成了对大马士革的包围。9月,大马士革在被围攻六个月后投降。哈立德与大马士革居民签订的立约投降条件,为其他城市的投降提供了范例。

拜占廷皇帝希拉克略为了收复失地,集合了5万大军,以亚美尼亚人为主力,还配有加萨尼阿拉伯人的骑兵。面对有强大优势的敌军,穆斯林赶紧撤出大马士革,放弃其他城市,集中兵力于雅穆克河谷。636年8月20日,双方进行决战。穆斯林军浴血奋战,终于给拜占廷军以歼灭性的打击。这个富饶的省区从此不再归拜占廷所有。不久,叙利亚和巴勒斯坦全境,除凯撒利亚和耶路撒冷外,均被征服。

637年,欧麦尔来到查比叶营地。这时,他已任命阿布·欧拜德为总督和哈里发的副摄政,以替代哈立德。他此行的目的是举行征服仪式,确定被征服者的地位,商议制定管理新征服地区的规章制度。638年,耶路撒冷请降时,欧麦尔亲自批准比较宽厚的投降条件。接着,他前往耶路撒冷受降,在现在的岩石清真寺那里,把一神教徒视为大地中心的那块岩石加以清洁,确立礼拜的仪式。两年后,凯撒利亚投降。

对叙利亚的轻易征服,提高了伊斯兰教的威望,更重要的是使穆斯林增强信心。叙利亚成为继续推行一系列新征服计划的战略基地。

征服埃及　　埃及的征服不是偶然的袭击,而是发生在有计划征服时期的事件。埃及土地肥沃,盛产谷物,一向是君士坦丁堡的粮仓,而且邻近叙利亚和希贾兹,具有重要的战略地位。那里的社会动荡不安,阿拉伯人早有所闻。阿慕尔从前曾在埃及经商,熟悉埃及的情况。在欧麦尔巡行耶路撒冷之时,他建议向这个地方出征。欧麦尔虽然有些踌躇,还是勉强表示同意。于是,阿慕尔率领4 000人离开巴勒斯坦,于公元639年12月轻取埃及边境的阿里什城。这一胜利鼓舞他把骚扰转变为征服。在攻占培琉喜阿姆(法尔马)后,他继续向横跨在尼罗河中罗德洲上的巴比伦堡(在今开罗附近)进军。这时,欧麦尔派遣一支5 000人的精锐部队赶来助战,在围攻巴比伦堡期间,阿慕尔佯攻阿因·舍姆斯城,把引诱出来的拜占廷军队彻底击溃。641年4月,穆斯林军队终于攻克这座城堡。接着,阿慕尔率兵向亚历山大港推进。由于得到从麦地那来的新增援军,穆斯林军扩充到2万人。经过几个月的围困,埃及主教兼总督居鲁士被迫与阿慕尔签约投降。642年9月,拜占廷军队从亚历山大港撤退,阿拉伯人随即占领这座城市。为了巩固对埃及的统治,阿慕尔于642—643年又向西侵入昔兰尼加,甚至接受的黎波里附近一些柏柏尔部落的投降。645年底,拜占廷军队从海上进行一次反攻,重新占领亚历山大港,但在第二年就被击退了。

依照欧麦尔的政策,阿慕尔在巴比伦堡外的营地成了埃及的首府,叫作弗斯塔德,这里建造了埃及的第一座清真寺,这座清真寺至今仍叫阿慕尔清真寺。拜占廷帝国最富饶的一个省区,从此成了穆斯林的领土。

征服波斯　　在这时期,波斯高原的战事尚未结束。公元640年,叶兹德吉尔德三世退守法里斯,在哈马丹集结军队以图最后的顽抗。这时,胡泽斯坦已被巴士拉和库法派兵占领。巴林地区的穆斯林军队从波斯湾侵入,并向伊斯法罕挺进。欧麦尔选派努尔曼统率一支军队向萨珊君主进攻。642年,双方在哈马丹以南的尼哈旺德进行最后的决战。大战持续了几天,人数较多的波斯军队遭到惨败。此后,波斯军队节节退守,穆斯林军迅速席卷波斯全境。651年,叶兹德吉尔德逃亡到木鹿附近时遭到谋杀,萨珊帝国就这样悲惨地灭亡了。

欧麦尔执政时期,伊斯兰教的对外扩张形成第一次高潮。拜占廷与萨珊两大帝国已在长期的战争中耗尽力量,并由于内部的社会矛盾和宗教纷争酿成严重的政治危机。因此,穆斯林军队没有遭到当地居民的激烈抵抗,在有些地区还得到当地居民的支援。他们在几条战线上齐头并进,经过一系列战斗,击溃拜占廷军主力,消灭萨珊帝国。在短短的时间内,伊拉克、叙利亚、巴勒斯坦、埃及和波斯都纳入哈里发国家的版图。对外征服的辉煌胜利,使伊斯兰教以后成为征服民族的宗教,形成自信、强大、向外扩张的特征。它把外部世界视为"战争地区",以实行军事征服、扩大"伊斯兰教地区"为己任;在征服地区,对臣民的宗教信仰持宽容态度,以保护者自居,不干预民政和宗教事务。教义简明易懂、戒律简单易行的伊斯兰教,作为一种朴实的新信仰和道德力量,足以与基督教和琐罗亚斯德教相抗衡。对于长期呻吟于暴政下的臣民,无论在税收还是其他事务上,他们会感到新的枷锁比旧的枷锁要轻。而征服带来的政治统一和社会安定,符合当地人民的意愿,也有利于经济的发展。因此欧麦尔去世后,伊斯兰教的军事扩张和传播仍能继续稳步前进。

欧麦尔的制度　在征得圣门弟子团①的同意后,欧麦尔宣布,阿拉伯穆斯林在半岛以外一律不准占有或耕种土地,只有俘虏和动产构成战利品;被征服地区的土地不在战士中间分配,而是留给原来的种植者;土地及其税收作为公产属于全体穆斯林所有。在此基础上,欧麦尔建立国库积余岁入分配登记制度。国库每年的积余,依照虔诚和功勋的品级,作为年金发放给全体穆斯林。从先知的家属到非阿拉伯族战士的家属,每人各有一份。先知的遗孀阿以莎的年金是12 000第尔汗,圣门弟子是5 000第尔汗,最低的

---

①　"圣门弟子团",指穆罕默德去世后由其主要门弟子(或伙伴)组成的一个类似咨询或参议的小团体,以协助哈里发执政。参见后文"穆斯林的政治派别"。

是儿童,每人200第尔汗。通过这一制度,每个阿拉伯壮丁可以不必顾及生计而专门从事战争,整个阿拉伯民族成为宗教性的军事征服集团。这时,穆斯林国家尚未建立统一的法律和行政制度,各地的政策按照实际情况制定,很大程度上受穆斯林长官个人作风的影响。最初,阿拉伯人保留了波斯和拜占廷的行政机构、税收制度以及币制。原来同被征服地区签订的条约,也依各地的习惯而有所不同。被征服地区的经济和社会生活没有中断,战争所带来的破坏被减轻到最低程度。阿拉伯人集中居住的军事营地,由于得自各地的财富而繁荣,吸引新皈依者和当地居民不断涌入,逐步发展成为政治、经济和宗教中心。这些城市在被征服地区对巩固和传播伊斯兰教起了重要作用。

欧麦尔被刺　公元644年11月3日,正当欧麦尔的权力和威望达到顶峰时,他在麦地那清真寺率领信徒举行晨礼时被刺。一名信奉基督教的波斯奴隶,因一些私人宿怨没有解决而怀恨在心,用匕首刺了欧麦尔两刀,其中一刀刺在致命处。欧麦尔认识到伊斯兰教所面临的内部危机,临终前指定六名圣门弟子组成选举人团——舒拉(意为"协商")。此六人为:阿里、奥斯曼、祖白尔、脱勒哈、赛尔德、阿布杜·拉赫曼。他规定在他们中间推选一人为哈里发,还不准选他的儿子为继任人。选举人相持不下,结果选出了选举人团中最不重要的一个成员——奥斯曼·本·阿凡。其他选举人原以为他继任哈里发后,可以分享到更多的权力。不过这种希望终于落空,因为奥斯曼执政,为他的氏族、势力强大的倭马亚氏族提供了当权的机会。

奥斯曼　第三任哈里发奥斯曼(644—656在位)是前麦加贵族倭马亚氏族的成员,以温和敦厚和信仰虔诚著名。在圣门弟子中,他是唯一出身麦加统治氏族并可望继任哈里发的人。他的当选立即成为麦加贵族恢复统治地位的转机。他们挟持奥斯曼,很快占据一些最重要的职位,把圣门弟子团排挤在一边。他们在皈依新宗教后享受到巨大的利益,但对在麦地那占据统治地位的迁士总是心怀芥蒂。他们在对外征服中逐渐跃居要职,成了伊斯兰教的新贵,但仍不满足,把执掌国政视为自己的当然权利。

奥斯曼执政的后期,阿拉伯人获准在新征服地区购置地产,几年后,终于引起穆斯林内部上层与下层之间矛盾的激化。大规模的征服战争趋于停顿,转战各地的部落战士有余暇正视社团内部的问题,游牧社会的离心倾向也重新抬头。奥斯曼任人唯亲,侵占公产,分配战利品不公,以及为亲属大量封赐土地等,受到普遍的责难。他优柔寡断,懦弱无能,不能管束贪婪的亲属徇私舞弊,使各部落战士内部酝酿着的愤懑情绪达到极点。政治骚乱和宗教纠纷结合在一起,在一些行省发生了暴动。奥斯曼对于《古兰经》定本所作的努力,并未能抑制和缓和这些矛盾。圣门弟子团对他的敌意,在脱勒哈、祖白尔、阿以莎、阿慕尔等人的推波助澜下,促使局势更加复杂,不断恶化。

公元655年,阿里的追随者首先在库法发难。第二年,一批来自埃及的不满分子来到麦地那,把80岁的奥斯曼围困在他的住宅里。奥斯曼不准穆阿维叶派叙利亚的军队前来援救,保卫他的只有几个亲属和侍从。经过几个月的围困后,叛乱者闯入他的住宅,杀害了正在诵经的奥斯曼。叛乱的穆斯林刺杀哈里发,这在伊斯兰教历史上开创了一个可悲的先例,严重地削弱作为伊斯兰教统一象征的哈里发职务的宗教和道德上的威信。

穆斯林的政治派别　奥斯曼之死标志着穆斯林内部的分裂,围绕着政治斗争逐渐形成三个政治派别。

第一派是神权贵族派,包括创建穆斯林社团的迁士和辅士。他们由麦加的中小氏族成员领导,组成圣门弟子团,在前两任哈里发时期是穆斯林上层的统治集团。他们享有重要的政治和经济利益,力求继续控制哈里发职位。阿里作为先知的堂弟和女婿,是这一派的主要领袖之一。但阿里的追随者反对选举的原则,坚持神权的统治,造成这一派的内部分裂。

第二派是军事贵族派,它的领袖是古来氏部落的贵族倭马亚人。在伊斯兰教以前,他们是麦加最富有的统治氏族,曾激烈地反对伊斯兰教,直到麦加克复以后才入教。他们具有丰富的经验和行政能力,在对外征服中迅速上升到显要的地位,在奥斯曼统治时期掌握了许多行省的权力和财富。

第三派是人数众多的部落战士。他们是在先知逝世后加入穆斯林军队的贝杜因人,仍然带有部落社会的传统影响。他们的刀剑是伊斯兰教对外扩张的工具,又是穆斯林国家的支柱。但因宗教地位较低,他们在政治和经济上享有的权利很少。他们的势力集中在各行省的军事营地里。

在奥斯曼被杀以后,这些政治派别为了夺取权力进行了伊斯兰教历史上的第一次内战。

阿里 公元 656 年 6 月 24 日,阿里在麦地那清真寺被拥立为第四任哈里发(656—661 在位)。阿里从小生长在先知家中,是先知女儿法蒂玛的丈夫,也是先知仅有的两个小外孙的父亲。阿里是个虔诚而豪爽的人,是信仰先知使命的第二人或第三人。他尚年轻时,就在历次战役中崭露头角,屡建功勋。他因三次未能当选哈里发而失望,现在却成为圣门弟子中最受尊敬的人物。在围困奥斯曼期间,他就在领导礼拜了,并且还指派一个人领导去麦加朝觐。除叙利亚外,他所委派的新总督在各地都已到任就职,他们都承认他是合法的继任者。但是,奥斯曼之死所引起的震荡尚未平息。阿里在事件中的消极态度,以及他未能用他的威信和影响事先防止事件的发生,成为他的敌人攻击他的有力口实。

骆驼之战 以阿里为代表的部分神权贵族,为了平息广大部落战士的不满,力图恢复麦地那神权政体的原则,但却忽略已经发生的巨大变化。他撤销奥斯曼作出的许多任命和决定,因此招致一些新仇敌的反对。首先举兵反抗他的是脱勒哈、祖白尔和阿以莎,他们是神权贵族中的豪富,在希贾兹和伊拉克都有追随者,曾因觊觎哈里发职位纵容过反奥斯曼的阴谋活动,现在又打着为奥斯曼复仇的口号反叛阿里。他们从麦加出发,占领巴士拉,一面纠集人马,一面争取各地的支持。阿里带领军队离开麦地那,在库法争取到阿拉伯战士的支持后,就向巴士拉进军。公元 656 年 12 月 9 日,阿里在巴士拉城外击败了反叛的联军。这场第一次在穆斯林之间进行的战争,因战斗环绕着阿以莎所乘坐的驼轿进行而得名为"骆驼之战"。神权贵族中的反对派领袖脱勒哈和祖白尔阵亡。阿以莎被俘后获准返回麦地那。许多圣门弟子在这次战役中丧生。

穆阿维叶　骆驼战役后，阿里在新首都库法君临天下，但他遇到更难对付的新对手穆阿维叶。穆阿维叶是在对外征服中被擢升起来的军事贵族，苦心经营叙利亚20多年，拥有一支长期与拜占廷帝国作战、装备精良和训练有素的雇佣军。他为人机警，善于克制，政治手腕灵活，常常使用拉拢收买手段瓦解敌人，被公认为阿拉伯穆斯林的四位天才政治家之一。他是欧麦尔任命的总督，政治地位无可非议。他提出为他的堂兄奥斯曼复仇，符合《古兰经》认可的阿拉伯传统风尚。在阿里与神权贵族反对派斗争时，他明智地保持中立。现在他也没有以哈里发自命，只是要求惩办凶手，否则阿里应负纵容姑息之责，从而丧失哈里发的资格。阿里尽管占有明显的优势，但因部落间的不和、拥戴者的违抗，以及神权贵族和虔信派的意见分歧而受到削弱。阿里受到这些狂热的极端分子掣肘，常常延误战机，不能采取果断的行动。

隋芬之战　穆阿维叶拒绝向阿里任命的新总督移交权力，阿里被迫采取行动，在腊卡越过幼发拉底河，与叙利亚军队对峙于隋芬平原。经过三个月没有结果的谈判后，双方于公元657年7月26日进行决战。阿里的军队在马立克·艾什塔尔的指挥下，逐渐占了上风。叙利亚军队开始退却。这时，阿慕尔向穆阿维叶献策，让一些叙利亚士兵用枪尖挑起《古兰经》经卷，要求诉诸安拉的仲裁。阿里知道这是诡计，但被主和派所迫，不得不停止进攻，将他与穆阿维叶的争端交由双方代表仲裁。

阿里因内部意见分歧，不得已选派中立的阿布·穆萨作代表。穆阿维叶则指定多谋善变的阿慕尔来对付他。穆阿维叶利用这一策略已经赢得精神上的胜利，这在阿里的拥护者中间引起分裂，动摇了他的统治地位。659年1月，双方代表各带400名见证人，在艾兹鲁哈会晤。最后的裁决显然对阿里不利，可能包含要他退位的内容。阿里拒绝这个裁决，但为时已晚。阿里的军队开始军心涣散，士气低落，失去进攻势头。穆阿维叶乘机夺取埃及，使阿里

79

失去一个重要的物资供应基地。叙利亚军队对伊拉克不断进行袭击和骚扰,阿里的处境更加不妙。

哈瓦利吉派的产生　阿里同意仲裁的妥协态度,给他带来灾难性的后果。他部下的一部分虔信派战士,主要是台米姆族的部落民,指责他的失策,要求他拒绝仲裁。遭到阿里拒绝后,这些人高呼"除真主外,绝无裁决"的口号,离开库法附近的军营,聚集在哈鲁拉村,推选阿布杜拉·拉西比为哈里发。他们大约有 4 000 人,当时被称为哈鲁拉派或穆哈基姆派(意为"仲裁派")。当艾兹鲁哈的裁决传到库法时,又有许多人脱离阿里,来到哈鲁拉村。这些人组成伊斯兰教历史上最早的教派,后称哈瓦利吉派(意为"退出者派")。他们依恋早期穆斯林的民主倾向,坚持哈里发的选举原则,激烈反对穆斯林上层的新贵族。他们宣布废黜争夺哈里发职位的阿里和穆阿维叶,并认为应该处死他们。公元 659 年 7 月,阿里前往哈瓦利吉派的营地,试图劝说他们归顺,结果却成为一场厮杀,在奈海赖旺(拿赫鲁宛)运河岸边几乎歼灭了他们。不过,哈瓦利吉派没有消失,他们在游牧民中拥有信徒。在以后的一个多世纪里,他们频繁发动武装起义,企图在保留伊斯兰教外貌的同时恢复伊斯兰教以前的社会制度,对哈里发国家的统治造成严重威胁。

阿里被刺　公元 661 年 1 月 24 日清晨,阿里在库法遇刺。刺客是哈瓦利吉派的阿布杜·拉赫曼·本·穆勒介姆。他的女友的亲属全部在奈海赖旺之战中被杀,为替他们报仇,他用毒刀砍伤阿里的头部。

从 632 年阿布·伯克尔就任哈里发起,到 661 年阿里去世而告终的这个时期,伊斯兰教史上称为"正统哈里发时期"。穆斯林传说中,这是伊斯兰教的黄金时代。但是,除了氏族社会的民主遗风和对外征服的赫赫武功外,这一时期也是社会矛盾激化、战乱频仍、教派兴起的时期。政治斗争中出现的某些集团,作为哈瓦利吉派和十叶派的先驱所提出的种种主张,后来对伊斯兰教义的发展产生重要影响。由麦地那社团向世界帝国的过渡,随着伊斯兰教的第一次内战的结束而结束。在血泊中建立的倭马亚王朝,标志着一个新时期的开端。

第二编

伊斯兰教的全面发展

引 言

从公元 7 世纪中叶倭马亚王朝建立起，到 18 世纪后半叶伊本·阿布杜·瓦哈布传播复古主义、瓦哈比运动兴起止，是伊斯兰教发展的中古时期。

随着穆斯林军对外征服战争的胜利，伊斯兰教传播地域的扩大，皈依者日众，伊斯兰教由单一的阿拉伯民族宗教变成多民族信仰的世界性宗教。各地兴建的清真寺，成为穆斯林宗教、政治和文化生活的中心。

穆斯林征服者征服的地区，封建生产关系已经确立。工农业生产逐步得到恢复和发展后，客观上要求伊斯兰教制度化。8 世纪以后，伊斯兰教诸宗教学科和宗教制度的建立和发展，改变了它的素朴性质；而不同派系间政治斗争的激化，使伊斯兰教分化加剧，形成相互对立的教派、宗派或学派，一统的伊斯兰教不再存在。可是它作为统治阶级的思想，并不因为各派间政治的、法学的和神学的斗争而影响到它在帝国意识形态中的统治地位。相反地，历代统治阶级无论是在社会动乱、民众起义、王朝更迭、地方割据时期，还是在异族(西方的十字军和东方的蒙古人)入侵和占领时期，都充分利用，或是直接参与宗教的派系斗争，充分发挥伊斯兰教的社会功能，使之成为维持统治的重要的精神支柱。

伊斯兰教不是出世的宗教，它不能满足那些虔信者追求内心精神生活的需要，神秘主义很自然地得到发展并成为伊斯兰教官方信仰形式的补充。苏非派在穷乡僻壤和边远地区的布道活动使伊斯兰教得到更广泛的传播；可是，由于它"背离"一神信仰的教义，其神秘的仪式在各地泛滥，受到一些坚持伊斯兰教原旨教义的清教徒的抨击。伊斯兰教正是在反苏非神秘主义的斗争中，步入它的近代史的发展时期。

第三章 早期伊斯兰教的发展 (661—750)

第一节 倭马亚人与伊斯兰教

穆阿维叶称哈里发 公元 656 年,阿里继哈里发位后,穆阿维叶以交出刺杀其堂兄奥斯曼的凶手为口实,藐视阿里权威,固守叙利亚,并以武力与阿里相抗衡。658 年 7 月,穆阿维叶派阿慕尔·本·阿斯夺取埃及。他还不时地派兵进攻阿里的根据地——伊拉克。为解除后顾之忧,穆阿维叶以缴纳年贡为条件,与拜占廷皇帝康士坦斯二世(君士坦兹二世,641—668 在位)缔结休战协定。660 年 5 月,穆阿维叶于伊里亚(今耶路撒冷)接受拥戴宣誓,自称哈里发。661 年 1 月,阿里正准备派兵出征叙利亚时,在库法被刺杀。伊拉克宣布哈桑(624—669)为阿里的合法继承人,穆阿维叶不予理睬,相反,他向麦加、麦地那等圣城发出自任哈里发的通告,并于大马士革宣布建立倭马亚王朝(661—750),中国史称"白衣大食"。

有着"休妻大家"头衔的哈桑,乐趣在于闺房,而不是治理国家。在穆阿维叶的威胁利诱之下,他同意放弃哈里发位,从阿里党人聚居的库法退隐到麦地那,过养尊处优的生活。穆阿维叶获得王位的代价是付给哈桑一笔优厚的年金和特别津贴(包括波斯一个县的岁入和库法国库的 500 万第纳尔),归他终身享用。

穆阿维叶是一个政治家,欧麦尔之后的阿拉伯哈里发帝国的真正奠基者。他受到埃及和叙利亚的阿拉伯贵族的支持。穆阿维叶利用早年迁居叙利亚的阿拉伯人和叙利亚的基督徒势力实行统治,对内采取宽容和安抚政策,基本上保持了拜占廷和波斯帝国时代的行政区划,设立五个总督行政区,由总督代行治理;继续保持

以前的文官制度,大马士革的官方文件继续使用希腊文,在伊拉克
和东部各地继续使用帕莱威文。基督教徒、犹太教徒和琐罗亚斯
德教徒在各地继续供职。

倭马亚王朝没有采取强制改宗的政策,直到欧麦尔二世(717—
720 在位)时期,叙利亚、埃及以及其他各征服地的大多数居民仍是
异教徒。宗教上的宽容,有利于社会的稳定和生产的恢复和发展。
在对外方面,穆阿维叶和他的继任者发动向北、向西和向东三个战
场的征服战争。对拜占廷的战争,是倭马亚人的一项基本国策,前
后进行了三次,一直延续到 8 世纪初,以失败而告终。在西部战场
上,670 年,倭马亚人联合柏柏尔人摧毁了基督教徒在北非的统治,
建立了军事殖民地凯鲁万城;682 年,进而抵达海边。然而,西部的
胜利并不巩固,到 7 世纪末才最终结束拜占廷这一地区的主权和平
息柏柏尔人的反抗。在东方,663—670 年间,征服呼罗珊;674 年,
越过乌浒水(质浑河,即现代的阿姆河),占领布哈拉;676 年,夺取
撒马尔罕,进抵药杀水(赛浑河、锡尔河)。只是这时的进军完全是
掠夺性的,并不以城池为目标,但它为后来的地跨亚非欧三大洲的
哈里发帝国最终征服这一地区奠定了基础。随后,阿拉伯人完全
控制了同欧洲和远东的陆海贸易,红海和波斯湾的海上航道也不
再受外来争夺的威胁,这就为伊斯兰教在这一地区的发展,提供了
可靠的保证。

哈里发帝国的居民　哈里发帝国是一个多民族的国家。除了
阿拉伯人外,还有埃及人、叙利亚人、波斯人、柏柏尔人、突厥人和其
他民族成分的成员。阶级的、民族的、宗教的和教派的矛盾和斗争,
充斥于整个社会。就居民在帝国的地位而言,可以分为四个等级。

居于最高等级的是阿拉伯穆斯林。其中,又以哈里发家族以
及军事贵族和神权贵族集团为首。阿拉伯穆斯林处于统治地位,
较之其他等级的居民有更大的行动自由。倭马亚王朝统治的最初
几十年间的教派斗争和民众起义,基本上是以阿拉伯穆斯林为主
体进行的。

其次,那些称为"马瓦里"或作为阿拉伯贵族保护下的平民(依

附民)处于二等公民的地位。他们在被征服后或是自愿,或是被迫地依附并皈依伊斯兰教,而成为新穆斯林。他们当中既有阿拉伯血统,也有非阿拉伯血统(主要是波斯血统)。在理论上,他们可以享有穆斯林的种种权利,可是,实际上这部分新皈依者在穆斯林中是地位最低下者。在欧麦尔二世鼓励改宗以前,这部分新皈依者在人数上并不很多;大马士革作为帝国的都城和伊斯兰教的中心,直到伊斯兰教历的第三世纪时,叙利亚地区居民的成分大多数并不是穆斯林,而是保持原有信仰的基督教徒。然而,这些新皈依者在信仰上却极其虔诚,有时达到狂热和偏激的地步,他们往往是非穆斯林的迫害者。由于他们当中不少人是掌握传统文化知识者,他们或是献身于宗教学科研究,或是教授穆斯林子弟书写,这使伊斯兰教有可能培养出新一代有文化者,而他们自身的社会地位也随之有所上升。他们以原先的信仰看待和解释伊斯兰教,这也将外来的思想影响引入伊斯兰教。他们和穆斯林的通婚,成为穆斯林人口不断增加和民族融合的一个重要原因。

处于第三等级的是称作"希姆米"的顺民。他们是与穆斯林订立顺服契约的其他宗教的居民,最初,主要是归顺于伊斯兰教的犹太教徒、基督教徒和萨比教徒。以后,这种顺民的成分不再限于《古兰经》中所列举的"有经人",它扩及到波斯的琐罗亚斯德教徒、哈兰的多神教徒、北非的柏柏尔人和其他民族的顺民。作为顺民,应解除武装并向穆斯林国家缴纳贡税(土地税和人头税),在这一前提下,得以享有信仰原宗教的自由并受到阿拉伯人的保护。在基督教居于优势的黎巴嫩,人们对皈依伊斯兰教并不踊跃,那里迄今仍是民族和宗教冲突屡起的地区之一。

奴隶处于社会的最低层。伊斯兰教禁止将穆斯林当做奴隶,鼓励释奴。可是,闪族古老的奴隶制仍然得到承认,对信奉伊斯兰教的外国奴隶并不给予自由。战俘是伊斯兰教初期的奴隶的主要来源,其中也有妇女和儿童;此外也用掠夺和购买的方式获得奴隶。帝国允许贩卖奴隶,其中包括从非洲来的黑奴、从欧洲来的白奴、从远东来的黄奴。奴隶的子女仍是奴隶,如果是女奴与奴隶主所生又为奴隶主所认领者,便为自由人,女奴就具有了妾的身份,奴隶主不能再出卖她,或赠送他人;夫主死后,妾成为自由人。男奴与自由人所生的子女,则为自由人。倭马亚王朝时,征服战争继续进行并节节胜利,从各地俘获大批奴隶。由于纳妾不受限制,奴隶与自由人所生的子女愈来愈多,这也是伊斯兰教得以发展的原因之一。

哈里发世袭制的确立　　穆阿维叶是在帝国境内大多数居民系非穆斯林的情况下,实现对帝国治理的。为巩固王朝的统治,他不得不优先处理社会政治问题,而将宗教置于次要地位。在麦加、麦地那等圣城的神权贵族,没有参政的经验和要求,满足于富裕、舒适的生活。当穆阿维叶背离阿拉伯人按年齿推举族长的古老部落原则,放弃正统哈里发时期选择继任者的惯例,指定其子亚齐德(680—683在位)为继任哈里发时,受到一部分穆斯林上层的反对。穆阿维叶为保证其子顺利继位,让各部落首领举行效忠宣誓礼。可是,阿里次子侯赛因、欧麦尔之子阿布杜拉和祖白尔之子阿布杜拉均拒绝宣誓。公元680年,穆阿维叶去世,麦地那总督再次要求他们宣誓效忠,拥戴亚齐德为哈里发。迟迟没有表态的阿布杜拉·本·欧麦尔(?—693)勉强接受亚齐德的统治。侯赛因和阿布杜拉·本·祖白尔干脆远避麦加,摆脱麦地那总督的控制。穆阿维叶开创的哈里发世袭制原则从此确立。阿里党人早年试图由阿里世袭先知穆罕默德之位未能做到的,却由他的政治对手穆阿维叶在伊斯兰教史上开创了先例。

凯勒布人和盖斯人的斗争　　伊斯兰教的诞生,在一定意义上抑制了阿拉伯人的宗族主义的发展。原来,自称阿德南人的北方阿拉伯人,自认为是易司马仪的后裔,与源自盖哈丹(《圣经·创世纪》中的约坦)的南阿拉伯人从未融洽过。生活在叙利亚地区的阿拉伯各部落,是于伊斯兰教兴起前,由也门迁徙来的。他们大多信奉基督教,这些部落中以凯勒布人最为著名。伊拉克的各阿拉伯部落是由北阿拉伯迁入的,他们沿幼发拉底河和底格里斯河聚居。其中,盖斯人处于领导地位。到倭马亚王朝时,凯勒布人和盖斯人

87

分别成为南北阿拉伯人的政治核心。奥斯曼任用亲信,以及穆阿维叶依靠也门阿拉伯人的做法已使古老的宗族主义有所抬头。继位的亚齐德,他的生母和妻室都是凯勒布人,这也刺激了北阿拉伯人的宗族主义情绪。公元 683 年,亚齐德去世,哈里发位由凯勒布妇女所生的穆阿维叶二世(683—684 在位)继任。北阿拉伯人再也无法容忍。出于宗族偏见,盖斯人拒不承认穆阿维叶二世的继承权,相反,拥戴这时正在麦加觊觎哈里发职位的伊本·祖白尔为哈里发,伊本·祖白尔则任命盖斯人首领达哈克为叙利亚临时摄政者。这无疑是对凯勒布人的挑衅。

穆阿维叶二世继位三个月后去世。穆阿维叶家族再也无人能继承这一王位,倭马亚王朝危在旦夕。这时,凯勒布人和盖斯人之间的战争正酣。受凯勒布人拥戴的麦尔旺(奥斯曼的堂弟和国务秘书)率兵拯救了大马士革和倭马亚王朝。684 年 7 月,达哈克战死。年迈的麦尔旺任哈里发。此后,倭马亚王朝的哈里发均出自麦尔旺家系。

88

麦尔旺(684—685 在位)指定其子阿布杜·马立克为继承人,又指定另一子阿布杜·阿齐兹为继承人的继承人(第二继承人)。阿拉伯哈里发帝国在世袭制问题上的混乱状态从此开始。阿布杜·马立克继位后,随即废其弟阿布杜·阿齐兹的继承权,将他派往远离大马士革的埃及任总督;同时,指定其子瓦立德为继承人,另一子苏莱曼为第二继承人。瓦立德继位后,本想援引前例,立子为继承人,废其弟的继承权,结果未能如愿。后来,倭马亚王朝的衰落与这种不明确的世袭制原则不无关系。

阿布杜·马立克的阿拉伯化政策　阿布杜·马立克(685—705 在位)是麦尔旺系的第二任哈里发,也是穆阿维叶之后最有成就的哈里发。他即位后的头件大事就是派哈查只·本·优素福(？—714)统率叙利亚军前去镇压伊本·祖白尔的叛乱。哈查只原为教师,后投笔从戎,以残暴著称。公元 692 年,他战胜伊本·祖白尔;接着又连连平息哈瓦利吉派在伊拉克各地的叛乱。社会秩序的稳定,使阿布杜·马立克有可能在国内实施阿拉伯化的措施,并进行对外征服战争的准备。

　　阿布杜·马立克不同于他的先辈,他实行国家机关的民族化政策,正式决定阿拉伯语为官方语言,改变以前用希腊文和帕莱威文登记文书的做法,规定官方文件一律以阿拉伯文书写。在币制方面,早在伊斯兰教兴起前,罗马、波斯和也门希木叶尔的货币已在阿拉伯半岛境内流通。阿布杜·马立克以前的哈里发,没有采取更换外国货币的措施,至多是在这些货币上加印《古兰经》的某段经文,或是仿制外国货币,铸造少量的金币(第纳尔)和银币(第尔汗)。695年,阿布杜·马立克在大马士革正式下令铸造金币和银币,取代通用的外国货币。次年,哈查只也在库法铸造金币。与此同时,阿布杜·马立克还发展定期的邮政业务,利用驿马于大马士革与各省会之间递送公文和情报,运载旅客。为保证阿拉伯化政策的实施和帝国的统一,他还限制基督徒臣民的自由,这是他的前任早就给予他们的。而他的后任瓦立德则把越来越多的基督徒排斥出政府机构,甚至解除塞尔仲·本·曼苏尔家族所掌管的帝国财政的职务并没收大马士革的圣约翰大教堂,将它改建为清真寺。

89

　　第二次征服　阿布杜·马立克任用著名将领哈查只·本·优素福、穆萨·本·努赛尔从事远征。只是他本人未能看到征服的胜利。实际上,伊斯兰教史上第二次大规模的征服战争是于瓦立德一世(705—715在位)时期开始并完成的。对东部的征服,主要依靠的是哈查只手下的两名部属屈底波(古太白·本·穆斯林,670—715)和哈查只的侄子穆罕默德·本·卡西姆。屈底波以木鹿(今土库曼斯坦的马雷)为根据地,在公元705年攻克吐火罗斯坦及其首府巴尔黑(今阿富汗的巴尔赫);706—709年攻克粟特的布哈拉及其四周的领土;710—712年征服康国(撒马尔罕)和花剌子模(今乌兹别克斯坦的基发);713—715年深入药杀水各省区,特别是拔汗那(今乌兹别克斯坦境内的费尔干纳),建立起名义上的穆斯林政权(即以后的中亚诸汗国的地区),形成与突厥人相对峙的局面。不久,布哈拉、撒马尔罕、花剌子模都成为伊斯兰教的文化中心。而对撒马尔罕东北的赭时(今乌兹别克斯坦的塔什干)的征服直到751年才完成。穆罕默德·本·卡西姆于 710 年向南挺进,征服莫克兰;通过俾路支,于 711—712 年征服了信德(印度河下游的河谷和三角洲),占领海港城市德浦勒和尼龙(今海得拉巴);713 年,征服南旁遮普的佛教胜地木尔坦。至于印度的其他地区,约在 10 世纪末才陆续征服;而这些地区的伊斯兰化要更晚一些。

在西部,穆萨·本·努赛尔以凯鲁万为首府,他实行使游牧和半游牧的柏柏尔人伊斯兰化的政策,征募他们为远征军,补充阿拉伯人的军队。711 年,他的副将塔立克率领一支柏柏尔人的梯队渡海远征西班牙。他在西班牙获得立足地后的第二年,努赛尔也率大军来到西班牙,继续向北推进。732 年,阿拉伯和柏柏尔的远征军受阻于图尔-普瓦提埃一线,这是穆斯林军向欧洲腹地进军的极限。穆斯林在西班牙的统治一直延续了七八个世纪。

阿布杜·马立克和瓦立德的时代,倭马亚王朝的势力达到了顶点。伊斯兰世界的版图这时扩及到亚非欧三大洲。这时,正值中国的盛唐时期。

90

欧麦尔二世鼓励改宗的经济政策　欧麦尔二世是被废哈里发继承权的阿布杜·阿齐兹的儿子,他的母亲是欧麦尔的后裔。欧麦尔二世生于麦地那,是个过着简朴生活的虔诚穆斯林。公元 706 年,他任希贾兹总督时,就有 10 名精通伊斯兰教传统的圣训学者,组成一个常设委员会协助他处理日常事务,保证他的活动符合"逊奈"。

根据伊斯兰教的早年规定,凡是穆斯林在缴纳济贫税(纳课)后,可以不再缴纳其他赋税。实际上,这种规定仅限于阿拉伯半岛的穆斯林。在新征服地区,不论是阿拉伯人或是非阿拉伯人,即便是皈依伊斯兰教,成了穆斯林后,仍然照常纳税。这样,伊拉克和呼罗珊的大批农民便离开农村,希望能以马瓦里的身份加入军队,既可免缴赋税,又可从国库中取得收入(尽管马瓦里在军队中的津贴少于其他穆斯林)。其结果是国库收入减少,支出增加。哈查只一度采取强硬措施遣返涌入城镇的农民。除了向他们征收皈依前所缴纳的税收(包括土地税和人丁税)外,甚至规定有地产的阿拉伯人亦应缴纳通常的土地税。这就引起新皈依者的不满。欧麦尔二世为平息他们的不满情绪,采取新的鼓励改宗的经济措施。他恢复早年欧麦尔时代的原则:凡是穆斯林(不论是阿拉伯人还是非阿拉伯人)都不必缴纳任何赋税;但是,非穆斯林一旦入教,他的土地作为一种社会公产不再属于个人,应归国家所有。他如想继续耕种土地,就应作为土地的租种者向国家缴纳土地税。

伊斯兰教在征服地区传播近一个世纪期间,穆斯林在这些地区的人口中并不占据多数。除了蓄奴、纳妾和通婚,使穆斯林人口有所增长外,大批改宗的现象并不多见。据说,古太白占领布哈拉后,于712年在佛教寺院的原址上建造了一座公众祈祷的大清寺。他的传令官于每周五召集民众参加礼拜,并答应给每个参加礼拜的人两个第尔汗。[①] 这时,由于欧麦尔二世实施鼓励改宗的政策,中亚地区的大量佛教徒皈依了伊斯兰教。同样,许多波斯人、柏柏尔人和其他民族的人,为享受这种经济上的特权(尽管数额不多)而纷纷改宗。可能在这一时期开始确立念诵过清真言的人才算是穆斯林的教义。清真言的前半部分——"除安拉外,再无神灵",在《古兰经》中即已存在。在大批顺民皈依后,让他们承认先知在宗教中的地位,增加了清真言的后半部分——"穆罕默德是安拉的使者",表白信仰的完整公式正式出现。

自穆阿维叶以来,清真寺于周五聚礼时,在讲坛上诅咒阿里已成惯例。欧麦尔二世为缓和教派间的矛盾,改变了以前敌视十叶派的政策。他停止这种伤害十叶派感情的做法,还把法达克绿洲(这块土地曾是穆罕默德征服后留归自用的地方,以后归国家所有)拨归阿里的后裔享用。

欧麦尔二世鼓励非穆斯林改宗的做法,无疑加速了帝国的伊斯兰化。与此同时,他也继续以前已经开始的阿拉伯化的做法,把

---

① Research Centre for Islamic History, Art and Culture, *World Bibliography of Translations of the Meanings of the Holy Qur'an*, p. XXII. Printed Translations 1515—1980, Istanbul, 1986.

种种侮辱性的限制强加于异教徒。其中,尤以"欧麦尔契约"最为著名,它显然完全不同于早年欧麦尔相对宽容的"契约"。这份"契约"规定,基督徒一律不得担任公职;不得戴缠头,必须剪去额发,穿特殊的服装,腰上应系一条皮带;骑马时不许用马鞍,只许用驮鞍;不许修建教堂,礼拜时不许高声祈祷。它还规定,穆斯林杀死基督徒时,只受罚款的处分;法庭不受理不利于穆斯林的基督徒的证词,犹太教徒也受到同样的限制。由于欧麦尔二世执政时间不长,他的政策没有得到持久的贯彻。

第二节 政治-宗教斗争的激化

倭马亚王朝的政治反对派 穆阿维叶执政期间,国内政局大致稳定。王朝的政治反对派只是在积聚力量,没有轻举妄动。在政治反对派中,主要包括三支政治势力:

第一支是以伊拉克为中心的阿里党人。阿里党人是以拥戴阿里、阿里之后拥戴其直系后裔为政治-宗教目的而形成的政治派别。阿里党人默认了阿里长子哈桑放弃王位的选择,而把希望寄于阿里次子侯赛因(约 626—680)的身上,希望他能反对窃权的倭马亚人,建立神权政体以实现先知的遗志。由于侯赛因的血统和作为神权贵族代表的地位,在很大一部分阿拉伯人中,尤其是有着王权正统主义影响的波斯人中,具有一定的吸引力,因而对倭马亚人统治的威胁最大。

第二支是以阿布杜拉·本·祖白尔为代表的、以麦加为根据地的神权贵族势力。伊本·祖白尔出身于神权贵族之家。他的父亲祖白尔是先知的亲密伙伴之一,为争夺哈里发位而与脱勒哈、阿以莎结盟反对阿里,在骆驼之战中丧生;他的母亲阿斯玛是阿布·伯克尔的长女、阿以莎的姊姊。他作为神权贵族的代表,一直在觊觎哈里发位。

第三支是以哈瓦利吉派为代表的部落势力。哈瓦利吉派的主体是台米姆族成员,经过 20 多年的活动,在阿拉伯半岛的中部和南部的各部落中,在伊拉克的阿拉伯人中得到了发展。他们既反对倭马亚人的统治,又仇视阿里党人的政治-宗教主张;在一定程度上可以与伊本·祖白尔结盟,由于他们的民主和平等的主张,又反对伊本·祖白尔的贵族专制政治。

从亚齐德继位时起,到7世纪末叶止,倭马亚人不得不派出重兵镇压政治反对派的起义和骚乱。可是,作为政治反对派的这几支力量并没有联合起来共同抗击倭马亚人的武力镇压,即便是哈瓦利吉派在一个短暂的时间内支持过伊本·祖白尔于麦加的起义,但不久也就返回伊拉克并竭力反对伊本·祖白尔对伊拉克的统治。各政治反对派之间的敌视和残酷屠杀并不亚于与倭马亚人的斗争,这就使倭马亚人有可能各个击破,并以阿布杜·马立克的胜利而告终。

在政治反对派之外,在哈里发帝国中还有一批宗教学者,他们虽然没有参与这些反对派的起义斗争,但对倭马亚人的统治也不满意。这些宗教学者中著名者有阿布杜拉·本·欧麦尔。由于他们在群众中广有影响,也是倭马亚人不能忽视的一支政治力量。

侯赛因与卡尔巴拉惨案 阿里党人从来也不甘心政权落入倭马亚家族之手。聚居在库法的阿里党人获讯侯赛因拒绝向昏庸淫荡的亚齐德宣誓并避居麦加后,拥戴他为哈里发并唆使他来库法主事。侯赛因并没有意识到这次事件的严重后果,贸然率领一支不足200人(由他的眷属和忠心的追随者组成)的警卫队前赴库法。据说,伊本·祖白尔明知此举无望,并不劝阻侯赛因的冒险行为;相反,他认为在王位争夺中,可以减少一名有力的竞争对手。

伊拉克总督齐亚德在希贾兹到库法的沿途上,密布暗探以了解阿里党人的动向。公元680年10月10日,他派赛尔德·本·瓦嘎斯之子欧麦尔率领4 000人的部队将侯赛因及其卫队围困于库法西北不远的卡尔巴拉。当库法人得知侯赛因的族弟穆斯林·阿慕尔作为先遣队来库法途中已为倭马亚人俘获处死,因而食言没有给予受围困的侯赛因任何支持。战斗发生后,侯赛因孤立无援,全身负伤,战死疆场。随从也大部被歼。倭马亚人割取他的首级,并将俘获的他的妹妹和儿子押解到大马士革哈里发宫廷。先知的外孙遇难的噩耗,使整个穆斯林世界震惊。亚齐德不得不遣返俘虏并将侯赛因的首级送回卡尔巴拉以与尸身合葬。

惨案发生于阿术拉日("阿术拉"为阿拉伯文的"十"),即伊斯兰教历的元月第十日,该日遂成为十叶派的重要节日——阿术拉节。为了哀悼侯赛因的牺牲,十叶派穆斯林规定每年于伊斯兰教历的元月上旬为哀悼旬,在此期间,演出受难剧,再现他的英勇战斗和受难的情景。该节日由前节和后节两个不同仪式构成。前节于侯赛因的受难日在巴格达郊区的卡齐麦因举行,以纪念此次战斗与受难;后节于受难日之后的 40 天内在卡尔巴拉举行,以纪念"头颅的归来"。

十叶派的起源 自从哈瓦利吉派脱离阿里队伍后,阿里党人经过约 20 年的沉默,才开始活动。在此以前,它不过是个政治小集团,其目的在于拥戴阿里继任哈里发;阿里之后,则拥戴其子哈桑为哈里发。他们很少有什么宗教性的考虑。可是,侯赛因惨案说明,这时的阿里党人,至少与他一起战斗的忠心追随者已经超出政治要求的范围。不足 200 人的队伍要与强大的倭马亚王朝军队对抗并取得胜利是毫无希望的。而百余名追随者甘心与侯赛因一同战死疆场,完全是对侯赛因,或者说,对阿里家族宗教性的虔信与热诚的结果。否则,只要他们放弃前赴库法的念头,或半途折回,生还还是可能的。事实表明,随着侯赛因的去世而在阿里党人内部掀起的宗教运动,标志着作为政治小宗派的阿里党人向宗教性的派别——十叶派(什叶派)转化的真正开端。后来的十叶派学者宣称侯赛因之死是他自觉的、无畏的自我牺牲,显然这不足为信。可是,他的殉难确实为伊斯兰教提供了以前它所没有的一位类似基督教的耶稣式的人物,这对伊斯兰教的发展,至少对十叶派神学思想的发展是有意义的。

库法和巴士拉是早年穆斯林军于伊拉克建立的军事营地,这时已发展成有相当规模的城镇。除阿拉伯人外,一些当地的居民和马瓦里也生活在其中。在伊拉克早有传播的琐罗亚斯德教、马兹达克教、摩尼教、犹太教以及基督教的各个不同教派的教义,很自然地会通过这些非阿拉伯的居民和马瓦里对阿拉伯人产生影响。

由于历史的原因,叙利亚和伊拉克长期以来一直处于对立的地位。在伊斯兰教兴起前,叙利亚站在基督教的拜占廷一方;伊拉克则是信仰琐罗亚斯德教的波斯的前哨地。阿里继哈里发位后,将政治中心由麦地那迁至库法;穆阿维叶则以大马士革为政治中心,意味着伊拉克处于隶属的地位。现在,侯赛因得到库法人的支持,却被倭马亚的叙利亚军队杀害,这在无形中使种种宗教观念和民族情绪完全附会到侯赛因的身上,这是朴素的伊斯兰教以前所没有的。其中最重要的则是救世主复临(转世)思想或马赫迪思想。

阿布杜拉·本·祖白尔 伊本·祖白尔在侯赛因前赴库法起事的同时,也在伺机而动。侯赛因之死促使了他在麦加自称哈里发。由于他出身名门,受到整个希贾兹的支持,这无疑是对荒淫无度、庸碌无为的亚齐德的一次沉重打击。自拿赫鲁宛之战以来一直在悄悄地积聚力量的哈瓦利吉派成员,不堪巴士拉总督乌巴德拉·本·齐亚德的严厉统治,这时纷纷来到麦加支持伊本·祖白尔。

亚齐德急速派遣富有战斗经验的伊本·欧格白统率远征队讨伐叛乱,伊斯兰教史上的第二次内战开始。伊本·欧格白节节胜利。公元683年8月,他于麦地那获胜后,随之向麦加推进。伊本·欧格白本已年迈多病,由于疲惫,死于途中。萨库尼继任统帅,指挥讨伐队奔赴麦加。9月,围困麦加。他以弩炮猛击伊本·祖白尔避身的麦加清真寺。于是,克尔白着火,直烧到墙根,伊斯兰教奉为圣物的黑石烧裂成三片。围攻正在进行之际,传来亚齐德驾崩的消息,萨库尼唯恐叙利亚内乱,于同年11月退兵。伊斯兰教史上的第二次内战至此暂告一段落,但内战的硝烟远未熄灭。

伊本·祖白尔乘凯勒布人和盖斯人争战以及倭马亚人退兵之机,重整队伍,收复麦地那,将势力陆续扩展到阿拉伯半岛以外的伊拉克和叙利亚的部分地区。伊本·祖白尔任命支持自己的盖斯人领袖达哈克为大马士革的临时摄政者;同时,派其胞弟穆斯阿布·木·祖白尔任巴士拉总督。这时,大马士革因穆阿维叶二世早逝(他既无子嗣,又无兄弟),举国无君。王朝实际上已陷入政治真空。倭马亚人还要忙于应付凯勒布人和盖斯人的宗族战争。伊本·祖白尔本可继此番政治部署之后,直奔大马士革,推翻倭马亚人的统治。但他却热衷于消灭曾经支持过自己的哈瓦利吉派,同时还不忘这时正在崛起的阿里党人,从而坐失良机,使倭马亚人得以重整旗鼓,王朝又延续了半个多世纪。

哈瓦利吉派的起义 巴士拉总督齐亚德去世后,公元684年,哈瓦利吉派的成员离开伊本·祖白尔的队伍,返回巴士拉。当伊本·祖白尔任命的巴士拉总督穆斯阿布进驻巴士拉时,参加并支持过伊本·祖白尔的哈瓦利吉派成员发生分裂。以纳菲·本·阿兹拉克(纳菲·本·阿扎里加,?—685)为代表的一支拒绝伊本·祖白尔的这项任命。他们与进驻者发生冲突,在战斗中失利,伊本·阿兹拉克率领追随者撤离巴士拉向东退却。伊本·祖白尔的军队紧追不舍。同年,伊本·阿兹拉克战死。他的追随者在新首领的率领下一度控制过波斯的克尔曼、法里斯和东方各省,继续坚持他的宗教主张并与来犯者对抗。

690年,倭马亚人恢复对伊拉克的控制。692年,阿拉伯半岛新任总督哈查只战败伊本·祖白尔的军队,伊本·祖白尔本人亦于战斗中身亡。倭马亚军队也就把主力用来对付哈瓦利吉派的起义。

伊本·阿兹拉克本人并不是神学家,也没有提出过神学主张或特殊的教义,只是他坚持哈瓦利吉派以外的穆斯林均属外道,如不重新举行入教仪式(按哈瓦利吉派的主张作信仰表白)外,不论男女老少,均应杀戮。他的这种主张获得一部分哈瓦利吉派成员的拥护,而这一派就被称为"阿扎里加派"。该派坚持"圣战"的原则,逃避战斗者,即被视为叛教;反对实行"塔基亚"或谨防、谨慎的做法;反对与本派以外的穆斯林通婚;反对食用他派成员屠宰的牲畜,但可占有敌人的财物;主张犯下任何一项大罪者,即为叛教。该派的这种偏激的主张形成哈瓦利吉派内的一种独特的极端的教义。这种教义很难被驻地群众接受,故没有得到多大发展。这时新任伊拉克总督的哈查只派他的助手穆海莱布围歼这支哈瓦利吉派的队伍。698年或699年,穆海莱布消灭了伊本·阿兹拉克的残部。

继续留在巴士拉城内的一支哈瓦利吉派成员,由于不同意伊本·阿兹拉克的主张和偏激做法,没有参加他所领导的武装斗争。这支哈瓦利吉派成员在巴士拉主要从事神学活动,事实上接受了先是伊本·祖白尔的、后是倭马亚人的统治。他们又分为不同的支系。其中,以易巴德为首的一支最为著名,称为易巴德派。易巴德的继承人扎比尔使该支派得以巩固,他确立了温和的教义:与穆斯林作战或俘虏穆斯林即为不义,反对使用暗杀手段对待其他穆斯林;主张接受非哈瓦利吉派的统治者的权威;允许本派成员与他派成员通婚;在伊玛目问题上,主张伊玛目可以缺任、可以罢黜,甚而允许几个伊玛目并存。该派重视信仰和宽容行为。可是,哈查只对这支哈瓦利吉派并不放心,将扎比尔和其他一些领导人逐往阿曼。于是,易巴德派也发动起义反对倭马亚人的统治。以后,易巴德派在阿曼、北非等地得到了发展,成为哈瓦利吉派迄今唯一尚存的支派。

另一支以纳吉德·本·阿密尔·哈乃斐(?—692)为首的哈瓦利吉派成员,也曾支持过伊本·祖白尔的斗争,他们离开麦加后,在阿拉伯半岛的叶麻麦地区活动。当阿扎里加派与伊本·祖白尔战斗时,他们将势力扩展到阿曼、巴林、哈达拉毛和也门,并于685年建立了地方政权,推举纳吉德为哈里发,其势力一度超过伊本·祖白尔。该支哈瓦利吉派因追随纳吉德而得名纳吉德派,其主张较之阿扎里加派相对温和。该派主张信仰安拉、使者和所有天启经典,承认其他穆斯林的生命财产不可侵犯,对以上诸点无知者则不可饶恕。除此而外,一切大小罪过,即便像通奸、盗窃、酗酒等大罪,只要犯罪者表示悔改,均可饶恕。该派认为不信奉哈瓦利吉派教义者为"伪信者",不同于阿扎里加派认为是外道并应予杀戮的主张,允许在他派统治下的哈瓦利吉派成员实行"塔基亚"。692年,纳吉德派发生内讧,纳吉德被废后遭杀害。693年,倭马亚人歼灭阿拉伯半岛内的该派成员。逃离半岛的一部分成员后来也遭歼灭。

哈瓦利古派关于正信、叛逆等神学主张,对其他穆斯林产生了一定的影响。该派虽因信仰问题的争论而发生分裂,但其意义已不限于该派内部。在随后兴起的神学派别争论中,信仰问题成为神学辩论的中心论题之一。

"忏悔者"运动与穆赫塔尔 伊斯兰教史上,最初的政治-宗教斗争,主要是在阿拉伯籍的穆斯林之间进行。随着社会矛盾的加剧,这种斗争不可避免地扩及到非阿拉伯籍的穆斯林中去,而马瓦里投入社会运动的漩涡,使得政治-宗教斗争更趋尖锐与复杂。

库法的阿里党人对侯赛因的遭难,感到羞愧与悲痛。公元680年底,他们推举苏莱曼·本·苏拉德为"谢赫·十叶"(意即"十叶派首领"),秘密商讨如何为侯赛因报仇。亚齐德去世后,这支以"忏悔者"为名的阿里党人开始公开活动。684年的一天,他们在苏莱曼的领导下,从清晨起聚集在侯赛因的陵墓前忏悔、哭泣、祈祷,并宣誓为他报仇,直至次日凌晨,只是他们的活动与当时另一支由穆赫塔尔率领的阿里党人的活动没有很好地联合起来,相反,两者之间还互相挤杀,这支称作"忏悔者"运动的3 000战士终于被歼灭。

这时,一直在伊拉克活动的穆赫塔尔·本·俄拜德·塔基菲(?—686)率领有大批波斯马瓦里的部队进入库法,建立地方政权。由于侯赛因之子阿里尚在幼年,按照阿拉伯人的惯例,儿童无法出任领袖。于是,穆赫塔尔自称是阿里与哈尼法族妇女哈乌拉所生的第三子穆罕默德·本·哈乃菲亚(约638—约700)的使者,宣称伊本·哈乃菲亚是十叶派的新领袖。他还巧妙地宣称受到启示,传播马赫迪即将再世的教义,并宣传阿拉伯穆斯林与马瓦里一律平等的思想,这就受到愈来愈多的马瓦里的欢迎,他建立的政权受到伊拉克和东方各省的支持。

库法的"忏悔者"出于门第和种族偏见,不愿接受并非出自先知之后(即非法蒂玛之子)的伊本·哈乃菲亚为伊玛目,也拒绝与马瓦里的队伍结盟。库法人起义反对穆赫塔尔,穆赫塔尔则视他们为杀害侯赛因的同谋,给予了严厉惩罚;他的部将也于哈吉兰战胜杀害侯赛因的军队,其统帅齐亚德被杀,这算是为侯赛因报了仇。

库法"忏悔者"的阿里党人所采取的本质上还是一种阿拉伯人的复仇运动。穆赫塔尔使非阿拉伯人投身于这一斗争,就把原来仅限于阿拉伯穆斯林之间的政治-宗教斗争的领域扩大了。他拥戴阿里第三子伊本·哈乃菲亚为伊玛目,表面上因为后者的非法蒂玛嫡生的血统关系,未能得到这部分十叶派人的承认(更未得到以后的十叶派的承认),实质上则是由于阿拉伯穆斯林的种族偏见,难以接受他的这种做法。穆赫塔尔本人亦于687年与穆斯阿布交战时阵亡。

穆赫塔尔虽然去世了,他传播的马赫迪再世的思想,吸引着愈来愈多的人们企求摆脱民族压迫并恢复社会的公平与正义。这种再世或复临思想,对伊斯兰教的神学思想,尤其是十叶派的神学思想的发展,起着重要的作用。

第三节　早期伊斯兰文化与智力生活

"释奴"与文化学术活动　伊斯兰文化的发展和学术活动的开展,与早年"释奴"的贡献是分不开的。

伊斯兰教兴起前,阿拉伯社会盛行"蓄奴"制度。奴隶来自战争的俘虏和征服地的民众,或是通过买卖取得。伊斯兰教兴起后,一些氏族或部落中"蓄奴"现象依然存在。《古兰经》规定应善待奴隶、允许奴隶赎身(4:36;24:33),主张释放奴隶(47:4;90:13)。尽管类似经文并不能立即中止"蓄奴"现象,可是只要奴隶皈依了伊斯兰教,就被解除奴隶身份,释放而为自由人。这些"释奴"的人数越来越多,终于成为伊斯兰社会的基本成员。

最初,这些"释奴"与他们以前的奴隶主仍保持着一种称为"瓦拉"的名分关系,意即他们在名分上仍隶属于释奴者。"释奴",阿拉伯语称为"毛拉"(单数);"毛拉"系由作为词根的阿拉伯语"瓦拉"派生而来,"马瓦里"则是它的复数形式。倭马亚王朝统治的权力基础在于阿拉伯部落,而不是个人。"释奴"在社会中依附的不仅仅是他的释奴者,更重要的是他所隶属的某个阿拉伯部落,他和他的后裔应效忠于该部落。实际上,他们的"释奴"身份,使他们在政治上完全处于二等公民的社会地位。

伊斯兰教兴起之初,那些称为圣门弟子的阿拉伯穆斯林中有文化、能书写的人并不多。为适应宗教生活的需要,穆罕默德曾令人把"天启"经文记录并保存下来。一些聆听过"天启"经文的门弟子则向其他没有听过的人(再传弟子和三传弟子)传诵,或是向其他人传播伊斯兰教义。随着阿拉伯穆斯林军征服地区的扩大,以及伊斯兰教在征服地的传播和发展,一些圣门弟子分赴各地从事宣教活动。客观上,阿拉伯征服者需要更多的知识分子,借助文化知识从社会政治、经济、文化等不同领域来治理被征服地区。在征服地区,主要由两类人构成:一是居于统治地位的阿拉伯人,一是被征服地区的非阿拉伯人。阿拉伯人主要从事的是政治统治或商业活动,他们除了通过口耳相传的形式,布道宣教、传播教义外,很难说在第二次内战(680—692)结束之前,王朝社会中已经存在了严格意义上的文化学术活动。

与阿拉伯有文化、能书写的穆斯林不多的情况相反,在那些非阿拉伯的、主要是波斯血统的马瓦里的"释奴"和他们的子弟中,却有不少人是有文化、能书写者。以后,这些"释奴"开始教授阿拉伯子弟学习书写,"毛拉"也就具有了"先生"(老师)的含义。

由"释奴"教授出来最初一代阿拉伯有文化者,到了再传弟子和三传弟子的时候,在阿拉伯人中间已形成不少从事文化活动的知识分子,但在很长一段时间里,从事文化学术活动的学者,主要还是"释奴"和他们的子弟。

当时著名的学者哈桑·巴士里就是一名"释奴"的后代。这一时期的主要学术活动是学习经文,搜集"圣训",并根据经训制定有关宗教(礼拜、斋戒、纳课、朝觐等)、民事(买卖、债务、利息等)、家庭(婚姻、离异、遗产继承等)、刑事(偷盗、杀人、奸淫等)的律法。主要的学者是有关经注学、圣训学、教法学的宗教学者。"倭马亚朝的哈里发毫不重视立法的问题。除极少数哈里发……外——这时期的立法,不是在哈里发的保护下而发展……乃是由各个学校乃至各个单独的研究者进行研究的……"[1]

伊斯兰文化的孕育　阿拉伯穆斯林征服的地区,在经济上和文化上都是相对先进的地区。公元 7 世纪中叶,这些地区的封建生产关系已经确立。穆斯林除了向这些地区输入阿拉伯语和伊斯兰教外,并没有给当地人民带来更为先进的生产方式、科学遗产和文化传统。反之,他们在与波斯人、叙利亚人、埃及人、中亚人、印度人以及其他民族的交往中,接受了后者物质的和精神的文明。

伊斯兰文化有它孕育、发生、成长和结果等不同发展阶段。倭马亚人统治的早期,尤其是希腊文化、波斯文化以及其他民族的文化在当地仍占主导地位时,还很难说有独立的伊斯兰文化的存在。这时,征服民族只有自身的经典——阿拉伯文的《古兰经》和伊斯兰教的信仰和仪式;伊斯兰文化仅仅在孕育时期。被征服地区的各族人民皈依伊斯兰教是一个缓慢、渐进的过程。到了 8 世纪初,非阿拉伯民族成分的穆斯林在当地人口中已经占了一定的比例,他们和阿拉伯穆斯林之间在意识形态上的差距缩小了。他们在和阿拉伯穆斯林的交往中,不管是在政府中任职的波斯人、叙利亚人、埃及人,也不管是在库法、巴士拉、开罗等军营从事后勤和商业贸易的当地人,开始掌握了阿拉伯征服者的语言,并以阿拉伯语从事学术文化活动或从事创作,他们与阿拉伯人之间的界线模糊了。更由于阿拉伯人的蓄奴、纳妾、通婚和生活习惯的交融,使新一代的穆斯林融合了不同民族的成分。

各民族的皈依者不可避免地将他们的生活方式、文化传统和宗教信仰(基督教的、犹太教的、琐罗亚斯德教的等等)带入伊斯兰教,并以原先的信仰来对待或解释新改宗的宗教。阿布杜·马立克及其后任瓦立德推行阿拉伯化的政策,可能有助于这种融合的演进。伊斯兰文化中很自然地含有多民族文化的因素,所谓伊斯兰文化,就是以这些文化为基础,经过伊斯兰意识形态的筛选、加工、

101

---

[1]　艾哈迈德·爱敏:《阿拉伯-伊斯兰文化史》第一册,"黎明时期",第 263 页,商务印书馆,1982。

改造后予以吸收和融合的结果,离开伊斯兰意识形态的主导地位,也就不存在所谓的伊斯兰文化。所以,伊斯兰文化并不是单一民族的或纯粹阿拉伯半岛的居民——阿拉伯人的文化,而是信仰伊斯兰教的多民族共同创造的文化。由于伊斯兰文化在它形成之际是以阿拉伯语说出来的,用阿拉伯文书写表述的,在这一意义上又称为阿拉伯文化。

阿拉伯语法 阿拉伯语法的确立,对伊斯兰文化的发生、发展有着重要的意义。《古兰经》的语言是以古来氏语(阿德南语)为基础的阿拉伯古典的书面语言,它与各不同地区的阿拉伯人日常应用的土语有一定的区别。虽然在《古兰经》中已经有了一些外来语,可是在征服战争胜利后,随着幅员广袤的帝国的建立,阿拉伯语在政治、经济、社会、文化以至宗教领域中已不敷用。在阿拉伯人与被征服地区诸民族的交往中,这些民族的语言和方言,不断地影响着阿拉伯语;阿拉伯人也不断地从波斯语、阿拉米语和其他外国语言中吸取大量词汇,以丰富自己的语言,这包括从波斯人那里吸取政治术语,从希伯来人和叙利亚人那里吸取宗教术语,以及从希腊人那里吸取政治、科学和哲学术语等等。同时,新皈依者和那些与穆斯林频繁交往的非阿拉伯人,为了担任政府公职,或是为了诵读《古兰经》和从事宗教生活,也需要学习阿拉伯语。为保持阿拉伯语作为经典语言的纯正并适应社会生活和日常交际的需要,在库法、巴士拉等地开始了阿拉伯语和阿拉伯语法的研究工作。参加这一工作的,既有阿拉伯穆斯林,又有有文化的马瓦里。他们根据《古兰经》和"圣训",根据阿拉伯古代诗歌和阿拉伯人的口语,进行深入细微的分析研究,分类整理,从中寻求语言的规律,进而制订语法的规则。相传巴士拉的阿布·阿斯瓦德·杜尔里(?—688)是阿拉伯语法的奠基人。据说阿里曾为他制定词的分类原则,即分作名词、动词和虚词三类,要求他根据这条原则写作一篇论文。后来,阿布·阿斯瓦德完成了这项任务。继阿布·阿斯瓦德之后,巴士拉学者赫立里·本·阿赫默德(?—786)发现阿拉伯语的规律,首创阿拉伯语的韵律学,迄今仍为人们遵循。他编辑了阿拉伯语辞典《阿因书》，这是阿拉伯语最早的工具书之一。他的弟子、波斯人西伯威(？—约793)编写了称为《书》的第一部阿拉伯语法教科书，它成为后来阿拉伯语法研究的基础。约到公元9世纪初，阿拉伯语法才大体完备。尽管阿拉伯语法的研究工作进展缓慢，阿拉伯语法学的确立，为开展伊斯兰教各学科的研究活动提供了重要的工具。其后，希腊逻辑学的引入对阿拉伯语法的发展有着明显的影响，并为伊斯兰学者提供了重要的思维工具。

早期的伊斯兰教法 伊斯兰教中，《古兰经》作为神法，被认为是安拉约束穆斯林的宗教、政治、经济、家庭、社会以及伦理生活的准则和规范。神法，或者说穆斯林信仰与行为的规范，又称为"沙里亚"(本义为"道路")，即伊斯兰教法，这是穆斯林必须遵守、不得违反的。伊斯兰教法作为宗教的律法，完全不同于通常所说的国家法规。

《古兰经》中有关宗教律法条款的经文有500余节，其中很多仍是原则性的规定，很不具体。穆罕默德生前，已凭借其个人的权威，对诉讼作出仲裁。可是，他的职能也只是解释或说明神法，而不是立法；他对神法的阐释被后人称之为"圣训的律例"，以与《古兰经》的律例"相区别。阿拉伯人自古以来遵循"逊奈"(意为"惯例")的做法很快就影响到穆斯林。《古兰经》和"圣训的律例"未能立即取代"逊奈"；相反，在穆罕默德去世后，遵循"先知的逊奈"也成为穆斯林应予遵奉的"道路"和"惯例"。于是，《古兰经》被视为伊斯兰教法的首要根源，"先知的逊奈"也成为早年教法的又一根源。

征服地的大多数居民仍是基督教徒、犹太教徒、琐罗亚斯德教徒和多神教徒，在这些地区不可能立即推行伊斯兰教法。征服者在收取定额的人丁税和土地税后，这些异教徒的司法诉讼仍由各自的宗教社团按传统方法仲裁。阿拉伯穆斯林集中的库法、巴士拉等地，则由哈里发任命的代表解决诉讼问题；前人对律法的主张，成为后人因循的律例。在穆斯林与异教徒的接触中，一方面，在征服地区的律法实践不能不受到波斯法和罗马法的影响，到公元8世纪中叶，外来的律法的标准和规范，逐渐渗入倭马亚人的律法实践中;另一方面,各行政总督区在审理诉讼过程中有了一种重要的创造,即设立"卡迪"(意为"法官")以代替总督行使审判权。一些重大问题由哈里发中央政府制定的公法作为司法的准则(如会计法、顺民的待遇等)。同时,在各地,尤其是在私法领域,则由各地任命的卡迪凭借个人对经训的理解司法。

伊斯兰教兴起的最初一个世纪中,作为伊斯兰教法根源的"先知的逊奈"只凭口传,没有文字记载。"先知的逊奈"包括三部分内容:穆罕默德的言论——即后来所说的"圣训",他的行为和他在场时对门弟子的一些言行的默认,即"圣行"。后来,把圣训和圣行(逊奈)合称为"圣训"。欧麦尔二世曾下令编集圣训,由于他的早逝,这一工作远未完成。这时陆陆续续有一些称为"哈底斯"(或圣训)的文字记载的逊奈,哈底斯中记载的内容,不仅有穆罕默德个人的言行,而且有他的门弟子和再传弟子的言行。而人们对传述的逊奈的理解各有不同,加上政争党伐,以及各地对教法的不同争执,为伪造圣训大开方便之门,要使圣训真正成为教法的根源,就有必要区辨圣训的真伪。

圣训与先知传记 经过审慎核定了的圣训以后成为伊斯兰教法的又一根源,其地位仅次于《古兰经》。先知传记则是关于穆罕默德个人的生平、品性、特征以至日常生活、待人接物、武功战绩等编年材料。最初,在门弟子和再传弟子中传述的这两方面的材料,没有明确区分,也没有文字记载。传述圣训和先知传记成为穆斯林早年学术生活的一项重要内容。由于圣城麦加、麦地那较之其他城市居住着更多的门弟子和再传弟子,这两座城市成为宗教学者们前往求学的中心。

随着社会生活的发展和伊斯兰教创制立法的实际需要,人们开始对传述的内容作了大致的区分,即把先知有关社会生活和宗教生活的种种训示与有关先知个人的传述材料区别开来,前者构成"圣训"的基本内容,后者则构成"先知传"的基本素材。

教徒们热心搜集先知以及他的门弟子的故事,这成为后来编辑的种种传记和武功记的基础。据说麦地那著名的法学家、圣训学家阿瓦尔·祖白尔(643—712)首先为穆罕默德作传记；与他同时的艾巴尼·奥斯曼(642—723)则撰《先知穆罕默德传》，由其门人阿布杜·拉赫曼·穆伊勒(？—约742)编辑而成。这时的传记仍以口传的种种轶事、传奇和先知个人的生平等宗教传说为根据，但这并不妨碍它成为阿巴斯王朝的历史学家们撰写先知传的史料的重要来源。当圣训被作为《古兰经》的最早解释和重要补充后，人们对学习和系统搜集圣训的兴趣愈来愈大。门弟子和再传弟子主要聚居麦加、麦地那、库法和巴士拉等地，这些地区也就成为传播圣训的中心。像生活在麦地那的阿布·胡莱勒、艾奈斯等门弟子、先知的寡妻阿以莎等在传述圣训方面也愈来愈受到重视。相传，阿布·胡莱勒所传圣训在5 300段以上，阿以莎传2 200多段，艾奈斯传2 280余段，伊本·欧麦尔传1 600多段，这些人都被认为是传述圣训的权威。这时，重要的学者有麦加的阿布杜拉·本·阿巴斯(约622—688)，他是圣训的传述者，也是《古兰经》的注释者，不过，他任意注释经文，所传圣训有所作伪。此外还有巴士拉的伊本·欧麦尔、艾奈斯·本·马立克(？—709或711)等人。在库法，重要的门弟子有阿布杜拉·本·麦斯欧德(？—约653)。据说他传述了848段圣训，因而也被认为是伊斯兰教的传述权威。在他以后的重要学者有阿密尔·伊本·沙拉希勒·沙尔比(？—726)。据说他曾听过150多位门弟子的传述；他所传的圣训全凭背记，不靠记录。他的弟子中最著名的有阿布·哈尼法，即后来的哈乃斐教法学派的奠基人。在巴士拉，几乎与沙尔比同时的著名宗教学者有圣训学家、神学家哈桑·巴士里(642—728)。

地方教法学派　早期的教法学派完全是地域性的。伊斯兰教法不是官方主持下发展起来的，它是作为"乌里玛"(意为"法学家"或"圣训学家")个人的学术活动的结果。麦地那能传述圣训的门弟子和再传弟子较为集中，这就有可能更多地依循圣训司法，在教法上形成后人称之为"圣训派"或"麦地那学派"(又称"希贾兹派")这种较为保守的派别。而库法、巴士拉等军营地区，能传述圣训的人不多，同时又与非穆斯林杂居，处于波斯影响之下，这就使教法

105

学家在没有经训可循的情况下,参照经训和个人的意见司法,从而形成相对自由的"意见派"或"库法学派"(又称"伊拉克派")。意见派的教法实践中,适当地应用逻辑推理或类比推理等方法,这就产生了后来称为"意见的律法"或"类比的律法"的立法原则。然而,伊斯兰教法中真正接受逻辑的或理性的方法并使之成为教法的一种根源尚是以后的事。倭马亚王朝的末期,在麦加、麦地那、库法、巴士拉、大马士革等地相继出现了地域性的教法学派。这时,在各地都有一些重要的教法学家。在库法有罕马德(?—737),在他门下就学的有阿布·哈尼法;此外,还有栽德·本·阿里(?—743),他编辑了教法纲要。麦地那有马立克·本·艾奈斯(715—795),他以教法为纲编辑的《圣训易读》(音译《穆瓦塔》),是迄今最古老的伊斯兰教法典,也是一本圣训集。

就穆斯林来说,在麦地那派和伊拉克派所传的圣训内容方面更重视前者。这时对种种假托和伪造的圣训,还没有什么相对科学的方法予以辨别。作为一门宗教学科的圣训学的建立,正如教法学接受逻辑方法一样,都是下一世纪的事。

苦行主义与禁欲主义 早年的一些虔诚教徒,深信《古兰经》的教诲,期望通过虔敬的宗教生活,切身体验经文中关于穆罕默德个人的神秘经验;他们奉行经文中关于敬畏、坚忍、克己、顺从、行善、谦恭等训诫,奉行经文关于礼拜的规定,长时间的连祷、夜祷、跪拜、叩首,因畏惧来世的惩罚而忏悔、求恕,记忆和赞颂安拉。当人们追求荣华富贵,贪图安逸和享受时,他们却选择简朴、清贫、苦行,甚至是独身生活。这时最重要的代表有阿布·达尔(?—652)和侯达伊法(?—651)。

倭马亚王朝时,苦行主义和禁欲主义得到进一步发展。上层统治者与神权贵族的豪取巧夺、荒淫无度的生活与这部分虔诚教徒的清贫生活形成鲜明对照。苦行主义和禁欲主义显然是对这时盛行的奢侈之风的一种消极的抗议。当时最为重要的人物是著名神学家哈桑·巴士里。

哈桑·巴士里(642—728)的祖父是个波斯籍释奴,以后获得了自由。他在麦地那成长,一度做过法官,主要活动在巴士拉城。他的宗教生活的概念,本质上是苦行主义的,即虔诚、宁静、守贫,蔑视世俗的荣华富贵,视金银为粪土。他本人也实践简朴、贫寒的生活,性格刚正、耿直,敢于抨击朝政。他提出应沉思、自我审慎,并完全顺从安拉的意志,最终导致个人的满足,从而达到人与安拉意志之间的和谐。他的虔信和学术上的声誉,赢得各方人士的尊敬。在他出殡之日,倾城男女上街为他送葬。后来的苏非派和穆尔太齐赖派都承认他的德行,认为他是本派的奠基人。苏非派推崇他的简朴与苦行生活;穆尔太齐赖派则强调他在学术活动中对理性的重视。

另一名坚持苦行和禁欲生活的学者是左海里(？—742)。由于他全神贯注于经训,彻夜不眠地忏悔和祈祷,他的妻子无可奈何,认为书本比女人还坏。

这种以个人的虔敬的宗教生活为基础的苦行主义和禁欲主义,在随后的发展中,很自然地成为有组织的虔修者的小集团(兄弟会或互济会);后来在希腊的新柏拉图主义、诺斯替教等思想的影响下,神秘主义得到了发展。通常人们所说的神秘主义苏非派,大约于公元 7 世纪末 8 世纪初已开始孕育。

早期的神学论辩　公元 7 世纪末,伊斯兰教史上的第二次内战,约经过 20 年时间刚刚结束,各政治、宗教派别间的斗争又采取相对温和的神学论辩的形式出现。

神学论辩的问题是由伊斯兰教创立以来发生的重大历史事件引起的。这些事件成为正在开始的神学斗争的焦点。论辩涉及的问题有:哈里发的合法性问题,阿布·伯克尔、欧麦尔、奥斯曼、阿里、穆阿维叶等人的功过以及孰是孰非问题,犯大罪者(诸如杀害哈里发、奸淫、偷盗等)在伊斯兰教中的地位问题,由政治性的争论逐渐扩及到安拉的前定与人的意志自由问题,即人在犯罪过程中应否承担道义上的甚至刑事上的责任问题。各派神学家从本派立场出发作出的回答,无助于弥补教派间的意见分歧,相反,论辩的开展进一步加深了教派间的对立。

7世纪末8世纪初,称作"凯拉姆"的早期经院哲学开始出现,8世纪上半叶得到发展。"凯拉姆"的本义是"语言",即以语言(演讲)来表述神学观点。它以《古兰经》为立论的根据,在论辩中往往采用在此之前伊斯兰教未曾采用过的逻辑的或推理的方法,对论题作出合理的论证,同时揭示对方论证中的矛盾所在。这一最初的辩证学方面的发展,可能受到基督教和希腊学术的影响。最初的论辩或凯拉姆,尽管是护教主义的,由于它不为人们所熟悉,仍被一部分有着保守倾向的宗教学者视为"异端"。论辩不仅在穆斯林神学家之间进行,而且在穆斯林和基督教神学家之间进行。大马士革的基督徒曼苏尔·本·塞尔仲(他曾与大马士革的主教密谋向穆斯林军投降,后在倭马亚政府中任职)的孙子圣约翰(别号"克利索霍斯",意为"金舌",? —748),作为希腊正教会最重要也是最后的神学家在为基督徒撰写的著作中,记载了基督的神性与人的意志自由问题的论辩,他想向基督徒提供与穆斯林进行神学辩论的指南。他可能参加过哈里发宫廷举行的神学问题辩论,并在伊斯兰教引入基督教思想和希腊思想的过程中起过重要作用。

盖德里叶派 神学争论过程中,那些观点相近的人,逐渐形成相对独立的神学派别。伊斯兰教史上首先建立的是主张唯能力论的盖德里叶派(盖德尔派)。这是一个反宿命论派。该派源自阿拉伯文 qadr 一词,其本义是"能力"、"决定"等,原指安拉的万能、主宰和前定,后成为宿命论派对那些坚持人有自由意志和行事自由的人的统称,带有贬义。

一般穆斯林中,极其盛行宿命论思想。《古兰经》关于人的生死祸福、贫富贵贱全由安拉前定的经文,无疑支持了这种宿命观。倭马亚人于内战时期对不同政见的穆斯林的镇压与屠杀,历史上关于穆斯林之间因杀戮而犯有大罪者在伊斯兰教中的地位问题(即是教徒抑或是叛教者)的争论,很自然地会从神学角度提出这种种不义行为的责任问题,即不义者、作恶者应否负有道义责任。盖德里叶派从护教的立场出发,主张人有独立于安拉的能力,反对事事由安拉前定的观点;认为人具有自由意志和辨别善恶的能力,并能依据这种能力自由地、独立地从事选择。人有能力决定人自身的行为,并应对或善或恶的行为结果负有责任;人是自身行为的驱使者,在来世是受赏赐抑或是受惩罚,完全是咎由自取,并非安拉之安排或前定,否则,来世的奖罚毫无意义。反之,如承认不义者、作恶者的行为由安拉前定,无疑是宽容作恶者,而视安拉为不义者。该派肯定人的自由意志、肯定人的行为能力,应对或善或恶的行为结果负有责任,这就在一定程度上排斥了安拉的前定观。

首先主张这种反宿命论观的神学家是马尔白德(? —699)。据称他是个再传弟子,也是哈桑·巴士里的挚友,因反对哈查只而被杀害。该派的另一位著名代表、大马士革人加伊兰(? —743)是个释奴的后裔,他由于持自由意志的观点受到欧麦尔二世的谴责,终因坚持反宿命观而被哈里发希沙姆(724—743在位)杀害。盖德里叶派在穆斯林中有一定的影响。据说穆阿维叶二世和亚齐德三世都曾是该派的成员。它的唯能力论观点已远远超出纯粹神学问题,从而该派被认为是伊斯兰教最早的哲学派别,对后来的穆尔太齐赖派有重要影响。

加赫姆·本·沙夫旺和贾卜里派 盖德里叶派肯定人有意志自由、人是自身行为的主人,应对自身的行为负责,并反对宿命论的主张。表面上看来,它维护了安拉的正义性,否定安拉是不义的主使者,可实际上它却否认了安拉是万物的主宰,并贬低了安拉的万能。大多数穆斯林臣民在深受宿命论影响的情况下,并不欢迎盖德里叶派的观点。

在反对盖德里叶派的斗争中,形成了以加赫姆·本·沙夫旺(? —745)为代表的加赫姆派。该派主张人毫无意志自由,一切行为皆受安拉意志的命定或强制(阿拉伯语称作"贾卜里"),故该派又称为贾卜里派,或宿命论派。加赫姆生于巴尔黑,是个释奴。公元733年,哈里斯·本·苏拉吉任呼罗珊总督,他是哈里斯的秘书。后来,哈里斯号召遵循经训,任用贤良,起兵反抗倭马亚人,当地追随者日众,加赫姆也跟从哈里斯起义。起义遭倭马亚人镇压,哈里斯被杀。加赫姆继续坚持斗争,后来被呼罗珊新任总督奈斯尔所

109

杀。加赫姆认为,人的行为具有强制性和不可避免性,否认人有主动的能力;一切行为或活动唯属于安拉而不属于人(或物),如果说某一行为属于人(或物)那只是一种比喻。加赫姆从安拉前定观出发,进而对安拉的本体与属性问题作了说明,他认为安拉是万物创造者、使万物存在者、使万物运动者、万物生灭的赐予者等,否认安拉本体以外具有生命、认识、意志等属性。他主张,用以说明人(或物)的属性的,不应用以描述安拉,如不应说安拉是有意志的、有生命的、有知识的等等。他还主张《古兰经》是被造的,所以他不称安拉是言语的表述者。他从安拉独一观出发,认为天堂和地狱终将消灭;人们对安拉的信仰由安拉的知识构成,无信仰在于对安拉的无知。加赫姆的这些神学观点,可能是后来的穆尔太齐赖派关于安拉的本体与属性关系以及《古兰经》系"受造之作"的观点的前驱。① 目前对联系这两者之间的思想线索还不清楚,因为就穆尔太齐赖派本身而言,是否认与加赫姆有任何联系的。

穆尔吉亚派 公元 8 世纪上半叶,出现了主张唯信德论的穆尔吉亚派。"穆尔吉亚"由阿拉伯文 murji'ah 一词音译而来,意为"延缓"、"延期"。在神学争辩中,该派主张信仰重于行为,教徒犯有大罪仍不失为教徒,因为他们念诵过"清真言",表白了信仰,不应称他们为叛教者或异端。该派又认为哈里发作为穆斯林事实上的领袖,即使不义、不履行教法规定的职责,仍然是教徒,穆斯林仍应服从其统治。关于伊斯兰教史上的奥斯曼、阿里、穆阿维叶等哈里发孰是孰非问题的争论,该派主张他们都是安拉的信士,他们的是非曲直不应由常人裁决,只归安拉定夺。根据该派的主张,任何裁决均应"延缓"或推迟到世界末日时进行,正是这一观点,使它得名"穆尔吉亚派"。穆尔吉亚派并不是一个统一的神学派别,除了"延

---

① 穆尔太齐赖派在关于自由意志与前定的关系问题上,接受了盖德里叶派的反宿命论观点,主张人有自由意志,反对安拉前定一切。这也就反对了坚持宿命论的加赫姆派(贾卜里派)。而在安拉的本质与属性的关系以及《古兰经》系"受造之作"问题上,穆尔太齐赖派的观点与加赫姆的主张大致相同,很可能后者与穆尔太齐赖派有某种思想联系。

缓"教义外,其主要成员的观点并不一致。有的倡导意志自由论,如加伊兰、阿布·希姆尔、穆罕默德·本·沙比布等人,所以有时又称他们为反宿命论派;而有的接受加赫姆的宿命论观点,而被归入加赫姆派。由于该派容忍倭马亚人的残暴统治,要求穆斯林服从哈里发的宗教领袖地位,在客观上起到了维护倭马亚人的统治的作用。

瓦绥尔·本·阿塔　这一时期,思想战线上的斗争进一步尖锐化。哈瓦利吉派关于犯大罪者即为叛教徒并应从肉体上予以消灭的观点,十叶派关于反对阿里及其后裔继哈里发位即为违背先知教导应予谴责的观点,盖德里叶派关于人应对自身行为负责暗含着不义的哈里发应对杀戮、暴行负责的观点,以及穆尔吉亚派关于犯有罪恶的穆斯林仍不失其教徒身份的观点,困扰着一般穆斯林,而各派神学观点又互相对立,难以调和。

哈桑·巴士里在库法清真寺中设有讲席,讲授法学与神学。一次有个教徒提问犯大罪者在宗教中的地位问题,请求哈桑回答。哈桑没有立即作答,他的弟子瓦绥尔·本·阿塔(?—748)抢先提出犯大罪者处于信与不信的中间地位,即犯大罪者既非教徒又非非教徒。他的主张与哈桑关于犯大罪者是罪人、伪君子,仍不失为教徒的观点相左。于是哈桑的讲席分裂,同意瓦绥尔观点的弟子随瓦绥尔于清真寺内另立讲席。为传播其主张,瓦绥尔还向其他地区派出传教师宣讲中间地位的观点。

史料关于此次分裂的记载极不相同。有的材料说与师争辩者是阿慕尔·本·俄拜德(699—762)。尽管记载不一,有一点是肯定的,即哈桑·巴士里生活的时代思想领域内的斗争已极其尖锐。一种新观点于此时提出,这种观点既不同意哈瓦利吉派的叛徒论,又不同意穆尔吉亚派的信士论。这被认为是穆尔太齐赖派产生的原因。

早期文化和宗教学术活动中心　倭马亚人以大马士革为政治中心,这并不影响作为圣城的麦地那和麦加在穆斯林心目中的地位和声誉。自从战利品和财富源源不绝地从征服地流入这两座城

111

市,加上从伊斯兰教征服地来圣城朝觐者每年又带来大批财富,这两座圣城成了神权贵族穷奢极欲、尽情享受的地方,已无昔日的圣洁和简朴了。

一些回避政争的人,以阿里之子哈桑为榜样,或是依靠王朝提供的丰厚的年金,或是在征服战争中就已经发了横财,这时退隐在这两座城市里,过着安逸舒适,甚至是荒淫无度的生活。麦地那不仅是世俗的音乐、诗歌和谈情说爱的大本营,而且波斯的和拜占廷的歌妓也与日俱增,以后又出现了妓院,它的赞助者是当时闻名全国的诗人法赖兹得格。在麦加,也有种种供人娱乐(如象棋、骰子、双陆)的俱乐部。据说穆斯阿布·本·祖白尔曾先后与侯赛因之女素凯奈(?—735)和脱勒哈(?—656)之女阿以莎结婚,每人的彩礼都是百万第尔汗,而早年欧麦尔哈里发的代理人从巴林带回的人丁税全年仅50万第尔汗,由此可见这时的神权贵族奢侈生活之一斑。

这两座圣城毕竟是伊斯兰教的诞生地、穆罕默德生活过的地方,门弟子和再传弟子关于先知的生平和教谕的传述甚丰。由于早年的传述仅凭口耳,没有文字记载,这两座城市也就吸引了一些宗教学者前来搜集和研究先知的传记和圣训,这也是麦地那成为教法上的希贾兹派或"圣训派"的中心的原因之一。

与麦加和麦地那不同,由欧麦尔下令建造的库法和巴士拉这两座军事营地,这时已发展为新兴城市。阿拉伯驻军的出现和频繁的军事调动,吸引了大批的阿拉伯人和波斯人前来从事后勤供应和商业贸易活动。这些人中不乏有文化者。随着城市人口的增加,及新皈依者从事宗教生活和学习经典的需要,这两座城市也就很自然地发展为宗教学术活动和文化的中心。由于库法、巴士拉远离圣城,能传述圣训的门弟子和再传弟子较麦加、麦地那少,在后来的发展中,不像希贾兹的学派那样受传统主义的支配,固执于经训,而是相对地容易接受或发展起理性主义。巴士拉和库法两城也就成了教法上称之为伊拉克派或"意见派"的发源地。

伊斯兰教的学术文化事业,主要是依靠这些城市的门弟子、再传弟子和三传弟子以及那些被称为"乌里玛"的宗教学者或宗教教师的宗教热诚得以延续和发展。这些城市的清真寺则是他们从事学术文化活动的中心。

清真寺的普遍兴建 伊斯兰教史上,对倭马亚人亵渎神灵和世俗化倾向的指责,是以阿巴斯人的记载为根据的。而倭马亚时代史料的欠缺或散失,也为人们了解倭马亚人与伊斯兰教的关系带来困难。

倭马亚王朝建立的最初半个世纪里,为巩固王朝统治,倭马亚人确实无暇顾及穆罕默德所创立的宗教事业。王朝对异教徒的宽容,上层统治阶级的豪华、奢侈的生活,这一切都表明他们并没有严格按照神权政体的体制来治理社会和国家。可是作为统治阶级的倭马亚人,并没有忽视利用伊斯兰教来强化自身的统治。他们除了在对外的征服战争和对内的镇压教派起义中打着护教、圣战及巩固宗教权威的旗帜外,还在各地开始兴建清真寺。

清真寺是穆斯林一日五次礼拜的宗教场所,也是他们每周举行一次聚礼和每年举行两次会礼的中心。最早的清真寺中,有穆罕默德于麦地那建造的清真寺,还有欧特伯·本·盖兹旺于巴士拉军营(637/638)、赛尔德·本·阿比·瓦嘎斯于库法军营(638/639)、阿慕尔·本·阿斯于弗斯塔德(旧开罗,642)、欧格白·本·纳菲尔于凯鲁万(670—675)先后建造起的第一批清真寺。这些清真寺均以麦地那清真寺为模式,它包括一个露天的大院,寺有房顶,寺中设有讲台,其共同特点是简单、朴素,没有华丽的装饰。这些早年的建筑,除凯鲁万的清真寺屡经修缮保存迄今外,都已重建。早年的穆斯林还将征服地原有的建筑,如波斯皇帝在麦达因(即波斯国都泰西封)的穹窿大厅,或是将原有的宗教建筑,如希姆斯的基督教大教堂,当作清真寺使用。

阿布杜·马立克时期,为了与占领圣城麦加的伊本·祖白尔相抗衡,他于公元691年开始在耶路撒冷兴建磐石上的圆顶寺以吸引朝觐者。后在圆顶寺附近又兴建艾格萨(阿克萨)清真寺。705年,瓦立德一世接管了大马士革的圣约翰大教堂,并在教堂原址上修建了倭马亚清真寺。这时的清真寺已不同于早年的简朴形式。倭马亚人极其重视寺内的华丽修饰,他们用各种装饰图案、镶嵌细工、艺术体铭文以及各种柱廊和马蹄形拱门修饰大厅,同时正式使用了半圆形的凹壁(米哈拉布)作为礼拜的朝向。在寺外,则增建了以前没有的尖塔(米宰奈)供召唤教徒礼拜之用,另外还建造了廊檐、沐浴室等等。同时,瓦立德一世还对麦加、麦地那的清真寺予以修缮。这四个地方(麦加、麦地那、耶路撒冷和大马士革)的清真寺成了伊斯兰教的四大圣地,闻名于世。除艾格萨清真寺于1969年遭焚毁(后予以修缮)外,其余清真寺均保存迄今。

自倭马亚人开始兴建大规模的华丽的清真寺起,以后建造的清真寺,大多采用倭马亚人建筑的样式。这可以认为是倭马亚人对伊斯兰教的一种贡献。这种贡献既是宗教方面的,也是建筑艺术方面的。

第四节　合法主义运动与政治-宗教起义

倭马亚王朝崩溃的先兆　倭马亚王朝中,与穆阿维叶、阿布杜·马立克齐名,有着政治家名声的哈里发希沙姆(724—743在位)时期,帝国再度兴盛。公元744年4月,继位不久的瓦立德二世(743—744在位)遭到暗杀,这成为王朝崩溃的信号。事实上,崩溃的先兆早已存在。

倭马亚王朝的世袭制度,已越来越暴露出它的弊端。穆阿维叶确立王朝的父子相袭的继位原则,麦尔旺则在诸子之间确立第一和第二王储,拟在子继父业后,再由弟继兄位。阿布杜·马立克继位后,废其弟的继位权,并照样在诸子中指定第一和第二王储,这在无形之中埋下了王朝的不稳定因素。在帝国安定和兴盛时期,这种制度的弱点还不会充分暴露出来,但在帝国衰落时,它就加剧了政局的动荡。由于帝国财富增加,奴隶与仆役充斥宫廷,宦官制度和闺阃制度使哈里发沉湎于荒淫无耻的生活。王储在继位前已热衷于狩猎、酗酒、歌舞和女色,一旦继位,更是迷恋于寻欢作乐,既不顾及经训和教法,又不理朝政。善于阿谀奉承的总督和大臣亦步亦趋。希沙姆之前,这一切已经成为哈里发的风尚陋习,其后的哈里发更是有增无已。其结果是国库空虚,整个统治阶级腐化堕落、道德败坏。

统治阶级内部的争夺与日俱增,加速了王朝的覆灭。哈里发众多的后妃和子女,关心的不是帝国的兴盛与王朝的统一,而是个人的权势与享受。藐视哈里发权威的,无论是在中央,还是在各省区,往往是出身于不同支系的皇族后裔,以及支持他们的皇亲国戚。希沙姆之后,一部分皇族拥立亚齐德三世(744 在位)为哈里发,以与继位的瓦立德二世分庭抗礼。瓦立德二世系女奴所生,在他被指定为王储时已遭族人反感,造成族人离心离德;在他继位后,他指定为王储的两个王子又系女奴所生。瓦立德二世为此丧命后,拥有军权的麦尔旺二世(744—750 在位)在继位前,拒绝承认亚齐德三世和伊布拉欣(744 在位)为哈里发,他以拥戴瓦立德二世之子的名义,率军进逼大马士革。由希沙姆之子苏莱曼领导的政府军战败后,苏莱曼在撤离时将瓦立德二世的两个儿子杀死,并于744 年 12 月自立为哈里发,企图率军攻占这时尚未顺服于他的伊拉克。到746 年,麦尔旺二世最终打败苏莱曼,控制全部国土。可是,瓦立德二世派驻伊拉克的总督、欧麦尔二世之子阿布杜拉(?—750)拒不承认麦尔旺二世为哈里发。麦尔旺二世任命奈德尔·赛义德·哈拉希为伊拉克新总督。两人对阵于库法城外战斗四个多月。此时,哈瓦利吉派运动复起,为对付共同的敌人两军和好,但这已大大消耗了帝国的实力。

传统的宗族主义再次死灰复燃,进一步加深王朝内部的矛盾。8 世纪以来,王朝哈里发一直依靠宗族势力以强化统治。麦尔旺依靠凯勒布人的支持登基,他的后任却重用盖斯人。伊拉克总督哈查只、印度征服者穆罕默德(哈查只之弟)、中亚征服者屈底波(古太白)都是盖斯人的代表人物。瓦立德一世(705—715 在位)时期,盖斯人在王朝中的地位又有所抬头。而瓦立德之弟,哈里发苏莱曼(715—717 在位)却偏爱凯勒布人。亚齐德二世(720—724 在位)

受其母影响则保护盖斯人。亚齐德三世又凭借也门人的武力从瓦立德二世手中夺取王位。王朝宫廷中或是依靠凯勒布人,或是支持盖斯人。在以前可能是出于政治平衡的动机,这时已无助于巩固摇摇欲坠的哈里发王朝,相反,却使帝国各地因宗族矛盾导致的内部斗争日益激化。大马士革宁静的生活遭到破坏,它成了持续两年残酷内战的战场;据说这场战争的起因却是一个麦阿德人从一个也门人的园圃里偷了一个西瓜。甚至在遥远的西班牙也受到宗族斗争的影响,使阿拉伯人之间在穆尔西亚血战多年,阻碍了穆斯林军向法兰西的进军。在其他各省区,在印度河两岸、西西里岛沿岸以及撒哈拉大沙漠的边缘上,处处都存在宗族的矛盾和竞争,这成为王朝崩溃的又一个重要原因。

此外,王朝依靠勒索、搜刮钱财以支撑统治者的挥霍和糜烂生活,只能引起民众的不满与反抗,这给予王朝的政治反对派以可趁之机。统治家族的奢侈生活使得王朝积累的财富日渐空虚。希沙姆本人又贪得无厌,驱使各地总督对臣民横征暴敛,不断提高贡赋,把亚历山大港的纳贡额增加一倍,帝国内的柏柏尔人、波斯人和突厥人在王朝的勒索之下,走投无路。在伊拉克,总督哈立德·本·阿布杜拉·盖斯里继续哈查只开始的土地改良工作,排涸沼地,开辟耕地,增加了农民的收入。可是,他在完成向大马士革缴纳赋税的同时,大饱私囊。738年,他因从事粮食投机而被革去任职15年的总督职务。在强力手腕控制下的伊拉克自此犹如脱缰之马,再也难以驾驭。早已秘密从事合法主义宣传的十叶派人趁机走向公开,受到公众的欢迎。这给予倭马亚王朝致命的一击,王朝崩溃的命运已无可挽回。

合法主义运动 十叶派人从来没有饶恕过倭马亚人对侯赛因犯下的罪行,更不承认"不敬畏真主"的"僭位的倭马亚人"的政权。"忏悔者"运动和穆赫塔尔起义失败后,十叶派人并没有停止他们关于"还权于先知家族"的合法主义宣传活动。这一政治-宗教口号的基本目的是使政权从倭马亚人之手归还给先知家族,即唯有先知家族才是先知的正统的合法的继承者。先知家族指的是哈希姆家族。当然,属于这一家族的不仅有阿里的后裔,还有先知叔父阿巴斯和阿里的兄弟加法尔的后裔。只是在一般人的眼光里,先知家族主要指的是阿里的后裔。可是,随着事态的发展,人们很快就会发现这种看法是错误的,因为借助这一政治-宗教口号取得政权的恰恰不是阿里的后裔,而是阿巴斯的后裔。人们对先知家族的忠诚是无可怀疑的,他们越是对倭马亚人不满,越是同情先知家族的后裔。尤其是在伊拉克和东部省份受到合法主义宣传的影响,大多数人加入到十叶派的阵营。例如在伊拉克,很大一部分居民变成了十叶派,或是在政治上拥戴十叶派;至于没有加入十叶派的穆斯林,由于对"僭位的倭马亚人"的俗心世欲、忽视经训和教法不满,也有可能成为反倭马亚人的合法主义运动的同盟者。

阿里派的内争　反倭马亚人的合法主义虽有强大的号召力,但在合法主义运动中,十叶派内部并不统一;它既不是一个能指挥该派内部统一行动的党派组织,又缺乏作为政治-宗教运动的思想基础。实际上,十叶派内部可以分为阿里派(这包括阿里的后裔、亲信和追随者)和阿巴斯派。

就阿里派内部而言,同样没有形成政治中心,也缺乏政治权威。鼓吹合法主义,将政权归还给先知家族的宣传活动,有时也不是由本派成员进行的。在阿里和法蒂玛的后裔中,庞大的家族内的每一支系都期望在家族中占领导地位并据有相应的经济利益。不同支系间的勾心斗角削弱了该派的实力,甚至缺乏夺取政权的实力。该派内部不和的主要原因在于管理和征集坐落于麦地那附近的七块土地以及法达克和海巴尔两块绿洲的收益(萨达卡)的支配权。按照法蒂玛的遗嘱,收益归阿里家族的族长管理。侯赛因死后,由哈桑·本·哈桑(? —708)继任族长,掌管征集和支配萨达卡。哈桑之后,由栽德·本·哈桑(? —738)任族长,这时,另一支系的族人欧麦尔为争夺萨达卡的管理权,向倭马亚当局提出诉讼。倭马亚人正想方设法分化和削弱十叶派人,便利用这一时机支持欧麦尔。可是,对这一权利提出要求者还有加法尔·本·哈桑和他的兄弟阿布杜拉·本·哈桑(? —765)。这样,侯赛因的后裔和哈桑

117

的后裔为争夺眼下的利益,加强了该派内部的不和与分裂。在库法,以阿里的兄弟加法尔的曾孙阿布杜拉·本·穆阿维叶为首的另一支阿里派人,同样提出了宗教神权的要求。阿布杜拉自称安拉的神灵已通过先知穆罕默德的后裔传到他的身上。于是,库法的十叶派拥戴他为伊玛目。公元744年,他领导了一次反倭马亚人的十叶派起义,被伊拉克总督、欧麦尔二世之子阿布杜拉战败,与追随者一起转移到伊斯法罕、伊斯特克尔(波斯波里斯)后,势力又扩张到库齐斯坦、法尔斯、基尔曼。749年,他被阿布·穆斯林作为竞争对手杀害。他的主张为后来的十叶派的极端教义奠定了基础。属于阿里派的还有伊本·哈乃菲亚的后裔及其追随者。由于在这支阿里派的队伍里有一批马瓦里,他们本可以作为阿里派夺取最高权力的得力助手,可是他们受到排斥,这就使阿里派本来可以团结和利用的力量,却成了阿巴斯派夺取最高权力的社会基础。由此,开始了伊斯兰教史上的第三次内战(744—756)。持续不断的起义、暴乱和战争直至倭马亚王朝的崩溃。

凯桑派　穆赫塔尔的追随者,以后得名凯桑派。这一名称是源自穆赫塔尔的名字"凯桑",抑或是源自他所领导下的马瓦里的首领凯桑,说法不一。但无论如何,在伊斯兰教史上,凯桑派在一段时间内是十叶派活动的中心。按照凯桑派宣传的教义,侯赛因受难后,伊玛目职位立即传给了伊本·哈乃菲亚。该派关于伊玛目职位的本质问题,否认任命或指定之说,强调伊玛目应以个人的品性为基础,同样强调伊玛目固有的超自然的知识,即赋有《古兰经》表义之后的隐义。但这种观点在阿里派内受到排斥。

凯桑派在穆赫塔尔阵亡后继续活动。700年前后,伊本·哈乃菲亚去世,凯桑派发生分裂。一部分人继续主张隐遁和再世教义,认为他并没有死,只是隐遁于拉乌德山(距麦地那七天的路程),以后将按照安拉旨意以马赫迪的身份返回人间,铲除压迫与暴虐,为社会带来繁荣与正义;这部分人禁止使用暴力,期待伊本·哈乃菲亚的复临。另一部分人则主张他确已离开人世,只是在去世前已将全部知识传给了他的儿子阿布·哈希姆(698—716),同时,伊玛目的职位也传给了阿布·哈希姆。持后一种主张的人中,有一部分称为阿巴斯派,即以先知穆罕默德的叔父阿巴斯的后裔为主体的一派,他们主张阿布·哈希姆于巴勒斯坦的侯迈麦临终前,将伊玛目职位传给了阿巴斯的曾孙穆罕默德·本·阿里(?—743);该派认为十叶派的伊玛目传系已合法地转移到了阿巴斯家族,这成为阿巴斯派热心投入合法主义运动的动因,且构成阿巴斯王朝兴起的一个重要的立国思想。

栽德起义 哈立德被革职后,伊拉克失去控制,阿里的一个曾孙、第四伊玛目栽因·阿比丁(659—714)之子栽德(?—740)因系庶出,不同于他的父亲只关注虔敬的宗教生活、不参予政治活动的做法,也不同于他的同父异母兄弟穆罕默德·巴基尔(系嫡子,676—733)专注于宗教学术,回避政治的做法。这时,巴基尔提出一条强调伊玛目的神命教义,即伊玛目由前任伊玛目指定。可是,他的追随者少于阿布·哈希姆和栽德。

栽德是个有学识的虔诚教徒。据说他是穆尔太齐赖派的瓦绥尔·本·阿塔的弟子,后来,许多穆尔太齐赖派成员参加了栽德运动。他强调阿里和法蒂玛的任何一个后裔都有继任伊玛目的权利;在接受拥戴宣誓时,保证奉行《古兰经》和先知的逊奈,反对不义的统治者,主张替被剥夺年金的人伸张正义,并平均分配政府收入。最初,他的主张吸引了许多十叶派成员。为争取更多的群众,他与圣训学家愈来愈多地妥协,反而使十叶派成员离开了他,转向他的异母兄弟巴基尔。公元740年元月,为能取得伊玛目的继承权,他于库法以公开的形式提出要求。有不多的追随者参加了这次起义。他的这种职位要求,被理解为不仅是宗教的,而且是政治的,即对哈里发职位的要求。于是,倭马亚当局出兵镇压。在巷战中,栽德战死。他的儿子叶海亚逃往呼罗珊。743年,其子叶海亚再次领导起义,起义遭到镇压后,叶海亚亦被杀害。栽德的追随者后来形成以他命名的栽德派。

阿巴斯派 阿里派不是忙于内争,就是匆匆举行毫无准备的起义,这使得阿里派在十叶派中无所作为。与此不同,阿巴斯派却

119

在缓慢而有效地积聚力量。自从穆罕默德·本·阿里接受了阿布·哈希姆的遗嘱并继伊玛目位后,他成为十叶派内受到一个支系承认的第一个阿巴斯派伊玛目,取得了合法主义的"布道会"的领导权。他选择死海南岸的侯迈麦村为根据地。侯迈麦邻近商道,是各地朝觐麦加的会合点之一。这样有利的地理条件,使他有可能向帝国各地派出密使煽动对倭马亚人的不满并鼓吹将政权归还给先知家族。

阿巴斯派由先知穆罕默德的叔父阿巴斯的后裔组成。阿巴斯早年没有立即支持先知的事业,故在伊斯兰教中毫无地位。他的儿子阿布杜拉·本·阿巴斯也仅仅是以《古兰经》注释家和圣训的传述家著名,在政治上既无地位,亦无抱负。由于阿里的地位和名声,在当时,一般人理解的先知家族指的是阿里家族。可是,它也暗含有阿巴斯家族。当合法主义的"布道会"的领导权落入阿巴斯派之手后,该派的政治抱负立即表现出来。公元 718 年,阿巴斯派已从库法向呼罗珊派遣传教士向当地民众宣传合法主义主张;约在 720 年后,派往呼罗珊的密使鼓吹效忠于先知家族,其具体所指已不是阿里家族,而是阿巴斯家族。

哈瓦利吉派运动的复起　哈查只和他的后任哈立德在伊拉克的强力统治和不断镇压哈瓦利吉派起义,并不能完全扑灭该派的政治-宗教运动。公元 745 年,原先就对古来氏人任哈里发心怀不满的拉比亚部落,趁倭马亚人因王位继承而演变为地方总督间的战争之机,于美索不达米亚推选达哈克·本·盖斯·舍巴尼为哈里发,反对倭马亚人。哈瓦利吉派运动复起,它的矛头首先指向于库法附近战斗正酣的两位伊拉克总督——忠于瓦立德二世的欧麦尔之子阿布杜拉与麦尔旺二世新任命的奈德尔。这两位总督停止战斗,联合一致,对付哈瓦利吉派。因为无法战胜这支队伍,他们不得不向库法撤退。不久,阿布杜拉与哈瓦利吉派媾和并被任命为梅珊和法尔斯总督。后来,哈瓦利吉派失败,阿布杜拉因通敌而被投入狱,后死于狱中。

约 20 个月后,哈瓦利吉派从库法返回美索不达米亚,占领摩苏尔。746 年 9 月,麦尔旺二世直接率军与哈瓦利吉派战斗,达哈克和他的继任者先后阵亡。直至次年,倭马亚人才最终摧毁哈瓦利吉派的主力,取得胜利。尽管如此,哈瓦利吉派的起义,转移了倭马亚人的视线,为阿巴斯派由秘密布道走向公开的武装夺权创造了条件。

呼罗珊人与阿布·穆斯林　　阿巴斯派选择帝国东部的呼罗珊为起事的大本营不是偶然的。呼罗珊远离倭马亚人统治的中心省份。历来的哈里发为保证京城大马士革的安全,首先不得不把精力集中在多事的伊拉克行省,从而忽视对这一边远省份的注意。波斯人从种族上来说,是反对阿拉伯人的统治的。阿巴斯派利用波斯人的这种民族心理把矛头首先引向当政的倭马亚人。然而,这是以阿巴斯派向波斯人的妥协为代价的。阿巴斯派夺权后,在政治体制、任用人选等方面,不得不作出有利于波斯人的让步。由于波斯的君主制传统,他们对维护王位的正统嫡传的原则是熟悉的,容易接受合法主义关于先知留下的神权国家应由他的家族执掌的政治主张。皈依伊斯兰教的波斯马瓦里,在经济上、政治上和社会上并没有获得伊斯兰教所允诺的,同阿拉伯穆斯林同等的地位并享有平等的权利。他们仍要缴纳异教徒才缴纳的人丁税。他们的古老文化传统和民族优越感,也使他们对倭马亚人的统治愤愤不平。这使得由伊拉克传入的十叶派的种种主张和合法主义受到欢迎。

公元746年,哈希姆家族族长伊布拉欣(? —749)派遣他的密使波斯人阿布·穆斯林(? —754)到已有良好工作基础的呼罗珊的重镇木鹿活动。当地是阿拉伯部落在波斯的主要聚居地之一。在阿巴斯派秘密布道的影响下,最初有70人响应了他的召唤。阿布·穆斯林从这些人中间挑选了12名领袖,组成一个委员会。其中,胡扎阿部落有苏拉曼·本·卡希尔、马立克·本·哈沙姆、齐亚德·本·萨里赫、塔尔哈·本·扎拉格和阿慕尔·本·阿扬,塔伊部落有卡赫塔巴·本·萨利,塔米姆部落有穆萨·本·卡尔布、拉希兹·本·库拉伊兹、卡西姆·本·穆加西、阿斯拉姆·本·萨拉姆,从伯克尔·本·瓦伊勒部落中挑选了阿布·达伍德·哈立德·本·伊布拉欣和阿布·阿里·

121

哈拉维等。[①]该委员会由胡扎阿部落的苏拉曼·本·卡希尔领导。[②]他除了依靠这些领袖在当地的阿拉伯部落中工作外,主要是在支持他的波斯农民中布道,并以阿巴斯家族的名义举行周五的聚礼。他们凭《古兰经》和先知的逊奈起誓,表示要忠于先知家族推选出来的成员。据说,阿布·穆斯林为适应波斯人民的传统信仰,自称为安拉的化身,还传播"灵魂转世"的思想。这可能是后来的种种宗教小派别有关他的神奇传说的起因。747 年,伊布拉欣授予呼罗珊的阿巴斯派 12 位领袖之一的卡赫塔巴·本·萨利一面黑旗,任命他为副将。黑旗在清真寺外升起,这引起呼罗珊总督奈斯尔·本·赛亚尔的警觉,他向麦尔旺二世发出阿巴斯派在黑旗下活动的警告,由于麦尔旺二世本人正在伊拉克与哈瓦利吉派战斗,其处境使他无暇东顾。奈斯尔在与卡赫塔巴的战斗中失利。748 年 6 月,阿布·穆斯林也继卡赫塔巴之后向倭马亚人发起攻击,夺取内沙布尔。8 月,在奈斯尔的求援下,伊拉克总督亚齐德·本·胡巴拉派出援军东进,在途中又为卡赫塔巴战败。奈斯尔于溃逃途中死去,残部为卡赫塔巴部队围困。基尔曼总督阿密尔·穆里率军前来解围,亦于 749 年 3 月于伊斯法罕附近溃败。

749 年 8 月,阿布·穆斯林占领呼罗珊首府木鹿。[③]这时卡赫塔巴于安巴尔附近去世,其子哈桑占领已成为阿巴斯派运动中心的库法。

阿布·萨拉马 公元749 年,麦尔旺二世发觉阿巴斯派的政治野心在于推翻倭马亚人统治、建立神权政体、实现先知的政治理想,于是开始了对侯迈麦的大逮捕,可是这已为时过晚。伊布拉欣意识到风暴即将来临,提早下令族人转移到十叶派据点库法,并将

---

① *The History of al-Tabari*, vol. XXVII, *The Abbasid Revolution*, p. 96, Translated by John Alden Williams, State University of NewYork Press, 1985.

② M. A. Shabah, *The Abbasid Revolution*, p. 151, Cambridge University Press, 1979.

③《旧唐书·大食传》称:"有呼罗珊木鹿人并波悉林举义兵,应者悉令著黑衣,旬月间众盈数万,鼓西而行……"就是关于这一事件的记载。

族长之权交给了其弟阿布·阿巴斯。随同阿布·阿巴斯一同抵达库法避难的有14名家族成员。在库法,称为"维齐尔"(大臣)的阿布·萨拉马(？—750),像阿布·穆斯林一样,是伊布拉欣的密使,也是阿巴斯派起义的政治领袖之一。他领导着各地的秘密布道活动,同时,通过密使与阿布·穆斯林有联系。当阿巴斯家族成员从侯迈麦迁徙库法避难时,他公开出面主持政局。

阿布·穆斯林节节推进,倭马亚王朝已临崩溃。阿布·萨拉马这时却转向阿里派,他召集阿里和阿巴斯两个家族的部分后裔,试图从哈希姆家族中推出一名成员来接管新王朝。由于两个家族关系突然紧张起来,他自作主张将政权授予哈桑或侯赛因的后裔。他在关键时刻的这种政治转向,以及亲阿里派的做法,不久就使自身断送了性命。他派出密使分头携带给哈桑和侯赛因的后裔阿布杜拉、加法尔·萨迪克和欧麦尔的函件,建议他们或是参加哈里发的选举,或是单独夺取政权。他的密使没有找到欧麦尔的下落;阿布杜拉对此难下决心;加法尔·萨迪克则烧毁信件,公开表示拒绝与阿巴斯派争夺哈里发的职位。这时的阿里派既推举不出一名能领导该派的人出来掌权,又无力与阿巴斯派对抗。政权落入阿巴斯派之手已无可怀疑。

倭马亚王朝的覆灭　阿布·阿巴斯来到阿巴斯派运动的新中心库法后,一直处于隐蔽状态。当卡赫塔巴之子哈桑率领呼罗珊军队攻打库法时,倭马亚守军未经抵抗就举旗投降。其后,阿布·穆斯林派出代表率领12名呼罗珊首领来库法向阿布·阿巴斯宣誓效忠。公元749年10月,在库法的主要清真寺里,举行了公众的效忠宣誓礼。

阿布·阿巴斯对阿布·萨拉马亲阿里派的立场耿耿于怀,视之为隐患。他即哈里发位后,觉得身在库法并不安全,遂令阿布·萨拉马与他一起移居呼罗珊的营地。以后,他又离开阿布·萨拉马。可能是在他的授意之下,阿布·穆斯林派的亲信暗害了阿布·萨拉马。

倭马亚末代哈里发麦尔旺二世并不甘心失败,于底格里斯河的支流萨卜河左岸与阿巴斯军会战。倭马亚人终敌不过勇猛的阿

123

巴斯人的进攻而节节败退,阿巴斯人于叙利亚境内长驱直入,一座座城市向阿巴斯人缴械投降,大马士革也在围攻数天后,于 750 年 4 月投降。同年 8 月,麦尔旺二世在埃及绥尔城的一所基督教堂外被杀害。

阿布·阿巴斯给自己取了"萨法尔"(意为"屠夫")的帝王称号。他对倭马亚皇族的残酷屠杀表明这一称号对他是合适的。80 余位皇族成员应阿布·阿巴斯之邀赴宴,一个个在宴会上当场被砍杀,没有砍死的则被包在皮革的毯子里。阿巴斯人在毯子上听着皇族成员垂死的呻吟和挣扎声,来欢庆他们的胜利。阿布·阿巴斯没有饶过已故的哈里发,除了欧麦尔二世和穆阿维叶外,他们的尸骨都被刨出来鞭挞焚化。唯有希沙姆的孙子阿布杜·拉赫曼幸免于难。他化装只身逃离大马士革,经北非到达西班牙,并在当地重建倭马亚王朝(史称"后倭马亚王朝")。

第四章 伊斯兰宗教体制的形成 (750—945)

第一节　阿巴斯王朝由兴盛到衰落的演变

阿巴斯人统治的确立　公元750年,阿巴斯人高举还权于先知家族的旗帜,以恢复神权政体为号召,在波斯的和其他民族的马瓦里支持下,武装夺取政权,取代倭马亚人的统治,建立阿巴斯王朝(750—1258)。因其旗色尚黑,中国史称"黑衣大食"。阿巴斯人能够控制的疆域较之倭马亚人已大大缩小。

阿巴斯人自诩其统治为"道莱"(意为"新纪元"),以有别于"窃权""渎神"的倭马亚人。一方面,新统治者为表明掌权的合法和信仰的虔诚,竭力使帝国笼罩在强烈的宗教气氛之下。哈里发在重大节日和每周五的聚礼时,都要穿上先知穆罕默德穿过的斗篷,以示掌权之正统与合法。新王朝在强迫教法学家宣誓效忠的同时,聘用教法学家作为新王朝的重大决策顾问,企图以此巩固阿巴斯人在民众中的威信,使民众形成这样一种观念:政权已合法地并应永远地归于先知的后裔阿巴斯人执掌,直至将政权交还给救世主尔撒为止。他们继续利用原有的宣传机构,宣传合法主义,宣传他们的哈里发-伊玛目尊位得自阿布·阿希姆的"遗嘱",或是利用种种"伪训"以排斥阿里家族对哈里发权力的要求。其中有一则"圣训"声称,政权将归阿巴斯和他的后裔所有,安慰阿里不必为此忧伤;还有一则"圣训"则借阿里之口,责令其子(阿里与哈乃菲亚所生)穆罕默德·本·哈乃菲亚放弃武装斗争。

另一方面阿巴斯人则在政治体制上作出相应的变革,适当满足参与起义者的社会经济的平等要求。他们将帝国的政治和宗教中心从前王朝的叙利亚转移到受波斯化影响的伊拉克,削减阿拉伯贵族在政府中的权力。前王朝依靠叙利亚人,新统治者依靠波斯人,政府部门的官职由波斯萨珊朝官吏的后裔充任,波斯籍的和波斯化的叙利亚地主和商人在帝国中的政治地位上升;新王朝还实行阿拉伯的和非阿拉伯的穆斯林"平等"的政策,除了将马瓦里中的上层(地主、商人和宗教学者)吸收入统治阶级的行列外,还使新的税收制度大致趋于合理。农民在按农业收成比例缴纳赋税的同时,对阿拉伯贵族的依附减少了。阿巴斯王朝在最初的 100 年间,帝国社会有一个相对稳定和发展的时期。

新王朝没有选择十叶派居民集中的库法为都城,而是在幼发拉底河左岸、伊拉克北部的安巴尔暂时建都,称为"哈希姆城"。762年,曼苏尔于底格里斯河右岸经过四年建成新城"达尔·撒拉姆"(意为"和平城",而人们仍沿用旧名"巴格达"),它成为阿巴斯哈里发帝国的政治、经济、文化中心,同时也是帝国的宗教中心。

曼苏尔 阿巴斯人虽然极力标榜其政体的神权性质,但宗教与政治相比,不能不处于次要地位。王朝的真正奠基者曼苏尔(754—775 在位)巩固新王朝的重要措施之一,就是在政治上消除隐患。继阿布·阿巴斯杀害开国元勋阿布·萨拉马后,曼苏尔又相继杀害了他的王位的主要竞争者和潜在威胁者——他的叔父伊布拉欣和军事将领阿布·穆斯林。伊布拉欣是萨卜战役中的英雄。公元 754 年 11 月,曼苏尔先是派阿布·穆斯林于奈绥滨(今土耳其的纳西宾)打败伊布拉欣,将他监禁七年,之后再设计谋置他于死地。阿布·穆斯林在返回呼罗珊大本营的途中晋见曼苏尔时,遭到突然袭击,当场被杀害。这样,曼苏尔也就完成排斥异己、清除功臣之举。

镇压政治反对派的武装起义是曼苏尔巩固新王朝的又一重大措施。前任哈里发已镇压了 752 年由朱兰达于阿曼发动的哈瓦利吉派起义。754 年,叙利亚东北部的哲齐赖(河洲)再次爆发了哈瓦利吉派起义,坚持了一年多时间。曼苏尔于 755 年将起义镇压下去。758 年易巴德派的阿布·哈塔布领导北非柏柏尔人进行了一次更大规模的起义,起义者在的黎波里建立政权,761年被阿巴斯人镇压后,又在伊本·鲁斯塔领导下于塔里特建立哈瓦利吉派国家,一直延续到909年。哈瓦利吉派的一系列起义和北非的不稳定形势,使阿巴斯人无暇顾及更远的西班牙的政治形势,从而为倭马亚人在西班牙掌权提供了良好条件。

在叙利亚和美索不达米亚,不满的倭马亚人也不断地发动起义,反抗阿巴斯人。他们在伊拉克的都会瓦西特起义坚持了11个月之久。他们在多次起义失败之后,产生了类似十叶派的马赫迪再世的思想,寄希望于一个被期待的苏富扬人(倭马亚王朝奠基者的先祖),以使他们从阿巴斯人的奴役下解放出来。

曼苏尔坚持正统信仰,还镇压了呼罗珊的一批持极端主张的宗教狂热分子。这批宗教狂热者视曼苏尔为活神。758年,他们来到帝国临时都城哈希姆的官邸前。曼苏尔好言相劝,让他们放弃这一渎神的信仰,但毫无成效,于是,他干脆用屠杀的办法对付这批狂热信徒。

127

阿巴斯人意识到真正的威胁来自阿里派。他们在夺权后随之与十叶派决裂,政治上同圣训派结盟并依靠后者与十叶派作斗争。这时十叶派人除了仍以麦地那为居点和政治中心外,主要聚居于伊拉克,尤其是库法。此外还分布于赖伊(今腊季)、加珊和呼罗珊等地。曼苏尔采取有计划地消灭阿里派的措施。在曼苏尔的密令下,阿巴斯人跟踪和追捕阿里家族成员。麦地那总督通过严密的搜查,将大批阿里家族成员囚禁起来。哈桑的重孙,称作"纯洁灵魂"的穆罕默德·本·阿布杜拉(？—762),首先于麦地那起义,反对阿巴斯人的统治,把囚禁的亲族搭救出来;他还让大教法学家马立克·本·艾奈斯替他们解除以前曾作过的效忠王朝的誓言。这次起义实际上是哈桑和栽德派一系列起义的开端。762年底,起义失败,他的尸体被悬挂在麦地那示众。分散于伊拉克的十叶派人,在哈桑的另一重孙,穆罕默德之兄伊布拉欣(？—763)的领导下,几乎于同时起义,他在夺取巴士拉后,又将波斯、苏士安争取过来。可是,他迟迟未向防范空虚的曼苏尔驻地库法进军,使阿巴斯人得以乘机从麦地那调集刚刚杀害其弟的军队来镇压起义。等伊布拉欣准备攻打库法时,已坐失良机。763年初,他于库法附近被斩首,首级被送交哈里发。

曼苏尔的高压政策,对王朝统治的巩固起了重要作用。这一时期社会生产的恢复和经济的发展,使阿巴斯人有可能开始着手于希腊、波斯、印度的科学和文化等作品的翻译活动,这对活跃社会思想和建立伊斯兰教各宗教学科起了推动作用。

阿巴斯王朝立国思想的变化 阿里派虽遭镇压,但他们仍是哈里发职位的有力竞争者。第三任哈里发马赫迪(775—785在位)时,改变曼苏尔以武力镇压和有计划地消灭阿里派的做法,也不同于以前以阿布·哈希姆的"遗嘱"为根据作为阿巴斯人合法掌权的通常说法。马赫迪力图表明哈里发-伊玛目尊位或阿巴斯派执掌国家的大权是从阿巴斯那里天然世袭的,是以他与穆罕默德父系血统为基础的。他提出了新的立国根据:阿巴斯是他(穆罕默德)的叔叔,是他的继承人和他所有亲族中最亲近的人……阿巴斯人的哈里发-伊玛目尊位(权力)不是继自穆罕默德·本·哈乃菲亚和他的儿子阿布·哈希姆;而是在先知以后继自阿巴斯·本·阿布杜·穆塔里布。就家族而言,阿巴斯派同阿里派一样,都属于先知家族;按阿拉伯人的血统亲疏原则,一个人的叔伯父(指父系)与他的父亲是被视为同一的。穆罕默德的其他叔伯父(如阿布·塔里布)去世后,阿巴斯就是哈希姆家族的族长,可以代替先知的父亲。就继承权而言,按阿拉伯人的习惯,男性大于女性,近亲先于远亲,叔伯父比之女婿有更大的权利,就是说,阿巴斯的后裔较之阿里后裔于无形中居于有利的地位。由于马赫迪为阿巴斯人确立了新的立国思想,这就迫使十叶派在随后的政治斗争中,转而强调"先知遗嘱"的思想,不再像以前那样过于强调阿里作为先知女婿而有优先的合法继承权。

波斯影响的加强 阿巴斯人改变前王朝依靠叙利亚人的做法,更多的是倚重波斯人。政治中心的东移,也给波斯思想的传入开了方便之门。除了已成为国教的伊斯兰教和成为官方语言的阿拉伯语外,波斯传统的影响渗入哈里发帝国社会生活各个方面。哈里发的职位已完全不同于阿拉伯人的族长制,而成为波斯专制君主的再现。哈里发退居深宫,由大臣(维齐尔)处理朝政,任用波斯人为职员、秘书,接受了波斯人的统治经验,采用波斯的臣民叩拜礼,普通百姓要觐见哈里发比以前更为困难。大臣这一要职由伯尔麦克(原意为"大和尚",指巴尔黑佛教寺院的大和尚)之子哈立德·本·伯尔麦克首次担任。他与王朝奠基者阿布·阿巴斯往来甚密,互将亲生女儿交换哺乳。公元752年,他就主管宫廷的财政并任泰伯里斯坦省的行政长官。

马赫迪继位后,将教育其子哈伦的责任委托给哈立德之子叶海亚。768年,哈伦·拉希德(786—809在位)继位后,仍尊称叶海亚为"父亲",任命他为大臣,授予他无限权力。叶海亚的两个儿子法德尔和加法尔于786—803年间实际上统治着哈里发帝国,巴尔马克家族在治理帝国过程中,大权独揽,虽然也开凿沟渠,兴建清真寺和公共工程,但他们从不忘记搜刮钱财,大造公馆,过着豪华奢侈的生活。巴尔马克私邸中,经常举办不同教派背景的神学家参加的学术讨论会,就神学问题展开辩论。这对后来的神学发展,起过一定的作用。

129

哈伦开始对巴尔马克家族亲十叶派的态度表示不满。为摆脱巴尔马克家族对王朝的控制,他借一件小事而大动干戈。哈伦极其宠爱他的妹妹阿巴赛,不愿她嫁人,让加法尔做她的名义丈夫。加法尔并不甘心做挂名丈夫,他与阿巴赛背着哈伦生了孩子。803年,哈伦察觉这事后,在盛怒之下,将加法尔处死;805年,又将年迈的叶海亚、法德尔和他的另外两名兄弟下狱,查抄了巴尔马克家族的全部家产。为阿巴斯人忠心效劳并支配阿巴斯王朝大权达半个世纪的巴尔马克家族从此退出政治舞台。尽管如此,波斯在阿巴斯王朝中的影响再也难以消失。

马门与阿巴斯王朝的全盛时期 更为严重的是王室内部因争权而发生战争。哈伦在确立长子阿明(809—813在位)为王储的同时,又指定波斯籍女奴所生的次子马门(马蒙,813—833在位)为第二王储。阿明继位后,马门在波斯呼罗珊受到拥戴并起兵与阿明争位,内战持续六年,马门依靠波斯将领塔希尔战胜其兄阿明夺取王位。马门为巩固统治,平息十叶派于阿拉伯半岛、伊拉克和美索不达米亚等地的叛乱,采取了以下两方面政策:

一方面在宗教上采取开明态度,与十叶派联姻,先是于公元816或817年宣布十叶派第八伊玛目阿里·里达(765—818)为王储,并以女儿嫁之;继而宣布以十叶派的绿旗取代阿巴斯王朝的黑旗。这引起阿巴斯人的不满与骚乱,他们于伊拉克拥戴马门的叔父伊布拉欣为哈里发。于是,内战复起。819年,马门打败伊布拉欣,进入巴格达,他放弃了十叶派的绿色标志,恢复了阿巴斯人原有的国色。在阿里·里达去世后,马门又接阿里·里达之子塔基(810—835)到巴格达,将另一女儿乌姆·法德尔嫁给他。为笼络十叶派,婚礼被安排在十叶派闹事(825—831)的中心地区库姆举行。

另一方面,在神学上偏袒持理性主义的穆尔太齐赖派的观点。在频频闹事和起义的十叶派中,主要是栽德派人,而栽德派的主要成员是穆尔太齐赖派的弟子。马门企图以支持穆尔太齐赖派来换取或约束栽德派人。他认为教典与理性之间不应存在分歧,并从希腊哲学著作中寻求论证这一主张的根据。为此,他以更大的规模组织对希腊著作的翻译活动。830年,他在巴格达正式创办智慧馆,使之成为藏书、研究和翻译为一体的学术机关。马门在位时期,希腊的影响已达极点。他以后的几位哈里发,继续这一工作。

马门在宗教上采取安抚政策的同时,对政治上的反对派仍采取武力镇压的措施。马门的策略为阿巴斯王朝以后的几任哈里发所袭用。

经过曼苏尔的经营,王朝的物质财富已极其丰富。从马赫迪到哈里发瓦西格(842—847在位),尤其是哈伦·拉希德和马门在位的近半个世纪内,王朝达到全盛时期。这时,社会生产得到了恢复和发展。诸如农业、织造业、玻璃业、珠宝业和其他手工业生产为商业贸易提供了丰富的产品。国际贸易的开展,活跃了帝国的经济生活,巴格达、巴士拉、开罗、亚历山大等通商口岸,很快发展为

130

水陆贸易中心。撒马尔罕、布哈拉等中心城市沟通了阿拉伯世界与中国的交往。阿拉伯文学名著《一千零一夜》(又名《天方夜谭》)在一定程度上反映了这一时期哈里发帝国的繁荣昌盛已达到何种地步。在对外关系上,阿巴斯人的征服战争断断续续从未中止,拜占廷人乘阿拉伯人的政治中心由大马士革东移到巴格达之机,将帝国的边境沿小亚细亚和亚美尼亚向东推进。马赫迪时期,阿巴斯与拜占廷的战争应摄政的拜占廷皇后艾琳的请和而告终。她答应每年分两期缴纳 7 万—9 万第纳尔的贡税,但拜占廷新皇拒绝纳贡。公元 806 年,哈伦御驾亲征,大获全胜。除原先的贡税外,还对皇帝本人和皇室成员征收带有侮辱性的人丁税。这可作为王朝势力达到顶峰的标志。以后的边境战争一般只具有掠夺性,并无更大进展。

阿巴斯王朝的衰落　即便是在王朝的全盛时期,帝国境内也已危机四伏。络绎不绝的社会动乱和民众起义,严重地威胁着哈里发的统治。除了王朝初期政治反对派发动起义外,随着社会生产的发展,阶级矛盾和民族矛盾也随之加剧,一些地区的民众为反抗上层的统治和剥削,也先后发动起义,这包括在宗教外衣下发生的新的狂热教徒的起义。阿布·穆斯林被暗害后,他在呼罗珊的追随者中,有一批奉他为神灵的人,从未停止过活动。公元 778 年,曾任阿布·穆斯林秘书的波斯人哈希姆自称在阿布·穆斯林这一神灵去世后,成为神的新化身,他在信徒中出现时以金丝绣制的面纱蒙面(史称"戴面纱的人"),宣称以此掩住凡人不配视见的至上神的光辉。他乘哈瓦利吉派于呼罗珊起义之机,亦于河中地区起义。最终受困于当地,780 年,他与几个妻子和追随者一起自焚。此外,还先后发生了 775 年的民众起义、776—783 年的粟特农民起义、816—837 年的巴贝克起义,以及 869—883 年的黑奴大起义。其中,尤以黑奴大起义的影响为大。

长期以来,王朝从东非输入黑人奴隶,开采幼发拉底河下游的硝石矿。沉重的劳动和悲惨的生活,潜伏着不稳定的因素。869年,一名自称阿里族后裔的阿里·本·穆罕默德发动黑奴起义。奴隶们利用当地沼泽和运河交错的有利地形和熟悉地势的有利条件,

131

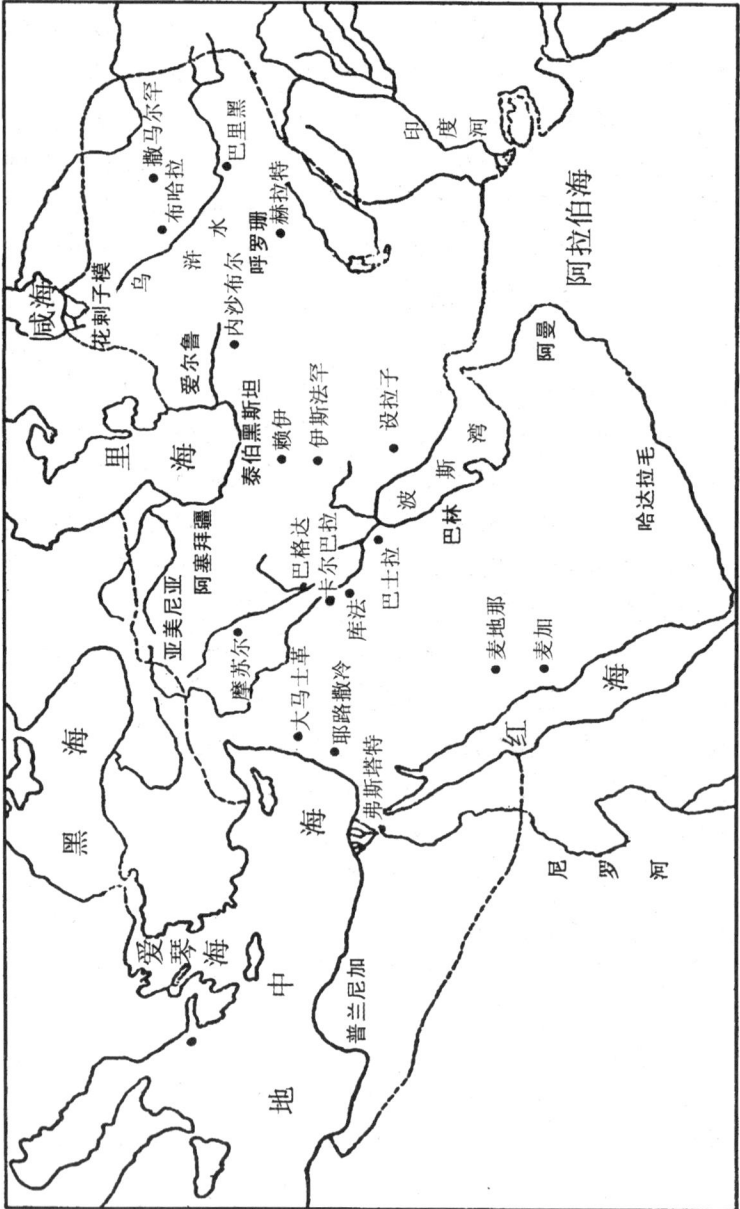

阿巴斯哈里发帝国（约800）

战胜派来镇压的一批批军队,处死战俘和非战斗人员。直到883年起义首领战死,延续14年之久的起义才告失败。持续不断的起义,虽然先后受到哈里发军队的残酷镇压,帝国却为此消耗了巨大的人力、财力和物力,动摇了帝国统治的基础。

王朝统治者的奢侈、挥霍和争权斗争,大大削弱帝国的实力。哈里发和后妃们的奢侈生活,皇亲国戚、大臣、官吏、侍从们出于奉迎或交往的需要而纷纷仿效,这使得财源本来已经枯竭的国库更趋空虚。到9世纪上半叶,穆尔台绥姆(833—842在位)不得不废除阿巴斯人的宗族——哈希姆家族的成员从国库中支取大量津贴的惯例。尽管如此,也无济于事。从哈里发瓦西格(842—847在位)开始,王朝已呈现出衰微之势。哈里发众多后妃及其众多的王子又带来王宫内部争宠与争权的斗争。阿巴斯人承袭前王朝的不明确的王位世袭原则。在位的哈里发从诸王子中或是从亲属中指定王储,有时,指定第一和第二王储,或是子承父业,或是弟继兄位,或是叔侄互补,难成定制。于是,争权导致的内战,又为王室成员培植亲信、网络同党提供可能,这样既削弱帝国的实力,又为帝国统治带来灾难性的影响。

133

哈里发受制于突厥奴隶军,是王朝衰落的一个重要表现。马门依靠波斯军队上台执政,他的禁卫军不是阿拉伯人,而是呼罗珊人。他的弟弟穆尔台绥姆时,又在阿拉伯的波斯军队之外,建立一支由拔汗那和中亚其他地区贩来的4 000名突厥奴隶为主体的新禁卫军,这标志着哈里发政治权力告终的开端。836年,这支禁卫军使巴格达陷入恐怖之中,哈里发不得不建筑新城萨马腊,将政府机关迁出巴格达。前后有八位哈里发以这座新城为首都达56年(836—892)之久。孟台绥尔(861—862在位)去世后,突厥禁卫军的将领开始干预国家大事。

10世纪初,穆格台迪尔(908—932在位)改变由空虚的国库发饷的惯例,开始实行地方长官或军事首长的包税制度,这促使了后来的封建军事制度的形成。在中央,行政大权由大臣控制;在地方,军政大权则归地方长官执掌,地方分权和割据也就在所难免。

当总督(艾米尔)的军权和财政官(阿米勒)的财权完全分离时,财政官还能保证一定的款项上交中央政府,随着土地作为军饷支付给军队,这就形成了类似西方的封建采邑制;军事长官实际上掌握了财权。尤其是哈里发在全伊拉克的广大地域任命突厥将领为包税人,让他们自己去筹集军饷,当下级军官也这样效法自筹军饷时,国库所受的损害一发不可收拾。领主为了收益必须保持土地肥沃和水利灌溉;而军人为了榨取钱财并不顾及土地收益和农田建设,他们榨取一块土地之后可以要求换取一块新的肥沃土地。农村生活的不安定也影响到城市,加上奴隶起义和教派战争对商业贸易、城镇生产的交通运输的破坏,亲十叶派的诺伯赫特家族在穆格台迪尔宫廷中的势力和影响的上升,十叶派传教师在各地不断煽动不满的民众,这为十叶派的发展提供了良机。

这一时期边远地区先后独立或半独立,进一步削弱了帝国的实力。为镇压民众起义或巩固边防,不得不授予边远地区的军事将领以更大的权力,在帝国的衰落之际,这些将领逐渐摆脱中央的控制,形成独立或半独立的小王国,名义上受制于中央,承认哈里发的宗主权,实际上则割据称雄,各霸一方。除了8世纪末,阿里的后裔因起义失败逃至北非并于该地建立起伊德里斯王朝(788—974)外,哈伦·拉希德为对抗北非西部地区的地方政权,任命伊布拉欣·本·阿格拉布为北非的军事首领。由于远离中央,他终于建立阿格拉布朝(800—909)。随之,突厥奴隶将领阿赫默德·本·图伦因升官晋爵,授权治理行省,868年,他踞埃及、叙利亚而独立,建图伦朝(868—905);继之伊赫什德取代图伦朝,建伊赫什德朝(935—969);另一支突厥人于叙利亚和美索不达米亚地区建哈姆丹朝(929—991)。

在帝国东部,马门为酬谢塔希尔将军,赐以呼罗珊领地的世袭权,从而塔希尔朝(820—872)建立。发源于波斯锡吉斯坦的萨法尔(意为"铜匠")势力扩张后建萨法尔朝(867—908),继承萨法尔朝大片领土的波斯人萨曼建萨曼朝(874—999),在帝国东部则有伽色尼朝(962—1186)。

这时,哈里发已成为突厥奴隶军手中的玩物,或受拥戴,或被废黜,有的干脆被弄瞎双眼或被杀害。而突厥将领为执掌军力,又需要哈里发的任命以使这种权力蒙上一层神圣的光圈。这样,哈里发制度到 10 世纪中叶已形同虚设。936 年,哈里发阿赫默德·拉迪(934—940 在位)为寻求新的支持者,任命瓦西特和巴士拉总督穆罕默德·拉伊克为总艾米尔,不仅授予全军最高统帅之权,还任命他为整个政府的首长,甚至在星期五聚礼时提到他的名字。哈里发从此丧失了一切军政大权,即便是在清真寺聚礼时讲道的权力也丧失殆尽,只是作为穆斯林的最高宗教领袖的名义尚存。

更为严重的是,这时出现了敌对的哈里发。伊斯玛仪派的欧贝杜拉 909 于北非建立法蒂玛王朝(909—1171),自称哈里发后,西班牙的后倭马亚王朝的艾米尔阿布杜·拉赫曼三世亦于929 年自称哈里发。这样一来,伊斯兰世界实际上呈三足鼎立之势。

自 9 世纪中叶帝国衰落以来,哈里发们的政治权力越少,他们对宗教权力抓得越紧,越加重视宗教事业。与早年的哈里发采用"屠夫"(阿布·阿巴斯)、"胜利者"(曼苏尔)的尊号不同,这以后的哈里发则力图使尊号与安拉的名字相连,如"真主的代位者"、"真主在地面上的影子"等。哈里发们对伊斯兰教的关注,客观上有助于伊斯兰教的发展,尤其是在帝国衰落之际,伊斯兰教诸宗教学科的建立与发展多少与此有关。

135

第二节　教法学、圣训学和古兰学的发展

教法学与教法学派　伊斯兰教法在阿巴斯王朝建立的最初100 年间得到真正的发展。这时,先知的逊奈已经有了称作"哈迪斯"的文字记载,哈迪斯和逊奈构成人们通常所说的"圣训"。圣训在教法上的地位仅次于《古兰经》;它与《古兰经》一起构成伊斯兰教教法体系或教法学(称作"斐格海",本义为"知识"、"智慧")的渊源(称作"乌苏尔",本义为"原则"、"原理")。伊斯兰教法借助《古兰经》和圣训赖以建立。以前教法实践中所应用的逻辑推理,也为

教法学提供了两种基本原则,即类比推理(格亚斯)和公议(伊只马尔),而常为教法学家应用的个人"意见"(拉伊)没有成为教法学的根源。

王朝为确立类似麦地那神权政体的法律规范,需要教法学家的支持。可是,像有着十叶派观点的大教长阿布·哈尼法(699—767)拒绝为阿巴斯人效劳,受到官方的鞭挞。阿布·哈尼法是一名波斯奴隶的孙子,本人是个商人,活跃于库法和巴格达,并不是专职的教法学家。他在教法学家罕马德和圣训学家阿密尔·本·沙拉希勒·沙尔比门下学习,据说,也曾跟随加法尔·萨迪克学习教法。以后,他成为伊斯兰教第一位影响最大的教法学家。由于他的声誉,他的弟子们奉他为哈乃斐教法学派的奠基人,该派是伊斯兰教中最宽容的教法学派。他在教法上强调应用类比推理方法的重要性,但没有系统地提出类比推理法作为教法学的原理;他坚持为体现"公道"可以离开类比原则,即允许教法中有"抉择"之权。他本人没有著作,关于教法的主张主要通过口授传给弟子,其大弟子阿布·优素福(?—798)在《赋税论》中保存了他的观点。

当时另一位著名大教长马立克·本·艾奈斯是向曼苏尔宣誓效忠的阿里派人之一。762年穆罕默德起义时,他以首席法官的身份,为十叶派解除对阿巴斯人的依附。尽管他引证圣训,说明在强制下作的誓言均属无效,但他还是受到阿巴斯人的当众侮辱和鞭笞。他受鞭笞后的30余年间,仍是麦地那的知名人士。晚年时,哈里发哈伦曾听过他的讲学。他作为麦地那圣训派的首领,制定了当时流行于麦地那公议的最早公式,在他汇编的《圣训易读》中,载有1 700个关于审判的惯例。他强调公共利益原则,这与哈乃斐教法学派的"抉择"和"意见"一样,往往被认为是"类比"的同义词。

8世纪下半叶,确立伊斯兰教法的真正理论基础的活动有了进展,这应归功于马立克的弟子大教法学家沙斐仪(767—820)。沙斐仪主要活动于巴格达和开罗,他的功绩不在于作出什么创新,而在于赋予教法已有的原则和概念以新的含义,对教法的渊源作出理论的说明,从而确立了一个完整的教法体系。沙斐仪主张教法的首要渊源是《古兰经》。他以经过审订的先知的逊奈或圣训取代各地方学派遵循的"现行逊奈",使之成为教法的又一根源;认为经过审慎辨异的圣训,在教法中居于更为重要的地位。他以全体穆斯林(即以宗教学者为代表)的意见一致(即公议)取代各地方学派内部意见一致的原则;强调公议必须与经训相一致,并以公议统一各地学派的意见分歧;反对教法中的个人意见,强调严格的类比推理以替代早年的简单类比;认为推理像公议一样,只能依据经训和公众的一致意见所核准的原则予以引申,绝不允许作出随意的解释并违背以上原则。沙斐仪对伊斯兰教的重要贡献,在于使公众(除了十叶派外)接受圣训。他本人并不主张建立学派,可是其弟子穆罕宰尼(?—878)于9世纪中叶,以其师名义在开罗和巴格达建立起了沙斐仪教法学派。在此之前,阿布·哈尼法的弟子伊本·优素福、舍伊巴尼(?—805)和马立克的弟子伊本·嘎西姆(?—806),也分别于伊拉克和麦地那建立起哈乃斐教法学派和马立克教法学派。

137

　沙斐仪对待圣训,比他的老师马立克更为开明,而他的弟子阿赫默德·本·罕百勒(780—855)却比他保守。伊本·罕百勒是死抠圣训字句的代表人物,他成为保守主义的罕百里教法学派的奠基人。在随后的发展中,罕百里教法学派成为逊尼派公认的四大正统的教法学派之一。

　这时,还出现过以奥扎仪(?—774)和达伍德·本·赫莱夫(815/818—884)为名的小教法学派。前者盛行于马格里布和安达鲁西亚;后者以大马士革为中心,其特点在于强调《古兰经》的表义,故称"表义学派"(又称"直解学派"或"札希尔学派")。该派后来得到北非的伊本·哈兹姆(994—1064)的支持。可是这些小教法学派流传不广,很快就消失了。

　10世纪初,公议原则确立后,各大教法学派间仍存在着一些分歧,但也力求相互谅解达成一致意见或妥协。各大教法学派将宗教生活和社会生活中遇到的或可能遇到的问题以教法的形式予以详尽罗列,当它们被奉为正统和权威后,后人对之只能"遵循"(塔格里德),而不允许有任何创新的解释。这样,除十叶派还允许个人(指"穆智台希德"或教法权威)释法外,逊尼派强调绝对服从权威的仿效原则,不再允许个人对教法作出阐释。

乌里玛与卡迪 穆斯林的知识分子,称之为"乌里玛"的伊斯兰学者或伊斯兰教师,自正统哈里发时期以来,从未受过官方的重视,他们的培养、教育和发展完全是自发的。阿巴斯人需要乌里玛阶层为其政权作神学的论证,便改变前王朝不重视乌里玛的做法,聘请其中的知名者为王朝执法的顾问,并委以重任。尽管阿布·哈尼法,以及库法的圣训学家、曾创立过一个短命的教法学派的苏富扬·撒维里(?—778),拒绝接受官职而遭受迫害,可是阿布·优素福终于接受了巴格达总法官的职务,这是乌里玛在一个政权中起重要作用的开端。

乌里玛阶层,尤其是教法学家们,极力主张国家与社会应以伊斯兰教(即以《古兰经》和逊奈)为基础,而这正是阿巴斯人所标榜的。虽然《古兰经》有着明文规定,而当时人们遵循惯例或"现行逊奈"尚没有明文,人们可以有不同的理解,在处理问题上可以各行其是,加之大量"伪训"的存在,更使人们无所适从。直到公元800年,逊奈被理解为通过圣训(哈迪斯)表现出来的观点才被接受。乌里玛很自然地认为,对经训教法应有权威的解释,而解释权应归于自身。这在无形中要求王朝赋予他们以官方的释法权的地位。王朝任命教法学家以官职,在一定意义上是对宗教学者的这种要求的支持;从另一面看,伊斯兰学者有利于阿巴斯人的释法也有助于巩固他们的政治统治。所以,在阿巴斯王朝早期的诸教法学派中,哈乃斐派处于更有影响的地位与此不无关系。乌里玛阶层在帝国中地位的提高,对伊斯兰教宗教学科的发展有着重要的意义。

伊斯兰教法规定,教法官(卡迪)必须是信仰伊斯兰教的男性成年公民,并要品性端正、精神健全、耳聪目明、精通教义和教法,其职责在于维护公正、主持正义,职权包括判决诉讼,保护孤儿、未成年人和禁治产人,管理"宗教公产"或"宗教基金"(卧各夫),惩治违犯教律者,任命地方的司法代表,领导聚礼。阿巴斯人像前王朝

138

一样，为各地任命法官或由行政长官兼任法官。有的教法官的职权由哈里发或省长予以规定。乌里玛中的许多人出身低微（系释奴或马瓦里），由于对教法和教义深有研究，他们在王朝中时时与那些已皈依伊斯兰教的行政官吏、秘书、职员争宠，对帝国政府任用或赞赏一些不熟悉或不理解经训、教法，甚而背离经训、教法者表示不满；可是乌里玛本身在政治、宗教和社会各种问题上意见并不统一。他们中既有王朝的拥戴者，也不乏主张颠覆王朝、建立真正神权政体的鼓吹者。只是在遵奉阿布·优素福的遗教方面，即乌里玛应戴黑缠头、身穿黑斗篷这一点上，他们是一致的。

圣训学与六大圣训集　圣训学是应伊斯兰教法的实际发展需要而确立的一门宗教学科。穆罕默德去世后的两个多世纪里，对他的言行搜集和记载日益增多。各教派、学派从圣训中寻求根据，以论证各自的政治立场和神学观点的合法与正确。基于人们对圣训的重视，大量的伪训因政治或其他的目的而乘机出现。公元8世纪70年代，伊本·阿比·奥查（？—772）在库法被处决前，承认他曾伪造圣训4 000余段并到处传播；即便是在他以前流传的圣训，也有不少是以圣门弟子之口伪托的。

在搜集圣训的基础上，发展了研究审定圣训真伪的圣训学。圣训学是从传述世系（伊斯纳德）着手判定传述的圣训内容的可靠性与真实性；圣训学根据传述人的信仰、品性、学识等确定其传述的权威性，传述世系以连贯而不间断，并能追溯到先知本人者为可信；在判断真伪时，还应考虑所传圣训与《古兰经》以及已被公认为可信的圣训不可矛盾。

比较著名的圣训汇集本，除前述的马立克·本·艾奈斯的以教法的门类编排为特点的《圣训易读》外，还有塔亚里希（？—818）和伊本·罕百勒按圣训的传述世系编排的圣训集。伊本·罕百勒的《伊斯纳德》是从700余人那里搜集到的75万段圣训中，选出3万段编辑而成的，在9世纪上半叶享有盛名。由于圣训学将圣训分为"真实的"、"良好的"和"虚弱的"三类，在伊斯兰教诸圣训集中公认为"真实的"或具有圣训"实录"声誉的仅有布哈里和他的弟子穆斯林的两个汇集本。布哈里(810—870)是布哈拉人,曾游历波斯、伊拉克、叙利亚、希贾兹、埃及等地,访问各地长老和圣训学家,搜集到圣训60万段,他从中精选出7 397段并分门类编成《圣训实录》。他所选的每段圣训都包括两部分内容:圣训的传系和圣训的本文。他编定的圣训集在伊斯兰世界的权威性仅次于《古兰经》。穆斯林认为,凭它发誓与凭《古兰经》发誓有同等效力。内沙布尔人穆斯林·本·哈加吉(817/821—875)从学于布哈里,他也四处游学,搜集到圣训30余万段,从中选编成《圣训实录》52卷。此外,巴士拉人阿布·达伍德(817—888)、提尔米基(? —约892)、加兹温人伊本·马哲(824—886)和奈萨仪(? —915)四人分别编辑的圣训集,其权威性仅次于上述两本《圣训实录》。这六个汇集本不久就被逊尼派奉为权威的"六大圣训集"。

《古兰经》的注释与经注学 圣训的汇集与辨伪、圣训学的建立以及权威圣训集的出现,为《古兰经》的注释提出了可靠的资料。早年的经注是口耳代代相传的知识(即"传闻"的注释);随着异教徒皈依伊斯兰教,他们以《圣经》的故事传说或他们原先信仰的教义注释《古兰经》,从而有"基督教式或犹太教式的注释",而以圣训注释经文被认为有更大的权威性。这样,一方面在经注过程中,对圣训的审定显得十分必要;另一方面,经注与圣训的汇集和审定应基本吻合,这时还没有专门的经注本,因此,经注学最初还没有独立出来,它仅作为圣训学的一个分支学科而存在。

阿拉伯语法学、词汇学的建立和发展,为经注学的建立奠定了基础。约于公元9世纪下半叶到10世纪上半叶,经注开始独立于圣训。按经文的章节顺序予以系统注释的活动开始,这成为经注学的真正开端。经注学的任务主要是研究经文的词意,经文"下降"的原因、地点和时代背景,停经①的原因,替代停经的经文,以及

---

① 《古兰经》说:"凡是我所废除的,或使人忘记的启示,我必以更好的或同样的启示代替它。"(2:106)由后来"启示"的经文代替、废除先前的经文,在伊斯兰教的经注学中称之为"停经"。

注释经文的语法规则、修辞格式和伦理标准等问题。这时出现了像阿布·伯克尔·尼萨布拉(？—930)、伊本·阿布·哈提姆(？—938)等经注家。其中,历史学家塔百里(838—923)首次以圣训史料注释经文,他的《古兰经注》对后世的注释影响甚大,被奉为注释的范本。许多经注家沿用他的注释法并从他的注释中汲取营养。他的注释原稿比所见注释本的篇幅要大得多,其中包括最早的、内容丰富的经外传说。与塔百里的传述注释法不同,以后又出现了意见的或理性的注释,再后则有内学的或神秘主义的注释。逊尼派奉为权威的经注本,除塔百里的注释外,大多系后来的注释本,包括阿布·凯希姆·札马赫沙里(1074—1143／1144)、巴加维(？—1122)、伊本·阿拉比(1165—1240)、法赫尔丁·拉齐·侯赛因(1149—1209)、阿布杜拉·本·欧麦尔·巴达维(？—1282／1291)、穆达里克(？—1301)、侯赛因(？—1494)、加拉路丁·马哈里(？—1459／1460)、加拉路丁·苏尤提(1445—1505)及亚齐兹(？—1823)等人的注释。其中,历史哲学家伊本·赫尔东(1332—1406)认为札马赫沙里的穆尔太齐赖派观点的注释本《凯沙甫》居于诸注释本之首,而拉齐在其注释本《太甫绥甫·凯比勒》中,则以艾什尔里派的正统观点对它予以抨击。

《古兰经》诵读法与诵经学　　早年,《古兰经》的诵读法从未统一。由于阿拉伯字母缺少母音字母和标音符号,在阿拉伯语法确定读音规则前,传统的口传背记的诵读法已经流传。到阿巴斯王朝前后,许多大诵经家已享有盛名。其中,最著名者有七位教长:伊本·卡希尔(677—737)、阿希姆(？—744)、阿布·欧麦尔(？—770)、哈姆扎(？—772)、纳菲(？—785)、基沙伊(？—804)、伊本·艾米尔(？—762)等。这些诵经大家在各地都广有弟子传诵他们的诵读法,世称"七种诵读法"。

为使已有的诵读法与阿拉伯语法学相协调,在语法学发展的基础上产生了诵经学。诵经学的任务无外乎是对早已流行的诵读法作出理论的解释。它涉及的内容,包括《古兰经》字词的拼写特色、阿拉伯文的一般读音规则、诵经过程中抑扬顿挫等不同声调的

141

确定;对某些特定章节的段落中有关应答、低祷、跪拜、叩首的知识;经文的分段、标点、边注的知识以及经文连读的知识等等。公元9世纪初,谢赫·穆罕默德·本·穆罕默德·加扎里(? —833)的《加扎里概论》专门讨论了诵经的知识。公元10世纪初,博学的伊本·穆查希德(? —936)主张上述的七种诵读法均为正确的。他甚至引用圣训,证明先知本人曾同意用七种方法诵读《古兰经》。933年,伊本·木格莱(886—940)和伊本·伊萨在他的帮助下,最后确定了《古兰经》文本的写法。而伊斯兰学者则被迫宣布将接受按母音写下的经文并采用某种读法,假如继续使用其他读法(如伊本·麦斯欧德或乌巴仪·本·卡尔布的诵读法)则会受谴责。在伊本·穆查希德去世前,这七种诵读法已经得到官方立法的认可而被接受为正式的读法。然而,各地并不能立即接受这种官方规定的七种《古兰经》诵读法为合法的主张;有的提出正式的诵读法应有10种或14种。

由于《古兰经》文本的书写法固定下来,以及《古兰经》诵读法的相对稳定,其影响已不限于诵经本身,而扩及到经注家、教法学家、圣训学家、语言学家或其他人。通过法庭立法的重要性在于穆斯林主体终于接受了有关诵经法的裁决。

第三节　教义学的发展

穆尔太齐赖派的产生　伊斯兰教的教义学是在早年"凯拉姆"(神学辩论)的基础上发展起来的。伊斯兰教兴起后的最初一个世纪就有关于唯能力论(盖德里叶派)、唯信德论(穆尔吉亚派)、宿命论(加赫姆派)等问题的讨论。8世纪上半叶,瓦绥尔·本·阿塔因主张犯罪者的中间地位,后来被认为是穆尔太齐赖派的奠基人。

"凯拉姆"作为一种经院哲学,除了受到哈里发马门及其几位后任者重视外,长期以来,并不受人们的欢迎,相反受到了正统派的敌视,甚而被视为异端邪说。阿布·优素福提出,以"凯拉姆"寻求宗教知识是一种"精底格"①的方式。关于安拉是否具有形象问题，马立克大教长声称：真主"稳坐宝座"已为众知，如何稳坐，众所不知，对此经文应予相信，对此提出疑问者则是一种"比达阿"（意为"创新"或"异端"）。正统派甚至提出："要像躲避狮子那样躲开任何形式的凯拉姆"；"对待凯拉姆的人们，要用皮鞭和鞋底来惩处。"②当时参加"凯拉姆"讨论的人，后来并没有被完全列为穆尔太齐赖派的成员。据麦斯欧迪的记载，8世纪末9世纪初，出席伯尔麦克官邸组织的神学问题讨论的人，在观点上并不统一，先后参加者既有阿布·胡载里（753—850）、奈萨姆（？—836/845）、比希尔·本·穆尔塔米尔（？—825）、苏马马·本·阿希拉斯（？—828）和穆尔太齐赖派的其他成员，也有"凯拉姆"的极力鼓吹者、十叶派成员阿里·本·米塔姆和瓦西特人希沙姆·本·哈卡姆（卒于795—815之间），库法人迪拉尔·本·阿慕尔（约730—800/820）等。可能最初把参加"凯拉姆"或以理性讨论神学或宗教问题的人都称为"穆尔太齐赖派"。后来，阿布·胡载里（约753—850）才以"五项基本原则"（即信仰安拉的独一、信仰安拉的公正与正义、信仰安拉许诺的奖赏和惩罚的威胁、接受信与不信的中间地位并应令善止恶）作为该派的标志。该派吸取了"凯拉姆"者的某些观点，但又拒绝承认他们为本派成员。可是，其他派别并不重视这种观点的区别。伊本·罕百勒在他的《驳斥伪信者与加赫姆派》一书中，将穆尔太齐赖派列于加赫姆派的名下，认为穆尔太齐赖派除了否定宿命论外，还接受了加赫姆派的其他神学观点。据巴格达迪（？—1037）所称，穆尔太齐赖派从一开始就不是一个统一的派别，他列出了22个支派；据沙哈拉斯塔尼（1076—1153）所称，该派分为12个支派。各支派

143

---

① "精底格"，早期指具有波斯人信仰成分的，尤其是摩尼教信条的宗教观念的穆斯林；后来泛指具有自由思想的人。

② 见奥·符·特拉赫坦贝尔《西欧中世纪哲学史纲》(于汤山译)，第53页，上海人民出版社，1960。

间相互攻讦,在自称为正统派的同时,抨击其他支派为非正统派。[1]一般说来,根据穆尔太齐赖派的活动地区及其讨论的问题,可以将它分为巴士拉支派和巴格达支派。

在早年,巴士拉支派的著名成员有瓦绥尔·本·阿塔和阿慕尔·本·俄拜德;其后,迪拉尔·本·阿慕尔在巴士拉的穆尔太齐赖派运动中起着中心的作用,一度被认为是巴士拉支派的领袖。当阿布·胡载里以"五项基本原则"为该派标志后,迪拉尔的地位被否定。这时,巴士拉支派的领袖显然是阿布·胡载里。该支派的其他重要成员有奈萨姆、穆尔迈尔(? —830)、沙哈姆(约 800—880)等。

巴格达支派的创始人是比希尔·本·穆尔塔米尔。该支派活跃于阿巴斯王朝的政治中心。自马门以来的亲穆尔太齐赖派的政策,使它在王朝中起着重要的作用。除了与巴士拉支派讨论几乎相同的神学与信仰问题外,该支派还讨论更为一般和抽象的诸如"什么是物"的问题。该支派的主要成员有穆尔达尔(? —841)、阿布·侯赛因·哈亚特(? —902)等。

反象征主义的斗争 穆尔太齐赖派在神学论辩中,以理性的或纯思辨的方法,坚持安拉独一观,否认安拉具有诸多德性(或属性)之说。它竭力反对在一般信徒心目中广有影响的对安拉象征性的解释。这伤害了一般穆斯林的宗教感情,也引起正统派的极大愤怒。穆斯林根据《古兰经》关于安拉的种种象征性比喻,如肯定安拉具有生命,能听、能说、能看,有肢体、有手足,以及信徒可以面见安拉等(见《古兰经》7∶54;55∶27 等),普遍存在着对安拉的形象性的理解。8 世纪末 9 世纪初终于出现了象征主义派别:拟人派(即主张神人同形同性的一派)、属性派和更为极端的肉身派。

拟人派以希沙姆·本·哈卡姆为代表。他主张人们崇拜的神的本体犹如人体,有类似于人的肢体和器官。他提出,这一神灵按他

---

① 见巴格达迪《穆斯林的教派与宗派》(凯特·钱伯斯·西莱译),第 116 页,纽约,1962;参见穆罕默德·本·阿布杜·凯里姆·沙哈拉斯塔尼《教派与教义》(A. K. 凯奇和 J. G. 弗林译),第 43—70 页,伦敦,1984。

自己的指距有七拃长,就像一个银的铸件或一颗旋转的珍珠,光线从他所视见的地方落下。与此类似的观点认为,人们崇拜的对象上空下实,有黑头发和有智慧的心;他是一股黑光,如此等等。①

肉身派的奠基人是穆罕默德·本·卡尔拉姆(? —868),也有人因此称该派为卡尔拉姆派。卡尔拉姆认为,人们崇拜的对象有躯体,会以人的肉身形式出现;在某个地方有他的宝座,除了宝座的一面他是有限的外,其他五个方向他是无限的。②

象征主义派别对神灵的这种形象的解释,与一般穆斯林对安拉的朴素信仰显然不同。这种主张被后来的正统派神学家视为极端派。而穆尔太齐赖派在反对象征主义的同时,却从安拉本体与属性的关系的抽象论题出发,视本体与属性为同一,并反对当时普遍承认的安拉具有七种基本属性(生命、意志、能力、知识、听觉、视觉和语言)的观点,故而同样遭到正统派的谴责。

穆尔太齐赖派自认为是"安拉的正义和统一的维护者",自称是"统一派"和"公正派"。它坚持安拉的统一性原则,反对当时仍然流行的摩尼教二元论和基督教的三位一体说;它还继承盖德里叶派的主张,坚持安拉的绝对公正性原则,论证人有意志自由,应对自身的行为负责,反对宿命论。

《古兰经》受造说　穆尔太齐赖派从安拉的绝对独一性出发,否定安拉具有无始的、独立的德性,尤其反对安拉具有诸多德性说,主张作为安拉启示的语言——《古兰经》并非无始的、永恒的,乃是"受造之作"。该派认为,安拉的本体与安拉的德行——语言不可能同是无始的、永恒的,如承认安拉无始、永恒,同时又承认他的德性——语言的无始、永恒,就会导致多神论。

---

① 见巴格达迪《穆斯林的教派与宗派》Ⅱ(亚伯拉罕·斯·哈尔金译),第32—33、183页,巴勒斯坦,1935;参见穆罕默德·本·阿布杜·凯里姆·沙哈拉斯塔尼《教派与教义》(A. K. 凯奇和 J. G. 弗林译),第89—90页,伦敦,1984。

② 见巴格达迪《穆斯林的教派与宗派》Ⅱ(亚伯拉罕·斯·哈尔金译),第18—21页,巴勒斯坦,1935;参见穆罕默德·本·阿布杜·凯里姆·沙哈拉斯塔尼《教派与教义》(A. K. 凯奇和 J. G. 弗林译),第92—97页,伦敦,1984。

马门任命穆尔太齐赖派教法学家伊本·阿比·杜尔德(776—854)为大法官后,后者鼓励马门接受这一观点。公元827年,马门公布一项敕令,宣布"《古兰经》是受造之作"为官方信条;833年,他进而颁布敕令,规定凡反对上述信条者,已任法官受撤职处分;它作为核准法官信仰的准则,不得委任反对上述信条者为法官;甚至证人能否出庭作证也受到该信条的审查。随之建立的宗教裁判所——米哈奈(原意为"考验"或"甄别"),其任务在于审判该信条的反对者,在此期间,7位著名宗教学者被迫宣誓信仰受造说,另外还有20位公众敬重的穆斯林受到威胁和监禁。后来这些人都接受《古兰经》受造说。在被监禁和鞭笞者中,只有伊本·罕百勒坚持《古兰经》作为安拉启示的语言的无始说,反对受造说。马门的两位后任穆尔台绥姆和瓦西格继续奉行这一信条,迫害正统派。穆塔瓦基勒执政后的次年,才废除它的官方信条地位,释放因信仰而被监禁的人,其中包括伊本·罕百勒。

罕百里派得势 穆塔瓦基勒为挽回帝国日趋衰落之势,企图通过牢固控制宗教神权的办法来补充日益丧失的政治权力。他一方面两次下达歧视异教徒的命令,规定基督教徒和犹太教徒住宅的门上,必须钉一块画有魔鬼形象的木牌;他们的坟墓不得高出地面;他们必须穿着淡黄色的外衣,其奴隶应在衣服的前胸和后背上,钉以淡黄色的补丁;只许骑骡和驴,不准骑马,只许用木质的骑鞍,鞍后必须安装两个石榴形的标志;在司法上不能与穆斯林享有平等地位,不能对穆斯林作证。另一方面,为适应伊斯兰教正统派的需要,为笼络人心,照顾群众的宗教感情,并取得他们的支持,他在释放被监禁者的同时,严厉迫害穆尔太齐赖派成员。穆尔太齐赖派的大法官杜尔德在他登基后中风,大法官的职位传给了其子穆罕默德。公元848年,穆塔瓦基勒命令逮捕穆罕默德和他的兄弟,查抄了他们的财产。他希望从沙斐仪派中找到支持者,将大法官一职授予沙斐仪派的叶海亚·阿克塔勒。穆塔瓦基勒还反对十叶派,他下令拆毁卡尔巴拉侯赛因的陵墓上的礼拜堂,禁止穆斯林朝拜卡尔巴拉。

　　在王朝中真正得势的是罕百里派。严格说来,伊本·罕百勒是个圣训学家。他在狱中的表现,使他在群众心目中成为坚持正统派教义的英雄。随着他的声望日增,而被赐于"大伊玛目"的称号,使他与阿布·哈尼法、马立克、沙斐仪齐名,形成了当时以他命名的罕百里(罕百勒)教法学派。由一个教法学派演变为政治性的罕百里派,是与他坚持"正统派"的立场和在狱中的表现密切相关的。据称,他于巴格达去世后约有 80 余万(其中妇女 6 万)穆斯林参加殡礼。伊本·罕百勒坚持《古兰经》和逊奈的字面含义,坚持一般穆斯林所信仰的《古兰经》系安拉的无始、永恒的语言,系非造之作的观点;对一些易生歧义的经文,他像马立克一样,主张接受"无方式"的信条,作为一种教规,责令教徒不必询问经文之究竟,对它只应信仰,不该怀疑。由于伊本·罕百勒在公众中的影响广泛存在,他的追随者形成了当时有着广泛群众基础的一支政治势力——罕百里派,约在长达两个世纪(从 9 世纪中叶至 11 世纪中叶)的时间里成为伊斯兰教中保守的正统派。在其得势之际,其成员逐门逐户清查异端信仰者,并对政治或宗教上的异己者予以残酷迫害。像历史学家塔百里认为伊本·罕百勒只是个圣训学家,不是教法权威,仅此一点就被罕百里派视为"异端",甚而在他去世时,罕百里派不准许按伊斯兰教的正规仪式为他举行葬礼。

　　随着穆尔太齐赖派黄金时代的结束,该派成为脱离群众的神学家的小宗派,对伊斯兰教的思想不再发生大的影响。后来由于它的教义的某些方面一度受到哈里发的赏识,有过短暂的兴盛时期,出现过像祝巴仪(850—915)和他的儿子阿布·哈希姆(?—933)这样有学识的神学家。他们仅在巴士拉活动,影响终究不大,未能超过穆尔太齐赖派鼎盛时期所受到的隆遇。这时的神学家们不过是对以前讨论的问题作出更为精心的解答,理论上并没有多少创新。阿布·哈希姆去世后,穆尔太齐赖派也就真正衰落了。以后虽然也出现过像著名法官阿布杜·加巴尔(?—1023)那样第一流的神学家(在教法上属于沙斐仪派)和像札马赫沙里那样第一流的经注家,但他们的影响也极其有限。这种影响主要是在语言学方面,而不是神学观点。

艾什尔里 在神学斗争的尖锐时刻,尤其是在穆尔太齐赖派处于逆境之际,该派内部不可避免地发生分化。艾什尔里(?—935/936)是当时穆尔太齐赖派巴士拉的领袖祝巴仪的养子和学生。他的先祖阿布·穆萨曾在第一次内战时期担任阿里和穆阿维叶的一名仲裁人。据说艾什尔里在一次与祝巴仪关于安拉前定问题的神学辩论中占了上风,他在信奉穆尔太齐赖派教义数十年后,在巴士拉清真寺公开宣布脱离穆尔太齐赖派。

与穆尔太齐赖派强调理性、贬低启示不同,艾什尔里回到传统信仰立场,以经训为据,竭力以理性为信仰辩护。他抬高启示的地位企图以此向正统派靠拢,求得后者的欢迎。他调和理性与启示,本质上有利于正统信仰,是置信仰于理性或逻辑论证的基础之上的一个重要步骤。可是,得势的罕百里派出于对"凯拉姆"或辩证学的本能的反感,完全不顾艾什尔里逢迎正统派的表现,继续敌视他和他的追随者与穆尔太齐赖派,在清真寺的讲道中,公开抨击他为"异端"。约在一个半世纪的时间内,艾什尔里的神学主张,以及他调和信仰与理性的努力,没有得到公众的承认。然而,他作为伊斯兰教教义学的真正奠基人却是无可怀疑的,由他开始采用的协调宗教信条与希腊思想的做法,成为伊斯兰文化生活的最主要的特征,为后来教义学家所沿用;他所采用的前述"无方式"的信条,即只应接受《古兰经》关于神人同性同形说的经文而勿需深究其真实含义的主张,被用以抑制自由思想和这一时期已经得到发展的世俗哲学和科学研究,这成为后来的正统派神学家要求穆斯林公开信奉的原则,并终于成为官方的教义。最初参加"凯拉姆"讨论的人,通称为"穆台凯里姆",随着艾什尔里的新"凯拉姆"的诞生,"穆台凯里姆"变为他的追随者,即后来诞生的艾什尔里派成员的专称。艾什尔里以后,"凯拉姆"成为伊斯兰教的教义学,"穆台凯里姆"也就通称为"教义学家"。

穆尔太齐赖派的倒运不仅来自内部的艾什尔里的倒戈,而且还受到外部的抨击。这时在教法上追随哈乃斐派,同样采用辩证方法的埃及人塔哈维（？—942）和撒马尔罕人马图里迪（？—944），从维护正统信仰出发，也反对穆尔太齐赖派的观点。只是塔哈维和马图里迪及其追随者活动的地区，不在帝国的政治和宗教中心巴格达，其影响也就比艾什尔里要小一些。

第四节　十叶派的形成

十叶派人与伊玛目教义　合法主义宣传运动关于还权于先知家族——哈希姆家族的口号，是阿里派和阿巴斯派联盟的政治基础。这一口号没有明确规定政权应归阿里派。可是，阿里派在先知家族的声望下，一方面忙于内部争夺，各不同支系之间互不团结，难以形成夺取并执掌政权的政治核心，另一方面又误认为阿巴斯派并非竞争对手，举国上下在为本派掌权而奋斗。当政权落入阿巴斯派之手后，属于凯桑派的十叶派人接受了这一既成事实，重新归入伊斯兰教的主流；哈桑支系以及侯赛因支系的栽德的后裔及其追随者则继续以武力反抗阿巴斯派的统治；以加法尔·萨迪克为首的侯赛因支系的十叶派人，在政治斗争失败后，转而从事神学斗争。

十叶派的第六世伊玛目加法尔·萨迪克（699／702／705—765）是伊斯兰教史上，尤其是十叶派历史上的一位重要人物。在王朝更替时期，他在麦地那过着宁静的生活，没有觊觎王位的举止。不久，曼苏尔把他召到库法并监禁起来。为免遭曼苏尔的迫害，他的追随者只得隐瞒信仰以逃避当局的追捕。宗教上的"谨防原则"（塔基亚）[①]可能在这一时期发展起来，以后它又为大多数十叶派人

149

---

① 《古兰经》说："凡为势所迫，非出自愿，且不过分的人"（2：173），因"有所畏惧而假意应酬"（3：28），由此形成"内心保留"的"谨防原则"，即阿拉伯文的"塔基亚"。它允许教徒在一定时间内，为躲避宗教、政治迫害而隐瞒自身的真实信仰，放弃某些宗教习俗或礼仪。伊斯兰教的不同派别在不同程度上予以奉行，其中，尤以十叶派处于非法地位时期为最。

接受。加法尔·萨迪克本人是个宗教学者,他的不少弟子是教法学家和圣训学家,并从他那里搜集和学习圣训。据说,阿布·哈尼法跟他学过教法,马立克也与他过往甚密。他的周围聚集有几名重要的神学家,像希沙姆·本·哈卡姆、穆罕默德·本·努尔曼、穆明·塔格等。他本人没有提出做宗教领袖的要求,他的追随者则视他为精神领袖,甚至一些持极端观点的人认为他具有某种神性的本质。他对十叶派的贡献在于从理论上确立伊玛目教义的基本要点:伊玛目由安拉命定而不是由人选择的;前任伊玛目知道谁将是下一任伊玛目,从而指定他为继任者;伊玛目掌握来自先知的特殊知识,具有免罪性或不谬性。由于十叶派肯定伊玛目在伊斯兰教中的神圣地位,信仰伊玛目则形成十叶派信仰安拉独一以及信仰穆罕默德系先知、使者以外的第三个信条。一般穆斯林主张,源自安拉的、由先知获得的天启——《古兰经》是伊斯兰教的基础;而十叶派由伊玛目教义出发,则肯定获得先知全部启示奥秘(表义的和隐义的知识)的伊玛目代代相袭,则构成伊斯兰教的基础。十叶派在神学上的这种发展,加上它的各支系在组织上的相对定型,这使得伊斯兰教分裂的鸿沟再也无法弥补。

栽德派的形成 公元 740 年的起义失败后,栽德的后裔一直没有终止过斗争。根据栽德派的主张,阿里的任一直系后裔均有权出任伊玛目并应为取得这一圣职而斗争。该派的非严格的世袭制原则,得到哈桑支系的支持,从而出现了哈桑后裔与栽德后裔的联盟,他们不时发动武装起义反抗阿巴斯人。762 年起义失败后,一部分教徒认为穆罕默德·本·阿布杜拉并未被杀,他已隐遁起来,将会再世,这部分人形成穆罕默德派。另一些人承认他已去世,主张他的伊玛目位已传给住在塔拉干的侯赛因的后裔穆罕默德·本·加希姆。791 年,叶海亚·马赫德于北伊朗的达伊拉姆发动起义。在此之前,他的兄弟伊德里斯在前次起义失败后逃到北非,于 788 年领导当地柏柏尔人起义并于摩洛哥成功地建立起十叶派国家,史称伊德里斯朝(788—974)。在马门与阿明内战之际,哈桑-栽德人的起义复起。其时,侯赛因人也参与其中,一度控制过希贾兹、也门和伊拉克。834年,伊本·加希姆于呼罗珊领导起义,遭到王朝镇压。他被捕后死于狱中。他在北伊朗的达伊拉姆和泰伯里斯坦的追随者期待他再世。

栽德派为吸引更多的人参加起义斗争,在教义上提出"逊色的伊玛目"的主张,即认为:阿里是最优秀、最合适的伊玛目;可是,在有更卓越的人选时,选择了阿布·伯克尔和欧麦尔为哈里发,这种选择是合法的,只是他们在德行上较之阿里稍为"逊色"。由于对阿布·伯克尔和欧麦尔的肯定,不言而喻的是先知的大多数门弟子推选他俩为哈里发并没有错,从而承认由他们传述的圣训的合法性,避免了对大多数门弟子的谴责。这与十叶派的其他成员所持的大多数门弟子有罪的主张显然不同。至于奥斯曼,该派大多数人倾向于他在任的前六年的活动应予肯定。关于伊玛目的条件方面,该派主张凡系阿里后裔,博学善战,不论出自嫡庶或出自何种世系,均可继任伊玛目位;它进而主张,容许几个伊玛目并存或无伊玛目时期,以此反对伊玛目隐遁说。这与其他支派的主张多少有所不同。

151

栽德派最初并不是一个统一的教派。9世纪下半叶,该派对伊玛目职位的要求实现,取得真正的精神领袖地位,这才形成为统一的派别。首先,它应归功于哈桑·本·栽德,他于864年在里海南部建立起栽德派国家(864—1126)。其次应归功于该派最重要的思想家卡西姆·拉西·本·伊布拉欣(?—860)。后者的著作被保存下来,使人们得以了解该派的基本主张。栽德派在神学上属于穆尔太齐赖派,以后为也门栽德派接受;在伦理上反对穆尔吉亚派,并反对苏非派的神秘主义;在教法上则禁止杂婚,不允许临时婚姻。由于该派分布比较分散,在教法的细节上存在分歧。后来的学者将这些分歧记载下来,成为乐于保留不同见解的教法学派;在宗教仪式上则与其他支派一样,有着宗派的特点。901年,卡西姆的孙子哈迪·哈格(?—911)在也门建立起栽德派国家,基本上奉行上述主张,尤其严禁苏非教团的活动。栽德派政权在也门断断续续一直延至1962年也门革命。

伊斯玛仪派的形成 加法尔·萨迪克最初指定他的长子伊斯玛仪(? —760)为继任伊玛目,但由于他酗酒和早逝,加法尔·萨迪克废除其继位权,另指定其弟穆沙·卡西姆(737／745／746—799)为第七伊玛目,十叶派中的一部分人拒绝这种更换,认为伊斯玛仪并没有死,他将作为"马赫迪"重临世上;另一部分人则接受他去世的事实,认为伊玛目位已通过伊斯玛仪传给他的儿子穆罕默德。两派主张虽然不一,但以伊斯玛仪命名的派别——伊斯玛仪派从此形成。该派坚持可见的伊玛目只有七位,故又有"七伊玛目派"之称。

由于王朝的镇压与迫害,长期以来,伊斯玛仪派一直处于地下,人们对它的早期历史知之甚少。大约经过一个世纪的秘密布道活动,约于 9 世纪中叶,它才逐渐走向公开。据称,一个出身不明的波斯籍眼科医生买伊蒙·盖达哈之子阿布杜拉·本·买伊蒙(? —874),完成了伊斯玛仪派的政治-宗教体系。他最初在艾海瓦兹和耶路撒冷活动,整个秘密布道活动最初由巴士拉的总部领导,以后由叙利亚北部的萨拉米亚集中领导。它宣称,穆罕默德·本·伊斯玛仪作为伊玛目,已经隐遁,不久将作为"卡西姆"再世治理大地。在伊玛目隐遁期间,由属于"胡加"等级的成员领导该派的宣传活动。他和他的继任者从总部向各地秘密派遣传教师(又称"达伊"或"传道师"),其任务在于传播该派教义以取得各地穆斯林的支持并使之改宗。

这时,阿巴斯当局忙于镇压延续十余年的黑奴大起义,伊斯玛仪派的秘密布道活动趁机发展。达伊组织起秘密会社,听众经过秘传后可以入会。哈姆丹·卡尔马特(? —约899)在阿布杜拉·本·买伊蒙去世前皈依该派,后来,他成为内学派的奠基人。878 年,哈姆丹开始于库法地区传播该派教义。几乎在同时,哈拉夫在赖伊地区布道;哈姆丹的姻兄弟阿布丹在法尔斯布道。881 年,该派传教师阿里·本·法德尔和伊本·郝萨布在也门马斯瓦山建立据点,得到当地部落的支持。883 年,伊本·郝萨布派他的侄子海萨姆到印度信德布道;以后,又派阿布·阿布杜拉·侯赛因(? —911)到马格里布传教。伊斯玛仪派在各地的广泛传播,使呼罗珊地区、内沙布尔和马尔·路德成了它的新活动中心。10世纪初,伊斯玛仪派传教师纳萨菲的弟子又将该派教义传播到西吉斯坦;10世纪中叶,呼罗珊的传教师使基尔曼的库夫斯部落皈依该派。伊斯玛仪派的广泛传播,为它以后建立地方政权奠定了基础。

899年,伊斯玛仪派在萨拉米亚的新领袖由赛义德·本·买伊蒙(?—934)继任。他宣称其祖先和本人是伊玛目,自称欧贝杜拉·马赫迪,这就使本来联系就十分松弛的伊斯玛仪派发生分裂。哈姆丹和阿布丹原先宣传的教义就已偏离萨拉米亚总部的主张,随着领导的更替,他们不再支持新领导,发展成相对独立的卡尔马特派开展活动。伊斯玛仪派在各地的信徒也开始分化,有忠于新领袖的,也有反对者的。

卡尔马特派运动 约于公元900年,由哈姆丹于库法建造的称为"迁士之家"的公馆,这时成为新运动的总部。它通过秘传手段发展秘密会社。哈姆丹手下有一些称作"圣洁"首领的助手协助他领导这一秘密活动。

哈姆丹派齐克拉瓦伊·丁达尼(?—906)去叙利亚组织乌拉斯族的贝杜因人改宗,反叛图伦王朝并进攻叙利亚各地城市。只有大马士革抵挡住他们的围攻。哈姆丹去世后,运动由阿布·阿布杜拉·穆罕默德(?—904)这位"圣洁"首领继任。不久,穆罕默德又去世,由其兄弟阿赫默德即位。两年后,阿赫默德亦去世,卡尔马特派在叙利亚和伊拉克的势力开始衰退。

在阿拉伯半岛,哈姆丹的另一助手阿布·赛义德·加纳比于899年到了波斯湾的巴林地区建立起独立国家,定都哈萨(今胡富夫)。903年,这支卡尔马特派队伍征服叶麻麦,入侵阿曼。他的儿子和继承人还入侵了下伊拉克大部分地区。他和他的后代作为隐遁伊玛目的代表在那里实行统治。阿布·赛义德的儿子继位后,约从914—943年间,一再劫掠伊拉克,破坏朝觐的交通,骚扰香客,使得整个地区处于动乱和灾难之中。930年1月,卡尔马特派攻占麦加,劫走克尔白的黑石。运到巴林存放30年后,只是在法蒂玛王朝哈里发的干预下才将黑石运回麦加,卡尔马特派国家一直存在到1077年,前后超过一个半世纪。

卡尔马特派国家由6名执政官及其6名助理组成的政务委员会领导,政府管理一支2万人的军队和3万名非洲奴隶。自由农民和手工业者是国家的基本居民。国家在奴隶劳动的基础上,实行人人平等和财产公有。居民不纳税;对贫困者,国家则予以贷款或资助。卡尔马特派实行秘密的入会仪式,据称由阿布丹写的一本有关该教派的书,将其成员分为七个等级,后来增加到九级,入会者的宗教信仰需经考察,然后方准宣誓入会。其成员必须无条件地服从隐遁伊玛目及其代表的权力,向新入会者宣传启示和教法的表义以外的内在含义(隐义),而这又需借助寓意解释,新入会者才得以彻悟。

法蒂玛人的兴起　公元893年,也门萨那人阿布·阿布杜拉·侯赛因受伊本·郝萨布的派遣,作为伊斯玛仪派的总传教师到达马格里布。他在阿尔及利亚西部库塔马的柏柏尔部落中布道并得到了支持,为法蒂玛王朝的统治奠定基础。

约于907年,自称欧贝杜拉·马赫迪的赛义德·本·买伊蒙怀疑萨拉米亚部下的忠诚,他乔装成商人,离开叙利亚的总部进入北非。在途中,阿格拉布朝的齐亚德特·阿拉(903—909在位)将他逮捕,监禁于西吉勒马赛的一个地牢里。阿布·阿布杜拉·侯赛因获讯后,设法援救了他。909年,伊斯玛仪派推翻逊尼派于北非最后的堡垒阿格拉布朝,拥戴赛义德·本·买伊蒙为哈里发,于突尼斯建立法蒂玛王朝(909—1171)。赛义德·本·买伊蒙宣布自身是阿里和法蒂玛之子侯赛因的后裔的说法与伊斯玛仪派的早年教义,即限定可见的伊玛目仅为七位的说法相矛盾,于是,他宣称加法尔·萨迪克之后的伊玛目不是伊斯玛仪,而是另一个儿子阿布杜拉,伊玛目的职位由阿布杜拉的后裔下传。可是,一部分伊斯玛仪派成员仍然不接受这一说法。为取得更多的伊斯玛仪派成员的拥护,他只好放弃原先的说法,再度承认穆罕默德·本·伊斯玛仪是伊玛

目并是法蒂玛人的祖先。①911 年,在取得政权两年后,他
的总传教师阿布·阿布杜拉·侯赛因。法蒂玛王朝的前四任哈里发
力图使分散各地的伊斯玛仪派人恢复对自身的效忠,然而这种努
力只取得部分成功。969 年,法蒂玛人占领埃及后,势力东移,她的
军队甚至在叙利亚与卡尔马特派公开作战,可是,这仍无法使分裂
了的伊斯玛仪派重新统一。

拉斐德派　公元 8 世纪后期和整个 9 世纪,出现了一个包括各
种各样人物和集团的派别——拉斐德派(意为"拒绝派")②。约 900
年时,有一些十叶派人开始自称是伊玛目派。他们认为自身就属
于拉斐德派,并认为以前被称为拉斐德派的人物和集团也就是伊
玛目派。

如前述,栽德派为赢得非十叶派穆斯林的支持,对十叶派教义也
就不那么坚持,但仍然受到这部分后来被称之为拉斐德派的人的拒
绝。具体说来,即不承认阿布·伯克尔、欧麦尔和先知的大多数门弟
子的合法性。这里实际上暗含着拒绝逊尼派赖以建立的由他们所传
述的圣训的合法性。拉斐德派在政治-宗教问题上有两个重要观点:
先知确实指定阿里继承其位,大多数门弟子背离了先知的教诲。

据称,约于 800 年前后,阿里·本·米塔姆首次阐述了伊玛目派
的教义;可是,他强调的是阿里个人,没有提及伊玛目派所主张的
伊玛目传系。在阿里之后,十叶派内部并没有一个明确的公认的
伊玛目传系。8 世纪中叶王朝鼎革之际,阿里后裔之间互相争夺家
族领导权,无人出面夺取王权也说明此点。这种只强调阿里个人
的继位权的观点与排斥或拒绝阿布·伯克尔和欧麦尔有关。即便是
在十叶派内部,当时已承认后任伊玛目由前任指定。这时加法尔·

155

———————

①　1011 年前,法蒂玛人是否嫡系,并没有引起争论。1011 年,阿巴斯哈里发
嘎迪尔在巴格达发表了一个由逊尼派和十叶派著名人士共同签署的宣言,宣称他
的劲敌、法蒂玛哈里发哈基姆不是法蒂玛的后裔,而是"异端"的子孙。一些不承
认赛义德·本·买伊蒙家谱的史学家称他所建立的王朝为欧贝德王朝。

②　"拉斐德"一词含有"拒绝"之义,故该派通常泛指拒绝与逊尼派作适当妥协
的人。

萨迪克和穆沙·卡西姆是伊斯兰世界,尤其是十叶派的精神领袖的说法仍未明确。随着形势的发展,十叶派理论有了新发展,伊玛目的"指定"意味着他的权威来自上面,不是由民众推选而定。这就在教法上排斥了当时教法学家所强调的公议原则(即穆斯林公社的全体一致的意见)或协商原则,这也是十叶派反对公议原则或协商原则,而强调由教法权威的独立判断原则来处理教法案件的原因。

拉斐德派对当时将伊斯兰教置于圣训的基础之上的观点,不同于逊尼派,因为它完全不信任并反对先知的大多数门弟子,从而也就否定和拒绝了由他们传述的圣训。肯定圣训的前提是肯定圣训的传系和传述者,所以,9世纪时的拉斐德派教法学家对确立圣训传系的沙斐仪的观点作了大量讨论,其目的同否认公议原则一样,力图削弱逊尼派所公认的宗教学者或教法学家的作用。

十二伊玛目派的形成 伊玛目派亦即通称的"十二伊玛目派"。严格说来,伊玛目传系一开始并不存在,是由后来神学家上溯而成的。被定为十二伊玛目派的诸伊玛目大多死于非命,不是战死疆场,就是死于狱中,或受暗害。继任伊玛目中,有的只是少年稚子,如第九伊玛目塔基继任时年方九岁,第十和十二伊玛目继任时也只是孩童。栽德派所列举的伊玛目的条件之一正是反对此点。十叶派历史上除了阿里、哈桑和侯赛因外,每当一位伊玛目去世时,内部总会发生分化。有的否认他的去世,主张该伊玛目是最终的隐遁伊玛目或马赫迪,将会再世,反对新的伊玛目继位;有的主张其子或其他亲属为新伊玛目。按照十二伊玛目派所规定的传系,第五伊玛目时期,出现过5个小宗派:加纳赫派、穆基拉派、曼苏尔派、哈希布派和巴基尔派,各以其领导者为名。第六伊玛目时期,分化出4个小宗派。当加法尔·萨迪克废伊斯玛仪,立穆沙·卡西姆为伊玛目时,受到其兄弟阿布杜拉·阿夫塔赫的挑战。最初,一些有影响的人物追随阿布杜拉·阿夫塔赫,称为阿夫塔赫派;以后才承认穆沙·卡西姆,称为加法尔派。此外还有苏马特派和著名的伊斯玛仪派。第七伊玛目派后有3个宗派:穆沙派、巴加里派、巴希尔派。第十一伊玛目去世时,十叶派内部的争夺更为严重。据麦斯欧迪称,当时分化为 20 个宗派;据查尔德·库米称,有 15 个宗派;据诺伯赫特称,有 14 个宗派。这些小宗派并不都属于以后被认为正统的十二伊玛目派。十叶派的这种分裂状态,特别是在第八伊玛目起到第十二伊玛目这一段时间,决定了它不能在宗教方面有大的影响力。

现有材料说明,约在公元 8 世纪初,即欧麦尔二世或第五伊玛目巴基尔时期,十叶派人在宗教仪式和教法上已有独立的发展。在宗教事务上,当其他穆斯林越来越依赖欧麦尔二世和当时的圣训学家时,他们则只服从伊玛目的指导,不服从欧麦尔二世和这些圣训学家所作的种种规定。该派在政治上拒绝伊斯玛仪派采用暴力手段夺取政权,并确立伊玛目的神权;在神学上拒绝栽德派关于承认阿布·伯克尔、欧麦尔和先知的其他门弟子以及他们所传圣训的合法性,而这种圣训正是逊尼派赖以建立的基础,它表明该派作为十叶派的一个独立支派在进行活动,这也是该派被称为拉斐德派的原因。

157

9 世纪中叶,穆塔瓦基勒为确立正统派在宗教上的统治地位,采取种种反十叶派的措施,促使十叶派内部持温和主张的学者进一步从政治、宗教、神学和哲学等方面申明该派的观点。893 年,沙拉马领导起义失败遭到火焚,这对伊玛目派的形成也是个促进。900 年或稍后,伊玛目派的名称开始出现。这时,在十叶派内有一个重要的诺伯赫特家族登上了历史舞台。该家族的成员不仅出任王朝的官吏,而且培育了好几位著名的神学家。其中,阿布·萨赫勒·伊斯玛仪·本·阿里·诺伯赫特(?—923)著有《十叶派》一书,哈桑·本·穆萨·诺伯赫特(?—922)著有《十叶派诸宗派之书》,阿布·卡西姆·侯赛因·本·鲁赫·诺伯赫特(?—938)是十叶派小隐遁时期的第三任代理。10 世纪初,伊玛目派的神学家们对 8 世纪以来十叶派内已经出现的种种神学主张,如灵魂转宿观、隐遁观、再世观、神灵降入人体观、拟人观、委权观、神旨变换观等等予以审核。除隐遁观和再世观外,这些观点大多被认为是极端的而予以排除。

神学上的这种审核的结果,标志着它已不同于栽德派与伊斯玛仪派,作为十叶派主体的十二伊玛目派真正形成。这时,各种温和的和非暴力的小宗派、各敌对的家族开始接受诺伯赫特的《十叶派诸宗派之书》关于伊玛目教义的纲领性主张,这为十二伊玛目派的最终形成奠定了政治的和神学的理论基础。[①] 另一名重要宗教学者,出生于赖伊附近的库兰村的穆罕默德·本·雅库布·库拉尼(? —939/940)来到巴格达,他花费20年时间写出《宗教学大全》,其中包括有16 000多段圣训。这本书为十二伊玛目派奠定了教法学的基础。于是,各敌对的小宗派陆续消失。

945年,布维希人当政并极力鼓励和支持伊玛目派,这对十二伊玛目派的巩固和发展起了重要作用。

小隐遁 第十和第十一伊玛目长期以来受到阿巴斯人的监禁。伊玛目通过一两个特别的代理与一个称作"维卡拉"的十叶派代理网进行联系,伊玛目的旨意经过代理网秘密下达给信徒。

第十一伊玛目去世时,十叶派内对是否存在继任伊玛目产生怀疑。除了加法尔声称他的兄长哈桑·阿斯凯里没有后裔并自命为哈里发外,有的信徒认为第十一伊玛目处于隐遁状态,有的认为第十二伊玛目尚未诞生,他将于世界末日前降世。在十叶派面临新的分化前,后来的十二伊玛目派信徒接受了奥斯曼·阿慕里的代理地位和他的立场。奥斯曼·阿慕里(? —873)原是第十伊玛目的代理,以后又成为第十一伊玛目的代理,十叶派的代理网实际上由他控制。[②] 他宣称:第十一伊玛目哈桑·阿斯凯里确实有个称作穆罕默德的儿子,为躲避阿巴斯人的迫害,处于隐遁之中。正像前任伊玛目一样,他被新伊玛目继续任命为特别代理,是隐遁伊玛目和

---

① 见哈桑·本·穆萨·诺伯赫特《十叶派诸宗派之书》(普诺罗娃译),第190页,莫斯科,1973。

② 据路易·马西尼翁称,奥斯曼·阿慕里于871年去世。此时,第十一伊玛目尚在世,隐遁理论还未提出。893年,其子阿布·加法尔·穆罕默德出任第二任代理。见《哈拉智的激情》卷二,第307—309页;参见摩简·穆民《十叶派伊斯兰教入门》,第335页注2,耶鲁,1985。

十叶派之间的联系中介,在隐遁伊玛目和十叶派之间传递信息并带回伊玛目的答复;他代表伊玛目接受十叶派对伊玛目奉献的钱款,如"胡姆斯"(系一种税款,应缴纳财产的五分之一。参见《古兰经》[8:41])和"札卡特"(天课)。与此同时,他还要与加法尔和他的追随者进行有关第十二伊玛目确实存在的辩论,抵制加法尔向教徒索取对伊玛目的奉献。十叶派内对此虽有疑惑,终未否认伊玛目隐遁本身。

奥斯曼·阿慕里指定他的儿子阿布·加法尔·穆罕默德(?—917)为继任代理。

阿布·卡西姆·侯赛因·本·鲁赫·诺伯赫特被指定为第三任代理。诺伯赫特时期,关于隐遁问题的争论在十叶派内部仍然存在,但大部分信徒大概这时已承认第十一伊玛目于公元874年确已去世,接受第十二伊玛目隐遁的说法。

第四任代理阿布·侯赛因·阿里·本·穆罕默德·萨马里(?—941)任代理职仅三年即去世。他在临终前宣称:根据隐遁伊玛目下达的圣谕,另一个隐遁期来临,勿需继续指定代理。这就是十叶派信仰的小隐遁时期的结束(941)。随之,不再有代理的大隐遁时期开始,它一直延续至今日。由于伊玛目的这四位代理在十二伊玛目派形成和巩固时期起过重要作用,他们被十叶派尊称为第十二伊玛目的"巴布"(门)、"萨夫尔"(使节)和"纳伊布"(代理人)。

隐遁和再世教义　逊尼派和十叶派都有关于马赫迪即救世主再世的思想。有关马赫迪再世的迹象,两派的观点也大致相同,区别在于再世者是谁。十二伊玛目派关于隐遁伊玛目再世的主张与以前的大致相同,即当世上充满不义和暴虐之后,马赫迪将再世并使大地上充满正义与繁荣。十二伊玛目派的隐遁教义宣称:第十二伊玛目穆罕默德·本·哈桑(穆罕默德·马赫迪)并没有死,安拉让他隐藏起来,人们无法看见。他奇迹般地活着直至安拉答允他再世的日子到来;在他的小隐遁期间,他通过"四门"(即四位代理)与信徒联系;在大隐遁时期,不再有直接联系,他仍然是"时代之主"并统治着人间事务。

159

隐遁伊玛目除了有"萨希布·扎曼"(意为"时代之主")的称号外,还有"萨希布·阿慕尔"(意为"命令之主")、"马赫迪"(意为"得正道者")、"卡伊姆"(意为"擢升者")、"伊玛目·蒙塔扎尔"(意为"期待的伊玛目")、"巴基亚特·安拉"(意为"真主之迹")等等其他的称号。在十叶派内部,一般信徒认为,只要信仰虔诚就可以在醒时或梦中遇到他;在伊玛目的陵墓上放置祈求的函件,这些函件就会神秘地到达他那里。隐遁伊玛目等待安拉让他再世的命令,再世被设想为发生在末日审判之前不久。他将作为马赫迪与他特选的一批人返归。届时,伊玛目的敌人由独眼的恶魔达加勒和苏富扬率领,也会出现。马赫迪将战胜敌人并将治理世界一段时间(太平盛世),在他之后,尔撒、侯赛因及其他伊玛目、先知和圣徒亦将再世。

第五节　苏非派的发展与逊尼派的形成

160

神秘主义的发展　公元 8 世纪中叶以后,随着外来的思想(基督教的、诺斯替教的、新柏拉图主义的、波斯的和印度的思想)渗入伊斯兰世界,神秘主义在苦行主义和禁欲主义的基础上得到了发展。神秘主义的目的在于追求个人与安拉之间的一种直觉。就它产生的根源而言,它是《古兰经》的某些经文和某些圣训的引申;就心理学而言,它根源于虔诚信徒期望获得有关安拉直接的、亲身的经验,这种经验并非通过理性的思辨,而是通过神秘的内在直觉,包括省悟、出神与内心对安拉的视见(心见安拉)等等获得的。所以苏非主义本质上是对伊斯兰教内部产生的理性主义以及宗教礼仪上的形式主义的一种反动。

在查比尔·本·哈彦(约于 776 年享有成名)实行严格的禁欲主义时,据说巴尔黑人伊布拉欣·本·艾德杭(? —约777)抛弃王子的荣华富贵生活出家修行;几乎与此同时,巴士拉的女圣徒拉比亚·阿达维亚(717—801)创立了"神秘的爱"的教义。拉比亚自幼被拐卖为奴,由于她信仰虔诚而被主人释放。她真诚地实践着独身不嫁并将终身奉献给安拉的诺言。她认为安拉是永恒的美,达到美的道路是忘我的无限的爱。由于她专注于对安拉之爱使她无暇思考先知,也无暇去仇恨恶魔。她的"神秘的爱"的学说成为苏非神秘主义发展的第一阶段。后来,她的"神秘的爱"的主张构成苏非神秘主义的真正基础。苏非派在相当长的一段时间内,实践着苦行与禁欲的生活,这是早年神秘主义的基本特征。

神智论 公元8世纪下半叶和9世纪上半叶,神秘主义进一步发展,出现了神智论思想,构成苏非神秘主义发展的第二个阶段。据说在木鹿的圣训学家阿布杜拉·本·穆巴拉克(？—797)搜集的圣训中,在冠以"自我否定"的主题下就记有"神智"一词;也有材料说,"神智"一词系沙基格(？—810)提出的。克尔赫人马尔鲁夫(？—815)关于爱不是从人那里学来的,而是出自天眷,由安拉所赐的观点,可能是神智论思想的最早形态。他认为,苏非对安拉的认识,不同于常人从经训中,或从经验中,或通过理性思维得到的"认识"或"知识",而是一种凭借个人灵魂的闪光所获得的一种神秘的直觉或神智。马尔鲁夫的"神智"作为神的一种赐予而非理性或经验所获得的"认识"的主张,后来被认为是埃及人祖奴的神秘主义神智论的先驱。

9世纪初,苏非神秘主义的关键词"神智"肯定已经出现。埃及人祖奴(？—860)继承这一思想并最终为神智论奠定了基础,使它成为苏非派神秘主义的支柱。据加米(1414—1492)说,祖奴是大教长马立克的弟子。他也师从当时被公认为圣徒的苏非伊斯拉菲尔。祖奴首创了只有出神才能真正认识安拉这一观念。从而使苏非主义得以定型。他把知识与确信区分开来,认为知识是感官感觉的结果,确信是通过直觉视见的结果。神智的核心是安拉的精神之光与人的心灵的幸运的交通,在神智者的心灵沉思(凝视)安拉的面容时,安拉只向像他这样的人揭示自身;获得神智的人,不是自身,而是神使之以动,他们的言语是神以他们的口舌表述他的语言,他们之所见是进入他们眼中的神之所见。在他看来,愈是认识安拉,也就愈是在安拉中丧失自我。这就出现了比斯塔米所说的"寂灭"。根据祖奴的神智论,人的生活目的是与安拉合一,为了

161

合一,人必须认识安拉;人有关安拉的知识是一种直接经验,它超越于间接的智力的领悟;这种知识是在激情的状态下的一种对安拉之美的出神的沉思,而不是理性的、冷漠的(不动感情的)宁静状态下获得的,也不是借助于感官的经验和认识获得的;作为神的一种恩赐,唯有神圣的被照明的心(心灵的闪光)才能沉思神灵,当达到出神极点时,作为人的自我完全消失于神质之中,从而达到出神状态。在此状态下,认识者与被认识者,爱者与被爱者复而为一,一切人神之间的"隔阂"消失。祖奴认为,哲学家、辩证家或神学家用推理和证明无法获得关于安拉的真正知识。这类知识只属于安拉的圣徒所有。由于他的神秘主义主张,被正统派指责为异端,穆塔瓦基勒在巴格达传讯他。这成为苏非派面临官方迫害的前兆。

穆罕默德之光 《古兰经》的"光节"(24:35)经文称安拉为天地之光,"光"后来成为安拉的99个美名之一。神光思想首先在十叶派中得到了发展。公元8世纪初,库法人库克伊特(682—743)在歌诵穆罕默德、阿里和阿里后裔的诗歌中,提出神光通过穆罕默德照射到阿里及其家族的思想。第五世伊玛目巴基尔也认为安拉创造的最初的存在就是穆罕默德及其家族,认为他们是安拉面前的"光的幻影";伊玛目生来俱有神光(或神性)代代相传,由此出现了"神光的绝对转宿"思想。9世纪时,神光思想也在十叶派以外的穆斯林中得到流传。神学家萨赫尔·图斯塔里(818—896)同时也是个著名的苏非,是苏非派注释《古兰经》最早的人。在他对"光节"的注释中,表述了"穆罕默德之光"的前世先在的思想。这一时期,由于希腊思想,尤其是新柏拉图学派思想的引入,祖奴关于神智思想的阐述,将神光思想与神智思想结合了起来。

10世纪时,伊本·西那关于人的知识源自光的照明思想,以及安萨里的《光的壁龛》关于神光的思想,为后来的照明学派的出现奠定了基础。

泛神主义 公元9世纪中叶开始,神秘主义的神智论发展为泛神主义。泛神论思想的出现构成苏非派的神秘主义发展的第三个阶段。伊斯兰教中,首创泛神主义的是波斯人巴亚齐德·比斯塔米

(？—875)。他的祖先是一个波斯琐罗亚斯德教徒。早年,他追随阿布·哈尼法,是个教法学家,以后转向苏非主义。据说,他曾跟随一名印度人阿布·阿里学习在合一中"寂灭"的教义,熟悉了印度的闭气修持;与此同时,他教授阿布·阿里关于《古兰经》第112章的一神论教义。比斯塔米约有30年时间徘徊于叙利亚沙漠,过着极端的苦行生活。他试图通过出神,以消失个人的一切属性,使他的自我同其他物一样沉浸于"一"之中而达到与安拉的合一。他于陶醉时的无节制的语言,完全将他个人的自我等同于神灵:"我是他!""我是我!"他甚至宣称达到了与安拉的合一:"荣耀归于我,我的尊严是何等伟大啊!"对他的这种出神的惊呼,苏非们以安拉通过寂灭的神秘家说话来为他辩解。

他是"寂灭"教义的最早阐述者,认为人的目的是使自身完全消融于安拉之中,人由此失去了人的独特的个性;作为个体的人,看来是独立的,脱离其他人与物而存在的,其实是与神同一的,人是构成整个宇宙的一个内在的固有的原则——神的一部分,因此,宇宙万物不是别的,只是神灵本身。从神秘的直觉或神智看来,神、灵魂和物质同为一。正统派神学家极其厌恶并反对这种观点,尽管比斯塔米承认安拉的超验性,但由于他将安拉与宇宙万物视为同一,所以依旧被斥之为泛神主义。其后的哈拉智终因传播这种观点,遭到正统派对"异端"惩罚的酷刑。

哈拉智 波斯人侯赛因·本·曼苏尔·哈拉智(意为"梳毛人",875—922)是当时著名苏非哈基(？—909)、图斯塔里和祝奈德(？—910)的弟子。由于他的观点超越了持保守和正统观点的导师祝奈德可能接受的程度,被后者断绝师生关系。他作为一个苦行僧四方出游,远至印度。据说他见过当时著名的医生和哲学家拉齐(864—925),对希腊哲学有所了解,也与卡尔马特派领袖有过接触。他还多次去麦加朝觐。908—909年,他的布道吸引了穆斯林大众。他的《塔辛之书》阐述了他对人们崇拜对象的泛神主义的理解;他关于"我是真理"(意即"我是真主")的表白触犯了一般教徒和统治阶级的宗教感情,激怒了乌里玛阶层。伊斯法罕的伊本·

达伍德作出拘禁他的判决。他在 910 年越狱后,913 年再次被捕,被判八年徒刑。经过长达七个月的第二次审讯,逊尼派的各教法学者以及十叶派都各自作出严厉判决,922 年 3 月执行死刑。他被吊在刑架上先是被鞭打,后被砍头,尸体被火焚,这是当时最严厉最残酷的刑法。

他所传播的"人主合一"的教义,被斥之为以个人的肉身体现为神的化身,或"肉身主义",这类似于十叶派中关于灵魂转宿、神灵降入人体等极端教义。他的主张甚至使他的苏非伙伴震惊。后来的苏非则认为他揭示了"合一"教义的本质,即神之灵再次进入人体①,只是这一奥秘本不该公之于众。

正统派迫害哈拉智后,并没有放松对"异端"的镇压。他的密友之一伊本·阿塔受到牵连也遭杀害;他的另一位好友、曾在政府中担任高职的希伯里(? —945)不得不在一所收容所里度其残生。苏非派面临着危机,有被宣布为非法的危险。这就使苏非派内部发生进一步分化。除了最热衷于陶醉境界的苏非外,在行为举止和言论方面大多采取一条更为调和、稳妥和安全的方式表达自身的观点。

苏非主义与正统信仰结合的最初尝试 苏非主义与正统信仰相结合并不是偶然的。那些自认为追随正统信仰的苏非,极力调和神秘主义与正统信仰。早年迁居巴格达的巴士拉人哈里斯·本·阿萨德·穆哈西比(781—857),在教法上属于沙斐仪派,并以圣训学家的身份活动。他试图从圣训中为神秘主义寻求根据,力求模仿教法学家和圣训学家,并依据经训阐述他的观点。他是苏非派中首先以正统观点从事创作,阐述苏非思想的人。他主张使用理性和应用穆尔太齐赖派的方法反对穆尔太齐赖派,是艾什尔里反穆尔太齐赖派的先声。尽管如此,他的思辨的神秘主义还是引起了保守的罕百里派的极大愤怒,在一段时间里,他被迫逃回原籍,

---

① 按照这种主张,安拉创造人祖阿丹时曾以自己的灵气吹入他的躯体,这也是安拉命令天使向阿丹下跪的原因(见《古兰经》2:32)。

后来又返回巴格达。他的《遵奉神权》为神秘主义奠定了"科学"基础。穆哈西比面对伊斯兰世界分裂为许多教派和学派,而每派又宣称自身垄断拯救之路的现实,他从各派分歧中,提出寻求达到真理之路在于"自我审思"、"自我约束",强调内心生活、动机的纯洁,进行无休止的内省等一系列的伦理"状态"以揭示苏非派的本质,从理论上调和正统信仰与神秘主义。他接受了罕百里派的挑战,宣称苏非派是真正的正统派。

在他之后,哈拉兹(？—899)以"永存"的概念补充了比斯塔米的"寂灭"概念。他认为,人不是被神吸收、消融于神之中,而是与神永生共存,由消失自我的"寂灭"或消极的无我,转变为积极的在神中永生的自我。这使苏非理论的发展又前进了一步。尽管这种"永生"仅仅是精神的、非物质的。

穆哈西比的弟子祝奈德也力图调和先知的神秘经验与"沙里亚"(即伊斯兰教法)的关系。作为苏非,他承认神智的存在;然而,他从正统派立场出发,肯定知识高于神智,禁戒重于允诺。他力求与正统派观点调和,不惜与他的弟子哈拉智决裂,坚决反对哈拉智所主张的"我是真理"的观点。可是,神秘主义毕竟不同于正统信仰。他为达到"出神"状态,不顾被斥之为使用异端事物而使用了念珠,认为念珠可以引导他走上"到真主面前去的道路"。他关于安拉独一的论点被后来的苏非视为权威,却受到罕百里派神学家伊本·泰米叶(1263—1328)的猛烈抨击。

165

苏非派内部的这种向正统派靠拢并力求与之调和的倾向,在理论上则进一步区分"陶醉"与"清醒"为不同范畴。根据他们的主张,苏非于陶醉或出神状态下口出狂言(如"我是真理")是不算数的,唯有在清醒状态下说的话才反映苏非的思想。这是在进一步调整与正统派信仰的关系。当然,调和的进程以后仍在继续,而真正实现这种调和的是大神学家安萨里。

乌里玛接受凯拉姆　公元9世纪时,伊斯兰世界应用理性或思辨的方法已广为盛行,参加凯拉姆的人并非全是穆尔太齐赖派成员,不少教法学家和圣训学家已开始应用思辨方法参加关于《古兰经》的性质问题的讨论,即《古兰经》系安拉的永恒的非造的语言,抑或是"受造之作"。他们面临着十叶派诸支派尤其是伊斯玛仪派和十二伊玛目派更为完整的神学体系的挑战,有必要确立自身的神学。而十叶派以外的伊斯兰教界在总体上还没有为公众提供一个统一的神学思想。

因此,逐步接受凯拉姆的辩证方法,以理性的思辨论证已为公众所接受的信条势在必行。在乌里玛中,早已有学者应用思辨方法从事著述。沙斐仪派成员伊本·库拉布(卒于854后)曾在马门的宫廷中参加过神学论辩,在逊尼派接受凯拉姆的过程中可能起过重要的作用。后来逊尼派确立关于安拉的七种基本德性(知识、能力、意志、生命、说、听、见)的教义,可能应归功于他。前述的穆哈西比作为沙斐仪派的教法学家和圣训学家,除了写过最有影响的苏非主义著作外,还写有《驳斥穆尔太齐赖派》。

可是,持保守主义的圣训学家和法学家们接受凯拉姆仍然有一个过程。伊本·罕百勒对穆哈西比的著作就进行过抨击;大圣训学家布哈里也因"古兰经是安拉的非造的语言,人的行为是受造的,而探究则是异端"的观点,受到罕百里派的指责。但保守的观点并不适应逊尼派自身发展的需要。10世纪末11世纪初,逊尼派终于接受了凯拉姆。据巴格达迪(?—1037)称,这时阿里、欧麦尔之子阿布杜拉、亚齐兹、哈桑·巴士里、祖赫里、沙尔比和加法尔·萨迪克等人已被列为逊尼派的穆台凯里姆的成员。显然,这是为逊尼派由反对凯拉姆到应用凯拉姆作辩解而拟出的名单。这至少说明11世纪时逊尼派的乌里玛已不固执于经训,开始接受理性主义。

逊奈与大众派 10世纪时,伊斯兰教思想界的分化已极其明显。十叶派内,除了栽德派和伊斯玛仪派得到独立的发展外,众多的小宗派开始接受十二伊玛目派神学家所制定的伊玛目教义,形成以十二伊玛目派为主体的十叶派。穆塔瓦基勒的宗教反动政策,有利于坚持正统观点的乌里玛阶层恢复在社会中的声誉与地位;自称为正统的罕百里派由于它的偏激和极端的保守主义,难以团结更广泛的穆斯林以与十叶派的神学思想作斗争。这就要求持相对温和观点的乌里玛既提出公众可能接受的中庸的观点，又回答十叶派在神学理论上的挑战，有必要形成更为宽容的教派。这样，被称之为逊奈与大众派或逊尼派的教派，大约于此时正式形成。

9世纪形成的四大教法学派已陆续取代地区性的教法学派并在公众心目中取得权威地位；由著名圣训学家汇集的"六大圣训集"也为公众所接受，承认其地位仅次于《古兰经》，并肯定它们在创制立法中的地位；以前神学家在观点上受某一学派的圣训的影响，这时有了公众广为接受的圣训集，有利于逊尼派教义的最终形成；伊斯兰教史上喋喋不休争论的诸如四大哈里发的合法性问题、他们的德行与品位问题、阿里与穆阿维叶孰是孰非的问题、有关内战（骆驼之战、隋芬之战）的责任问题等等，由于确立了公议原则，这就有可能取得大致统一的意见：承认阿布·伯克尔、欧麦尔、奥斯曼和阿里均为合法的正统的哈里发，其德行与品位与他们的任职顺序相称，这些意见为公众所接受。巴格达的法治理论家马韦尔迪（？—1058）为逊尼派制定了哈里发应具有的资格、特权和职责。后来纳赛斐（？—1310）和伊本·赫尔东（1332—1406）也有过类似的主张。根据马韦尔迪，哈里发应是出身于古来氏族的、身心健康的男性成年人，应有捍卫伊斯兰教信仰和领土的勇气、魄力和其他品格，受到公众的拥戴并举行过效忠的仪式；他的特权包括聚礼日的讲道中应被提及名字、钱币上应铸上他的名字、国家重大典礼时可穿先知的斗篷、监守先知的遗物（手杖、印信、鞋、牙齿和头发等）；其职责在于保卫伊斯兰教的信仰和领土、讨伐叛逆并在必要时宣布圣战、执行法律、任命国家官员、征收赋税和管理公共基金等。逊尼派的宗教学者们力图以此与十叶派的伊玛目相区别。在诵经方面，终于接受七大诵经家所传下的诵经法，承认其合法性。这样，也就在逊尼派内部使分歧达到最低限度，在大体一致的教义基础上，尽可能容纳更多的信徒。

伊斯兰教中，历来强调信仰安拉独一和遵奉教法实践。这和早年没有发展起统一的、能为各大教派共同接受的教义、信条有

167

关。这时,逊尼派内部的思想还远未统一,也不完善。各教法学家和神学家之间在一些枝节问题上还有冲突,甚至指责对方为异端,这种情况大致延续了约有两个世纪。因为教义、信条上的分歧,较之教法上的分歧更为根本,也更难统一。逊尼派的主要对手仍是穆尔太齐赖派;艾什尔里及其弟子们的观点实质上是隶属于逊尼派思想体系的,问题是他们以穆尔太齐赖派所使用的方法来论证逊尼派的观点。尽管他们仍受到后者的谴责,事实证明,两个世纪以后逊尼派世界接受为官方信条的艾什尔里派观点,大体上已于这一时期定型,以后纵有发展和变化,但其基本点仍形成于这一时期。当布维希人进入巴格达并统治伊斯兰教的东部世界时,逊尼派伊斯兰教的宗教体制以及以逊尼派体制为基础的社会在东部世界已经巩固下来,足以经受十叶派的布维希人的挑战。

第六节 伊斯兰文化的发展

168

翻译运动 在伊斯兰文化的形成和发展过程中,翻译活动起过重要的作用。翻译活动是为适应社会生活的实际需要而开展的。它或是为确定宗教礼拜的朝向和斋月的起讫日期,或是为获得治疗疾病的验方,或是为掌握神学论辩的工具。除了前王朝零星的翻译外,约从公元8世纪中叶到10世纪的100多年间,可以称得上是哈里发帝国的翻译运动时期。在此期间,阿拉伯人把当时可能挖掘的一些希腊、叙利亚和印度、波斯的哲学、医学和科学方面的著作大都译成了阿拉伯文。

首先,曼苏尔下令法萨里(卒于796—806年间)将一篇印度天文历算论文《悉檀多》译成阿拉伯文,马赫迪时已经有了印度医书《阇罗迦》和《苏斯特拉塔》。这时,印度数字,即后来所谓的阿拉伯数字也从印度的数学论文中传入阿拉伯世界;9世纪时,阿拉伯人又引入了印度的十进位法。波斯对阿拉伯人的影响,在艺术和文学方面较之科学和哲学为大。首先从帕莱威文译成阿拉伯文的是文学作品《凯利莱和迪木奈》(《比得巴寓言》,原文为梵文)。从前的希腊文化中心,像埃德萨、哈兰、安提俄克、亚历山大等城市,以及分散于叙利亚和美索不达米亚的修道院,它们的神学、哲学和科学的研究活动从未中止。晚期希腊文化经由这些文化机关和修道院而传至阿拉伯人之手。穆斯林军在与拜占廷的断断续续的战争中,也从缴获的战利品中得到不少希腊写本,马门更是派遣密使向拜占廷皇帝索取希腊著作。对希腊著作的翻译,与过去一样,先是由叙利亚的景教徒译成阿拉米文,再转译成阿拉伯文,以后才对希腊文作直接翻译。

　　这时的翻译家主要是一些基督教徒、犹太教徒和皈依了伊斯兰教的祆教徒。伊本·穆盖法尔(? —757)作为翻译家,虽然皈依了伊斯兰教,但由于他的信仰受怀疑仍然被处以焚刑。阿布·叶海亚·本·伯特里格(卒于796—806年间)是最早的希腊文翻译家之一,他将伽伦和希波克拉第的主要著作、托勒密的《四部集》译成阿拉伯文。闻名于768—833年间的哈查只·本·优素福·木·麦台尔可能是欧几里德的《几何学原理》和托勒密的《天文大集》的阿拉伯文译本的译者。约哈纳(? —857)曾译有医学著作,他的学生侯奈因·本·伊斯哈格(809—872)在当时有"翻译家的长老"之称。侯奈因与他的儿子伊斯哈格、侄子胡伯史·本·哈桑以及学生伊萨·本·叶海亚、穆萨·本·哈立德等人合作,他先将希腊文译成阿拉米文,再由他们将阿拉米文译成阿拉伯文。这时翻译的有伽伦、希波克拉第、代俄斯科里提斯的著作,以及亚里士多德的《解释篇》、《范畴篇》、《物理学》、《伦理学》和柏拉图的《理想国》等。

　　在哈兰的萨比教徒翻译家中,首推撒比特·本·古赖(约836—901)祖孙四代人,他译过天文历算,包括阿基米德(? —前212)和阿波罗尼阿斯(约前262?)的著作,修订过侯奈因的译著。他的儿子息南(? —943)、孙子撒比特(? —973)和伊布拉欣(? —946)以及重孙阿布·法赖吉都是杰出的翻译家和科学家。此外,重要的翻译家还有白塔尼(? —929)。

　　在翻译运动结束之前,亚里士多德的大部分著作译成了阿拉伯文,可惜由于当时人们难以分别亚里士多德的原著与新柏拉图

169

学派的注释本,许多被认为是前者的著作却是伪书。穆斯林学者接受了新柏拉图学派的注释,认为亚里士多德和柏拉图的学说大体相同。而在苏非派的思想中,新柏拉图学派的影响尤为明显。只是到伊本·路西德的时代才对这些著作作出真正的区别。翻译运动为阿拉伯人引入了亚里士多德的逻辑学著作《工具》(包括《修辞学》和《诗学》)、波尔菲利的《逻辑学入门》,这些著作在穆斯林的学术活动中具有与阿拉伯语法同等重要的地位,成为伊斯兰教人文主义研究之基础。

自然科学与医学 几乎在翻译运动的同时或稍后,开始了穆斯林的创造性的活跃时期。翻译家们在翻译过程中,或是对原著作注释和提要,或是作部分的研究,很快就出现了一些穆斯林作家,他们在吸取波斯学问和希腊文化的遗产方面,都使之适合自身的宗教信仰和特殊需要,并开始了创造性的活动。他们在炼金术、数学、天文学等学科中,都作出了新贡献。

170

炼金术,或者说化学,是穆斯林作出重要贡献的学科之一。化学家们改变希腊人思辨的做法,通过实验的方法,对种种化学现象进行细微的观察,积累资料,只是他们未能作出科学的结论和建立科学的体系。最早从事炼金术的穆斯林是查比尔·本·哈彦,他776年闻名库法,是个禁欲主义者。除拉齐(865—925)外,他的声誉在中世纪化学界是最高的。据说他是第六伊玛目加法尔·萨迪克的学生。他希望从铅、锡、铜、铁等廉价金属中,通过一种神秘物质的媒介,炼出黄金与白银。他比埃及、希腊的炼金术士们能更清楚地认识并陈述实验,在化学的理论和实践方面都有显著的提高。他科学地叙述煅烧和还原两种操作方法;改良蒸馏、升华、熔化、结晶等方法;修改亚里士多德关于金属成分的理论,经过他修改的这种理论一直流传到18世纪现代化学诞生之前。他还写有一些有关炼金术的书。迄今保存的100多本有关这方面内容的著作(有阿拉伯文的,也有译成拉丁文的)都署有他的名字,其中不少肯定是伪书。后来的穆斯林化学家都称他为先师,并继续寻找炼金术的方法,只是没有什么值得注意的进步。

阿拉伯人并没有创造阿拉伯的数字,数字是通过翻译从印度传入的。穆斯林的数学家在数学上的重大贡献在于运用从印度传入的"0"和阿拉伯数字于数学的基本理论,从事这一工作的应首推数学家穆罕默德·本·穆萨·花拉子密（约780—约850）。他用阿拉伯数字编辑最古的天文表（可惜没有得到及时推广）,编写算术和代数学的最古老的书籍。他的代数学著作《积分和方程计算法》共有800多个例题。此书12世纪时被译成拉丁文,成为欧洲各大学的主要数学教科书,一直使用到16世纪。欧洲人了解阿拉伯数学、代数学以及代数学的阿拉伯名称都是以这本书为媒介的,后来的许多数学家都受过花拉子密的影响,他被认为是伊斯兰教最伟大的科学家之一。此外,阿拉伯人在几何学,尤其是三角学方面也作过重要贡献。

在天文学方面,马门在创建智慧馆不久,分别在舍马西叶门附近和大马士革城外的嘎西雍山上建立天文台。天文台上使用的仪器已有象限仪、星盘、日晷仪、天球仪和地球仪。天文学家们系统地观察天体运动,他们根据精确的观察,校正了托勒密《天文大集》在基本要素如黄道斜角、春分和秋分的分日点的岁差及岁实等。他们还在幼发拉底河北的辛贾尔平原和约旦的巴尔米拉附近从事精密的测地工作,即测量地球子午线的一度之长,并据此推算地球的体积和圆周。天文学家白塔尼原先是个萨比教徒,后来皈依了伊斯兰教。他于877—918年间在赖盖从事天文观察和研究,订正托勒密的许多错误,修正太阳轨道和行星轨道的计算方法,他还论证太阳环食的可能性,决定黄道斜角并提出决定新月可见度的理论。

伊斯兰教中,在自然科学方面,知识最为渊博的学者则是更晚一些时期的阿富汗加兹尼的阿布·赖哈尼·穆罕默德·比鲁尼（973—1050）。他是波斯血统的阿拉伯文著作家,会说突厥语,还通梵语、希伯来语和叙利亚语,信奉十叶派伊斯兰教。他侨居印度多年,对印度哲学有一定研究。他还研究了地球以地轴为轴自转的理论,对地球的经度和纬度作过精密的测定;他根据流体静力学原理,解释了天然泉水的作用。他的主要著作有《古代遗迹》,专门讨论古代各国人民的历法和纪元;他为他的保护人麦斯欧德苏丹撰写了一个总结天文学的报告《麦斯欧德天文学和占星学原理》;他还有关于算术、几何、天文和占星的著作《占星学入门解答》。

与天文学发展的同时,占星学也得到了发展。巴尔黑人阿布·麦尔舍尔(?—886)是占星学方面最闻名的人物。他提出星辰能影响万物的生死和福祸;他关于月亮升落能影响潮汐的原理是最有意义的思想,这一思想后来传入欧洲。

阿拉伯人极其重视治疗科学。穆斯林的医生同时又是哲学家。他们作为医生的职责在于治疗疾病,而作为哲学家则是安抚或开导人们的灵魂。9世纪初,哈伦·拉希德仿照波斯医院创立巴格达医院,不久之后,伊斯兰世界共创办了34所医院。10世纪30年代,哈里发穆格台迪尔下令医生必须经过官方考试方准开业,仅在巴格达就有获准的开业医生860位,这一时期出现一批以阿拉伯文从事写作的波斯血统的医生。他们在医学方面最重要的贡献是治疗眼科疾病。这是由于伊斯兰教传播地区大多是炎热的地方,流行各种眼病之结果。他们在研究眼科病症和眼睛的解剖学构造方面,有一定的成就,约哈纳·本·马赛维(777—857),系基督教徒写过关于眼科学的最古老的论文;他的学生侯奈因写有《眼科十论》,可能是眼科学最早的教科书。阿里·泰伯里写有关于医药纲要的《智慧的乐园》。波斯赖伊人拉齐(865—925)曾任巴格达医院院长,大概是他发明了外科的串线法。他还写有160多种著作。他的《天花和麻疹》是天花病最早的临床记录,这篇著名的医学论文先后译成拉丁文和其他欧洲文字;共10册的《曼苏尔医书》于15世纪80年代译成拉丁文。他的《秘典》是关于炼金术的著作之一,后来也译成拉丁文,成为西方化学知识的一个重要来源。他的最重要的著作是《医学集成》,它总结了阿拉伯人当时从希腊、波斯、印度等国吸收的医学知识,是一部医学教科书,13世纪译成拉丁文后,自15世纪以来多次再版,对西方医学思想起了重要影响。

拉齐之后的阿里·本·阿巴斯·麦朱西(?—994)的《医学全书》

(又称《王书》)著名于西方。伊斯兰教的科学到著名哲学家和医生伊本·西那时已登峰造极。

穆斯林在动物学、矿物学、地理学和其他自然科学方面也作出过不同程度的贡献。可是,由于他们固执于宗教的和科学的传统,这就束缚了刚刚勃兴和正在发展的自然科学和医学,随着伊斯兰世界内战和外患的加剧,自然科学和医学的发展也就停顿下来。

历史著作　编纂历史将先知生平与先知言行(圣训)分开后,是以先知传记为基础进行的。麦地那人伊本·伊斯哈格(？—768)的《先知传》是第一部以宗教传说为基础的历史著作,这本书没有留传下来。伊本·希沙姆(？—833)根据该著作撰写的订正本,是迄今可以得到先知传记的最早传本。麦地那人穆萨·本·欧格伯(？—758)和瓦基迪(？—822／823)的《武功记》是分别记载有关伊斯兰教早期征服和描述各次战役的著作。瓦基迪的秘书伊本·赛尔迪(？—845)的分类传记,对先知及其门弟子和再传弟子的事迹作了概述。

173

记载伊斯兰教武功的历史著作中,埃及人伊本·阿布杜·哈卡姆(？—870／871)的《埃及的征服及其消息》是关于征服埃及、北非和西班牙的最早文献;波斯人阿赫默德·白拉左里(？—892)的《各地的征服》和《贵族谱系》将征服史与各地流传的故事结合起来叙述,与其他历史著作有着不同的特点。由伊本·穆盖法尔(？—757)从帕莱威文译成阿拉伯文的《波斯列王记》,其中的历史事件成为撰写伊斯兰教史的序幕。他们对传述采取记载的形式,只注重传述线索(传系)的连续与传述者的品性无可指摘,而对所传的内容的真实性不予分析与考证。

在种种传奇、传记、谱系和记载的基础上,出现了正规的历史著作。正规的历史学家首推波斯人伊本·古太白(？—889),他的《知识书》是一部历史手册。与他同时代的波斯人伊本·哈尼法·阿赫默德·迪奈韦里(？—895)的《长篇记述》是一部世界史。他们还有其他有关文学和语言学方面的著作。十叶派历史学家伊本·瓦迪塔·亚尔库比(卒于9世纪末)的《世界史札要》中,保存了十叶派的传说,他还是个地理学家。波斯泰伯里斯坦的穆罕默德·本·加利尔·塔百里(838—923)是伊斯兰教史上最有声望的历史学家之一,他的《历史先知和帝王史》是一部完备的编年史。该书从世界创世起一直写到915年,成为后代历史学家米斯凯韦(?—1030)、伊本·艾西尔(1160—1234)、阿布·菲达(1273—1332)等人创作的史料根据;此外,他还以《古兰经注》闻名于世。有阿拉伯的希罗多德之称的阿布·哈桑·阿里·麦斯欧迪(?—957)是穆尔太齐赖派的唯理主义教义的信奉者,他离开故乡巴格达后,遍游亚洲一些国家,在叙利亚和埃及生活约10年,足迹远及桑给巴尔。他将各地搜集的材料编成30册的著作,保存迄今的只有它的摘要本《黄金草原和珠玑宝藏》。这是一部史地百科全书式的著作,涉及到印度、波斯、罗马和犹太的历史和宗教。塔百里和麦斯欧迪后,阿拉伯语的历史编纂工作急剧衰落。

伊斯兰哲学　公元9世纪中叶,随着翻译运动的开展,外来思想,尤其是希腊哲学思想引入伊斯兰世界。哲学不同于宗教,它立足于理性的思辨和逻辑的论证,而不像宗教以感情和礼仪为基础。伊斯兰哲学虽与神学或经院哲学相切近,但由于讨论的对象和使用的术语、概念、论证的根据多少有所不同,使得它在和神学相对平行地得到发展时,在伊斯兰思想中从未占据主流地位。

由于伊斯兰哲学受到希腊哲学的极大影响,阿拉伯的著作家逐渐称呼那些不受宗教限制而自由思想的人为"哲学家"或"智者",以区别于那些"辩证学家"或"演说家",后者以经训为基础从事神学或教义学的探讨。

有着"阿拉伯哲学家"头衔的铿迪(约801—873)是出身于库法的纯阿拉伯血统的哲学家,他成名并卒于巴格达。他还是个占星学家、炼金术家、光学家和音乐理论家。他的命运与穆尔太齐赖派息息相关。哈里发马门时期,他受到宫廷的款待;穆塔瓦基勒时,也像穆尔太齐赖派的神学家们一样受到迫害。他的大部分著作没有保存下来,现有的大多是拉丁文译本。他调和柏拉图与亚里士多德的哲学;像新毕达戈拉斯学派一样,认为数是一切科学的基础;同时,将希腊哲学与伊斯兰教相调和。

突厥人法拉比(870—950)继铿迪之后调和希腊哲学与伊斯兰教。他生于外药杀河区,以苏非的身份在阿勒颇的哈姆丹宫廷中享有盛名,后卒于大马士革。他调和柏拉图、亚里士多德和苏非派的观点。在他的思想中,有着明显的新柏拉图学派的影响。由于他阐释了亚里士多德和其他希腊哲学家的著作,有"第二教师"的称号(当年,亚里士多德被奉为"第一教师")。他还写有关于心理学、政治学、形而上学以及音乐理论等著作。他在《优越城居民意见书》和《政治经济学》中,提出了类似柏拉图的"理想国"的模范城市的概念,设计了堪称优秀统治者的模式。他对亚里士多德的研究和阐释,为后来的哲学家提供了方便,伊本·西那即是其受益者之一。

出生于布哈拉附近的伊本·西那(拉丁文名"阿维森纳",980—1037)是著名的哲学家、医生、诗人和语言学家。他生于布哈拉附近。在伊斯兰世界的东部度过一生,死后葬于伊朗西北的哈马丹。像法拉比一样,他也是在地方王朝中从事学术活动。由于他治愈了萨曼朝国王努哈·本·曼苏尔(976—997 在位)的病,受到国王的恩宠,被任命为御医并允许利用王宫的图书馆。他读完图书馆的全部藏书,21 岁时开始写作。他的哲学受益于法拉比。然而,在伊斯兰哲学家中,系统研究希腊哲学,特别是犹太哲学家斐洛哲学的应首推伊本·西那。他以流畅的文字把古代先哲们的思想与伊斯兰教结合起来,这就便于一般穆斯林理解哲学著作。他一生中大约写有近百种著作。其中,最重要的是他的哲学百科全书《治疗论》。该书在新柏拉图主义的影响下,调和伊斯兰教的教义学与亚里士多德哲学。他总结希腊的和阿拉伯的医学思想,写成著名的《医典》。12 世纪时,《医典》被译成了拉丁文。该书的百科全书式的内容,系统的编排,使它取代了伽伦、拉齐和朱尔西的医学著作,成为欧洲各大学的教科书,直至 17 世纪。他的长诗《咏灵魂》,描绘了灵魂自上天降入人体的神秘经历,它不仅是青年们喜欢朗诵的诗篇,而且对其后神秘主义思想的发展有一定影响。

苏欧布运动 倭马亚王朝末期,麦尔旺二世已开始研究波斯的帝王史和统治经验;波斯人以武力帮助阿巴斯人夺取政权后,它的各种古老的文化传统(除宗教和语言外),不时地影响阿拉伯人的政治和社会生活。随着阿拉伯人与波斯人的婚配,不少阿拉伯人已习惯过波斯人的节日,穿波斯人的服装,接受波斯人的风俗习惯。然而,直到公元9世纪末10世纪初,波斯的影响仍仅仅是表面的。阿拉伯人从对外征服一开始就具有的那种民族优越感,仍然影响着这时的阿拉伯人。这种民族优越感,引起各民族之间的不和、猜忌和仇恨,成为导致倭马亚人倒台的原因之一。这时,在一些波斯人中出现了称作"苏欧布"(意为"多民族主义")的运动,它强调信仰伊斯兰教的各民族、种族的穆斯林的平等与兄弟关系,反对阿拉伯血统的穆斯林长期以来具有的民族优越感。这一运动实际上反映了波斯人反对阿拉伯民族主义,主张信仰伊斯兰教各民族一律平等的心声。

苏欧布运动采取笔战的形式,主要是在文学和诗歌领域内进行。这既不同于当时的一部分波斯人以宗教的形式(以异端、"精底格"或伪装信仰)从事反阿巴斯人的斗争,也不同于以阿拉伯人为主体的哈瓦利吉派和十叶派以武力反阿巴斯人的统治。虽然反对苏欧布运动有非阿拉伯血统的波斯人查希慈(? —869)、伊本·古太白和白拉左里等著名学者,他们力图证明优秀的文学作品可以与传统的阿拉伯的和伊斯兰教的观点相结合。可是,这一运动在比鲁尼、哈木宰·伊斯哈格(? —961)的极力鼓吹下,还是取得了成就。总的来说,这是波斯人的一次自我觉醒运动。

苏欧布运动的重要意义不限于文学领域。它在实际上再次肯定阿巴斯国家应以《古兰经》和先知的圣训为立国基础。因此,这也就肯定了《古兰经》的语言——阿拉伯语应是帝国的文化语言,而不单单是阿拉伯人的语言,从此,阿拉伯语不再限于是政府的官方语言和宗教语言,而且成为信仰伊斯兰教诸民族的科学、哲学和文学的语言。

帝国的伊斯兰化 正统哈里发时期,伊斯兰教的胜利只是在伊斯兰教的旗帜下,穆斯林军对外征服的胜利。就伊斯兰教兴起后的第一个世纪而言,伊斯兰教在征服地区也只是统治的宗教,还未构成大多数居民信奉的宗教。除了像伊拉克等个别地区有皈依的马瓦里外,各征服地区的居民仍然保持着原有的信仰。在叙利亚,在整个倭马亚王朝时期,基督教的影响依然严重存在,呈现为基督教国家的景象;波斯被征服的200多年间,居民中琐罗亚斯德教仍居于多数的地位;在埃及,则是雅各派的基督教徒居于统治地位。

伊斯兰教信仰上的胜利是逐步的,基本上是和平地实现的。随着阿拉伯人在各征服地区与当地波斯人、突厥人、埃及人、柏柏尔人以及其他种族和民族成分的人通婚,皈依伊斯兰教的人已较前世纪增多,终于在帝国居民成分中居多数,占主导地位。信仰上的改宗大概是在阿巴斯人统治的最初一个世纪完成的。当然,这不排斥像哈伦、穆塔瓦基勒这样的哈里发关于信仰的立法,加快了改宗或皈依伊斯兰教的进程;也存在着像马赫迪关于改宗的命令,强制异教徒个别地或集体地改宗的现象,如他迫使阿勒颇的台努赫族5 000名基督教徒皈依即为一例。

177

除了通婚、政治上的强制,以及奢望获得政治上的势力而享有较高的社会地位或威望外,经济上的考虑也是改宗的一个原因。出于个人的或家庭的利益考虑,避免缴纳具有侮辱性的捐税,避免受到人身侮辱或歧视,甚而期望得到更多的人身自由与安全,这一切促使了阿拉伯哈里发帝国的伊斯兰化的实现。

第五章

逊尼派与十叶派伊斯兰教的深入发展
（945—1157）

第一节　哈里发制度与苏丹制度并存

封建割据的加剧　随着帝国的衰落,哈里发大权旁落,封建割据加剧。那些继续承认阿巴斯哈里发宗主权的独立或半独立的地方王朝,离心趋向日趋严重。哈里发的唯一特权就在于册封地方王君,赐予他们种种称号;地方王君在形式上承认哈里发的宗主权,其目的是使自身的统治披上合法的外衣,具有神权的象征。在帝国东部,新兴的伽色尼王朝①取代了萨曼王朝。尽管哈里发这时已无任何军政实权,伽色尼的马赫茂德(999—1030 在位)作为热诚的逊尼派信徒仍请求巴格达哈里发的册封。这时,马赫茂德成为伊斯兰教史上首先获得"苏丹"(意为"权威")称号的地方统治者。在北叙利亚,塔格里布部落于 929 年建立哈姆丹王朝。其间,阿拉伯人于美索不达米亚和叙利亚地区还先后建立过一些短命的小王朝:阿勒颇的米尔达斯王朝、摩苏尔的乌卡勒王朝和希拉的马兹亚德王朝。这些小王朝并不能为阿拉伯人争得多少荣耀。相反地,却进一步加剧了地方割据,消弱了巴格达中央政府的统治。

"十叶派世纪"　随着阿巴斯王朝日趋衰落,十叶派在各地的影响日渐显露出来。大约从 10 世纪起,十二伊玛目派获得良好的发展时机,它从理论上发展了十叶派教义并使之系统化;栽德派于北伊朗和也门分别建立起地方政权,偏安一方,这有利于该派教义的系统化;处于地下从事秘密布道活动的伊斯玛仪派,利用帝国衰

---

①　亦译"加兹尼王朝"或"哥疾宁王朝"。

落之机,于9世纪末开始公开活动,也先后建立起地方政权;卡尔马特派于阿拉伯半岛东部建立巴林王国,其政权一直延续到1077年;伊斯玛仪派在北非建立法蒂玛王朝,其疆域随之扩展到埃及、叙利亚和阿拉伯半岛的希贾兹地区;在摩苏尔和北伊拉克兴起了十叶派的哈姆丹王朝,最初,阿巴斯王朝任命哈姆丹人为该地的艾米尔,他们在取得独立后,则向北叙利亚推进,占领阿勒颇、安提俄克和胡姆斯,王朝统治者阿里·本·阿布杜拉(萨伊夫·道莱,?—967在位)的首府阿勒颇,一度成为与巴格达匹敌的文化学术中心,而阿里热心赞助学术,在宫廷中吸引了像哲学家和神秘主义者法拉比、诗人穆台奈比(915—965)和文学史家阿布·法拉吉·伊斯巴哈尼(约897—967)等。此外,布维希人的政权更有利于十叶派的发展。一个称为"精诚兄弟社"的秘密小团体活跃于布维希人统治下的巴士拉、巴格达等地。所以10世纪时,甚至到11世纪中叶时,可以称得上是"十叶派世纪"。

179

即便是在逊尼派的塞尔柱人取代布维希人在巴格达的统治后,十叶派在11世纪的影响仍不可低估。当塞尔柱人统治着北伊朗大部地区和巴格达时,在伊拉克的其他地区及叙利亚,十叶派的地方王朝依然存在。在卡尔巴拉和纳杰夫之间的幼发拉底河岸,仍然存在着以希拉为首府的马兹亚德王朝,布维希人于1012年承认其主权。在萨伊夫·道莱萨达格(1086—1108在位)时期,该王朝一度统治过南伊拉克,其影响甚至远达巴格达。哈姆丹王朝在北伊拉克的领地为另一个十叶派的乌卡勒王朝所取代,它以摩苏尔为首府;哈姆丹人的首府阿勒颇则由米尔达斯王朝所替代。1079年,乌卡勒人占领阿勒颇。1085年,塞尔柱人征服阿勒颇。可是,十叶派的阿马尔族管辖叙利亚南部的的黎波里,一直到1109年十字军征服该地。十叶派在伊拉克、叙利亚的分布与影响并不因地方政权的覆灭而消失,因为这些地区的十叶派从没有真正统一过,这就是十叶派后来产生诸多支派与分支的原因之一。

布维希人的崛起 布维希人原是里海南岸的波斯北部的一支称作德莱木族的山区部落。它的首领阿布·舒札尔自称是萨珊王朝的后裔。他先在萨曼人手下任军职,以后势力扩展,攻克伊斯法罕,占领库齐斯坦和吉尔曼,公元934年于设拉子建立政权。他的三个儿子中以阿赫默德·本·布维希最为出众。945年12月,阿赫默德进军巴格达。残暴的突厥将领无力抵抗这支新兴的军队,只得溃逃。哈里发穆斯台克菲(944—946在位)迎接阿赫默德进入巴格达,同时赐予他大元帅官职,并称他为"穆仪兹·道莱"(意为"国家的支持者"),企图以此恢复自己的实权。可是,阿赫默德坚持在每周五的祈祷中,把自己的名字与哈里发的名字并列,接受公众的颂扬。他还以自己的名字铸造钱币,只是自称"艾米尔"(省长)和"麦列克"(国王),而没有使用"苏丹"的官衔。不久,塞尔柱人就使苏丹制度在巴格达与哈里发制度并存。

布维希人没有完全推翻逊尼派的阿巴斯哈里发,但哈里发在他们的监护下,像在突厥将领当权时一样,仍然是个傀儡,日子并未改善。他们可任意废立哈里发,其手段的残酷程度并不亚于突厥将领。946年1月,这位新的大元帅下令废黜穆斯台克菲的哈里发位并挖掉他的眼睛。

阿赫默德的侄子阿杜德·道莱当政时期(949—983),于977年统一了波斯和伊拉克的几个小王国后,布维希王朝(945—1055)的权力达到顶点。布维希人以设拉子为首府,在巴格达设有多座辉煌壮丽的官邸。他们修浚运河,建造清真寺、医院和公共建筑物,举办慈善事业,奖励文学和科学。他们仿效马门,重视学术,建造天文台,为活跃思想界提供良好条件。尤其是他们的十叶派信仰,更有利于十叶派学术的发展。布维希人控制巴格达的军政大权,但军事统治始终难得维持长久。1055年,一支新的突厥族塞尔柱人进入巴格达,布维希王朝随之覆灭。

法蒂玛人占领埃及 969年,法蒂玛王朝第四任哈里发穆仪兹(952—975在位)的部将昭海尔(原是个基督徒,以奴隶的身份被带到凯鲁万,后为法蒂玛人效劳),从伊赫什德王朝手中夺取埃及。他进入首都弗斯塔德(旧开罗)后,建立新市区(新开罗);与此同时,带兵到达大马士革与卡尔马特人争夺叙利亚。972年,昭海尔

法蒂玛王朝与塞尔柱人（约1090）

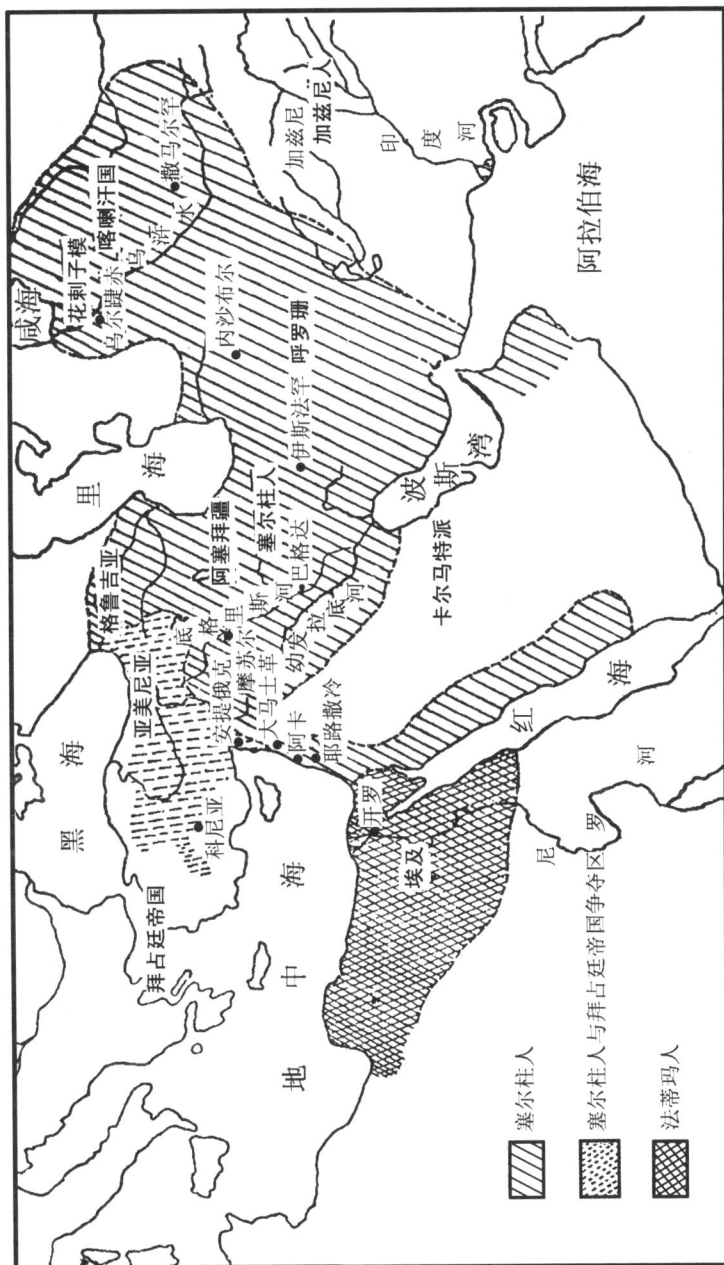

建筑爱资哈尔清真寺;973 年,开罗成为法蒂玛王朝的首都。昭海尔继阿布·阿布杜拉·侯赛因之后,成为法蒂玛王朝的第二个奠基者。

法蒂玛人这时不仅占领了整个北非,而且继承伊赫什德人保护伊斯兰教圣地——麦加、麦地那的权利,占领了西阿拉伯半岛。哈里发阿齐兹(975—996 在位)依靠基督徒和犹太教官员的协助,使法蒂玛王朝达到全盛时代。法蒂玛人的辖地从大西洋一直延伸到红海地区,地域包括也门、麦地那、麦加、大马士革,甚至一度在毛绥勒(摩苏尔)建立统治。阿齐兹步阿巴斯人之后尘,热衷于雇佣军制度,使用塞加西亚和突厥奴隶,结果奴隶将领专权,王朝开始衰落。10 世纪末叶,北非西部地区总督齐里宣布独立,建齐里王朝;11 世纪时,叙利亚以及西阿拉伯半岛的圣地为塞尔柱土库曼人夺取。从巴格达前来投奔法蒂玛人的白萨西里(? —1060)虽曾率军征服巴格达约 40 周,终为突格里勒击溃,法蒂玛人的势力再也难以向东方扩张。法蒂玛王朝在内部分裂、大臣揽权、外部入侵并与塞尔柱土库曼人斗争节节失利的过程中,末代哈里发阿德迪(1160—1171 在位)不得不邀请土库曼人努尔丁协助抵御十字军。努尔丁的副将西尔库之侄萨拉哈丁(萨拉丁,1138—1193)于 1171年推翻十叶派的法蒂玛王朝,恢复逊尼派在埃及的统治并建立阿尤布王朝。

塞尔柱人的统治 公元 956 年,一支称作土库曼乌古斯的突厥游牧部落,在首领塞尔柱克的率领下,从突厥斯坦的吉尔吉斯草原闯入帝国境内,定居于布哈拉,并且热诚地皈依了逊尼派伊斯兰教。塞尔柱克的两个孙子突格里勒和达伍德继续向呼罗珊推进。1037 年,他们从伽色尼人手中夺取木鹿和内沙布尔,随之又攻占巴尔黑、戈尔甘、泰伯里斯坦、花剌子模、哈马丹、赖伊和伊斯巴罕。

在这支突厥军队进入巴格达推翻布维希王朝前夕,伊斯兰世界的三国鼎立的局势并未根本改变;诸小地方王朝虽以阿巴斯哈里发为宗主,但他们之间的争夺时有起伏;十叶派与逊尼派的教派纠纷从未中止。整个伊斯兰世界仍然处于分崩离析之中。1055 年

12月,突格里勒(1037—1063在位)进军巴格达。如前述,布维希王朝的巴格达军事长官、突厥将领白萨西里逃离京城,布维希王朝随之灭亡,塞尔柱王朝(1055—1194)奠定对阿巴斯统治的基础。1056年,哈里发嘎义姆(1031—1075在位)举行隆重仪式,身穿先知的斗篷,手持先知的手杖,出城迎接突格里勒。哈里发任命这位征服者为帝国的摄政王,授予他"东方和西方的国王"的称号和"苏丹"的官衔。以前,苏丹仅是地方君主的头衔;现在,苏丹在帝国的京城成为与哈里发一样并存的制度,政教分离更加明显。哈里发本人重又转入新的监护者手下,起着新统治者需要他起的作用。

白萨西里从巴格达溃逃后,投奔法蒂玛王朝。1058年,他乘突格里勒远征北方之际,率领德莱木人的部队占领巴格达,迫使哈里发嘎义姆签署文书,把阿巴斯人的全部权力让给法蒂玛哈里发穆斯塔绥尔(1035—1094在位);他下令掠走阿巴斯哈里发职位的象征——先知的斗篷和其他遗物,还把嘎义姆的头巾和哈里发宫殿里的一扇窗子送到开罗,作为战胜阿巴斯人的纪念;在巴格达的清真寺里,每周五的聚礼则以十叶派哈里发的名义讲道,这种情况持续40周之久。

突格里勒获悉巴格达陷落的消息后,随即返回巴格达并战胜白萨西里,重扶嘎义姆登位。1060年,他以叛国罪处白萨西里死刑,还解散德莱木人的军队。布维希十叶派人的势力从此消灭。

塞尔柱王朝的全盛时代持续了约半个世纪,即在突格里勒、他的侄子和继任者艾勒·艾尔斯兰(1063—1072在位)及其子马立克沙(1072—1092在位)三任苏丹的统治时期。尤其是新苏丹任用波斯人尼查姆·穆尔克为首相,让他处理国内行政事务,使帝国强盛一时。塞尔柱人继倭马亚人和阿巴斯人之后与拜占廷争夺小亚细亚。1071年,塞尔柱人打败拜占廷,开始定居于小亚细亚,基督教于这一地区的统治势力从此让位于伊斯兰教。

塞尔柱人是在哈乃斐派的影响下皈依伊斯兰教的。他们以热诚的信仰拥戴伊斯兰事业。他们对伊斯兰教最大的贡献则是以官方干预的形式确定艾什尔里派的神学主张为官方信仰,从此,大致

183

解决了逊尼派内部近两个世纪的神学争论。在安萨里的努力下，逊尼派伊斯兰教的信仰最终确立形式。

马立克沙大兴土木，修建公路和清真寺，开凿运河，修缮城墙，建造队商客栈，帝国势力达到极点。塞尔柱人最初把政府留在伊斯法罕，没有进入巴格达。1091年，马立克沙将政府从伊斯法罕迁入巴格达，原来就是傀儡的哈里发更加依附于外来统治者。哈里发已完全习惯在每周五的祈祷中，把他的名字与苏丹的名字并列；反之，苏丹们也需要象征着神权的哈里发的精神支持以维持自身的统治。这时，敢于向苏丹政府挑战的唯有伊斯玛仪派。1092年，该派的一支——阿萨辛派的刺客暗杀了尼查姆首相。不久，马立克沙也去世。

塞尔柱人的统治建立在部落基础之上。他们以游牧民族的风俗习惯和组织形式治理帝国，很难巩固中央集权的政府。1087年，尼查姆关于建立军事封建制度的主张，进一步削弱了中央政府的权力。苏丹赏赐各王子封地，王族可以世代相袭，形成许多半独立的小王国。塞尔柱中央政府(大塞尔柱王朝)只维持着名义上的宗主地位。马立克沙活着时，封建领地的缺点尚未充分暴露出来。但他去世后，塞尔柱家族中的各个支系，即他的兄弟子侄们便互相倾轧、争斗，分别据波斯、叙利亚、安纳托利亚而独立。苏丹巴尔基亚鲁克(1094—1104在位)时期，这种割据状态没有什么改变。相反地，各地方王朝间的战争显然有利于十字军乘虚而入。

十字军东侵与赞吉人的反击 恰值此时，西方基督教界发动十字军的东侵。巴格达的塞尔柱统治者对帝国西部发生的外来入侵的严重性认识不足，既没有组织有力的反击，对当地也几乎没有给予什么像样的援助。这使十字军有可能从11世纪末到12世纪初，分别于鲁哈、安提俄克、耶路撒冷和的黎波里建立拉丁国家。

西方诸国的君主、贵族和商人，早已垂涎于东方的财富。罗马教皇乌尔班二世(约1088—1099在位)于1095年发出诏令，唆使教徒"走上通往圣墓的道路，从邪恶的异族手中夺取圣墓"。抱有各种动机的人，在十字旗帜的召唤下，聚集于君士坦丁堡，开始了十字军东侵。十字军以恢复圣地耶路撒冷为幌子,目的在于掠夺东方的财富。他们先后共进行了八次征伐,给伊斯兰世界,尤其是巴勒斯坦、叙利亚、小亚细亚和埃及带来了巨大灾难。

第一次十字军东侵(1096—1099)在叙利亚和巴勒斯坦几乎没有遇到什么抵抗。1099 年,十字军占领耶路撒冷后,当地穆斯林派出代表团到巴格达请求援助。哈里发穆斯台兹希尔(1094—1118 在位)无能为力,让代表团去见苏丹巴尔基亚鲁克。但代表团与苏丹的谈判无济于事。只有叙利亚总督阿尔普·阿萨(苏丹的后裔之一)的儿子图图斯奋力抵抗才抵挡住十字军的推进。1108 年,受十字军围困的的黎波里也派出代表团向巴格达求援,仍无结果。三年之后,阿勒颇商人的货船遭到法兰克人的抢劫。商人派出代表团再次来到巴格达请愿。他们找到了苏丹做礼拜的清真寺,向他提出恳求,同时捣毁清真寺的讲台,阻挠聚礼的正常进行。哈里发得知这一情况后才奋发起来,答应派出一支小部队出征,但这对抵抗十字军并不起多大作用。十字军建立的拉丁国家所能控制的领地,只限于叙利亚北部和沿地中海东部海岸又窄又小的基督徒聚居区,拉丁入侵者们稀疏地分布于各城镇。尽管如此,这构成十字军向伊斯兰腹地进袭的前哨。

赞吉作为"艾塔伯克"(意为"父王"),原是马立克沙的一个突厥奴隶的儿子,也是塞尔柱太子的太傅,受托协助太子统辖摩苏尔和叙利亚。他曾向巴格达发出紧急呼吁,但巴格达能够提供的援军有限。面对塞尔柱人的无能,他于毛绥勒建立起赞吉王朝,据有阿勒颇、哈兰等城市而独立。赞吉王朝的崛起,抑制了十字军的东侵。1144 年,赞吉(1127—1146 在位)从佐塞林二世手中夺回十字军首先建立的小公国——鲁哈。这标志着伊斯兰世界对十字军侵略的真正反击的开始。鲁哈是叙利亚诸拉丁国家的屏障,控制着美索不达米亚和地中海之间的主要道路。由于鲁哈的陷落,拔除了十字军在叙利亚和伊拉克诸穆斯林国家之间的楔子,这就为西方国家组织新的十字军入侵提供了口实。赞吉之子努尔丁(1146—1174 在位)是战胜第二次十字军入侵(1147—1149)的英

185

雄。他再次夺回被十字军占领的鲁哈,还攻占了安提俄克拉丁公国的一部分领土。耶路撒冷王国在与穆斯林的半个多世纪的作战中,终于在1153年夺取了巴勒斯坦的阿斯盖兰,从而为十字军打开通向埃及的道路。

赞吉人为解除抗击十字军的后顾之忧,1154年,从突格里勒的继任者手中夺取大马士革,并谋划与埃及联盟以抗击十字军。

桑贾尔 塞尔柱人各支系间的争夺,使伊斯兰世界的东部地区成了角逐之地,连年不断的战争,毁灭了这一地区的文明。塞尔柱苏丹之一的桑贾尔(1118—1157在位)继位后,一度改变了这种混战的局面,重新统一波斯和阿姆河流域的国家,使统治巴格达的大塞尔柱王朝得以延续下来。可是,他的中兴仍无力消除帝国更东部地方的割据局面,他不得不承认花剌子模、西吉斯坦的萨法尔和河中地区的伽色尼为藩臣。

花剌子模沙艾特西兹(1128—1156在位)早有摆脱塞尔柱宗主控制的企图。1141年,他乘桑贾尔在阿姆河对岸与蒙古人作战中惨败之机,宣布独立。1153年桑贾尔败于土库曼乌古思部落并被囚禁三年。他逃出后不久即去世。随着桑贾尔的去世,大塞尔柱王朝在巴格达的统治随之结束。阿巴斯的傀儡哈里发跃跃欲试,以图恢复帝国昔日的辉煌,但这也只是短暂之举。1157年后,东部地区领地的统治为花剌子模所取代,西部的小亚细亚则为赞吉王朝(1127—1262)和阿尤布王朝(1171—1250)所取代。塞尔柱诸地方王朝间的争夺和内战大大地削弱了中央政府的力量;以后,塞尔柱人仅以波斯、伊拉克的诸小王朝为主体,终于导致塞尔柱王朝的覆灭(1194)。

第二节　布维希人和法蒂玛人统治下的十叶派

布维希人与十叶派 公元941年以后,十叶派进入大隐遁时期,特别代理以及与教徒联系的代理网不再存在。伊朗的布维希人不是阿里的后裔,也不属于极端的十叶派,与伊斯玛仪派的卡尔马特人和法蒂玛人在宗教和思想上往来并不密切,亦未结成政治联盟。当法蒂玛人自称哈里发,与逊尼派哈里发相对峙时,布维希人却满足于执掌巴格达的实权,不愿改变形同虚设的逊尼派哈里发的职位,没有做伊斯兰世界精神领袖的奢望。

在布维希人的治理下,十叶派得到保护,获得了发展的良好时机。962 年,穆仪兹·道莱下令在国内确定十叶派的各种节日为正式节日,应举行庆典活动,尤其是在侯赛因的忌日(伊斯兰教历的元月 10 日)应举行公众哀悼活动,另外先知于盖迪尔·胡姆(一个源泉名,位于麦加和麦地那之间)宣布阿里为继任者的日子(12 月 18 日)应作为欢乐的节日庆祝。① 阿杜德·道莱还在纳杰夫(纳贾夫)假定的阿里的坟墓上修建了陵墓。同时,布维希人还为第七和第九伊玛目于卡齐迈因分别修建起陵墓。他们还规定朝觐伊玛目的圣墓为定制。从此以后,到卡尔巴拉(侯赛因)、纳杰夫(阿里)、卡齐迈因(穆沙·卡西姆和穆罕默德·哲瓦德)、马什哈德(阿里·里达)、库姆(阿里·里达之姊法蒂玛·马尔苏玛)等地朝觐陵墓,成为十叶派宗教生活的重要内容。

187

由于布维希人保留了傀儡哈里发,这使得一部分十叶派的知识分子极为不满。10 世纪时,他们在巴士拉建立起政治-宗教-哲学的秘密小团体——精诚兄弟社,反对当时的政治制度,企图颠覆阿巴斯王朝。兄弟社在巴格达有分支机构。这些知识分子向往伊斯玛仪派,其成员大多从事哲学和自然科学的学术研究。兄弟社的哲学思想为伊斯玛仪派的各个分支所接受,成为这些支派的大众哲学。由于他们只从事秘密活动,没有危及到统治者的利益,布维希人对它没有采取行动。

哈里发并不甘心做一名傀儡,过受屈辱的生活,有时他会利用宗教领袖的身份显示他的权威,以图在与布维希统治者的勾心斗角中争取民众。1029 年,哈里发嘎迪尔公然从巴格达清真寺中驱

---

① 据十叶派传说,先知穆罕默德于该日明确宣称:"我是谁的主子,阿里就是谁的主子。"

逐一名十叶派讲道者(海推布),并任命逊尼派讲道者取代他,表现了一种反抗的尝试。但这无损于大局,也改变不了他在政治上的无权地位。

十叶派圣训的汇集 "六大圣训集"中删除了对倭马亚王朝怀念的内容,保留了许多有利于十叶派的、歌诵阿里的圣训。十叶派并不满足于此。在布维希人的统治下,倭马亚人和阿巴斯人遭到强烈谴责,十叶派伊玛目的地位无形中提高了。它的宗教学者抓住这一有利时机,积极有效地汇集本派的圣训集,出版大量的宗教书籍。

十叶派圣训与逊尼派圣训的基本内容没有多大区别,区别在于圣训的传系。逊尼派审慎考订圣训传系之可信程度,要追溯七八代人,近200年时间,才决定圣训本文的取舍。十叶派的圣训只要能溯至十二伊玛目中的任一伊玛目,并以此为主线可以上溯到先知本人,至多只要追溯三四代人,就可承认其真实可信。就是说,该派的圣训,完全排斥先知的门弟子的传系和传述的圣训。

188

十叶派汇集有大量的圣训,其中被公认为权威的圣训集通称为"四圣书",除了库拉尼的《宗教学大全》外,都是这一时期汇集的。它的第二位圣训编纂者是穆罕默德·小伊本·巴布亚(?—991/992)。[①] 他可能生于呼罗珊,有时人们也称他为萨杜克或库米。他于公元965年来到巴格达,据称约在30年间著有300余篇专题论文。穆罕默德·本·苏莱曼的《学者故事集》中就刊载有他的190篇论文题目。他的《教法自通》包括有4 000余段圣训,成为十叶派的"四圣书"之一。十叶派的另外两本圣训集的编纂者是穆罕默德·本·哈桑·图西(995—1067),他生于呼罗珊,1018年到巴格达,晚年迁至纳杰夫并死于该地。据说,由于他的威名,有8万多人集合在巴格达广场参加他的葬礼。他除写有大量关于信仰的原则、礼拜、教法和传记等著作外,还写有介绍十叶派书籍的《书目》,

---

① 他的父亲几乎与他同名,也是个宗教著作家;为了与其父相区别,人们通常称他为"小伊本·巴布亚"。

最使他出名的则是他的称为《法令修正篇》和《圣训辨异》的两本圣训集。

十叶派教义的发展　十叶派处于秘密活动状态时,它的教义是在十叶派的各个中心(如库法、巴士拉、赖伊、纳杰夫等地)各自独立发展的。诺伯赫特家族在宫廷中的地位和影响已有利于十二伊玛目派教义的形成和发展。布维希人执政后,十叶派神学家有可能就教义问题展开讨论。同时,伊斯玛仪派的教义也正在完善化,该派在各地的布道活动,积极传播极端的内学主张,也促使十二伊玛目派有必要确立有别于伊斯玛仪派的教义。

10世纪中叶,十二伊玛目派在肯定伊玛目派教义的前提下,放弃了以前的拟人论、肉身论等极端主张,确立以穆尔太齐赖派的理性主义为教义的基础。十叶派的内部早已受过穆尔太齐赖派的影响,它的一个分支栽德派的主要成员曾是穆尔太齐赖派弟子。一个半世纪前,加法尔·萨迪克时期的一名重要的神学家,称作"祝拉拉"的阿布·哈桑·本·阿因已接受了穆尔太齐赖派的理性主义观点,只是在十叶派中不占主导地位。从8世纪起,库姆的十叶派公社以赛义德·本·马立克·艾什尔里家族为族长时期(742—891),已成长起一批宗教学者,其中一名称作"库姆长老"的阿赫默德·本·穆罕默德·本·尔撒·艾什尔里已开始对上述极端主张提出异议;约于869年,他把一些持极端主张的十叶派成员逐出库姆住地。

巴格达是伊玛目代理的住地。这里的十二伊玛目派学者以主张穆尔太齐赖派观点为教义基础的诺伯赫特家族为中心。与巴格达相比,库姆有当时十叶派的著名学者赛义德·本·阿布杜拉·艾什尔里(？—912)、加法尔·本·库鲁西(？—979)和圣训学家穆罕默德·本·巴布亚等人。他们的正统性开始为其他地区的十叶派所公认,在学术地位上显得比巴格达宗教学者更为重要。最初,理性主义在十叶派中并不占主导地位。例如伊本·巴布亚的早期著作表现出明显的宿命论观点;到了晚年,他才接受意志自由论,在他的著作中反映出反对安拉拟人化观点。即便如此,他仍以圣训而不是以理性为他的神学基础。最初,教义基础的转变没有得到十二伊

189

玛目派的普遍承认。极端教义的反对者和赞同者之间的分歧一度扩大,他们的代理分别向教徒征收"五一税"和"天课",但这种分歧未能持久下去。大多数信徒陆续接受了这种变化,即承认教义应以理性为基础。十二伊玛目派的神学家以穆斯林公众已接受的停经原则,解释有关教义问题。他们提出安拉最初通过加法尔·萨迪克指定伊斯玛仪为伊玛目,以后又以穆沙·卡西姆为伊玛目。这样,十二伊玛目派也就从神学上回答了伊斯玛仪派关于伊玛目合法地位的主张。十二伊玛目派的神学家还解释了从肯定安拉创造并决定人的一切行为(包括罪恶行为)到接受人的意志自由、人能主宰自身行为、人应对自身行为负责这种理论上的变化,从而否定了安拉前定一切和安拉拟人论等观点。11世纪,巴格达出现了三位著名的神学家,他们为十二伊玛目派教义的基础作进一步论证。伊本·穆阿里姆(? —1022),又称为"穆菲德长老",他强调神学家应以理性和启示为教义的共同基础;他引进了理性,较之伊本·巴布亚以圣训为基础前进了一步。谢里夫·穆尔塔达(? —1044),又称为"阿拉姆·胡达",他的观点更接近于穆尔太齐赖派的巴士拉支派的理性主义观点。他认为理性是神学的出发点。在随后的几个世纪中,他的主张成为十叶派神学的基础。而以谢赫塔伊法出名的阿布·加法尔·穆罕默德·本·哈桑·阿里·图西(? —1067),在神学上追随阿拉姆·胡达的同时,他的主要贡献是在十叶派教法领域。诺伯赫特家族一度提出"伊玛目无罪"的教义。伊本·巴布亚和库姆的圣训学家否定诺伯赫特家族对这一主张的神学论证,认为先知和伊玛目有可能在某些细节问题上犯有错误。穆菲德长老则对库姆的学者们提出指责,以后的十叶派完全追随了穆菲德长老的主张。

在《古兰经》问题上,早期十叶派主张经文曾被删改过。诺伯赫特家族也持这一观点。十叶派圣训最早的汇集者、圣训学家库拉尼,似乎赞同这种观点。到了伊本·巴布亚时,他则肯定《古兰经》的内容完整,没有经过删改;穆菲德长老似乎在这一问题上犹豫不决,他在晚期著作中方肯定《古兰经》的完整性,只是在次序上需要重新编排。布维希王朝时期的宗教学者的主张,对十叶派后来的大多数学者产生了影响,使他们接受"奥斯曼本"的《古兰经》为"定本"。

十叶派圣训汇集工作的完成和教义基础的确立,为该派的教法确立了准则。与该派以阿里家族的圣训传系为准绳的做法相仿,它在大多数情况下不承认普通人的理论或推理论证,只求之于来自安拉特选的伊玛目的神圣权威。因此,在十叶派教法中,公众的一致意见(或公议)不具有任何地位,只有伊玛目的裁决才具有权威性。当逊尼派的四大教法学派被公认后,逊尼派只允许后来的教法学家接受"仿效"原则,承认权威,而不允许再有任何创新;十叶派则主张,在伊玛目隐遁之后,它的教法权威(穆智台希德)可以对教法做出新的阐释,承认穆智台希德释法的权威性。

第10—11世纪时,十叶派中出现了大量著作,对伊斯兰教史上传统的论题进行反复讨论,其中涉及到伊玛目制度问题,从神学和法学观点评价哈里发以及"骆驼之战"、"隋芬之战"的敌对双方的功过问题、伊玛目隐遁以及有关的问题、临时婚姻制(穆特尔)问题等等,这些对十叶派以后的发展有着重要的影响。

191

伊斯玛仪派在埃及　法蒂玛人征服埃及后,王朝政治、宗教中心逐渐由凯鲁万、马赫迪亚转移到新都开罗。在北非,广大居民属于逊尼派,遵奉马立克派教法。法蒂玛人没有强迫当地居民改宗,只有少数城镇居民皈依伊斯玛仪派。马立克派教法学家则领导当地居民抵制十叶派教义并反对法蒂玛人,不时袭击和屠杀伊斯玛仪派信徒。原先的伊斯玛仪派传道会,由于内部纷争,其传教师纷纷离去,随着政治中心转移,该派在北非西部地区的影响日渐缩小。

法蒂玛人以爱资哈尔清真寺为培养伊斯玛仪派传教师的最高学府,在学员学成后,把他们秘密派遣到东部的阿巴斯王朝和西部的后倭马亚王朝各地从事布道活动,传播伊斯玛仪派教义。法蒂玛人在埃及本土,像从前在北非西部地区一样,没有采取严厉措施迫使当地的逊尼派穆斯林改宗。

10世纪末,有着宗教狂热的哈基姆(996—1021在位)继任哈里发位。与他的先辈不同,他暴虐无道,先后杀害几位大臣;他还像欧麦尔二世和穆塔瓦基勒一样,采取宗教迫害政策。尽管他的生母是位俄罗斯正教徒,他的两个舅父一个是亚历山大主教,一个是耶路撒冷主教,但他还是下令拆毁八座基督教堂。他强迫基督教徒和犹太人穿黑袍,只准他们骑驴,不许骑马;规定基督徒在公共澡堂中,要露出挂在脖子上的十字架,犹太人要露出带铃的颈箍。他还签署敕令,拆毁圣地教堂,这成为后来十字军入侵的借口之一。哈基姆利用权力,颁布一系列法令干预人们的宗教和世俗生活。为了使已成一纸空文的禁酒法令付诸实施,他公然下令摧毁所有的葡萄园,禁止进口一切易醉的饮料。他还限制平民百姓的任何娱乐活动,禁止宴会、音乐、下棋,甚至禁止在尼罗河边散步;严禁妇女的不道德行为,将妇女关入后房,并让老年妇女对年轻妇女进行监督;为禁止妇女外出,对制造女鞋者予以处罚。他习惯于夜间在街市上秘密巡游,监督民众的品行,查访违反种种禁令者。这些极端做法很不得民心。1017 年,从波斯来的两个传道师达拉齐(? —1019)和哈姆扎·本·阿里,迎合哈基姆自我神化的需要,在民众中传播他具有神性,宣称他是安拉在现世的化身。法蒂玛的官方传教会反对这种极端主张,哈基姆本人则对这种宣传态度暧昧,这更加引起民众的不满。他在一次例行的夜间出巡时,于穆盖塔木山上被杀害。哈基姆死后,哈姆扎逃到叙利亚-黎巴嫩山区,在那里继续神化哈基姆,创立了一个新教派——德鲁兹派,一直延续至今。

到了 11 世纪中叶,伊斯玛仪派在北非西部的影响几乎完全消失。以前分布在也门、印度、波斯、叙利亚等地的伊斯玛仪派传道会,仍接受埃及传道会的领导。11 世纪末叶,随着法蒂玛王朝的衰落和伊斯玛仪派出现的新分裂,各地传道会也开始分化。它们或是继续拥护埃及的法蒂玛传道会,或是另立中心。在印度,伊斯玛仪派得到苏拉姆王朝的支持,与埃及传道会关系中断。当萨拉哈丁推翻法蒂玛王朝时,并没有引起原先就已信奉逊尼派的当地居民的反抗。他很容易就接管并统治这一地区。

伊斯玛仪派教义的发展和变化 伊斯玛仪派信奉七位可见的伊玛目,前六位伊玛目与十二伊玛目派的系谱完全相同。只是第七位伊玛目,该派主张是伊斯玛仪之子穆罕默德·本·伊斯玛仪。作为隐遁伊玛目,伊斯玛仪将按安拉的旨意于适当的时候复临;而其子穆罕默德·本·伊斯玛仪则是可见的第七位伊玛目。在法蒂玛王朝以前,人们对该派的教义了解不多。由阿布杜拉·本·买伊蒙提出的基本教义与后来的伊斯玛仪派的宗教体系的基本结构大致相同,在一些重要方面有变化。它在宗教方面的最重要的主张是《古兰经》具有表义(札希尔)与隐义(巴丁)、外延与内涵的区别。表义包括对经文公认的解释以及根据经文确定的教法;这种解释和教法,随先知和时代的不同会发生一定的变化。隐义是隐藏于经文和教法中的内在真理,是任何时代也不会变更的,它只有通过受秘传者的阐释或譬喻法的解释,才能显示出来;而阐释这种隐义,唯有赖于对字母和数字隐密含义的发明,而这种方法是秘传的。由于宗教真理的内在含义被表面的形式所掩蔽,没有受过秘传的人不能揭开它的帷幕,无法探究宗教的奥秘。伊斯玛仪派在开罗传授此秘密教义者为传道长,"传道长分九段传授秘密于信徒"。① 根据该派主张,这种真理形成一套神智体系,它包括一套宇宙论和一套周期的圣职史。这里新柏拉图学派的"流溢说"起着基本模式的作用。

由于"七"这一数字在伊斯玛仪派中具有神圣的地位,宇宙现象和历史进程的分期均以"七"为基础。宇宙起源经历七个阶段:安拉—宇宙灵魂—原始物质—空间—时间—大地—人。与宇宙起源论相适应,历史周期也经历七个时代,安拉赐予每个时代的人类一位立法先知(代言者),共是七位:阿丹、努海、易卜拉欣、穆萨、尔撒、穆罕默德、伊斯玛仪之子穆罕默德。每位立法先知带来一本启示经文,每两位立法先知之间有一位"沉默先知"和七位伊玛目;每

193

---

① 关于伊斯玛仪派传道长所授之"九段"秘密教义,可详见多桑《多桑蒙古史》下册(冯承钧译),第55—57页,上海书店出版社,2001。

个时代的第七伊玛目品位逐步升高而成为下一时代的立法先知，他以新的律法代替前任立法先知的律法；在穆罕默德（或伊斯兰教）的时代，阿里像以前时代的易司马仪、哈伦、彼得一样是沉默先知，穆罕默德·本·伊斯马仪是第七伊玛目，在他带来新的启示经文和律法之前，分别居住在 12 个地区的 12 位宣传领袖（胡加）代表他主持教务。

10 世纪时，由传道师纳赛斐（？—942）提出了新的宇宙起源论。它同样是以新柏拉图学派的"流溢说"的模式演示的。流溢大致经历这样七个阶段：安拉是超乎一切存在和非存在的神旨；由神旨而有宇宙理性；神旨与理性的结合而有宇宙灵魂；由灵魂产生七大天体，各天体各有星宿并各自运转；通过天体运转，干、湿、冷、热等因素（或性质）混合而成土、水、气、以太四元素；这些合成物结合在一起，就产生有生长灵魂的植物，进而产生有感觉灵魂的动物和有理性灵魂的人。在纳赛斐的理论中，精神世界的原则用宗教术语表现出来：理性相当于创世的笔（卡拉姆）和安拉的宝座（阿尔世）；灵魂相当于法版（拉伍哈）和安拉的脚凳（库尔希）；作为小宇宙的人与作为大宇宙的物质世界类同，精神、星辰和物质世界类同，如此等等。穆仪兹（952—975 在位）以前的法蒂玛官方传道会一直没有接受这一理论。11 世纪时，传道师哈米德丁·基尔曼尼（？—1021）又提出了稍有不同的宇宙论体系。他的教义没有被王朝的官方传道会所接受，只是在也门的台伊布派中取得地位并取代以前的教义。

由于伊斯玛仪派的分化，以后出现台伊布派、阿拉穆特派（尼查尔派）和其他小派别，各支派又有自身独特的教义（如复生教义、台伊布教义等）而有别于法蒂玛官方传道会的教义。

伊斯玛仪派教法官努尔曼（？—974）的《伊斯兰教基础》，阐述了该派的教法，它与十二伊玛目派教法大致相同。主要区别在于不允许临时婚姻和取消对合法继承人的遗赠；在礼仪上，该派主张伊玛目有权决定新的月份由何时开始，无须观察新月。由于这与其他派别在斋月的开始和结束上有一两天的差别，就常常引起教派间的纷争。

哈桑·本·萨巴与阿萨辛派 11世纪末叶,卡尔马特派国家被镇压后,它的教义对波斯和叙利亚的伊斯玛仪派的一部分信徒有一定影响;也曾对叙利亚-黎巴嫩山区建立的德鲁兹派产生过影响。

这时,波斯的伊斯玛仪派中兴起了新的宣传运动。这一运动的创立者是突厥籍波斯人哈桑·本·萨巴(?—1124)。哈桑于青年时接受了内学派教义,以后在埃及居住过一年半的时间。他拥戴法蒂玛王朝哈里发穆斯坦绥尔(1035—1094在位),并以法蒂玛人的传教师的身份返回波斯。在此之前,伊斯玛仪派在波斯布道活动是秘密进行的。1090年,他占领德莱木山区的阿拉穆特要塞(有"鹫巢"之称)。在要塞中,他实行严厉的统治。他主张禁欲、克己,"遵循正义及禁止不义"。在他统治要塞的35年间,没有人公开饮酒;他的一个称作穆罕默德的儿子被控饮酒,他下令予以处死。[①]此后,该派开始以公开反叛的形式活动。哈桑·本·萨巴的主要目标是占领一些坚固的山寨并以此为据点,训练信徒从事暗杀、破坏的技能,其目的是对付政敌的异端,以此作为取悦于神灵的神圣职责。受遣出外从事暗杀者,被认为是一种"自我牺牲",有"菲达伊"(意为"义侠")之称。1092年,塞尔柱王朝首相尼查姆·穆尔克即遭其暗害。

1094年,穆斯坦绥尔去世。首相阿夫达尔玩弄权术,废除哈里发长子尼查尔的继任权,扶幼子阿赫默德登基,定称号"穆斯塔里"。埃及伊斯玛仪派发生分裂,大部分信徒接受这一既成事实,叙利亚、也门、印度等地的伊斯玛仪派传道会也支持穆斯塔里,从而形成穆斯塔里派。尼查尔逃出开罗后,于亚历山大举兵反抗,战败后被捕入狱。他在埃及的一部分追随者,以及波斯的伊斯玛仪派拒绝效忠穆斯塔里,继续承认尼查尔为伊玛目,形成尼查尔派。后由于尼查尔身陷囹圄,尼查尔派在埃及的信徒陆续被法蒂玛人

195

---

① 见志费尼《世界征服者史》下册(何高济据波伊勒英译本译),第810页,内蒙古人民出版社,1981。

镇压。在伊玛目缺位期间,哈桑·本·萨巴成了尼查尔派领袖,他自称"胡加"(意为"宣传领袖"),领导波斯的伊斯玛仪派信徒。同时,他从阿拉穆特要塞派出密使赴叙利亚,组织并领导当地(主要是大马士革、阿勒颇等地)的尼查尔派信徒从事恐怖活动。该派在获悉尼查尔被毒死狱中后很久,才开始承认阿拉穆特要塞新统治者哈桑·阿拉·吉克里希·萨拉姆(1162—1166 在位)为本派伊玛目。

叙利亚的尼查尔派仿效阿拉穆特,在苏马克山及其周围的哈马特以北地区建立起要塞。该派在刺杀政敌时,有时也以十字军公国的君主为对象。刺客出外执行暗杀任务前,往往吸食一种称作"阿萨希"(即大麻叶)的麻醉剂。"阿萨希"一词传入西方后,该派遂有"阿萨辛派"(暗杀派)之称。

阿萨辛派的活动,开始受到当局的重视。1126 年,大马士革统治者突格特勒正式承认该派,并把位于反法兰克十字军的前哨阵地班亚要塞让给他们固守,使之成为抵御十字军的一股缓冲力量。1132—1133 年,该派在叙利亚夺取了卡德穆斯要塞,以后又于1140—1141 年夺得马西亚夫要塞。可是,阿萨辛派在对待政敌问题上反复无常,时而与十字军战斗,时而与十字军结盟反对穆斯林同胞,令人难以捉摸。1139 年,大马士革新统治者干脆支持反伊斯玛仪派的叛乱,铲除了该派在大马士革的组织;班亚要塞不久也被法兰克人占领。尽管如此,阿萨辛派在叙利亚地区的活动,像在波斯阿拉穆特要塞的活动一样,仍然延续了一个多世纪。

第三节　塞尔柱人统治下的逊尼派

艾什尔里派的形成与发展　艾什尔里生活的最后 20 年间,在他的周围聚集起一批门人弟子,后来形成以他名字命名的艾什尔里派。艾什尔里派成员力图向自称为正统的罕百里派靠拢,以思辨的方法论证正统信仰,贬低理性,抬高启示的地位。他们的这种做法并不受罕百里派的欢迎,他们仍被作为穆尔太齐赖派的成员对待,在清真寺中被谴责为"异端"。罕百里派在布维希人统治巴格达的整个时期继续居于统治地位。艾什尔里派的境遇没有得到根本改善。

10世纪末,该派出现了一位重要代表阿布·伯克尔·巴基拉尼(？—1013)。他对艾什尔里的观点做了某些修正以适应统治者的需要。巴基拉尼出生于巴士拉,长期生活在巴格达,他可能跟随艾什尔里的两名弟子学过神学,也受过教法学的训练。据说,他曾访问过设拉子,并受布维希王朝苏丹的派遣出使拜占廷,做过教法官,在教法上属于马立克派。他提出原子论,"证明"宇宙万物由原子构成,安拉使原子随意生灭。他对奇迹作过"论证",以适应民众信仰的需要。他认为《古兰经》本身便是奇迹,经文中关于先知受命的描述表明先知存在的合理性。他还系统地汇集了艾什尔里派的学说,强调艾什尔里的凯拉姆在正信中的重要性,积极普及和传播该派教义。同时,他在反对十叶派伊玛目教义方面作出大量论证。

巴基拉尼生活的时代,艾什尔里派面临的思想斗争极其尖锐复杂。该派成员既要与罕百里派作斗争,又要与穆尔太齐赖派以及其他派别的思想家和学者作斗争。巴基拉尼之后,该派著名代表有内沙布尔人巴格达迪(？—1037),其全名是阿布·曼苏尔·阿布杜·卡希尔·本·塔希尔。他的《穆斯林的教派与宗派》列举了伊斯兰教史上的政治、宗教派别,并予以详尽的评论。他从艾什尔里派的立场出发,指明各派的错误,以此表明圣训所述的73个教派中只有一派是正统的。他还写有一本有关艾什尔里派神学教义的概要,对其主要之点作了清晰的解释并指出与其他派别的基本区别。此外,该派重要成员还有阿布·伊斯哈格·伊斯法拉伊尼(？—1027)、阿布·伊斯哈格·设拉子(？—1033)、伊本·费拉克(？—1015)、库萨伊里(？—1074)、楚瓦伊尼(？—1085)等人。

塞尔柱人进入巴格达后,他们作为哈乃斐派的新皈依者,宗教热诚立即显示出来。突格里勒的首相昆杜里(？—1063)不仅反对十叶派,而且反对沙斐仪派,并对种种形式的凯拉姆,从穆尔太齐赖派到艾什尔里派的一律予以禁止。早年的塞尔柱人反对艾什

197

尔里派,可能与该派部分成员追随沙斐仪派教法有关。这时,艾什尔里派的地位也未得到改善。在清真寺的讲道中,艾什尔里派继续受到谴责,艾什尔里派教义也被禁止传播。库萨伊里被投入监狱,而楚瓦伊尼不得不在塞尔柱人进入巴格达后出逃。艾什尔里派的学者被迫四分五散。1063年,塞尔柱王朝政府更替,继苏丹位的是艾勒布·艾尔斯兰,艾什尔里派才开始在哈里发帝国内受到重视。

尼查姆·穆尔克 尼查姆·穆尔克(意为"王国的纪纲",约1018—1092),原名阿布·阿里·哈桑,生于波斯的图斯近郊,其父是呼罗珊总督派在图斯的收税官。他在内沙布尔受过教育。据说他的幼年朋友中有大诗人和天文学家欧麦尔·哈扬(1038/1048—1123/1124)和阿萨辛派首领哈桑·本·萨巴。1049年,他在伽色尼王朝中任职。1052年,由于王朝动乱,他逃往巴尔黑并为当地的总督服务,后来被任命为艾勒布·艾尔斯兰的顾问和秘书。1063年,艾勒布·艾尔斯兰继苏丹位,尼查姆被提升,与昆杜里同为大臣。不久,昆杜里被杀,他于同年成为塞尔柱王朝的首相。1072年,马立克沙继位,他又成为新苏丹的首相。马立克沙在他的建议下,曾于1074—1075年在赖伊(一说在内沙布尔)新建的天文台召开天文学讨论会,并委托出席会议的天文学家修改波斯历法(修改后的历法即著名的哲拉里历)。尼查姆·穆尔克作为政治家和学者,曾写有论述统治艺术的名著《政治论》;他还是科学和艺术的赞助者。与他的前任不同,他在教法上与沙斐仪派的教法学家结盟;他竭力反对十叶派,尤其是反对在帝国各地布道的伊斯玛仪派。十叶派倚重穆尔太齐赖派的理论,他在神学上则倚重于艾什尔里派。他像财政大臣阿布·赛义德·穆斯塔菲创立讲授哈乃斐派教法的学院一样,创办了一批以他名字命名的完善的学院。这是他对逊尼派伊斯兰教最重要的贡献。学院教授艾尔什里派神学和沙斐仪派教法,其中,尤以1065—1067年建成的巴格达的尼查姆学院出名。其目的显然在于与开罗的爱资哈尔大学培养的伊斯玛仪派传教师相抗衡,以抵消该派在伊斯兰世界传播十叶派思想的影响。在学院建成后,巴格达的罕百里派因学院教授艾什尔里派教义,一度率领群众骚乱,在紧张形势下,尼查姆作出某些让步,但没有放弃对艾什尔里派的支持。以后,他又在其他城市,如伊拉克和波斯的巴士拉、摩苏尔、伊斯法罕、内沙布尔、巴尔黑、赫拉特和木鹿等城市建立尼查姆学院。11世纪末叶,他发现阿萨辛派的活动对帝国造成威胁,曾令阿布·穆斯林·拉迪去逮捕哈桑·本·萨巴。可是,阿布·穆斯林·拉迪尚未行动就遭到阿萨辛派的毒手,于1092年被暗杀。不久,尼查姆本人也成了阿萨辛派的牺牲品。

楚瓦伊尼 更为著名的艾什尔里派成员阿布·马尔里·阿布杜·马立克·楚瓦伊尼,几乎与库萨伊里同时。他出身于内沙布尔的学者家庭,其父是内沙布尔沙斐仪派的首领,在当地讲授教法。1046年,其父去世后,他继承这一教职,这时,他大约18岁。他一边教学,一边跟随艾什尔里派教师学习神学。塞尔柱人早在占领巴格达前,已夺取了内沙布尔。由于塞尔柱人的政治压力,他于1054年迁徙到巴格达;次年,巴格达陷落,他约于1059年被迫逃亡到希贾兹。年轻的楚瓦伊尼在教法与神学方面的造诣使他在希贾兹名声大噪,成为麦加和麦地那两地的伊玛目,有"两禁地教长"之称。1063年,艾什尔里派的凯拉姆教师受到尼查姆的礼遇。楚瓦伊尼应尼查姆之聘,任内沙布尔查姆神学院的教师。艾什尔里派在帝国内开始得势。这可能和前一时期艾什尔里的弟子们在学术上努力修正艾什尔里的观点使之更适应统治阶级的需要有关,也和这一时期的逊尼派世界普遍接受理性主义,而罕百里派的偏激观点有所收敛有关。楚瓦伊尼在内沙布尔神学院的教学活动中,阐明沙斐仪派教法和艾什尔里派凯拉姆的基本原则。他的神学主张极其类似巴基拉尼,只是他的凯拉姆著作中更广泛地应用逻辑学和形而上学的概念和范畴,在论证上更为详尽和精确。传记作者认为他研究过哲学,后来的学者认为这种说法可能源于他的弟子安萨里在研究哲学方面受过他的一定引导。楚瓦伊尼在教授学生时积极传播艾什尔里派教义,其弟子安萨里继他之后在巴格达尼查姆神学院的教学活动,使得这时被奉为官方信仰的艾什尔里派教义得到更广泛的传播。

正统派接受凯拉姆 "凯拉姆"作为一门辩证学,自穆尔太齐赖派以来,一直被正统派视为"异端"学说。早年以圣训派为代表的自认为是穆斯林主体的正统派,以"无方式"原则为借口,拒绝讨论神圣事物,尤其是反对以思辨方法讨论《古兰经》中的有关问题,主张人们应盲信盲从,不应置疑。可是,他们接受凯拉姆是不可避免的。因为在逊尼派内部的宗教学者或思想界不可能长期处于分裂并互相攻讦的状态。在一部分学者以理性来思考问题的同时,另一部分学者却墨守"天启"经文,不敢越雷池半步,两者是不协调的,也不利于同十叶派的斗争和逊尼派自身的发展。大约在 10 世纪中叶,正统派乌里玛开始关注凯拉姆。以汇集阿布·哈尼法遗训的形式出版的教法集《教义学大纲·二》已不同于早年出版的《教义学大纲·一》,其中已明显地与凯拉姆内在地结合了。逐渐地,有越来越多的学者以理性来思考信仰问题,并以凯拉姆的方式来对待穆尔太齐赖派的凯拉姆。

正统派这时开始注意到艾什尔里早已宣称追随伊本·罕百勒的主张;他的后继者巴基拉尼、库萨伊里、楚瓦伊尼等人关于教义的主张,继续追随罕百里派的路线。为了对付伊斯玛仪派和十二伊玛目派教义,有必要确立能为公众共同接受的教义。在当时众多应用凯拉姆的神学家中,正统派必须排斥十叶派以及它所倚重的穆尔太齐赖派的凯拉姆是不言而喻的;穆尔太齐赖派的理性主义以及该派成员贬低"天启"的作用、否认《古兰经》为安拉的永恒语言的观点,已经刺伤了群众的宗教感情;而与之对立的艾什尔里派却以理性论证经训,适应公众对理性的兴趣。更为重要的是该派继罕百里派之后,继续坚持经训的神圣地位,他们的"教法根源"完全置于经训之上,反对加赫姆派、穆尔太齐赖派、盖德里叶派和十叶派。由于艾什尔里派活跃于伊斯兰世界的中心地带,首先是在巴格达广有影响(不像马图里迪派和塔哈维派,前者主要活跃于中亚的撒马尔罕,后者则活跃于埃及),所以,该派很自然地得到统治阶级的青睐。至于活跃于这一时期的哲学家,由于他们的深奥哲理脱离一般民众的信仰,更主要的是因为他们的主张(如伊本·

西那)被视为是无神论的和反信仰的,因而并不受急需精神武器的统治阶级的欢迎。

约于安萨里去世时,艾什尔里派教义在逊尼派伊斯兰世界的东部地区已被公认为正统信仰。1116 年,该派著名学者沙哈拉斯塔尼(约 1086—1153)受到公众的欢迎。1122 年,哈里发穆斯台尔什德(1118—1135 在位)出席艾什尔里派的讲座。在伊斯兰世界的西部地区,该派学说被承认有正统地位大约和自称为"马赫迪"的穆罕默德·本·图马尔特(约 1078—约 1130)的一神教宣传运动有关。逊尼派伊斯兰教最初不承认艾什尔里派教义主张,到后来愈来愈多的学者关注它、研究它,终于承认它为官方的经院哲学(即伊斯兰教义学)。这样逊尼派伊斯兰世界有了自身的精神武器,得以与十叶派抗衡。

塞尔柱人与十叶派　布维希人统治时期,十叶派于帝国各地得到发展,巴格达成为该派的重要学术中心。塞尔柱人出于宗教热情,从执掌帝国的大权时起,就开始反对十叶派。他们进入巴格达后,十叶派聚居的巴尔赫地区成为首先攻击的目标,而首当其冲的则是当时十叶派的大教法学家谢赫·塔伊法。他在巴尔赫的宅邸遭到公开的袭击,他的私人图书馆被焚毁。谢赫·塔伊法在危急的形势下,不得不逃离巴格达,避居纳杰夫。十叶派的其他学者也先后离开巴格达,来到纳杰夫,纳杰夫由此成了十叶派新的学术中心。可是,塞尔柱人对十叶派的迫害并未终止。1063 年,呼罗珊的十叶派清真寺讲坛受到袭击。1092 年,阿萨辛派刺客暗杀首相尼查姆后,当局对十叶派的迫害随之加剧。1095 年,卡尔巴拉的侯赛因陵墓被毁,这成为迫害十叶派的高潮。

塞尔柱王朝内部因尼查姆和马立克沙相继去世,在各支王族之间出现了分歧和互相攻击。各塞尔柱小王朝之间的争权斗争,往往在教派斗争的掩护下进行,不过它们大多对十叶派采取相对温和的态度。这时,一些十叶派成员利用这一时机成功地获得显要地位。库姆的马吉德·穆尔瓦原为秘书,这时成了苏丹贝克·雅鲁克的大臣;伊斯法罕的突格拉伊成了苏丹麦斯欧德的大臣。由于麦斯欧德重用十叶派成员,这成为他的兄弟、苏丹马赫默德谴责他为伊斯玛仪派并举兵声讨他的借口。约1120年,麦斯欧德战败,这也成为他被处死的罪名之一。

然而,塞尔柱人的势力难以达到伊拉克和叙利亚的边远地区,在这些地区,有好几个十叶派的小艾米尔王朝继续存在。1012年后,马兹亚德人的艾米尔王朝不断发展,1101年,赛伊夫·道莱·萨达格(1086—1108在位)的势力扩展到幼发拉底河岸的希拉并于该地建立都城,希拉随之成为十叶派的学术中心。在塞尔柱人因内争而力量不断削弱时,马兹亚德人的势力和影响一度从希拉扩展到南伊拉克的大部地区和巴格达。赛伊夫·道莱作为一位慷慨和好客的君王著称于世。他在一次与塞尔柱苏丹穆罕默德的战斗中丧生,王朝在其儿子杜巴伊斯和孙子阿里统治时期都很强盛,一直控制南伊拉克地区和巴格达到1150年。

在塞尔柱人统治时期,十叶派的最重要的学者像在布维希人时一样,即从10世纪中叶到12世纪中叶这段时期内,大多是波斯人。在谢赫·塔伊法之后的时期,有时被称为十叶派的"仿效时期"。约在一个世纪的时间里,十叶派人无异议地仿效谢赫·塔伊法。他的儿子继续住在纳杰夫,也有一定名声。1145年,他的孙子穆罕默德·本·哈桑·本·穆罕默德·图西去世后,十叶派的中心转移到阿勒颇。大约有半个多世纪,阿勒颇成为十叶派的新学术中心,出现了像伊本·祖赫拉(?—1189)和伊本·沙赫拉苏布(?—1192)这样著名的学者。十叶派人在北伊拉克的重要学术中心是泰伯里斯坦(今马兹达兰)以及南部的库姆。这里出现过的重要学者有写过《精选的佳音》的阿布·加法尔、穆罕默德·本·阿拉·塔百里(?—1120)、迪亚尔丁·法德尔拉·本·阿里·侯赛因·拉旺迪(?—1153)和库特布丁·赛义德·本·希百特拉·拉旺迪(?—1178)。在呼罗珊,有十叶派最重要的《古兰经》注释家法德尔·本·哈桑·塔百里希(?—1153),他的注释本《修辞学文集》享有盛名。这些学者的活动,使十叶派的学术得以延续,为以后的发展准备了条件。

第四节　苏非派神秘主义与正统信仰的结合

哈拉智后的苏非派　苏非派不过是伊斯兰教中那部分采取禁欲和神秘生活方式的虔信者的总称,它从来就不是一种统一的运动,也从未形成统一的教派组织。11 世纪波斯著名苏非侯吉维里(？—1071)在《神秘的启示》中,根据苏非们追随著名苏非的情况,将他以前的苏非分为 12 支。他认为其中的 10 支应受人们的欢迎,可以把他们称之为正统派苏非;另外 2 支为异端苏非,应予谴责。这 10 支正统派苏非是:

穆哈西比派,追随阿布·阿布杜拉·哈里斯·本·阿萨德·穆哈西比(781—857);

卡沙尔派,追随阿布·沙里赫·哈姆丹·本·阿赫默德·本·欧马拉·卡沙尔(？—884);

塔伊弗尔派,追随阿布·亚齐德·塔伊弗尔·本·尔撒·本·苏鲁珊·比斯塔米(？—874);

祝奈德派,追随阿布·卡西姆·祝奈德·本·穆罕默德(？—910);

努里派,追随阿布·哈桑·阿赫默德·本·穆罕默德·努里(？—907);

萨赫尔派,追随萨赫尔·本·阿布杜拉·图斯塔里(818—896);

哈基姆派,阿布·阿布杜拉·穆罕默德·本·阿里·哈基姆·提尔米基(？—893/898);

哈拉兹派,追随阿布·赛尔德·哈拉兹(？—892/899);

哈菲夫派,追随阿布·阿布杜拉·穆罕默德·本·哈菲夫·设拉子(？—982);

沙亚里派,追随阿布·阿巴斯·沙亚里(？—953)。

异端派苏非指的是大马士革的阿布·胡尔曼(？—约925)和侯赛因·本·曼苏尔·哈拉智的追随者,由于他们主张安拉化身教义和

203

混合教义,又被称为侯鲁尔派或肉身派。[①] 长期以来,这两派一直受到谴责。

苏非派在思想上与十叶派有密切的关系;在政治上,苏非派的大多数成员却往往支持逊尼派,是阿巴斯哈里发统治的精神支柱——逊尼派教义的积极捍卫者。随着哈拉智的殉难,苏非们认识到,他们不得不面对现实,个人的思想、言论应以不触犯宗教法规和当局的权威为限;虔修的行为和方法应有节制,使民众能够理解和接受。这样,就有必要建立一个与国家、社会和公众的宗教生活相协调的、理论上温和的苏非派。随着苏非理论活动的开展,苏非派也就开始了建立和巩固组织的时期。

苏非派正统理论的发展 为从组织上建立苏非派,首先必须为苏非派的神秘宗教生活提供一个理论基础。10世纪末,出现一批苏非学者,开始从理论上阐明苏非派的正统性。其中,最重要的为三:萨拉吉、卡拉巴基和麦基。

波斯图斯地区的阿布·纳斯尔·萨拉吉(? —988)是这时的苏非派权威学者之一。他是著名苏非伊本·哈菲夫的弟子,熟悉早年苏非的虔修道路和生活方式。他在《苏非派的闪光集》中卓越地阐述了苏非教义。为避免不必要的猜疑,他谨慎地提出苏非修持的七个"阶段"与十种"状态"。[②] 据说,他本人在虔修方面也达到相当高的品级。

几乎与萨拉吉同时的阿布·伯克尔·穆罕默德·卡拉巴基(? —

---

① 见侯吉维里《神秘的启示》(尼科尔森译),"前言",第176—266页,伦敦,1976。

② 苏非精神修持的"阶段",亦称为"境"或"站",系由低级到高级的不同品级、境界的渐进过程。通常指忏悔、禁欲、断念、守贫、坚忍、信心、满足等;被视为苦修者勤奋修炼、灵魂净化、揭去"帷幕",逐步接近安拉的过程,最终达到"与主合一"。与精神修持的各个"阶段"需要苦修者个人的努力不同,精神修持所处的"状态"则是安拉对苦修者的某种赐予,而非个人努力就可获得的;它被视为达到"真理"(即"与主合一")的一种可靠的征兆。通常指沉思、近主、爱慕、敬畏、希望、渴望、亲密、稳静、凝视、确信等。

约990)①在教法上属于哈乃斐派。他的《苏非教义》问世后不久就被公认为是一本权威的概要性著作,书中保存了许多早年苏非的有价值的材料。该书的写作目的在于证明苏非教义不同于"异端"。他提出,历史上,它的成员包括阿里、阿里的后裔以及哈桑·巴士里这样一些知名人士。他们的正统与权威是无可怀疑的,苏非教义与正统信仰是一致的。他的论述对赢得伊斯兰教官方的认可起了重要作用。这也为安萨里在他的《圣学复苏》中最终调和正统信仰和神秘主义铺平了道路。卡拉巴基还对222条圣训作过注释,该书成为苏非学习先知楷模的重要教材。

　　这一时期出现的苏非派第三本重要著作的作者是阿布·塔里布·麦基(？—996)。他的《心灵的食粮》同样是一本小心翼翼阐述苏非教义的著作,它竭力表明苏非派的正统性,以避免保守的神学家们的怀疑。这本书对安萨里、鲁米有过明显的影响。

　　苏非派的正统主义　11世纪时,苏非派的正统理论得到进一步发展。这时,自认为隶属于正统派的苏非与其他穆斯林的区别并不大,他们同样遵奉伊斯兰教法,积极参与世俗生活,有一定的社会职业(主要从事一些手工业生产活动)。不少苏非还是正统派的乌里玛,有的甚至还是罕百里派的教师。所不同的是,他们要履行某种"齐克尔"(意为"反复赞念和记忆安拉")仪式。像上一世纪一样,苏非学者继续申明他们的教义和礼仪与正统派相一致。这时最重要的苏非学者有侯吉维里和库萨伊里。

205

　　出生于加兹纳的侯吉维里(？—1071)曾做过广泛的旅行,从叙利亚到突厥斯坦,从黑海到印度。在旅途中,他曾与库萨伊里见面,还拜访各地的著名苏非和圣墓。他后来定居于拉合尔并死在那里。他的《神秘的启示》是一部以波斯文撰写的重要的苏非论文集。该书不是简单的汇集以前的著名苏非们的言论,而是通过对他们的教义和礼仪的讨论和解释,建立完整的苏非主义体系。他作为哈乃斐派的追随者,像以前的苏非一样,从事神学与神秘主义

---

　　① 关于卡拉巴基的卒年,有学者提出是994年或995年。

的调和工作。在他的前辈中,苏拉米(？—1024)的《苏非们的品级》和阿布·奴阿姆·伊斯法罕(？—1037)的《圣徒的装饰》都曾试图对苏非成员作出区分。他们列出了从伊布拉欣·本·艾德杭到鲁基巴里(？—980)结束的苏非运动的领袖们的名单并予以分类。侯吉维里与苏拉米不同的是,他采纳了阿布·奴阿姆的主张,承认早年的哈桑·巴士里和马立克·本·迪纳尔为苏非。

几乎与他同时的库萨伊里(？—1074)在神学上属于艾什尔里派,在塞尔柱人统治的早期,他由于持该派观点一度被捕入狱。1046年,即在塞尔柱人进入巴格达的前夕,他在其书信集中从该派的观点出发,阐述了苏非派的教义和礼仪,特别强调它的"合一"教义。他提出,不应夸大神学和神秘主义之间的区别。他悲叹当时真正宗教的衰微,号召人们返回到正信和真诚礼仪上去。由于他的正统的护教主义,该著作在中世纪得到苏非派的广泛重视和学习。他在该书中还对苏非虔修中使用的种种概念术语(如"神秘时刻"、"阶段"、"状态"、"清醒"、"陶醉"、"亲近"、"疏远"、"缩"、"伸"、"缺"、"临"等等)予以定义。他对萨拉吉提出的"阶段"和"状态"作了区分:修持的"阶段"可以经过虔修者个人的主观努力达到;修持的"状态"则是虔修者精神上的一种感觉,并非主观努力所能达到的,它是修持到一定阶段的安拉的赐予。他不同于萨拉吉,主张修持应经历的神秘进程为20个阶段和25种状态,并予以具体表达。

十叶派、逊尼派与苏非派的关系 十叶派和逊尼派同为伊斯兰教两大对立的宗教派别。苏非派作为穆斯林虔信者的神秘主义派别,与十叶派和逊尼派的主要区别在于体现这种虔信的神秘的宗教仪式(如齐克尔)、生活方式(如避世隐居、苦行、禁欲等等)以及它的神秘主义教义等方面。十叶派强调被安拉特选的伊玛目,作为神人中介,具有神性或半神性,在世界末日时,可以为信徒说情,使之擢升天国;而苏非派则排斥伊玛目的神人中介的观点,主张信徒在精神导师指导下,经过个人的内心虔修和自省,可以达到与安拉的"合一"。这样,他们的精神导师实际上起着这种中介作用。十叶派崇拜圣墓、圣地的目的在于通过向伊玛目祈祷而祈求安拉宽恕、护佑或向安拉盟誓;苏非派朝拜圣徒、圣墓的目的在于通过举行纪念活动以求得出神的精神境界。两者在祈福避灾求子治病等方面不乏相同之处。早年十叶派的成员中有过肉身化的观点,可是在十叶派的教义形成之后,当哈拉智以肉身化观点表述神秘主张时,不仅伤害逊尼派穆斯林的宗教感情,而且也触犯这时已经形成为十二伊玛目派的十叶派关于隐遁伊玛目的信仰。所以十叶派的阿布·萨赫勒·诺伯赫特(? —923)同样积极参与对哈拉智的判决。库萨伊里准备接受哈拉智为正统派,认为他真正体现了神秘主义的"合一"教义;安萨里干脆认为哈拉智之过失在于向公众泄露了本不该渲染的隐秘。

尽管如此,苏非神秘主义者中不少人本身是虔诚的十叶派信徒;加法尔·萨迪克的《古兰经》注释对苏非派某些观念的形成起过重要作用,苏非派追溯他们的秘传的精神传系(道统)或精神导师时,往往将阿里·里达、加法尔·萨迪克、阿里列入他们的系谱或道统。至于在神学思想上,这种紧密关系更为明显。十叶派的诸伊玛目是苏非派的"固特卜"(意为"北极")思想的原型;十叶派的神智论与苏非派神智论,或者说,十叶派的神光思想与苏非派的神光思想是贯通的;苏非派关于马赫迪再世的条件和时间与十叶派的传统主张大致相吻合。这说明十叶派与苏非派在神学主张上并不是绝对排斥的。与此相仿,苏非派上述的某些观点也为逊尼派所接受。苏非派的大多数成员是逊尼派,一些著名苏非甚至是逊尼派的重要神学家。如伊本·哈菲夫和库萨伊里在神学上是艾什尔里派,侯吉维里在法学上是哈乃斐派,他们的同时代人安沙里(1006—1089)属于严谨的罕百里派。卡迪里教团的奠基人阿布杜·卡迪尔·吉拉尼也属于罕百里派。他们力图调和正统信仰与苏非派的神秘主义的做法,不可避免地会影响门人弟子把神秘主义纳入正统信仰,并使之合二为一。这一艰巨的任务由安萨里完成。

安萨里　阿布·哈密德·安萨里(1058—1111)生于波斯呼罗珊的图斯。他的父亲是个苏非,在他幼年时去世。他和他的兄弟阿赫默德都由一名苏非、他的父亲的朋友抚养成人。他按常规接受了宗教教育;以后,进内沙布尔神学院跟随楚瓦伊尼学习神学和法学,成为艾什尔里派学说的继承人。他在内沙布尔学习期间,也受到当地苏非领袖法尔玛基(? —1084)的影响。1091年,学习结业后,应尼查姆之聘,任巴格达尼查姆神学院的教师,他在学术上的成就使他闻名遐迩,被伊斯兰世界公认为继四大教长之后最重要的人物。他在伊斯兰教中的地位,犹如基督教的奥古斯丁,享有"宗教复兴者"和"伊斯兰教权威"的声誉。

他在巴格达讲授神学和法学期间,写出探讨受希腊哲学影响的伊斯兰哲学的著作《哲学家的宗旨》,批驳哲学家反正统观点的《哲学家的矛盾》;这一时期他还受命写有反伊斯玛仪派的内学观点的论文。在研究哲学、神学和苏非主义后,他发现苏非主义本质上是感觉的,并非理性或知识学习的结果。它唯有通过个人内心经验和伦理转变才能真正理解和彻悟。这样,只有通过个人的亲身体验才能达到苏非主义的目标。在他的自传体的著作《摆脱谬误》中,表述了他与各个派别思想交往的过程。1095年,他毅然舍弃巴格达的教职,以苏非的身份,先后访问叙利亚、耶路撒冷、麦加、麦地那等地,经过十多年的云游后,返回故乡,过着虔诚、宁静的隐居生活。这一时期他写了《圣学复苏》这一重要著作,书中主张伊斯兰教应重建于个人信仰经验的基础之上。

1105年底,他接受苏丹新首相、尼查姆之子法赫尔·穆尔克的召唤,出任内沙布尔神学院的教师。穆斯林普遍相信每一世纪之初,都会出现一位伊斯兰信仰的复兴者。1106年,正值伊斯兰教历的第五百年,他被视为这一世纪的宗教复兴者。可能是由于他的任教原因,他复兴伊斯兰教的主张通过教学得以在伊斯兰世界盛行。他任职三年后,又离开讲席再次返回图斯,在一所既是道堂又是学校的陋屋里,教授他的学生。1111年,他离开人间,但他的主张却长期支配着伊斯兰世界。

正统信仰与神秘主义的结合 安萨里之前的一个多世纪中,苏非著作家已力图表明苏非教义的正统性。可是,真正从伊斯兰教内部接纳苏非主义,使之与正统信仰结合的则是安萨里。

　　像尼查姆一样,安萨里意识到逊尼派伊斯兰教所面临的主要危险,在政治上是十叶派,尤其是伊斯玛仪派的敌对政权;在宗教上同样是热衷于传播内学的伊斯玛仪派。他在反对伊斯玛仪派的论文中明确指出,对逊尼派最为危险的是关于它需要永不犯错误的伊玛目指导的教义。他认为,战胜这种来自信仰内部的危险的唯一办法,只能是在正统信仰的基础之上建立一种新的信仰体系和与之相应的新的宗教生活,这就需要将伊斯兰教建立在新的智力基础上。安萨里的先驱艾什尔里只是以理性论证教义,使理性与正统信仰相调和,没有注意这时已广为流传的苏非主义在公众中的影响。无论是穆尔太齐赖派的早期经院哲学,还是艾什尔里派的新凯拉姆,或者说,被定为官方信条的艾什尔里派经院哲学(伊斯兰教义学),自产生之日起,就已陷入僵硬、呆板的形式主义和教条主义,二者都不可能维持和吸引公众的信仰热诚,也不可能在公众的心目中居于统治地位。安萨里发现,为改变这种状态,唯有在宗教中增加对安拉信仰的、发自教徒内心的神秘因素。他认为,这无法通过哲学、理智和科学的道路,唯有经过教徒个人关于安拉知识的内在的直接感受和内心体验,来达到这一目的。只有这样,才能维持信仰的真诚性和持久性。这是安萨里改造艾什尔里派神学并使之与神秘主义相结合的真正动机。他知道乌里玛作为伊斯兰教的知识阶层可以通过对教法的解释,在实际上控制普通穆斯林的宗教生活。但他们的迂腐、过多地关心世俗生活和只注重教法的外在形式,以及对虔诚教徒或苏非们作过多的指摘,同样有使经训僵化的危险;他们的做法,使宗教难以深入教徒的内心生活,对信仰同样是无益的。为使这一阶层普遍地接受苏非主义,并通过他们来影响普通的教徒群众,他从哲学方面,以新柏拉图主义和亚里士多德的方法和概念捍卫正统信仰,向他们介绍他们以前所不熟悉的术语概念和哲学思想。

　　他提出,真正苏非的生活是以履行伊斯兰教法规定的礼仪为基础的。遵循教法是达到更高的虔修阶段的必由之路,两者是不矛盾的,这是一方面;另一方面,苏非的不同修持阶段并不是"异端",而是与履行教法的礼仪相一致、相结合的。由于安萨里对苏非主义的肯定并使之与正统信仰相结合,这就赋予信仰以新活力。然而这是通过从对经院哲学的注重到对经训的注重的转变达到的,同时也是通过肯定苏非神秘主义在伊斯兰教中的地位达到的。只是他排斥了苏非派中泛神论的以及对圣徒、圣墓崇拜的因素。在对待苏非主义的内学方面,他认为,虽然对经训的隐义的解释是必不可少的,但它不能取代外在的教法和体现教义的表义解释。他意识到伊斯兰教中的内学和神智学的危险,于是,他提出信仰需要真实性的生活;同时应以苏非实践的生活来检验这种真实性,这就使严格按照教法的内心生活与神学的生活态度相结合,从而使正统信仰纳入苏非运动。安萨里的另一本重要著作《光的壁龛》中涉及到神秘经验的本质,以及神秘经验与先知启示经验的关系,这对调和正统信仰与神秘主义同样具有重要意义。后来的神学家很少提及这一著作,而苏非们则更为重视它,安萨里把神秘主义引入这时已被公开接受的以艾什尔里派神学主张为基础的官方教义,完成了艾什尔里派学说的最终形式,为伊斯兰教提供了一种集大成的神学思想。以后的神学家,除了极少数(如伊本·泰米叶)外,大多承认其正统地位。这也决定了他们的学术活动不再有什么创新,只是从事注释或是再注释。而苏非主义也就在伊斯兰教中居于统治地位达五六个世纪之久,直至伊本·阿布杜·瓦哈布提倡复古主义,反对苏非主义为止。可是,苏非主义对伊斯兰教内在的影响再也难以剔除了。

210

第六章 苏非教团的形成与哈里发制度的覆灭 (1157—1258)

第一节 伊斯兰世界面临严峻的挑战

努尔丁反十字军的斗争 从第一次十字军入侵起,到12世纪中叶收复哈鲁(1144)止,大约有半个世纪的时间是基督教界对伊斯兰世界的征服时期。军事征服表明,它只能占领穆斯林居住的某些土地,却无法改变他们的信仰,征服他们的心灵。

12世纪中叶赞吉人开始的反击,虽然一度成为新十字军入侵(1147—1149)的口实,但总的来说,这使得十字军再也无法深入伊斯兰世界的腹地;入侵者建立的公国与穆斯林领地间持续不断的边境冲突与战争,大约延续了一个多世纪。赞吉王朝新继位的努尔丁(1146—1174在位)是个有政治远见和治理国家事务才能的国君。他通过发展宗教事业来笼络民心,以此支持他抗击十字军的斗争。他在巩固边防、重点抗击法兰克人的同时,重视国内建设,尤其是宗教建筑和宗教设施建设。他广建城墙、碉堡、城门、宫邸、客店、医院、清真寺、学校和苏非隐修的道堂。在大马士革,他兴建一所最早的努尔丁圣训学校,聘请当时著名的圣训学家伊本·阿萨基尔专门讲授圣训学。此外,在阿勒颇、希姆斯、哈马和巴勒贝克等城兴建附属于清真寺的高等学校。努尔丁本人在教法学上属于沙斐仪派,所以,他采取尼查姆神学院的规章制度,向学生提供膳宿,想以此扩大逊尼派教义的传播地域,抵消十叶派在叙利亚地区的影响。在他以后,这类学校开始兴盛起来。在大马士革一所以他名字命名的医院,很快发展为一所高等医学院。后来,努尔丁葬于他所兴办的学校里。这样,在叙利亚地区,学校、清真寺以及它们兴建者的陵墓开始结合在一起。

努尔丁意识到与十字军斗争的长期性,他极力主张与南部的穆斯林国家、埃及的法蒂玛王朝在政治上结盟。1160年,法蒂玛王朝末代哈里发阿迪德继位后处于无权地位。王朝权力由埃及上层权贵执掌,早已发生的内争并未因面临外来的入侵而中止。执掌大权的沙韦尔反复无常,时而转向努尔丁求援,时而转向耶路撒冷国王沙马科。1164年,努尔丁派副将西尔库出使埃及。沙韦尔的态度使他首次出使埃及没有获得结果。然而,努尔丁胜利的内政外交,巩固了伊斯兰世界的前哨阵地,这不仅使十字军难以向伊斯兰世界的内地推进,而且使无所作为的十字军各公国间不时发生内讧和冲突。努尔丁联合埃及抗击十字军的政策,终于被法蒂玛人接受。1169年1月,阿迪德本人出面请求努尔丁援助埃及。努尔丁任命西尔库为大臣,再次出使埃及。不久,西尔库去世,大臣职务由其侄萨拉哈丁继任。这样,在反十字军斗争史上,就此开创了新的一页。

萨拉哈丁抗击十字军的胜利　库尔德人萨拉哈丁·本·阿尤布(拉丁语名"萨拉丁",1138—1193)的父亲是赞吉手下的一名司令官。他随同父兄从征,在接替西尔库的埃及大臣职务后,于1171年一举推翻法蒂玛人在埃及的统治,建立以他的家族命名的阿尤布王朝(1171—1250),在埃及恢复逊尼派的正统地位。最初,他作为赞吉王朝的藩臣统治埃及。1174年,努尔丁去世,他宣布与赞吉人脱离宗主关系,率军向北,从努尔丁继承人手中夺取了叙利亚,把势力扩张到阿拉伯半岛西部地区和也门。1175年,他请求阿巴斯哈里发穆斯台兑尔(1170—1180在位)册封。哈里发根据他的请求,把他已占领和尚未占领的埃及、马格里布、努比亚、阿拉伯半岛西部地区、巴勒斯坦和叙利亚中部地区慷慨地授予萨拉哈丁,并封他为苏丹。十年后,他又征服了摩苏尔,把美索不达米亚的所有君王置于他的统辖之下,于是,他的辖地形成了对十字军各公国的包围,成为唯一与十字军对抗的苏丹国家。

萨拉哈丁下令在埃及、叙利亚等地的清真寺的祈祷词中,只许提到穆斯台兑尔的名字,同时,在货币上再次铸上哈里发的称号。萨拉哈丁与阿萨辛派和解后,解除了后顾之忧,开始全力对抗基督徒。1187年,在希田战役中,大获全胜,随之,克复耶路撒冷。他下令拆毁磐石上的圆顶寺屋顶上的金属十字架,把希田战役中俘获的法兰克战俘和战利品(包括一个青铜镀金的十字架)一并赠送给巴格达哈里发纳绥尔(1180—1235在位)。这无疑增强了正在奋起的阿巴斯哈里发复兴的信心。到1189年底,十字军在东方的殖民地仅限于安提俄克、的黎波里、提尔以及其他较小的城镇和要塞。耶路撒冷的陷落,使西方各国的君主大为震惊,德意志皇帝弗雷德里克、英格兰国王理查德一世(狮心王)和法兰西国王菲利普·奥古斯都参加了第三次十字军(1189—1192)。十字军以阿卡为主攻目标,经过两年的围困,阿卡的守军投降,穆斯林战俘遭到残酷屠杀。这以后,萨拉哈丁与十字军签订和约:海岸归拉丁人,内地归穆斯林,双方保证到圣城的朝觐不受干预。在十字军随后的多次进攻中,入侵的目标已不限于收复圣城耶路撒冷,而是扩大到埃及和他们的教胞的首府君士坦丁堡。

213

阿尤布人 1193年萨拉哈丁去世后,他建立的一统的阿尤布国家随之解体。他的弟弟阿迪勒于卡拉克和邵伯克继承王位,他的三个儿子分别于大马士革、开罗和阿勒颇继承王位。1196—1199年间,阿迪勒利用几个侄子间的倾轧,夺取了埃及和叙利亚大部分地区的统治权。1218年阿迪勒去世后,阿迪勒系的几支阿尤布人的后裔,分别统治埃及、大马士革和美索不达米亚;阿尤布人的其他几个支系的子孙则控制希姆斯、也门和哈马。法兰克人利用阿尤布人的这种分裂以及各支系之间互相攻击的局面,重又夺回萨拉哈丁收复的失地。这时,十字军在埃及本土登陆。阿迪勒之子卡米勒(1218—1238在位)作为埃及阿尤布王朝统治者却与十字军缔结和约,把耶路撒冷以及连接耶路撒冷和阿卡的走廊让给十字军以换取十字军反对叙利亚的阿尤布人。直到1244年,卡米勒的第二个继任者撒列哈(1242—1249在位)才邀请这时被蒙古人从中亚赶出来的花剌子模突厥人帮助他们光复耶路撒冷。十字军的入侵一直延续到蒙古人攻陷巴格达之后。这时,真正起到抵御十字军向东推进和蒙古人向西推进的是埃及的奴隶王朝——马木留克王朝。

拉希德丁·息南　伊斯兰世界受到外部入侵时,它的内部同样存在着不稳定因素。教派斗争和内部的不统一状态,削弱了穆斯林一致对外的力量,在叙利亚反十字军斗争前线的阿萨辛派接受波斯阿拉穆特大本营的领导。1169年以后,一个称作拉希德丁·息南(?—1192)的新"谢赫·贾巴尔"(意为"山中老人")对该派进行改组。他以努塞里山东麓的马斯雅德要塞为大本营。阿萨辛派的成员或受派遣,或受人雇,暗杀王公大臣或政敌。继1130年刺杀法蒂玛王朝哈里发阿米尔后,又进行了多次暗杀,其中包括1152年暗杀基督教入侵者、的黎波里的雷蒙二世和1192年暗杀耶路撒冷国王康拉德,阿萨辛派还对萨拉哈丁进行过两次未遂的暗杀。这以前,他们也对努尔丁下过毒手。萨拉哈丁于1176年对拉希德丁·息南在马斯雅德的要塞发起进攻。后来息南以解除围攻为条件,许诺不再侵犯萨拉哈丁并与他合作共同对付基督教入侵者。萨拉哈丁解除包围。

息南没有中断与阿拉穆特大本营的联系,但若即若离。阿萨辛派大本营发觉息南的某种独立倾向后,曾多次派人去暗杀他,未能得逞。

花剌子模人和蒙古人　十字军的入侵,仅仅被作为穆斯林与基督徒之间的边境冲突的继续,除了前线地区的一些地方王朝进行英勇抗击外,并没有引起伊斯兰世界其他地区的穆斯林足够的重视。先后参加这一抗击活动的赞吉人、法蒂玛人、阿尤布人和马木留克人,将入侵者御于叙利亚和巴勒斯坦的一个狭长的沿海地区,到了13世纪末,十字军的入侵被完全粉碎。

可是,东方的蒙古人的入侵来势更猛,它比十字军基督徒的威胁要严重得多。这一最初不过是边境冲突的事件,最终导致阿巴斯哈里发制度的完全崩溃。花剌子模沙原是塞尔柱桑贾尔的藩属。1156年,艾尔西特(1128—1156在位)之子伊本·阿尔斯兰

(1156—1170在位)继位后,建立独立的花剌子模王朝。他的两个儿子在他去世后进行了长期的争夺,直到1193年,长子台卡史(1172—1200在位)取得真正的统治地位。他平定全国后,向西扩张,终于和这时正在复兴的阿巴斯哈里发纳绥尔的势力发生冲突。纳绥尔的部下利用台卡史陷入东部战争之机,征服库齐斯坦和波斯边境省份。1196年,台卡史夺回失地。台卡史显然认为纳绥尔是他的首要威胁,他实行针对阿巴斯哈里发本人的措施。

　　13世纪初,正从东方崛起的蒙古人,在首领成吉思汗(1162—1227)的领导下,不时地向西部地区推进。最初的行动纯粹是掠夺性的,目的在于骏马与妇女,不是征服或占领这些地区。1215年,成吉思汗的长子术赤与花剌子模人遭遇,战争虽然未分胜负,这却使伊斯兰世界面临真正的挑战。1218年,成吉思汗派出使节——三名穆斯林商人携带礼物谒见花剌子模沙穆罕默德。在返回途中,使节在边境驿站遭到杀害,马队受到劫掠;不久,花剌子模沙杀害成吉思汗第二次派出的使节。这引起成吉思汗的盛怒,他率领精兵分四路向花剌子模发动进攻。花剌子模沙本可迎战来犯之敌,他却在加强边境防务的同时,在撒马尔罕坐等蒙古人的到来。1220年,蒙古人迅速攻下布哈拉并进行大规模屠杀,使花剌子模沙慌了手脚,他从撒马尔罕退到巴尔克,再退到内沙布尔。蒙古人则长驱直入,攻克撒马尔罕后继续追赶花剌子模沙,直至他退到里海的一个小岛上。1221年初,花剌子模沙于该岛去世。他的儿子们在争夺王位的过程中,虽然也反击蒙古人的进袭,终敌不过蒙古人的强大攻势,这就使伊斯兰世界的腹部地区暴露在蒙古人的面前。1227年,成吉思汗去世。他的诸子间的争夺使蒙古人向西部的推进暂时中止。伊斯兰世界获得暂时喘息的机会。不过,蒙古人向西侵袭只是时间问题,哈里发制度灭亡已指日可待。

第二节　伊斯兰教民间信仰的发展

伊斯兰教的民间信仰　当安萨里将苏非神秘主义引入正统教

义并使之相结合,进而被逊尼派伊斯兰世界公认为官方信仰的终极形式时,苏非主义并没有因此丧失自己的信众和存在的价值,在思想上和理论上更没有因此而枯竭和中止自身的发展。作为伊斯兰教民间信仰的苏非们的宗教生活仍然延续下来。

苏非们继续履行"齐克尔"的神秘仪式,从事种种"副功拜"(附加的祈祷和礼拜),坚持斋月以外的更艰辛更频繁的斋戒,过着克己、守贫的简朴生活。严格奉行精神修炼以求得个人灵魂的净化、自省和彻悟,愈来愈成为苏非的基本生活模式。苏非神秘理论的发展,丰富了民间信仰的内容。他们改变了安拉与人关系中的主与奴(即安拉是主宰,人为奴隶)的观念,确立了人与安拉为爱者与被爱者、知者与被知者的关系,使人由敬畏、远避安拉转而为亲近、喜爱安拉;他们关于大世界、小世界以及以人为核心的整个宇宙复归安拉的理论,关于"固特卜"(显然源自十叶派的伊玛目无罪教义)、"卧里"(意为"安拉的朋友")和圣徒的理论,关于精神导师(有"穆尔西德"、"谢赫"、"辟尔"、"巴巴"等不同称谓)在"穆里德"(意为"弟子")的精神生活中起主导作用的理论等等,这一切得到发展的同时,苏非个人的宗教生活逐渐由教长(伊玛目、阿訇)主持转移到由精神导师主持,逐渐以清真寺为中心转移到以导师道堂为精神生活的中心。

生活于 11 世纪的阿布·赛义德·本·阿比·哈伊尔(967—1049)的著作中,提到这类道堂在波斯各地已普遍建立。他和库萨伊里的精神导师阿布·阿里·达加格(?—1016),在内沙布尔就有一座道堂;在内沙布尔还有一座由阿布·阿里·塔尔苏希(?—934)建立的道堂。当然,这时候作为教团形式的组织还未形成。可是,他确立的关于道堂的十条生活规章,可能是道堂生活最早的文字记载之一。12 世纪以后在各地先后建立的苏非教团,显然包含了数世纪以来苏非宗教生活发展过程中陆续形成的宗教制度。1154 年,乌古思人在中亚和波斯地区毁坏了不少道堂,但道堂附近的陵墓却保存下来。后来这些陵墓,被包括在道堂的范围之内,以后成为随之建立的教团的宗教活动中心。

像虔诚的逊尼派穆斯林一样,许多苏非并不信仰十叶派的教义。但他们却对"圣族"或"圣裔"(即对阿里以及通过阿里和法蒂玛而延续下来的先知后裔的称谓)有一种心理上和感情上的崇敬和忠诚,不仅以"赛义德"(意为"先生")、"谢里夫"(意为"名门贵族")称之,而且在社会生活中予以特殊的照顾和优待。苏非们往往通过阿里及其后裔把自身的导师与穆罕默德在精神上联系起来。对"圣裔"的尊敬既构成苏非的民间信仰的一个重要组成部分,也是后来的苏非教团追溯其精神上的传系(道统)的一个必不可少的中间环节。苏非教团于伊斯兰世界各地的兴起,是伊斯兰教民间信仰在组织形式上最重要的发展。

苏非教团的形成 8世纪以来,苏非派在波斯、中亚、叙利亚、巴勒斯坦、伊拉克、北非等地的穷乡僻壤或边境地区,已陆续形成种种小组织,这类组织是由一些虔信者自愿结合而成的,他们有相同的精神修炼方法和共同的修炼目的:净化灵魂、忘却自我以达到幻见安拉并与安拉合一。严格说来,这类小组织还不是后来出现的教团形式的苏非社团,甚至完全不是有组织的。因为苏非派的兴起和发展,并不是统一运动的产物,它既无组织的核心人物(首领),又无组织的章程。

在早年,统一的组织并未形成,即使在苏非教团形成和普遍建立时期,这些教团也不是统一的宗教团体。由从事宗教生活的这类早期的小组织向有组织的、类似教会性质的教团演变,大致发生于11世纪中叶到12世纪中叶这一时期,而真正完成这种转变可能是在蒙古人征服和统治时期。这种转变的标志可以说是某个著名苏非身份的变化。最初,一些苏非在一起从事宗教生活,他们之间都是信仰虔诚的伙伴关系,并不存在等级或教阶关系。苏非履行神秘的宗教仪式并不占用全部时间,在其他时候仍过着常人的俗世生活。他们各有一定的社会职业以为谋生手段,他们的大部分收入用于宗教生活和施济他人。他们并不聚敛财富,也不应用钱财修建自身的宗教活动场所。只是在他们中,一部分人逐渐离开原来的社会职业,以前的那种伙伴关系逐渐演变为师徒关系,即一

217

般苏非新入道者把某一著名苏非视为功修的指引者,是他们的精
神祖先,准备接受并追随他的精神修炼方法,愿意将这种方法一代
代地传授下去。这样,精神导师成为一群苏非的中枢。导师授业
的基本方式是口耳相传。门人弟子对导师的训诫应绝对顺从;逐
渐地,种种精神的传系或宗谱被拟订出来,弟子应牢记导师传授的
这种精神传系,即道统;他们在导师活动的道堂进行苦修和从事神
秘的"齐克尔"仪式。导师在弟子中挑选出众者作为本教团精神传
系的合法继任者。导师去世后,往往被门人弟子奉为圣徒,他的居
地和陵墓成为苏非拜谒的圣地、圣墓。进而种种传说和奇迹被附
会到这些圣徒的生平中,它吸引了越来越多的信徒。这样,类似教
会性质的苏非教团开始形成。

教团以导师及其道统、道堂相别。教团因导师不同而有各自
独特的精神修持方式。除了那些被称为非遵法派者外,遵奉伊斯
兰教法,并把履行教法看作是宗教功修的基础的苏非教团,属于正
统的遵法派。这些遵法派的教团一般将他们的精神功修分为三个
阶段,即在履行教法的基础上(通称"教乘"或"礼乘"),坚持种种精
神修持方式(通称"道乘"),最终达到对"真理"的认识,即与安拉的
合一(通称"真乘")。苏非教团各有不同的宗教节日和宗教仪式以
纪念圣徒的生辰忌日。他们除了沿用早已建立的道堂以为宗教生
活的中心外,不少苏非导师远避闹市,居于穷乡僻壤或边境地区;
随着导师名声的远扬,前来求业者愈来愈多。这样,他的居地逐渐
演变为门人弟子聚集的场所并成为道堂。道堂一方面作为苏非的
学校得到了发展,另一方面,它也成为向当地的非穆斯林布道的基
地。在道堂中,逐渐出现脱离俗务的苏非,他们或是专门从事精神
功修,或是侍奉导师;他们功修结业后,作为苦行僧或苏非的传道
师沿街串巷、倚门乞讨、四方云游、布道说教,以传播导师传授的神
秘教义和神秘功修仪式;或是自立分支教团,创立新道堂。道堂的
日常生活需要,除了依靠信徒的奉献捐赠外,主要靠苦行僧出外布
施,他们定期返回道堂并把布施的钱财交给道堂。

卡迪里教团 12—13世纪是伊斯兰世界各地教团普遍建立的

时期。这时先后出现的比较著名和重要的教团,或是由苏非本人创立,或是由著名神学家、法学家或苏非的入门弟子和后裔以其名创立。卡迪里教团是以波斯人阿布杜·卡迪尔·吉拉里(1077—1166)之名建立的最早的教团之一。阿布杜·卡迪尔本人并不是苏非,只是个著名的罕百里派神学家。由于他的名声使他成为人们心目中的圣徒。他17岁时由波斯的家乡吉兰来到巴格达学习。他没有进当时闻名的艾什尔里派的尼查姆神学院,也没有受过苏非导师的指导。他学习罕百里派教义,以虔诚之心在伊拉克沙漠中徘徊苦修了25年时间。1127年,他返回巴格达后,作为罕百里派教师讲道。他的讲道活动吸引大批听众,许多犹太教徒和基督教徒受感召而改宗,这使他闻名遐迩。1134年,他被委任为巴格达经学院院长。他的宗教主张以强调宽容、虔诚、行善和远避俗务为主。他的弟子和追随者在巴格达郊外修建一座清真寺作为卡迪里教团的道堂。活跃在叙利亚、埃及等地听过他的讲道并追随他的生活方式的弟子们承认他的权威;他去世后,各地的弟子都奉他为圣徒,并把他的许多著作、布道词、祈祷词汇集起来,甚至把愈来愈多的奇迹归之于他;许多苏非也自称是"卡迪里"或"卡迪尔派"。他的儿子在12世纪末13世纪初以他的名义正式创立苏非教团,这是伊斯兰世界得到最为广泛发展的正统派苏非教团之一,其影响一直扩及到北非、土耳其和印度等地。

苏哈拉瓦迪教团 继卡迪里教团之后,各地纷纷建立教团,其中,苏哈拉瓦迪教团是当时在巴格达颇有影响的一个教团。该教团的创立人是阿布·纳吉布·苏哈拉瓦迪(1097—1168),或是他的侄子绥哈布丁·欧麦尔·本·阿布杜·苏哈拉瓦迪(1144—1234),历史上说法不一。很可能是阿布·纳吉布于巴格达创立该教团后,由他的侄子予以发展和完善。

阿布·纳吉布曾任巴格达尼查姆神学院的院长,是个圣训学家。他曾为苏非新入会者著有一本称作《穆里德的礼节》的小册子。绥哈布丁·欧麦尔是位沙斐仪派神学家,受到哈里发纳绥尔的赏识,任哈里发与老战士的结义组织——"富图瓦"的联络代表。

他以哈里发个人代表的身份,长期住在巴格达宫廷,哈里发为他建造了一座"里巴特",并附有水房和花园。他的讲道深受大众欢迎,许多教徒特地从远方赶来听他的讲演。公元1231年,他在麦加曾与埃及神秘主义诗人欧麦尔·本·法立德(1181—1235)相会,后者以他的"穆罕默德之光"的理论在伊斯兰世界享有声誉。绥哈布丁·欧麦尔写有许多著作,尤以《认识内心的真理》最有影响,是苏哈拉瓦迪教团的基本教科书。苏哈拉瓦迪教团以后主要在印度传播。该教团赞念"齐克尔"的次数有时多达10万次。

其他苏非教团　在12、13世纪建立的苏非教团中,著名的有源自巴士拉阿赫默德·本·阿里·里法伊(1106—1182)的里法伊教团,以突厥斯坦的阿赫默德·亚萨维(？—1166)命名的亚萨维教团,以花剌子模的纳吉姆丁·库布拉(？—1221)命名的库布拉维教团,以叙利亚人穆因丁·穆·契斯提(？—1236)于呼罗珊创立的契斯提教团,源自北非的阿布·马迪·苏阿布(？—1197)后归于哈桑·阿里·沙兹里(1196—1258)的沙兹里教团。此外在埃及有以阿赫默德·巴达维(？—1276)命名的巴达维教团,在安纳托利亚有因波斯苏非诗人加拉路丁·鲁米(？—1273)而得名的毛拉维教团。

以后出现的教团,或是将其道统追溯到上述的某一教团,或是自称上述的某几个教团。一般说来,上述的各个苏非教团把自身的道统或是追溯到巴亚齐德·比斯塔米,这一类教团又称为中亚派或呼罗珊派,其中不少属于非遵法派;或是追溯到祝奈德,这一类教团又称为美索不达米亚派或伊拉克派,大多系遵法派的苏非教团。它们有着各自上溯到先知的道统。埃及和北非其他地区的苏非教团形成较晚,它们往往将其道统追溯到阿布·马迪·苏阿布并由此再往上溯,一直到先知本人。

女圣徒拉比亚去世以来,也出现过许多女苏非。1150—1250年间,单在阿勒颇就有七个女道堂;巴格达也有几个女道堂,其中以法蒂玛·拉齐亚(？—1127)道堂为著名。在开罗也有一个于1285年建立的女道堂,它是由马立克·札希尔的女儿宾特·巴格达迪和她的女伴为她们的导师宰纳布·伊本特·阿比·巴拉卡建造的。

在蒙古人征服和占领地区,伊斯兰教在一段时间内丧失了它在国家中的官方信仰地位。可是,这些地区的伊斯兰教徒得以延续,原因之一正是依靠这些苏非教团的布道活动;同时,也赖于苏非教团的传教师们的活动,使伊斯兰教得以在它从未深入过的地区得到传播。一旦条件许可,伊斯兰教恢复在国家生活中的统治地位是不困难的。

第三节 神秘主义的系统化

苏非派形而上学的发展 10世纪以来,苏非派关于精神修炼道路和种种修持方式的著述陆续问世,对苏非教团的形成起了重要作用。这些著述的基本内容在于阐述精神功修和目的、程式与制度,具有一定的神学的和形而上学的色彩,但毕竟没有系统阐述苏非神秘主义教义的奥秘。因翻译运动而引入的希腊思想,尤其是新柏拉图学派的理论,不仅影响到像法拉比、伊本·西那这样的伊斯兰哲学家,而且愈来愈多地为宗教界所关注。到11世纪时,在苏非派的成员中,获得"真知"或"真理"的途径在于"光的照明"的思想已广为流传。他们认为,不同类型的苏非可以通过不同的途径获得神秘的照明,他们或是借助于个人长年累月的白天祈祷、夜间沉思的艰辛及苦行生活而获得,或是由于神的恩赐而获得。只是"光的照明"思想的表述还没有系统化和理论化。例如在苏哈拉瓦迪教团的著作中,即是这样。

苏非神秘主义教义的系统化和理论化,与这一时期社会生活的发展是分不开的。叙利亚、巴勒斯坦和西班牙等地区,是伊斯兰教与基督教冲突的前哨地。这些地区的人民饱受战乱的苦痛。叙利亚、巴勒斯坦作为反十字军入侵的前线,人民已作出巨大牺牲。这一地区的统治者努尔丁、萨拉哈丁需要宗教作为维护自身统治的精神支柱,期望得到人民对他们反十字军斗争的支持。他们从各方面鼓励并发展逊尼派伊斯兰教,其中也包括对苏非派的赞助,长年的战争和人民普遍的苦难,客观上要求宗教学者和苏非们予以理论的解释。从波斯来到阿勒颇的苏哈拉瓦迪对世界和社会作了神秘主义的说明,从形而上学方面发展了苏非神秘主义教义。这样,逊尼派和苏非派在这一地区都得到了发展。

苏哈拉瓦迪与照明学说 绥哈布丁·叶海亚·苏哈拉瓦迪(1153—1191)生于波斯北部津赞城的苏哈拉瓦迪村。由于他和苏哈拉瓦迪教团的奠基人同名,往往易将两人混淆。

苏哈拉瓦迪先后在马拉加赫和伊斯法罕受教育,他和著名的正统派神学家法赫尔丁·拉齐是同学,但他和后者却走上不同的道路。他结束学习后,在波斯各地游学,旅途中结识了不少苏非,于是参加苏非派,实践精神修炼和沉思的道路。他旅行来到安纳托利亚、叙利亚等地,受到萨拉哈丁之子、阿勒颇总督马立克·札希尔的赏识和礼遇,于是留在阿勒颇宫廷,成为马立克·札希尔的宠臣。

在古代东方世界,人们已把东方太阳升起之地与智慧、光明联系在一起,而把西方日落之地视为黑暗、愚昧。苏哈拉瓦迪吸取了古希腊哲学家的思想(其中也包括伊本·西那关于"知识是光的照明"的神秘观点)和波斯琐罗亚斯德教的传统,又在苏非前驱的思想,尤其是在哈拉智和安萨里(主要是《光的壁龛》)的思想基础上,对伊斯兰世界早已存在的神光思想作了系统的阐述,创立了他的照明学说。后来的苏非家和神学家都接受和采纳他的学说形成照明学派,他成为照明学派的奠基人。根据他的学说,他把安拉比之为绝对的、终极的光,宇宙万物赖其照明而存在而显现;光是宇宙万物的本原,光统治着整个宇宙,宇宙万物由不同程度的光与暗结合而成;离开光的照明,一切皆不存在。他提出,人获得光的照明就是获得知识与"真理";反之,人则处于愚昧与无知境界。人的认识过程,是上界对人的灵魂的照明过程,而照明是以诸天体的精神(天使)为媒介。照明之所以可能,完全在于人的灵魂中具有先天的原型和光明。灵魂源自可见的天体世界。灵魂机能的不同,是由于灵魂在光的照明和支配下所起的作用不同。人生在世,即灵魂受囚之日;只有摆脱世间的物质束缚,灵魂才得以返回自身的故乡——天体世界。他主张,人生的目的在于寻求脱离俗世返回真正故乡之路。为此,他提出要通过苦行的生活,从事精神的功修,达到灵魂的净化,这种功修的道路就是寻求光之照明,只有这样,才能在世间享有幸福。

苏哈拉瓦迪受迫害　苏哈拉瓦迪的"光的照明"学说,无疑是强调现实生活虚幻,让人们忘却身受的苦难,摆脱俗世的纷争,专注于个人的沉思和灵魂的自我净化。这种主张适应了那部分在战争苦难中生活的下层群众的精神需要,但它显然与反十字军前线的现实斗争不合节拍;同时,它也违背了逊尼派乌里玛们的教训。年轻的苏哈拉瓦迪以其广博的学识、潇洒的谈吐、雄辩的口才和翩翩风度在宫廷中得宠。他在公众面前毫不掩饰地宣讲秘教教义,在与逊尼派的乌里玛的辩论中又屡占上风,得罪了不少对手,这使他在阿勒颇树敌过多。当地的乌里玛既妒忌他的才华,又敌视他的思辨的苏非神秘主义教义,宣布他的说教的反信仰性质,要求马立克·札希尔把他视为"异端"而处以极刑。最初,马立克·札希尔在宗教界的舆论压力下,从偏爱苏非和学者的角度考虑,企图庇护这位年轻学者。这批宗教学者在马立克·札希尔毫不采纳他们的谏言的情况下,直接向萨拉哈丁呼吁。这时的萨拉哈丁面临着十字军对叙利亚的新攻势,他需要当地的宗教界支持他的权威,于是他迫于这种压力不得不以苏哈拉瓦迪为牺牲品。1191年,苏哈拉瓦迪被捕入狱并被处死。

苏哈拉瓦迪写有50多种著作,其中尤以《照明的智慧》最为著名。由于他的殉难,后来的苏非称他为"马格尔"(意为"殉难者"、"受害者")。他的照明学说对伊本·阿拉比有着一定的影响。

伊本·阿拉比　阿布·伯克尔·穆罕默德·本·阿里·穆哈义丁·本·阿拉比(1165—1240)是苏哈拉瓦迪的同时代人。他生于西班牙南部的穆尔西亚,其父是塞尔维亚(塞维勒)的法官,他主要活动于该地并先后在西班牙的其他一些地区和北非游学。1182年,他受到两位女神秘主义者——马尔希纳的亚莎米与科尔多瓦的法蒂玛的影响。约有两年的时间,法蒂玛是他的精神之母。

12世纪末,北非的政治形势不利于宗教和学术的发展。1200

223

年,伊本·阿拉比经过突尼斯、开罗、耶路撒冷等地到麦加朝觐。在麦加期间,他遇到一位来自伊斯法罕的波斯姑娘。她的虔诚和美貌引起了伊本·阿拉比的爱慕之心而与之结合。据说婚姻的美满激起他的灵感,他开始了《麦加的启示》这一巨著的写作。两年后,他加入以哈迪尔为首的神秘教团,伴随着香客到安纳托利亚、科尼亚、亚美尼亚、幼发拉底河谷、巴格达以及阿勒颇等地访问。1204年,他作为哈迪尔的弟子于摩苏尔接受了其道堂的标志——斗篷。1211年,他在巴格达与当时著名的苏非导师绥哈布丁·欧麦尔·苏哈拉迪相会。1230年,他结束了游旅生涯,开始定居于大马士革。这时,他完成了经过30年创作的《麦加的启示》。此外,他大概写有200多种著作、论文、注释和诗歌,其中包括著名的《智慧的珍宝》。伊本·阿拉比自称为"封印圣徒",以其博学受到后人的尊敬,享有"大长老"和"宗教复兴者"的称号。1240年他于大马士革去世并葬在那里。

224

　　存在单一论　伊本·阿拉比是苏哈拉瓦迪之后照明学派的最大代表。他的思想还受到哈拉智、哈基姆·提尔米基、巴亚齐德·比斯塔米、伊本·西那和安萨里等著名苏非或哲学家的影响;在教法学方面,他属于伊本·哈兹姆发展了的表义学派;在哲学理论方面,他是泛神论者。他阐述的思辨的神秘主义教义,表明他在信仰方面的秘教性质。他的神秘主义体系的中心思想是"存在单一论",或者说,是"存在"与"完人"统一的思想。根据他的学说,安拉是绝对有(或纯粹的本质),是一切存在的根源;有与存在在安拉之中是统一的、不可分割的;这时,没有属性,没有关系,因为安拉处于隐的或静穆的状态;安拉由隐而显,经历本质、属性、行为、观念世界(即原型)和感觉世界(即物质世界)这五个阶段。

　　世界是安拉的自显或外化的结果,所以,世界是相对的有(或相对的存在)。一方面,世界作为安拉知识(观念、想像等等)中的有(或存在),是永恒的存在,即世界是现实的,是实在;另一方面,世界作为安拉外在的存在,又是暂时的非存在,在世界未被安拉显造(即自显、外化)之前,又是潜在的存在。在他看来,安拉与世界之间的关系,不过是作为认识主体的安拉与安拉自我外化了的世界(即认识的客体)之间的关系。宗教家所说的创世、造化不是别的,乃是安拉认识他自身的过程;安拉的认识是对自身的认识;在安拉那里,知识、知者和被知者三者是统一的。

伊本·阿拉比认为,安拉显现的步骤,即由隐而显、由静而动的过程中,每后一阶段都是以前一阶段为摹本的;安拉的德性和美名,以及观念世界的显现,决定了宇宙万物的存在并按各自存在的法则而运动。现象世界(即物质世界)潜在于安拉思想之中,是以安拉的观念为原型的;原型构成安拉与宇宙万物之间的中介。

安拉是"至美",他作为"隐匿的宝藏"只有被发掘、被认识才得以显现其珍贵,安拉造人的目的在于使人认识自身。由于人降生后受俗世物欲的诱惑,不再认识返回安拉的途径,故在每个时代派遣一名先知来指导世人。世界上各不同时代的先知都是安拉的一个"逻各斯",穆罕默德作为"封印先知"是先知序列的首领。伊本·阿拉比的"穆罕默德实在"(或"穆罕默德真理"),也就是早年的苏非所说的"穆罕默德之光",这一"实在"或"真理"是世界的创造原则,或第一理性,它是安拉的最初显现和外化;"穆罕默德实在"在"完人"中得到最完满的体现,所以完人是"实在"的缩影,在他看来人中的完人就是穆罕默德。

根据伊本·阿拉比的"存在的单一"的主张,在先天就已存在的宇宙万物,最初是以观念的形式存在于安拉的知识之中,经过不同阶段(即按照新柏拉图学派"流溢说"的模式)的显现,而有后天的宇宙万物;宇宙万物以及它的精髓之人,将来仍要返回到安拉的观念中去。安拉与世界互为表里,本质与属性之间,即安拉与世界之间本无区别。伊本·阿拉比的思辨学说,为苏非派的神秘主义教义奠定了基础。同时它也招致正统派的极大愤怒。

伊本·阿拉比的影响 伊本·阿拉比的著作,在他死后得到广泛的流传。他的诗歌为不同教团的苏非聚会时吟诵,他的《智慧的珍宝》有不少于35种注释本。他在科尼亚接纳的大弟子萨德尔丁·库纳维(?—1273),后来成为其著作最重要的注释者和其学说的传播者,向伊斯兰世界的东部地区广为传播其学说。萨德尔丁·库纳维是波斯神秘主义诗人鲁米的朋友和礼拜时的伊玛目,他使鲁米在一定程度上接受了伊本·阿拉比思想的影响。萨德尔丁·库纳维还是库特布丁·设拉子的老师,后者对照明学派导师苏哈拉瓦迪的《照明的智慧》作了最著名的注释。

伊本·阿拉比的学说还由波斯苏非诗人赫尔丁·阿拉基(?—1289)以《神圣的闪光》为名向波斯语地区介绍。15世纪时,波斯著名诗人加米(1414—1492)对伊本·阿拉比本人的著作和法赫尔丁·阿拉基的《神圣的闪光》作过注释,它以《神圣闪光的光辉》流传于世,成为学习苏非教义的手册。[①] 伊本·阿拉比的弟子大多是注释家,在苏非形而上学方面没有作出什么新贡献。十叶派的神学家也将他的学说引入十叶派的精神生活,对后来波斯圣徒的公式化教义的形成具有重要的影响。

第四节　阿巴斯哈里发制度的覆灭

逊尼派在埃及确立统治地位　努尔丁和萨拉哈丁继尼查姆·穆尔克之后,在伊斯兰世界积极推行逊尼派教义,试图取代十叶派在叙利亚和埃及的影响。法蒂玛王朝时,伊斯玛仪派的传道会在埃及和一度在叙利亚居于统治地位,但是,它们对这些地区的广大下层民众的信仰,没有作更多的干预,这些民众继续信奉逊尼派。1171年,萨拉哈丁执掌埃及政权并夺取叙利亚后,恢复逊尼派在这些地区的统治地位,解散了伊斯玛仪派的传道会,但民众的信仰不发生改宗问题。在叙利亚,萨拉哈丁在宗教教育和支持宗教事业方面,比他的前辈更为慷慨。他大办宗教教育事业,使大马士革变成学校城。据伊本·祝拜尔的游记,1184年时,大马士革有高等学

---

① 《神圣闪光的光辉》原称《额慎啊哼》,是中国伊斯兰教经堂教育的读本之一。它有破衲痴的汉译本,称为《昭元密诀》,刘智于《天方性理》中称它为《额史尔》或《费隐经》。

校 20 所。此外,萨拉哈丁还兴建宗教建筑,支持宗教活动,建立两所免费治疗的医院和许多苏非道堂。以后,他又把这种道堂制度引入埃及。在埃及,萨拉哈丁为扩大和推行逊尼派教义,令爱资哈尔大学按照逊尼派教义从事教学,培养逊尼派的宗教学者,并把叙利亚的高等学校引入埃及、耶路撒冷、希贾兹。在埃及兴办的许多高等学校中,最著名的一所称为萨拉哈学校。同时,他对埃及、叙利亚各地已有的种种商业的、手工业的行会组织作了改组。这些行会组织原来与宗教的关系并不密切。他将这些行会分别隶属于某一苏非道堂。于是,行会中的神秘色彩逐渐加强。

在阿尤布王朝时期,像济贫院一类的非专职的苏非的组织机构得到迅速发展。萨拉哈丁还欢迎亚洲籍的苏非到埃及来从事布道活动。1173 年,埃及出现第一座称作萨拉哈的罕卡(亦称达尔·赛义德·苏尔达尔罕卡)①,作为外来苏非的旅店。萨拉哈丁和他的兄弟与追随者还在耶路撒冷、阿勒颇、大马士革等地为苏非建立了包括阿拉伯式的供食宿和技术培训的里巴特,波斯式的非培训用的旅店以及由某一苏非长老与其几名弟子居住的较小的札维亚。在埃及和其他地区的这些原来供招待国外苏非或培训用的罕卡、里巴特、札维亚逐渐成为苏非活动的中心——道堂。以后它的长老也享有官职。马木留克王朝时期,埃及继续建造了这类道堂和罕卡。萨拉哈丁支持逊尼派,尤其是为苏非建造罕卡或道堂,使埃及和叙利亚的逊尼派得到相应的发展。

赞吉人和阿尤布人统治时期,埃及和叙利亚变成教育发展之地,由于这些地区没有出现过什么著名的学者和思想家,尤其是这时的逊尼派伊斯兰教本身已经模式化和教条化,它对伊斯兰世界的其他地区没有发生多大的影响。只是在蒙古人摧毁巴格达之后,开罗才成为伊斯兰教的宗教和文化中心并发挥作用。

纳绥尔的中兴　塞尔柱苏丹桑贾尔去世后,他的诸亲王之间

227

---

① 这原是法蒂玛王朝哈里发穆斯坦绥尔赐予宦官赛义德·苏尔达尔的公馆。1149 年宦官被处死后,房子一直被封存。

又陷入内讧与争夺,这有利于阿巴斯哈里发夺回自己的权力。纳绥尔继位后,很快就从宫廷贵族的统治下,解放了巴格达,然后以巴比伦尼亚为基地向东扩展他的势力。他成为阿巴斯王朝中兴的哈里发,也是王朝中在位年代最长的哈里发。如前所述,萨拉哈丁重申对阿巴斯哈里发的效忠并请求哈里发的册封,这无形中是对纳绥尔的一个巨大支持,为纳绥尔试图恢复阿巴斯王朝以往的荣光提供了大好时机。

纳绥尔扶植十叶派势力来加强自己的权力,试图以此摆脱这时尚有实力的逊尼派塞尔柱人的控制。他任命一些十叶派成员,包括任命拉义的阿里后裔赛义德·纳西尔丁·本·马赫迪为大臣。数世纪以来,伊拉克有一个老战士的结义组织"富图瓦"(原意为"行义")。这是个民间的武士团体,自称源自阿里时代,该组织的成员称为"菲特彦",穿戴一定的服饰。参加该组织的人大多出身显贵世家,并自称是阿里的后裔;新成员入会必须履行特别的仪式。纳绥尔改组这一武士团体,自任其首领,让武士向他本人宣誓效忠。他还任命绥哈布丁·欧麦尔·苏哈拉瓦迪作为与富图瓦联络的代表;在他的庇护下,富图瓦得到了发展。他试图通过该组织获得更广泛的政治势力,可惜没有达到。纳绥尔还把希望寄托在帝国东部花剌子模沙台卡史的身上。12世纪中叶以来,自塞尔柱人统治崩溃之后,帝国东部地区的各支系的塞尔柱统治者之间不断进行着战争,1194年,塞尔柱苏丹突格里勒(1177—1194在位)与花剌子模沙台卡史于伊拉克会战,结果,突格里勒大败,塞尔柱王朝在伊拉克和库尔德的宗支,随着他的失败而灭亡。纳绥尔试图利用台卡史的胜利完全收回哈里发应有的权力,可是,台卡史援引先例,把应归巴格达哈里发执掌的世俗实权留给自己并以苏丹的名义铸造货币,只让哈里发继续享有宗主权。纳绥尔的设想完全落空。

册立十叶派哈里发的宗教会议 台卡史的儿子阿拉义丁·穆罕默德(1200—1220在位)继位后,花剌子模已与纳绥尔的势力范围相接。1210年,花剌子模沙征服了波斯大部分地区,克服布哈拉和撒马尔罕,1214年,占领加兹纳后,决心推翻阿巴斯王朝。

据说,1216年,纳绥尔试图寻求正向西远征的成吉思汗为同盟者以击溃自己的对手,而花剌子模沙则设计拥立十叶派傀儡哈里发以取代阿巴斯人。1217年,花剌子模沙召集了一次宗教会议,讨论阿里的后裔是否适合于当哈里发的问题。这时,十叶派的信徒广布于波斯各地,从中物色一位阿里后裔是不困难的。于是,一个来自特尔莫德的阿拉·穆尔克被册立为哈里发。随之,花剌子模沙装备一支军队护送这位哈里发前赴巴格达登基。只是由于严冬过早来临,迫使这支队伍中途折回。1218年,蒙古人大规模的西侵开始,护送阿拉·穆尔克去巴格达的计划再也无法付诸实施。

官方信仰的僵化 四大教法学派形成以来,逊尼派在教法上奉行"塔格里德"(意为"仿效")原则,创制立法的大门从此关闭。艾什尔里派教义被奉为官方信仰后,尤其是安萨里使之与神秘主义结合后,逊尼派对"伊斯兰教权威"确定的信仰的最终形式,至多只作些注释或再注释,没有作出更多的创新;这以后,逊尼派伊斯兰教再也没有什么像样的发展。持穆尔太齐赖派神学观点的学者依然存在,在花剌子模人统治下的中亚地区,穆尔太齐赖派的观点仍居统治地位,札马赫沙里的《古兰经》注释本《凯沙甫》仍受到一部分学者的重视。这不能不引起正统派神学家们的恼怒。出身于拉义的法赫尔丁·拉齐(1149—1209/1210)是个教法官的儿子。他本人也是个沙斐仪派的教法官,他有哲学和希腊科学的知识,还是个艾什尔里派神学家。他从拉义专程到中亚以与那里的穆尔太齐赖派的学者论辩;以后,他又到布哈拉、撒马尔罕、加兹纳和旁遮普,最后定居于阿富汗的赫拉特。他以艾什尔里派观点注释《古兰经》,并以此批驳札马赫沙里的穆尔太齐赖派观点。他的注释《冥界的钥匙》虽未最终完成,但仍被正统派奉为"伟大的注释"和"伊斯兰教百科全书"。与他的同学、照明学派奠基人苏哈拉瓦迪被当局杀害不同,拉齐则是被卡拉姆毒死的。

到13世纪中叶,即阿巴斯哈里发制度崩溃的前夕,在伊斯兰世界的大部分地区,逊尼派实际上已居于统治地位。作为官方信仰的逊尼派教义也已经教条化。这是蒙古人征服和统治时期,伊斯

229

兰教得以延续的一个重要原因。

蒙古人攻陷巴格达 13 世纪中叶,蒙古人大规模西侵复起。1256 年,成吉思汗之孙旭烈兀(1212—1265)渡过阿姆河(乌浒水),波斯和高加索的诸小国君纷纷投诚。旭烈兀曾邀请阿巴斯末代哈里发穆斯坦尔绥姆(1242—1258 在位)共同行动对付阿萨辛派,哈里发对此没有作出反应。于是蒙古人单独猛攻阿拉穆特要塞。

这时,十叶派内出现过像纳西尔丁·图西这样重要的学者,他在逊尼派居统治地位的地区并不受到重视。最初,他不得不投靠阿萨辛派的库锡斯坦山寨统治者纳西尔丁·阿布杜拉·希姆。

波斯图斯人纳西尔丁·图西(1201—1274)是哲学家和天文学家,他与穆斯坦尔绥姆的首相交好。由于他与首相的通信被截获,他在被严密监护下送到阿拉穆特要塞。在蒙古人节节胜利之际,他曾劝其主子、阿萨辛派伊玛目鲁克尼丁·库尔沙(? —1256)放弃抵抗。库尔沙未听谏言,逃往梅蒙-的兹要塞。要塞被攻克后,他与库尔沙一同被俘。在押往旭烈兀军营的途中,库尔沙被杀害,他在波斯各地的部下也被追杀。纳西尔丁·图西本人倾向于异族,受到旭烈兀的礼遇和重用,并随蒙古人西征。据说,旭烈兀在他的建议下,杀害了阿巴斯哈里发及其家族。1259 年,旭烈兀在乌米尔亚湖附近着手建立马腊格天文台,任命纳西尔丁·图西为天文台台长。他编辑了一部新天文表,称作"伊儿汗历",以纪念波斯伊儿汗国的奠基者旭烈兀。伊儿汗历后来流行于亚洲各国,后又传到中国。阿萨辛派在叙利亚的要塞同样被蒙古人攻克。1250 年后,叙利亚成了埃及马木留克王朝(1250—1517)的属地,蒙古人于 1260 年夺取了阿萨辛派在叙利亚的马斯雅德要塞。后来,阿萨辛派在叙利亚的其他要塞先后被马木留克的贝巴尔斯一世占领,到 1273 年底,贝巴尔斯已摧毁了他们的全部要塞。

蒙古人在向西推进的过程中,于 1258 年 1 月包围了巴格达。最初阿巴斯哈里发拒绝投降,他的部下甚至扬言,进攻巴格达将遭天罚,以此警告蒙古人,蒙古人则以抛石机猛烈轰击巴格达城墙作回答。一个堡垒被打开缺口,蒙古人从缺口蜂拥而入。哈里发慌忙率领大批官员出来迎接已攻入城的蒙古人,但为时已晚。十天后,哈里发和他的皇室全部被处死,巴格达城遭到洗劫,显赫一时的阿巴斯王朝的历史随之结束。作为逊尼派伊斯兰教象征的阿巴斯哈里发制度彻底覆灭,它的精神领袖哈里发本人也遭到异族的杀戮。可是逊尼派已根植于伊斯兰世界的大部分地区,特别是苏非派避入深山僻壤,它的传教师在边远地区布道,使伊斯兰教继续在那些从未深入过的穷乡僻壤地区获得传播,这已不是异族或十叶派的活动改变得了的格局。1260 年,阿勒颇、哈马、哈里木先后陷落。叙利亚受到威胁时,奉逊尼派的埃及马木留克人在巴勒斯坦重创蒙古远征军并遏制蒙古人的西侵。

第一节 埃及马木留克统治下的伊斯兰教

马木留克王朝 1249 年,阿尤布国王萨里哈·纳吉姆丁(1239 /
1245—1249 在位)在与路易九世作战中病逝,其子陶兰沙(1249—
1250 在位)接任后继续战斗,击败法兰克人。战后,在王朝中握有
实权的马木留克人,阴谋杀害继位 70 天的陶兰沙,让萨里哈的寡妻
沙吉拉·杜尔执政。由于阿巴斯哈里发拒不承认妇女当政,1250 年,
沙吉拉·杜尔遂与突厥奴隶将官艾伊贝克(1250—1257 在位)结婚,
共掌政权。后因宫廷夺权之争,两人均丧生,政权归于艾伊贝克的
儿子阿里(1257—1259 在位)之手,从此,阿尤布人的政权消失,开
始了马木留克王朝(1250—1517)在埃及的统治时期。

马木留克人是一批奴隶。他们在宫廷或军队中服役,其中有
突厥人、库尔德人、塞加西亚人、罗马人,分别来自乌浒水、药杀水
流域以及突厥斯坦、波斯、小亚细亚、黑海北部沿岸克里木(位于黑
海和亚速海之间,今乌克兰境内)地区。在埃及,他们分为两部分:
一部分是由阿尤布朝国王萨里哈·纳吉姆丁征募的,大部分为突厥
人,编成海军,驻守在罗得岛一带,称为河洲系马木留克,1250—
1382 年间统治埃及;另一部分是由苏丹盖拉温(1279—1290 在位)
买来的塞加西亚奴隶,由于他们驻守在城堡上,称为碉楼系马木留
克,于 1382—1517 年间统治埃及。

新王朝的属地有埃及、巴勒斯坦、耶路撒冷沿海一带以及阿尤
布王朝统辖的希贾兹地区。以纳赛尔·优素福为首的叙利亚阿尤
布人一度向马木留克人复仇,终因对抗蒙古人的入侵,双方于 1253

年和解,各据一方。后来蒙古军队袭击大马士革,阿尤布人不战自败。1260 年,马木留克人在阿因·扎卢特战役中给予蒙古人第一次毁灭性的打击,阻挡了蒙古人向埃及的进军,此后,他们又击败蒙古人对叙利亚地区的多次袭击和进攻。接着,在 1263—1268 年间竭尽全力征讨基督教君主,加速了十字军在叙利亚的失败。努比亚的部分基督教小王国曾支持十字军反对马木留克人。1276 年,苏丹拜伯尔斯征讨努比亚人,击败马古拉基督教王国达伍德的军队。后双方达成停战协约,规定:努比亚国王服从埃及苏丹,并代表马木留克苏丹执政;努比亚近 1/4 的领地划归埃及,努比亚居民或是皈依伊斯兰教,或是缴纳人头税。结果,伊斯兰教在努比亚得到进一步传播。至 1418 年,努比亚地区与埃及统一,全部建立起伊斯兰教的小王国。

　　1426 年,在苏丹巴尔西白(1422—1438 在位)时期,马木留克人占领塞浦路斯,威胁罗得岛。塞浦路斯一度是十字军的后勤基地和避难所,塞浦路斯人曾多次攻击埃及沿海和叙利亚地区。此后,马木留克人统治该地直至 1517 年。

233

　　马木留克人对伊斯兰教的重大贡献在于战胜了强大的蒙古人和十字军的进攻,保卫了伊斯兰教的文明。

　　恢复哈里发制度　　马木留克王朝建立在少数外族奴隶对大多数穆斯林专政的基础之上,王朝的大多数法学家属沙斐仪派。按沙斐仪派教法规定:哈里发除应出自古来氏族外,还要具有相当条件。马木留克人不是古来氏族,他们作为外族奴隶,无权担任哈里发一职。同时,他们完全脱离埃及土著,只在族内通婚,与被统治者之间有着不可逾越的鸿沟。他们的宗教知识很少,在幼年时学习读书写字和一点有关《古兰经》、圣训、教法的知识后,12 岁起就学习骑术和使用武器,以此保持本阶层的军事优势。甚至有许多马木留克人只在名义上是穆斯林。为此,他们需要恢复哈里发制度,树立一个名义上的哈里发,并由这位哈里发向掌权者册封和授权,使他们的统治具有合法性,以致有可能得到全体伊斯兰教徒的承认。1260 年,苏丹拜伯尔斯(1260—1277 在位)从逃脱蒙古人屠杀的难民中,物色到一位阿巴斯人后裔阿布·嘎西姆。一个有法官、宗教人士、地方长官等要人参加的委员会,确认阿布·嘎西姆的门第出身后,树他为"信士的哈里发",取封号"穆斯坦绥尔"(意为"求安拉赐胜利者"),再由这位傀儡哈里发向苏丹本人授权执政。拜伯尔斯还派哈里发阿布·嘎西姆率军收复巴格达,结果被蒙古人战败,阿布·嘎西姆阵亡。随后,拜伯尔斯又树一位阿巴斯人阿布·阿巴斯·阿赫默德为哈里发。此后,从 1260—1517 年,在埃及共有 16 位傀儡哈里发先后在位。

这一时期的哈里发作为安拉在大地上的影子,只是在理论上继承先知。哈里发和苏丹的名字同被铸在钱币上,在星期五聚礼的讲道中,哈里发的名字还位于苏丹的前面。先知遗物绿色斗篷和拐杖也归哈里发穿戴和保管。他们还经常穿黑色衣衫,以示尊严和高贵。实际上,他们在国家中没有任何一点权力。哈里发的任务只是为新任苏丹举行授权仪式,为他祝福,无权过问政治。在许多情况下,哈里发只具有精神象征,苏丹才是政治权力的代表。特别是苏丹亲自率兵出征,战胜伊斯兰教的敌人,威望渐高,也就越来越具有宗教尊严,削弱了哈里发的影响。苏丹则集精神与政治权力于一身,成为伊斯兰教合法的领袖。

教法实施 1265 年,苏丹拜伯尔斯在开罗建立四大法官制度。逊尼派的四个教法学派都得到官方的承认,各派都有一名总法官。这一新制度在叙利亚的大马士革和其他城市同样实行。四个教法学派的总法官分别委任本学派在各地区的代理法官。拜伯尔斯还为此建立了一个称为"司法部"的机构,亲自监督实行。这种政策使四个教法学派在司法领域处于平等的地位。任何一派的法官都有权受理诉讼,并按照本派的原则作出司法判决,打破过去只按沙斐仪派教法司法的现象。但四个教法学派的平等是就其符合逊尼派的正统概念而言的,实际上,根据遵循人数的多少和重要性,沙斐仪派仍居领先地位。沙斐仪派的总法官优越于其他三位总法官,负责管理孤儿财产、无主财产和宗教基金;具有监护人和法官职权;在最著名的大马士革倭马亚清真寺中讲道;监督管理所有的学校。麦加的沙斐仪派法官也居首位,负责率众礼拜。仅次于沙斐仪派的是哈乃斐派。在学校里经常是同时教授沙斐仪派教法和哈乃斐派教法。苏丹拜伯尔斯在开罗和大马士革建立的两所大学,只允许授沙斐仪派和哈乃斐派教法。马立克派和罕百里派分别处于第三、第四位。

马木留克王朝实行有关穆斯林婚姻家庭、财产继承和私人身份法,国家设有宗教施舍机构,帮助和救济病人、穷人,保证孤儿的生活和教育等。但是伊斯兰教法始终未成为国家行之有效的法律制度。自13世纪起,政教分离的倾向就已明显加强。国家设有一批专门从事解释和阐明教法的学者,法律判断常常在"麦斯拉哈"(意为"公众利益")的名义下掺杂有个人意愿和习惯法。特别是刑法,更没有系统实行。只要纳税,贩酒就成为被允许的行业。至于对私通者石击或诅咒的惩罚,更是罕见。这实际上是废除了伊斯兰教刑法。苏丹还以"圣战"的名义横征暴敛,没收"有经人"的财产。对商人和群众的税收名目繁多,有农业收成税、市场税、贩酒税和麻醉品税等,甚至于村庄发生命案也要收税。苏丹政权的专制和独裁常使学者和法官难于摆脱统治集团的控制。

长期以来,基督教徒的管理才能和技术知识,使他们在中央和地方政府中担任一定的职务,居于优越地位,也比较富有。由于十字军的入侵,13世纪时,基督徒又在开罗多次闹事,致使穆斯林和基督教徒双方敌对情绪加剧。1300年,政府规定犹太教徒和基督徒应穿特别的服装。苏丹还命令关闭除亚历山大以外的大多数基督教堂,禁止基督徒搞宗教庆祝活动。穆斯林群众捣毁基督徒住宅的事件屡有发生,仅1321年,埃及就有60座基督教堂被毁,许多修道院也遭劫。后来,政府的政策有所缓和,让基督徒以交税来免穿规定的服装。对基督徒的迫害政策致使许多基督徒皈依伊斯兰教。

宗教教育 14世纪时,埃及已成为伊斯兰世界的宗教与文化中心。根据伊本·白图泰的记述,埃及的学校多得难以计算。建立清真寺和学校的目的,一方面是表现出敬畏安拉和虔信宗教,另一

235

方面是为了继续清除法蒂玛王朝的十叶派学说的影响。在每座学校落成后，都要举行集会仪式，有苏丹和政府要人参加，由法学家、法官和教育界知名人士迎接苏丹，有时苏丹还亲自任命教员、法学家和其他必要的职员。附属于清真寺的院校教授有关宗教的传统学科，如经注学、教法学、圣训学及阿拉伯语法、词法、修辞学，也教授一些哲学、逻辑学、化学、医学和天文学等。各校附有供师生使用的图书馆。这种教学体制与爱资哈尔教学体制大体相似。

爱资哈尔在伊斯兰世界一直具有很高的宗教和学术地位，学生来自伊斯兰世界各地，主要研究逊尼派的六大圣训集。在苏丹拜伯尔斯时期，首先研究的是沙斐仪的教法学说，后又掀起了研究苏非主义的热潮。

政府在语言方面推行阿拉伯化政策，体现了宗教教育的一个重点。据说，拜伯尔斯的第一大臣由于不精通阿拉伯语而误解一道命令。盖拉温继任苏丹后建立一个翻译局，在各地都设有类似的机构，这对普及阿拉伯语和繁荣学术起了重要作用。

苏非教团的活动　马木留克时期，苏非主义极其盛行，有数万埃及人成为苏非教团的信徒。早在巴格达失陷前，一部分苏非已从马格里布地区来到埃及；巴格达陷落后，更有不少苏非与学者从伊拉克涌向埃及。王朝接连不断的战争和统治阶级的挥霍享受，加重了人民的负担。现实的苦难使人们祈求安拉，寻找通向安拉的阶梯。统治者自身也鼓励苏非的活动，从萨拉哈丁统治时就开始在大城市中修建不少道堂，以使人们专心致志于信仰崇拜，不去考虑他们所处的恶劣社会地位，从心理上摆脱贫困；到马木留克时，埃及有巴达维、杜苏给和沙兹里三大教团在活动。

巴达维教团的创始人阿赫默德·巴达维（约1200—1276）生于摩洛哥非斯城，据说，其家族源于圣族阿里。他在苏非派环境中长大成人，自幼能背诵《古兰经》，并学习马立克派教法。1206—1211年间随全家到麦加，在那里学习沙斐仪派教法和《古兰经》诵读法。而后经常去阿布·嘎比斯山洞静修，研习苏非主义及其长老的生平。1237年去伊拉克参谒里法伊苏非教团的中心——乌姆·阿比达,以及卡迪里教团创始人的故居,还走访伊拉克北部阿德维教团创始人的圣墓,1238 年回到麦加继续苦行生活。同年在坦塔城讲授教法,传播苏非主义,创立以他名字命名的巴达维教团(亦称"阿赫默德教团")。该教团是埃及最大的教团之一,传播于埃及城乡,信徒达数千人。1249 年,他曾和数千名信徒参加抵抗十字军的战斗。战后,他创办苏非学校,主张安拉的赞助者(圣徒)应当坚守圣行,承受艰苦,断绝欲望,寻求、认识安拉。巴达维死后,他在各地的弟子形成了 16 个支派。① 在坦塔城,巴达维生活、布道和授业的地方,修有清真寺和他的墓地。清真寺最初是取自拜伯尔斯时代小道堂的形式,后经扩建和整修,规模宏大。寺内图书馆藏书上万册,其中有 200 部手抄本。寺内大厅还存放着巴达维的圣物:一个由 1 000 颗珍珠组成的念珠、拐杖、缠头巾、红衬衣和两把梳子。他在坦塔的陵墓成为上下埃及人拜访和求学的圣地,寺里还设有捐赠基金会,以集资扩建清真寺和汇集宗教基金。

　　杜苏给教团的创始人杜苏给(1255—1296)生于伊斯梅利亚的杜苏给村。他自幼背诵《古兰经》,学习沙斐仪派教法。他的外祖父瓦西兑属于里法伊教团,在亚历山大布道。他受到苏非主义影响后,其父亲为他在杜苏给村修了一座小道堂,让他常年在那里静修。后来,道堂聚集一些穷人,他开始在他们中间布道。他提倡接近安拉,远离罪恶,断绝欲望,保持高尚的道德和俭朴的生活;从忏悔、苦行,到畏惧安拉和顺从安拉。他倾听和体会穷人的疾苦,曾多次上书马木留克,要求实行公正,不要压迫人民。他是杜苏给村的第一位长老,形成杜苏给教团。在他去世后,人们为他修了"札维亚"(意为"小道堂"),后又按照城堡的形式改建为清真寺和墓地,并建有拱北。至今每逢节日,都有数千人到伊斯梅利亚朝拜他

237

---

　　① 这 16 个支派是:穆拉兹嘎教团、卡纳西亚教团、安巴比亚教团、穆纳亚法教团、哈米迪亚教团、塞俩米亚教团、哈勒比亚教团、札希迪亚教团、阿什比亚教团、布尤米亚教团、沙纳维亚教团、苏杜希亚教团、穆斯里米亚教团、班达利亚教团、塔什法尼亚教团、阿拉比亚教团。

的陵墓。

沙兹里教团的创始人沙兹里(1193—1258)生于摩洛哥的一个小村庄。他自幼学习经训,追随当时著名的苏非长老阿布·哈桑·哈拉兹姆。后到突尼斯学习马立克派教法,在那里结识一批著名苏非学者。他游历了马格里布大部分地区,到过伊拉克,受到伊拉克里法伊教团著名人物阿布·法塔赫·瓦西兑的很大影响。回到摩洛哥后,追随他的精神导师大苏非阿布杜·萨拉姆·本·马西什。按照导师的指示,他去突尼斯沙兹里村的山上修行,博得信徒之后创建沙兹里教团。1244 年,与他的忠实弟子阿布·阿巴斯·马尔西一起来到埃及亚历山大。沙兹里在埃及 14 年的时间里一直宣传自己的教义。他认为苏非主义是心灵的绝对纯洁、虔诚敬畏安拉、热爱安拉、寄托于安拉,而不是日常生活上的守贫;不是以苦行和崇拜为借口而无所事事。他鼓励弟子们以合法的手段谋生和工作。1258 年,沙兹里在去朝觐的路上,死于上埃及伊扎布沙漠的侯麦扎地带,在这座小城里有他的墓地。他死后,其弟子兼女婿阿布·哈桑·马尔西继续布道活动。1286 年马尔西去世,埋葬 21 年后,由一位亚历山大富商倡议在他的墓地上修建清真寺。以后,该寺不断扩建,至今已成为伊斯兰世界美丽的清真寺之一。该教团共分出 13 个分支①,主要分布在突尼斯、阿尔及利亚、埃及、苏丹、叙利亚、也门、罗马尼亚以及东南亚等地。

除这三大教团以外,伊拉克的里法伊教团和卡迪里教团于 13 世纪时传入埃及,也得到进一步发展。

随着苏非教团的活动,圣徒、圣墓崇拜的现象开始出现。在大马士革的乌姆·哈比巴和乌姆·赛勒玛的墓地成了民间的麻札。陵墓清真寺也成了马木留克时期的典型建筑。耶路撒冷和麦地那是圣徒、圣墓崇拜的主要地区。朝觐圣墓成为朝觐麦加的内容之一。

---

① 这 13 个分支是:贝克利教团、哈瓦堆利教团、嘎卧给基亚教团、卧法伊亚教团、鸠卧哈利教团、阿兹米亚教团、法伊堆亚教团、哈米什亚教团、萨马尼亚教团、阿非非亚教团、嘎西米亚教团、阿鲁西亚教团、信德什亚教团。

官方支持这种信仰活动,为赢得公众的拥戴,拜伯尔斯于1263年将叙利亚和巴勒斯坦城的宗教基金用于资助朝觐耶路撒冷的步行者。由于苏非派的发展并得到王朝的支持,在14世纪末到15世纪初(即河洲系马木留克后期和碉楼系马木留克前期)这段时间内,逊尼派转向只注重宗教仪式和道德修行,伊斯兰教成为民间纯宗教的信仰活动。

伊斯兰文明的余晖 马木留克时期,伊斯兰世界正经历着历史上最困窘的时期,巴格达被蒙古人一举攻克,它的科学院荡然无存,伊斯兰世界的东部地区完全落入蒙古人之手;西班牙穆斯林殊死搏斗,最终仍丧失了统治。只有埃及以对蒙古人和十字军的胜利保存了伊斯兰教和阿拉伯文明的遗产,迎接来自东西方的学者。伊本·赫尔东在《历史绪论》中提到:来自伊拉克、北非和西亚的大多数学者到爱资哈尔汇集,开罗取代了巴格达和科尔多瓦的地位,成为伊斯兰世界最重要的文化中心。

在这一时期,最繁荣的是商业。由于蒙古人的活动打破了欧亚间的陆路贸易,埃及和叙利亚可以通过地中海和红海在欧亚海路贸易中发挥重要作用。埃及北部沿岸成了贸易市场,欧洲人常在此出卖他们的商品。东方的商品来源于印度、中国、印尼等地。马木留克王朝凭借优越的地理位置从贸易税收中获取大笔财富,商业繁荣的同时,农业、工业以及建筑艺术和科学文化也得到发展,这使马木留克王朝的大部分时期都闪烁着伊斯兰文明的余晖。

这一时期出现的史学家及其史学著作,在伊斯兰教思想文化史上留下了光辉的篇章。历史学家兼地理学家阿布·菲达(1273—1332)的《人类史纲要》,对伊本·艾西尔所著《历史大全》作了概括和提要,并续写到他自己的那个时代。加拉路丁·苏尤提(1445—1505)是语言学家、法学家、圣训学家、史学家,到过叙利亚、希贾兹、也门、印度、马格里布和塞内加尔等地。他的著作有560多种,涉及到经济学、圣训学、教法学、历史、语言等各方面。伊本·麦格里齐(1364—1442)被称为"埃及史学家之王",他的名著《埃及志》,专论埃及的历史和文物古迹,阿赫默德·盖勒盖山迪(?—1418)的

239

著作《夜盲者的曙光》是当时优秀的百科全书之一。传记作家伊本·赫尔康(1211—1282)的《名人简历》,记述了865位穆斯林名人的生平。在他之后有贾巴尔·库图比·哈勒比(?—1363)撰写的《名人亡灵录》,包括有506位人物的传记。最后,大马士革史学家萨法迪(1297—1363)完成了一部27卷的传记,囊括了有史以来的14 000名人物的生平事迹。此外,这一时期的史学著作还有:舍姆斯丁(?—1536)的《陆海奇珍》、伊本·法特勒·阿默里(?—1349)的《王国史解》、伊本·伊亚斯的《奇葩》、伊本·赫尔东的《历史绪论》等。

伊本·泰米叶　这一时期首屈一指的人物是新罕百里派著名代表、教法学家伊本·泰米叶(1263—1328)。他出身于美索不达米亚哈兰的一个罕百里派法学世家。父辈为躲避蒙古人来到大马士革。他自幼学习教法,26岁时完成学业,接替其父生前的职务,在星期五聚礼中为人们讲解《古兰经》。他对希腊哲学、伊斯兰哲学、《古兰经》、教法根源学和罕百里派教法都有研究。面对着马木留克人的专横、哈里发制度名存实亡、伊斯兰教法不能全面贯彻实施、苏非主义盛行,以及学者们缺乏独立性等,他总结了正统哈里发以来的伊斯兰教史,对哈里发奥斯曼去世以后出现的种种政治的、宗教的、神学的、哲学的派别以及苏非主义作了深刻的分析和批判,指出穆斯林衰弱的原因,并把矛头指向伊斯兰教信仰的违背者、僵化固守传统的学者、苏非派以及专制主义的当政者。

伊本·泰米叶学说的基础是《古兰经》、圣训和先辈们的教导。他所说的"先辈",是指伊斯兰教最初三个世纪的圣门弟子、再传弟子和遵循他们学说的著名学者。他认为,先辈们最了解《古兰经》的意义,他们在基本信仰方面是一脉相承、始终如一的。而后世学者们都误解经义,背离一神教义,使伊斯兰教从一种素朴的内心虔信蜕变为神学与哲学的争论。他概括先辈派的基本原则:在理解和注释经文、对待安拉属性及其他重大神学问题上,仅以经训为据,而不崇尚理智;强调伊斯兰教义的完整性,指出《古兰经》不仅阐述基本信仰,而且规范人的各种行为准则,涉及到个人、家庭、社会、经济、政治生活各个方面。从这两条基本原则出发,他提出一整套社会政治理论。他把四大哈里发时期视为伊斯兰教的正统时代,而把哈瓦利吉派以后的一切宗教、神学、哲学派别及其学说看作异端,主张恢复信仰的纯洁性,并按照伊斯兰教的原旨建立国家与社会。在他看来,伊斯兰国家的根本目标就是履行宗教礼仪,完成五项基本功课,全面实施伊斯兰教法。据说,他一生写有 500 部著作,但仅存有 60 多部。在信仰基础方面,他论述了安拉、先知、先辈等问题;在教法原理方面,论述了创制、《古兰经》、圣训、公议、类比和公众利益等问题;在国家与社会方面,论述了信仰伊斯兰教的和其他宗教的民族、伊玛目政权、伊斯兰教法、伊斯兰教礼仪、财政管理及个人权利问题。他的重要著作有《论统一》、《论君主与臣民改革的政策》等。由于其观点不受马木留克统治者的欢迎,最终被投入狱监禁至死。他死后,他的一个学生伊本·嘎伊姆沿袭他的思想著书立说。18 世纪瓦哈比运动兴起后,他们的著作和学说受到重视,成为近代伊斯兰复兴的一个主要思想渊源。

建筑艺术　马木留克时期,埃及伊斯兰教的建筑艺术达到了顶峰。尤其在河洲系马木留克前几位苏丹执政时期,国家的管理卓有成效,社会比较安定,建筑方面除开通河道,建造公园、浴池、水井和其他公共设施外,最主要的是建造学校、清真寺和医院。在埃及的侯赛尼亚地区有以苏丹拜伯尔斯命名的清真寺。1285 年,盖拉温苏丹在原法蒂玛王朝西小宫的旧址上建起了墓地、学校和医院(1915 年埃及政府基金部将这所医院改建为眼科医院)。1356年,哈桑·本·纳赛尔苏丹建立了苏丹·哈桑清真寺,1420 年建造了穆阿伊德清真寺,1472 年建造了盖伊古白清真寺等。这一时期的建筑受到叙利亚、美索不达米亚的影响,而清真寺的圆拱顶、圆顶陵墓式则体现了突厥民族的艺术风格。

241

第二节　奥斯曼突厥人统治下的伊斯兰教

奥斯曼政权　奥斯曼土耳其人原属突厥斯坦的一支游牧部落。蒙古人西侵时,他们从中亚的伊斯坦布斯继续向西迁移。在奥斯曼祖父时期就已到达两河流域。部落领袖苏莱曼去世后,一部分人回到原地,另一部分人迁入塞尔柱人统治的鲁姆地区——安纳托利亚。在奥斯曼之父为领袖期间,科尼亚的塞尔柱苏丹赐地给这批游牧民,于是,他们在安纳托利亚西北部开始定居的新生活。该地区与拜占廷接壤,当时拜占廷国家已陷于瓦解,地方割据严重,首都对地方失去控制。奥斯曼人借机向拜占廷的边远领土袭击,占领许多城镇。由于他们保卫边境和扩张领土有功,受到塞尔柱苏丹的奖赏,获赐所攻占的拜占廷领土,并被允许在星期五聚礼中把其首领的名字与苏丹的名字并提。这样,奥斯曼部落就成为一个近乎独立的小王国。塞尔柱人与拜占廷人在争雄的同时,又都受到外来的侵略,塞尔柱人受蒙古人的侵略,拜占廷人受拉丁人的侵略,安纳托利亚半岛在政治上的真空为奥斯曼人的兴起创造了条件。1299 年,塞尔柱国家在蒙古人的进攻下崩溃,塞尔柱苏丹阿拉马丁也于同年去世。奥斯曼人宣布完全独立,建立奥斯曼政权。

　　奥斯曼人生活于基督教世界与伊斯兰世界的中间地带,这一地带具有半独立的性质,这里的称为"加齐"的自由民都有向异教徒作战的献身精神,大多承认一个精神领袖,依附于某个神秘主义教团,他们有自己独特的传统和特征。这对本来就属于游牧民族的奥斯曼人有更大的吸引力。据说,奥斯曼经常去一位神秘主义的长老埃德巴利的家中学道,并与他的女儿马勒哈顿结婚。从此,奥斯曼与神秘主义教团,以及具有"富图瓦"道德和伦理观念的加齐集团发生联系。另一传说,奥斯曼之父费拉勒在一位穆斯林修道士家中手捧《古兰经》一直念到天明,梦见天使向他报喜,说他的后代将会繁荣数个世纪。这些传说都为奥斯曼人统治小亚细亚和其他突厥部落添加了神秘色彩。但接近于史实的是奥斯曼人与塞尔柱国家有着密切联系。塞尔柱人是热诚的伊斯兰教徒,这强化了奥斯曼人的信仰。而奥斯曼本人虔信、俭朴,热衷于宗教,使政权服从于穆斯林法学家的协商原则。奥斯曼人信仰统一,宗教热情炽盛,"圣战"欲望强烈,这种精神由历代苏丹保持发扬了数个世纪,在领土扩张运动中起了重要作用。

征服小亚细亚和东南欧　奥斯曼作为酋长期间,奥斯曼人在小亚细亚的扩张就已开始。他们先后占据贝塞尼亚、阿克希萨尔,控制了君士坦丁堡和布鲁撒之间的要道。奥斯曼死后,其子乌尔汗(1326—1359 在位)于 1326 年征服布鲁撒,并在此定都。接着,1327 年攻克伊兹密尔,1330 年占领陶山里,1354 年占领安卡拉。在乌尔汗时期还组建了常备军队,建立第一支近卫军团(童子军团)。他们对俘虏的基督教少年儿童进行专门的军事训练和伊斯兰教育,使他们充满"圣战"思想:"要么就侵袭,要么就牺牲。"这支童子军后来成为奥斯曼军队的主力,称为"新军"。以后,每次在欧洲扩张,都抢劫、俘虏一批基督教少年儿童,不断扩充军力,依靠这样的一支军队征战南北。

1359 年,穆拉德一世(1359—1389 在位)继位时,奥斯曼突厥人已越过达达尼尔海峡开始向欧洲进军;1362 年,占领埃迪尔内,并在此定都;接着又征服了马其顿、索菲亚、萨罗尼加和整个希腊北部。1389 年,他在科索沃战役中战胜塞尔维亚人、阿尔巴尼亚人、保加利亚人和匈牙利人的联盟。1396 年,巴伊济德(1389—1402/1403 在位)击败以匈牙利国王西基斯蒙德率领的欧洲军队,由于奥斯曼人的节节胜利,巴伊济德获得埃及开罗"哈里发"穆塔瓦基尔授予的"鲁姆省苏丹"的称号。

自从帖木尔在安卡拉战役中击败巴伊济德之后,苏丹的后代们陷入内争,使扩张运动中断一个时期。后来,苏丹穆罕默德一世(1403—1421 在位)战胜其兄,结束分裂局面。他恢复了帝国在蒙古人统治和内部分歧时期丧失的领土。1444 年,穆拉德二世(1421—1451 在位)对基督教王国作战,占领波斯尼亚和塞尔维亚,从此帝国步入强盛时期。

1453 年,穆罕默德二世(1451—1481 在位)攻克君士坦丁堡(后改名为伊斯坦布尔)。他杀了拜占廷皇帝,把君士坦丁堡著名的圣索菲亚大教堂改为清真寺。这是奥斯曼人最重大的胜利,它实现了穆斯林许多世纪以来的夙愿。从此,他们的帝国被看作是伊斯兰教国家,这为他们以后侵入基督徒领土铺平道路。攻克君士坦丁堡后,奥斯曼人又先后征服塞尔维亚、阿尔巴尼亚、伯罗奔尼撒半岛。1521 年,苏莱曼苏丹(1520—1566 在位)占领贝尔格莱德,1522 年征服罗得岛,1526 年占领布达佩斯。1529—1683 年间,奥斯曼军队曾三次进攻维也纳,但在波兰人和德国人的联合防御下受阻。然而,伊斯兰教自此以后开始在东南欧得到广泛传播。

征服埃及和叙利亚 当奥斯曼人的统治迅速扩展至阿拉伯国家的时候,首先轻而易举地征服正处于内外交困的叙利亚和埃及。碉楼系马木留克的政权极不稳定,朝政更换频繁,边境贝杜因人也常有骚扰,马木留克统治开始衰落。葡萄牙人发现好望角,国际贸易不再经过埃及港口,致使埃及和叙利亚的经济衰退。埃及人曾为恢复商路与葡萄牙人作战,但终未成功。1516 年,奥斯曼人进攻埃及,击败马木留克人的军队。1517 年,开罗被攻克,最后一位马木留克苏丹多曼巴伊被处死。从此开始了奥斯曼人对埃及的统治。埃及成为奥斯曼人深入北非西部地区的跳板。

244

统辖希贾兹和也门 1517 年,赛里姆一世(1512—1520 在位)攻克开罗之后,麦加艾米尔谢里夫派其子率代表团去埃及,并带去谢里夫的亲笔信,宣布麦加愿意将希贾兹地区置于奥斯曼帝国的统治之下。他们还带来了克尔白的钥匙和先知穆罕默德的部分遗物。这些遗物据说是由圣门弟子的后裔保存下来的。其中有一件斗篷、一个礼拜用的垫毯、旗子、弓箭、一颗牙齿和一些胡须、一块留有先知足迹的石头,此外还有马、两种《古兰经》读本、一些武器、工具和衣物等。苏丹很重视来自希贾兹的圣物和礼物,专门组织一个 40 人的军事护送团将这些圣物和礼物护送到伊斯坦布尔。奥斯曼苏丹取得了"两圣地护卫者"称号。除也门部分城区的艾米尔以同样方式归属奥斯曼帝国外,奥斯曼人还于 1538 年占领亚丁,1549 年占领萨那,1551 年占领马什喀特,1568 年占领整个也门,控制了阿拉伯半岛东南部地区。红海几乎成了奥斯曼帝国的内湖。帝国禁止非伊斯兰教船只经过红海,使葡萄牙人无力将其势力扩张到红海和阿拉伯国家内部。

全盛时期的奥斯曼帝国（16—17世纪）

里 海

波 斯 湾

黑 海

格鲁吉亚

美尼亚

大不里士

阿尔达比勒

塞拜疆

阿泽尔

乌兹别克

德黑兰

卡兹温

沙法维人

伊斯法罕

巴格达

巴士拉

底格里斯河

幼发拉底河

阿勒颇

大马士革

安提俄克

摩苏尔

安纳托利亚

哈马

科索瓦

克里特

威尼斯

拉古萨

特兰西瓦尼亚

士麦那

布鲁萨

安纳托利亚

勒班陀

那路撒冷

亚历山大港

开罗

尼 罗 河

中 海

地

红 海

汉贾兹

麦地那

麦加

哈布斯堡帝国

维也纳

摩哈赤

瓦拉几亚

贝尔格莱德

塞尔维亚

多瑙河

埃迪尔内

伊斯坦布尔

马赛

热那亚

巴塞罗那

- 1512 年前奥斯曼帝国
- 塞里姆时期征服的领土
- 苏莱曼时期征服的领土

　　与十叶派的斗争　伊斯玛仪（1502—1524 在位）创建的波斯沙法维王朝奉十叶派伊斯兰教为国教，他在伊拉克传播十叶派教义获得成功后，想把十叶派教义传至安纳托利亚，当时在安纳托利亚东部有一些称为"红头者"的人已接受十叶派的信仰。奥斯曼苏丹赛里姆一世起而抵制十叶派的威胁。他在 1514 年 8 月的查尔迪兰战役中击败波斯人，次年进入沙法维王朝的首都大不里士，伊斯玛仪逃回本国。由于地理条件的限制，赛里姆未能深入波斯地域，消灭沙法维王朝。1534 年，苏莱曼（1520—1566 在位）开始对沙法维人的第二次进击。他通过巴格达总督不战而入巴格达，与沙法维国王对垒，占领波斯北部，又取道哈马丹进入伊拉克。1623 年，沙法维人曾夺回巴格达，并消灭那里的逊尼派教徒，捣毁阿布·哈尼法清真寺和逊尼派其他伊玛目的坟墓。1638 年，穆拉德四世（1623—1640 在位）又收复巴格达，与沙法维人签订协约，确定边界。

246

　　奥斯曼帝国在对沙法维朝的斗争中取得成功。奥斯曼人在安纳托利亚根除了十叶派，阻止十叶派学说向西亚和埃及的传播。而对十叶派信徒在居民中占多数而在信仰上又难以改宗的伊拉克地区，则采取宽容的政策。早在 1534 年苏莱曼进驻巴格达时，除重建阿布·哈尼法陵墓外，还把宗教基金的收入用于两派信徒，走访卡尔巴拉和纳杰夫的十叶派墓地，并为波斯、印度、阿富汗十叶派信徒到伊拉克朝拜圣地提供方便。同时，帝国也保留其他地区的十叶派，如黎巴嫩的德鲁兹派和阿拉维派，也门的栽德派，既承认他们的信仰学说，又要求他们服从帝国的主权。这样，伊拉克成为奥斯曼帝国的一部分，直至第一次世界大战时期。

　　控制北非　北非地区正处于混乱之际，奥斯曼人的势力趁机而入。1518 年，赛里姆一世应阿尔及尔穆斯林的请求，击退西班牙人的侵略后，控制阿尔及利亚。的黎波里的穆斯林一直与十字军和圣骑士团斗争，他们也采取阿尔及尔的政策，求助于奥斯曼帝国，要求奥斯曼人给予军事援助，并宣布自己归属奥斯曼的统治。1551 年，苏莱曼派兵占领的黎波里，赶走圣骑士团，控制利比亚沿

海。1564 年,赫伊鲁丁又趁突尼斯发生王位继承之争,以奥斯曼苏
丹的名义从哈夫斯人手中夺取突尼斯港及南部一些部落地区。后
来奥斯曼军队与残余的基督教势力多次争夺突尼斯,几经胜负,终
于在 1574 年获得在突尼斯的统治权。北非除摩洛哥以外都在名义
上成为奥斯曼帝国的行省。这三个省区(阿尔及利亚、突尼斯、利
比亚)的政府由军事将领控制,每年向苏丹纳贡,承认帝国的宗主
权。与此同时,帝国加强在地中海的军事和政治设施,先后占据罗
得岛、塞浦路斯岛、克里特岛、爱琴海和爱奥尼亚海的部分岛屿,占
领地中海东岸的其他岛屿,控制黑海,限制俄国和其他欧洲各国的
势力在这一地区的扩张。

　　奥斯曼人对阿拉伯人实行间接的统治,除了维护安宁、收取税
收和司法管理外,其他方面都由所属各教派的长老管理,如宗教文
化中心和教育院校在伊拉克、希贾兹、也门、叙利亚、埃及和北非
的,都与奥斯曼统治以前的情况相同。各地的著名学者对群众依
然有指导作用。奥斯曼帝国保持阿拉伯人过去的生活方式。在伊
拉克,奥斯曼人除与沙法维人斗争外,平息了逊尼派与十叶派的派
别斗争。在希贾兹,保持"麦加贵族"的统治,保留希贾兹人免税、
免兵役的特权。在也门,当地居民一直坚持要栽德派伊玛目掌权,
使奥斯曼人的统治极不安定。在阿拉伯湾,奥斯曼人从不干涉逊
尼派和十叶派的传统活动。至于北非的三个代理政权,只在共同
对付欧洲基督教界的"圣战"中,与奥斯曼帝国有紧密的联系。但
无论如何,从 14 世纪初至 16 世纪中叶,通过不断的军事扩张,帝国
的版图从多瑙河的布达佩斯至尼罗河的阿斯旺,从幼发拉底河波
斯中部至曼德海峡阿拉伯半岛南部,势力范围包括小亚细亚、东南
欧、埃及、叙利亚、伊拉克、北非(阿尔及利亚、突尼斯、利比亚)、阿
拉伯半岛,以及地中海、红海、黑海地区的部分岛屿,成为幅员辽阔
的伊斯兰教大帝国。

　　伊斯兰教在东南欧的传播　　早在倭马亚王朝建立之初,穆斯
林就想通过军事征服占领君士坦丁堡,并把伊斯兰教传至东南欧,
由于战争失利未能实现。这时,已有一些穆斯林前往伏尔加河流

域经商,约在 10 世纪末或 11 世纪初,已经信奉伊斯兰教的保加利亚人开始向东南欧迁移,定居于保加利亚、南斯拉夫、阿尔巴尼亚和匈牙利。他们人数很少,信仰淡薄,影响不大。奥斯曼人在欧洲的连续进军,使伊斯兰教在东南欧广泛传播。

16 世纪时,阿尔巴尼亚成为欧洲的穆斯林人口居多数的国家。南斯拉夫自从 1390 年科索沃战役后,有一些塞尔维亚人信奉伊斯兰教,1459 年塞尔维亚成为奥斯曼帝国的行省,直至 1879 年。赛拉吉夫城著名的加齐清真寺,是为纪念 1541 年去世的地方总督加齐·哈斯鲁·贝克而建立。在马其顿的省城赛库比亚有于 1430 年建立的穆拉德·苏丹清真寺和加齐·乌兹贝克清真寺。在罗马尼亚,从 1262 年就有一个叫赛米·赛里提克的奥斯曼人在沿海地区传播伊斯兰教,但影响不大。1484 年,随着奥斯曼人入侵和奥斯曼人的定居,伊斯兰教得到正式传播。在匈牙利,由于当地国王强迫臣民信奉基督教,原有的穆斯林早已出走。1586 年奥斯曼人到来后,又有新的穆斯林在此定居。当时在布达佩斯城内有 61 座清真寺,22 处礼拜场所,10 所伊斯兰教学校,其中著名的是穆斯塔法·赛库里·帕夏学校。此外还建有部分图书馆、书店、浴室、市场等。在希腊,奥斯曼穆斯林和信奉伊斯兰教的希腊人曾经在希腊各地建立 300 多座清真寺。在爱琴海岛屿和克里特岛上,从 1669 年奥斯曼人征服以来就有许多当地居民归依伊斯兰教。

当奥斯曼人从欧洲占领的一部分领土退出后,基督教国家曾竭力消除伊斯兰教的影响,但在这些一度被征服过的国家和地区内,至今依然有穆斯林和伊斯兰教的团体在活动,伊斯兰教的文化遗产依然存在。

第三节　伊斯兰传统的继续

政教关系　奥斯曼帝国是一个军事性封建国家,又是一个宗教国家;伊斯兰教是奥斯曼的国家宗教。哈乃斐派教法是官方立法、司法的准则。政府除王室人员外,由两个主要的机构组成:近卫军团和伊斯兰委员会。

受过专门训练和教育的近卫军在司法、财政、税收等方面，完全脱离于帝国臣民，是为军事、内政、外交服务的工具。他们虽属于奴隶阶层却享有财产、荣誉、地位和其他特权：担任全部国家行政职务，其最高职务可作第一大臣，即国家的首相；衣食住行由苏丹作出安排；不交纳任何赋税；不服从于一般司法(指伊斯兰教法庭)，有自己的特别法庭。他们视苏丹至高无上，绝对服从。因苏丹禁止或不鼓励他们成婚，他们大多独身。

伊斯兰委员会以苏丹为名义领袖，以"伊斯兰长老"为实际领导人。伊斯兰长老是伊斯兰委员会的最高职务，与帝国第一大臣相等，在苏丹身边工作。伊斯兰委员会的成员由伊斯兰长老、各级各类法官、众穆夫提、教法与教理学教授组成。他们从宗教学者中选拔而来。伊斯兰委员会下设"学者会议"和"教律裁判委员会"等附属机构，其成员亦由这四种人组成。他们是帝国的精神支柱，从事司法和教法裁判、清真寺管理、负责履行宗教仪式、管理福利事业和宗教基金、进行各级教育活动。学者会议除在教育领域发挥作用外，还为各中央行政机构的重要官员或地方政府官员配备法官或穆夫提，为政府官员解释伊斯兰教法，对有关问题发表意见。苏丹个人的指导教师称为"胡加·苏丹"，相当于苏丹的法律顾问，也由学者会议的成员担任。在首都，有专门培养从事高级职务者的学校。他们与广大穆斯林群众有广泛联系，是帝国政府和伊斯兰公众舆论之间的桥梁。

在帝国扩张时期，伊斯兰委员会成员的作用也很显著，他们与军队一起出征，作战前动员，率领士兵作战场礼拜；特别是在战后，对组织新征服地的宗教生活发挥了重要作用。另外，伊斯兰委员会从土地、不动产、宗教福利基金中获得大量财政收入；苏丹也将部分公有或私有财产赐给伊斯兰委员会，以赢得群众的支持。一些社会地位不高的富有者也争相出资修清真寺、学校、公共浴室和苏非道堂，支持宗教设施以抬高自身的社会地位。在帝国后期，伊斯兰委员会的权力减弱，近卫军的势力骄横，常常迫使伊斯兰教长

249

老或法官作出有利于他们的裁决。不过总的说来,伊斯兰委员会的成员在各个领域都有自己的职责范围,使伊斯兰教法得到执政者和臣民百姓的尊重。

伊斯兰教长老 伊斯兰教长老最初称为"首都穆夫提"或"大穆夫提"。穆罕默德二世(1451—1481 在位)攻克君士坦丁堡后,"首都穆夫提"改称为"伊斯兰教长老",这是为适应国家的政治-宗教气氛建立的制度。到苏莱曼(1520—1566 在位)时期,长老的地位更加显要。因为苏莱曼除了军事上的成果以外,在统治期间还制定了许多法律。由穆罕默德二世与苏莱曼两位苏丹制定的法律称为"嘎努纳",其中有很大一部分是苏丹与长老之间的问答集。

苏丹和第一大臣在重大问题上要征求伊斯兰教长老的意见;各种法律草案在发布之前,应呈报伊斯兰教长老审核,看它是否符合伊斯兰教法;伊斯兰教长老审批法官判决的死刑案件,还有权就国家最高决策问题发布政令;苏丹要发动战争必须有伊斯兰教长老发布法令,确定此战争不违背伊斯兰教。伊斯兰教长老的法令还包括动员人民与军队协同作战,允许苏丹放弃某个地区或签订停战协约等等。

伊斯兰教长老由苏丹在各地穆夫提中亲自选拔和任命,以后,又从著名的司法人员中挑选。在平时,教令都由执政的苏丹本人要求伊斯兰教长老发布。如 16 世纪初,赛里姆一世(1512—1520 在位)曾要求伊斯兰教长老发布消灭安纳托利亚十叶派信徒及沙法维王朝的教令。在特殊情况下,伊斯兰教长老还可以发布罢免苏丹的教令,这一般是在苏丹竞争者(王室成员)或军政界人物要挟下发布的。18 世纪,赛里姆三世(1789—1807 在位)按欧洲方式整顿军队,结果近卫军团反对改革,罢免并杀死了这位苏丹。伊斯兰教长老则以他引进西方体制,不符合伊斯兰教法为由发布了罢免令。又如赛里姆对沙法维王朝作战时,国内基督徒闹事,苏丹要求伊斯兰教长老发布教令允许消灭这些基督徒,但伊斯兰教长老从社会利益考虑强调伊斯兰教对异教徒的宽容政策而没有接受苏丹的要求,苏丹只得服从。这说明伊斯兰教长老有时也有相当的权力与苏丹抗衡。伊斯兰教长老制度一直存在至 1922 年被取消。

法官和穆夫提　法官也属伊斯兰委员会,由有造诣和长期从事法律研究的乌里玛阶层来担任。国家对法官的任职、晋升、调动和留任都有严格的制度。伊斯兰法庭审理一切刑事、民事问题,按官方信仰的哈乃斐派教法进行判决。苏丹很重视在被征服地区推行官方信仰,规定各地必须由哈乃斐派法官担任首席法官。

法官分为五级:大毛拉、小毛拉、检查官、法官、代理法官。各级法官统称为法官,臣民出于尊敬统称他们为"毛拉"。

首都的大法官或总法官,是司法部的领袖。他的基本职责是管理帝国各地的司法工作,挑选各级法官,监督法官工作。至赛里姆一世时期,国家疆土广大,共设有三名大法官,分别管理欧、亚、非三大洲的司法工作。这三名大法官均属于王室内阁成员。仅次于大法官职位的是京城法官,指首都法官和三个郊区法官。郊区法官在治安方面有一定的独立性。京城法官每周有一天参加王室内阁会议,并代表总法官协助第一大臣处理问题和视察首都。这四位法官都属于大毛拉阶层。①

属于大毛拉阶层的检查官也是司法人员,共有五人。其中有三名在首都分别与伊斯兰教长老、第一大臣和内宫太监一起共同掌管宗教基金。另外两名在埃迪尔内和布鲁撒任职。这五名检查官都有数名官员协助管理和巡视。

小毛拉阶层包括那些在二等城市如巴格达、索菲亚、科尼亚等地工作的法官。伊斯兰委员会的大多数成员属于一般法官,在 18 世纪末期大约有 450 名,分别主持三大洲各小城市的司法工作。代理法官负责小城镇或大村庄的司法工作,或在一般法官休假期间代理小城市的司法工作。代理法官的薪金从各种罚金中支取,不列入政府开支。

穆夫提的地位仅次于一般法官。他们在一些主要城市终身作

---

① 属于大毛拉阶层的法官在各时期有所不同,18 世纪时有 317 位,分别是总法官、京城法官及麦加、麦地那和其他主要城市的法官。

教律裁判工作,对所要求讨论的问题按哈乃斐派教法进行研究,并发表法律意见。穆夫提人数近 200 名,在各主要城市协助法官工作;还有一部分在地方政府协助官员工作,相当于宗教顾问。法官或政府官员很少要求他们作教律裁判,他们的职业范围很有限。不过在应个人要求对法庭上的问题发表法律意见时却大有可为。穆夫提的意见常常作为支持个人观点和利益的凭据。在没有职业律师承担法庭诉讼工作的情况下,穆夫提是司法系统中一个有益的因素。

此外,教律裁判委员会担任教法裁判的商讨和起草工作,它与伊斯兰教长老事务部一起负责协助伊斯兰教长老工作。"学者会议"集中了一批乌里玛,通过宣传、教育、司法和教律裁判等活动履行伊斯兰教的使命。许多执政者都为自己的行动寻求教法上的核准,学者阶层的立场和态度常常具有举足轻重的影响。

奥斯曼人第一次使伊斯兰教法成为行之有效的官方法律,以伊斯兰教长老为首的伊斯兰委员会是伊斯兰教史上首次建立起来的一个国家权力机构,它发挥了维护信仰、监督教法实施的职能和作用。

252

宗教生活 国家每年按季节组织四次官方朝觐活动,由军队护送朝觐团前往麦加。苏丹对帝国境内的非穆斯林实行宽容政策,允许他们履行自己的宗教仪式,服从自己的宗教法庭。在帝国境内称为"艾什拉弗"的先知家族后裔是伊斯兰世界的贵族,他们享有许多特权:有专门的服饰(穿绿色大袍)、有专门的法庭和法官、由政府支付年金、享有免税权等。贵族有两名领袖,一个是由苏丹任命的贵族酋长,主持贵族的司法工作,具有绝对的裁判权;另一个是在官方仪仗队中为苏丹掌旗的旗手。贵族领袖终身任职。这一阶层大部只满足于出身显贵,并无高深的知识。苏丹还争相建造大清真寺及附属的学校和图书馆,有利于宗教教育的发展。

近卫军团与比克塔希教团 16—18 世纪,是苏非主义及其教团活跃的时期。当时附属于伊斯兰委员会管理之下的苏非教团有

8个,18世纪时达到36个。其中,主要的苏非教团有毛拉维教团、比克塔希教团、里法伊教团、哈勒瓦提教团、卡迪里教团、亚萨维教团、纳格西班迪教团、契斯提教团和卡兹鲁尼教团等。初期,帝国曾利用一些教团的宗教热情反对基督教徒。帝国成立后,对国家政治影响最大的是比克塔希教团。

比克塔希教团产生于13世纪,在15世纪得到发展。据传说,苏丹乌尔汗征募基督教的少年儿童组建近卫军团的计划,得到了比克塔希教团长老哈吉·比克塔希的赞同。这位长老用他的衣袖遮在战士头上,以向第一批近卫军团将领祝福。近卫军战士的白羊毛帽后垂筒形的长布,就代表长老的祝福。虽属传说,但近卫军团与比克塔希教团的关系密切却是事实。近卫军自称是"比克塔希的士兵"和"比克塔希的子孙",视苏非长老为伊玛目,尊敬并服从他。比克塔希教团的道堂遍及帝国各地。在官方军事仪仗队中,比克塔希的教徒被允许走在近卫军团的前列。有时,这些苏非教徒还在近卫军团的军营中礼拜、念经,为奥斯曼军队祈祷。在反对苏丹和政府的叛乱中,二者始终站在一起。18世纪,近卫军团坚决反对改革,企图保留原有的地位和特权,即以比克塔希教团长老的祝福为借口,反对实行新军事体制。与他们一起反对改革的还有其他一些宗教人士和苏非教徒,以致影响到更多的群众。近卫军与比克塔希教团的势力不断增加,显然对国家极为不利。所以当马哈茂德二世(1808—1839在位)于1826年取消近卫军团时,最终也下令取消比克塔希教团,关闭他们的所有道堂。

第四节　伊斯兰教复兴的前驱

奥斯曼帝国的衰落　16世纪末,奥斯曼帝国在苏莱曼统治下达到鼎盛。但不久,便在各方面开始走向衰落。

首先是作为帝国强大支柱的军队日趋堕落和腐败。近卫军团凭借在以往战争中的功绩和在国家政治生活中的实力越来越专横

253

跋扈。在战时,他们不守军纪和协约,肆意杀烧抢劫;在和平时期,他们为了本阶层的私利干涉国家政治,一再向苏丹要求增加薪俸和酬金,甚至罢免杀害苏丹及政府要员,并以武力向中央政府挑战,在首都和各领地内不断挑起事端。他们已完全丧失以往的驯服工具的特点,发展成为一支祸国殃民的政治势力。

与之相应的是战事的不断失利,辖地不断缩减。西方自产业革命以来,欧洲迅速发展,武器创新,技术先进,战斗力加强,致使奥斯曼帝国在对外战争中接连失败。奥斯曼人难以攫取沙法维王朝的国土。在印度洋海域,穆斯林的船只被葡萄牙人所驱逐。在克里米亚外围地带,俄罗斯人消灭了一个个伊斯兰教的汗国,对奥斯曼形成包围之势。地中海的霸权已落入西方海洋国家之手。随之而来的是签订各种丧权辱国的条约和领土的丢失。1571 年,西班牙和威尼斯的盟军在利潘多一役中击败奥斯曼舰队,使帝国力量从希腊西部水域消失。1687—1697 年,奥地利军队两次取胜,使奥斯曼人退出匈牙利。1699 年,奥斯曼人与威尼斯、波兰等盟军作战失败,被迫签订卡洛维茨条约,放弃大部分领土。1716 年,奥斯曼人失去贝尔格莱德。1774 年,《屈奇克·凯纳尔贾和约》把被征服的基督教地区和克里米亚的老穆斯林区以及国内东正教徒的保护权一并交给俄罗斯。此后一直到 19 世纪,欧洲列强在奥斯曼的领土上形成各自的势力范围,特别是在亚洲和非洲的领土被欧洲各国瓜分完毕;在欧洲的领土则根据条约的规定,使该地区人民享有民族自治权。

帝国的衰落还由于 16 世纪后半叶以来,苏丹很少过问政治,只沉湎于后宫酗酒作乐。这样,来自王后、嫔妃和宦官的后宫势力影响日增。苏丹与第一大臣联系需通过奴隶宦官进行。宦官作为宫廷的高级官吏,常常与后妃共同制造阴谋,参与国家最高决策,干涉军队事务及国家重要官员的任命和罢免,造成宫廷内部的斗争和政权的频繁更迭。

中央政府对各行省失去控制,各地纷纷割据独立或半独立,强权统治下的帝国已日趋瓦解。1633—1770 年,也门、埃及、叙利亚的地方统治者先后将奥斯曼总督赶出自己的领地,伊拉克、黎巴嫩等地一直处于半独立状态。安纳托利亚的封建领主也乘机摆脱苏丹的控制,成为半割据势力。

军事扩张的停滞,使奥斯曼建立在对外征服基础上的军事、民政、税收和土地制度开始崩溃。美洲新大陆的发现使西欧国家在国际贸易中的地位加强,在欧洲人的经济攻势下,帝国货币贬值,造成财政危机和社会贫困;帝国难以维持一批数目庞大的军队、政府和宗教界的薪给人员,其声誉和忠诚日下。而且,国家一直只注重军事、政治、宗教和农业,不注重工业和贸易,使经济一直停留在最低水平。一个一直保持着中世纪社会经济形态和精神状态的庞大的帝国,面临着时代的挑战,确实难以继续维持其生存了。

奥斯曼早期改革的失败 奥斯曼帝国为挽救帝国的日趋衰落之势,实行改革势在必行。1789 年,土俄战争期间,年轻的苏丹赛里姆三世(1789—1807 在位)继位。1791 年秋,苏丹召集军事、政治和宗教界要员 22 人,征询帝国衰落原因,并商讨对策。支持苏丹的一派提出依照欧洲方式改造旧军,建立新军,以挽救帝国的危机。1792—1796 年间,苏丹颁布一系列法令,加强对地方军事采邑的控制,实行军事、财政事务的新条例,建立军事工程学校,按欧洲方式组建、训练新军。这些改革措施后来称为"新秩序"。为推行改革,苏丹成立了一个改革委员会,后来还成立一个财政局,负责征税和筹措经费。与此同时,色里姆三世还采取外交改革。

但是,改革一开始就遭到近卫军团、大封建主和伊斯兰教上层的强烈反对。同时,改革未给人民带来丝毫好处,反而加重他们的经济负担,因而人民不支持新制度。1805 年,苏丹为扩充新军,实行普遍征兵制,近卫军团于鲁米利亚哗变,前往平叛的新军遭到惨败。为避免事态扩大,苏丹撤销改革首领的职务,任命近卫军团首领为首相。1807 年 5 月,一批抗拒改编的士兵再次哗变。叛军在首相和伊斯兰教总法官的支持下,杀害了大批改革派人士,逼近首都伊斯坦布尔。5 月 29 日,在近卫军团的压力下,总法官批准赛里姆三世退位,改革宣告失败。

苏非主义与偶像崇拜 长期以来,由于帝国对苏非教团的支持和扶植,各地民间的苏非崇拜十分活跃。人们热衷于所谓安拉与人之间媒介(如圣徒、圣墓、圣树,甚至念珠、符咒等)的神秘作用。朝拜圣徒、圣墓成风,苦行僧到处游说,连圣地麦加也出现了一些多神教或偶像崇拜的礼仪和习俗。穆罕默德创教初期提倡的严格的一神论思想已不为人们所熟悉和尊崇。随着政治和社会生活的腐败,国内吸烟、饮酒现象兴盛,淫秽行业普遍存在,引起道德败坏。而在阿拉伯半岛,除麦加、麦地那以外,奥斯曼人的势力没有深入到半岛的腹地。各贝杜因部落依然是这片疆土的主人。部落之间、游牧民与定居民之间的斗争从未停止过,没有统一的司法制度,只凭部落酋长按照传统或个人的意愿进行裁决。在纳季德和其他地区,偶像崇拜现象盛行。除崇拜树木、岩石、圣墓以外,还有供奉死人的现象。甚至有人到一些墓地去献祭祈愿,祈求消灾降福。人们的宗教意识淡漠,疏忽日常宗教功课,完全倒退到穆罕默德创教前的社会状态。这些现象的出现,显然不能令虔诚信徒和宗教学者满意。

256

圣地的宗教学者 18 世纪以来,麦加和麦地那仍然是伊斯兰世界闻名的学术胜地,其中尤以传统宗教学科的研究著称。每年都有大批穆斯林自世界各地来此朝觐,为学者间的思想交流提供一条方便的渠道。久之,以圣地为中心聚集了一批来自印度、印尼、伊拉克、北非等地的外籍宗教学者。他们在政治倾向和学术思想上不同于得到奥斯曼确认的官方乌里玛,其主要兴趣在于研究圣训和教法。他们几乎全都属于某一苏非教团,有着各自的师承关系——道统。这时,在各地苏非崇拜盛行的情况下,苏非派内部发生新的分化。它形成了以一部分苏非学者为中心的新苏非主义派。这部分学者担心正统信仰的衰落和社会道德的沦丧,主张重振社会道德,复兴正统信仰。这一思想倾向以印度和北非的学者更加强烈,通过学术思想交流也深深影响了圣地学者。结果,圣地学者也产生一种复兴伊斯兰教真精神的要求。这突出表现在圣训学的研究上。学者们更加重视 9 世纪以前的早期圣训,在注释上不拘泥于传统之见,而热衷于独立思考。圣训学的研究使学者们确信,社会上广泛流行的带有泛神论倾向的苏非崇拜和民俗习尚背离了伊斯兰教的原旨教义,应予清除。这些大多来自苏非派内部的复兴论者,几乎全都属于那些比较接近逊尼派教义的苏非教团。其中最重要的两支是17、18世纪从印度传入阿拉伯半岛的纳格西班迪教团以及18世纪末从波斯西部和奥斯曼帝国东部传入的哈勒瓦提教团。由穆斯塔法·巴克里领导的哈勒瓦提教团,强调严守经训、教法,坚持基本教义,并与乌里玛保持良好关系,从而为苏非主义与正宗教义的融合奠定了基础。这种向逊尼派靠拢、提倡伊斯兰原旨教义的做法,实际上是步安萨里之后尘,再次将苏非派信仰纳入伊斯兰教官方信仰的轨道,拟从苏非主义中排除已有广泛影响的伊本·阿拉比的"存在单一论"和他的泛神论主张。他们认为信仰的根本目的不是通过虔修达到与安拉合一,而是与先知的精神和人格相通;坚持以伊斯兰教法为基础重建社会道德,根除社会腐败现象;在组织形式上则更加严格,有些教团甚至只在志同道合的宗教学者中间吸收信徒,发展组织。

257

　　这种从苏非派内部出现的改变伊斯兰教现状的主张对以后的苏非派发展产生了重要的影响。几乎与此同时,在阿拉伯半岛中部又出现一股从苏非派外部抨击苏非主义、恢复正统信仰的思潮。其代表人物即著名的宗教改革家穆罕默德·本·阿布杜·瓦哈布(1703—1792)。

　　伊本·阿布杜·瓦哈布与瓦哈比派的早期活动　穆罕默德·本·阿布杜·瓦哈布于1703年生于阿拉伯半岛纳季德地区阿伊纳小城的一个宗教世家。其父是个学者,谙熟罕百里派教法,任本城法官。他自幼熟读经训、通晓教法,随父学习了许多伊斯兰教的知识,也受过苏非主义的教育。成年后,他到麦加、麦地那、巴士拉、巴格达、库尔德斯坦、哈马丹和伊斯法罕等地游学,了解各地的宗教传统和风土人情。伊本·阿布杜·瓦哈布在游历中耳闻目睹种种偏离正统信仰的恶习陋俗,促使他与苏非主义决裂,立志宗教改革,排除异端以净化一神信仰。

他在巴士拉游历期间就开始公开批判他所见到的渎神行为，并把劝善戒恶作为自己的义务。但巴士拉人不接受他的主张，他只得返回纳季德的故乡，宣传他的改革主张，但在很长时间内依然受到人们的歧视。他曾一度受到阿伊纳部落领袖奥斯曼·本·玛阿麦尔的欢迎，许多乡亲追随他。他们摧毁叶麻麦地区殉教徒墓地的拱北，砍伐被人们当作偶像崇拜的树木，禁止在墓地上建造清真寺和拱北。他还说服当地的族长按伊斯兰教法对通奸妇女处以石击死刑。在他的影响下，部落人民恢复已经丧失的礼拜制度，对不礼拜者给予惩罚；取消地方长官对人们增加税收，只允许收取天课。他所提倡的素朴的宗教和生活方式，与贝杜因人的生活环境相适应，吸引了愈来愈多的部落民加入他的行列。不久，由于艾哈萨地区长官出面反对和干涉，伊本·阿布杜·瓦哈布被迫离开家乡，于 1740 年来到德里亚的阿纳扎部落，受到酋长伊本·沙特的欢迎。伊本·沙特具有改变现状、统一半岛的政治抱负，赞赏和支持他的宗教改革主张；并以女相嫁，通过联姻的方式与他结盟。他在伊本·沙特的支持下继续讲学、宣教，借助德里亚部落的武装力量传播新教义。纳季德地区有许多部落都派人去学习和宣传他的主张，他的势力大增。后来，他为伊本·沙特制定策略：坚持持久的军事训练和艰苦耐劳精神，培养健全的体魄，树立正确的思想，以利宣传和捍卫新教义；吸取现代化技术，在战争和训练中使用奥斯曼军队使用的步枪；利用经济手段达到政治和军事目的（如打击纳季德地区的队商，阻止对外贸易等等）。经过十年的宣教活动和军事征服，终于建立起以瓦哈比教义为基础的神权政体。

1765 年，伊本·沙特去世，其子阿布杜·阿齐兹即位，继续奉行军事征服政策，将势力扩张到半岛西部和东北部地区，直接威胁到麦加圣族"谢里夫"的利益。1787 年，伊本·阿布杜·瓦哈布受他之命在一次群众大会上宣布他的儿子沙特为继承人，从而使他的家族取得世袭权。当 1792 年伊本·阿布杜·瓦哈布去世时，他的儿子也取得了他在王国中的"穆夫提"职位世袭权。这时，德里亚已成为半岛中部最强大的王国。

瓦哈比派的基本主张 瓦哈比派的活动,实际上是一次宗教和道德的复兴运动,同时,也是一场摆脱异族人统治的阿拉伯人的民族解放运动。瓦哈比派的主张和活动对伊斯兰世界的发展有重大影响。它成为近代伊斯兰复兴运动的前驱。

伊本·阿布杜·瓦哈布以伊本·泰米叶的理论为指导,在教法学上沿袭罕百里派学说。他的基本原则是:坚持《古兰经》、圣训和先辈派学说,反对不受任何约束地进行教法创制,一切应回到《古兰经》去;否定在现世生活中通过媒介接近安拉的行为,认为要求使者说情,求助于圣徒消灾降福的请愿行为都属多神信仰,应与之"圣战";反对纪念圣徒的生日,反对苏非派以吹笛击鼓伴随纪念安拉的仪式;反对神学家、哲学家、苏非对伊斯兰教信仰作出的种种阐述和渲染;宣布专制统治的非法性,提倡取消高利贷交易,禁止穿着丝绸和华丽服装、佩戴首饰,禁止吸烟、饮酒、赌博、听音乐、跳舞,反对一切腐化、堕落和违背人格的享受。他认为促使人们走上迷误的是由于在暴虐的统治面前无能为力的软弱的心灵。因此,必须严格执行先知和《古兰经》所规定的理论和实践。所以,他的思想本质上是复古主义的。

259

瓦哈布留下许多重要著作,其中有《一神论》、《解疑》、《大罪法》、《伊玛尼信仰》、《公道》、《伊本·凯西尔注释概要》、《伊本·希沙姆传记概要》、《对安拉的认识》、《对伊斯兰教的认识》、《对使者的认识》等。他的著作及其理论与伊本·泰米叶一样,也是伊斯兰复兴运动的思想渊源之一。随着瓦哈比运动的兴起,伊斯兰教步入它的近代史的发展时期。

第三编

伊斯兰教在各地的传播

引 言

　　伊斯兰教通过不同的手段、形式和途径获得传播。在今日穆斯林居住的心脏地区,伊斯兰教的传播是与阿拉伯穆斯林军的征服联系在一起的。当然,宗教的传播与对外征服二者并不是一回事,因为在军事征服与被征服地居民皈依伊斯兰教并完成伊斯兰化之间还隔着一段相当长的时间。初期阿拉伯人的征服不是伊斯兰教的而是民族的扩张运动,首先获得胜利的是军事和政治而不是宗教。但不管怎么说,阿拉伯人的对外征服和穆斯林政权的建立,毕竟为伊斯兰教的传播,及使其成为征服地区的统治宗教创造了条件。

　　除西班牙和其他部分地方外,早期阿拉伯人征服的地区,至今仍然属于伊斯兰世界。伊斯兰教的传播过程中,商人起过重要的作用,例如中国、东南亚和非洲撒哈拉以南地区的情况就是这样。此外,苏非派对伊斯兰教的传播也起了重要的作用。伊斯兰教传入各地以后,除保持其基本信仰外,经历了一个民族化、地方化的过程,它吸收了当地宗教的某些成分和地方习俗,增添了不同的色彩。在阿拉伯半岛以外的征服地区,除了以后成为伊斯兰教发展的重要的宗教和文化中心外,对伊斯兰教的信仰作出可观的贡献的地区并不多。各地建立的穆斯林王朝或国家,对推行伊斯兰化的作用不可低估。

第八章　伊斯兰教在北非和西班牙

第一节　穆斯林对北非和西班牙的征服

最初的入侵　阿拉伯人征服叙利亚后,阿慕尔·本·阿斯(？—663)率领骑兵 4 000 人于公元 639 年 12 月入侵拜占廷人占领下的埃及;642 年基本完成对埃及的征服。642—643 年,阿慕尔又率军迅速向西推进,没有遇到什么抵抗,就占领拜尔盖(昔兰尼加,在今利比亚境内);费赞和的黎波里的一些柏柏尔人部落也前来纳贡。奥斯曼免去阿慕尔总督职后,任命族弟伊本·阿比·萨尔继任埃及总督。阿拉伯人进一步侵入伊非里基亚(穆斯林征服者对突尼斯和阿尔及利亚的称呼)甚至向南侵入米底亚。他们还向拜占廷人发动进攻,在斯贝特盖平原击溃东罗马留守长官格雷哥里的军队。但这些都带有侦察和袭击的性质;柏柏尔人的所谓归顺,也只限于缴纳贡金而已。阿拉伯人真正建立起对北非的统治则是以后的事。

凯鲁万　公元 661 年,穆阿维叶建立倭马亚王朝以后,一度停止的对外征服重新开始。埃及征服者阿慕尔的侄子、著名将领奥克巴·本·纳菲尔不再满足于劫掠性的袭击,他率军西征,深入突尼斯,670 年在那里建立凯鲁万城,并以此为军事基地对柏柏尔各个部落采取军事行动。但奥克巴不久被召回,只是到了 682 年,穆阿维叶的继任者才又任命他为北非总督。他再次向西发动进攻,相传一直抵达大西洋。他还深入到柏柏尔人居住的阿特拉斯山脉的中部,但未能彻底征服这里的部落。683 年,奥克巴在现今阿尔及利亚的比斯克拉附近阵亡。这时阿拉伯人对伊非里基亚的占领还是不巩固的,在其继任人时期,不得不从这个地区撤退。693—700

年,哈萨尼·本·努尔曼担任这个地区的长官后,重新发动进攻,689年在一支穆斯林舰队的配合下,把拜占廷人从迦太基和沿海其他城市赶出去,接着又粉碎了柏柏尔人的反抗。

穆萨·本·努赛尔继任这个地区的长官后,该地不再归埃及地方政府管辖,成为一个直属大马士革的以凯鲁万为首府的行政区。穆萨将其辖区的西部边界一直扩展到极西部的丹吉尔。阿拉伯人在北非的统治确立下来,使当地的柏柏人逐渐伊斯兰化,这就为进一步扩张打下了基础。

征服西班牙 穆萨·本·努赛尔巩固了穆斯林在北非的统治,并从柏柏尔人中招募新军,从而加强了他的力量。公元709年,他下属的一名副官带领一支侦察兵渡过非洲西北角与欧洲之间的海峡进入西班牙,满载战利品而归。

711年,穆萨派驻丹吉尔的副官、柏柏尔人出身的塔立克·本·齐亚德率领主要由柏柏尔人组成的7 000人的队伍渡过海峡,在一个山岗上建立了根据地。以后,这个地方就被称为塔立克山,阿拉伯语叫"贾布尔·塔立克"("直布罗陀"一词即由此音演变而来)。塔立克利用西哥德国王罗德里克疏于防守的机会在后来被称作阿耳黑西拉斯的地方建立基地。出巡北方的国王罗德里克急速赶回南方,于711年7月19日在里奥巴尔巴特谷地向穆斯林军队发起进攻,结果遭到失败,本人下落不明。这一胜利动摇了西哥德王国的中央集权体系,整个西班牙向征服者敞开了大门。此后,穆斯林军虽然遇到某些抵抗,但只是地方性的。塔立克的军队向科尔多瓦挺进,该城于10月份向仅有700人的穆斯林围攻部队投降。同时,穆斯林军向西哥德王国的首都托莱多进攻,还派出侦察队前往东北方向的萨拉戈萨。

北非总督穆萨·本·努赛尔获悉塔立克胜利后,于712年7月带领8 000名基本上由阿拉伯人组成的队伍越过海峡进入西班牙,登陆后即向塞维利亚移动,沿途还占领了一些小的城镇。攻克塞维利亚后,他挥军北上,于713年7月击溃了向梅里达撤退的西哥德军的残部,随后在托莱多西面的塔霍河畔的塔拉韦腊与塔立克会师。同年,穆斯林军镇压了几起小规模的叛乱,巩固了征服地区。714年,穆萨占领萨拉戈萨,可能还派出侦察队直达纳尔榜(当时法兰西的东南部也归属于西哥德王国)。随后,他大概为西部的形势所迫,回师西向,进入阿斯图里亚斯。塔立克则占领莱昂和阿斯托尔加。这时,穆萨和塔立克应哈里发之召,急返大马士革。穆萨带着准备呈献给哈里发的大量金银珠宝、战利品,以及被俘的西哥德的王室成员、贵族少女和3万名俘虏,渡过海峡,途径北非凯旋进。据说,这位战功显赫的人物到大马士革后的结局是可悲的。他被新任哈里发解除职务,没收财产,最后以乞食为生。

图尔-普瓦提埃之战 穆萨离西班牙后,由其子阿布杜·阿齐兹接替指挥权。穆斯林军继续向北部和东北部推进,占领潘普洛纳、塔拉戈纳、赫罗纳。在东南部则占领马拉加和阿尔韦拉。公元716年3月,阿布杜·阿齐兹被凶手杀害,对西班牙的征服告一段落。在西北部尚有相当一部分领土没有占领,穆斯林军对一些地方的控制也是不牢固的。然而,不管怎么说,穆斯林在伊比利亚半岛建立了有效的行政机构,西班牙成为帝国的一个行省,被阿拉伯人称之为"安达鲁西亚"(意为"汪达尔人的土地")。718年,阿拉伯总督萨姆赫指挥军队越过比利牛斯山,向图卢兹推进,721年被赶出该地,但这并不能打消穆斯林进军法国的意图。725年,穆斯林军占领卡尔卡松和尼姆,从这里出发向北深入罗纳河谷地,甚至进抵索恩河流域。不过这一试探性的行动没有继续下去。不久,阿布杜拉·拉赫曼·加菲基又沿比利牛斯山以西的路线进行侦察,732年在潘普洛纳城下集合自己的队伍,通过龙赛瓦列斯山口向法国推进,夺取波尔多后,迫使基督徒向北朝图尔方向退却。同年10月底,穆斯林军在图尔-普瓦提埃之间与法兰克王国墨洛温朝宫相查理·马特的军队相遇,穆斯林军最终被击溃,首领阵亡,部分军队退向纳尔榜。在以后的几十年间,穆斯林军还不断地在一些地方对法国发动小规模的进攻。但穆斯林军再没有这样逼近巴黎,也未能越过图尔-普瓦提埃一线。

柏柏尔人的反叛 在阿拉伯人征服之前,北非的基本居民是柏柏尔人。他们一开始就对征服者进行反抗,奥雷斯山区一直是活动的中心。据传,有一位传奇式的女巫(卡希娜)曾组织了有力的抵抗。她控制着奥雷斯山区所有的柏柏尔人部落,在特贝萨附近的战斗中取得胜利,把阿拉伯人一直赶到的黎波里塔尼亚。以后,阿布杜·马立克向北非派出增援部队,卡希娜的处境日趋困难。在君士坦丁的东北面一次决定性的遭遇战中,卡希娜与部分忠于她的将士战败后被迫退入奥雷斯山区,公元702年她在那里去世。

从7世纪40年代至8世纪初,阿拉伯人对马格里布①的征服经历了一个前进、中止、后退、再前进的缓慢过程,最后终于到达遥远的丹吉尔。被征服地的柏柏尔人依照他们易于改宗信仰的古风皈依伊斯兰教,并为哈里发帝国继续实行扩张提供了兵源。尽管柏柏尔人已成为虔诚的穆斯林,并积极地参加"圣战",却始终被阿拉伯人作为臣仆来对待,并要求纳贡,从而引起柏柏尔人的不满。出于宗教、经济、政治、种族等多方面原因,阿拉伯人与柏柏尔人之间的矛盾和冲突时隐时现、时强时弱地表现出来。

267

哈瓦利吉派王朝 柏柏尔人的不满为这时逃到北非的哈瓦利吉派支派之一的易巴德派所利用。早在公元754年,该派的阿布·哈塔布领导了北非柏柏尔人反对阿拉伯统治的斗争。该派的教义比较符合当地柏柏尔人的民主要求。易巴德派在北非取得很大的成就。8世纪70年代中叶,伊本·鲁斯塔建立哈瓦利吉派王朝,其政治和宗教中心是塔特尔特(位于今奥兰省提亚雷特市西南方,现已不复存在)。伊本·鲁斯塔由信徒选举出来掌权,他虽有很大的权力,但其统治仍要受到制约。即使在宗教方面,他也要服从学者们的经常性监督,后者可以对他进行批评甚至指责。这个神权制国家的执政者宣称,他们要根据《古兰经》和圣训的规定管理国家。王朝实行财产公有,从施舍的东西到各种税收都要充当公共开支之

---

① "马格里布"是阿拉伯人对"西方"的称谓。当时指柏柏尔人居住的西部地区,而对柏柏尔人居住的东部地区,接受了罗马人的称呼"易弗里基叶",即拉丁语Africa的讹音,现通称整个非洲。

用,对贫穷的信徒则给予帮助。但是,该派首领无法从根本上改变封建制度,也没有给人民群众创造较好的生活条件。因此,时间一久,该派的统治者就失去当地居民的支持,这无疑有助于9世纪的阿格拉布人和10世纪的法蒂玛人对北非易巴德派的征服。909年,随着法蒂玛人在北非执政,易巴德派的伊玛目国不复存在。此后该派在北非再没有产生出统一的宗教首领,也没有形成统一的政治中心,只有互不联系的宗教社团分散在各地活动。

伊德里斯王朝 公元785年,哈桑的曾孙伊德里斯·本·阿布杜拉在麦地那参加阿里派暴动,运动被阿巴斯王朝镇压后,他逃往摩洛哥北部。作为先知的直系后裔,他被视为"拜莱凯"的拥有者,所以很快就取得柏柏尔人的支持,并于788年建立起伊德里斯王朝(788—974),修建了首都穆莱·伊德里斯城。在反对阿格拉布人的斗争中,他将自己的统治权向东扩展到特累姆森。哈里发哈伦·拉希德派人毒死伊德里斯后,他的遗腹子伊德里斯二世继位。伊德里斯二世颇有威信,他使基督教徒与穆斯林和平共处,彼此协作。他还在非斯河左岸修建新都法斯(后称"非斯")。828年,伊德里斯二世去世后,他的儿子们为争夺遗产而发生内讧,王朝势力逐步瓦解。974年,西班牙倭马亚朝哈里发哈克姆二世(961—976在位)灭伊德里斯朝。

阿格拉布王朝 公元800年,伊布拉欣·本·阿格拉布任伊非里基亚的地方长官。他到任后,很快就把这个地方变成独立的王国。他在位12年(800—811),死后由子继承政权。该王朝以凯鲁万为中心,几乎统治着除易巴德派王国以外的整个伊非里基亚。它所处的地理位置极为有利,内地出产丰富,海港控制着地中海的商业。该王国居民混杂,绝大多数为柏柏尔人,但占统治地位的则是阿拉伯人,从宗教信仰上讲,除穆斯林之外,还有基督教徒和犹太人。阿格拉布王朝(800—909)建立了集中化的行政机构,社会经济和文化得到发展,他们修筑宫殿、清真寺、浴室、引水桥。首都凯鲁万以西迪·奥克巴命名的大清真寺是伊斯兰教最宏伟的建筑之一。阿格拉布王朝拥有一支精良的舰队。它不断侵扰意大利和法兰西南部沿海地带甚至深入到罗马。他们夺取马耳他岛、西西里岛和撒丁岛,还从克里特出发袭击希腊沿海一些城市。

阿格拉布王朝上层生活奢侈,维持大量的军队和对外战争,都需要巨额的经费,于是他们就在《古兰经》的规定之外增加新的赋税,这就激起柏柏尔人的反抗,为十叶派传教师阿布·阿布杜拉·侯赛因所利用。909 年,阿格拉布王朝灭亡。

法蒂玛王朝 公元 9 世纪末,阿布·阿布杜拉·侯赛因在北非各地布道。909 年,阿格拉布王朝覆灭,赛义德·欧贝杜拉被迎入凯鲁万的赖盖达宫,以“伊玛目欧贝杜拉·马赫迪”的称号进行统治。他保存了前王朝的行政组织,重新建立传统的税收制度。他把拥有马格里布当作取得哈里发位的一个步骤,独断专行地推行自己的计划。

欧贝杜拉迅速地将势力扩张到整个北非,从摩洛哥到埃及边境。914 年,他攻占亚历山大港,两年后又蹂躏尼罗河三角洲。约在 920 年,他迁都马赫迪亚(位于地中海南岸,得名于他的称号,被认为是不可攻克的要塞)。法蒂玛人不仅要同倭马亚人作斗争,而且也遇到柏柏尔人强烈的反抗。扎纳塔人阿布·亚齐德领导的起义对法蒂玛人造成威胁,起义者攻占突尼斯城和凯鲁万并向马赫迪亚进军,但最后被镇压下去。969 年,法蒂玛人攻占埃及。此后,他们的统治中心东移,西部的领地陆续丧失。

269

第二节　伊斯兰教在西班牙

后倭马亚王朝 阿巴斯人依仗武力夺取政权后,又靠屠杀手段来消灭对手。倭马亚王朝第十代哈里发希沙姆的孙子,绰号“古来氏族之鹰”的阿布杜·拉赫曼却有幸逃脱出来,历经险阻,到塔赫尔特的伊本·鲁斯塔宫廷中避难。他一心想恢复先祖事业,但在这里却受到种种限制。为了自身的安全,也感到此地终非久居之地,他于是移居遥远的西班牙,从此揭开了安达鲁西亚历史新的一页。当时西班牙的政局正处于混乱之中。南北阿拉伯人的宗族主义斗争,表现为盖斯人和凯勒布人之间的古老宗族斗争在这里同样存在。从公元 732—755 年短短的 23 年间,西班牙的省督就走马灯似地换了 23 次之多。这时执政的西班牙总督优素福·本·阿布杜·拉赫曼·菲海里与帝国的中枢失去联系,无所适从。而阿布杜·拉赫曼在西班牙唯一的支持者是盖斯人领袖苏迈尔·基拉比。755 年 9月,他率领一批追随者在西班牙登陆后,即组织力量向该地总督发起进攻,很快就掌握了错综复杂的局面。阿布杜·拉赫曼受过王室的良好训练,他刚毅、勇敢又有才能。倭马亚王室的这一成员,很快受到当地穆斯林的拥戴。第二年,他建立起西班牙的倭马亚王朝,史称后倭马亚王朝(756—1031),定都科尔多瓦,自称艾米尔。757 年,他在聚礼日讲道(呼图白)中不再为阿巴斯哈里发祝福,这意味着西班牙已摆脱阿巴斯王朝的统治而独立。

西班牙的居民 西班牙居民的成分极为复杂。居于首位的是阿拉伯穆斯林。他们的影响巨大,使西班牙社会生活的各个方面都具有一种明显的阿拉伯色彩。在倭马亚王朝时期,安达鲁西亚是帝国的一个省份。在随后的 200 多年间,执政的仍然是倭马亚家族。阿拉伯人在这里充满自信心。他们不仅在经济上占有优势,而且在语言、文学、科学、宗教乃至各种典章制度方面都成了其他人效仿的榜样。有些非阿拉伯人甚至虚构家谱,自称阿拉伯人。

其次,是皈依伊斯兰教的柏柏尔人。这些进入西班牙的柏柏尔人主要来自定居者而非游牧民。他们之中多数成了农村贫民,有一些则成为城市手工业者,个别人则作为神学家享有盛名。他们的祖先皈依伊斯兰教无疑是为了参加阿拉伯人对西班牙的征服,并分得战利品。随后迁来的人很可能是受到安达鲁西亚富裕生活的吸引。他们在这里定居下来后,受到非穆斯林的敌视,因而感到有必要与穆斯林首先是信奉官方信仰的阿拉伯人加强团结。所以,在北非游牧的柏柏尔人中间传播的哈瓦利吉派教义在西班牙没有风行起来;同样十叶派教义也没有得到发展。公元 901 年曾有人自称马赫迪,在柏柏尔人中进行鼓动,但矛头是指向非穆斯林,而不是阿拉伯人。

西班牙穆斯林中的第三部分人是新皈依的伊比利亚人。在征服后的第一个世纪里,他们在一些城市里的人数迅速增加,超过了阿拉伯人,被阿拉伯人称为"穆瓦莱敦"(意为"义子")。他们虽然是穆斯林,阿拉伯人却视他们为下等人,因而他们渐渐变成居民中最不满的阶层,首先拿起武装反对现政权。

再其次是生活在穆斯林统治下的基督教徒。他们保持了原有的信仰,但在生活上则逐步阿拉伯化,被人称作"穆扎赖布"(意为"采用阿拉伯语和风俗的人")。然而尽管接受了阿拉伯文化,但他们终归并非完全满意,所以他们支持诸如伊本·哈佛逊这样一些人领导的暴动,并且从9世纪后半叶开始从安达鲁西亚迁往基督徒的领地。

最后是国内的犹太人和奴隶。犹太人虽然参与当地的精神生活和从事文化活动,但他们像其他地区的犹太人一样,仍保持着与世隔绝的孤独状态;奴隶则区分为黑人和"斯拉夫人",后者也包括法兰克人和来自北方的其他俘虏。阿布杜·拉赫曼三世时运进更多的奴隶,用来在军队和宫廷中服役。其中有些人当了宦官,有时还达到相当高的地位,甚至取得一定的权力。大多数奴隶以后获得了自由,并分别在各城市定居下来。他们一般都加入了伊斯兰教。此外,有的基督教徒也占有相同信仰的奴隶。

改宗者和基督教殉教者的骚乱　　妥善处理不同成分居民之间的关系,对政局的稳定极为重要。后倭马亚王朝的统治者对基督教徒和犹太教徒所实行的政策与其他地区的政策没有多大区别,即后者在缴纳规定的人头税后,仍可保持原有的宗教信仰;改奉伊斯兰教者则可以免除。至于土地税,穆斯林和非穆斯林都应缴纳。一般说来,倭马亚人并没有给土著带来什么新的难以容忍的苦难。因此,基督教徒大批地改奉伊斯兰教。随着时间的推移,这些新入教者在许多地方占了居民中的大多数,自成一个新的社会阶层。而阿拉伯穆斯林往往炫耀门第世系,傲慢自大,鄙视新皈依者;加上阿拉伯人执掌着政权,在政治和经济生活上都处于优越地位,这就不可避免地会引起新入教者的不满和反抗。他们一有机会就拿起武器反对当局,一有可能便想建立独立的国家。

　　艾米尔哈克姆(796—822 在位)是个酷爱饮酒、狩猎,放荡不羁的人,他挑选一批不懂阿拉伯语的黑人和雇佣的他族人组成禁卫军,由他们簇拥着四出活动。艾米尔的作为招致人民的强烈反对,叛乱于公元 805 年开始。有一天当他过街的时候,群众用石头攻击了他,一些教义学家也在旁边拍手喝彩。后来,艾米尔将 72 人处死,但人们并没有被吓倒,在新皈依者聚居地,骚动接二连三发生。最后是 814 年一位柏柏尔族教法学家领导了大暴动,愤怒的群众将哈克姆团团围困在宫殿里。但暴乱最后被骑兵镇压下去,约 300 名大小首领被处死,暴乱地区的居民都被驱逐出西班牙,分别发配到非斯、亚历山大等地。

　　如前所述,阿拉伯文化在西班牙产生了巨大的影响,以致征服者的语言、文学、宗教及一切典章制度都成了学习的榜样,基督教徒大都阿拉伯化了。可是,这部分称作"穆扎赖布"的人并没有被伊斯兰化。9 世纪中叶,西班牙地区开始出现对抗阿拉伯化的殉教者运动。该运动的领导者攸罗吉阿斯是科尔多瓦的主教,一位苦行的神父。促成这一运动的事件是 850 年开斋节那天当局处死了一位名叫卑尔菲克塔斯的神父,因为他诽谤穆罕默德,辱骂伊斯兰教。他死后被同教人尊为圣徒。于是,在宗教狂热思想的支配下,一些僧俗男女甘愿牺牲自己,争当所谓的殉教圣徒。他们故意辱骂伊斯兰教及其先知,自愿接受不可避免的刑罚。这种歇斯底里式的风潮,一直到 859 年处死运动领导人攸罗吉阿斯本人才告结束,总计有 44 人为此而牺牲。

　　然而,对倭马亚人来说,更为严重的是以后各地发生的骚乱和起义,一些地方摆脱中央而独立,由柏柏尔人或西班牙穆斯林实行统治。

　　阿布杜·拉赫曼三世称哈里发　西班牙倭马亚王朝陷入困难的境地,到阿布杜·拉赫曼三世(912—961 在位)继任时,这个国家已经缩小到以科尔多瓦为中心的一个不大的地区。这位开始执政时年仅 23 岁的艾米尔,在位 50 年,收复一个个失地,使国家重新得到统一。公元 929 年他开始称哈里发。这样一来,伊斯兰世界正式出现三位哈里发并存的局面。阿布杜·拉赫曼的宗主权得到摩洛哥穆斯林的承认,柏柏尔海岸大部分地区都表示臣服。他还进一步扩大和更新舰队,与法蒂玛人争夺西地中海的霸权。在他统治时期,安达鲁西亚空前富强,国内农业、手工业发达,市场繁荣,人民生活安定,国家的财政收入成倍增加,岁入高达 624.5 万第纳尔,除当年支出外,余下 1/3 可以留作储备。西班牙倭马亚哈里发雄据西方,首都科尔多瓦成了世界文化中心之一,被一位撒克逊修女称为"世界的珍珠"。

统治机构　西班牙倭马亚王朝是一个君主专制的国家,政府机构与西哥德的传统几乎没有什么联系。权力集中在艾米尔或哈里发手中,至少在理论上是如此。作为一国之主的艾米尔或哈里发不仅负责内政、外交,而且掌握着军队的最高指挥权,对其臣民拥有生杀予夺的绝对权力。

艾米尔或哈里发的职位是世袭的,但有时也不免为争夺继承权而展开斗争。君主下面设一位侍从长(哈吉布),相当于东方穆斯林王朝的宰相,居于各大臣之上,各大臣必须通过他才能与哈里发联系。在各大臣之下有秘书,他们和大臣们共同组成国务会议(迪万)。全国设 20 个省和 3 个边疆军管区。省的行政机构大体上与中央相同,由一名长官管理;3 个边疆军管区主要是为了保卫北部边疆。司法权由哈里发行使,他通常把这种权力委托给法官(卡迪)去执行,科尔多瓦设有总法官(总卡迪)。不直接进入政权机构的法学家在较大程度上归属于管理机构。在某种意义上讲,管理机构控制着法学家,有时也任命他们担任重要的行政职务。此外,一个有趣的官吏是检查官(穆赫塔西布),他除指导警察外,还监督商务和市场,检查度量衡,查禁赌博、奸淫和奇装异服。

哈克姆一世(796—822 在位)首先开始使用雇佣兵。以后他们的数目逐渐增大,其中许多是原为奴隶的法兰克人和斯拉夫人,以后又出现了北非柏柏尔人和黑人,君主的私人卫队也由雇佣兵组成。此外,服兵役的还有应召入伍的封地上的农民和市民。军队的第

273

三个组成部分则是参加对异教徒进行"圣战"的志愿兵。

阿拉伯人统治的解体 哈克姆二世死后,年仅 12 岁的儿子希沙姆三世(976—1031 在位)继位,由母后摄政。他母亲是位美丽能干的巴斯克人,名叫奥劳拉·素卜哈(意为"黎明"、"曙光")。部分有影响的人物认为由哈克姆弟弟继位比较好。但是,在哈里发重病期间被委以重任的侍从长加法尔·穆沙菲以强有力的行动保证年轻继任人的权利和自身权力的继续。在这些事件中,穆沙菲支持了一个名叫穆罕默德·本·阿比·阿米尔的人,后者祖先是麦阿菲尔部落的也门人,系塔立克征服西班牙的部队中少数阿拉伯人之一。穆罕默德起初给素卜哈当管家,料理希沙姆的财务。他凭着勇气、才干和机智爬上了很高的地位,当上了财政大臣。他受到太后的宠信,据说还成了她的情人。穆罕默德·本·阿比·阿米尔还讨好加里布将军,与他的女儿结了婚,并在他的支持下于公元 978 年剥夺侍从长加法尔·穆沙菲的职务,自己当上了侍从长。为了巩固自己的地位,他还通过各种手段,甚至不惜以重金收买的方式把城里诗人和其他有影响的人物都拉到自己一边。他凭借职权,给斯拉夫禁卫军以最后的打击,而代之以由摩洛哥雇佣军组成的新部队,终于把哈里发关闭在王宫里,使他脱离可能为其独立执掌国家政权作准备的一切活动和联系。太后素卜哈面对儿子的这种处境,对原来的保护人充满了憎恨,但她想改变现状的一切企图都被这位机敏的、沽名钓誉的人所粉碎。

科尔多瓦的艾米尔 穆罕默德·本·阿比·阿米尔逐步独揽一切权力,并以君主的名义发号施令,甚至命令聚礼日时为他祝福,货币上也铸上他的名字。公元 978 年,他开始在科尔多瓦东部修建壮丽的宫殿;981 年,他将办公处从哈里发的宰海拉宫迁到那里,称作"扎希姆城"。这里逐步成为实际的政府所在地,哈里发被剥夺听政的一切权力。992 年,他又下令凡枢密院发出的公文都要加盖他的印章,而不再盖哈里发的。

在军事方面,伊本·阿比·阿米尔同样取得了成功。他整编军队,以分队体制代替旧有的部落组织。法蒂玛人权力中心的东移,北部基督教诸小国内部的倾轧,都为他提供了机会。他首先把马格里布置于控制之下,然后兵锋北向。981年,他和加里布产生不和。加里布得到北方基督教诸王公的帮助,而伊本·阿比·阿米尔依靠先前从北非召来的、统领着柏柏尔兵的另一位统帅和基督徒雇佣兵,结果加里布战败被杀。伊本·阿比·阿米尔开始采用"曼苏尔·比拉"(意为"借安拉的佑助而得胜者")的尊号。他每年春秋两季向北部基督教小国发动攻势,981年夺取萨莫拉,985年劫掠巴塞罗那,988年攻陷莱昂,诸王国变成称臣纳贡的省区。他深入到偏远的加利西亚省,于977年下令拆毁欧洲各国基督教徒朝拜的壮丽的圣地亚哥·德·孔波斯特拉教堂。1002年,他在出征卡斯提尔的归途中逝世。在其继承人统治期间,好景不长,很快就出现了长期的混乱。在这中间禁卫军起了很坏的作用,他们随意废立哈里发,使国家急剧走向衰落。

小国并立 在西班牙倭马亚哈里发国濒临崩溃的最后年代里,政权一度落入哈马德家族的手里。1027年,一直过着隐居生活的64岁的哈里发希沙姆三世回朝执政,但他已无法挽回衰退的局面。1031年,一个贵族集团宣布废除哈里发制度,代之以枢密院,希沙姆及其家人被监禁在附属于大清真寺的一间阴暗的圆顶屋内。

倭马亚哈里发国灭亡后,在它的废墟上形成了许多小国,11世纪前半叶有20个左右短命的小国先后在一些城市和地方兴起。南部执政的主要是柏柏尔人,东部执政的则是斯拉夫人。在塞维利亚,有阿巴德王朝(1023—1091);在格拉纳达,有柏柏尔人伊本·齐里建立的小王国;在马拉加,哈马德王朝延续到1057年,后为齐里王国吞并;在托莱多,另一个柏柏尔人贝尼·杜·左农于1032年建立了小王国,一直当政到1085年。在这些小王朝中,最强大的是塞维利亚的阿巴德王朝,它几乎控制了半岛的整个西南部。但后来受到基督教莱昂和卡斯提尔王国的威胁,不得不同其他穆斯林小国一起请求北非穆拉比特王朝的援助。

穆斯林西班牙的文化成就与宗教学科 在阿布杜·拉赫曼三

275

世的长期统治下,安达鲁西亚没有大的动乱,文化得到发展。国内农业、园艺、工业和商业都达到繁荣阶段。在工艺方面,特别精于金属和皮革制品,至今科尔多瓦生产的皮革在世界市场上仍然使人们不禁回忆起这个安达鲁西亚首府的名字。由于岁入增多,用于建筑的资金充足。壮丽的科尔多瓦大清真寺和宰海拉宫就是这一时期具有代表性的建筑物。现在前者改成升天圣母大教堂,后者已荡然无存。穆斯林西班牙在理性方面的贡献是巨大的,对欧洲产生了不可磨灭的影响。

对穆斯林来说,宗教学科一般指的是《古兰经》和经注学、圣训学和教法学。安达鲁西亚的情况与穆斯林的东方世界没有多大区别。穆斯林西班牙一开始遵循的是叙利亚法学家奥扎仪的学说,在倭马亚王朝灭亡之前,就有人前往叙利亚就学于奥扎仪。由于奥扎仪曾是倭马亚首都大马士革的主要法学家,他的观点对安达鲁西亚这个遥远的省份自然起着决定性的作用。公元750年以后,奥扎仪移居贝鲁特,不再与政界保持联系,失去原有的影响,这时来自安达鲁西亚的学生既到他那里,也到麦地那和其他城市求学。麦地那马立克派法学家对法律基础所持的观点与奥扎仪的观点相似,因而很容易被接受。但是,实际掌管司法的执法者并不认为他们的观点有绝对的权威。

约在800年,由两位年轻的法学家在北非根据马立克派的法学原则编纂的法律问题问答传入安达鲁西亚,出于实用目的,哈克姆一世正式采纳这一法律汇编,从那时起,马立克派教法在西班牙的官方地位正式确立。这可以看作是倭马亚时期宗教学科方面的一项主要活动。当然,在安达鲁西亚也可以发现在伊斯兰中心地所存在的其他学派的一些踪迹,人们对《古兰经》和圣训也在进行研究。

哲学与神秘主义　穆尔太齐赖派的哲学思想曾在安达鲁西亚产生过一定的影响,据记载,有少数人坚持通常与穆尔太齐赖派有联系的观点。例如,扎希兹(?—868)就是一位受到称赞的穆尔太齐赖派作家。然而,整个来讲,穆尔太齐赖派思想在安达鲁西亚没有巩固下来。另外,希腊哲学给伊本·马萨拉(? —931)以很大的影响,在他那尚不十分明确的看法中可以发现恩培多克勒的某些观点。他遇到来自科尔多瓦马立克派的强烈反对,被迫到附近山里隐修。他在这里培养了少数门弟子,为安达鲁西亚的神秘主义奠定了基础。西班牙境内的穆斯林在哲学方面的成就,则是 11 世纪以后的事。

诗歌与文学艺术 阿拉伯人喜欢并擅长写诗作歌。无数的诗篇,口耳相传流行甚广。他们所欣赏的,不仅是诗歌的内容,更多的是优美的韵律和绝妙的措辞。阿拉伯人对于歌词的优美与和谐能感到真正的愉快。安达鲁西亚的阿拉伯诗歌基本上是阿拉伯东方诗歌的模仿之作,因为来到这里的阿拉伯人还保存着阿拉伯的传统,而当地的西哥德人又不具备足以注入征服者文化之中的珍品。后倭马亚王朝的第一位君主就是诗人,他的几位后继者也都长于诗歌。大多数君主都有自己的桂冠诗人生活在他们的宫廷里,并随他们外出旅行和打仗。科尔多瓦的伊本·阿布杜·赖比(860—940)是阿布杜·拉赫曼三世的桂冠诗人,也是当时最著名的作家。他所编辑的丰富多彩的诗选《希世璎珞》是阿拉伯文学史上《乐府诗集》之外的一部最重要的著作。

历史与游记 早年,最著名的史学家是科尔多瓦的阿布·伯克尔·本·欧麦尔(? —977),人们一般称他为"伊本·孤帖叶"。他的著作《安达鲁西亚征服史》记述了自穆斯林开始征服西班牙到阿布杜·拉赫曼三世执政初期的历史。最著名的地理学家是科尔多瓦的阿布·欧拜德·阿布杜拉·本·阿布杜·阿齐兹·白克里(? —1094);他的名著是《列国道路志》,系以旅行指南体裁写成。可惜这部著作只有一部分流传下来。

摩尔人文化 古代罗马人把西北非的居民叫作"摩尔人",因此,柏柏尔人就是原来所说的摩尔人。但是,在穆斯林征服西班牙以后,人们通常把安达鲁西亚和西北非的穆斯林都叫作摩尔人。所谓摩尔人文化是西班牙穆斯林在保存阿拉伯文化传统的基础上吸收其他成分形成的一种独具特点的文化。摩尔文化的特点在金

277

属制品、玻璃制品、陶器、织造品、音乐、诗歌和其他娱乐方面都有表现,但最突出的则在建筑和装饰艺术方面。

公元976年以前是摩尔艺术的形成时期,最突出的代表作是科尔多瓦大清真寺和宰海拉宫。大清真寺由阿布杜·拉赫曼一世奠基,主要部分由其子希沙姆一世于793年完成,以后的继任者又不断地加以扩建和修缮。从该寺最古老的部分可以看到一种新的建筑传统的产生,它虽有倭马亚和叙利亚建筑的特色,但却找不出任何的原型。尖塔是非洲式的,而非洲的尖塔则是模仿叙利亚的。圆马掌形的弓架结构,成为穆斯林西方建筑物的一种特征。这种式样在征服前早已存在于西班牙,但穆斯林将其广泛用于建筑和装饰,则是前所未有的。此外,以交叉的弓架结构和可见的、交叉的弯梁为基础的圆顶体系也是科尔多瓦穆斯林的一种新贡献。除大的建筑外,还有各种小的工艺品,如大理石制品等,特别值得一提的是象牙雕刻。10世纪时科尔多瓦有一个象牙雕刻艺术派,他们制造了许多精美的小盒子和小匣子,外面的装饰有雕刻、镶嵌、彩画三种,图案有音乐演奏、狩猎等。在音乐、诗歌等方面,我们同样可以看到东西风格的结合。人们大体可以看出,在所有这些方面,一开始都是阿拉伯因素占优势,只是到了后来,其他因素才逐步渗入,互相融合,形成摩尔文化。现在在很多方面人们已经很难将不同的因素区分开来。

第三节 柏柏尔人统治下的伊斯兰教

穆拉比特运动的兴起 在西撒哈拉大沙漠的荒凉地带,有一个散哈哲游牧部落,它的帐幕所及,南面远达塞内加尔。这个部落已征服周围的黑人。它的一支是拉姆图纳人(意为"蒙面人");叶海亚·本·伊布拉欣·贾达利在旧的部落王国瓦解后崛起,成为首领。这些部落民原来信奉原始的精灵崇拜,后逐步接触到伊斯兰教。叶海亚于1048—1049年赴麦加朝觐,归途中在凯鲁万停留,并向马立克派有名的法学家法西请教,要求他派人向撒哈拉传播伊斯兰教。阿布杜拉·雅辛·朱祖利受命作为传教师与他同行。最初，阿布杜拉在这里的活动收效甚微，于是就带领门徒退居塞内加尔河一个小岛上，建立起"里巴特"（意为"设防的道堂"），既进行严格的宗教修持，又进行军事训练。因此，人们将其称为"穆拉比特"（意为"驻防军"），西班牙人讹传为"阿尔摩拉维德"。在随后的若干年内，他的信徒人数大增，有力量对沙漠北端的小国发动进攻。从此，在北非兴起穆拉比特运动。

伊本·欧麦尔与伊本·塔士芬 1054 年，族长叶海亚率军进攻北部的扎纳塔人和南部的加纳人。1056 年他去世后，地位由伊本·欧麦尔继任。穆拉比特人入侵非斯河流域，遇到柏柏尔人的巴尔格瓦塔部落，结果打了败仗，阿布杜拉·雅辛阵亡。伊本·欧麦尔掌握了全权。齐里人和甘哈贾人知道穆拉比特人的处境困难，分别从南、北两面向他们发动进攻。伊本·欧麦尔难以应付来自两方面的威胁，便将北部的军队交给他的堂兄弟伊本·塔士芬指挥，自己则返回撒哈拉去恢复和平。1061 年，伊本·塔士芬在北部的征服顺利进行，1062 年在大阿特拉斯山脚下的马拉喀什建立新都，成为穆拉比特帝国（1090—1147）的真正奠基人。1070 年他占领非斯，1078 年占领丹吉尔，1082 年又将势力扩展到阿尔及尔地区。当伊本·欧麦尔要返回北方以加强其权力时，伊本·塔士芬加以反对，并将其赶回撒哈拉。1087 年伊本·欧麦尔死后，伊本·塔士芬就独揽了大权。

伊本·塔士芬征服马格里布后，西班牙各穆斯林小国的君主摄于基督教徒的威胁曾派使团请求援助。伊本·塔士芬要求取得阿耳黑西拉斯作为他的据点，来这里的使团因未受命而不敢擅自作主，未作肯定的答复。于是，他决心进军西班牙。在使团走后，他借助穆夫提发布法特瓦来证明进兵的正确性。1086 年他派遣一支舰队在那里登陆，不久本人也到达那里。然后以阿耳黑西拉斯为据点向北推进，塞维利亚国王穆尔台米德与邻近各国君主只好卑躬屈膝地加以欢迎。基督教的莱昂和卡斯提尔国王阿尔封索六世闻讯后，放弃对萨拉戈萨的包围，急驰西南方迎战。10 月 23 日，双方在萨克拉里斯发生激战,阿尔封索惨败,不得不退出巴伦西亚地区,并解除对萨拉戈萨的包围,但仍控制着穆尔西亚和洛尔卡之间的阿列多要塞,以此作为进攻塞维利亚的根据地。伊本·塔士芬进入西班牙前,让他的儿子留守休达,这时,他的儿子去世,他不得不返回北非。1090年他第二次远征西班牙。随后又进行了两次远征,并在扎拉卡附近获得决定性的胜利,使基督教徒失去进攻能力,将这里的穆斯林君主们置于自己的控制之下。

穆拉比特王朝在西班牙的统治 伊本·塔士芬进入西班牙后,又以塞维利亚作为陪都。在50多年里,穆拉比特人有效地控制着西北非和南西班牙,这是有史以来柏柏尔人第一次在政治舞台上扮演主角。然而,他们在宗教事务方面名义上仍承认巴格达阿巴斯哈里发的最高权力。穆拉比特人具有尚武精神,作为新皈依者,在执政期间极其偏执,使许多基督教徒、犹太教徒乃至不太受教法约束的穆斯林,都蒙受了灾难。尤其是伊本·塔士芬的儿子阿里(1106—1143在位),连安萨里的《圣学复苏》也查禁和焚毁。上述行为无疑招致许多人的反对,加之以后统治阶级的腐败和堕落,使其逐步走向衰败,最后为穆瓦希德人所灭。

穆瓦希德运动的兴起 穆瓦希德运动最初兴起于马斯穆达部落的柏柏尔人中间。这些人居住在阿特拉斯山区,在高山峡谷中从事耕作和放牧。宗教是穆瓦希德运动的出发点,一位非常虔诚的穆斯林伊本·图马尔特起了重要的作用。他热心于神学研究,曾于1107年前后到安达鲁西亚的科尔多瓦作短暂的停留。这里查禁和焚毁安萨里著作的事件引起他的思考,于是他决心到巴格达去深造。在巴格达,他一接触到艾什尔里派的学说就加以拥护;返回北非后,就与当地流行的神人同性同形说进行斗争,强调神的"陶希德"(意为"统一性")。"穆瓦希德"一词即由此产生,意为"信仰独一神的人"(即一神教徒)。

伊本·图马尔特 伊本·图马尔特回到北非后,曾到后贝贾亚和马拉喀什等地,受到伊本·塔士芬的继承人、穆拉比特执政者阿里的接见。由于他们之间在教义上的分歧,他离开马拉喀什,经长途跋涉,回到故乡伊吉利兹(现名季杰利)。他在外人难以进入的深山中,坚持传播自己的主张,抨击穆拉比特王朝,指责他们的神人同性同形说;劝导、激励那里的部落民,逐步把他们引向反对穆拉比特人的圣战;他还致力于建立政治组织,加强山区各部落的联系,并设法缓和阿特拉斯山区定居民与马拉喀什平原游牧民之间的对立,为进一步推行他的一神教运动打下基础。1121 年,伊本·图马尔特自称马赫迪,还设计了以同样组合为基础的等级制组织,以后由他的继承人加以实现。

伊本·图马尔特在山区获得成功后,在纳菲斯河发源地附近的廷迈勒建起一座清真寺,奠定了穆瓦希德王朝第一个首都的基础。穆拉比特人首先采取行动,试图攻占他的总部所在地廷迈勒,但被击退了。穆瓦希德人乘胜包围了马拉喀什,然而未能攻克。他的助手阿布杜·穆敏几乎丧命。1130 年,伊本·图马尔特去世,阿布杜·穆敏继承了他的事业。但这一消息被隐瞒了大约两年之久才公布,这大概是后者系外族人的缘故。

281

阿布杜·穆敏与穆瓦希德王朝　阿布杜·穆敏(1147—1163 在位)是宰那泰部落陶工的儿子,出生于阿尔及利亚和摩洛哥边境的奈德罗马村。他自幼聪敏好学,先在村镇学校和特累姆森清真寺学习,后决定到巴格达深造。一天晚上他在贝贾亚附近遇到伊本·图马尔特。这次巧遇竟成了他们亲密关系的开始。阿布杜·穆敏首先征服摩洛哥南部各省,然后遵循伊本·图马尔特"只要还可能被穆拉比特人的骆驼队击败,就千万不要下到平原去"的教导,越峡谷,翻高山,向北挺进到里夫地区,接着向特累姆森前进。他先打败穆拉比特王朝年轻的国王、伊本·塔士芬的孙子伊本·阿里。随后又在瓦赫兰(奥兰,在今阿尔及利亚境内)给穆拉比特人第二次打击。穆瓦希德人在占领法斯、休达、丹吉尔和艾格马特之后,于1146—1147 年经过 11 个月的围攻,占领马拉喀什,灭穆拉比特王朝,该城变成了穆瓦希德王朝(1147—1269)的首都。

由于诺曼人还在非洲北部沿岸,希拉勒人在中部,游牧人在边区,不断地威胁着和平,他不得不对他们展开斗争,并先后战胜他们。1152 年,他征服阿尔及利亚;1158 年,征服突尼斯;1160 年,征服的黎波里,把从大西洋到埃及边界的整个地区置于其控制之下。阿布杜·穆敏在去世前不久自立为哈里发。这样,与巴格达和开罗一起又出现了三位哈里发并存的局面。

占领西班牙　阿布杜·穆敏于1145 年就开始从外交上干预安达鲁西亚的事务,只是没有向西班牙派出军队。当他绥靖北非后,开始重新考虑伊比利亚半岛的问题。1162 年,他着手远征的准备工作。但他的去世,妨碍了计划的执行。直到 1171 年,新哈里发开始将其付诸实现。当时安达鲁西亚的实权分散地掌握在各地方小君主的手中。塞维利亚的伊本·马尔达尼什进行了抵抗,但在他于1172 年去世后,其继承者除交出塞维利亚外,别无出路。哈里发的军队接着向北推进,逐步确立对安达鲁西亚大部分地方的实际控制。在更晚些时候,优素福在基督教的土地上进行"圣战"。但他不幸在围攻桑塔伦葡萄牙人时受伤,1184 年,因伤势过重而死亡。他和他的儿子雅吉布·曼苏尔(1184—1199 在位)时,穆瓦希德王朝达到鼎盛。

基督教的反攻　穆瓦希德人建立了一个将北非与西班牙连在一起的大帝国,但这个地域辽阔的帝国没有统一的经济基础,民族、种族、宗教和派别成分又十分复杂,主要靠武力来维持。北非和西班牙不断发生叛乱,弄得统治者难以对付。1189 年,雅吉布·曼苏尔决定重点经营安达鲁西亚。1190 年在取得胜利后就与卡斯提尔和莱昂国王缔结为期五年的停战协议。在当年和第二年经过对葡萄牙各要塞的一系列战役后,安达鲁西亚处于相对平静的状态。然而,停战结束后形势又紧张起来。1195 年 7 月,穆瓦希德人取得对卡斯提尔的阿尔封索八世的巨大胜利,但整体来讲双方力量的对比变得越来越有利于基督教徒。这次失败刺激了基督教徒的斗志,主教和大主教努力消除基督教徒内部的矛盾,调解纠纷,促进团结,逐步转入反攻。穆瓦希德人无法对基督教的反攻实行长期的抵抗。1212 年 7 月,莱昂、卡斯提尔、纳瓦拉和阿拉贡联军在阿尔封索八世的率领下,由托莱多向南推进,在拉斯·纳瓦斯托罗斯镇(在格拉纳达海边的一座小镇)附近的拉斯·纳瓦斯(阿卡布)会战中,穆瓦希德人惨败,总计60万大军逃脱者仅有千余人。他们在西班牙的政权实际已经瓦解,1223年被赶出西班牙。

北非柏柏尔诸小王国 穆瓦希德人在西班牙失败后,退到北非。1269年,首都马拉喀什被马林人占领,这标志着穆瓦希德王朝的灭亡。在北非穆瓦希德王朝原有的领土上形成了三个柏柏尔人的小王国:东部(突尼斯)的哈夫斯王国,中部(特累姆森)的阿布德·瓦德王国,西部(非斯)的马林王国。

哈夫斯人曾为穆瓦希德王朝的利益在非洲连续作战,参加过帝国的扩张运动。以后,穆瓦希德人发生内讧,马蒙通过进一步割让领土换取基督教徒菲尔迪南德的援助,在摩洛哥建立自己的统治。为了巩固其权力,他违背伊本·图马尔特的政治和宗教主张,取缔一神论教义,恢复马立克派在王国中的地位。伊非里基亚总督哈夫斯人阿布·扎克里亚,认为他背叛了穆瓦希德王朝的准则,遂于1236年宣布独立。他作为伊本·图马尔特精神的继承人,受到马林人的尊敬,这是他的权力的最好保证和基础。这时,哈夫斯王国出现强有力的国王法里斯,他控制了突尼斯南部自发建立的诸小公国,占领阿尔及尔,并向特累姆森和非斯进军。在他的统治下,国内政治稳定,经济繁荣,科学与文化艺术昌盛。然而,终因国内民族成分复杂,又缺乏牢固统一的经济基础,这种局面难以持久,王国于1534年灭亡。

1235年,扎纳塔人亚尔穆拉桑于特累姆森建立阿布德·瓦德王国,他借助天启制定措施,依靠宝剑付诸实现。他不断抗击或是单独或是联合向他发动进攻的哈夫斯人、马林人、穆瓦希德人和阿拉伯人,保卫王国的首都。他执政48年,死后由其子奥斯曼继位。由于王国缺乏牢固的政治和经济基础,在以后的年代里,它经常受到邻国的威胁,时而成为殖民地,时而成为被保护国,有时也获得它所渴望的独立。最后在奥斯曼人的打击下,于1554年因分裂而灭亡。

马林人是柏柏尔人扎纳塔部落的一支。1216年,他们自穆路亚山谷出发通过摩洛哥进行了一次袭击,首先在阿拉伯人里亚族的土地上取得立足点。他们曾站在穆瓦希德王朝一边,反对西班牙军队,在阿拉尔科斯战役中取得胜利,从而登上马格里布的历史舞台。以后他们的艾米尔为扩大势力,又站在哈夫斯人一边向穆瓦希德王朝发动进攻,从穆瓦希德人手中夺取沿海的萨勒和拉巴特,以及非斯等重要城市。1269 年,当马拉喀什再度发生争夺王位的内讧时,阿布·叶海亚的继承人乘机占领其首都,接着于 1275 年消灭穆瓦希德王朝的残余,从而成了摩洛哥的主人。他们还在西班牙登陆,占领阿耳黑西拉斯、科尔多瓦,打败了遭遇到的卡斯提尔人。他们修建象征胜利的新非斯城作为马林王国的首都。此后,马林王朝的历史只是苏丹和大臣们玩弄权术和谋杀的记录。1554 年,该王朝为萨阿德人灭亡。

奈斯尔王朝 穆瓦希德人退出西班牙后,基督教各小公国的君主和穆斯林的各地方性小王朝瓜分了安达鲁西亚。随之,基督教徒的恢复失地运动日益加强,卡斯提尔王国唆使穆斯林各首领相互倾轧,然后将他们各个击败。最后穆斯林在西班牙被压缩到格拉纳达的小范围内。约于 1231 年,著名的哈兹拉吉部落的后裔、麦地那人穆罕默德·本·优素福·本·奈斯尔与基督教徒缔结盟约,设法在哈恩周围建立一个小国家,1235 年夺取格拉纳达,定该地为首都,建奈斯尔王朝(1232—1492)。他执行谨慎而又灵活的外交政策,在与同教竞争者的斗争中利用基督教徒的支持,而在反对基督教徒时又去请求北非穆斯林的援助。这个小王国在地理上的特点与其他一些因素相结合,使其得以存在两个半世纪,在西班牙扮演了伊斯兰教捍卫者的角色,在某种程度上复兴了西班牙穆斯林的荣耀。1344—1396 年是其最光辉的时期,由于集约化农业经济、城市手工业和商业的发展,整个国家呈现一派繁荣景象,格拉纳达成了科学和艺术的发祥地。从 14 世纪末开始,王朝内讧加剧,阶级矛盾日益尖锐,这无疑有利于基督教收复失地的运动。

穆斯林被逐出西班牙 与西班牙日益增长的基督教势力相比,这时伊斯兰教的势力要弱小得多。当时西班牙有两个基督教王国——阿拉贡王国和卡斯提尔王国。1469 年,阿拉贡王子菲尔迪南德与卡斯提尔王国的伊萨培拉结婚。伊萨培拉于 1474 年继卡斯提尔女王位,而菲尔迪南德二世于 1479 年在阿拉贡登基。两个基督教王国的联合无疑给穆斯林的格拉纳达造成极大的威胁。卡斯提尔女王决心消灭格拉纳达王国。她利用穆斯林内部的分裂,采取各个击破的策略,于 1487 年夺取西部的马拉加,1489 年又夺取东部的阿尔梅里亚,最后于 1491 年开始围攻格拉纳达。城市在包围封锁中陷入困境,隆冬来临,粮食奇缺,物价飞涨,人们生活苦不堪言。但苏丹仍期待来自非洲和奥斯曼的穆斯林的援助。最后,在没有任何希望的情况下,于 1492 年 1 月初投降,条件是苏丹和全体臣民服从卡斯提尔的君主;允许苏丹阿布·阿布杜接受贝沙拉特地方的产业;保证穆斯林的人身安全和信仰自由。西班牙领土上最后一个穆斯林王朝灭亡。

基督教君主没有履行降约的条款。1499 年,一位红衣大主教领导的强迫改宗运动开始,他们成立宗教法庭,焚毁伊斯兰教书籍,强迫所有留在西班牙的穆斯林(小摩尔人)接受洗礼。许多人成了秘密的穆斯林。1556 年菲利普二世也颁布法律,要留下来的穆斯林立即放弃自己的语言、宗教、风俗习惯和生活方式。穆斯林起而反抗,暴动从格拉纳达扩展到邻近的山区,但遭到镇压。1609 年,菲利普二世又签署命令,将全体穆斯林逐出西班牙,据说这次有 50 万人被迫离去。

北非阿拉伯小王朝 这时,一支被认为是先知后裔的萨阿德人约于 15 世纪在北非苏斯地区的塔鲁丹特附近定居下来,建立享有隐修特权的道堂。先知后裔的身份有利于他们的发展,加上可以感到的基督教徒的威胁,使马格里布人逐渐团结在他们的周围。16 世纪初,葡萄牙人在北非造成越来越紧张的局势。约于 1511 年,道堂主持人阿布杜·拉赫曼鼓吹"圣战",围攻设防的阿加里尔,但未攻下。他本人也过早地去世了。他的两个儿子阿里和穆罕默德继承他的事业,在马拉喀什扎下了根,将葡萄牙人赶出萨非和艾绎木儿。以后,兄弟俩内讧,结果穆罕默德独揽大权,成为萨阿德王朝卓越的君主之一。但奥斯曼人于 1554 年谋杀了他。他的儿子马里卜及其后继者继续进行抗击葡萄牙人和奥斯曼人的斗争,并在北非取得部分的成功。但最后又因内部分裂加剧,王朝陷入无政府状态。末代国王阿巴斯于 1659 年遇刺身亡。

另一支阿拉维人亦被认为是圣裔,13 世纪开始定居在塔菲拉勒。到 17 世纪中叶他们的势力已相当强大,拉希德在非斯自立为苏丹,建立阿拉维王朝,他先后进占丹吉尔和萨累,摧毁马拉布特人的兵力,但在进入马拉喀什时坠马身亡。1672 年继位的伊斯梅尔是一位卓越的人物,他在对付自己的兄弟和侄子的争权的同时,还把精力用以反对基督教徒和奥斯曼人的斗争。为此,他建立一支由黑人组成的训练有素的部队,攻占英国人占领的丹吉尔,从 1691 年起解放了大西洋沿岸外国人占有的一切地方。他既不放弃武力,也懂得谈判与和解,甚至在某些时候与某一敌人暂时结盟。他在位期间,王朝达到鼎盛。1727 年他去世后,即爆发了争夺王位的斗争,到 1757 年的 30 年间,七位苏丹相继在位,其中阿布杜拉一人曾四次登基,四次被逐。到伊本·阿布杜拉(1757—1790 在位)时期,王朝得以复兴。但时间不长,摩洛哥又陷入混乱,到阿布杜·拉赫曼(1822—1859 在位)时,内部的骚乱和来自法国等国的威胁更日趋严重。

奥斯曼人统治下的北非　　1518 年,任奥斯曼舰队司令的巴巴罗沙(红胡子)将阿尔及利亚并入苏丹的版图。1534 年巴巴罗沙又吞并突尼斯,但该地只是在大约 40 年之后才实际成为奥斯曼帝国的一部分。1551 年,另一位奥斯曼著名将领希南·巴沙攻占的黎波里。北非成了奥斯曼征服的最远的地方,他们在这里设立由总督管辖的行省,这些总督们的头衔或称"帕夏",或称"代",或称"贝伊",就与伊斯坦布尔中央政府的关系而言,他们比埃及、叙利亚的帕夏们具有更大的独立性。由于国家机构松散,加之这里又远离帝国的政治中心,因此除向苏丹政府缴纳一定的贡赋外,这些地方实际处于半独立状态。当中央权力削弱的时候,贝伊们便自立为王。1705 年,突尼斯的侯赛因·本·阿里摆脱了奥斯曼的宗主权而独立,建立了突尼斯侯赛因王朝。1714年,的黎波里的总督阿赫默德自立为王,建立卡拉曼王朝,但在1835年又重新并入奥斯曼帝国。在近代史上,由于奥斯曼本身日趋衰落,北非成了西方资本主义列强侵略的对象。

宗教学科与史学 阿布杜·拉赫曼三世和哈卡姆二世执政时期,曾采取各种措施发展伊斯兰文化,如建立图书馆,吸收来自伊斯兰中心地区的学者等。后倭马亚哈里发国灭亡后,文化仍呈现出繁荣和发展景象。11—12世纪各学科产生了一大批学者。当13世纪穆斯林西班牙的大部分领土丧失后,安达鲁西亚的学者又在北非、埃及和叙利亚找到用武之地。

伊本·哈兹姆(994—1064)是西班牙伊斯兰教最伟大的学者和思想家。他在教义学、圣训学、史学、诗词学、逻辑学等方面的著作多达400种。他曾从事马立克派法学及其应用的研究,还深入地研究圣训,甚至从沙斐仪派观点出发写出论法学的大部头著作。但到1027年他开始对沙斐仪派法学体系感到失望,转而拥护早已消沉的表义学派(又称"直解学派"或"札希尔学派")。他的《关于教派和异端的批判》是保存至今最有价值的著作。由于这部著作,他被看作是第一位研究比较宗教学的学者。他之所以能够这样做,可能是由于阿拉伯征服者的宽容,使得各种不同宗教信仰的社团,犹太人的、基督教徒的、袄教徒的,甚至还有半异教徒的等等都能存续下来,而这些信仰吸引了穆斯林的学者们。伊本·哈兹姆对以后安达鲁西亚的哲学产生颇大的影响,但在神学方面似乎没有明显的追随者。伊本·阿布杜拉·巴拉(978—1071)是在安达鲁西亚成长起来的第一流学者、圣训学家,他在伊斯兰教中心地区享有盛誉。胡迈里(1029—1095)是上述两人的学生,后移居巴格达,是由西班牙到东方去的早期的著名学者之一。以后,虽然穆斯林在西班牙的处境困难,但学术继续保持着很高的水平,这从随后一个半世纪的时间内出现许多学者这一点可以得到证实。穆拉比特王朝时期的学者卡迪伊亚德(1083—1149)在穆斯林东方享有盛誉。穆瓦希德王朝时期表义学派得到鼓励,但马立克派法学家中有些人

287

仍保有原来的地位。

在西班牙,许多法学家同时也是历史和传记的作者。科尔多瓦的伊本·哈彦(987/988—1076)是早期著名历史学家之一,他写的主要是编年史,有几卷得以修复,这是极为宝贵的。关于穆瓦希德王朝的历史,最有价值的是曾在西班牙生活多年的摩洛哥史学家阿布杜·瓦希德·马拉喀什于1224年完成的专著。传记作品中,最著名的是伊本·法赖迪(962—1013)的《安达鲁西亚学者列传》。以后还有人为它写了《续编》和《续编补遗》。突尼斯人阿布杜·杜赫曼·本·赫尔东(1332—1406)是中世纪最伟大的史学家之一。他试图把一切外部现象概括成普遍规律,在历史研究中第一次达到了历史哲学的高度,故被人称为是当时历史科学的创始人。他的《阿拉伯人、波斯人、柏柏尔人历史殷鉴和原委》是内容极为丰富的著作。全书分三编:绪论自成一册,叙述了他关于历史发展的理论,赢得了很高的声誉;正文是全书的主干,论述阿拉伯人及其四邻各民族的历史;附录概述柏柏尔人和北非各穆斯林王朝的历史。

哲学和神秘主义 12世纪是穆斯林西班牙哲学史上一个极为重要的时期。穆斯林西班牙的哲学家受到法拉比、伊本·西那以及希腊哲学的影响,并在此基础上加以发展。他们像伊斯兰世界东部地区的哲学家一样,调和信仰与理性、宗教与科学,在人类历史上作出了自己的贡献。

伊本·巴哲(? —1138)首开其端,伊本·图斐利(? —1185)进一步发挥了他的哲学观念。而影响最大的是伟大的哲学家伊本·路西德(拉丁语称为"阿维罗伊",1126—1198),他的主要著作是《矛盾的矛盾》、《哲学和宗教的联系》等。他的基本观点是,世界是无始的、永恒的;但他又认为有一个离开世界、无始以来就是世界的推动者存在;安拉是世界的创造者,是无始的,是万物最终的目的,是世界最高的存在形式。他创立了"双重真理"说,一方面推崇理性,认为事物都应受理智的检查和判断;另一方面并不反对宗教信仰,认为天启是真理。

穆斯林西班牙和北非的苏非神秘主义的发展,往往与哲学混杂在一起。神秘主义与哲学的联系发端于伊本·马萨拉。他有几个著名的弟子活动于 10 世纪末至 11 世纪初,中心在彼奇纳及首都科尔多瓦。在邻近的阿尔梅里亚,11 世纪下半叶还产生了另一个神秘主义派别。

　　伊本·马萨拉通过他的弟子对安达鲁西亚最伟大的神秘主义者伊本·阿拉比(1165—1240)产生了影响。伊本·阿拉比生于穆尔西亚,就学于穆瓦希德人统治下的西班牙和北非。1201 年他前往麦加朝觐,一生中其余的时间都是在伊斯兰世界的东方度过的。[①]安达鲁西亚的神秘主义对沙兹里教团的发展起了重大的作用。

　　14 世纪时,伟大的旅行家伊本·白图泰在格拉纳达遇到了当地的穆斯林修道者,并访问了他们在郊外的道堂。他记载道:有一批波斯修道者在这里定居下来,因为当地与他们的故乡相似。[②]

　　诗歌与艺术　从文学史的角度讲,诸小国时代,穆拉比特人和穆瓦希德人的时代,是特别重要的时代。倭马亚人执政时期奠定新基础的诗歌,这时进入繁荣时期。宫廷对科学和文学艺术的竞相庇护,为许多诗人显示自己的才能开辟了广泛的可能性。西班牙产生了大批的诗人,伊本·宰敦(1003—1071)被一些评论家看成是安达鲁西亚最伟大的诗人;伊本·哈兹姆创作了许多爱情诗;塞维利亚阿巴德朝艾米尔穆尔台迪德(1012—1069)和穆尔台米德(1040—1095 年)等人是具有影响的诗人,他们的宫廷中还有为数众多的有才华的诗人。其他小国的宫廷也有自己的桂冠诗人。柏柏尔王朝时期卓越的诗人中最杰出者为伊本·哈法哲(1050—1139),他以"花园诗人"著称于世。

　　值得一提的是,11 世纪初在安达鲁西亚产生了两种新的具有地方特点的抒情诗,即"穆瓦希赫"(意为"二重韵诗")和"泽及尔"(意为"民歌体")。这两种诗体通常以民间方言写成,是在歌曲收

289

---

①　见本书第六章第三节。

②　见伊本·白图泰《伊本·白图泰游记》(马金鹏译),第 590 页,宁夏人民出版社,1985。

尾的叠句的基础上创立的。每句包含几个韵节,主韵在韵节之末,都是可以歌唱的。二重韵诗是西班牙人发明的,后来才传至北非和伊斯兰世界的东方。民歌体的"泽及尔"为人民大众喜闻乐见。伊本·古兹曼(?—1159)将这一诗体提高到文学水平,对卡塔鲁尼亚、波洛凡斯,甚至意大利方言诗的发展和传播都有很大的影响。

这个时期的艺术,特别是在包括建筑在内的造型艺术方面也有自己的特点。倭马亚人把东方的建筑艺术引入科尔多瓦。各小国时期,最出色的建筑物是阿布·扎法尔·穆克塔迪尔(1049—1081)建造的萨拉戈萨的阿尔哈菲利亚宫,建筑者比过去更重装饰。在柏柏尔人统治时期,西班牙本身没有特别突出的艺术创作,但根据北非的各种建筑可以判断其一般特点。他们丰富了马格里布的建筑风格,将非洲的强劲有力和安达鲁西亚的精巧细腻相结合,创造了西班牙-摩尔艺术。

12世纪以后,安达鲁西亚的政治状况恶化,但艺术传统仍具有生命力,创造出一些伟大的作品。这些艺术分为两支:穆德哈尔艺术和格拉纳达艺术。穆德哈尔人自认为留给了基督教领土更好的穆斯林艺术,但这种艺术并非由他们独创,而是在新的文化统一的基础上产生出来的。格拉纳达艺术主要因奈斯尔王朝最伟大的建筑物阿尔罕布拉宫(红宫)而闻名于世。这是穆斯林在西班牙留下的最宝贵的遗迹,至今仍受到人们赞扬。

第九章 伊斯兰教在波斯和中亚

第一节　伊斯兰教在中亚的传播

穆斯林军对中亚的征服　中亚是欧亚大陆的腹地。这块广阔无垠的内陆地区为许多湍急的河流和险峻的山岭所分割。连绵其间的浩瀚沙漠和草原上,依稀地散布着一些农业绿洲,它们作为驼马商队的转运地而连接欧亚大陆的贸易线——丝绸之路。中亚也是世界征服者的舞台。游牧部落、各帝国的武士、传教士们像匆匆过客一样东来西往,传播文化种子。这块地形复杂的土地上生活着不同的民族和部落,他们信奉着世代承继的宗教,形成不同的社会群落和组织。

公元 6—7 世纪间,乌浒水和药杀水流域①存在着昭武九姓政权。以这九姓为主的九个汗国是中国隋唐王朝与波斯萨珊王朝贸易的运转点,处于中国和波斯文化的影响之下。在阿拉伯人插足中亚以前,昭武九姓内附唐朝。在信仰上,河中地区以佛教为主,一些部落、民族还信奉袄教和萨满教。汗国之间常常兵戎相见,因而彼此削弱,这为阿拉伯人的征服廓清了道路。

7 世纪后期,穆斯林军对中亚曾有过一些军事进攻和劫掠。穆斯林军队已进入呼罗珊、昔思丹及今天的土库曼斯坦南部、阿富汗

---

①　这两条河流经的地区,中国史书称"河中地区",阿拉伯史书称"河外地区",西方史书则称"河间地区"。指今乌兹别克斯坦、南哈萨克斯坦、塔吉克斯坦和吉尔吉斯斯坦的一部分地区。

西部的地区。赫拉特于 660 年为阿拉伯人占领。[①] 虽然中亚在这期间被穆斯林军队侵略过,但它未被长期占领。如前所述,哈里发帝国对中亚的蓄意征服始于 704 年,那年屈底波(古太白)被任命为呼罗珊总督,并率穆斯林军征伐中亚。屈底波于 706 年率军从谋夫(木鹿)出发,经河模里(今查尔朱)渡乌浒水到沛肯城时,遇到了该城居民的顽强抵抗。经反复战斗,屈底波的军队攻下了这座城市。[②] 而后,屈底波利用布哈拉一个小汗国的汗位纷争而册立继承人。于是,这个汗国的继位者皈依了伊斯兰教,伊斯兰教遂在中亚有了第一个立足点。709 年布哈拉被征服,中亚另一城市撒马尔罕在长期被穆斯林军围困后,也向屈底波投降。他的军队还向东扩张到拔汗那(费尔干纳)盆地。到 715 年,穆斯林军已深入到药杀水地区。

屈底波在征服这些地区时,焚毁许多佛教、祆教及其他宗教的庙宇和神像,销毁大量的宗教文献,特别是祆教的文献,以及非宗教性的粟特文著作,并处死反抗者。当撒马尔罕被占领时,许多古老的庙宇被焚毁,神像被熔化。[③] 他下令建造清真寺,奖赏改宗者,而对坚持原来信仰的人则课以人丁税。

征服中亚的时间持续了几十年。其间经历好几次得而复失的曲折过程。穆斯林军在与各汗国及草原游牧部落的战争中显示出优势。在屈底波的后任者时期,河中地区成了伊斯兰世界的一个组成部分。当时中亚的穆斯林征服者中,有能背诵《古兰经》和熟悉伊斯兰教义的先知穆罕默德的弟子(苏哈白)从事伊斯兰教的传播和《古兰经》教育。[④]

由于阿拉伯贵族征服河中地区后推行压迫和奴役政策,所以

① 见《不列颠百科全书》(中文版),第 8 册第 31 页、第 11 册第 118 页,中国大百科全书出版社,1999。

② 见加富罗夫《中亚塔吉克史》(肖之兴译),第 132—133 页,中国社会科学出版社,1985。

③ 见王治来《中亚史》第 1 卷,第 225 页,中国社会科学出版社,1980。

④ 见纳忠《阿拉伯通史》上卷,第 275 页,商务印书馆,1997。

当哈里发帝国因吏治败坏、财政枯竭而被迫撤销对新近皈依者的优遇时，许多粟特人立即放弃信仰，恢复原来的宗教信仰。更普遍的是，当阿拉伯人强迫当地居民改宗时，这些居民只是表面上皈依。宗教信仰的冲突、社会地位的不平等以及经济状况的恶化，都孕育着阿拉伯人与当地居民相对抗和冲突的种子。粟特人和突厥人常起义反抗哈里发的统治。

穆斯林起义　在哈里发统治的帝国中，中亚是最薄弱的地区之一，它成了各政治反对派的避难地。受迫害的哈瓦利吉派和十叶派信徒颠沛流离，到此安身立命。他们和当地信仰原有宗教的居民及新皈依者们汇合在一起，酝酿了推翻倭马亚王朝的革命酵素。合法主义运动的首领对呼罗珊和河中地区尤加注意，并派遣许多密使从事推翻倭马亚人统治的宣传工作；中亚当地的贵族也加入了起义者的行列。阿布·穆斯林在木鹿秘密招募，从赫拉特、多勒建（今阿富汗北部的塔里干）、内沙布尔、巴尔黑、石汗那、吐火罗斯坦、那色波等地，人们纷纷聚集到反倭马亚人的旗帜下，呼罗珊和中亚遂成了起义者的基地。起义的燎原之火很快地焚毁了倭马亚王朝。

阿巴斯王朝在中亚的统治　阿巴斯人上台后，屠杀多名功臣并镇压十叶派等政治反对派，严重地恶化了政治形势。中亚作为各政治反对派的主要聚集之地，与帝国其他地区相比，群众与王朝的统治者的对抗更为尖锐。一些地方的人们公开反对阿巴斯人的统治。比如，公元750—751年舍里克·本·谢赫在布哈拉领导十叶派起义；755年苏姆巴德·马格以"为阿布·穆斯林复仇"的口号发动起义；8世纪70年代哈希姆·本·哈基木领导"白衫党起义"，农民和手工业者都参加了。这些起义均遭到残酷的镇压。阿巴斯人为了巩固在中亚的统治，又鉴于中亚当地贵族是推翻前王朝的同盟者，决定让这些贵族参政。从曼苏尔到哈伦·拉希德时期，河中地区各地基本上由当地的封建贵族，主要是出身于中亚古老文化中心巴尔黑的巴尔马克家族和萨曼家族的贵族出任"维齐尔"（意为"大臣"）进行管理。这些人成了当地权势显赫的人物，以他们为首的地

293

方势力得到迅速增长,其直接后果就是中亚地区摆脱哈里发帝国控制的离心力不断加强,最终导致独立或半独立的地方王朝出现。

地方王朝的崛起 马门在与同父异母的哥哥阿明争夺哈里发位的斗争中,主要依靠呼罗珊地区的波斯军人。公元813年,呼罗珊军队首领塔希尔·本·侯赛因(?—821)攻占巴格达,帮助马门登上王位,战功赫赫。于是,马门任命他为波斯和东方行省的总督,赐以呼罗珊领地的世袭权。虽然塔希尔在任职期间维持向哈里发帝国称臣纳贡的效忠关系,但由于遥远的地理位置以及受国内波斯人支持而势力大增,加之眼见伊德里斯王朝、阿格拉布王朝、图伦王朝在哈里发帝国西部纷纷建立,塔希尔也逐渐自行其事,脱离中央政府的控制。在他的行省内,聚礼日礼拜的讲道中不提哈里发的名字,这无疑是宣布了独立。到塔希尔的儿子塔勒赫(821—828在位)时,呼罗珊和河中地区已事实上成了一个独立的小王朝。

在塔希尔王朝(821—873)后期,昔思丹(锡吉斯坦)地区的萨法尔人强大起来,并攻占塔希尔王朝的统治中心呼罗珊,迫使哈里发委任他们的首领雅各布(?—879)和阿慕尔(?—911)弟兄俩先后为呼罗珊、昔思丹和法斯等地区的总督。

昔思丹地区过去一直是各种政治上的不满分子的流亡地区。出身于铜匠的萨法尔家族雅各布和阿慕尔早先曾打家劫舍,建立了地方武装。9—10世纪,哈里发帝国为抵御游牧民族对农业定居区的骚扰,收编这些地方势力为"加齐"(保卫信仰的战士)部队。他们召集的加齐部队中有不少哈瓦利吉派成员。正是这支政治成分复杂、成员大部分为破产农民和手工业者的加齐部队成为建立萨法尔王朝(867—908)的基础。雅各布任总督时,他在讲道中已把自己的名字与哈里发的名字并列,他弟弟阿慕尔在位时,则把自己的名字打制在钱币上。雅各布还开了地方王朝拒向哈里发帝国交纳贡赋的先例。萨法尔人势力膨胀后遂向河中地区扩张,与萨曼人争夺河中地区,结果败北,王朝随之崩溃。

这一时期河中地区是十叶派、胡拉米派、穆斯林派、哈瓦利吉派的主要活动基地。它还是伊斯兰教人才的培育之地,产生了著名圣训学家、布哈拉人布哈里(810—870),圣训学家、撒马尔罕人达里米(798—869),圣训学家、阿富汗人提尔米基(824—892),数学家、天文学家花剌子密(约780—约850)等。巴尔黑、布哈拉、撒马尔罕等地建有大清真寺。

萨曼王朝和波斯文化的复兴　萨曼家族的首领萨曼·胡达是巴尔黑地区的一个地主,后迁徙到河中地区。他大约在公元8世纪中期放弃拜火教而皈依伊斯兰教。他的四个孙子由于投效马门而分别被任命为撒马尔罕、费尔干纳、柘析(塔什干)和赫拉特的总督。875年,阿巴斯哈里发任命撒马尔罕总督纳速尔(?—879)为整个河中地区的总督。随着哈里发帝国的衰落以及地方行省相继独立,纳速尔在河中地区乘势建立萨曼王朝(875—999)。

掌握河中地区经济命脉的商业贵族和农业地主,是萨曼王朝的统治基础。他们受波斯文化的影响很深,和波斯地区的经济交往素来密切。萨曼家族自称是波斯萨珊王朝的后裔,以期获得这些贵族和地主的支持。萨曼人还承袭萨珊王朝留下的一套国家行政管理制度,加强中央集权政府。另一方面,它还赞助波斯文化,倡导波斯传统。这些都是萨曼人为保持独立于哈里发帝国的有效手段。其结果是,萨曼王朝时期河中地区出现波斯文化的复兴,波斯语自阿拉伯人征服中亚以来首次在上层和宫廷中被推崇,以致那时讲波斯语成为一种时尚。在这场波斯文化复兴浪潮中,中亚出现了一些著名的学者,如诗人鲁达基(850—941),他曾是萨曼朝的宫廷诗人;费尔道西(940—1020),他的长篇史诗《列王纪》是一部不朽之作,叙述了波斯民间流传的古老神话故事和萨珊王朝的历史事件,对反抗暴君统治的人民起义作了热情的歌颂。在布哈拉和撒马尔罕,这时期还产生了哲学家拉齐(864—925)和伊本·西那(980—1037);火寻(花剌子模)则有著名的历史学家和天文学家比鲁尼(973—1050)。萨曼王朝的波斯文化复兴使河中地区科学、文学艺术昌明,成了伊斯兰世界中又一个文化中心。这次复兴浪潮也使波斯文化传统与阿拉伯文化传统相融合,波斯文化遗产成了伊斯兰文明不可分割的部分,从而向伊斯兰世界注入了活力。

伊斯兰教在地方王朝中继续发展 各地方王朝的封建统治者都是忠实的穆斯林,他们保持与巴格达中央政府的联系,在政治上承认哈里发的宗主地位,在宗教上承认伊斯兰教教义的主宰地位。他们在当地新皈依伊斯兰教的贵族和地主的支持下,不遗余力地向异教徒地区扩张伊斯兰教势力。所以,地方王朝的封建割据,非但没有阻碍或削弱伊斯兰教的势力,反而加强和促进了伊斯兰教向阿巴斯帝国边境地区的传播。

塔希尔家族任东方行省总督时,波斯东部的琐罗亚斯德教势力仍很强大。塔希尔王朝严厉地迫害琐罗亚斯德教徒,对那些表面信奉伊斯兰教而内心保留琐罗亚斯德教信仰的伪信者和行政官员进行审判和制裁。另一方面,塔希尔家族还竭力宣传伊斯兰教义,使伊斯兰教深入到琐罗亚斯德教势力最顽强的苏对沙那地区(今塔吉克斯坦西北部的乌拉秋别)。尽管昔思丹地区的萨法尔人的伊斯兰信仰中掺杂有原始宗教成分,如王朝的创始者雅各布说:"我们确定祭祀太阳,以代替克尔白。"[①]但他们的基本信仰是伊斯兰教,在政治上则与哈瓦利吉派成员有联系。他们在带领加齐部队向东扩张时,摧毁了迦布罗(喀布尔)地区的佛教势力,强迫当地居民归顺伊斯兰教,使伊斯兰教在兴都库什山区驻足。到了萨曼王朝,河中地区和费尔干纳北部已牢固地确立了伊斯兰教的地位,在社会生活中普遍推行哈乃斐派教法,乌里玛在王朝的行政司法事务中有重大影响。隶属于宗教机构管理并享有课税豁免权的宗教基金和地产(卧各夫)不断积聚,还出现一些经学院。自从穆斯林军征服河中地区以来,这些地方王朝的统治者真正完成河中地区的伊斯兰化。他们在使伊斯兰教向异教地区扩张的同时,还镇压王朝内的卡尔马特派、伊斯玛仪派和十二伊玛目派等政治反对派,维护伊斯兰教逊尼派的地位。

---

① 见加富罗夫《中亚塔吉克史》(肖之兴译),第158页,中国社会科学出版社,1985。

突厥人的兴起与突厥小王朝　马门之后的哈里发都征集突厥奴隶担任宫廷卫队,随后又招募突厥奴隶为雇佣军来维护帝国的治安和边防。哈里发帝国通常依赖萨曼朝供给突厥奴隶,因此,为了获取奴隶,萨曼朝常常派商人到阿富汗北部以及中亚草原地带贩运突厥人,或者掳掠突厥奴隶。和哈里发帝国一样,萨曼朝宫廷也使用突厥奴隶作为禁卫军。此外,当萨曼朝处于波斯文化复兴、经济繁荣时,和游牧部落发生的一系列经济和商业贸易的联系也使突厥游牧民族愈来愈多地卷入河中地区的经济活动,大量的突厥人被吸引到河中地区的农业绿洲定居或从事农业耕种。萨曼王朝统治者向草原地区派出传教师,加强伊斯兰教的宣传,让牧民逐步皈依伊斯兰教。

　　突厥民族的伊斯兰化经历了好几个世纪,各不同的部落皈依伊斯兰教的方式也各不相同。西州回纥人是在军事扩张过程中建立了王朝,然后受被征服者伊斯兰文化的影响而皈依伊斯兰教的;伽色尼人和廓尔人是被胁迫当宫廷卫队后接受伊斯兰教的;塞尔柱人在军事扩张前就皈依了伊斯兰教,在军事扩张中或扩张后,逐渐深化对伊斯兰教义的理解。这样,具有严密的社会组织且作战机动性很强的突厥游牧部落在一神教的旗帜下很快强盛起来,形成突厥人向伊斯兰世界的冲击,建立一系列的突厥人王朝。如伽色尼王朝(962—1186)、廓尔王朝(1150—1206)、草原地带的黑突厥人(西州回纥人)建立的哈拉汗朝(992—1212)、塞尔柱人进入巴格达建立的大塞尔柱王朝(1055—1194)以及进入小亚细亚的诸塞尔柱地方王朝等等。这些塞尔柱人并未因迁徙至农业地区和改信了伊斯兰教而改变自己的生活方式,他们照常以侵袭掳掠为能事。

　　这些突厥人王朝的统治者虽然皈依伊斯兰教的历史不长,但他们都是狂热的捍卫信仰的穆斯林,把"圣战"与游牧民族的劫掠习惯地结合起来,经常掳掠异教徒地区。伽色尼朝的统治者马赫茂德(998—1030在位)和廓尔王朝的统治者常常向印度北部发动"圣战",掠夺战利品,并在短时期内建立一个疆土辽阔的大帝国。前者甚至在伊斯兰世界中赢得了"打击异教徒之锤"的声誉。这种"圣战"的结果是将印度北部纳入伊斯兰世界范围。而哈拉汗朝对佛教政权的"圣战"、强制佛教徒改宗以及对佛教文化和寺院的破坏也使伊斯兰教在天山南北有了立足之地。

游牧民族的军事征战反映了他们在接受伊斯兰教后,仍然保留自己原先的生活方式和原有的文化传统,与《古兰经》阐述的伊斯兰教义相距甚远。其狂热性造成了对其他文明(主要是佛教文明和印度教文明)的极大摧毁。

这些突厥小王朝也都继波斯小王朝之后,维持正统信仰,继续对中亚地区的卡尔马特派和伊斯玛仪派进行镇压。

皈依了伊斯兰教的突厥征服者为了巩固自身的地位,除与当地的上层阶级合流或竭力模仿其生活方式外,还大建清真寺,兴办经学院,倡导科学和文化,宣传伊斯兰教义。从 12 世纪起,伊斯兰教的传教师们开始用突厥文书写简单易懂的宗教诗歌和短文,在突厥部落中宣传,以强化他们的宗教感情,谨守礼仪和宗教功课。所有这些因素都促使了突厥民族皈依伊斯兰教。大量的外来文化,主要是阿拉伯文化和波斯文化,通过伊斯兰教的传播渠道不断地流入突厥民族和部落中。阿拉伯文化与波斯的和突厥的文化相融合,是中亚伊斯兰世界的显著特色,而突厥游牧部落的皈依伊斯兰教再一次地给伊斯兰世界注入新的活力。这一时期作为伊斯兰的中亚,可以与巴格达、科尔多瓦、开罗媲美。从它这里培育出一大批声誉卓著的名人,比如巴尔赫(? —930)、马图里迪(约 870—944)、法拉比(870—950)、卡拉巴基(? —约 990)、穆罕默德·纳尔沙善(? —959)、拉齐(865—925)等。

苏非主义在中亚的发展 中亚的苏非活动最早大概出现于木鹿和巴尔黑。后者的伊布拉欣·本·艾德杭(? —约 777)抛弃王子的生活出家修行。木鹿则产生了著名苏非阿布杜·阿巴斯·赛亚里(? —953/954),其后继者建立起以他名字命名的派别,因而成为中亚早期的苏非活动中心。9 世纪,呼罗珊兴起"玛拉玛契耶"的神秘主义运动,并传播到河中的突厥人居住地区。11 世纪时,喀喇汗王朝和伽色尼王朝统治中亚时期,与这种神秘禁欲主义有联系的苏非道堂在呼罗珊、河中地区及吐火罗斯坦等地建立。其中一位

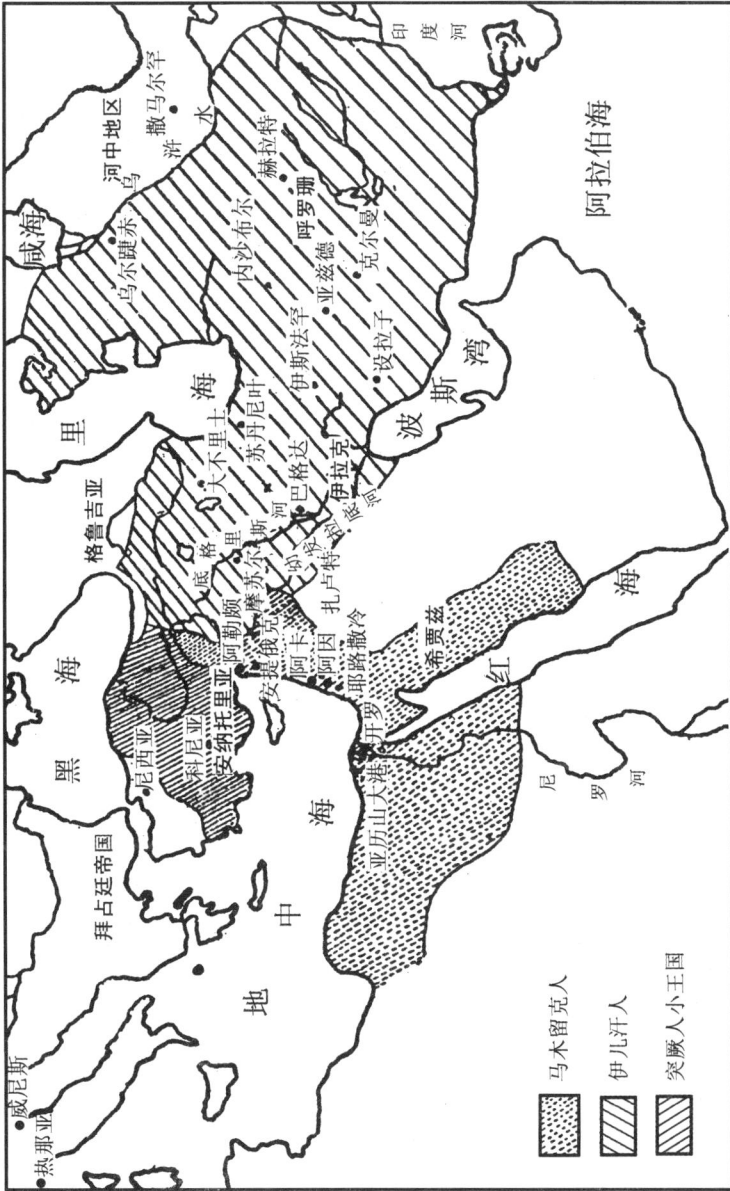

马木留克王朝与伊儿汗国（约 1300）

阿拉伯海

印度河

咸海

散马尔罕

河中地区

乌浒水

赫拉特

乌尔鞬赤

呼罗珊

内沙布尔

兴都库什

克尔曼

亚兹德

伊斯法罕

里

设拉子

波

斯

湾

海

苏丹尼叶

大不里士

巴格达

伊拉克

摩苏尔

幼发拉底河

底格里斯河

格鲁吉亚

迪亚巴克里

阿勒颇

扎兰奇

散冷

黑

海

大马士革

那路

希贾兹

红

海

尼西亚

科尼亚

安纳托里亚

安提俄克

开罗

亚历山大港

拜占廷帝国

地

中

海

尼

罗

河

威尼斯

热那亚

马木留克人

伊儿汗人

突厥人小王国

重要创始人是呼罗珊麻伊哈尼城的苏非派长老阿布·赛义德·呼罗珊尼(967—1049),他受多名苏非导师的指点。另外,著名苏非派圣徒哈拉智(858—922)曾到中国吐鲁番云游过。还有哈拉汗王朝苏图克·布格拉汗受苏非传教师哈桑·穆罕默德·卡尔马提的影响皈依伊斯兰教,这说明苏非主义在中亚的传播程度。

伊斯兰教与佛教在西辽的再次对抗 10 世纪上半叶,契丹人在中国北部建立辽朝。12 世纪上半叶,女真人灭辽后,建立金朝。辽王室的一个成员耶律大石(1087—1143)率一部分人西迁至中亚建立西辽王朝(1124—1218),首都巴拉沙衮(今吉尔吉斯斯坦托克马克东南)。这些信奉佛教的契丹人进入中亚后使这块已初步伊斯兰化的地区发生很大的政治变化。西辽王朝最初在开拓疆域时与信仰伊斯兰教的哈拉汗王朝互相对抗。契丹人为了稳固地盘和对外扩张,对伊斯兰教持敌视态度。他们迫害穆斯林,毁坏清真寺和麻札(即圣徒、殉教者的坟墓),强迫穆斯林改宗。西辽王朝与伊斯兰教的对抗,迫使哈拉汗朝与塞尔柱人联合起来,组成 10 余万的穆斯林联军与契丹人于 1142 年在迪尔干河(今科克恰河)边决战(史称"卡特万草原会战"),结果穆斯林联军全军覆灭。穆斯林的这次惨败,使伊斯兰教势力在中亚地区暂时受挫,而西辽王朝成为中亚不可一世的政治力量,其周围的伊斯兰教小王朝(哈拉汗和花剌子模王朝)都向它称臣纳贡。

迪尔干河之战使西辽王朝统治了一大片穆斯林居住的地区,因而契丹人与伊斯兰社会的联系逐渐增多,接触也不断深入。西辽王朝不再坚持其狭隘性的宗教政策而逐渐宽容伊斯兰教的存在。西辽统治者还以各种方式拉拢伊斯兰教职人员,认可他们收取宗教税的权力、依伊斯兰教法处理民事纠纷和分配遗产、主持婚丧离异以及担任交易活动的公证人,统治者的这些软化政策并不是没有效果的,教长在清真寺讲道时,将西辽统治者的名字与"安拉"和"先知"并列;乌里玛还分担西辽统治者的一部分行政管理工作和治安工作,督促百姓交纳赋税。各地的伊斯兰教长老都是权势显赫的人物,他们配合契丹人对穆斯林进行统治。西辽王朝采取宽容政策的结果是,中亚的佛教势力非但没有得到发展,反而大大削弱,伊斯兰教却进一步在河中地区传播。

12世纪下半叶,西辽王朝臣属花剌子模沙的力量逐渐强大。13世纪初,花剌子模王朝(995—1231)阿拉丁·穆罕默德(1200—1220在位)的军队打败了西辽军队,统一了河中地区,占领了阿富汗和波斯大部分地区,取得了主宰中亚的地位,于是伊斯兰教又一次取代佛教占了上风。花剌子模人为巩固统治,竭力推行伊斯兰化的政策,争取宗教界的支持。花剌子模沙被赞誉为"真主在大地上的影子"。[①]圣族后裔和乌里玛被赋予种种特权,乌里玛的教法裁决(法特瓦)可以指导国家事务。花剌子模沙试图垄断整个中亚的商业贸易路线,这就势必和日益强大的蒙古人发生冲突。结果导致蒙古人对伊斯兰世界的大规模入侵,这对伊斯兰教的发展产生了严重的影响。

第二节　蒙古人统治时期的伊斯兰教

蒙古人的入侵　13世纪初,蒙古游牧部落在铁木真的领导下得到统一。1206年,铁木真在库里台(部落联盟会议)上被选为大汗,称"成吉思汗"。成吉思汗实行一系列社会改革,制定新的制度,使用文字,因而使蒙古游牧民族逐渐强盛,走上了对外扩张的道路,掳掠财富、牲畜和妇女,以维持部落社会组织的需要。为了控制中亚的商道,早在铁木真称汗以前,他的牙帐里就任用一些穆斯林商人做随从,他在征伐掠夺时常征询他们的意见。1218年,成吉思汗派出三名穆斯林商人带领一支商队作为使节,要求花剌子模沙臣服,这引起花剌子模沙的不满。在商队回到药杀水岸的兀提剌耳(讹答剌,今乌兹别克斯坦塔什干附近)时,花剌子模人抢劫了商队,杀死450名商人。这就是"讹答剌事变"。事后,成吉思汗

301

---

① 见志费尼《世界征服者史》上册(何高济据波伊勒英译本译),第408页,内蒙古人民出版社,1981。

派出使者要求赔偿损失时,花剌子模沙又处死使者,从而触发蒙古人对中亚的入侵。蒙古人所到之处留下的是一片废墟。城市被夷平,妇女和工匠被掳为奴隶,绝大多数清真寺被毁,伊斯兰教受到致命的打击,不到十年,蒙古人就征服了一片横跨欧亚的土地。成吉思汗死前,他把西伯利亚西部和钦察草原一直到南俄的大片土地分给长子术赤,术赤把这份遗产留给其子拔都,这就是后来的金帐汗国。次子察合台分得河中地区以及东突厥斯坦,察合台的后裔分为两支,有一支占据河中地区,这就是后来的察合台汗国。三子窝阔台(1186—1241)被选为大汗,继承父位,他的后裔占据了帕米尔和天山地区,后建窝阔台汗国。四子拖雷分得蒙古草原本身,他的儿子忽必烈(1215—1294)后来成了元朝的创建者。统治中亚地区的蒙古人委托当地的商人和高利贷者负责行政管理和税收。河中地区的伊斯兰教上层、商人和封建地主们很快就投靠蒙古人,成为蒙古人统治的支柱。

伊儿汗国 窝阔台死后,贵由短期执掌汗位。1251 年,蒙哥(1208—1259)被选为大汗。蒙哥委派他的弟弟旭烈兀(1217—1265)去收复蒙古人已失去控制权的乌浒水以南的大部分土地,并巩固蒙古人在西亚的统治。旭烈兀奉命西进。1256 年,蒙古人摧毁阿萨辛派的抵抗,捣毁该派的上百个城堡,还毁坏了阿拉穆特堡收藏甚丰的图书馆,把有关伊斯玛仪派教义和教法的书籍付之一炬。蒙古人还击溃哈里发在伊拉克集结的军队。1258 年,蒙古人攻占巴格达,处死阿巴斯朝末代哈里发。据传,被杀的巴格达民众达 80 万人[1],但蒙古人在叙利亚为埃及的马木留克所击败。1260 年,蒙古大汗忽必烈授予旭烈兀"伊儿汗"(亦译"伊利汗")的称号,其领地包括波斯、伊拉克、高加索和安纳托利亚等地区,以波斯为中心。伊儿汗国(1256—1353)臣属于蒙古大汗。

初期的伊儿汗们在宗教上一般奉行兼收并蓄的政策。旭烈兀

---

① 见阿宝斯·艾克巴尔·奥希梯杨尼《伊朗通史》下册(叶亦良译),第 532 页,经济日报出版社,1997。

的妻子信仰基督教聂斯脱利派,他的谋士纳西尔丁·图西(1201—1274)则是伊斯兰教十叶派教徒。伊儿汗国的行政管理机构中还任用许多穆斯林。伊儿汗国与北面的金帐汗国和察合台汗国源于同族但关系紧张。忽必烈死后,伊儿汗国与元朝的联系日见松散。此后,伊儿汗国开始走向独立发展,使这一地区的蒙古人融入波斯和突厥民族之中。

加赞汗皈依伊斯兰教 旭烈兀的曾孙加耶恰图(? —1295 在位)是个骄奢淫逸之徒,不理朝事,政治昏乱。他的堂弟拔都(? —1295)起来反叛他。拔都推翻加耶恰图登位后,加耶恰图的兄弟,呼罗珊总督加赞(亦译"合赞",1295—1304 在位)起兵与拔都争夺王位。加赞是个佛教徒,为了争取波斯臣民的支持,他在盟友努鲁兹王公的劝说下皈依了伊斯兰教,取名"马赫茂德"。他的这种象征性姿态引起巨大的政治反响:其蒙古部下十万将士随之也改变了信仰;讨伐拔都时,一直支持拔都的穆斯林很快投降,拔都的军队顷刻土崩瓦解。讨伐拔都的战役成了一次胜利进军,拔都军队败北,他本人则被加赞汗处死。

加赞进入首都大不里士后,敕令蒙古人皈依伊斯兰教,依照伊斯兰教义处理一切事务。然后,他又下达旨令派专门官员前往各处去拆毁基督教堂、犹太会堂、拜火神庙和佛教寺塔。佛像和基督教的圣像要么被砸碎,要么捆绑着陈列在街道上任人嘲笑;佛教僧侣被命令必须皈依伊斯兰教,聂斯脱利派主教被倒悬着吊打。加赞还在佛教僧侣和基督教神父中制造了几起屠杀,他的狂热态度给其他宗教带来了巨大的伤害。

在努鲁兹王公的请求下,加赞下令所有官方印章上均刻上伊斯兰教证词,在御旨和信函开头均写上起誓词——"以安拉的名义起誓"。他还在钱币上铸上四大哈里发的名字和他自己的名字。1297 年,加赞和他的属下在一次公共集会仪式上,穿戴波斯头巾而不再是惯常的蒙古人的宽边帽露面。这一举动表明,草原游牧民族的传统在指导国家事务中逐渐失去重要性。征服者已为被征服者的文化所征服。加赞在他的帝国内推行伊斯兰化措施,实行伊斯兰教法。他还修建漂亮的清真寺、经学院、苏非道堂、公共沐浴室、图书馆和慈善机构以装扮大不里士及其他地方。

加赞统治时期可以说是伊儿汗国最繁荣的时期。以前的蒙古统治者随意征收土地税,他则确定税额,鼓励农业生产,整治土地,开垦荒地,提倡定居,同时发展科学文化事业。著名历史学家拉希德丁的《加赞史》称:"当年还以破坏为能事的蒙古人,如今开始从事建设了。"

十叶派的发展 当逊尼派的中心巴格达遭到蒙古人的蹂躏时,十叶派的文化中心之一的希拉因归顺蒙古人而幸免于难。旭烈兀对十叶派并未显示出特别的优遇。在血洗巴格达时,几个著名的十叶派人士同样死于蒙古人刀刃之下。尽管如此,由于逊尼派势力受到很大削弱,十叶派在伊儿汗国时期有相对的加强。

1309 年,加赞的继位者穆罕默德·戈尔邦达·奥勒贾图(1304—1316,史书称"完者都")在十叶派乌里玛达朱德丁和阿拉玛·希里(1250—1325)的影响下皈依十叶派伊斯兰教义,这时十叶派成了伊儿汗朝的官方宗教。为了推广十叶派教义,奥勒贾图下令各地十叶派领袖们云集首都,建立学堂传授十叶派教义。他们还著书立说,从事十叶派教义的研究。但这只是昙花一现。两年后,达朱德丁被暗杀,同情十叶派的大臣沙杜德丁被处死。奥勒贾图死后,新继位的阿布·赛义德(1316—1335 在位)是个坚定的逊尼派,十叶派教徒受到迫害。阿布·赛义德有时喜好与苏非苦行僧结交,还严厉地实行禁酒运动。

伊儿汗朝时期,十叶派乌里玛的作用有所增强。教法学领域也有重要发展。阿拉玛·希里确立"伊智提哈德"(创制)为十叶派教法学的主要方法,他还引进了对圣训辨伪的方法。他是第一个获得"阿亚图拉"(意为"真主的迹象")这一称号的十叶派学者。同时,十叶派也吸收了希腊哲学和苏非神秘主义思想。阿拉玛·希里之子的学生、十叶派宗教学者海达尔·阿姆里将十叶派与苏非主义融合一起,并宣布苏非就是那些更注重内学理论的十叶派,而其他十叶派则强调教义和教法等外在知识。① 阿布·赛义德没有留下子嗣,王朝后期,王室内部为继任权纷争不已,分裂出几个小王朝。这时,渗透进苏非教团的十叶派在呼罗珊的萨布兹瓦兰帮助萨巴达里人建立十叶派小王朝。在马赞德朗的阿木尔,沙以希亚教团的首领米尔札·布左格也建立了十叶派小国。伊尔汗朝还产生了一些著名的历史学家,如阿志丁·阿塔·马立克·楚维尼(1226—1287),著有《世界征服者史》;曾任加赞汗及其继任者的宰相的霍加拉希德·丁·法兹鲁拉(1247—1318),著有《史集》(又称《加赞史》)等。

神秘主义在波斯和中亚的发展 在伊斯兰教传播到波斯和中亚以前,这里曾是琐罗亚斯德教、摩尼教、马兹达克教、基督教聂斯脱利派、佛教、道教、萨满教、印度教以及希腊哲学等的汇合之地,有着丰富的植根于当地文化的精神养料。当伊斯兰教以武力征服的方式传播到这块地方时,它不可能取代这些宗教的影响而完全以自己的教义主宰皈依者的心灵。历史发展的结果是,在各民族文化相互渗透、互相吸引的同时,这些宗教的思想也或多或少地影响了伊斯兰教。加之游牧民族对这一地区的一次次的冲击,如同外在的催化剂一样,加速了它们之间的融合,不过这种融合是以伊斯兰教为主体进行的。

早在塞尔柱人登上历史舞台之前,苏非主义起先在呼罗珊,然后在河中地区和吐火罗(吐火罗斯坦,今阿富汗北部和阿姆河上游一带),得到广泛传播。许多虔信者聚集在某些著名的苏非的周围,过着苦行僧般的生活。慢慢地,这些虔修的小社团形成为苏非教团。而伊斯兰教在波斯和中亚地区的主要表现形式就是苏非信仰。在文化生活中,苏非主义居于统治地位,产生了许多神秘主义诗人。同时,一些统治者也倾向于苏非主义。比如法斯统治者阿培巴克·阿布·贝克尔·本·萨阿德(1226—1260 在位)及其继任者向苏非修行者捐赠了许多土地。他们还在设拉子兴建医院和福利慈

305

---

① Moojan Momen, *An Introduction to Shi'i Islam : the History and Docfri-wes of Twelver Shi'ism*, p. 95, Yale University Press, 1985.

善设施。

纳格西班迪教团 这时,在中亚有一个大教团的创立者巴哈丁·纳格西班迪(1317—1389),他是个博学、虔诚的苏非。最初,他在布哈拉并不急于建立教团,只想邀集一些人成立一个穆斯林组成的团体。他们聚集在一起举行宗教仪式时,教徒默祷经文并在胸前画线,表示净化心灵,而不注重外表形式。纳格西班迪被认为复兴和继承了吉季杜瓦尼的传统和观点,吸收了亚萨维苏非派的学说。此后,加入这个团体的人数越来越多,最后发展成为一个主要以中亚和安纳托利亚为基地的重要教团,在中亚亦被称为"和卓干教团"。这个教团吸引了不少社会上层和有学问的人参加。纳格西班迪认为"世俗世界只是外在的东西,而真主才是内在的",所以,这个教团常进行沉默的祈祷和神秘主义的静思。除此之外,教团的每个成员还须念诵《古兰经》某些章节若干次,随后做指定的"齐克尔"无数次。由于有一些上层人士加入,特别是得到了帖木儿及其后裔的支持,这个教团在其他各教团中声誉很高,并逐渐传入南亚次大陆,以后,它又传入中国的新疆地区,并分裂为"白山派"和"黑山派"。

神秘主义诗人 波斯的诗歌文学源远流长。这种民间文学几经外来征服者的摧残而不衰。当苏非神秘主义思想广为流传时,它给予波斯文学以巨大的影响。这种神秘主义思想与波斯文化相融合时就形成了苏非文学。这一时期,波斯和中亚地区有许多著名的苏非文学代表和神秘主义诗人。阿塞拜疆的尼札米(1141—1209)写了《雷莉与马吉农》;设拉子的萨迪(1184—1232)以其代表作《玫瑰园》、《果园》闻名于世;哈菲兹(1300—1389)的作品《抒情诗集》脍炙人口;出生于呼罗珊的鲁米(1207—1273)写了《训言诗》(《玛斯纳维》或《苏非哲理双行诗》,后来成了中亚和中国许多苏非教团的经典和念诵"齐克尔"仪式的教材)和《七星座》等,他还是毛拉维教团的奠基人;加米(1414—1492)是《诗歌集》、《优素福和珠赖卡》的作者,他还写有哲学论文和注释性的著作,如《神圣闪光的光辉》(又称《昭元密诀》,后来成为中国伊斯兰教经堂教育的读本之一)。这些诗人常常以神学思想的躯壳来解释和引申传统的教义,追求思想的自由以及自身与安拉的合一。他们作品中以优美的语言和深沉的感情隐晦地表达对社会不公正的抗议,对统治阶级的残暴作了无情的鞭挞,对世界存在的真、善、美表达了由衷的赞赏和热爱。由于这一时代充满着动荡不安,人民经受战火的折磨,作为人民代言人的诗人也流露出在现实和理想世界之间徜徉的困惑感情,因而他们时而消极厌世,时而桀骜难驯。他们提倡禁欲主义,热衷于精神的纯洁和灵魂的净化,不少诗歌迄今仍是波斯文学的不朽之作。

察合台汗国 在窝阔台和贵由统治时期,蒙古人把统治河中地区的权力委托给当地的穆斯林大商人马赫默德·牙剌洼赤父子,依靠当地的商人、大地主和宗教界的势力来统治这一地区。中亚人民除负担原有深重的租税外,还得向蒙古人纳税服役。中亚穆斯林不堪忍受这种双重压迫,1238 年,布哈拉等地爆发了马赫默德·塔拉比领导的苏非派起义,蒙古人和当地统治者镇压了起义。

察合台后裔笃哇(?—1306)支持窝阔台的后裔海都与忽必烈争夺大汗位。海都病死后,笃哇收复其祖先察合台的封地,还兼并了窝阔台后裔的封地,建立可汗政权。此后这个政权被称为察合台汗国。察合台汗国与其说是一个中央集权的国家,倒不如说是一个在少数蒙古人监护下的突厥人、回纥人、西辽人、波斯人和其他民族人们共同组成的松散联盟。蒙古统治者仍过着游牧生活,他们甚至洗劫和掠夺汗国内的城市。因此,骚乱和不安是汗国政治生活的特点。由于蒙古人固守着游牧民族的风俗习惯和宗教信仰,所以察合台汗国时期佛教在中亚又死灰复燃。1264 年木八剌沙汗改信伊斯兰教,忽必烈汗就任命不信仰伊斯兰教的八剌为察合台汗。1270 年八剌在布哈拉皈依伊斯兰教,随之被毒死。察合台的那些后裔(如塔里忽答儿麻失里),只要一宣布自己改信伊斯兰教,便失去信奉多神教的游牧部落的支持而垮台,遭到被杀或被废黜的命运。笃哇死后,为汗位继承问题,王室内部分成两派,分别以也先不花和怯伯(1318—1326 在位)弟兄俩为代表。也先不花周围聚集的是一批要求维持游牧生活方式和传统的蒙古贵族,而怯伯周围聚集的是一些要求改革以适应农业地区生活的蒙古贵族。14世纪20年代,以怯伯为代表的蒙古贵族提出把统治中心由七河流域①迁至河中地区的主张,并在那色波(卡施城)建都,怯伯本人和一部分蒙古贵族皈依了伊斯兰教。怯伯汗仿效加赞汗建立了较稳定的中央政权(史称"西察合台汗国"),积极接近中亚的宗教阶层和封建地主阶级,以争取他们的支持。而以也先不花为代表的蒙古贵族树牙帐于阿里麻力城(今新疆霍城东北,史称"东察合台汗国",亦称"蒙兀斯坦")。1362年,也先不花的后裔利用西汗国的混乱征服河中地区。在此之前,东汗国的统治者也已皈依了伊斯兰教并强迫其他蒙古贵族和部众改变信仰,侵入波斯和中亚的蒙古人在不到200年内都先后为伊斯兰文化同化,蒙古人和蒙古文化又融合进中亚的以波斯文化、阿拉伯文化和突厥文化为主要特色的伊斯兰文化这个洪流中。

察合台汗国完成伊斯兰化后,政教并立的色彩明显。汗国政权独立于宗教,但又紧紧依靠伊斯兰教。在法制关系上,以蒙古习惯法为依据的成吉思汗《札撒大典》最初时许多内容与"沙里亚"(伊斯兰教法)相冲突的,后来也逐渐发展为"札撒"(蒙古法、游牧民族习惯法),与"沙里亚"并立。《伊本·巴图泰游记》在"花剌子模的长官"一节中提到:"凡属教法案件的则由卡迪裁决,其他的由那些长官判断。"②

帖木儿帝国　察合台汗国后期,王室不断分裂、倾轧。在众多割据势力中,一支名叫帖木儿的家族崭露头角。帖木儿在与诸汗对中亚的争夺中,首先在花剌子模和呼罗珊站住脚跟,然后他开始征服波斯。他的征伐进展很顺利,一年中灭掉了穆扎法尔王朝

---

① "七河",即流入巴尔喀什湖的七条较大的河流,在今哈萨克斯坦境内。该地区被称为"谢米列奇"(即七河地区)。

② 伊本·巴图泰:《伊本·巴图泰游记》(马金鹏译),第294—295页,宁夏人民出版社,1985。

(1314—1393),然后把加雷尔朝(1336—1411)的君主赶出伊拉克。而后他挥戈北上,深入南俄草原一直挺进到莫斯科;后来又率师南下,洗劫了印度的德里。1402年,帖木儿又与奥斯曼帝国大战于安卡拉,击溃奥斯曼人,生俘苏丹巴亚齐德。帖木儿成了一个不可一世的人物,他统治着疆域辽阔的草原帝国(1379—1506)。

帖木儿所到之处,掳掠烧杀,摧残征服地的古老文明。他们把掳掠的财物和各地的工匠、艺术家们带到帝国中心河中地区,修建规模宏大的水利工程和道路。在他的首都撒马尔罕,兴建了宏伟的建筑物和清真寺,和伊斯兰世界的其他地方的萧条和一片颓垣残壁相比,撒马尔罕成了伊斯兰教的文化学术中心。

帖木儿是个虔诚的逊尼派,但他对十叶派似乎抱有同情。他允许在波斯萨布兹瓦兰的十叶派小王朝萨巴达里朝作为他的附庸国继续存在。他对阿里的后裔也显得宽宏大量,在攻占伊斯法罕的大屠杀中,赛义德们被赦免。帖木儿同时又是苏非教团纳格西班迪教团的弟子,由于他的支持,中亚的苏非派势力迅速膨胀,并显现政治化的特点。

帖木儿大帝国是建立在恐怖和军事武力的基础上的,当帖木儿去世,庞大帝国也即刻陷于分裂。他的后裔之间无休止的争夺为苏非教团势力进一步发展提供了机会。苏非教团乘势大量集中土地,当时一个苏非教团首领和卓·阿赫罗尔拥有土地1 300多块,成了一个极为显赫的人物。

土库曼人部落联盟　当蒙古人劫掠中亚并冲击到南俄草原时,一部分土库曼人部落被迫向东迁徙。后来,他们组成以黑羊旗帜为标记而得名的黑羊部落联盟,占据了阿塞拜疆和安纳托利亚东部。到卡拉·优素福(? —1400)时,他攻占了大不里士,以此为黑羊王朝(1378—1468)的首都。后来,黑羊王朝的势力扩张到伊拉克、波斯的法斯和克尔曼。黑羊王朝信奉十叶派教义,因为过去十叶派传教师曾在里海西南边活动,与黑羊部落有过接触。大不里士的喀布德清真寺是当时伊斯兰建筑的精品。

安纳托利亚东部的另一个土库曼人部落联盟则以白羊旗帜为

标记,得名白羊王朝(1378—1508);在乌孙·哈桑(？—1478)时,白羊人势力达到鼎盛。他们摧毁黑羊王朝,击败帖木儿后裔的力量,领土扩展到波斯和呼罗珊,向南则达到伊拉克和波斯湾。15世纪末,信奉逊尼派的白羊人的力量,因沙法维教团不断派出的传教师的宣传活动而削弱,最后终于为沙法维人所覆灭。

第三节　十叶派伊斯兰教在波斯的发展

沙法维人的起源和伊斯玛仪　沙法维人是居住在库尔德斯坦的伊朗人,讲阿札利语(阿塞拜疆地区使用的一种突厥语)。据说,沙法维家族的祖先是费加兹·沙,11世纪初,他是阿塞拜疆和吉朗地区交界地的富豪地主。后来费加兹·沙及其家人迁徙到阿塞拜疆东部为高山环绕的阿达比尔地区,从事农业耕种。最初,沙法维人信仰逊尼派。他们还获得虔诚、谨持宗教修行的声誉,以致附近许多人来到那儿甘当沙法维家族的门徒。13世纪下半叶,沙法维家族到了沙菲丁(1252—1334)时,他去里海附近的一个地方师从谢赫·载希德。当后者死后,沙菲丁成了载希德诸门人弟子的首领,此后形成沙法维教团。该教团派出很多传教师到突厥部落中活动,赢得大批皈依者。当帖木儿的征伐席卷波斯时,沙法维教团可能与蒙古贵族的关系不错,阿达比尔圣地得到扩充,霍瓦贾·阿里(1391—1427)期间,教团传教师的宣传活动开始表现出十叶派倾向。到他的继任者海德尔时,完成了教团的军事化,组建了红头军,即每个士兵都裹上有12个折褶的红缠头,以纪念十叶派的12个伊玛目。随后几十年里,教团的几个首领陆续被刺,它的力量屡遭挫折。但沙法维教团的这种宗教-政治-军事性组织,仍保持顽强的内聚力,并逐渐强盛起来。到伊斯玛仪(？—1524)时,他的红头军开始了一系列军事征伐。

伊斯玛仪7岁时其父被白羊王朝所杀,他在七个亲信的保护下逃到吉朗。随后五年时间里,伊斯玛仪和他在阿塞拜疆、叙利亚和安纳托利亚的追随者们保持密切联系。1500年夏,他在幼发拉底河边的埃尔津詹集合了 7 000 红头军开始征伐。他进展神速,在打败沙法维家族的世仇希尔凡的君主后,又向阿塞拜疆挺进。次年春,在纳希切万附近的沙如尔战役中,伊斯玛仪击溃 3 万人的白羊王朝军队。此后,他占领大不里士,并宣布自己为"沙"(即"王")。随后十年中,他征服了波斯的中部和南部、里海沿岸的马赞德朗和戈尔甘省,吞并西部边境,攻占巴格达以及波斯西南部,最后征服呼罗珊,此时,伊斯玛仪建立的沙法维王朝(1502—1722;1729—1736)除占有整个波斯外,还包括安纳托利亚东部、阿塞拜疆以及美索不达米亚东部。

十叶派伊斯兰教被奉为国教 伊斯玛仪派攻占大不里士后的第一个行动就是宣布十叶派的十二伊玛目派是这个新王朝的国教。他下令用自己的名字铸币,同时以类似红缠头的丝织品作为自己的王冠。在波斯,逊尼派穆斯林占绝对优势。这一地区一直是外族竞相掳掠角逐的舞台,特别是信仰逊尼派的塞尔柱人、蒙古人的相继蹂躏迫害和统治后,十叶派的势力已所剩无几;十叶派的学术中心如库姆、内沙布尔、图斯、列伊和卡香早已失去以前的盛名,几乎没有生于本地的著名的乌里玛。伊斯玛仪的红头军对十叶派教义似乎一窍不通,而那些沙法维教团的传教师们也没有受过像乌里玛那样的正规训练。他们也许信仰的是一种混合的具有极端倾向的教义。当十叶派被定为国教时,在大不里士找不到一本有关十二伊玛目派的书。最后总算在一个法官的图书馆里找到一本阿拉玛·希里写的小册子,以此作为新国教的指南。为了巩固新王朝,也为了纠集力量同邻近的信仰逊尼派的奥斯曼人对抗,最初的沙法维君主把居住在伊拉克、叙利亚和巴林的十叶派乌里玛邀请到波斯来,进行一场十叶派教义的宣传运动。他还采取强制性手段,胁迫人们皈依十叶派,一些不从命者被处以死刑。他对逊尼派的乌里玛进行残酷的迫害,其中一些被杀害,许多人逃向逊尼派统治的地区,如帖木儿后裔的宫廷,此后又逃到布哈拉。

沙法维教团的首领伪托是第七伊玛目的后裔,伊斯玛仪和他的继承者宣称自己是隐遁伊玛目的代表,具有不谬性,特别是红头

311

军把伊斯玛仪看作是神的化身,这些背离正统的十叶派教义的行为把十叶派的乌里玛置于尴尬的境地。由于他们的地位太软弱,处处仰人鼻息,当十叶派教义与专制君主的立场发生冲突时,只得屈从于沙法维王朝权威,保持缄默。

十叶派在波斯被封为国教后,使它从公元 7 世纪以来第一次在波斯民族占主体的国家中独立于世,它以十叶派的形式保留了波斯文明和波斯民族的独特性格。

沙法维王朝的统治　沙法维国家是个神权制国家,国王既是世俗政权的领袖,也是宗教领袖。伊斯玛仪本人不仅运用古老的萨珊王朝的王权概念,即"国王是神在大地上的影子",而且伊斯玛仪还被看作是隐遁的伊玛目返世而具有无上的权力,在他之下最高的官员是国王的代理人,他负责安排日常的政治和宗教事务。国王代理人下有两类主要官员,他们都由波斯人担任:一是宰相,处理国家行政事务;二是萨德尔,即宗教机构的首脑,管理宗教事务和宗教基金。国王还任命各主要城市的伊斯兰教长老担任大清真寺的领拜人和宗教法庭的教法官。国王常把萨德尔和伊斯兰教长老的职务委托给乌里玛。十叶派乌里玛在沙法维政权中起着辅助和合作的作用。伊斯玛仪死后,沙法维王朝的神权色彩大为冲淡,萨德尔的职能和地位被削弱,但十叶派乌里玛的力量在王朝的卵翼下不断增长。1532 年十叶派著名学者穆哈基格·卡拉基被授于"伊玛目代理人"的称号,成为沙法维王朝最高的宗教权威。1629 年起,伊斯法罕的伊斯兰教长老逐渐成为国家最高宗教学者,这是十叶派宗教机构体制化的重要标志。

由于政治利益和宗教信仰之间的冲突,沙法维王朝与奥斯曼帝国经常交战。奥斯曼帝国军队数次深入沙法维王朝境内烧杀掠夺,大不里士曾被攻占。出于安全考虑,王朝迁都到卡志温,后又迁徙到伊斯法罕。两大帝国的敌对还使双方在各自境内杀戮大批的异端派教徒。这使逊尼派与十叶派之间的仇视持续很长一段时间,并给未来的政治形势带来阴影。

阿巴斯国王　沙法维王朝到了阿巴斯一世(1557—1629 在位)

时,繁盛达到顶峰。阿巴斯是一个干练和有才华的君主。他从西方引进火炮等先进武器,组建一支由他直接统率的素质很强的军队,这样逐渐地削弱了传统的红头军的力量。依靠这支军队,他对奥斯曼人和乌兹别克人取得军事上的胜利。他还改善帝国的交通,修建许多公路和桥梁,完善邮政驿站制度。他在伊拉克区域内修筑了纳杰夫运河和阿里圣墓、卡尔巴拉的侯赛因圣墓等。他扶植十叶派的力量,向清真寺和第八伊玛目陵墓捐赠大量的土地。1608 年,他将自己的全部地产捐献出来,并下令将这些地产上所得的收入分给圣徒后裔。阿巴斯对异教徒也颇为宽容,允许他们自由信教,当时的基督徒和犹太人都有自己的教区。他还赞助科学和文化。在他统治时期,波斯的陶瓷制品、纺织品、地毯、壁毯、金属制品和书本装潢、绘画都著称于世。他还下令建造了众多的商队驿站,总数达到近千座。首都伊斯法罕被建成当时世界上最漂亮的城市之一。美丽的建筑物、辉煌的宫殿和宏伟的清真寺鳞次栉比,花圃似繁星点缀。全城有 60 万居民,162 座清真寺,48 所经学院,182 个客栈和 173 个公共澡堂。城中有着巨大的"世界广场"。穿过城市的宰因德河上横跨着好几座宏伟的大桥。城市路人服饰豪华,市场繁荣,精美的帐篷一个挨着一个,货铺上排列着绚丽多彩的工艺品。阿巴斯时期的沙法维王朝与奥斯曼帝国、莫卧儿帝国一起并列为当时伊斯兰世界的三大帝国,为世人所瞩目。

马吉里西的宗教改革 沙法维王朝时期,十叶派神学思想的发展大致分为两个阶段。首先是十叶派的伊玛目教义与苏非"完人"思想相结合的阶段。伊斯玛仪取得政权前,他的先祖已是沙法维教团的首领,完人思想在教团中居于支配地位,王朝建立并奉十叶派为国教后,一些乌里玛开始调和伊玛目教义与完人思想,力求从理论上说明两者的和谐与一致。阿巴斯一世时,甚至出现了著名的"伊斯法罕学派"("照明学派"在波斯的分支),其中最重要的代表毛拉·萨德拉(? —1640)就认为人的灵魂借助于精神升华可以达到存在的最高阶段,亦即与安拉合一。这种精神升华的原理在于先天的、与人生来就具有的灵知,它是产生于人的心灵中的最高知识形式。它补充人存在的缺陷和不足,使人趋向于完人。伊斯法罕学派把苏非派的精神修炼思想和十叶派思想中的隐义方面作了调和。当时,伊斯法罕学派的影响是如此之大,以致吸引了十叶派的几个著名的乌里玛参加其活动。

十叶派神学思想发展的第二阶段中,十叶派教义终于与苏非派思想分离了。沙法维王朝后期,政治日渐腐败,阶级矛盾加剧,王朝的衰落之势日益显著。乌里玛为捍卫十叶派教义的纯洁性,也为了维护自身的利益,在政治上他们开始摆脱对国王俯首听命的屈从地位,宗教上开始对苏非思想进行激烈的反驳。这些乌里玛中最著名者是伊斯法罕的伊斯兰教长老穆罕默德·巴基尔·马吉里西(?—1699)。他反对十二伊玛目派教义中的哲学和苏非派思想的潮流。此时,无论是持"低级的"苏非游方信士,或者是持"上乘的"哲学家、乌里玛都受到来自马吉里西教法学家的压力。苏非的有关神秘的"人主合一"的说教及其精神修炼被视为异端邪说(被斥之为"愚妄的和可憎的赘生物"),伊斯法罕学派哲学家被视为"异教徒希腊人的追随者"。马吉里西对十叶派内部的苏非派倾向的人施行迫害。结果,苏非教义从十叶派思想中被剔除,在十叶派的主流思想的发展中,它不再具有影响。此后,十叶派神学思想中的政治色彩越来越浓。

沙法维王朝的解体 在蒙古人统治中亚时期,居住在兴都库什区的阿富汗形成两个大部族:阿布达里人和吉尔查依人。此后,他们逐渐向南、向西移动。吉尔查依人定居在坎大哈北部平原,而阿布达里人则活跃于赫拉特地区。16世纪,波斯的沙法维王朝占领坎大哈时,吉尔查依人的反抗遭到镇压,沙法维王朝俘获该部族首领米尔·瓦伊斯,把他囚禁在伊斯法罕。后来通过贿赂手段,瓦伊斯获释。他回到坎大哈后卧薪尝胆,决心推翻沙法维人的统治。当王朝统治者和乌里玛强迫信仰逊尼派的阿富汗人改宗时,这更加剧了双方的敌意,导致阿富汗人的反抗。1709年,瓦伊斯把沙法维王朝的驻军全部消灭,成了坎大哈的实际统治者。1717年,阿布达里人的首领在赫拉特宣布独立,沙法维人的统治已衰败不堪而无力东顾。1722 年,瓦伊斯之子,当时坎大哈的统治者米尔·马赫茂德,见机可乘,率军侵入波斯。沙法维军队一触即溃。阿富汗人很快占领伊斯法罕,烧杀抢掠,使波斯人在八年内一直处于无政府状态。

纳迪尔汗和阿富沙尔王朝　在沙法维王朝解体时,纳迪尔(1688—1747)最初作为十叶派信徒,是阿富沙尔部落的酋长。该部落是帮助沙法维人征服整个波斯、建立沙法维国家的诸土库曼人突厥部落[①]之一,立过汗马功劳,被赐予呼罗珊北部的阿比瓦尔德领地。纳迪尔以此为中心聚敛财富,培植党羽。当阿富汗人占领波斯时,纳迪尔联合流亡的沙法维国王塔赫马斯普二世的力量,开始收复领土。联军最初占领马什哈德和赫拉特,然后进逼伊斯法罕,打败阿富汗人。联军还撵走侵占波斯西北部的奥斯曼人。后来,纳迪尔和流亡国王的同盟发生龃龉,遂废塔赫马斯普二世,立其子为国王。1736 年,新国王死,纳迪尔称王,建立阿富沙尔王朝(1736—1747)。

还在这个新王朝建立以前,纳迪尔就已被赐予呼罗珊、克尔曼、希斯坦和马赞德朗的总督职位。纳迪尔就像国王一样独立行事:铸造钱币,与俄国谈判缔约,发号施令。他正式登基后开始一系列的征战,起先占领包尔克、俾路支斯坦和坎大哈,后又占领喀布尔、白沙瓦、拉合尔。他继续南下,与莫卧儿帝国开战,打败国王穆罕默德沙派出的大军,攻占德里,洗劫莫卧儿王朝的宫廷。他掠夺的战利品数不胜数,包括举世闻名的"孔雀宝座"和价值连城的大钻石"库赫·努勒"(意为"山之光")。1740 年,纳迪尔征服河中地区的布哈拉和花剌子模。他还数次打败奥斯曼军队。他的阿富沙尔王朝管辖的领土面积比沙法维王朝大得多,但为时不长。

第五教法学派　纳迪尔登基后,宣布逊尼派伊斯兰教为新王

---

① 土库曼人突厥部落包括:乌斯塔吉鲁、鲁姆鲁、沙姆鲁、互沙克、杜尔卡迪尔(祖·卡德尔)、塔卡鲁、阿富沙尔、卡加等。参见 Moojan Momen, *An Introduction to Shi'i Islam : the History and Docfriwes of Twelver Shi'ism*, p. 125, Yale University Press, 1985.

315

朝的正统信仰,从而取代原先十叶派的国教地位。他把十叶派降为与逊尼派的四个教法学派并列的地位,企图使之成为伊斯兰教的第五教法学派;第六伊玛目加法尔·萨迪克成了第五教法学派的精神领袖。促使纳迪尔这样做的动机,是他感到十叶派教义是与沙法维王朝相联系的。只要十叶派仍是国教,那么他的新王朝的合法地位就受威胁。加之纳迪尔军队中多数人是逊尼派的突厥人和阿富汗人,为了确保军队对他的忠诚也需要这样做。另外,这也是一个和他的强大对手奥斯曼帝国缓和关系的姿态。但奥斯曼统治者拒绝承认加法尔·萨迪克学派的教法主张为逊尼派教法学派中的第五派。他们仍然认为十叶派教义是异端邪说。纳迪尔为了在新王朝内打击十叶派的力量,颁布没收卧各夫的法令。对不服从这些法令的十叶派乌里玛则大肆迫害。纳迪尔的这项政策引起了严重后果。由于十叶派已在伊朗扎下了根,十叶派教义已与波斯民族的独立地位相联系,纳迪尔的做法只能引起不安和暴乱,大批十叶派乌里玛在纳迪尔的迫害下逃往伊拉克。纳迪尔在推行这些政策时遇到了反抗。国内矛盾的加剧使这个新王朝危如累卵。1747年,纳迪尔被刺,阿富沙尔王朝也随着纳迪尔的去世而瓦解。

赞德王朝 在纳迪尔死后的动乱时期内,纳迪尔的子嗣和一些军事首领拥兵自据,为继任权争夺不休。这时,在波斯南部一个叫作巴赫蒂亚尔大部落的首领阿里·马尔丹占据伊斯法罕,并把沙法维王朝的伊斯玛仪三世作为傀儡扶上台。当马尔丹被害时,权力落入他的副手和盟友穆罕默德·卡列姆·赞德手中。卡列姆·赞德在他统治期间(1750—1779),从未称王,而是作为摄政王在设拉子执政。① 在卡列姆·赞德执政时期,十叶派恢复了在伊朗的国教地位。赞德是个较为明智宽容的人,且生活俭朴,善于体察民情。在他统治下,国家一度短时期兴盛,商业得到鼓励。他在德黑兰建了官邸,在设拉子建大巴札、清真寺和公共沐浴处等建筑物。但赞德

---

① 由于伊斯玛仪三世从未参与政事,摄政王的地位由赞德家族世袭,这一时期实际上可看作是赞德王朝(1747—1794)统治时期。

朝一直和一个叫卡加的部落争夺在波斯的统治权。到赞德朝后期,卡加人力量越来越强大,最后,赞德朝不得不把伊斯法罕放弃给卡加人。它的最后一位君主在起兵反对卡加人时战败身亡,于是卡加人成为整个波斯的主人。

卡加王朝的兴起 卡加人也是支持沙法维人建立王朝的诸突厥土库曼部落之一,也有学者认为它是蒙古族中的一支。自蒙古人时代以来,卡加人一直居住在里海沿岸的阿斯塔拉巴地区附近。阿巴斯一世时,他让卡加人的一支移居到靠乌兹别克边界的木鹿、沙希贾汗。18世纪下半叶,卡加人在其首领阿格·穆罕默德(1779—1797在位)的带领下向波斯北部扩张直达阿塞拜疆。此后,卡加人与赞德人开始了在波斯的长期角逐,最后建立卡加王朝(1794—1925),并迁都德黑兰。1794年阿格·穆罕默德率军攻打格鲁吉亚,次年占领第比利斯城,大肆烧杀抢掠。

卡加王朝初期,游牧部落的势力很大,中央政府对游牧部落地区不能行使行政管理权。虽然卡加人以十叶派为国教,他们还不能像沙法维人那样强大到宣称自己是先知的后裔、隐遁伊玛目的化身。所以,卡加王朝是个软弱松散的王朝。在这样的形势下,十叶派乌里玛力量有了进一步的发展。

乌里玛地位的变化 在沙法维王朝时,十叶派乌里玛仅仅是统治者的附庸,唯国王是从。卡加王朝只是继承波斯的传统王权观念,宗教事务的领导权留给了乌里玛,乌里玛逐渐成了"隐遁伊玛目的代表"。因此,卡加王朝的乌里玛作为合作者,同封建王室一起统治人民,在政治上取得某种不依附王朝统治的独立地位,成了伊朗社会中一支相对独立的政治力量。

卡加王朝的国王为了巩固自己的地位,常常委任一些著名乌里玛担任法院的法官或从事行政管理工作;向一些乌里玛赠送礼品并发放年金或津贴,向赛义德们支付生活费;在任命行省总督或处理一些重要事务时,征询著名乌里玛的意见,确保乌里玛对王朝统治的支持。乌里玛的地位有了明显的提高,他们在政治事务上也具有一定的影响。同时,作为获得一定权力的副产品,一些乌里玛的财富也显著地增加。于是乌里玛不仅和封建王朝有着一些共同的利益,随着他们这一阶层的发展,也有了自己的特殊利益。因此,这一时期的乌里玛和封建王朝的关系比较复杂,既有合作的一面,又有疏远的一面,他们不想因与国王的关系过于密切而失去教徒的支持或致声名狼藉。有时封建王朝的利益同乌里玛掌管的宗教机构的利益发生冲突时,一些乌里玛会采取与封建王朝相对抗的态度。

阿赫巴尔派与乌苏尔派的斗争 从 10 世纪十叶派编纂圣训集以来,一些十叶派乌里玛一直强调伊玛目隐遁期间遵照经训处理教法事务的重要性。一般地说,十叶派比逊尼派更严格地要求逐字逐句地执行《古兰经》和圣训,特别是十二伊玛目圣训中的命令和意见。逊尼派的诸教法学派中的推理、个人意见、类比和公议都遭到这些十叶派乌里玛的反对和排斥。这些强调圣训的乌里玛被称为"阿赫巴尔派",该派在十叶派乌里玛中一直占统治地位。18世纪上半叶,纳迪尔下令没收"卧各夫"、迫害十叶派乌里玛时,十叶派经历了一场危机。大批乌里玛逃往伊拉克的卡尔巴拉和纳杰夫,同时,此前出现的十叶派内部教法学问题的分歧发展为两个教法学派的斗争。在沙法维王朝后期出现的穆智台希德,在处理教法事务中已开始运用"伊智提哈德"(意为"创制")权力。这些乌里玛对拘泥于经文词义不满,强调教法学的原理和方法,即以经训为依据,运用其原理及公议、类比作为附加原则来处理具体问题。这一派称为"乌苏尔派"。阿赫巴尔派和乌苏尔派斗争的焦点是"伊智提哈德",前者排斥它,后者坚持运用它。此外,前者规定可以仿效已故的穆智台希德,而后者则认为每一代人需要活着的穆智台希德解释教法和发展教法的应用方法。这场斗争很激烈,持续了一个多世纪,甚至还诉诸武力。到了 18 世纪中叶,乌苏尔派首领别赫巴哈尼(1705—1803)利用一切手段反对阿赫巴尔派,宣布它为"异端",而最终使乌苏尔派在争论中获胜。别赫巴哈尼明确规定穆智台希德的义务和职责,强调它的职能,给十叶派思想添注了活力。由于他在反对阿赫巴尔派中所起的作用,得到"宗教复兴者"

的称号。乌苏尔派的胜利,使十叶派乌里玛阶层中的穆智台希德的权威地位得以正式确立。

从此以后,穆智台希德具有代替隐遁伊玛目执行权力的法定地位。穆智台希德可以运用"伊智提哈德"在一些重大问题上颁布"法特瓦"(意为"法律裁决")。在别赫巴哈尼以前,十叶派允许关于神学和教法问题的不同意见。但从他以后,穆智台希德在颁布的法律裁决中,可以把不同的意见和看法宣布为"塔克法尔"(意为"异端")。这种方式运用到政治上,就可以宣布一个不虔敬的或暴虐的国王、大臣为异教徒。因此,确立穆智台希德制度的意义在于:它为乌里玛干预政治事务铺平道路,使乌里玛阶层开始形成了领导核心,十叶派的教阶制度随之建立。

乌里玛教阶制度与十叶派教法的发展　十叶派教阶制度有它的独特性。在乌里玛中有各种不同的等级称号,这种等级称号是掌握宗教知识和信仰虔诚程度的标志,也是拥有追随者(仿效者)多寡的证明。进入乌里玛阶层的条件是在宗教教育中必须学完很高程度的宗教课程,并通过考核证明成绩优良。也就是要通过学习上的竞争、品行上的考察、高级学者的公议以及教徒的公认。乌里玛经过一定时期的讲课、宣教,以及在沙里亚法院中审理教法事务的实习,经评议和审查通过后,可以获得伊智提哈德权力;只有获得这一权力并在教法学上有所著述,才有条件成为穆智台希德。乌里玛与教徒的关系以及高级称号与低级称号的关系是仿效和被仿效的关系。乌里玛的权力和影响,取决于他个人的品行和名望,以及仿效者和他所开设课程听众的多少。这种仿效和被仿效的关系使得教阶制度在聚沙成丘的过程中集约化,从而使乌里玛阶层有一个连续性的稳定的核心领导集团。在卡加王朝中期,出现了世代相袭的乌里玛大家族,一些乌里玛与封建统治者或是联姻,或是互相勾结,滥用权力,鱼肉百姓。

随着乌苏尔学派的胜利,乌里玛声誉的增长,乌里玛在司法制度中的权力得到加强。乌里玛控制的沙里亚法庭逐渐摆脱王朝宫廷的控制,在民事和刑事等司法事务中获得独立司法权,即按照教法独立审判和处理案件。

卡加王朝时期,十叶派的教法也有所发展。十叶派教法规定,每个十叶派穆斯林必须仿效一个本地区活着的穆智台希德。十叶派教法还规定,教徒根据认定的标准决定自己仿效某一个穆智台希德,或中止仿效,改换仿效对象。十叶派教法还给予教徒在执行穆智台希德意见时有一定的判断其正误的权力。总之,这一时期的教法学发展特点是突破了以前墨守陈规、因袭教条的狭窄圈子,在某种程度上开始用理性思维的方法处理教法事务。乌里玛之间的磋商和一致意见,类比和推断也得到一定的采用。这些都为乌里玛进一步卷入政治敞开了大门。

同沙俄的冲突　　正当东方的专制王朝日渐衰落时,西方进行了资产阶级革命。迅猛发展的近代工业使资产阶级到处伸出触角,寻找海外市场以满足追求利润的渴望。19世纪初,英国、法国纷纷派遣使者与卡加王朝缔约,想把波斯置于它们的势力范围内。俄国从陆上进逼波斯,1801年,俄国吞并格鲁吉亚,1804年沙俄与卡加王朝交战,俄军取胜,吞并一些小汗国。以后卡加王朝节节败退,1813年,与沙俄签订《古利斯坦和约》,规定俄军占领的全部领土都划归俄国。沙俄对波斯的蚕食,引起十叶派乌里玛的愤恨,他们为了维护民族利益,敦促国王抗击沙俄的扩张。1826年,一位著名的穆智台希德发布法特瓦,号召教徒对俄国进行圣战。结果,卡加王朝大败。1828年两国签订《土库曼恰依条约》,卡加王朝又一次割地赔款。次年元月,双方在贯彻条约有关条款时发生争执,十叶派乌里玛在各清真寺中宣布俄国公使践踏伊斯兰教法和穆斯林习俗,号召教徒袭击沙俄使馆。随之,德黑兰的一些穆斯林砸毁了俄国使馆,将俄国公使格里包耶多夫及几乎全部使馆人员砍死。尽管宗教力量激发教徒去抵御外敌,但它仍无法使波斯免于沦为半殖民地的厄运,一个风卷云涌的变动时代即将到来。

第四节　16—19 世纪中叶的中亚

16 世纪的中亚　沙法维王朝奉十叶派为国教后,阿姆河及其以南地区在波斯和中亚形成的边界不仅成为政治的分野,而且也成为宗教信仰上的界河。河中地区和波斯以东定居的穆斯林主体是逊尼派。波斯以它那古老的文明、灿烂的文化对中亚一度有过巨大的影响,但在随后的几个世纪中,信仰上的差别却成为屏障,有效地抵制了波斯文化的扩散。一旦这种联系割断后,中亚的文化便在与世更加隔绝的环境里独自地缓慢发展。中亚的伊斯兰教更加朝着地方化、民族化的方向前进。中亚的逊尼派伊斯兰教更带有统治者宗教或政治性宗教、城市化宗教的色彩;而十叶派伊斯兰教在中亚愈来愈边缘化;苏非派则在游牧民族和绿洲农业定居点中更受欢迎。

如前所述,当波斯王朝强力推行十叶派教义时,许多逊尼派乌里玛为维护信仰逃离波斯,最后在河中地区或游牧部落中落脚。他们把圣训学、教法学的知识带到中亚,在各汗国的宫廷中,在乌兹别克人、哈萨克游牧民族和吉尔吉斯游牧民族中宣传教义,裁断教法事务,兴办宗教教育。于是,伊斯兰教的精神渗透到公共生活的各个方面,渗透到每一个阶级和部落,中亚社会从未这样深刻地留下逊尼派的烙印,并逐渐实现伊斯兰化。这一时期,伊斯兰教在使中亚一些游牧部落和民族过渡到定居生活的过程中发挥了重要作用。在它向社会纵深渗透时,与中亚的封建制度和苏非教团结合一体形成稳定的社会结构。这种结构相对地阻碍了社会经济文化的发展,对外界的变化容易作出排斥性的反应。

昔班尼王朝与布哈拉汗国　拔都西征以后将他父亲术赤领地的东部即锡尔河以北,乌拉尔河、额尔齐斯河(又名也儿的石河)与楚河之间的地域分给弟弟昔班。昔班封地中的部落和曼基特人在帖木儿帝国时期通称为乌兹别克人。到 15 世纪,昔班的六世孙阿布·海尔汗(1429—1468)统一了大部分乌兹别克人,以后他向南扩张,占领锡尔河上的一些要塞并掳掠河中地区。到阿布·海尔汗的孙子穆罕默德·昔班尼时,统一了各游牧部落。由于昔班尼年轻时加入过纳格西班迪教团,他与宗教界结成联盟,宣布帖木儿后裔诸王朝的统治者为"异教徒"而对他们进行战争。在随后十年中,他征服河中地区和呼罗珊、阿富汗的坎大哈地区,但又败于沙法维王朝之手。昔班尼王朝(1500—1598)在阿布杜拉二世统治时期与苏非教团结盟,消灭了帖木儿后裔的势力,统一了河中地区,并把首都从撒马尔罕迁往布哈拉,此后开始了布哈拉汗国(1561—1920)的历史。

当阿布杜拉二世死时,他的王朝即刻崩溃。呼罗珊落入沙法维人之手,哈萨克人也占领了一些地区。由于为王位继承权而互相残杀,王室里找不到直系子嗣了。这时,阿布杜拉二世的外甥巴基·穆罕默德继位。①

布哈拉汗国的卧各夫增加很快,这和汗国的统治者与宗教界势力的密切联系有关,不少经学院、清真寺和麻札都有大片地产。最大的卧各夫占有者是纳格西班迪教团和库布拉维教团的谢赫和依禅们。这些宗教首领们把卧各夫土地出租给农民耕种,农民只得到1/4或1/5的收获,卧各夫成了宗教界对农民剥削的手段。布哈拉汗国的乌里玛常常与封建统治者相互勾结鱼肉群众,并制造理论根据为统治者掠夺人民辩解。教法官在处理教法事务中也维护统治者的利益。到绍赫穆罗德统治时期,汗本人成为苏非教团首领,他在国内煽起宗教狂热,并以对"异教徒"圣战的名义,几次进军呼罗珊。布哈拉汗国还同它的邻国希瓦汗国、浩罕汗国、沙赫里夏勃兹汗国常常交战残杀,这使得一些地区成为荒漠。由于宗教成了封建王朝的统治支柱,神学得到了发展,尤以注释《古兰经》和对圣训的鉴别方法为甚,京城布哈拉也成了宗教文化中心。

希瓦汗国与浩罕汗国 沙法维人被逐出河中地区后,该地区处于分裂状态。1512年,昔班尼家族的伊儿巴斯在花剌子模建立

---

① 巴基之父是阿斯特拉罕朝的贾亲王,巴基建立的朝代就称为"贾尼王朝"。

乌兹别克汗国。17世纪时,由于供应汗国首都乌尔坚奇城用水的阿姆河支流干枯而迁都希瓦,此后被称为希瓦汗国(1512—1920)。汗国的人口基本由乌兹别克人和沙尔特人构成。沙尔特人是古代花剌子模人的后裔,从13或14世纪起,经过一个很长时期逐渐突厥化了,希瓦汗国经常派军队入侵邻近的波斯地区,进行掠夺,这种连年的军事征伐加强了汗国内军事贵族的势力,一些乌里玛也得到汗国的赏赐和封地。汗国成了坚持逊尼派信仰、反对十叶派的堡垒。

希瓦汗国的宗教教育这时期也有很大发展,依赖于卧各夫的经学院校进行神学教育和研究,传授阿拉伯语知识和基本的算术。宗教教育在定居的乌兹别克人和塔吉克人中发展较快,以培养法官、行政官员、伊玛目和其他人员。求学的学生也来自各方。据估计,在希瓦和布哈拉两汗国,1790年的宗教学生总数是3万人,可见宗教教育兴盛的程度。

锡尔河中部的费尔干纳盆地为高山所环绕,它相对地更少受外界的侵犯,成了背井离乡者的避难之地。15世纪时,突厥人居住在安集延(掩地干),而沙尔特人住在马尔格兰(玛尔葛朗)和索哈地区。16世纪,乌兹别克人和吉尔吉斯人也来到这里。到17世纪,该地人民经历了许多战乱和磨难,逐渐地从布哈拉汗国独立出来,形成浩罕汗国(1710—1876)。18世纪期间,从撒马尔罕和布哈拉以及其他地区来的部落流民也相继到达这里。至19世纪,这一地区慢慢地出现民族融合的过程,到了阿利姆汗(1799—1809在位)统治时期,他战胜几个敌手,支持一些小部族反抗布哈拉汗国的统治,浩罕国统治下的费尔干纳盆地实现政治统一。1814年,浩罕汗国攻占土库曼斯坦及其属地。当时哈萨克酋长们以及远在七河流域的酋长也臣服于浩罕国。在欧麦尔汗时,一些游牧民开始定居下来,在这些定居地区出现了清真寺和学校。据统计,浩罕国有360个清真寺、12个经学院,宗教势力大大加强。当欧麦尔汗的儿子继位后,他在政治上专横跋扈,生活上沉湎于酒色而使国运大衰。1839年,乌里玛领导群众吁请布哈拉汗国帮助占领霍加,迫使穆罕默德·阿里汗承认他们的独立。1824年,他们又进军占领了浩罕国,可憎的汗被群众处死。

依禅派和麻札朝拜　中亚伊斯兰教地方化发展的特点是依禅派(苏非教团)的兴盛。纳格西班迪等苏非教团逐渐分解成许多以依禅类型的精神导师主持的"穆里德"(意为"弟子")社团。依禅也被称为"穆尔希德"(意为"导师")。依禅派的苏非主义在游牧部落中得到广为发展。

这种依禅领导的穆里德社团盛行着麻札朝拜活动。苏非门弟子对和卓和依禅表现出狂热的崇拜。这也许是中亚游牧部落民族过去对苍天神和圣裔崇拜传统的遗存,穆里德对和卓和依禅等圣徒的坟墓进行定期的朝拜,成为苏非修行的重要部分。希哈拉、撒马尔罕、费尔干纳盆地、土库曼斯坦、哈萨克和吉尔吉斯游牧部落居住的地区有许许多多的麻札,它们名目繁多。麻札朝拜活动成为中亚苏非伊斯兰教文化的显著特色。

游牧民族　随着伊斯兰教向游牧民族和部落的渗透和传播,这些游牧部落开始了定居和从事农业耕种的过程。傍邻农耕地区的哈萨克人,以及土库曼游牧部落与布哈拉、希瓦和浩罕汗国之间经常进行以物易物的贸易。在这种贸易中,游牧民与农民在经济上互相依赖,同时也促进文化上的交流。使一些游牧民族和部落,特别是土库曼人逐渐采用农业生产以代替畜牧业。在希瓦汗国的宗教学校里训练的土库曼毛拉在这些游牧部落中影响很大,这在雅木特部落尤甚。游牧民族中也有一些类似经文学校形式的宗教教育。哈萨克人则雇佣了许多塔塔尔族的教师教授《古兰经》。

当然,游牧民族对这些汗国掠夺和骚扰的后果是农业地区的文明受到一定的摧残,但这也促进了各民族之间的融合和交流。在这种融合过程中,伊斯兰教通过苏非神秘主义与本地文化传统相结合的形式,也就更加深入到边远的游牧民族中。

阿富汗的独立与沙俄向中亚的扩张　纳迪尔攻占坎大哈后,收容了阿布里人酋长的儿子阿赫默德(? —1773)。由于阿赫默德作战勇敢,被提升为纳迪尔私人卫队的军官。1747年,纳迪尔被刺后,阿赫默德带军队回坎大哈,被当地部族酋长会议推选为汗。阿赫默德把阿布达里族改名为"杜伦尼族",因此成立的王朝被称为杜伦尼王朝(1747—1818),它奠定了现代阿富汗国家的基础。此后,阿赫默德进行一系列扩张,向波斯人占领的喀布尔进军,还多次率军掠夺印度。同时,他采取宗教上的宽容态度,同意波斯人保留十叶派信仰,于是,喀布尔的红头军投降,倒向阿富汗人一边。

正当中亚的三个汗国争战不已、互相削弱之时,西北沙皇俄国开始染指这块地区。俄国哥萨克骑兵以武力的方式逐渐蚕食中亚。沙皇还派出外交使节以各种胁迫和恫吓的手段要挟这些汗国的统治者。虽然中亚汗国的伊斯兰宗教势力在外敌入侵的面前,曾小规模地组织教徒起来抵抗,但无助于改变整个局势。于是,这些汗国一个接着一个被沙俄吞并。在阿富汗,沙俄为争夺这块地区而能占有通往印度洋的暖水港同英国人进行激烈的争夺。19世纪中叶,中亚开始了殖民化和半殖民化的过程,伊斯兰教也向更封闭的状态方向发展。

第一节 外族对印度次大陆的入侵

早期的穆斯林 公元5—7世纪,随着印度封建制度的形成,生产力得到提高,商品经济在城市和沿海地区有了一定程度的发展。南印度的商人到缅甸、南洋群岛和中国经商,与海湾地区也建立起商业联系。阿拉伯商人和波斯商人几乎垄断了印度与西方的海上贸易,他们运去骑兵所需的马匹,运回印度的棉织品、香料、稻米、工艺品等。通过贸易,阿拉伯商人很早以前就了解富饶的东方。在印度沿海地区开始出现少数阿拉伯移民。

8世纪,一批来自伊拉克的阿拉伯难民,落脚于南部沿海。后来陆续有来自阿拉伯、波斯的商人到沿海定居。他们与印度居民和睦相处,并与当地的妇女通婚,同时把伊斯兰教带入居住地,形成混血的穆斯林后裔。据说今天南印度巴勒马尔沿海地区的毛普拉赫穆斯林社团,即是阿拉伯商人的后裔,他们或许是最早在印度建立起来的穆斯林居民体。

7世纪末,穆斯林军已经逼近印度边界。711年,倭马亚王朝将领穆罕默德·本·卡西姆自巴士拉沿海路攻入印度河下游,占领信德地区,信德和旁遮普北部地区被置为行省,并入伊拉克总督辖区。当地不信伊斯兰教的居民须向征服者交纳人丁税。穆斯林军退出后,这片土地被并入阿巴斯哈里发国家的版图。后来一度为从阿拉伯半岛和伊拉克逃亡到这里的卡尔马特派信徒所据,随着信奉伊斯兰教的外族的不断入侵,西北部的信德和旁遮普地区成为印度最早接受伊斯兰教的地区。

突厥族的伽色尼王朝和廓尔王朝 10 世纪下半叶,以布哈拉为首都的萨曼王朝国势衰落。辖据呼罗珊、奴隶出身的突厥将领阿尔普提金乘机篡位,失败后率军东移,于阿富汗东部加兹纳建立政权,史称伽色尼王朝(962—1186)。伽色尼人信奉伊斯兰教,属逊尼派。为了与十叶派布维希王朝抗衡,伽色尼王朝在名义上承认阿巴斯哈里发的宗主地位。苏丹马赫茂德当政期间,王朝达到极盛,多次发动"圣战",侵入印度西北部的信德省,并于该地以武力传播伊斯兰教。许多印度封建主为了保护既得利益,纷纷改奉伊斯兰教,逐渐与定居的突厥人、阿富汗人混居融合,成为印度穆斯林社团的主体。

1186 年,廓尔王朝(1151—1206)灭伽色尼王朝。廓尔人原为阿富汗中部属于伊朗语族的一支山区部族人,11 世纪曾为伽色尼王朝征服,其统治家族后来改奉伊斯兰教。早在 1150 年,廓尔人就攻占加兹纳,夺取王朝在阿富汗东部的领地。塞尔柱苏丹国解体后,廓尔人愈加强大,其版图从里海一直沿伸到印度北部边境。夺取伽色尼人在印度西北部的领地后,廓尔王朝继续向朱木拿河和恒河流域扩张,伊斯兰教的势力从此更加深入印度。1192 年,廓尔人攻占德里,推翻阿吉米尔和德里的印度教王国,1194 年战败比纳尔斯和卡诺沃印度教王国。廓尔王朝后来发生内讧,于 13 世纪初为中亚的花剌子模国所灭。

德里苏丹国诸王朝 到 13 世纪,廓尔王朝所属各领地的军事将领势力大增,他们纷纷割据一方,自立为王,形成许多独立的苏丹国。奴隶出身的库特布丁·阿尤伯克原为廓尔王朝的一名总督,这时自立为苏丹(1206—1210 在位),统治以德里为中心的北部广阔地区。因王朝的前三个君主均为来自阿富汗的突厥奴隶,他们所建立的政权称为奴隶王朝。此后的近 300 年间,在德里统治的共有六个王朝,不断更迭,历史上统称德里苏丹国(1206—1526)。德里苏丹国除奴隶王朝外,还有五个支系。德里苏丹国统治阶级的上层均为来自外部的异族封建领主,种族、文化背景和宗教信仰上不同于本地的居民。伊斯兰教徒把持着国家的高级官职,印度教徒只能充当乡镇小吏。统治者从中亚、波斯和阿富汗的异族中招募大批雇佣军,作为政权的支柱。国家的最高权力名义上属于苏丹,实际上各领地封建贵族辖区都是独立的军事政权。封建领主间的战乱连续不断,伊斯兰教的统治遭到印度封建主的强烈反抗。

1221 年,蒙古人追击花剌子模军至印度西北边界,进而逼近德里。奴隶王朝首相包尔本率军击退蒙古人。1290 年,伽色尼王室的另一支突厥人卡勒吉家族夺取王位,建立卡勒吉王朝(1290—1320)。苏丹卡勒吉·贾拉尔丁(1290—1296 在位)当政时期击退蒙古人的三次入侵,巩固了边界。他还派兵远征德干,掠夺了大批财富。卡勒吉王朝统治时期,大批改奉伊斯兰教的蒙古人获准在德里定居,他们是最早改奉伊斯兰教的蒙古居民之一。

14 世纪初,卡勒吉王朝日衰,各地的封建主纷纷独立。1320 年,据守古吉拉特的将领胡斯娄汗举兵哗变,攻占德里,推翻卡勒吉王朝。胡斯娄汗原属印度教的低级种姓,佯称改奉伊斯兰教后取得苏丹的信任。在其统治的短暂期间,印度教的典制、礼仪一度得到恢复。不久,德里的伊斯兰教封建贵族在旁遮普总督图格鲁克的支持下,恢复伊斯兰教的统治,建立图格鲁克王朝(1320—1414)。图格鲁克统治时期,内外交困,危机四伏。为抗击蒙古人的入侵,苏丹曾向埃及马木留克王朝(1250—1517)寻求支持,并向开罗的影子哈里发讨封。1398 年,帖木儿率 12 万大军侵入印度,一路烧杀掠夺,德里城被洗劫一空,图格鲁克王朝几近解体。末代苏丹马赫茂德沙二世勉强恢复了德里的统治,但其统治区仅限于德里附近和旁遮普地区。

1399 年,帖木儿离开德里时,留部将驻木尔坦总督吉德尔汗镇守印度北部新征服区。1414 年,图格鲁克末代苏丹去世,吉德尔汗自立为苏丹。为取得德里的阿富汗贵族的承认,吉德尔汗自称为伊斯兰教先知的"赛义德"(意为"后裔"),因而他所建立的王朝史称"赛义德王朝"。赛义德王朝(1414—1451)统治的短暂时期,版图更加狭小,仅限于首都德里周围地区,形同一依附帖木儿势力的地方诸侯。

赛义德王朝统治末朝,与德里的阿富汗和突厥贵族间的矛盾日益激化。1451年,阿富汗洛迪部落酋长、驻锡尔欣德和拉合尔总督巴赫鲁尔汗夺取王位,建立洛迪王朝(1451—1526)。洛迪王朝统治时期,国势更加衰弱,北部分裂为孟加拉、克什米尔、马尔瓦、古吉拉特四个苏丹国,彼此混战不休。1517年洛迪王朝发生内乱,帖木儿的后裔巴布尔乘机入侵,于1526年率军攻占德里,存在三个多世纪的德里苏丹国宣告结束。

北印度的苏丹国 印度北部克什米尔地区,因高山峻岭的阻隔,形成一道天然屏障,长期未受到外族的侵扰。当印度西北部大部分地区早已为异族军队占领时,克什米尔仍然在当地印度封建主的统治之下。1015年和1021年,伽色尼苏丹马赫茂德曾两度率军进攻克什米尔,均以失败告终。当地的印度教君主经常招募强悍的突厥穆斯林充当雇佣军,致使这一地区开始潜移默化,伊斯兰教势力剧增。1335年,印度教君主辛哈·迪瓦去世,原籍帕坦族的首相沙赫·米尔札·斯瓦提取得政权。1346年,他自立为苏丹,建克什米尔苏丹国(1346—1589)。国家对信奉异教的印度居民实行宽容政策,不干预印度教社团的内部事务。只有在苏丹希坎德尔(1394—1416在位)当政时期,对印度教徒大肆迫害,希坎德尔因而享有"偶像破坏者"之称。当时,曾有大批穆斯林难民和宗教学者为逃避蒙古人的入侵,自中亚、西亚和两河流域来此避难,从而增强了伊斯兰教的影响力。

印度东北部的孟加拉地区,原为德里苏丹国的一个行省。这里物产丰富,又远离首都德里,因而当地的总督们经常脱离苏丹的控制,仅保持名义上的宗主关系。1287年,奴隶王朝苏丹包尔本死后,孟加拉总督宣布独立,其间,孟加拉军队征服仍处于印度统治下的西孟加拉,于14世纪初越过布拉马普特拉河,进入阿萨姆地区。图格鲁克王朝时期,一度恢复德里苏丹国在孟加拉的统治,设东西两个总督辖区。但此后不久,孟加拉再次获得独立。孟加拉苏丹国(1336—1576)统治的200余年间,每年都有大批低级种姓的印度教徒因不堪忍受印度封建主的压迫、歧视而改奉伊斯兰教,致使广大农村地区的穆斯林社团人数激增。

印度西海岸的古吉拉特,因得益于海上贸易,十分富庶,历来是兵家必争之地。1024—1026年,伽色尼王朝苏丹马赫茂德曾亲率一支军队,远征古吉拉特的松纳特,捣毁设在那里的湿婆神庙,掠夺大批财富而归。慑于当地印度教王国的强烈抵抗,穆斯林远征军不敢长期留驻在那里。直到1298年,哈勒吉王朝才派兵征服古吉拉特,从此古吉拉特一直受德里苏丹国的统治。14世纪末,统治德里的图格鲁克王朝衰落,古吉拉特总督乘机独立,建古吉拉特苏丹国(1391—1583),取号札法尔·沙赫(1391—1411在位)。苏丹阿赫默德二世当政时期,国势更加强大,不断向外扩张领土,经常同古吉拉特、拉吉普特纳的印度教王国作战,屡次侵入马尔瓦、坎德什和德干地区的穆斯林苏丹国。随着伊斯兰教政权的巩固,许多印度封建主和低级种姓的印度教徒皈依了伊斯兰教。

图格鲁克王朝苏丹马赫茂德沙二世(1393—1395在位)手下的一名奴隶将领马立克·沙瓦尔于德里苏丹国与孟加拉苏丹国之间(今印度北方邦),建江普尔苏丹国(1394—1479)。1394年,马立克奉苏丹之命率军攻占江普尔地区,被赐封为"东方之王"。其继子穆巴拉克·沙赫乘帖木儿入侵印度北部之机,自立为苏丹,从此,江普尔自铸金币,在周五聚礼时,赞颂国君之名。此后40年间,江普尔建立起一支强大的军队,东征西伐,一度攻占北部的瓜利奥尔、南部的奥里萨、东部的孟加拉。江普尔苏丹统治时期,伊斯兰文化高度发展,建立许多具有当地特色、精美壮观的清真寺,宫廷中有一批食客——伊斯兰学者、文人。

1305年,德里苏丹国派兵征服古吉拉特以东的奇托尔和乌贾因印度教王国领地马尔瓦,置为行省,由总督代行苏丹统治。14世纪末,帖木儿侵占德里,图格鲁克苏丹马赫茂德沙二世逃难到马尔瓦。此后不久,马尔瓦宣布独立,建马尔瓦苏丹国(1401—1531),定都于重兵防守的军事要塞曼杜。1436年,王室的首相马赫茂德沙一世篡夺王位。马赫茂德沙一世统治时期,国力有所加强,多次战败奇托尔的拉吉普特人。其曾孙马赫茂德二世统治时期,朝廷中的实权为拉吉普特贵族所把持,当地的印度教上层与外来的伊斯兰教统治者的关系日趋激化。在后来的内乱中,苏丹一度为拉吉普特人所俘,从此王朝衰败,终于为古吉拉特苏丹吞并。

14 世纪末,马立克·拉加(1370—1399 在位)于德干高原北部的塔普蒂河谷建坎德什(意为"汗之土地")苏丹国(1370—1601)。他原为巴赫曼王朝一名将领,后被德里苏丹册封为总督,统治德干北部地区。图格鲁克王朝末期,德里苏丹苦于应付帖木儿入侵的混乱局势,马立克·拉加乘机自立为王,号称"法鲁克"(沿用麦地那哈里发欧麦尔的称号,意为"英明的";王朝统治者以后都沿袭这一称号)。坎德什苏丹国一度繁荣昌盛,但因幅员狭小,资源贫乏,仍臣属于强大的古吉拉特苏丹国。苏丹统治时期,伊斯兰教势力锐增,但早期的信徒多为外族封建领主和军事将领的后裔,本地穆斯林人数较少。

巴赫曼王朝 14 世纪上半叶,在德干高原兴起一个强盛的伊斯兰政权。王朝创始人是个名叫哈桑的波斯人。哈桑原为图格鲁克王朝的一名将领,1347 年于达拉塔巴德举兵反叛,建立巴赫曼王朝(1347—1527),定都于南部古尔巴加城。巴赫曼的崛起,加剧了同南部两个印度教王国的紧张关系,彼此间的战争连接不断。1425 年,瓦兰加尔为巴赫曼吞并,强大的维加亚那王国仍与巴赫曼相抗衡。巴赫曼王朝统治时期,加强同外部伊斯兰世界的联系,它是次大陆最先同奥斯曼帝国互派使节的伊斯兰教国家。其间,大批伊拉克人、波斯人、中亚人、阿拉伯人涌入这里,外籍人在朝廷中的权势明显增强。15 世纪末,外籍伊斯兰教封建上层与德干本地的王公贵族形成两个派系集团,纷争不已,国家日益衰落,后分裂为五个小苏丹国。

莫卧儿帝国 帖木儿死后,领地被其后裔和部将瓜分,他们各据一方,形成独立王国。16 世纪初,占据费尔干纳盆地的帖木儿六世孙扎希鲁丁·巴布尔,被乌兹别克人逐出中亚,率军南移,攻占喀布尔、加兹纳等地。巴布尔以喀布尔为基地,企图收复在中亚的失地,遭到失败。1526 年,他转而侵入印度北部,于帕尼特战败洛迪王朝的军队,占领德里;次年,于阿格拉附近击败拉吉普特诸侯的联军。从此,四分五裂的印度各苏丹国为巴布尔所统一,形成强大的莫卧儿帝国。可是,莫卧儿人在北方的统治遭到阿富汗部族的顽强反抗。巴布尔死后,其子胡马云(1530—1555 在位)被阿富汗人逐出德里,逃出信德和阿富汗斯坦。他向波斯人求援,在他皈依十叶派之后,得到波斯援军的支持。直到 15 年后的 1545 年,他重占喀布尔并返回德里,恢复在印度北部的统治;其后,又不断向中部和南部扩张领土。到阿克巴大帝(1556—1605 在位)统治时期,除南部外,几乎整个印度次大陆完全被纳入版图。莫卧儿人统治印度达三个世纪之久,直到 19 世纪中叶。①

第二节　伊斯兰教在印度次大陆的发展

　　外族统治者的宗教政策　外族统治者,特别来自中亚的阿富汗突厥人,在"圣战"的名义下侵入印度,但他们所进行的战争,并非以弘扬伊斯兰教为目的。外族穆斯林统治者对被征服民族所采取的政策,因地不同,因时而异,未形成定制。

　　公元 8 世纪初,穆斯林军占领信德后,对当地居民征收人丁税,但婆罗门贵族豁免,不愿纳人丁税的平民百姓允许迁居外地。交纳人丁税的异教居民,成为哈里发国家的保护民。这项源自《古兰经》的传统政策,到德里苏丹国统治时期有所改变。卡勒吉王朝苏丹拉丁·穆罕默德(1296—1316 在位)统治时期,为了削弱印度封建主的经济实力,以征收高额实物地租和畜牧产品来代替通常的人丁税,引起强烈不满。图格鲁克王朝苏丹阿拉丁·图格鲁克(1320—1325 在位)采取一种平衡税制,避免使异教居民陷入极端贫困以缓和矛盾。苏丹菲鲁·图格鲁克(1351—1388 在位)开始系统地编纂伊斯兰教法典,废除所有不符合教法的苛捐杂税,征收统

---

　　① 巴布尔的军队并非全是蒙古人,其军队中,除蒙古人外,还包括突厥人、阿富汗人和波斯人。帝国以波斯语为官方语。一说巴布尔是突厥人。

一的土地税(哈拉吉)、天课(札卡特)、人丁税(吉兹亚)、战利品税
(胡姆斯)四种税收,不再豁免婆罗门贵族的人丁税。莫卧儿统治
时期,对异教居民的政策仍然变幻不定。以开明著称的阿克巴大
帝实行对各教居民一视同仁的政策,废除了伊斯兰教至上和对异
教居民征收人丁税的传统政策。这项新政策遭到后世继任者的质
疑和非难。不久,又恢复了伊斯兰教的国教地位。到奥朗则布
(1658—1707 在位)统治时期,人丁税制再度得到恢复。但总的来
说,各个时期的外族统治者大多数不直接介入宗教活动,不干预异
教社团的内部事务。图格鲁克王朝和莫卧儿帝国时期颁布和实施
的伊斯兰教法,除刑法外,仅适用于穆斯林社团。

当地居民的伊斯兰化 公元 8—16 世纪,随着外族政权的建
立,来自中亚、波斯、阿拉伯等地的外籍商人、乌里玛和传教师不断
涌入印度,使印度穆斯林社团的民族成分变得十分复杂。外族穆
斯林由三个不同时期和从不同路线移入的穆斯林社团组成:8 世纪
初自印度西北边境移入的阿拉伯人及其后裔,主要聚居在信德和
旁遮普地区;10 世纪以来自北部边境入境的阿富汗、突厥和波斯的
伊斯兰王公贵族和军队将士们的后裔,主要居住在印度北部和中
部德干地区;由海路进入印度的波斯、阿拉伯商人和传教师的后
裔,主要居住在西部沿海地区。外族穆斯林社团,除旁遮普地区
外,人数有限,改宗与同化的进程十分缓慢,持续数世纪之久;大部
分印度穆斯林是在 13—15 世纪改信伊斯兰教的本地居民。到莫卧
儿王朝建立,伊斯兰化初步完成。在这一过程中,苏非传教师发挥
了重要作用。

改宗与同化带有明显的地域差别性。以克什米尔、信德、孟加
拉、德干四个地区最为突出。克什米尔的穆斯林大多数是从印度
教和佛教改奉伊斯兰教的。据说克什米尔的第一个穆斯林苏丹沙
德尔丁于 14 世纪初在苏非派传教师的影响下入教。其后于 14 世
纪末,波斯哈马丹人赛义德·阿里因不满帖木儿的统治,逃至克什
米尔,从者 700 余人。他们在各地设立苏非道堂,发展大批信徒。
15 世纪末,一个名叫米尔·沙姆斯的十叶派的传教师,自伊拉克来

333

克什米尔传教,吸引了大批追随者。莫卧儿时代,克什米尔被置为一省,许多宗教学者到这里建寺布道,发展信徒。伊斯兰教传入之际,佛教、印度教早已衰落,因此改宗者人数激增。

在信德地区,商业活动成为促进伊斯兰化的重要经济因素。穆斯林军征服信德后,控制了信德与锡兰、中国、中亚以及印度其他地区的商道,印度商人需要与阿拉伯商人建立良好关系,以保护自己的商业利益。在长期的交往中,大批印度商人改奉伊斯兰教。伊斯玛仪派的传教师在改变当地居民信仰过程中,起过重要作用。1067年,来自也门的传教师阿布·阿拉,11—12世纪来自阿拉穆特的传教师努尔丁,都曾在古吉拉特发展大批低级种姓的印度教徒入教。为了吸引印度教徒入教,传教师们采取认同方式,竭力宣传伊斯兰教与印度教的一致性。15世纪末来信德传教的沙德尔丁向印度教徒介绍一部新经,宣称穆罕默德即印度教的婆罗门,阿里即毗湿奴的化身,阿丹即湿婆。这融合印度教教义和礼仪习俗的新教义,迎合印度商业种姓的需要,自信德北部很快流传至卡奇、古吉拉特、孟买等沿海城市,后来形成两个颇有影响的以城市商人为主体的教派霍加派和波哈拉派。

伊斯兰教流传最广泛的地区是孟加拉。这一地区自12世纪末被德里苏丹国征服后,长期在伊斯兰王朝的统治之下。当地的印度教封建主为了维护既得利益,纷纷改奉伊斯兰教。特别是在莫卧儿统治时期,大批印度教的王公贵族被迫入教,以避免自己的产业被官府没收。奥朗则布时期曾颁布一项法令,规定无力纳税的印度教官吏和地主,必须全家入伊斯兰教;那些因违反印度教的清规戒律而丧失高级种姓身份的印度教徒,经总督批准,可以恢复原来的地位,否则,只有改奉伊斯兰教,以求得一条生路。这些规定迫使许多印度封建主改宗。而广大土著居民和低级种姓的人民(如渔民、猎民、土地耕种者),尤其是首陀罗和不可接触者,因不堪忍受印度贵族种姓(婆罗门或刹帝利)的歧视和迫害,则对传教活动表示欢迎。

苏非教团的影响　伊斯兰教在印度居民中的传播,首先应归于乌里玛的布道活动;其次,苏非教团也起到了突出的作用。苏非传教师受过神秘主义教义的专门训练,生活方式接近城乡下层群众,逐渐成为地方宗教社团的核心人物。在其影响和感召下,各地都有大批民众入教。在印度次大陆,影响最广泛的苏非教团是 13 世纪始建于阿吉米尔的契斯提教团。该教团尽管设道堂于印度教军事贵族控制的中心地带,但仍然发展很快,其传道活动一度得到苏丹穆罕默德·图格鲁克的支持。13 世纪初,几乎与德里苏丹国建立同时,自伊拉克传入印度的苏哈拉瓦迪教团和卡迪里教团开始在印度布道和发展组织,他们还在各地建立道堂。到 14 世纪初,德里及其郊区的道堂大约已有 2 000 座之多。库布拉维教团也积极开展布道活动,其影响主要是在克什米尔地区。

　　苏非教团多采取秘密方式布道,便于在下层群众中间开展工作。许多自印度教低级种姓改奉伊斯兰教的"新穆斯林",由于担心失去以往经济上的受保护地位,入教后仍然不敢公开参加宗教活动,成为秘密的信徒。

335

　　伊斯兰教在印度的影响　由于伊斯兰教的传入,自 12 世纪起,印度教内部开始形成虔诚派运动(巴赫提运动),其教义强调仁爱、虔诚和一神信仰,它的最著名的阐发者是毗湿奴宗思想家罗摩奴阇(? —1137)。[①] 他认为,"梵天"为最高实在、万物之主宰、最高之人格;他是创造者、毁灭者、保护者,精神和灵魂皆由"梵天"而来。

　　虔诚派运动自印度南部传入北印度后,受到伊斯兰教一神论的影响,开始运动的第二阶段(13—17 世纪)。其间罗摩难陀(1360—1450)成为虔诚教义的主要鼓吹者。罗摩难陀是罗摩奴阇的继承人,曾流浪于印度各地,并在比纳尔斯建立宗教团体。他生活的时代,伊斯兰教苏非教团在印度北部广泛流传,他本人曾接触过苏非传教师,接受了伊斯兰教一神教义的影响。他主张宇宙的最高主宰是"梵"或罗摩,认为虔诚崇拜罗摩并反复默念他的名字

---

　　① 罗摩奴阇在批判 9 世纪印度教吠檀多派哲学家商羯罗(788—820)的绝对一元论的基础上,提出了虔诚派教义,承认吠陀经典以外的权威。

即可获得解脱。他反对种姓歧视,主张所有虔诚者不论生来是否有罪,不问属于哪一种姓,在神的面前皆平等。他的弟子中便有许多低级种姓。但在罗摩难陀时代,虔诚派运动仍然承认种姓制度,并认为印度教徒优越于穆斯林。他的主要贡献是用通俗的语言在印度教内部传播仁爱、虔诚崇拜的教义。在其影响下,虔诚派运动内部涌现出不少诗人,他们以诗歌的形式,批判婆罗门教的形式主义,谴责种姓制度的不合理。

虔诚派运动的另一著名领导者是伽比尔(1440—1518)。伽比尔是个诗人,其父是个伊斯兰教徒,母亲为印度教徒。其哲学思想是印度教吠檀多哲学与伊斯兰教苏非派一神论的综合。他宣称宇宙万物之最高实在是"梵"、神或安拉,主张通过虔诚信仰而获得"神恩"。他反对偶像崇拜、繁琐的礼仪、种姓制度和歧视妇女,号召印度教徒和伊斯兰教徒联合起来,用"普遍的仁爱"去消除种姓压迫。伽比尔的折衷主义的宗教思想,在印度教下层群众中有着广泛的影响。

15世纪末至16世纪初,在虔诚派运动的影响下,印度旁遮普地区开始兴起带有折衷主义性质的锡克教运动。其创始人古鲁(锡克教导师)那纳克(1469—1539),原属印度教商业种姓,曾在拉合尔苏丹政府里供职,后漫游全国,到过巴格达和麦加,晚年定居于旁遮普,从事宗教宣传。他以虔诚派印度教教义为基础,吸取伊斯兰教一神论思想和苏非派神秘主义教义,提出一种新教义,创立了锡克教。[①] 锡克教奉《格兰特·沙希伯》为主要经典,相信业报轮回,提倡修炼,反对祭司制度、偶像崇拜、繁琐祭仪、苦行和消极遁世思想;认为世人在神的面前皆平等,种姓分立和歧视妇女不合神意。

锡克教自二世祖安格德(1504—1552)起,实行教祖制。与此同时,开始对伊斯兰教采取严厉的排斥态度,拒绝使用一直流行于旁遮普语里的阿拉伯文字体,并开始用古印度语和旁遮普语的混

---

① "锡克"一词源自梵文,意为"门徒",因其信徒自称为教祖的门徒而得名。

合语布道说教。锡克教的兴起,包含有对伊斯兰教封建统治的抗议。自五世祖阿尔琼(1563—1606)时代起,锡克教徒不断举行暴动,反对莫卧儿统治,印度锡克教徒与伊斯兰教徒的敌对情绪延续至今。

阿克巴皇帝的神圣信条　16世纪下半叶,苏非神秘主义教义渐趋衰落,一度影响广泛的纳格西班迪教团和卡迪里教团尚未恢复活力,契斯提教团自教主色里姆·契斯提去世后一蹶不振。这时,胡马云之子阿克巴大帝继位。阿克巴的童年,是在逃亡中亚的动荡岁月中度过的,未受过宫廷教育。他是个宗教观念十分强烈的人。在他统治时期,折衷主义的宗教信仰达到顶峰。最初,他笃信接近正统派伊斯兰教的契斯提教义,每年都亲往阿吉米尔朝拜苏非圣徒契斯提的陵墓。1578年,阿克巴偶然结识了一位热衷于泛神崇拜的苏非导师塔杰尔·阿尤德哈尼。在其影响下,思想信仰上开始转向泛神论和苏非派的"完人"观念。其时,适值伊斯兰教千年诞辰,社会上广泛流传着即将出现一个千年不遇的信仰复兴者的说法。江普尔的赛义德·穆罕默德公开宣称,他本人即是众人期待的救主马赫迪的化身,其使命是改革与复兴伊斯兰教。马赫迪教义的复兴,反映了民间宗教对僵化的官方宗教的抗议。这一思想一出现,立即遭致正统宗教势力的严厉镇压。但在其后朝廷内部正统派与改革派的权力斗争中,以腐败的伊斯兰教总法官马赫杜姆·穆尔克为首的正统派失败,穆尔克被解职。这使阿克巴果断地转向折衷主义教义和宽容的宗教政策。自1578年起,阿克巴原为崇拜契斯提教主而兴建的皇家道堂,成为宗教学者们自由讨论的场所。他经常召集印度教、耆那教、基督教、犹太教、祆教和伊斯兰教的代表,同他们一起讨论信仰问题。朝臣亲信们故意提出一些荒谬的观点,供他批驳。

对伊斯兰教"异端"思想和异教教义、礼仪习尚的宽容,使阿克巴的宗教思想远远脱离正宗学说。在吸取波斯人祆教的二元论哲学和太阳神崇拜等异教信仰的同时,他主张对伊斯兰教进行大胆的改革。同年,他宣布在周五聚礼时,不再赞颂伊斯兰教先知的名

337

字,并颁布所谓"不谬敕令",以经训为根据,剥夺宗教学者们解释、应用伊斯兰教法的权力。他还根据伊斯兰教史上的"创制"原则,宣布皇帝根据《古兰经》颁布的命令,对臣民有普遍的约束力。这使他有权直接干预民众的信仰问题,无须通过宗教学者作为中介。1579—1582年,阿克巴颁布了一系列关于宗教改革的法令,其中最重要的是1581年颁布的"神圣信条"。该信条宣称,理智是探索宗教问题的基础,并以此为据提出伊斯兰教的"十诫"和"十德"。十诫包括伊斯兰教提倡的戒绝淫荡、欲念、私吞、欺诈、诽谤、剥削、威胁和傲慢,再加上耆那教的不杀生和天主教的独身主义。十德是心胸豁达、克制恶行、戒除物欲、净化心灵、断绝欲望、虔信、忠诚、谨慎、文雅、慈善。阿克巴大帝颁布神圣信条,主要是为了对付朝廷中那些因循守旧、不容异己的伊斯兰教封建贵族,并未准备推行至整个伊斯兰教界。他的追随者为表示忠诚之心,尊他为"完人"、"千年复兴者"和"时代的主宰",称他为"安拉的阿克巴",向他顶礼膜拜。

338

纳格西班迪教团的活动　阿克巴统治末期,朝廷内部以伊斯兰教贵族为代表的正统派再度得势。他们不断攻击阿克巴的折衷主义教义和对各教一视同仁的政策。由于大批知名宗教学者相继迁居麦加和麦地那,不久前自中亚传入印度、在教义上接近正统派的纳格西班迪教团立即得到德里封建贵族的拥护,教主哈瓦加·巴吉·迪比拉赫被尊为"圣徒",其宗教主张成为他们批判异端邪说、维护正统教义的工具。其弟子谢赫·阿赫默德·希尔信迪(1563—1624)后来成为正统教义的狂热鼓吹者。

希尔信迪曾先后加入过契斯提、苏哈拉瓦迪、卡迪里等教团,但他最终选择了纳格西班迪教团。在其布道之际,江普尔的马赫迪运动十分活跃。他认为,正宗信仰的衰落皆因阿克巴大帝的异端思想所引起。他在阿克巴死后发表的书信中,直言不讳地抨击皇帝离经叛道。他说,只要国君的心灵是纯洁的,信众的心灵自然是纯洁的;反之亦然。他把阿克巴的统治时期称为异教徒当道的"腐败时期",寄希望于他的继任者贾汗吉尔皇帝。为此,他一面向信徒暗示他本人是伊斯兰教信仰的第二个千年不遇的复兴者,一面劝告皇帝应"以利剑来弘扬伊斯兰教"。

为复兴正宗教义,希尔信迪竭力弥合伊斯兰教法与苏非主义之间的鸿沟。他宣称,教法是一部包容一切的法典,它包含现世与来世的全部实在性和可能性,因而也包含有苏非派的全部神秘体验。教法包括"表义"和"隐义"两方面的内容。外在的"表义"以经训为依据,属于普通的宗教学者的知识领域。经训中未予明确揭示的"隐义",属于学识高深的宗教学者的专有知识领域。既然伊斯兰教的先知高于苏非圣徒,接受先知引导的宗教学者当然优于接受圣徒指导的神秘主义者。因而,苏非派应当向宗教学者靠拢。

希尔信迪在著作中提出苏非主义应符合逊尼派教义。数世纪以来,苏非教义一直深受伊本·阿拉比的"存在单一论"思想的影响。按照这种学说,唯有安拉是实在的,其余的一切则是虚幻的,它们仅仅是安拉神光之"闪现"。其口号是:"真主即是一切,一切即是真主。"希尔信迪认为,"存在单一论"带有泛神论倾向,不符合宗教理性。为此,他提出"见证单一论":安拉的自我、品格和行为是独一实在,一切受造物皆为他的意志的"反映",因而不能与独一无二的安拉的品格和行为相提并论。正确的提法不是"一切即真主",而是"一切皆来自真主"。苏非教义的宗旨不是追求与安拉合一,而是热爱万能之安拉,见证自我为安拉的"创造物"。希尔信迪的"见证单一论",重新规定了安拉与信仰者个人的关系,即创造者与受造物、被爱者与爱者、引导者与被引导者的关系。他的这一主张缓和了伊斯兰教法与苏非神秘体验之间的矛盾,为逊尼派与苏非派的和解奠定了基础。但是,他对安萨里和艾什尔里的肯定,对伊本·阿拉比和穆尔太齐赖派的否定,消弱了理性在宗教里的地位,使印度伊斯兰教思想更加刻板、僵化和守旧。

莫卧儿帝国的解体与殖民者的入侵　早在阿克巴大帝统治时期,统治集团内部的穆斯林封建主与印度封建主之间就时有摩擦。阿克巴对印度封建主采取让步政策,损害了伊斯兰教封建主的利益,遭到强烈抵制。1658 年,奥朗则布(1658—1707 在位)在争夺皇

339

位的内战中,取得政权。奥朗则布是个狂热的伊斯兰教徒,上台以后,在逊尼派伊斯兰教封建主的支持下,对印度教信徒采取歧视、迫害政策。印度教的寺庙或被改建为清真寺,或被夷为平地,所属土地被转赐予穆斯林封建主。穆斯林封建主欠印度教徒的债务一概废除。1668年,奥朗则布宣布取消对穆斯林商人的关税。1679年,恢复自阿克巴以来停止征收的异教徒人丁税,使占农村人口绝大多数的印度教农民捐税负担增加1/3。为了控制沿海港口以增加商业税收,奥朗则布还多次发动战争,向南部扩张领土。他的对内政策和长期的对外战争,严重破坏了社会经济,致使广大农民贫困破产。自17世纪中叶起,各地人民不断举行起义,反对莫卧儿的统治。1656年,德干高原西部的马拉塔人发动起义,建立独立的国家,给莫卧儿王朝以沉重打击。1705年,旁遮普的锡克教徒在教主的领导下发动大规模起义,持续十年之久,再次有力地打击了莫卧儿统治者。连年的战争,此伏彼起的农民起义,加之统治集团的内讧,严重削弱了莫卧儿的经济、军事实力。1707年奥朗则布死后,莫卧儿帝国渐趋解体。

莫卧儿帝国的衰落,为欧洲列强提供了可乘之机。早自16世纪起,葡萄牙和荷兰就相继侵入印度沿海地区,建立小块殖民地,掠夺印度的财富。16世纪末,英国成立东印度公司,利用武力干涉印度封建主的内讧,逐步扩大对印度的侵略;1609年,开始取得治外法权。法国殖民者于1664年成立法国东印度公司,加入对印度的侵略、掠夺。

英国凭借军事优势,逐步在印度取得统治地位。自17世纪30年代末,英国东印度公司先后侵占马德拉斯、孟买、加尔各答,建立受英国控制的三个总督辖区。18世纪中叶,英国殖民者开始加紧对印度的军事占领和直接掠夺。1757年占领孟加拉,1761年取代法国在孟加拉的统治。1765年英国东印度公司取得对孟加拉、比哈尔和奥里萨的税收权和民事审判权。1773年,英国国会通过《东印度公司管理法》,决定由国会委任总督,全权管理英属印度全部领土,并逐步接管东印度公司在印度的权力。1784年,英国国会通过《改善东印度公司和不列颠印度领地行政法》，英国殖民者从法制上完成对印度的统治。

瓦利乌拉学派　莫卧儿帝国的解体，使印度的伊斯兰教封建势力失去政治庇护，昔日统一的穆斯林社团变得四分五裂，由此引起深刻的"信仰危机"。在这种形势下，一批传统宗教学者企图重振宗教道德，复兴正统教义，恢复伊斯兰教的各项制度，以挽救帝国的危机。其代表人物是谢赫·瓦利乌拉(1703—1762)，由他开创的瓦利乌拉学派，成为近代印度伊斯兰教界最有影响的思想学派之一。

瓦利乌拉出生于德里一个宗教学者家庭，其父曾在奥朗则布时代参加过著名的《伊斯兰法典》的编纂工作。他在青年时代受过严格的宗教教育，其宗教思想形成于他在麦加、麦地那进修时期。他一度热衷于正统的纳格西班迪教团，同时赞赏伊本·阿拉比的"存在单一论"哲学。他生活的时代，正值奥朗则布皇帝死后的衰亡时期。他谴责封建贵族的放荡生活和对穷人的剥削，认为他们的行为导致帝国的腐败和社会的分崩离析，主张恢复伊斯兰教的原旨教义，作为帝国的统治思想；提倡适应与和解，企图建立一套能为各宗派、各阶层的穆斯林共同接受的基本教义。

341

为恢复莫卧儿帝国的统治，他寄希望于武力征服，呼吁统治者强化伊斯兰教法，号召穆斯林积极参加对马拉塔人的"圣战"；另一方面，他提出"普世哈里发学说"，为莫卧儿统治的合法性提供理论根据。他认为，人类社会分为四个阶段：没有典制的原始社会；在哲学家指导下的城邦国家；为克服分裂、恢复秩序建立的君主制；为限制地方君主专制而创建的普世哈里发制度。在这一空想的"正义国家"中，哈里发的职责是保卫伊斯兰国土不受外敌侵犯并以至高无上的权威监督所有伊斯兰君主，使之遵循伊斯兰教法，主持正义。穆斯林大众对哈里发应绝对顺从，即使他是不义的，也不得举兵反叛。

为增进印度穆斯林社团的团结、统一，瓦利乌拉做了两方面的努力。一方面，融合不同的教法传统，以圣训学作为教法学的基础。他认为,教法传统不同是导致印度穆斯林社团分裂的重要原因之一。为弥合分歧,他主张求同存异,融合逊尼派的四个教法学派的共同点,相异点则以圣训为据。他不承认公元9世纪汇集的圣训集的权威性,倾向于时间更早的"真实可信"的圣训,特别是马立克教长的《圣训易读》。在教法学传统上,他反对盲目因袭前人之见,主张在无经训可循的情况下,运用理智,进行"创制",以克服教法学说的僵化。另一方面,他继承和发展了希尔信迪学派的宗教思想,重新解释伊本·阿拉比的学说。他并不全盘否定"存在单一论",而采取调和态度,认为"存在的单一"和"见证的单一"这两个概念是同一实体的两个不同方面,从而既坚持"见证单一论",反对带有泛神论倾向的"存在单一论",又不完全排斥苏非教义,而是将苏非教义纳入经训和教法,使苏非信仰与实践符合正统教义。与此同时,他力图使苏非派内部各种不同的流派融为一体。瓦利乌拉对伊本·阿拉比学说的重新解释,促进了18世纪以后的新苏非主义向正宗信仰的进一步靠拢,为苏非派的民间信仰与官方信仰的结合,奠定了思想基础。

瓦利乌拉死后,其学派继续发展,于19世纪初达到顶峰,终于导致旨在复兴正宗信仰的圣战者运动。

第三节　伊斯兰教在东南亚的传播

早期穆斯林移民　佛教和印度教约于公元5世纪前传入南洋群岛,印尼历史上繁荣昌盛的室利佛逝国和满者伯夷国,已经形成高度发达的佛教-印度教文化。伊斯兰教约于13世纪开始在马来半岛和南洋群岛产生重要影响。首批到达南洋群岛的商人,很可能是往返于印度和中国的阿拉伯商人和印度商人,他们经常停留于北苏门答腊的港口,等待信风。据马来和印尼史料所记,6—13世纪之间,在北苏门答腊沿海地区已有大批阿拉伯、印度商人定居。后来为了商业的便利,一些外籍的穆斯林商人开始在沿海港口与当地的妇女通婚,逐步形成早期的穆斯林社团。这些被视为

"国中之国"的穆斯林城邦或商业中心主要有霹雳(864)、巴赛(1042)、亚齐(1065)、塔米亚(1184)等苏丹国。它们均位于今苏门答腊北部亚齐地区,是马来半岛和南洋群岛地区最早建立起来的外籍穆斯林殖民地,直到今天亚齐仍以"麦加的前院"著称于东南亚。

伊斯兰教在苏门答腊的传播 到13世纪初,伊斯兰教已广泛传播于苏门答腊西北部和北部沿海地区。1292年,马可·波罗自中国归国途中经过苏门答腊,发现霹雳是座穆斯林城。1345—1346年,阿拉伯旅行家伊本·白图泰途经苏门答腊到中国旅行时,发现苏门答腊的统治者是个沙斐仪派教法的信徒。马欢在《瀛涯胜览》中记述了郑和下西洋时在苏门答腊的见闻,据说当时在苏门答腊东北沿海的巨港、西部的苏门答腊城、西北部亚齐地区的南浡里、那孤儿、黎代等地,"国王国人皆是回回人"。

随着商业的发展和沿海商业城市的繁荣,开始出现幅员更广大的伊斯兰教国家。1205年,一个可能来自西印度的传教师贾汗·沙赫就任亚齐苏丹,取号半梵文半阿拉伯文的"斯利·巴杜卡·苏丹"。这一事件在马来史记中被视为伊斯兰教取得重要进展的标志。印尼考古发现表明,苏门答腊的第一代苏丹马立克·沙利赫葬于1297年,大体上与马来史记记载的时间相吻合。这些都表明,自13世纪起,伊斯兰教在苏门答腊西北部地区已经牢固地建立起统治。自此以后,通过经商、传教、通婚、移民等方式,伊斯兰教逐步向中部和南部内地传播。在向内地传播的过程中,由于遭到强大的印度教王国米南卡包的抵制,进展非常缓慢。直到14世纪末或15世纪初,才传入米南卡包地区。在南部的楠榜地区,直到15世纪末,伊斯兰教才从爪哇沿海地区改奉伊斯兰教的万丹国(1568—1684)传入这一地区。而在北部亚齐人和南部马来人之间的巴塔克人居住区,伊斯兰教的传播因受到当地土著信仰和风俗习尚的强烈抵制,一直未取得进展。19世纪初,狂热的巴德利运动企图以武力传教,与巴塔人发生武装冲突,未取得结果。

马来半岛的伊斯兰化 马来半岛南端的马六甲海峡是南洋交

通的要冲,也是南洋群岛同印度、中国、西亚、非洲海上贸易的必经之路。最初伊斯兰教就是沿着这条商道自印度和阿拉伯半岛传入苏门答腊的。因此,约在13世纪末伊斯兰教传入苏门答腊的同时,伊斯兰教在马六甲等沿海地区也开始传播开来。其时马六甲仍为强大的满者伯夷国的属地。但在外籍商人和乌里玛落脚的沿海地区,大致已出现了伊斯兰化的过程。在马来半岛东北部丁加奴地区发掘出土的一块不完整的法律文告石刻表明,约在14世纪下半叶,在该地区已开始引进伊斯兰教法。这份法律文告没有采取阿拉伯文,而是用梵文刻成,说明占统治地位的佛教文化正经历着变化。

14世纪末至15世纪初,满者伯夷渐趋衰落,沿海地区的封建领主乘机利用伊斯兰教向内地传播。不久,马六甲海上强国兴起,控制了马六甲海峡的贸易。与此同时,伊斯兰教开始在马六甲乃至整个马来半岛取得统治地位。15世纪中叶,马六甲征服海峡两侧地区,到1480年控制了马来半岛南部所有人口稠密区和中部苏门答腊沿海地区。在这一过程中,原来统治马六甲的佛教-印度教封建上层纷纷与新兴的伊斯兰教势力妥协。国王帕拉米斯瓦拉(1390—1413在位)在其统治的末期改奉伊斯兰教,取名为"伊斯坎达尔·赛亚赫"。其后,他的继承人皆为穆斯林。1649年,亚齐苏丹国(约1500—1873)征服马来半岛北部哥打巴鲁以后,在那里夷平许多佛教寺院。这反映了初期的伊斯兰化是不彻底的,在很大程度上只是在政治上确立统治地位。

爪哇的伊斯兰化 伊斯兰教何时传入爪哇,印尼正史中没有记载。东爪哇发掘出来的一批穆斯林陵墓表明,早在14世纪下半叶,在满者伯夷的王室成员和爪哇贵族中就有人信奉伊斯兰教。在爪哇北部的沿海地区,随着同印度、中国、马来半岛和阿拉伯海上贸易的发展,外籍穆斯林商人早在满者伯夷统治的初期就已在图班、泗水、淡目、锦石等沿海城市建立了商业中心,同时也把伊斯兰教传入这些地区。从爪哇的地方志和大量民间传说可以断定,伊斯兰教约在13世纪下半叶开始传入爪哇北部沿海地区。在此过程中,来自西印度和阿拉伯的乌里玛和苏非传教师起了很大的作用,他们到处兴建寺院和学校,教授当地人念诵《古兰经》。其中九位著名人物被当地的穆斯林赞誉为"瓦利",在爪哇的民间传说中充斥着关于他们布道故事的种种神奇的说法。到15世纪初,伊斯兰教在北部沿海已有广泛传播。1416年中国穆斯林马欢在《瀛涯胜览》中记述了他在爪哇的见闻,谈到该地有三种人:一是流落此地的西番各国的穆斯林商人;二是自广州、漳州、泉州等地来此者,其中许多人"从回回教门"、"受戒持斋";一是当地的土著人,崇信鬼教。

14世纪末至15世纪初,满者伯夷国势衰落,沿海地区的穆斯林封建主崛起,他们利用宗教势力向满者伯夷施加压力,要求摆脱其统治。这一过程加速了伊斯兰教向内地的传播。1478年,东爪哇的淡目穆斯林攻占满者伯夷首都,1527年占领谏义里,灭满者伯夷,建立最大的伊斯兰政权淡目国(1527—1582)。与此同时,西爪哇的万丹封建主借淡目的力量,占领雅加达、井里汶等地,于1579年吞并巴亚亚兰,至此爪哇岛上最后一个佛教国家灭亡。16世纪后期,在中爪哇内地富饶的农业地区先后兴起两个伊斯兰教王国。梭罗的封建主推翻巴央印度教王国,建立巴央苏丹国。稍晚,日惹地区的封建主吞并巴央,建立马塔兰王国(1582—1755)。传说中的日惹国王塞纳巴提(1584—1601在位)依靠安拉和南洋女神的佑助战胜巴央的故事,反映了伊斯兰信仰与当地土著信仰相妥协的过程。在中爪哇和东爪哇,伊斯兰教的传播由于受到根深蒂固的印度教文化的抵制,进展迟缓,直到1768年,伊斯兰教法才代替印度教的典制,特别是摩奴法典。在西爪哇,由于当地人多信奉印度教的湿婆派教义,伊斯兰化过程也很缓慢,但比较彻底。例如,信教群众大多严守教法,宗教研究极为活跃。

马鲁古的伊斯兰化 马鲁古群岛因盛产香料,很早以前就同爪哇、苏门答腊、马来、印度等地的商人建立联系。皈依伊斯兰教的爪哇商人和马来商人将伊斯兰教传入马鲁古群岛。15世纪以后,伊斯兰教开始取得明显的进展。为了同垄断香料贸易的爪哇、马六甲等海上强国打通关系,当地统治者纷纷改奉伊斯兰教。最先入教的是蒂多雷国王里加图,后改名为"贾马尔丁",臣民也随之入教。不久,附近地区的德那第统治者也改奉伊斯兰教。据说德那第苏丹于 1495 年曾到爪哇的锦石引进经典。16 世纪初,葡萄牙殖民者侵入,驱逐伊斯兰教的卡迪,强迫居民改奉基督教。16 世纪下半叶,岛上的居民乘葡萄牙人忙于国内动乱,赶走基督教传教士。从此以后,岛民反对外来殖民者的民族情绪使伊斯兰教师备受欢迎。伊斯兰教又逐步传入马鲁古群岛的其他岛屿。但初期入教者仅限于沿海地区的马来人,内地的阿耳弗尔土著人入教则较晚。荷兰殖民者占领后实行的土著人归化政策,助长了伊斯兰教在内地的传播。按照这项政策,凡与马来穆斯林通婚的阿耳弗尔人,必须改奉伊斯兰教。

加里曼丹的伊斯兰化   16 世纪初,伊斯兰教在加里曼丹取得立足点,但其影响仅限于沿海地区。最先改奉伊斯兰教的是西部沿海的马辰王国。马辰原为满者伯夷的藩属国,满者伯夷灭亡后,依附于东爪哇的淡目。后因发生内乱,马辰向淡目请求援助,被迫接受伊斯兰教。约与此同时,伊斯兰教传入西北部的文莱。1521年西班牙殖民者在文莱登陆时,发现文莱已是一个穆斯林国家。1550 年,一批来自苏门答腊巨港的乌里玛将伊斯兰教传入加里曼丹西部的苏加丹那王国。苏加丹那原为满者伯夷移民所建,居民信奉印度教。40 年后随着伊斯兰教势力日益强盛,二世国王被迫改奉伊斯兰教。但内地的部落民及迁居这里的布格人、马来人和华人直到 18 世纪下半叶才改奉伊斯兰教。

苏拉威西的伊斯兰化   1540 年当葡萄牙人首次来到苏拉威西岛时,那里的伊斯兰化尚未开始。信奉伊斯兰教的居民仅限于西部沿海地区文明程度略高的望加锡人和布格人,大部分内地居民,特别是人数众多的阿耳弗尔人仍信奉部落原始宗教。17 世纪初,伊斯兰教开始自南部沿海向内陆传播。1605 年,望加锡人的戈瓦王国国王入教。不久依附于戈瓦的塔洛王国接受伊斯兰教。在王室的影响下,所有讲望加锡语的部落民都改奉了伊斯兰教。望加锡人入教后,联合为幅员更辽阔的海上商业强国,开始对外扩张。经过 30 年的武力征服,邻国布格人的波尼王国战败,被迫接受伊斯兰教,后被并入戈瓦王国版图。布格人入教后,便通过频繁而广泛的商业活动,将伊斯兰教传入其他地区。他们与南洋群岛各地建有商业联系。从新几内亚到新加坡,到处留下他们的足迹。在布格商人的影响下,南部佛罗勒斯沿海的居民,包括部分已改奉罗马天主教的居民,全部改奉伊斯兰教。在苏拉威西本土,布格人通过传教与经商,吸引了大批新信徒。19 世纪上半叶,他们通过吸收奴隶入教,同当地妇女通婚等方式,在南部蒙贡都基督教王国同化了大批基督徒。从这里,伊斯兰教又通过阿拉伯籍乌里玛传入北部波朗基督教王国。当地基督教徒入教较晚,信仰淡薄,教会势力又未得到荷兰殖民当局的有力支持,在新的传教浪潮的推动下,纷纷改变信仰。1844 年,波朗国王改奉伊斯兰教。从此,伊斯兰教在北部取得一个坚实的立足点。尽管如此,仍有约半数人口未改信伊斯兰教。

第一节　伊斯兰教在西非的传播

柏柏尔部落和商人　柏柏尔人是马格里布地区最主要的土著居民。倭马亚人征服北非不久后,就有一部分柏柏尔人信奉了伊斯兰教,公元 8 世纪初,他们曾是穆斯林进攻西班牙的主力。8 世纪中叶,哈瓦利吉派关于"伊玛目政权不局限在阿拉伯人手中,而应属于全体穆斯林"的主张激励柏柏尔穆斯林参加起义。到伊德里斯王朝(788—974)时代,他们已全部皈依伊斯兰教。后来,他们与阿拉伯统治者的同盟开始解体,越来越独立地解决政治、宗教、社会问题,并开始向沿海一带和南部进军,转移到黑人居住区。他们在塞内加尔稍事停留后,向东到达尼日尔、博尔努、加涅姆。他们所到之处,或是保持军事实体,独立生活;或与当地土著居民融合,形成在血缘上接近黑人、在文化思想方面接近柏柏尔人的新的统治家族。他们继承了前辈的军事本领和社会文化传统,在新居地建立以伊斯兰教为支柱的地方政权。

伊斯兰教在西非的传播与商队的活动密不可分。早在公元 7 世纪 40 年代,倭马亚王朝的凯鲁万总督阿布杜·拉赫曼·本·哈比布·费赫里就在"远马格里布"①沙漠的奥达果斯特城与绿洲之间开掘许多水井,这使商队得以沿大西洋岸和沙漠之路到达西非,将北部的纺织品、首饰、盐等主要产品与南部的黄金、木材、皮革等产品进行交换。驼队从远马格里布至苏丹北部,从突尼斯以南至乍得湖

---

① "远马格里布"指今突尼斯、阿尔及利亚和摩洛哥地区。

以西的博尔努,从阿尔及利亚南部至尼日利亚北部的豪萨地区,从摩洛哥以南至塞内加尔河口与尼日尔河河弯处,在整个商路上,伊斯兰教随着商队和穆斯林商人的活动首先在那些贸易发达、繁荣的城市得到传播。穆斯林商人通过商品交换与当地居民之间有了思想上的交流。随之,穆斯林商人多与当地富贵显要家族通婚,许多部落酋长因姻亲和血缘关系而信奉伊斯兰教,从而影响到部落成员。穆斯林商人实行多妻制,他们在经商地区娶妻,使穆斯林人口得到不断繁衍。由于穆斯林商人并不精通教法和伊斯兰教学科,当穆斯林人口增多后,他们就建立清真寺,开办学校,从外地聘请教师和学者来教育子弟,或挑选学生到埃及和北非著名的伊斯兰教院校去学习。这使伊斯兰教在各地迅速传播开来。

加纳、马里的伊斯兰化 公元 8 世纪时,位于塞内加尔河与尼日尔河之间至北部与沙漠接壤地区的加纳王国仍由信奉多神教的索宁克人统治。他们控制着西苏丹的黄金与奴隶贸易,非洲各地的穆斯林受到财富的诱惑,来此定居和经商。999 年,与加纳邻近的穆斯林部落拉姆图纳人占领商业城市奥达果斯特,并从此向加纳国内部传播伊斯兰教。在他们的影响下,王国内部形成了一些穆斯林的城镇,首都也分为穆斯林和非穆斯林聚居区。在穆斯林聚居区内建起清真寺,由伊玛目、宣礼员、法学家主持日常的宗教活动。国王依靠穆斯林为译员并从事财政管理,多数大臣都是穆斯林,伊斯兰教首先在上层人士中得到传播。1076 年,穆拉比特人在阿布·伯克尔·本·欧麦尔领导下征服加纳,优素福·本·塔士芬在攻克马格里布和西班牙之后又攻克了索宁克人的大部领土,国王和臣民很快归顺伊斯兰教。

1087 年,加纳王国前统治者索宁克人趁穆拉比特人分裂和内讧时机恢复势力,但王国各省自谋独立和相互斗争。结果,康嘎巴省的穆斯林部落曼丁哥人取胜。1240 年,他们在加纳王国的废墟上建立起一个新的伊斯兰教国家——马里王国,统辖着黄金矿产地万加腊、班都和巴素克城。国王穆萨·曼萨(1307—1332 在位)时期,征服瓦拉塔和廷巴克图,吞并加奥,领土西起塔克鲁尔,东至丁迪,从沙漠的瓦拉塔到富塔加仑高地。即使在王族当中,伊斯兰教信仰也是不坚定的。在信仰传统宗教的臣民和穆斯林中间,国王通常选择折中态度,有时他像个穆斯林,有时又遵循当地的宗教传统。他们只是知道有关伊斯兰教最基本的知识,履行最基本的宗教实践。1352—1353 年间,伊本·白图泰到西非游历,他看到马里国王曼萨·苏莱曼在举行伊斯兰教仪式时,有的行为仍保留当地的风俗习惯。15 世纪,马里国势渐衰,统治阶级也逐渐失去了以前对伊斯兰教的热情,更多地回归传统宗教。只有在那些由伊斯兰教法官管辖的城市中,国王权力还达不到那里,才保留下了比较纯正的伊斯兰信仰。

来自摩洛哥、拜尔盖和埃及的驼队按期到达马里,在非斯城还设有马里国王的常驻使臣,与伊斯兰教国家的宗教文化往来更为密切。马里国王们例年都组织声势浩大的队伍朝觐麦加,带有大批奴隶和大量黄金或作礼物或施舍穷人。在朝觐回国时,又从伊斯兰世界的中心地区延请一批批著名宗教学者。这些学者居住在马里和廷巴克图。其中有格拉纳达人阿布·伊斯哈格,他为西苏丹带去用石灰建房的技术。在廷巴克图和加奥城由他指导建立起数座清真寺,成为马里的文化与商业中心。马里还向埃及派遣学生,爱资哈尔有专门的讲堂供马里学生学习宗教知识;廷巴克图也聘请许多埃及学者讲学。两地间的学术文化往来一直持续至 16 世纪。

穆斯林商人、伊斯兰学者和以国王为代表的统治阶层都居住在城市里,伊斯兰教的影响局限于城市里,广大农村和牧区仍信仰当地宗教。伊斯兰教由城市向农村和牧区的扩展,以及城市里伊斯兰教的进一步巩固和发展,是在 17 世纪以后由伊斯兰教的苏非们完成的。

桑海王国的伊斯兰化　公元 7 世纪中叶,马格里布地区的柏柏尔迪亚家族,在尼日尔河左岸的丁迪城桑海农业居民中取得统治地位,在尼日利亚西北部的库基亚立都,他们与加纳、突尼斯、拜尔盖、埃及之间通过新麦加之路有贸易关系。11 世纪初,第 15 位国

王扎卡西信奉了伊斯兰教,把首都迁往靠近驼队主要商路的贸易
中心加奥城。苏尼·阿里(1464—1492在位)时期,势力达整个西非
平原,占据廷巴克图和吉尼两个商业重镇,形成强大的桑海王国。
苏尼·阿里忙于国务,不注重宗教事业,使一些法学家和学者从廷
巴克图转向瓦拉塔。他的后继者是一位自称"穆罕默德一世"的索
宁克人的部将。他遵逊尼派教义,重整军队,设财政、国防、司法、
内政、农林和白人事务部,经过他的治理,国家行政管理制度严密,
国内各民族实现统一,削弱了部落政权。国家控制着金矿、盐矿和
南北间的主要商路,社会安定、国库充沛,他还恢复了廷巴克图作
为伊斯兰教中心的地位。1495年,他朝觐麦加后,在邻近的曼丁哥
人、西部的富拉尼人、北部的柏柏尔人、南部的莫西人、东部的豪萨
族人中间继续传播伊斯兰教。他重视宗教学者,予以厚禄,任命廷
巴克图的伊斯兰教长老执掌宗教事务方面的最高权力;严格执行
伊斯兰教法,强调妇女在穿着和交往方面必须遵循伊斯兰教的原
则。在他之后,出现地方割据与纷争,1585年,王国自行分裂,被摩
洛哥苏丹阿布·曼苏尔占领。

351

丹·福迪奥与豪萨族各国　位于尼日利亚北部索克图地区的
豪萨族人善于经商,在各部落中具有很大势力。豪萨语成为西苏
丹的贸易语言,豪萨族的商人遍布于从几内亚沿岸至开罗的广大
地区。13世纪,伊斯兰教已从埃及传入豪萨族,至19世纪,除中部
豪萨人的小公国仍保持多神信仰外,东部和西部小公国由于直接
受到来自阿拉伯和马格里布国家的影响,伊斯兰教已趋于繁荣。

在中部的古比尔王国中,有一支富拉尼人(亦称"富尔贝人"),
他们于3世纪时到达西非,从事游牧和经商,曾先后隶属于加纳王
国和马里王国,信奉伊斯兰教后又属于桑海国。他们中的商人与
重要商镇和文化中心联系紧密,16—18世纪,由于经商而加强了与
豪萨族各国之间的联系,形成分散独立的牧区和农业区。他们讲
阿拉伯语,奉《古兰经》为法律,诉讼案件由自己的领袖仲裁。18世
纪下半叶,他们中的一位领袖奥斯曼·丹·福迪奥(1754—1817)从
苏丹去麦加朝觐,受到瓦哈比派宣传的影响。他不满于王国内部

的多神信仰,看到国王禁止臣民信奉伊斯兰教,穆斯林又脱离正统信仰,崇拜圣徒、圣墓和地方长官,并有饮酒和道德腐败现象,便领导当地伊斯兰教的复兴运动。他号召人们坚持安拉的宗教,放弃旧习,把分散的富拉尼人在豪萨地区组织起来,成为一个坚强的群体。他的势力发展到赞比尔和昆比。1804年,他与古比尔国王发生争执后离开古比尔国。在新的迁徙区,他以"信士的长官"为号召,富拉尼人各部落和豪萨族原有的穆斯林都加入他的行列。于是,他向古比尔王国进行"圣战",战胜诸小公国。1810年,他在尼日利亚北部和西苏丹地区形成了辽阔的伊斯兰教王国,定都于索克图,由他的兄弟阿布杜拉和儿子巴拉鲁分掌政务,他自己只满足于作精神领袖,以首都为传教中心,并开始著书立说。他著有《圣行的复兴》、《圣战》、《心灵之光》、《苏非主义》等。1817年,丹·福迪奥去世。其兄阿布杜拉以郡杜为都,其子巴拉鲁为穆斯林苏丹,他的后裔们一直继承索克图的王位,采用"信士的长官"称号。他们保持了豪萨族原有的管理制度,在税收制方面除遵循伊斯兰教法、由财政部负责天课税收外,还征集什一税、土地税、人头税、手工业税、酒税等,地方长官还向上一级长官交纳礼品税。特别是在节日,逐级交至索克图的苏丹。

伊斯兰教在几内亚沿海雨林地区的传播　朱拉人是曼丁哥人的一支,他们的活动地域范围北从尼日尔中部,南到几内亚沿海,西至邦达马河,东到奥蒂河。朱拉人主要以经营黄金的转手贸易为生,也有少量从事农业、牧业和手工业的。据可靠的史料,在11世纪中叶朱拉人已经皈依伊斯兰教,是较早皈依伊斯兰教的黑人民族。他们散居在几内亚沿海和广阔雨林中,向当地的黑人传播伊斯兰教。由于当地非穆斯林黑人还没有形成国家,最大的行政单位也没有超过部族的范围,朱拉人带来的伊斯兰教,以统辖一切的一神论为号召,颇具吸引力。在他们的影响下,伊斯兰教逐渐在雨林地区传播开来。

同西非其他穆斯林一样,朱拉人遵循马立克派教法。由于朱拉人与非穆斯林进行商业往来,所得利润来自异教徒,遭到其他穆斯林的反对。为了寻求宗教上的依据,他们从马立克派教法中找到了答案。根据马立克派教法与异教徒交往的规定,他们的贸易行为是合法的。16 世纪早期,朱拉人的一位著名的伊斯兰教学者哈吉·萨利曼·苏瓦里进一步确立了与异教徒交往的法理根据。此外,哈吉·萨利曼·苏瓦里留下的对伊斯兰教传播最有影响的遗产,是他在朱拉人和西边的贾坎克人中间所留下的伊斯兰教宗教教育的传统。这一传统为雨林地区培养了大量宗教人才,对伊斯兰教在这个地区的巩固和发展作用非凡。

在朱拉人的影响下,雨林地区一些小规模的黑人政权相继皈依伊斯兰教,如贡贾人、达贡巴人、佤人等。另一些政权则直接被朱拉人的穆斯林圣战者征服,如康格人、博博人、库兰戈人、洛比人、塞努福人等。不过朱拉人并未要求乡村地区的黑人皈依伊斯兰教。

18 世纪末,桑哥诺古的长老们进入沿海雨林地区,在他们的推动下,朱拉人建立了众多规模宏大的清真寺。以这些清真寺为中心,朱拉人建立了新的伊玛目制度。桑哥诺古长老们对朱拉人的宗教教育也产生了重大影响。

乍得湖一带诸小王国 11 世纪末,伊斯兰教从埃及传入乍得湖东北部的加涅姆王国。后来,王国势力扩展至苏丹一些部落和豪萨族部分地区,并占领了博尔努。14 世纪,由于外族入侵,被布拉拉人击败。但王室在迁往博尔努之后又于 16 世纪伊德里斯国王(1503—1536 在位)时期恢复政权。博尔努作为加涅姆王国的一个行省一度很强盛。19 世纪初曾被丹·福迪奥的"圣战"运动所灭,但很快由一位叫穆罕默德·加涅姆的长老组织,恢复了势力,并建立新都库卡城。

加涅姆和博尔努的上层均为穆斯林,伊德里斯使伊斯兰教成为国教,他设行政、立法、司法机构,并建起一些大清真寺,在麦加建造了一座博尔努朝觐者的驻地。由于博尔努与埃及有商业往来,在埃及爱资哈尔学习的博尔努学生连年不断。大多数执政者奉行伊斯兰教法,收集天课,注重《古兰经》的教育,建立有马立克派教法学校,使国家成为该地区的伊斯兰文化中心之一。

16世纪,伊斯兰教传入加涅姆东南部的巴吉尔米王国,第一位巴吉尔米国的穆斯林国王是苏丹·阿布杜拉(1568—1608在位)。他按照当时博尔努国家的体制建立严密的管理制度。伊斯兰教还随着南部扎加俄部落的进攻传入巴吉尔米东部的瓦达伊王国,来自努比亚的探戈人在此建立了穆斯林政权,又由一位叫撒利哈而自称"阿巴斯"的人广泛活动,领导"圣战",再次强化了伊斯兰教。这里的伊斯兰教学者多来自芬吉王国。伊斯兰教还从东北部向西南方传入尼日尔河河湾处讲豪萨语或曼迪语的黑人群体——莫西国和达拱巴国。19世纪,又通过在豪萨地区定居的富拉尼人从北部传入尼日利亚西南部的约鲁巴王国和伊吉布国。

与此同时,位于西苏丹讲曼迪语的班巴拉族中有许多人也加入了伊斯兰教。这是由于一位叫阿赫默德·鲁布的传教师的活动。他出身于富拉尼人的穆斯林部族,与部族一起迁徙至塞内加尔河与尼日尔河之间的麦西那地区。他从本族的长者中接受伊斯兰教育,在吉尼城伊斯兰中心学习了教义学、教法学、经注学,后又回到麦西那决心以"圣战"消灭当地多神教。他自称"马赫迪",于19世纪初向周围的多神教徒宣战,占据廷巴克图和吉尼城,建立起强大的班巴拉伊斯兰教王国。

伊斯兰教对西部沿海的影响　18世纪末19世纪初,穆斯林(社团或个人)已定居于西部沿海地区。他们中的法学家开办学校、教授阿拉伯语、讲解《古兰经》,并派学生到邻近的曼丁哥人地区学习教法知识,学生回来后,一般都担任要职,受人尊敬。20世纪,塞拉利昂南部的曼迪区归属伊斯兰教,当地穆斯林只要有数人以上聚居一地,便修建一所清真寺。

在几内亚沿海,伊斯兰教通过在沿海商业城市的豪萨族商人得到传播。在艾什提,穆斯林传教师开办学校,势力深入于王宫统治上层。在达荷美、黄金海岸,部落酋长在穆斯林传教师的影响下率臣民一起信奉伊斯兰教。当地居民善于经商,具有纺织、制革和铜器制作等技艺,他们对于那些有饮酒、贩酒、食人肉、不讲卫生等恶习的多神教黑人影响很大。同时,欧洲统治者和部落酋长也比较器重穆斯林,这使伊斯兰教得到迅速传播。从塞内加尔河口至拉古斯的每座城市都建起清真寺,有穆斯林的传教师在活动。

商业城镇与伊斯兰文化中心　如前述,伊斯兰教的传播在某种程度上与商业联系在一起。在西非,商业城镇往往很快就发展为伊斯兰教的文化中心。

11—16世纪,西非的廷巴克图一直是繁荣的商业市场,它以羊毛、黄金、象牙和奴隶贸易闻名。这里有来自马格里布的欧制纺织品。廷巴克图也是西非的一个重要文化中心,西班牙格林纳达的工匠和技师为该城建造了清真寺和宫殿。它可以与凯鲁万、非斯、科尔多瓦和开罗等城市相媲美,吸引了马格里布、安达鲁西亚、埃及和希贾兹各地的宗教学者,也吸引了塞内加尔和尼日尔以及豪萨各国的学生到此求学。这里的图书馆藏有大量的书籍和手抄本著作。廷巴克图大学的教材中有布哈里和穆斯林的圣训集、马立克派的法学著作。这里培养出一批著名的史学家和宗教学者。阿赫默德·巴巴的《马立克派学者传记指南》是对伊本·法尔侯(?—1397)的《马立克派学者传记导言》的补充。他还写有从他至他的老师伊本·法尔侯时期出现的著名马立克派学者的传记。埃及著名史学家苏尤提在廷巴克图大学很有声望。

与廷巴克图并驾齐驱的还有吉尼,它位于廷巴克图的西南部,这里是南北商队的汇合点。1200年,国王昆布鲁带领臣民信奉了伊斯兰教,曾邀请400名学生为王国祈祷胜利。他拆除王宫,改建为清真寺。这里成为穆斯林商人的一大市场,同时也吸引了乌里玛来此游学。

位于西北非沙漠中的奥达果斯特,从10—13世纪一直是商业驿站和中心,这里的居民有来自马格里布的阿拉伯人、柏柏尔人。城中有清真寺、市场、学校、住宅和田园,进行水果、粮食以及高级矿产品贸易,一般是沙金作价交换丝绸、布匹。

卡诺诚,曾是豪萨族商业贸易的重要城市。从9世纪迁徙而来的富拉尼人曾在这里传教。尼日利亚北部的城市都有由法学家管理的学校。学校教师兼营商业。学校教授宗教礼仪、《古兰经》、圣训、教法学等。伊斯兰教从这里向尼日利亚北部和中部传播。

苏非教团的影响 苏非派与商人和移民不同,不是集中于城市,而趋向于农村。在西非,活动最为广泛的苏非教团是卡迪里和提加尼教团,此外还有赛努西教团。

15世纪,卡迪里教团由来自图瓦特(沙漠西半部的绿洲)的移民传入西非。最初,它以瓦拉塔为中心,后又转入廷巴克图。19世纪,它受到瓦哈比运动的推动,开始在富塔加仑山的昆卡、廷波和曼丁哥地区的穆斯尔杜设立宣教中心。除祈祷小组的讲道和诵经以外,该教团成员不定期办学校,或书写避邪护身符,受到民众的欢迎。该教团的学者和法学家遍布于西苏丹,有的被派往凯鲁万、齐东奈、的黎波里的学校深造,或者在卡拉维因、爱资哈尔大学学习。这些人学成回国后继续传播伊斯兰教。阿赫默德·白卡伊是该教团在沙漠以西传教的著名领袖,由于他的名声而有"白卡伊教团"之称。阿布杜·凯利姆是该教团在沙漠中部和豪萨地区传教的领袖。

18世纪末产生于摩洛哥非斯的提加尼教团,19世纪中叶随移民传入苏丹。他们除开办学校外,也使用武力传教。该教团的著名成员哈吉·欧麦尔(1797—1865)生于塞内加尔河下游的波德城,是穆拉比特人的后裔,年幼时受宗教教育,以后到埃及、博尔努、索克图,并与各地方官员修好。1820年,他朝觐麦加时参加提加尼教团,1833年返回途中,在中苏丹有了一批追随者。1841年在豪萨地区富塔加仑山建立道堂,传播提加尼教义。他主张"圣战",反对卡迪里教团对多神信仰的宽容,从欧洲人手中购买武器。1848年,开始向塞内加尔河与尼日尔河地区的多神教部落开战,先后攻克卡尔塔、西哥、麦西那,1863年占领廷巴克图。1865年,他在一次征战中阵亡。他所创建的伊斯兰教国家从廷巴克图至大西洋,达40年之久。

与此同时,赛努西教团的札维亚活动中心也从埃及和马格里布扩展至沙漠绿洲和西苏丹。该教团主要集中于瓦达伊和乍得湖一带活动。他们每年从海拉尔向盖拉族人传教,也向当地上层统治者布道说教,还从各地买来奴隶,送往贾拉布布的绿洲中心受教育,然后再遣回原地传教。通过这种方式,使布尔库东部伊尼迪山区的贝雷部落信奉伊斯兰教。该教团的传教师还使费赞绿洲以南沙漠中的提布斯提地区的提达族成为穆斯林。

第二节　伊斯兰教在东北非的传播

阿拉伯与努比亚的关系　尼罗河自古以来是阿拉伯人的商路之一。穆斯林对努比亚地区并不陌生,他们曾为经商来往于此。据说,早年麦加穆斯林也曾来这里政治避难。公元 642 年,阿拉伯人征服埃及,直抵南部的阿斯旺地区,并与努比亚建立经济关系,进行产品交换。8 世纪,阿拉伯人通过红海和尼罗河流域与布加有了紧密联系。他们或因经商、朝觐途经此地,或为开发金矿、采掘宝石在此定居。750 年,有倭马亚人达到努比亚苏丹,在杰齐腊省定居。这些阿拉伯人在当地修建清真寺,与土著居民结合,促使努比亚和布加地区的伊斯兰化。

图伦王朝时期,由于突厥总督执政,又有阿拉伯人南迁至苏丹。11 世纪,在阿斯旺和努比亚之间地带定居的拉比阿族阿拉伯人与努比亚人通婚,有的向东到布加,与布加人结合形成了康兹人的王国。13 世纪,努比亚因王位之争,埃及马木留克苏丹曾派兵平定努比亚内乱。战后,努比亚国王为酬谢埃及,纳贡通好。

至 13 世纪末,伊斯兰教已深入到努比亚诸城市。1319 年,努比亚各王国都已处于阿拉伯部落的控制之下。以后,阿拉伯移民不断涌进,古海伊纳族阿拉伯人甚至到达埃塞俄比亚和达尔富尔高原。1385 年,康兹人的势力达到伊扎布(埃及南部沿红海一带),使那里奉多神信仰的芬吉黑人改信了伊斯兰教,在 15 世纪建立起芬吉王国。

芬吉王国　这时,许多信奉伊斯兰教的阿拉伯部落在芬吉部落的伊玛拉·栋哥斯和阿拉伯人阿布杜拉·加马哈的领导下,联合

357

起来向基督教的麦古拉和伊里卧王国开战,征服并统治尼罗河流域至埃塞俄比亚和布加地区的领土,1505年建立都城赛纳尔,形成芬吉王国。

芬吉王国是苏丹地区的第一个伊斯兰教的王国。在政权体制方面,它设立协商会议,采用协商原则推举王室家族中的候选人即位,并在需要时罢免国王。国王任命部落领袖和地方长官,各部落和地区除向王国交纳人头税外,其他方面仍保持部落原有的制度和传统。从希贾兹、马格里布、埃及、伊拉克来的学者在多神教地区建立清真寺,开办学校,在群众中布道宣教。国家还派遣学生到爱资哈尔、麦加和麦地那去学习。许多接近国王的大乌里玛都被授予"加希"荣誉称号,乌里玛和宗教学校的土地免税,还不断受到国王的封赐。

19世纪初,芬吉王国被埃及穆罕默德·阿里的军队所灭。

达尔富尔王国　12世纪,黑人丹哥族从东部进入达尔富尔并建王国。14世纪,来自突尼斯的探古尔族为躲避北非希拉勒人的进攻来到达尔富尔,与土著居民结合形成富尔族,14—16世纪时,在该地居统治地位,并信奉多神教。

一位叫阿赫默德·麦阿古尔的人掌管王宫事务。他为防止内战,将土地分给穷人,这一政策受到国王赏识,得到民众欢迎。后来他与国王的女儿结婚,成为王位继承人。从此,阿赫默德及其后继者们一直为伊斯兰教布道。国王苏莱曼·索伦时期,国家才从崇拜偶像真正转向伊斯兰教。索伦是第一位信奉伊斯兰教的富尔人。他统一了平原各部落,建立统治达尔富尔和科尔多凡的王朝。18世纪,他在卡加高地和法西尔之间开掘了一些甜水井,为东西方贸易带来了方便,也使达尔富尔王国与东部的伊斯兰教中心有了联系。王国鼓励商业贸易,建立清真寺学校,还采取移民政策,让部分巴吉尔米和博尔努的居民移居到达尔富尔。由于移民的影响,王国的居民陆续加入伊斯兰教。这个伊斯兰教国家延续到1916年,但在有些地方的居民中一直保持着动物崇拜。

阿拉伯-伊斯兰化的影响　阿拉伯部落从东北部迁入苏丹地

区,使苏丹阿拉伯化,也使伊斯兰教传播于苏丹各地。在阿拉伯部落到来之前,法蒂玛王朝的十叶派教义曾在苏丹北部传播,后经阿尤布王朝至奥斯曼突厥人的影响,哈乃斐派与沙斐仪派学说也在这里传播。在芬吉王国和达尔富尔王国时期,由于苏丹与希贾兹地区的商业贸易与朝觐往来,促进了学术发展。苏丹的朝觐者像西非王国一样,每当回国时都从希贾兹和其他地区延请一批宗教学者,使之定居于苏丹东部或西部,建立札维亚宣教中心,让他们从事布道活动。同时,在爱资哈尔学习的苏丹人回国后也从事这一工作。

16世纪时,对苏丹芬吉王国宗教生活有重要影响的人物是谢赫·伊布拉欣·本·贾比尔和谢赫·塔吉丁。他们在王国创办学校、传授教法,宣讲内学,把卡迪里教团和沙兹里教团的教义传入苏丹。

这时,在科尔多凡南部,由侯赛因家族的贾比尔四兄弟创办的学校和萨瓦尔·宰海布学校在传播伊斯兰教方面作过重要贡献。此外,各不同类型的清真寺实际上也是教育文化中心。例如作为诵读《古兰经》和传授初级宗教知识的"哈勒卧",16世纪在赛纳尔和白尼罗河一带有15所;更高一级的宗教学校"麦斯吉德"以及集教学、崇拜和住宿的"札维亚"则遍布芬吉王国各地。据说每年有1 000名传教师从的黎波里来到苏丹布道,这一数字可能有所夸张,但阿拉伯-伊斯兰文化的影响通过伊斯兰教的传播在苏丹地区扎根却是肯定无疑的。

359

伊斯兰教在埃塞俄比亚和索马里　　埃塞俄比亚是个信奉基督教的国家,它同南部的索马里和也门隔海相望。据说,早在伊斯兰教初创时期,由于麦加反对派的迫害,就有两批穆斯林先后来到埃塞俄比亚避难。公元628年,穆罕默德本人曾写信给埃塞俄比亚国王宣传伊斯兰教。这以后,有一些阿拉伯商人和移民在沿海地区活动,随之,哈乃斐派和十叶派的学者和传教师使一些埃塞俄比亚人皈依伊斯兰教。约于14世纪时,在埃塞俄比亚和索马里地区已建立七个短命的伊斯兰教小王国。16世纪时,伊斯兰教在埃塞俄比亚的进展虽然不大,索马里大约于此时全部信仰了伊斯兰教。

1888 年,索马里被英、法、意和埃塞俄比亚瓜分。索马里的宗教领袖阿布杜·穆塔伊布曾多次朝觐麦加,19 世纪末定居于伯尔北拉。他宣布自己是萨里哈教团的代理人,集结苏非教团的力量,利用各部落的宗教情绪,号召索马里人团结一致坚持伊斯兰教的信仰和礼仪,对英国和埃塞俄比亚进行"圣战"。但是他所领导的运动在 1912 年被英国人镇压。

第三节　伊斯兰教在东非的传播

早期的穆斯林商人　东北沿海贸易自古以来就已形成。每年的东北季风与西南季风为航海带来了便利。约公元 80 年,古希腊罗马人已通过红海向南到达东非沿海,阿拉伯人也早在萨巴和哈达拉毛王国时期开始来此经商。非洲富有的黄金、象牙、木材、香料等产品以及奴隶贸易还吸引着大批的亚洲商人。6—7 世纪,来自东方的印度、波斯和阿拉伯的商人逐渐增多。伊斯兰教兴起后,又有一些阿拉伯移民来到东非沿海,贸易更加兴旺。

740 年,栽德派起义失败后,一批栽德派追随者移民东非。而后,从艾哈萨地区来到东非的阿拉伯人建立了摩加迪沙、马尔卡和布拉瓦城。8 世纪中叶,易巴迪·朱兰达在反倭马亚人斗争中失败后,他的家族迁居东非海岸。西方学者已发现易巴德派穆斯林在塔姆巴图、基尔瓦等地活动的遗迹。[①] 950 年,设拉子(波斯南部的阿拉伯人居住区)苏丹王子率领一批阿拉伯人乘船由海湾来到桑给巴尔岛。[②] 这位王子的生母是埃塞俄比亚人,他受其兄的虐待,来此定居,并建立基尔瓦城。此外,从 8—13 世纪统治着阿曼的伊玛目政权一直通过马什喀特港参加印度洋的贸易。阿曼人以造船

---

① Nebemia Levtziont and Randall L. Pouwels edit, *The History of Islam in Africa*, p. 256, Ohio University Press, 2000.

② 一说于 975 年。见佐伊·马什和 G. W. 金斯诺斯《东非史简编》(伍彤之译),第 16 页,上海人民出版社,1974。

技术著称。11世纪时,他们来到桑给巴尔岛收集木材和椰果,很快在此定居,并开始了有组织的生活。

阿拉伯的和波斯的穆斯林自北向南,占据沿海港口城市摩加迪沙、布拉瓦、西布、贝图、拉木、马林迪、基利菲、蒙巴萨、奔巴、桑给巴尔、马菲亚、基尔瓦、莫桑比克、索法拉,成为控制黑人的统治阶级。

沿海商业城镇 阿拉伯人统治的各沿海城市,贸易发达,与外部世界联系广泛。其中最发达的是自12世纪居于首位的基尔瓦城,在达伍德·本·苏莱曼(1150在位)统治时期,势力从索法拉到奔巴沿海,他以阿拉伯南部为中心,掌握着远东、美索不达米亚、波斯和地中海沿岸诸国间的海运贸易。在蒙巴萨城,原是尼康族的几个部落组成的黑人王国所在地,13世纪后半叶,设拉子阿拉伯人统治该地。这里,粮食供应充足,水果蔬菜丰富,与陆路之间有着贸易往来。这里港口上的船只分别驶往索法拉、桑给巴尔、马菲亚和奔巴岛。北部的帕提,自14世纪中叶以来,在纳伯汗尼家族的统治下也很强大。在穆罕默德二世(1291—1331在位)时期,掌握帕提岛及邻近岛屿上的部分地区和城市,使布拉法和摩加迪沙交纳人头税;其子欧麦尔(1331—1347在位)时期,又向南扩张,占领马尼达岛上的三个城市。贸易的发达,要求有一个稳定而集中的中央政权,进行财政管理和规定各种税收。因此在各城市都有自己的统治长官,一般由阿拉伯人或波斯人担任,在其属下的各个部族仍保留有原来的"长老会"式的部族政权。统治长官周围有大臣、法官、讲道员、市场检查官等辅佐执政。至16世纪西方殖民者入侵以前,沿海各商业城镇一直处于独立自治的局面。

葡萄牙殖民者的入侵 为了从水路向伊斯兰世界渗透,同时也为了寻找新的贸易航路,1498年,葡萄牙人瓦斯科·达·伽马绕过好望角到达马林迪,横渡印度洋前往卡利卡特。达·伽马在东非和印度洋的巨大发现,使葡萄牙人妄想征服东非沿海,控制印度洋航路。

1502年,葡萄牙人先后迫使基尔瓦和桑给巴尔的苏丹臣服葡萄牙,并交纳年贡。1505 年,它的舰队征服和控制了索法拉、基尔瓦、蒙巴萨、马林迪、拉木、布拉瓦等地,1507 年占领莫桑比克。至 1515 年,葡萄牙已在印度洋建立起一个殖民帝国。它以印度洋西海岸的果阿为总部,版图包括马六甲、锡兰部分地区、马来群岛部分岛屿、索科特拉、阿曼的马什喀特,以及扼守波斯湾门户的霍尔木兹。

葡萄牙征服东非后,阿拉伯商队不再深入内地。黄金、象牙和奴隶的来源枯竭,阿拉伯移民区的贸易衰退。因此,蒙巴萨城反对葡萄牙统治的动乱一直不断。16 世纪末叶,英国与荷兰的船只也绕过好望角,来到印度洋,影响着葡萄牙的贸易垄断地位。1622 年,波斯人在英国的帮助下把葡萄牙人赶出霍尔木兹。1650 年,苏丹·本·塞伊夫领导阿曼人把葡萄牙人逐出马什喀特和阿拉伯南部沿海。1652 年,阿曼人应蒙巴萨人的请求出兵消灭葡萄牙在桑给巴尔的船只,又率舰队开进东非。1696 年阿曼人攻下蒙巴萨,1699 年他们又把葡萄牙人赶出基尔瓦和奔巴。葡萄牙人在东非的统治从此结束。

13 世纪以来的数世纪中,也门和哈达拉毛的舒拉法等家族向东非沿海进行了三次大规模的移民浪潮。其中最重要的是马哈达里家族,该家族后来在基尔瓦建立了阿布·玛瓦希布王朝,成为 14 世纪东非海岸重要的商业中心和伊斯兰教中心。16 世纪中叶,阿拉伯人又开始了向东非大规模移民,这次移民使帕泰岛成为伊斯兰教的中心和抗击葡萄牙的根据地。移民主要是哈达拉毛的阿拉维教团成员,有许多是圣裔家族和宗教知识丰富的名门望族,其中最著名的有侯赛尼、贾玛勒·拉勒(Jamal al-Layl)、阿布·伯克尔·本·萨利姆、玛西拉·巴阿拉维等家族。这些阿拉伯人以"圣战"为手段与葡萄牙人展开斗争,对抗基督教在东非的扩张。整个 17 世纪,帕泰岛上的葡萄牙人都不得安宁,基督教堂被破坏,传教士被暗杀,迫于压力,一些人被迫逃离。最后,帕泰岛和桑给巴尔岛上的基督教势力完全退出。哈达拉毛的舒拉法家族还促成了拉木群岛伊斯兰教的复兴,建立了伊斯兰教的学术传统。该家族开启了拉木地区用文字记载宗教文学作品的先例,他们先是用阿拉伯语,后来开始使用斯瓦希里语。1550—1800 年间,哈达拉毛的阿拉伯移民使拉木群岛和帕泰岛成为东非海岸伊斯兰宗教和文化中心,并以此为中心,伊斯兰教和伊斯兰文化得以向东非各地传播。到 17 世纪时,阿拉维家族在东非沿海居于统治地位,奥兹、法姆巴·库、塔姆巴图、桑给巴尔、基尔瓦、科摩罗群岛等都宣称与帕泰岛有联系。

赛义德统治下的桑给巴尔　塞伊夫从葡萄牙人手中夺回东非之后,马什喀特伊玛目政权在东非统治达一个世纪之久。1711 年,塞伊夫死后,阿曼内部发生动乱。瓦哈比派在阿拉伯半岛兴起后,它又受到瓦哈比派的影响和海盗的袭击,势力大衰。东非各地开始独立。赛义德即位后,东非的一些穆斯林向他求助以摆脱蒙巴萨的马兹鲁伊家族统治。赛义德出兵占领拉木、贝图、奔巴、布拉瓦,并在 1828 年与蒙巴萨签约,1837 年又毁约占领蒙巴萨,成为东非的主宰。1840 年,他将首都迁往桑给巴尔。

赛义德以蒙巴萨和桑给巴尔为基地,依靠强大的海上舰队消灭海盗,保卫和发展与埃及、阿拉伯国家、伊朗和印度的通商贸易。赛义德还铸有新币代替原来使用的西班牙币和德国币。他使伊斯兰教的影响一直到达坦噶尼喀、尼亚萨兰、肯尼亚。19 世纪初,赛义德通过联姻方式使马达加斯加岛并入自己的版图。桑给巴尔的居民也开始在该岛定居。19 世纪后半叶,由于北部贝杜因人的动乱,赛义德逐渐失去在桑给巴尔的政治地位。

斯瓦希里族与伊斯兰教　阿拉伯人、波斯人同当地的土著居民,主要是班图部落的黑人融合后,形成讲斯瓦希里语言的斯瓦希里族。斯瓦希里语言使沿海各地之间有了共同的交际工具,从而形成掺杂有阿拉伯和波斯成分的班图-伊斯兰文化或斯瓦希里文化。

讲斯瓦希里语的民族主要有:设拉子人、非洲阿拉伯人、被同化的非洲人、在语言文化方面属于斯瓦希里人但却保持本民族特性的各民族和与斯瓦希里人邻近的内陆部族等。其中设拉子人在沿海和内地移民区居统治地位,他们的文化产生于索马里沿岸与拉木地区,向南传至奔巴岛、桑给巴尔岛和马菲亚岛。在桑给巴尔和奔巴岛上的非洲部族哈迪姆人、廷巴图人、奔巴人,至19世纪以前,他们一直受设拉子文化的影响。

非洲阿拉伯人,包括受设拉子文化影响的阿拉伯移民的后裔(如统治帕泰的纳伯汗尼人和拉木地区最早的家族马阿维人),还有在18世纪中叶阿曼人统治时期来到沿海的阿拉伯移民(如马兹鲁伊家族、布·赛义德家族),其中对沿海伊斯兰教传播最有影响的是先知后裔艾什拉弗人。他们在16世纪中叶左右来到东非沿海,保持了与故乡哈达拉毛之间的联系,许多人到塔里姆的"拉巴特"去参加苏非派的活动。

被同化的非洲人,指那些不属于阿拉伯血统,又失去本民族传统的班图人,包括释奴、沿海地区皈依伊斯兰教的非洲部落(如帕泰岛上的内久贝尼人、肯杜塔尼人、肯尤人),在坦噶城沿岸以北生活的尧族、麦克瓦族、迪哥族部落的居民,还有来自非洲内陆经常在沿海定居的部族(如桑给巴尔岛上的尼亚莫维兹人、尼亚萨人、马昆德人等),他们与斯瓦希里文化的联系大大超过了与本部落的联系。

此外,还有一些保持本民族原有特性,但在语言文化方面属斯瓦希里的部族。如索马里南部诸岛、肯尼亚北部和拉木地区、坦噶尼喀的部分居民,被称为巴军人、西吉久人,他们与北部盖拉人联系紧密,17世纪定居于此地;由于与一些移民区的设拉子人有联系,于19世纪成为穆斯林。在鲁非季河及三角洲的居民属于从沿海诸部落而来的移民,也都是穆斯林。科摩罗群岛的居民马西瓦人,由于地处火山石岛,许多人向桑给巴尔和沿海迁移,经商或当佣工,他们中有许多人从事教法学研究,担任《古兰经》教师。

与斯瓦希里邻近的部族中也有部分成员不同程度地信奉伊斯兰教。如在肯尼亚东北部塔纳河流域从事耕种和狩猎的布库姆人,他们先后历经北部盖拉人、塔纳河下游斯瓦希里阿拉伯人的统治,有部分成员在19世纪改奉了伊斯兰教。

在肯尼亚的森林地带有九个部落,统称为肯尼康族或米吉肯达族。他们在1300—1600年间由于北部盖拉人的压力从塔纳河左岸的平原迁移而来,其中的吉巴那部族在沿海平原定居,后与斯瓦希里人结合,在19世纪中叶成为穆斯林。迪哥族在蒙巴萨和坦噶之间的沿海定居,也于19世纪成为穆斯林。

在达累斯萨拉姆沿岸的扎姆人及其近族与沿海定居的设拉子人和哈迪姆人相互结合,形成数百个自治的村庄,桑给巴尔的苏丹在这里派有总督,因此大多数成员也成为穆斯林。

东非沿海地区　19世纪之前,在东非沿海的大多数城市里,严格的宗教生活和运用伊斯兰教法只是偶然的现象。乌里玛只是不同程度地受过宗教教育,起着为地方统治者出谋划策的作用。

布萨迪酋长国在19世纪时达到全盛时期。苏丹赛义德·萨迪(1832—1856在位)和苏丹马吉德(1856—1870在位)期间,逐渐任命了易巴德派教法官和沙斐仪派教法官,授予他们司法权,分别处理阿曼人和占大多数的斯瓦希里人的事务,苏丹只保留最终裁决权。这些教法官有时还从事外交工作。苏丹赛义德·巴格哈什(1870—1888在位)加强了自身的宗教领袖作用。他在执政初期,更倾向于宗教理想主义,非常愿意听取乌里玛的建议,而对由英国人组成的顾问团态度冷淡。在蒙巴萨,地方长者有权提名教法官,经认可后出任。1875年以后,随着殖民化的加强,他被迫依赖英国人的支持。出于强化统治的渴望,巴格哈什在拉木、蒙巴萨、马林迪、基尔瓦等东非沿海的领地任命了更多的官员,包括传统的宗教官员。他还向东非沿岸的穷人提供去麦加朝觐的旅费,这为他赢得了东非的"哈伦·拉希德"的称号。巴格哈什的做法为他的后继者所仿效。

东非不同殖民当局的治理方法有所不同。德国人从教法官中直接任命政府官员并限制这些人的权力。英国人则倾向于间接统治:他们尽可能地保留地方习俗和司法机构,使东非沿海的现存宗教法庭体系延续下来。只是教法官的权力逐渐限于家庭事务,重大的刑事案件则由世俗法庭审理。在肯尼亚和坦桑尼亚,官员由殖民当局任命后由苏丹认可;而在桑给巴尔,官员由苏丹任命后经殖民当局核准。殖民当局还设立上诉法庭,处理最为严重的案件。这种法庭属混合法庭,穆斯林教法官和英国人法官各占一半,借用印度殖民地的民法和刑法。

在肯尼亚和桑给巴尔,有的乌里玛拒绝与殖民当局合作,有的则积极参与殖民政权。英国殖民当局把巴格哈什所开创的制度,在肯尼亚和桑给巴尔予以体制化。

苏丹的统治和殖民当局改变了桑给巴尔的宗教生活。新兴的商人和通过经营种植业而致富的土地所有者,对宗教发展起了巨大作用。这些新兴的"资产阶级"促进了民间伊斯兰教的发展。清真寺、古兰经学校、宗教捐赠在19世纪大增。虽然新建的清真寺大多属于易巴德派,但在桑给巴尔及其他地方,沙斐仪派同样建立自己的清真寺,教派自由的气氛浓郁。一些当地的宗教大家族可以向政府推荐自己的人员,增加参政机会。

东非沿海乡村和东非内陆 1800年之前,伊斯兰教只在东非沿海城镇里传播,斯瓦希里文化只是一种城市文化,可称为"城镇伊斯兰化时期";1800年之后,伊斯兰教开始向沿海乡村传播,并迅速向内陆地区渗透,可称为"乡村和内陆伊斯兰化时期"。

伊斯兰教向东非内陆的传播是与东非与国际市场的紧密联系分不开的。19世纪之前,国际市场对象牙、奴隶、树胶、谷物等的需求量大增,东非沿海地区的产量已经不能满足需要。穆斯林商人开始向内地寻找货源,伊斯兰教也就随之传播到大湖地区(大致相当于现在的肯尼亚、坦桑尼亚、乌干达、卢旺达、布隆迪和刚果东部)。不过,商业贸易只是内陆伊斯兰教早期传播的部分原因。此后的发展则与布萨迪酋长国政治和经济势力的迅速扩张有关。

布萨迪酋长国相继占领拉木(1813年)、奔巴(1822)、帕泰(1824)、蒙巴萨(1837),穆斯林纷纷从这些占领的地区向内陆地区迁移。穆斯林与非穆斯林之间贸易量增长很快,19世纪40年代,双方的贸易进入快速增长期。沿海与内陆之间的长途货物贩运和大陆沿海地区内部穆斯林与非穆斯林之间的短途贸易同步发展。

为了扩大商品来源,穆斯林也自己经营种植业,利用黑人奴隶劳动。在斯瓦希里地区,农业已经成为穆斯林的主要收入来源之一。19世纪50—60年代,因为农业的繁荣,需要的奴隶更多,这些奴隶受穆斯林宗教信仰的影响程度不一,有的穆斯林已经为奴隶建立起了简陋的清真寺供他们礼拜。有的穆斯林奴隶主不使用不信仰伊斯兰教的奴隶,发现他们的奴隶中有非穆斯林,就会把他们卖掉,这就客观上促进了黑人奴隶皈依伊斯兰教。对奴隶而言,皈依伊斯兰教也意味着比以前更有优越感。

19世纪70年代,一些非洲人开始皈依伊斯兰教。他们成为穆斯林后继续居住在乡村地区,由此开始了乡村地区的伊斯兰化。这一变化是伊斯兰教传播中一个转折点。肯尼亚和坦桑尼亚边境地区、蒙巴萨周围等地的乡村,通过穆斯林与非穆斯林的贸易接触,或穆斯林种植业发达的地区,通过建立起紧密的个人联系,使伊斯兰教得到传播;一些在城镇里皈依伊斯兰教的人,返回家乡后,也对周围的人产生影响。到1890年,达累斯萨拉姆以西20公里范围内的乡村实现了伊斯兰化。到1911年,这一地区的农村大多建立了清真寺,可见这段时间伊斯兰化的速度是很快的。

19世纪末20世纪初,东非大陆沿岸的乡村地区已经以这种或那种方式经历着伊斯兰教的冲击。这里的居民也许只是形式上接受伊斯兰教,而且男人远比妇女多,但是他们的亲属或子女则比他们走得更远,伊斯兰教进而向更远的内陆渗透。在第一批非洲穆斯林当中,很大一部分是老年人和部落酋长,他们的声望和影响更有利于伊斯兰教的传播,并且有效地阻止了西方传教士的活动。

19世纪,内陆大湖地区与沿海地区的商队贸易日渐频繁。湖区的居民把象牙等商品运到沿海,从30—40年代起,斯瓦希里人和阿拉伯人都分别组织商队到内陆去,从此穆斯林主宰了沿海与内陆的商队贸易。进入内陆的主要商路有三条,分别把沿海的达累斯萨拉姆、蒙巴萨、坦噶等与内陆湖区的塔波拉、乌吉吉等连接起来。乌吉吉位于坦噶尼喀湖东岸,是重要的商品集散地;塔波拉位于维多利亚湖以南约270公里,坦噶尼喀湖以东300公里,这里是交通要道,向西的商路到达乌吉吉,向北的商路连接维多利亚湖北岸的布干达。为确保商路畅通和建立稳定的商品供应地,穆斯林商人与当地的部落酋长建立联盟。有时,穆斯林商人娶当地首领的女儿为妻来换取商路的安全。到 60 年代,塔波拉已经成为穆斯林在内陆湖区最为重要的据点,桑给巴尔苏丹也在这里设置了官方的常驻代表机构。80 年代斯瓦希里商人在这里建立种植园,当地的土著居民——穆斯林奴隶成为廉价劳动力。穆斯林商人到内陆来的目的是经商获利,而不是宣教,所以伊斯兰教在这里的传播相当缓慢,只有他们的妻子、亲戚、随从、脚夫、奴隶是穆斯林,当地的皈依者不多。

维多利亚湖北岸的布干达王国,是 19 世纪内陆地区最为繁荣和高度集权的国家。国王苏奈(约 1832—1856 在位)时期,穆斯林就来到这个国家。但伊斯兰教在当地几乎没有什么影响。只有阿赫默德·本·伊布拉欣在经商之余,积极地致力于传播瓦哈比教。他成为国王苏奈的朋友和保护人,经常与苏奈讨论《古兰经》、教义和教法问题。苏奈的儿子穆特萨继任国王后,对伊斯兰教更为热情。这位新国王学习阿拉伯语,翻译《古兰经》,建立清真寺,号召臣民穿穆斯林式的衣服,并定期礼拜。他使伊斯兰教向乡村扩展。在某种程度上,伊斯兰教成了布干达王国的国教。由于两代国王对伊斯兰教的友好态度,使伊斯兰教向布干达以外的内陆地区及乌干达的周围地区传播。随着 19 世纪下半叶欧洲传教士的到来,伊斯兰教在与基督教的竞争中由于殖民者的偏袒而处于劣势。

东中部非洲　在东非南部,伊斯兰教也是沿着穆斯林贸易的商路,由索法拉沿海向内地马拉维湖地区传播。沿海的基尔瓦是第一个最重要的据点,安哥彻是内陆的第二个据点。19 世纪初,索法拉地区和莫桑比克岛已有数万穆斯林,这些人与北部桑给巴尔的穆斯林一起,共同向现在的莫桑比克北部、马拉维、赞比亚和津巴布韦地区传播伊斯兰教。

19 世纪上半叶,桑给巴尔苏丹的影响已扩展到莫桑比克沿海北部。1862—1877 年间,穆萨·毛曼迪·萨伯以安哥彻为基地,向赞比西河沿岸和卢任达河谷传播伊斯兰教。在莫桑比克内地的某些地方已经建立起穆斯林社团,当地马夸人的许多部落酋长都穿上了伊斯兰服饰。19 世纪 90 年代,当地部落大多皈依了伊斯兰教。马孔德人也正以伊斯兰教取代他们的传统信仰。

1840 年,塞里姆·本·阿卜杜拉在马拉维湖岸边建立了一个名为诺科塔科塔的斯瓦希里人的据点,使当地切瓦人的酋长们信仰了伊斯兰教,诺科塔科塔成为以后伊斯兰教在马拉维湖区传播的大本营;大约在 1880 年,另一位斯瓦希里人在马拉维湖北端建立据点。19 世纪末,葡萄牙和英国殖民者加强了对这一地区的控制,激起了当地穆斯林的联合抵制。

马拉维和莫桑比克的伊斯兰教在内部纷争的同时,却能够团结起来对付殖民主义和基督教势力。这里的伊斯兰教各派把桑给巴尔看作东非伊斯兰教的中心,把苏丹看作他们共同的宗教领袖和保护人。在这一点上东非伊斯兰教已经超越了教派间的纷争,因为桑给巴尔的苏丹属易巴德派,而东非其他地区传播的是逊尼派伊斯兰教。

在马拉维,英国殖民者允许伊斯兰教自治,同时又把西式世俗教育与基督教教育紧密结合起来,这就使穆斯林的孩子对这种教育敬而远之。他们只有选择伊斯兰教宗教学校,或是到其他地区学习而不愿接受西方的现代世俗教育。

20 世纪 60 年代以来,马拉维和莫桑比克不断受到伊斯兰复兴运动的影响,各种伊斯兰教宗教组织相继出现。同时,穆斯林青年到中东和南亚学习伊斯兰教的留学生也逐渐增多。民间伊斯兰复兴的一个重要方面是强调伊斯兰教的统一和团结。80 年代末,穆斯林学生联合会提出了"没有卡迪里教团,没有高念派之分,只有伊斯兰教"的口号。尽管赞比亚和津巴布韦只有少量的穆斯林,伊斯兰复兴运动也影响到这里。当地建立了具有复兴运动性质的伊斯兰组织,穆斯林青年则积极宣传伊斯兰改革,并努力寻求外部伊斯兰世界的支持。伊斯兰教已经成为马拉维、莫桑比克、赞比亚和津巴布韦地区宗教、社会和政治生活中的一股重要力量。

尧族　自古以来尧族就在从基尔瓦向莫桑比克南部和内地延伸的地区经商。他们从 19 世纪末 20 世纪初信奉了伊斯兰教。尧族领袖还把伊斯兰教作为反对殖民势力的工具,在乡村建有许多清真寺和《古兰经》学校,居民也按时礼拜,庆祝伊斯兰教的节日。他们虽受斯瓦希里文化的影响,但他们往往亲自担任宗教职务,而不通过斯瓦希里人。

伊斯兰教在东非各部落中的影响,完全以他们接受斯瓦希里文化的程度为转移。事实上,伊斯兰教在内地的影响极其微弱。许多"穆斯林"继续履行部落的宗教仪式,在个人和家庭事务方面依然遵循部落传统,只是把伊斯兰教作为一种媒介或陪衬;而这些宗教仪式往往与伊斯兰教法完全相悖。尽管如此,它形成了以班图特点为内核、以伊斯兰教为外壳的双重性宗教生活。

阿卜杜拉·本·哈吉·玛克汪达(约 1860—1930)是一位尧族酋长之子,他对伊斯兰教在马拉湖区的传播出力最大。1870 年他在基尔瓦学习,熟读了伊斯兰教有关的各种学科,包括伊斯兰教法和非洲传统宗教中的咒符和护身符制作等。1884 年他回到湖区,在经营商业的同时致力于宣教。像他这样的伊斯兰教长老经常来往于马拉维湖区和林迪、基尔瓦、桑给巴尔和蒙巴萨等地。

19 世纪后半叶,东非逐步沦落为西方的殖民地。这时,伊斯兰教从坦噶尼喀传至内湖,北部由乌散巴腊至乞力马扎罗省,南至马拉维湖(尼亚萨湖),在本达和迪哥族中传播。

20 世纪 30 年代,伊斯兰教又传入希希部落。在坦噶尼喀东南部的马拉维省有从葡属东非而来的麦图部落的穆斯林移民涌入,至 1945 年,这里的大多数居民都已成为穆斯林。1910 年时,尼亚萨的一位长官记载:"尧族是最坚持伊斯兰教的部落。通过尧族,伊斯兰教迅速传播,从尼亚萨湖至东非沿岸的每一个村庄,都有穆斯林商人和清真寺。"

东非的伊斯兰教法学派　由于阿拉伯移民来自不同地区,伊斯兰教在东非获得传播后,他们原先各自奉行的教法也就得到相应的推广,而占统治地位的是沙斐仪派教法;印度籍穆斯林遵哈乃斐派;桑给巴尔统治阶层的官方信仰学说则是易巴德派,这里的法官同时遵循易巴德派和沙斐仪派;在乌干达西北部的努比亚人则遵循马立克派。各法学派别之间相互宽容,他们只在关于礼拜、斋戒、饮食等一些枝节问题上存在分歧与争论。在赛义德统治时期,曾允许十二伊玛目派建立伊玛目讲坛,为殉教者举行哀悼仪式,也允许属于逊尼派的地区举行类似的仪式。清真寺分属于沙斐仪派和哈乃斐派。易巴德派不举行聚礼,没有用于聚礼的清真寺,他们认为"进行聚礼的条件还不具备,除非国家的全部权力掌握在合法的伊玛目手中"。

像伊斯兰教在东非各地影响的程度不同一样,伊斯兰教法在各地的实行情况也不同。桑给巴尔把伊斯兰教法作为国家的基本法,其名义所属之下的肯尼亚沿海一带也是如此,宗教法庭成为司法权的一部分,管理和判决关于私人身份法方面的问题。苏丹巴尔基什在桑给巴尔治下的其他地区,也推行宗教法庭制度,使沙斐仪派教法得到全面实行。在肯尼亚,只是北部省马米亚、尼亚萨、伊兹优鲁这样的商业中心才设有宗教法庭。19 世纪之前,东非沿海地区男女都有平等的土地使用权,这是非洲当地部落习惯法授予他们的权力。但是 19 世纪在布萨迪统治期间,这种情况有所改变。在马林迪、桑给巴尔、奔巴、拉木等地的土地使用权很快让位给土地所有权。习惯法赋予的继承权逐渐由伊斯兰教的有关规定所取代。而在远离沿海一带的地区,依然是原有的法律和习惯法居统治地位。在内地的坦噶尼喀,只有部分地区把伊斯兰教法作为主要的法律,其他地区大多是行政权与立法权不分,其中,总督或部落酋长与部落的长老共同解决纠纷。在乌吉吉、姆万扎、多多玛和塔波拉,在实行教法与习惯法方面享有自由。在布干达人中,根本就没有宗教法庭,穆斯林领袖根据诉讼者的要求决定实行教法还是习惯法。

在信仰上,伊斯兰教与地方信仰制度有时可以取得一致,而在有关家庭和财产继承的原则问题上,与非洲当地的传统,特别是班图部落的习惯之间却有着很大差距和矛盾。伊斯兰教的家庭概念指一个有限的家庭,伊斯兰教规定妇女可以继承财产;而班图人的家庭是包括所有属于同一血缘的家族,班图家族中的妇女没有继承权。伊斯兰教还规定多神教徒不能继承穆斯林的遗产;部落在仲裁这些问题方面则遵循部落的原则,承认部落婚姻,在财产继承问题上,不考虑继承和被继承人的宗教信仰。在土地所有权方面,伊斯兰教允许个人所有,使用无主土地的人也有所有权;班图人的土地不归个人,而属于子孙延续的家庭。斯瓦希里人显然承认土地的私有制,但由于受班图部落思想的影响,在执行教法方面不够彻底。

东非的十叶派 在近现代,十叶派的诸支派仍在东非活动。据说,有 17 000 名十二伊玛目派信徒分布在肯尼亚、乌干达、坦噶尼喀、索马里等四个国家中。他们的宗教活动集中在"伊玛目讲坛"中进行,在伊斯兰教历 1 月份和其他节日时举行纪念仪式。在讲坛中存放着供纪念仪式时使用的圣墓模型。这里还专门设有接待来自巴基斯坦的十二伊玛目派法学家的住所。

伊斯玛仪派的支派达伍德派的信徒在东非称为"巴赫尔派"。18 世纪,该派在桑给巴尔定居,信徒大多系铁匠或从事修表业。他们分布于东非各个中心,在每一地区有代理传教师,称为"阿米勒",这些传教师全部在孟买接受训练和教育。该派所依据的经典是努尔曼法官所著的《伊斯兰教基础》。

伊斯玛仪派的另一支派尼查尔派也在东非活动。1944 年,阿迦汗在瑞士举行的会议中建立了该派在东非的五个分支,分管各地区。该派的活动场所称为加马阿哈纳,内设礼拜厅、会议厅、阅览厅、图书馆等。各分支在节日时期向信徒征收捐课和什一税,由寺内的基金会秘书或核算员统一管理,用于资助信徒经商或建立家园。该派的学校和传教师只在内部传教,在多多玛地区大约有该派信徒 1 200 名。但也有一小部分信基督教的欧洲人或多神教的非洲人,由于在该派学校内当教师、职员或佣工而成为该派信徒的,如在乌干达,大约有 150 名非洲人从基督教或多神教改信伊斯玛仪派。

清真寺与宗教教育 清真寺遍及东非各地。有六户以上穆斯林的居住区,往往就有一所清真寺。在远离沿海的内地城市乌吉吉有 61 座清真寺,在蒙巴萨有 29 座,在坎帕拉有 25 座。桑给巴尔的宗教长老都来自阿拉伯半岛,拉木岛是斯瓦希里伊斯兰文化的中心。一些宗教学者则开设学校,教授阿拉伯语,讲解《古兰经》和教法。平时由长老们在寺内或家中讲授,遇斋月等重大节日,讲课次数增多。教材多是哈达拉毛地区广为使用的教法及语法著作,这些阿拉伯文原著被译成斯瓦希里文。在桑给巴尔还设有伊斯兰科学研究院,它藏有大量沙斐仪派的法学著作。在科学院从事教学和研究的教授都是东非最受尊敬的长老,其中有前任穆夫提赛义德·阿赫默德·本·赛姆堆,他著有《智慧者的珍品》。拉木的道堂有哈达拉毛人加麦勒·来伊勒家族管理,在沿海和内地主要宗教中心的教师都在这里接受过训练。最初这一修炼中心是简单的札维亚,1900 年建成清真寺和学校。

整个 19 世纪,东非沿海的伊斯兰教教育持续发展。《古兰经》学校向所有的人敞开大门,乌里玛可以教授某些更高级的学科。来自阿拉伯地区的移民中,宗教知识渊博的学者提高了东非宗教教育的质量。不过,高级的宗教课程一般只限于向阿拉伯人的后人传授,而这样的课程只在私人家庭特定的时间而不是在公共学校里讲授。伊斯兰长老们所用的教材大部分是标准的沙斐仪派教法和整个印度洋地区都广为流行的伊斯兰教义学。这些教材大多来自开罗、哈达拉毛、也门和爪哇,也有少量当地伊斯兰教学者的作品。桑给巴尔沿海地区各派别的穆斯林把苏丹、苏丹法庭、新培养的乌里玛看作是伊斯兰教名誉的象征,把他们的宗教学校看作伊斯兰教新的文化和宗教生活的中心。而阿拉伯人成为有文化有修养的人的代名词。桑给巴尔的方言取代帕泰拉夫群岛方言成为斯瓦希里语的重要语言。这种变化表明阿拉伯人和桑给巴尔岛文化和宗教声誉在上升。语言文字的变化和对成文法的重视也引起了其他方面的变化。阿拉伯人在莫桑比克的克利马内以北建立了宗教学校,招收当地居民入学。20 世纪初,莫桑比克北部的伊斯兰

373

教快速发展,仅安哥彻一地就有 15 座清真寺和 10 所《古兰经》学校,这些地方都成为传授斯瓦希里语和伊斯兰教文化的基地。1903 年葡萄牙人摧毁了安哥彻的清真寺和《古兰经》学校,可是这并未能阻止伊斯兰教的发展势头。1915 年以后,英国人与穆斯林部落酋长合作,不允许基督教传教士到穆斯林聚居的村庄中设立传教中心,这在客观上有利于伊斯兰教的繁荣和发展。

东非宗教学者著有斯瓦希里文著作。如阿里·哈姆迪·巴古拉法官著有《论结婚》,哈桑·本·艾米尔·设拉子著有《论财产继承》,桑给巴尔法官阿布杜·萨里哈·法里西长老则将《古兰经》逐段译成斯瓦希里文。

苏非派的活动 苏非主义在沿海移民区有很大影响。在索马里,柏柏尔部落的含米特人通过尊重圣徒而信奉伊斯兰教。圣徒、圣墓崇拜活动在主要的沿海城市进行,每逢纪念性节日(如先知诞辰日、结婚、婴儿降生、割礼等)举行。卡迪里教团、伊德里斯教团和萨里哈教团在这里都有很高的地位。在东部沿岸的阿拉伯人中,活着的麦加贵族后裔备受尊敬。斯瓦希里妇女常常怀着各种愿望去游访圣墓。在蒙巴萨,当地居民常去希沙姆长官和军达尼长老的陵墓献祭请愿,并伴以唱歌、舞蹈等仪式。在拉木道堂创建人哈比布长老(?—1935)的墓地,每年都有人献上素馨花。苏非派的许多祈祷文还成为各类《古兰经》学校的教材,如阿布伯克尔·本·阿布杜·拉赫曼(?—1766)用斯瓦希里语所著的称为《穆里德》的祈祷文,阿布杜·拉赫曼·本·迪巴(?—1537)所著的《最光辉典范的诞生》(此书在哈达拉毛人中传播最为广泛)、阿里·本·穆罕默德·侯赛因·本·阿布杜·本·谢赫·哈布什所著的《哈布什的穆里德》(此书分散文和诗歌两部分),以及穆罕默德·本·阿扎比所著的《阿扎比的穆里德》祈祷文,在众人举行纪念仪式时同时吟诵。在桑给巴尔,纳吉姆丁·菲伊兑(?—1573)的《登霄》是纪念登霄节的祈祷文。各教团共同使用的苏非主义书籍是加祖里所著的《精华指南》,这本小册子集中了对安拉 99 个美名的赞美。

在东非,最有影响的教团主要有:盛行于马林迪的卡迪里教团,基尔瓦的沙兹里教团。在桑给巴尔,同时有卡迪里、沙兹里、里法伊、阿赫默迪亚-伊德里斯、丹德拉维亚和阿拉维等教团在活动。

沙兹里教团在桑给巴尔有三个分支教团。其中最有影响的是穆罕默德·本·谢赫(?—1920)主持的教团。它所用的主要著作是阿赫默德·本·伊亚德的《沙兹里教团的崇高业绩》。

据说,卡迪里教团由欧麦尔·嘎里尼从索马里沿岸的布拉瓦传播而来。欧麦尔的墓地在离桑给巴尔城40英里处的维里祖,这里每年都为他举行纪念活动。该教团的分支教团称为基拉玛教团。由桑给巴尔长老舒拉主持。他们遵奉阿布杜·卡迪里的《秘传之诀与光的纯洁》和伊斯玛仪·本·赛义德的《主对卡迪里教团作用与功绩的裨益》。一些地区的清真寺在举行纪念安拉的仪式时,以著名的《巴尔赞吉的穆里德》为祈祷文,而使用最多的著作是当地长老哈桑·本·艾米尔·设拉子所著的《古拉尼的穆里德》。

19世纪以来,东非沿海伊斯兰教的地方化进一步加强,它的影响的广度和深度都有所发展。这主要应归功于苏非主义的传播。早在16世纪阿拉维教团已在当地出现,但它只限于穆罕默德后裔等少数家族。卡迪里教团和沙兹里教团则不同,它们在过去的几个世纪里在东非已经很流行了。19世纪末和20世纪初的几十年间,东非沿海出现了更多的苏非传教士,向社会下层的穆斯林和非穆斯林传播伊斯兰教,这两个教团的思想和礼仪在使用斯瓦希里语的民众中迅速发展。伊斯兰教民间化的发展,造成斯瓦希里人中的乌里玛逐渐增多,这些乌里玛在宗教学识方面虽然还不能与阿拉伯裔宗教学者相比,但这些民间性质的苏非教团的学者既有伊斯兰教知识,又精通非洲护身符的制作和数字命理学的传统,带有非洲-阿拉伯的混合色彩。这种非洲化的伊斯兰教民间信仰,甚至改变了先知穆罕默德的形象,认为他是一位黑人。这种观点和非洲化的宗教实践,再加上那些在公共场所吵吵嚷嚷的"齐克尔"仪式,引起了阿拉伯移民家族和接受过正统教育的乌里玛的不满,使得"正统"与"异端"的分歧扩大,也使种族矛盾和冲突激化,进而一直延续下来。殖民统治结束后,阿拉伯家族与斯瓦希里家族都在为执掌新政府的职位而争夺。宗教上的分歧又表现为非洲裔和阿拉伯裔种族的冲突。

亚舒提教团是沙兹里教团在东非的一个影响比较大的分支教团,尤其是在马拉维湖以南的地区影响更大。亚舒提教团的穆罕默德·玛鲁夫(1855—1905)在科摩罗群岛传播伊斯兰教,该分支教团的另一位长老侯赛因·本·马赫穆德则在基尔瓦建立了伊斯兰学校,招收大量来自莫桑比克的学生,这些学生学成之后回到家乡,继续扩大亚舒提教团。1896年该教团的另一位长老艾米尔·本·吉姆巴也在莫桑比克传教。由于教团内部的权力斗争,1924—1925年亚舒提教团陷入分裂,出现了伊玛哈尼亚分支教团,1936年又分裂出了伊提法克分支教团。

1920年,卡迪里教团在东非已经有了很多分支,其中有两个分支教团对非洲东中部地区最为重要。由阿里·玛赛玛克威里建立的教团首先传播到基尔瓦、马林迪,然后向莫桑比克西北内陆和马拉维地区传播。1904年,它的另一个分支萨德梯教团也在莫桑比克的安哥彻出现。以后直到1963年,萨德梯教团自身又经历了数次分裂,每次分裂都标志着卡迪里教团力量的又一次增长。1920年以后,苏非主义向内陆发展。在马拉维湖区和莫桑比克地区传播苏非主义的主力是本地的苏非长老,他们都是由外来苏非长老培养的。阿里·本·尤素夫吉是一位女长老,她是马拉维伊斯兰教历史上最重要的人物。她使许多妇女加入苏非教团,带领她们赞念"齐克尔"。

里法伊教团在桑给巴尔和沿海一些地区传播。这是唯一允许使用敲鼓伴随纪念仪式的教团。他们比其他教团更多地使用斯瓦希里语吟诵赞美诗歌,也允许妇女参加仪式。

由穆罕默德·本·阿里·本·穆罕默德(? —1255)创立的阿拉维教团是拉木岛加麦勒·来伊勒人的教团,分别由伊德鲁斯(? —1509)和哈达德(? —1720)两位长老主持。

阿赫默迪亚-伊德里斯教团由阿赫默德·本·伊德里斯(? —1837)创立。它的分支萨里哈教团和拉希德教团分别由伊德里斯的两位弟子穆罕默德(1840—1916)和伊布拉欣·拉希德(? —1874)所创,其信徒是肯尼亚北部省的一些索马里人。桑给巴尔的丹德拉维亚教团由埃及人拉希德的弟子阿赫默德·丹德拉维创立,主要在索马里、肯尼亚北部和科摩罗群岛及沿海几个中心传播,但并不广泛。

此外,阿赫默迪亚教团的第一位传教师穆巴拉克·阿赫默德也于1934年到达蒙巴萨。由于该派在一些穆斯林中被视为异端,人数很少。在一次大战期间,巴基斯坦传教师不断增多,使该派又获传播,他们在内罗毕、达累斯萨拉姆、坎帕拉、蒙巴萨等地都有自己的清真寺。该派用斯瓦希里语所翻译的《古兰经》,受到桑给巴尔和沿海地区穆斯林的反对,认为他们歪曲了《古兰经》的含义。该派用斯瓦希里语编发月刊《爱安拉》,1957年又创立英文周刊《东非泰晤士报》。

然而,伊斯兰教与当地文化传统存在着差异。按母系继承是非洲居民的传统,而伊斯兰教则按父系继承,但这并不能从根本上阻碍伊斯兰教的传播。苏非主义内部关于"齐克尔"仪式和丧葬等仪式时的高念和低念问题,也引起不同教团和不同部落信仰者的激烈争论。1949年英国殖民当局不得不从桑给巴尔约请著名的伊斯兰教学者来裁决,因分歧过大无果而终。1968年和1972年类似的争论在安哥彻再起,最后教法学家发布一个折中的"法特瓦"才使争论平息下来。而更为严重的是正统伊斯兰教与苏非主义的冲突,尤以反对"齐克尔"仪式为突出。

东非伊斯兰教扎根于非洲文化和阿拉伯-伊斯兰文化的土壤之中,它的自我调适能力,使它不断适应非洲地区特点,战胜基督教传教士和殖民统治而延续下来。

377

第十二章　伊斯兰教在中国

第一节　唐宋时期伊斯兰教在中国的传播

唐代前中国同阿拉伯和波斯的交往　中国同阿拉伯早有交往。《史记》称阿拉伯为"条枝"，"在安息西数千里，临西海，暑湿、耕田、田稻"。[①] 公元97年，后汉西域都护班超派遣甘英出使西域，行抵安息[②]西境欲渡海往埃及受阻。由于他的报道，国人对条枝有了更多的了解。《后汉书》记载："条枝国城在山上……临西海，海水曲环其南及东北，三面路绝，唯西北隅通陆道。"[③]

两汉时，我国与西域各国的贸易已相当频繁。安息地处要冲，为东西贸易的重要中转站。中国的丝绸、铁器通过丝绸之路远销至罗马帝国及西亚各地，阿拉伯的乳香、珠宝、驼鸟则输入中国。东汉末年，都城洛阳盛行西域风尚，其中有的源自西亚，后渐与黄河流域汉族文化交融。当时中国与阿拉伯直接接触不多，通过波斯人的中介，已开始有交往，但缺少翔实记载。

唐代阿拉伯人来华路线　公元7世纪初，伊斯兰教兴起。据传，穆罕默德说过："学问，虽远在中国，亦当求之。"说明阿拉伯人对中国已有相当了解。

在唐代，阿拉伯和中国的交通往来已具相当规模，通路主要有

---

① 《史记》卷一二三《大宛列传》。

② 安息，西亚古国。本是波斯帝国一行省(在伊朗高原东北部)。公元前2世纪后半叶辖有全部伊朗高原与两河流域，为西亚大国。后转衰，公元226年为波斯萨珊帝国取代。

③ 《后汉书》卷八八《西域传》。

两条:一为陆路,经波斯及阿富汗到达新疆天山南北,后经青海、甘肃直至长安一带(史称"丝绸之路");另一条为海路,由波斯湾和阿拉伯海出发,经孟加拉湾过马六甲海峡至南海到广州、泉州、杭州、扬州等地(史称"香料之路")。除这两条主要通道外,也还有海路到安南和印度,再分别由陆路抵云南这两条支线,但道路迂远,来往人数不多。

唐代称阿拉伯为"大食"①。经丝绸之路来华的大食人主要是商人,还有使节、旅行家、匠人。《旧唐书·大食传》称,大食国于"永徽二年始遣使朝贡。其姓大食氏,名啖密莫末腻"。《新唐书》和《册府元龟》中也有类似记述。永徽二年(651)正值第三任哈里发奥斯曼当政,"啖密莫末腻"即"艾米尔·穆民"(意为"信士们的长官")之讹音。他派使节到唐都长安,见唐高宗,介绍哈里发国家建国经过、国内习俗和伊斯兰教情况。这是阿拉伯和中国在外交上的首次接触。其后,自651—798年的148年中,据中国史书记载,阿拉伯来唐使节达39次之多。② 阿巴斯王朝初期,交往尤频繁,唐朝廷优礼来使,有的授予中郎将勋位。这些使节中不乏矫借君命的商人。

379

唐中期以前大食人来华以陆路为主;唐德宗以后吐蕃势力扩张,一度阻断陆路通道,而海上交通可经年通畅,更居优势,因此来者以海路为主。

蕃客与土生蕃客 陆上或海上来华的商人,除阿拉伯人外,以波斯和中亚各国人居多。他们大多客居长安和沿海各通商口岸。唐代称外族为"胡"或"蕃"。③ 这些客商被称为"蕃客",其聚居地后称"蕃坊"或"蕃市"。长安俨如一座国际都市,在100万城市居民中,竟有2%左右的外籍侨民和过往"胡客"。各国来华的穆斯林商人,因宗教与生活习俗相同,聚而居之,称"西市"或"波斯邸"。长安西域风尚盛行,连帝王皆嗜好源于波斯的马上球戏(击鞠)、乐道

① 其名源自波斯语,或起自某一个阿拉伯部族名。
② 参见《册府元龟》、《旧唐书》、《资治通鉴》等记大食国之史料。
③ "胡"多指北方、西部诸外族,"蕃"则为一切外族之通称。

大食和中亚传来的棋弈(双陆)。

广州、扬州等地客居的大食与波斯蕃客人数很多。为管理外贸和税利,唐朝在广州专设市舶使。史载,至德三年(758)九月,广州大食人和波斯人举行暴动,赶走刺史韦利见。[①] 可见此时来华蕃商之众。

公元 8 世纪中叶,中国与大食间因石国(现塔什干)问题发生争端,唐天宝十年(751)怛逻斯[②]一役,高仙芝军大败,伤亡数万人。唐朝在西域的势力受挫,但两国关系并未因此交恶,通商往来照常进行。不久,唐朝爆发"安史之乱"。756 年,肃宗继位,为平定安禄山叛乱,向大食借兵。至德二年(757)九月丁亥,元帅广平王统朔方、安西、回纥、南蛮、大食之众二十万东向讨贼[③],所言二十万之众兵当含大食及中亚各族穆斯林。收复两京后,肃宗允准他们世居中国,可同当地妇女通婚。天宝之后,西域的胡贾蕃兵留居长安,"皆有妻子,买田宅者,举质取利,安居不欲归。命检胡客有田宅者凡得四千人"[④],后编入左右神策军,有的被授封官职。

在蕃坊中,由中国当局任命一位年高德劭的穆斯林为"蕃长",主持宗教礼拜,处理穆斯林间的民间诉讼。

来华贸易之蕃客每年多在冬季归国,但也有不少人久居不归,与当地居民婚娶相通,繁衍子孙。唐文宗开成元年(836)后,卢钧治广,曾一度令"蕃华不得通婚"[⑤],但事实上难以禁绝。来华的阿拉伯人、波斯人和中亚人,随"住唐"年代之久远,人口增多,由侨居之"蕃客"渐至"土生蕃客"。

"土生蕃客"的子弟自幼接受中国教育,取汉姓仿汉名,参加科举成名者不乏其人,渐至华化。848 年,阿拉伯人后裔李彦升由广州往长安参加科举中进士,竟得登第而显名。五代时,波斯人后裔

---

① 见《新唐书》,"肃宗本纪"。

② 今中亚哈萨克斯坦的江布尔城。

③ 见《旧唐书》,"肃宗本纪"。

④ 《资治通鉴》,"唐纪四八"。

⑤ 《新唐书》,"卢钧传"。

李珣、李舜弦等兄妹三人皆有才名,《全唐诗》中尚存李舜弦名诗三首。

递至宋代,西域来华的穆斯林有增无减。顾炎武《天下郡国利病书》所记:"自唐设结好使于广州,自是商人立户,迄宋不绝。诡服殊音,多流寓海滨湾泊之地,筑石联城,以长子孙。"他们贩来大量香料、珠宝、象牙、犀角、药材,从中国带回丝绸、瓷器和药材。《岭外代答》称:"诸蕃国之富盛多宝货者,莫如大食国。"自北宋太祖开宝元年(968)至南宋孝宗乾道四年(1168)的 200 年间,大食商人向朝廷进贡可考者就达 49 次。[①] 北宋初期,朝廷为管理对外贸易先后在广州、杭州、明州(今宁波)专设"市舶司"。至南宋时,朝廷偏安杭州,国库空虚,初期每年岁入的 1/5 竟来自"市舶之利"。

宋时,大食和波斯商人来华主要经由海路,除留居广州外,以泉州、杭州为多。朱彧的《萍洲可谈》记有"广州蕃坊,海外诸国人聚居。置蕃长一人,管勾蕃坊公事,专切招邀蕃商人","蕃人衣装与华异,饮食与华同……至今蕃人,但不食猪肉而已"。这些蕃客、土生蕃客以及留华不归的战士的后裔正是伊斯兰教在中国得以传播和发展的基础。

唐宋时期伊斯兰教的传播 早年来华住唐的蕃客独自地或集体地过着宗教生活,保持着自己的生活习俗,并不向外传教。递至宋代,来华穆斯林日众,伊斯兰教的影响亦较前扩大,经与当地居民通婚,改宗伊斯兰教者有增无减,其子子孙孙长居久安,成为中国穆斯林的先祖。

唐代时期,穆斯林的正常宗教生活未受干预与限制。蕃坊中的蕃长成为礼拜寺里带领穆斯林教众进行宗教活动的教长。阿拉伯人苏烈曼在其游记中记述,唐时在广州曾见礼拜寺一座。相传,在长安唐时建有清真寺。我国一些地方志和清真寺碑文中也可见唐时建寺的记载。宋代兴建或重建之清真寺数量较多。留存今日

381

---

① 见白寿彝《宋时大食商人在中国的活动》,转引自《中国伊斯兰教史存稿》,第 128 页,宁夏人民出版社,1983。

的有广州怀圣寺、泉州圣友寺、扬州仙鹤寺、北京牛街清真寺等。①
除清真寺外,宋时的穆斯林在广州、泉州等地还建有公共墓地。

哈拉汗王朝及伊斯兰教传入天山南北 五代、北宋之际,生活
在新疆天山南北的一些民族陆续改宗伊斯兰教。历史上,这些民
族曾信奉过萨满教、摩尼教、景教、祆教和佛教。伊斯兰教的传播
与哈拉汗王朝的活动有关。

哈拉汗王朝(黑汗王朝)的建立者是突厥葛逻禄的汗族,公元 8
世纪中叶逐渐壮大,后以楚河流域为中心建立了汗国。从 992—
1212 年在唐朝原北庭都护府和安西都护府大部分辖区确立了统
治。汗国采用长幼子双汗制。大汗(狮子汗)驻巴拉沙衮(即唐朝
安西都护府驻地碎叶城,今吉尔吉斯斯坦之托克马克附近);副汗
(公驼汗)初设怛逻斯,后迁喀什噶尔(今喀什)。其西疆与波斯萨
曼王朝接壤。汗国居民原信仰萨满教,从萨曼王朝接受伊斯兰教,
成为信奉伊斯兰教的突厥王朝。

10 世纪初,喀什的公驼汗沙土克·布格拉汗(哈拉汗王朝始祖
卡迪尔汗之孙)是最先皈依伊斯兰教的汗室成员。955 年,其子穆
萨·阿布杜·克里木(巴依塔什)继承汗位,先以武力灭狮子汗,夺得
巴拉沙衮,并在苏非传教师卡里马提的协助下,在汗国进一步推行
伊斯兰化。据伊本·阿西尔(1160—1223)的《通史》载,960 年时信
奉伊斯兰教的突厥人已有 20 万帐。10 世纪末,哈拉汗国同葱岭以
东信奉佛教的于阗国(今和田)进行了长达 24 年战争,1001 年,于
阗王战死,伊斯兰教传入于阗、叶尔羌等地。

999 年哈拉汗国与伽色尼王朝灭萨曼王朝,瓜分其领土。1042
年后,哈拉汗国也分裂成东、西两个王朝。东部王朝大可汗的辖区
伸入葱岭以东,以巴拉沙衮和喀什噶尔为中心,仍是中国的一部
分。大可汗哈桑·本·苏莱曼(1074—1102)以"正义和宗教的保护
者"为称号,承认阿巴斯王朝哈里发为正宗。维吾尔族著名诗人尤
素甫·哈斯·哈吉甫的长诗《福乐智慧》(成书于 1069/1070)深刻反

① 参见杨永昌《漫谈清真寺》,宁夏人民出版社,1981。

映了伊斯兰教对哈拉汗国社会生活的巨大影响。这一时期诞生了另一本重要著作《突厥语词典》,作者是喀什噶尔的穆罕默德。它的问世说明哈拉汗朝的文化具有相当高的水平。

第二节　蒙元时期伊斯兰教的发展

蒙古人西征与东西交通畅通　12世纪中叶,中国北方的蒙古游牧部落崛起。1206年,成吉思汗统一蒙古各部,自1211年起连续发兵进攻金朝,1218年后进取西域。1229年成吉思汗三子窝阔台率军继续南下,经40年征战,忽必烈于1271年建立元朝,定都燕京(后称大都,今北京);1279年灭南宋,统一中国。

蒙古人统一中国后,中国与中亚、西亚诸国已在蒙古人统治的一体之内,东、西交往畅通。陆上丝绸之路和海上香料之路交通发达,人员来往频繁,国际间政治、经济、文化交流活动空前活跃。西亚、中亚和欧洲外族人,尤其是西亚、中亚各族穆斯林大批来华,使伊斯兰教在中国进入发展的新阶段。这时,也有不少蒙古人、汉人前往阿拉伯和南亚诸国。欧洲著名旅行家马可·波罗(1254—1324)和阿拉伯著名旅行家伊本·白图泰(1304—1377)分别从陆路和海上来到中国,足迹遍及南北。我国航海家汪大渊在1337年也到过伊本·白图泰的家乡丹吉尔。

新疆地区的伊斯兰教势力与佛教势力在13世纪时以昌八剌城(今济木萨尔)为界,其东属佛教,迤西为伊斯兰教。其后,经皈依伊斯兰教的蒙古察合台汗后裔的大力推行,伊斯兰教东传至哈密、吐鲁蕃一带。蒙古人在汗国统治者强制下全部改信伊斯兰教,并渐渐与当地维吾尔人融合。至15世纪末16世纪初,伊斯兰教已遍及天山南北,成为新疆地区占统治地位的宗教。

"西域亲军"在华定居　蒙古人在征服和统一中国过程中,曾调集"西域亲军"(由被征服的各族人民组成)随之东来,其中不少是信奉伊斯兰教的阿拉伯人、波斯人和中亚各族人。他们大多被签发为军士,包括炮手、水军、军匠,编入"探马赤军",战时从征,平

383

时就地屯聚牧养,分驻各地,以西北陕、甘、宁为多,有的则迁往西南、江南和中原各地。他们定居以后,除充当职业军人外,有的从事手工业、农业、商业活动,也有少数人入仕做官。多桑《蒙古史》曾引述过阿老丁的有关评论:"盖今在此种东方地域之中,已有回教人民不少之移植,或为河中与呼罗珊之俘虏,挈至其地为匠人与牧人者,或因签发而迁徙者,其自西方赴其地经商求财,留居其地,建筑馆舍,而在偶像祠宇之侧设置礼拜堂与修道院者,为数亦甚多焉。"[①]

元代官方统称他们为"回回"。他们绝大多数不带家眷,在各地定居后,与当地汉、蒙古、维吾尔等居民通婚,他们的后代成为中国出生的穆斯林,具有中国人的自我意识。

沿海城市的穆斯林居民　元时从海路来华的阿拉伯人、波斯人络绎不绝,居住在东南沿海的广州、泉州、宁波、杭州、扬州诸城,泉州尤为集中。他们之中有商人、宗教学者、旅行家。这些沿海城市是阿拉伯销往中国各类商品的集散地。至元十四年(1277),泉州、宁波、上海、澉浦四处设市舶司,以后温州、杭州、广州三地亦增设市舶司。

泉州又名刺桐城。[②]伊本·白图泰称它是世界最大港口之一,城内有穆斯林聚居区。元时的泉州中外客商荟聚,东西方货物云集,外贸鼎盛一时,长期由当地的阿拉伯客商掌管。祖籍阿拉伯的香料富商蒲寿庚,南宋末年被提举泉州市舶司,亦官亦商,降元后因协助朝廷平定东南沿海有功,升任福建行省中书左丞;其后由阿拉伯人赛典赤·赡思丁(1211—1279)之孙艾卜伯克·乌马儿(伯颜平章)充任泉州提举市舶司。[③]元末泉州曾发生十年动乱,以致泉

---

① 多桑:《多桑蒙古史》(冯承钧译),第7页,中华书局,1962。

② 刺桐乃盛产于中近东和地中海一带的一种油果树,9世纪初传入我国,五代时就广种于泉州城郊,遂得名。

③ 赛典赤·赡思丁之后裔今仍居泉州城南晋江县海淀陈埭乡(又名陈江),取赡思丁的末一字为姓。现晋江法石乡和惠安白奇等地郭姓,据考其先人是祖籍阿拉伯(或波斯)的郭德广。

州由昔日之繁盛渐趋衰落,穆斯林富商大贾纷纷离去,有的则改名换姓,避居他乡。

杭州的穆斯林有一部分是南宋时随宋南下的"西域夷人","元时内附者,又往往编管江、浙、闽、广之间,而杭州尤夥,号色目种"[1],他们比较富有。陶宗仪《辍耕录》载:"杭州荐桥侧首有高楼八间,皆富贵回回所居。"清波门外聚景园有穆斯林冢墓,出土的许多墓碑上镌刻有阿拉伯文或波斯文。

扬州的阿拉伯人和波斯人为数不少。扬州南门外为馆驿所在,穆斯林多聚此地。他们除经商外,有的还做官任职。明代盛仪的《嘉靖维扬志》记有穆罕默德十六世孙普哈丁于宋咸淳年间(1266—1274)来此传教,1275 年逝世后葬在扬州东关外墓园。墓园附近是穆斯林的丛葬地。

"元时回回遍天下" 元时,西域来华的穆斯林数量上超过昔年,他们不仅居住在大城市和沿海港口,而且已遍于中华大地,"今回回皆以中原为家,江南尤多"[2],以致《明史》中有"元时回回遍天下"之说。在他们居住的地方,又形成了"大分散,小集中"的地域特点。其子孙非"化外之民",而是中国的穆斯林。

385

此时,改宗伊斯兰教者也为数不少。元成宗(1295—1307 在位)从弟安西王阿难答因从幼受一穆斯林抚育,后皈依伊斯兰教,并于军中宣教,所部受其影响,15 万人中大部分改宗[3],由此可见一斑。元统治者把"回回"划为色目人。陶宗仪《辍耕录》中所列色目人有 31 种(实为 24 种),其中就有"回回"。他们的社会地位仅次于蒙古人,高于汉人和南人。经济上,他们多从事商业贸易,实力比之前代毫不逊色。许有壬的《西域使者哈只哈心碑》中称回回富商大贾"擅水陆利,天下名城巨邑必居其津要,专其膏腴"。[4] 政治上,

---

① 田汝成:《西湖游览志》卷一八。

② 周密:《癸辛杂识续集》卷上。

③ 见多桑《多桑蒙古史》(冯承钧译),第 3 卷第 5 章,中华书局,1962。

④ 见白寿彝《元代回教人与回教》,转引自《中国伊斯兰教史存稿》,第 174、179、183 页,宁夏人民出版社,1983。

一部分回回已跻入统治者行列,"在服官、科举、荫叙、刑律及私有兵马方面,均有较汉人享稍优之待遇","在中央及地方任宰执者几五十人"。[①]如平章政事乌伯都剌,曾为左丞、右丞及参加政事;平章政事赛典赤·赡思丁子孙三代都居高官,其后裔迄今除泉州丁姓外,在云南乃有马、哈、赛、沙、纳、合、撒、速、闪、忽等姓。

这时,穆斯林居住地普遍兴建了清真寺。伊本·白图泰在其游记中说:"中国各城市中,都有伊斯兰教徒居住区,筑有清真寺,作为礼拜之所。"著名的杭州真教寺、昆明礼拜寺等皆建于或重建于元代。

元时伊斯兰教有"清教"、"真教"之名,同佛教、道教相提并论。朝廷文书中把伊斯兰教与信奉伊斯兰教的民族混称为"回回",把穆斯林同宗教职业者混称为"答失蛮"、"木速蛮"。元统治者对伊斯兰教持宽容态度,特设回回国子学,进行宗教教育,其教师可享赋税上之优遇;几度设或废"回回掌教哈的所","哈的"即伊斯兰教的教法官,主管伊斯兰教徒民事诉讼,并为国祈福。

然而,穆斯林也曾遭到过厄运。忽必烈等帝王全然不顾"回回"宗教法规,下令禁止用断喉法宰杀牲畜,但这未能改变穆斯林的生活习俗。元末某些文学作品中也曾出现"嘲回"事件。总的来说,伊斯兰教的发展在客观上有许多有利条件。汉族人、唐兀人、蒙古人改宗伊斯兰教者较前为多。

穆斯林对中国科学文化的贡献 世代居住中国的穆斯林,除受伊斯兰文化影响外,还在一定程度上受中国传统文化的熏陶,有的已渐渐华化。他们中有的精于西学,有的专于儒学,也有的从事建筑或手工技艺,对中国科学文化的发展和中外文化之交流作出了贡献。

此时阿拉伯的科学文化(主要表现在天文、历法、建筑、医学等几个方面),通过来华穆斯林传入中国。波斯天文学家曾应邀来

① 白寿彝:《元代回教人与回教》,转引自《中国伊斯兰教史存稿》,第174、179、183页,宁夏人民出版社,1983。

华,主持司天监,编制"回回万年历",在北京建立观象台,并制造地球仪、浑天仪等七种仪象器件。自元到清初,中国沿用"回回历"达400年之久。阿拉伯数字由于回回司天台及穆斯林的使用而在中国得到推广。在建筑方面,祖籍阿拉伯的建筑师亦黑迭儿丁奉元世祖忽必烈之命,重兴元大都,修建北海琼花岛,并负责对宏伟的宫城建筑、苑圃进行全面规划、设计,组织施工。其子马哈马沙袭父职,掌管工部,多次受到嘉奖。阿拉伯医学此时亦深受朝廷重视,1270年忽必烈立"广惠司",配制回回药剂,为统治者及其卫士、外国人治病。1292年在太医院下设立"回回药物院"和"回回药物局",供大都和上都宫廷药用。回回医药在民间亦有流传,在穆斯林聚居地区,出现了民办的回回医院。元末《回回药方》已由阿拉伯文译为汉文。

穆斯林中精通汉学成就卓然的学人甚多。赛典赤·赡思丁不仅是出色的政治家,且热心于文化建设,1274年他任云南平章政事后,办学校、兴儒学、建孔庙、明伦堂、倡礼仪、易风习、传新学,推动云南文教事业的发展。高克恭(1248—1310)诗画兼长,他的山水田园和山水画,意境交融,神韵浑厚,为后人交口赞誉。作曲家兼诗词家马九皋(约1270—1350)的散曲清高俊逸,豪爽疏放,艺术价值很高。赡思(1278—1351)精通儒学、历史和法学,著述甚丰,多有独见。萨都剌(1308—?)是著名回回诗人,诗集《雁门集》及部分诗论、书画流传至今。生活在元、明之际的丁鹤年(1335—1424),精通诗、书、礼三经,尤长于诗,有《丁孝子诗集》(三卷)和《丁鹤年集》(四卷)传世至今。

穆斯林也是中国科学文化西传的桥梁。8世纪中叶,造纸术传入伊斯兰世界,12世纪后传入西班牙。8世纪硝由中国传入阿拉伯后被称为"中国雪",波斯人称其为"中国盐"。10世纪初,印刷术传入埃及,以后在该地发现有10世纪初的木刻《古兰经》。12世纪时,阿拉伯商人从中国带回火药和烟火,后来才传至欧洲。13世纪指南针传到阿拉伯和欧洲后应用于航海。中国的诊脉术传入伊斯兰世界后深受重视,伊本·西那的《医典》中讲到脉术的部分几乎与晋人王叔和的《脉经》雷同;而波斯史学家赖世德丁在1313年编著的《伊利汗的中国科学宝藏》中提到《脉经》,并加图示,系完全采自中国医书。元时孙思邈的《千金要方》已被译成波斯文,为伊朗医学的重要参考文献。据炼丹史家的考证,中国的炼丹术于8—9世纪传入阿拉伯,12世纪后由阿拉伯传入欧洲。此外,元时中国的历法、算术、制图等对阿拉伯也曾发生过影响,推动了这些学科的发展。

第三节　明清时期伊斯兰教的盛衰

穆斯林聚居区社会经济的发展与回族的形成　明时,全国社会经济得到较大的恢复与发展,散居中国各地的穆斯林,社会经济情况也相应发生变化。在内地,陆续出现了一批穆斯林聚居村,部分是从元以来军屯和官僚田庄发展而来的,有的则是因人口繁衍而自然形成的。到明末清初时,封建的农业经济已发展到较高水平。在交通沿线的城埠里,他们的手工业同传统的商业相结合,得以迅速发展。例如制瓷业、制香料业、制药业等十分兴旺,渐至成为一种传统行业。他们在沿海的商业港口继续从事海外贸易,但因海禁时紧时弛,已不如从前兴旺。新疆的绿洲农业经济也得到相应的发展。

在经济发展的同时,中国穆斯林内部开始阶级分化。农村中出现了地主阶级和贫困的农民;城市中既有富商大贾,也有手工业者和贫民。有的在朝廷做官,地位显赫;有的参加科举成了举人、贡生、进士,从事文化活动。一般说来,在汉族统治阶级和穆斯林上层的压迫剥削下,广大回民生活仍是困苦的。

朱元璋(1368—1398在位)军中的常遇春、胡大海、蓝玉、沐英等著名回将,是明朝的开国功臣。因此,明朝统治者一方面对回民予以优遇,如对甘肃回民免税,把西北回民迁徙到较富庶的华北、江南一带,吸收他们的上层到朝廷任职,派遣郑和(1371/1375—

1433／1435)七下西洋。① 明统治者希望伊斯兰教能按其意旨去"导引善类"、"敬天事上"、"益效忠诚"。明太祖曾御书百字赞美穆罕默德②，特令回回大师尔某为翰林院翻译、编辑伊斯兰教经典，并于西京、南京、滇南、闽、粤诸地敕修清真寺。另一方面则采取民族同化政策，对异族多有防范和限制，强迫蒙古人、色目人与汉人同化。洪武五年(1372)，朱元璋下诏明令蒙古人与色目人"不许本类自相嫁娶"。③ 这种政策并不奏效，回民遵其教规，与教外人嫁娶只有对方变更信仰才有可能，结果是其他族人改宗而回回人口大增。

这时，"回回"一词已用于泛称穆斯林，而称伊斯兰教为"回回教"或"回教"。回回通过长期共同的劳动生活，有着相似的心理因素和相同的习俗，以汉语为共同语言，在明朝最终形成一个民族共同体——回族。数量不少的汉人、维吾尔人改宗伊斯兰教而构成回族的另一部分。在民族融合过程中，伊斯兰教起着重要作用。

撒拉、东乡、保安等族信仰伊斯兰教 撒拉族的先辈是西突厥乌古思部的撒鲁尔人，游牧于河中、呼罗珊一带。早在公元 8 世纪阿拉伯帝国势达中亚各地后，就信奉了伊斯兰教。13 世纪时，撒鲁尔人的一支在蒙古人的逼迫下，从中亚的撒马尔罕徙移至青海循化一带定居，并同周围的藏、汉、蒙等族人长期相处融合而成撒拉族。明嘉靖时人口已从初来时的千余人增至一万人；宗教上一直虔信伊斯兰教，由卡迪执掌教法，管理宗教事务。

389

---

① 我国伟大的航海家郑和，原姓马，是云南昆阳州(治今晋宁)回回的后裔，明初进宫做了宦官，随燕王朱棣"出入战阵，多建奇功"，并助朱棣夺得皇位，遂被赐姓为郑，俗称"三保太监"。他从 1405 年起，在 28 年间率船队七下西洋，先后访问过亚洲、非洲 35 个国家。1430 年最后一次出海，一部分船员到过麦加，并绘制了"天房图"。

② 明太祖御书百字赞称："乾坤初始，天籍注名，传教大圣；降生西域，授受天经，三十部册，普化众生。亿兆君师，万圣领袖，协助天运，保庇国民。五时祈祐，默祝太平。存心真主，加志穷民，拯救患难，洞彻幽冥，超拔灵魂，脱离罪业，仁覆天下，道冠古今。降邪归一，教名清真，穆罕默德，至贵圣人。"转引自刘智《天方典礼》卷一"原教篇·集览"，民国三十七年(1948)上海初版。

③《明律》卷六。

13世纪后,聚居在今甘肃临夏东乡地区的回回、蒙古人与周围汉人、藏人逐渐融合,14世纪中期形成民族共同体——东乡族。明时,东乡族人主要从事农业与畜牧业生产。伊斯兰教在该族形成过程中同样起过重要作用。

元明时期,一支信奉伊斯兰教的蒙古人和回回、藏人、汉人长期共同生活,自然融合而成保安族。该族主要聚居于甘肃临夏大河家。明代文献中已提到保安族人的活动。他们的生活习俗深受伊斯兰教影响,又保留有某些蒙古族的特色。

苏非主义在中国穆斯林中的传播　10世纪后,哈拉汗朝在传播伊斯兰教的过程中,苏非主义随之传入新疆。《福乐智慧》中形象而生动地描述"觉醒"的遁世、知足、禁欲和苦行主张,反映了它的思想影响。到17世纪初,苏非主义在维吾尔、乌孜别克等族中进一步传播,形成依禅派,并导致白山派与黑山派的长期斗争和对立。

在内地,早在元朝时,已有苏非来华,一些穆斯林学者和宗教人士亦前往麦加朝觐,并在西亚和中亚各国游学,接触到苏非成员。有的直接师承苏非大师,将某些苏非经籍和苏非思想带回国内,自立门户,传授门徒。也有某些国外苏非来华宣教,苏非主义的一些著述也随之在内地穆斯林中流传。在苏非主义传播过程中,一些穆斯林专注于精神修炼,后来终于形成为门宦;门宦制度确立后又为苏非主义的传播提供更有利的条件。

"格底木"与教坊制度　"格底木"①不同于门宦,基本保持着伊斯兰教传入时期的宗教制度,故又称"遵古派"、"老派",普遍称为"老教",分布于我国内地各省和新疆部分地区。

格底木属逊尼派,恪守伊斯兰教的基本信仰和各项功课,因袭宗教传统与习俗。在认主学方面,它也吸收了苏非主义的某些因素,在其汉文译著中有所反映。教法上,遵行哈乃斐派教法,既反对标新立异,又对其他教派或门宦持宽容及调和持中的态度。自

---

① "格底木",阿拉伯语音译,意为"古老"、"陈旧"。

唐至元来华的穆斯林中也有十叶派人,他们从未成为中国穆斯林的主体,后来渐渐与逊尼派融合,因此在格底木的宗教用语和习俗中至今仍能觅到十叶派之痕迹。同时,由于生活环境所致,格底木长期受到汉族文化的熏陶与影响。

格底木在教权结构上采用比较分散的组织形式,即实行互不隶属的教坊制。往往一个教坊以一个清真寺为中心,形成独立的宗教社团,自行其是;在某些地区有的教坊采用"汉依制",即由一个大寺(汉依寺)下辖若干小清真寺(稍麻寺),大寺设有穆夫提,并向小寺委派阿訇。教坊规模视地域而定,小至数十户,多至数百户。教务管理上,格底木实行教长(伊玛目)或阿訇聘请制及伊玛目、海推布(协助教长主持教务)、穆安津(清真寺的礼拜宣礼员)的"三掌教制"。受聘的教长(后来有的教坊称为"开学阿訇")任期各地有异,长短不一。教长(或阿訇)全面主持教坊内教务,是坊内最高的宗教首领。清真寺的掌教制到 14 世纪下半叶已趋完善。后来,有的掌教演变成家传世袭,直到 20 世纪初才予以废除。雍正年间,清统治者为了加强对穆斯林的控制和防范,在西北地区广为推行"乡约制度"。往往对外名为"乡约"①,对内称"学董"(社头),多为有权势和财力的上层成员担任,下有乡老协助工作,管理清真寺的寺产、财务,调处坊内民事纠纷,筹办各种宗教活动。他们虽不是教职人员,但在坊内越来越掌握实权。教坊制曾对伊斯兰教的传播及回族的形成起过推动作用。它在甘肃河洲、西宁一线的一些穆斯林聚居区,促进了寺院经济的发展。一般来说,寺院经费来自本坊教民的捐助或寺产。但随着寺产和寺院土地的增加,清真寺组织的演变,以致清真寺的权力由单纯的宗教职业者执掌,逐渐转移和集中到地方豪富手中,加速了宗教上层同世俗封建势力的结合。在苏非主义进一步传播的情况下,遂从格底木中分化出门

391

①　"乡约"为一乡之首脑,由他担保和监督教坊内穆斯林的行动,防范违禁之事发生。最初于雍正年间在甘肃河州推行,后扩及西北地区穆斯林聚居地。随着范围的扩大,乡约制度最终发展成"寺约"和"回约"。

宧或其他教派。格底木虽失去统一的地位,仍不失为中国伊斯兰教中影响最大的教派。

胡登洲与中国经堂教育　明代下半叶,陕西咸阳渭城的胡登洲(1522—1597)提倡经堂教育,开中国伊斯兰教正规宗教教育之先河。早年,他学过汉文和儒学,后习阿拉伯文与波斯文的伊斯兰教典籍、哈乃斐派教法,拜来华的缠头叟为师。归里后深感国内伊斯兰教"经文匮乏,学人寥落,既传译之不明,复阐扬之无自","遂慨然以发明正道为自任",立志兴学。① 初时,招收学生到家中,由他讲授宗教经典。后来,课堂移至清真寺经堂内进行,后人称此为"经堂教育",又称为"寺院教育"。

经堂教育制度始兴于陕西关中,这同当时该地的文化、经济发展程度相适应。它得到宗教与民族上层的支持,符合一般教民学习文化、深究宗教精义的愿望,发展十分迅速,很快在各地回民中推广,并日臻完善、充实。

经堂教育有着不同的形式。一种名为"小学",成员是少年儿童,授以阿拉伯文以便诵读《古兰经》某些章节的经文,学习伊斯兰教的基本礼制等,无严格学期年限,或全日或半日不等。另一种名为"中学",实为成年穆斯林学习宗教知识以诵念《古兰经》为主的业余宗教教育,夜校为多,在农村中较盛行。严格说来,这两种形式只起着普及伊斯兰教基本知识、传授诵读某些经文的作用。只有称作"大学"的经堂教育,才是专门培养寺院阿訇的主要形式。其学员除学习阿拉伯语以及语法、修辞或逻辑外,还学习《古兰经》及经注、圣训、教法、认主学、哲学等。课本多为阿拉伯文和波斯文的典籍。为期四到六年不等。学员称为"海里凡"或"满拉",寄宿寺院;为了求得某门宗教学科的知识,亦可到外地求师游学。他们学完必修的宗教经典,掌握必要的宗教知识,并具备独立宣讲教义的能力后,即可由经师择期主持毕业"穿衣挂帐"仪式,并取得应聘

---

① 见《建修胡太师祖传城记》碑,转引自《中国穆斯林》1981 年 2 期冯增烈的《建修胡太师祖传城记碑叙》。

当阿訇的资格。

胡登洲的弟子分散各地后,经堂教育在教学特点、风格和内容侧重上逐渐发展为不同的学派。承继胡登洲的陕西学派,多采用阿拉伯文课本,注重认主学,教学特点是"精而专",该派分布于西北地区及安徽、河南等省。胡登洲的第四代弟子常志美建立的山东学派,兼授阿拉伯与波斯文,擅长《古兰经》注疏和波斯文经典,教学特点是"博而熟",分布于华北及东北诸省。后来,以马复初为代表的云南学派,长于阿拉伯文经典,兼有陕西学派和山东学派的特点。

继经堂教育的发展,"经堂语"和"小儿锦"①也得到相应的发展。这对伊斯兰教在穆斯林中深入地传播起过一定的作用。

汉文译著活动的勃兴   在我国,儒释道著述历来甚丰,到明清之际,连基督教的汉文译著,经外国传教士之手也已刊行数百种,这对我国江南地区的穆斯林知识分子的著述活动无疑是一种借鉴和推动。江南地区文化发达,回族人口不少,一些学过汉文和儒学的知识分子,继北方提倡经堂教育之后,陆续开展汉文译著活动。他们用汉文表达和阐发伊斯兰教义,力求使之同中国传统文化思想相结合,改变以往"教义不彰,教理不讲"的状况,同时,也为了让教外人更多了解伊斯兰教,做到"隔教不隔理",强调伊斯兰教义与儒家学说并行不悖,"大相表里"。在一定意义上,这是穆斯林知识分子发起的一场护教宣传活动。可是,在实际上,他们的汉文译著有利于维护封建统治秩序,得到部分回族上层人士和封建士大夫的支持和赞赏。

译著活动的最初阶段,从王岱舆到刘智,以南京、苏州为中心,译著内容多为典制、历史、教义、哲学和教法,用汉文书写。后一阶段以马复初和马联元为代表,中心转移至云南,内容扩及到阿拉伯语法及修辞学、某些自然科学,并开始汉译《古兰经》。除用汉文

393

---

① "小儿锦"系中国伊斯兰教的一种经堂文字。它以阿拉伯文字母拼写汉语,其中有阿拉伯文、波斯文语汇。

外,有的学者还用阿拉伯文书写,或两种文字并用。

在译著过程中,穆斯林学者用汉语表达了具有一定特色的伊斯兰宗教哲学体系,它既不同于一般的儒释道之说,也多少有别于传统的伊斯兰教认主学,而是两者加以融合,互相补益。他们的著述"悉本尊经",参用了为数不少的苏非典籍,往往把苏非的修炼道路与儒释道的修身养性的方法及伦理道德思想加以折中调和,有着浓厚的神秘主义色彩。汉文译著主要是供读过儒书但对伊斯兰教义不甚了解且不谙阿拉伯文的穆斯林知识分子使用的,它对穆斯林大众的影响甚微。

江南著名的回族穆斯林学者 汉文译著的穆斯林学者,大多自幼习经,"通习四教"(伊斯兰教和儒、释、道),"会同东西",知识渊博,对伊斯兰教尤有精深之研究。

在江南地区最受推崇的穆斯林学者是号称"真回老人"的王岱舆(活跃于 17 世纪上半叶)。他的先祖来自西域,明太祖时赐居南京。他自幼受宗教教育,熟读伊斯兰教经籍,成年后又攻读诸子百家和性理之说,览阅史鉴和佛道书籍,"以儒解回"。他在《正教真诠》、《清真大学》中,把儒家宋明理学思想同伊斯兰教义相调和,彼此印证,相得益彰。特别是在创世说上,以伊斯兰化的新柏拉图主义"流溢说"与周敦颐的太极图说相结合;在认主学上,吸收儒家"明德之源"思想和佛教的"佛性"说,丰富了"真赐"(指"信仰")的涵义;用儒家的"体用"、"本末"思想阐发本体论;并用"三一"(真一、数一、体一)学说把伊斯兰教的创世说、本体说和认识说统一起来,阐述了他的宗教哲学体系。他晚年居北京,附馆赋闲,谈经论道,弟子甚众。

苏州的张中(约 1584—1670),又名时中,自称"寒山叟",幼时习经与阿拉伯文,后受教于经师张少山,学成后在江苏数地讲学;游学南京时,随印度来华苏非经师阿世格习经三年,精于认主学。他的《归真总义》记述了阿世格讲学的要旨,强调通过自身可以认识安拉;《四篇要道》着意解明伊斯兰教的基本常识。

南京的伍遵契(约 1598—约 1698),字子先,幼读儒书,中过秀才,后抛弃功名专攻伊斯兰教经籍,曾在苏州讲学,《归真要道释义》系由他口译,其兄笔记而成。原著《米尔萨德》的作者为波斯的阿布杜拉·阿布·伯克尔,该书系经堂教育读本之一,讲述修身、养性和近主之道。遵契自称译时"不增己见,不减原文",只求达意,仅在正文下偶加小注。

17 世纪末叶著名的回族穆斯林学者当推刘智。刘智(约1662—约1730),字介廉。他是伍遵契的同乡,出身经师之家,早年读伊斯兰教经籍,旁及诸子百家和佛道两教及西洋来书,精通阿拉伯文和波斯文。曾游学各地,访求遗经,寻觅助手。晚年回南京,隐居十年,专心读书,埋头著译。他自称"会通诸家而折衷天方之学,著书数百卷",今传世之作只有 50 卷左右,有《天方性理》、《天方典礼》、《天方至圣实录》、《真境昭微》、《五功释义》、《天方字母解义》等。前三部书分别介绍了伊斯兰教的宗教哲学、宗教法律和穆罕默德的历史。"《典礼》者,明教之书也。《性理者》,明道之书也。今复著《至圣录》以明教道渊源之自出,而示天下以证道之全体也。盖三书者,三而一者也;履阶而登,升堂入室,其庶几矣。"[①]这些著作在沟通伊斯兰教义和儒家学说(特别是宋明理学)方面又前进了一步。他深受儒学影响,"恍然有会于天方之经,大同孔孟之旨也"[②],连伊斯兰教的伦理都儒家化了。同时,他吸取、融合苏非主义的"天人会合之要道",用以阐发伊斯兰教认主学,说明天人、性命、体用、善恶之义。

云南著名的回族穆斯林学者　　云南是穆斯林的重要聚居地之一。明清以来,当地的社会经济、文化得到发展,成为江南之外的又一伊斯兰教学术文化中心。在回族中先后出现过一些著名的穆斯林学者。

保山人马注(1640—约 1711),字文炳,号仲修,经名郁速馥。幼时生活贫寒,16 岁时中秀才,南明永历帝(1647—1661 在位)时曾

395

---

① 刘智:《天方至圣实录·著书述》,第 4 页,中国伊斯兰教协会重印,1984。
② 刘智:《天方性理·自序》,中华书局重印,1928。

任中书等职。永历帝败后,他避隐教书,专攻经世之学。30岁后攻读伊斯兰教义,学习阿拉伯文和波斯文,并游历多处,广交名师。最后回到云南向弟子们讲授"心性之学"。他的《清真指南》一书,内容丰富,不仅阐发"人主合一"的天人性命之学与敬慎持身之道,而且在杂论中涉及穆斯林社会的诸多问题,提出独到见解,为其后刘智、马德新等所承袭。马注尚有文集若干。

云南大理人马德新(1794—1874),字复初,出身经学世家,自幼勤学,博览经集。成年后负笈陕西从名师深造。他通晓阿拉伯文、波斯文,曾两次赴麦加朝觐,游历阿拉伯、埃及、土耳其、印度、缅甸、新加坡等地,到处"旁搜博采"。回国后在云南执教,名噪一时。1856年参加滇东南回民起义,随马如龙降清,钦赐官爵,后被云贵巡抚岑毓英杀害。他是第一位用阿拉伯文著书立说的中国穆斯林学者,对伊斯兰教理造诣颇深。他的译著有30余种,内容涉及伊斯兰教义、教法、历法、天文、地理、阿拉伯语法和杂论等。主要译著有《四典要会》、《大化总归》、《醒世箴言》、《会归要路》、《道行究竟》、《朝觐途记》等。相传最早的《古兰经》汉译本《宝命真经直解》五卷也出自其手。他的代表作《四典要会》说理精辟,文字通俗,重视实践,"遵中国之礼,引孔孟之章,译出天道人道之至理,指破生来死去之关头",在教内外学界有一定影响。经他整理、编删过的王岱舆、马注、刘智等人的著述,去粗存精,文字严谨,具有不同于原著的特色。

玉溪人马联元(1841—1895),字致本,出身经学世家,少承家学,攻读伊斯兰教籍,又习儒学,通晓阿拉伯文和波斯文。22岁时,他任经师后曾赴麦加朝觐,并游历土耳其、伊拉克、埃及、印度各国,回国后在滇讲学,从学者甚众。教学中首创阿文、汉文并授,采集经文辑成选本,为经堂教育之重大改进。主要著述有:用波斯文写成的《四篇要道》、《清真玉柱》、《教款捷要》、《阿拉伯文法》、《波斯文法》,用汉文写成的《辨理明证语录》等。他的《孩听译解》(《古兰经》选本),是汉阿文对照本《孩听》之始,也是《古兰经》最早的汉译节本之一。

　　四大门宦　元明之后,甘肃狄道、河州地区的回、撒拉、东乡等族人口迅速增长,以农业为主的封建经济得到发展。清以后,这些地区在苏非主义的影响下,一些穆斯林专注于精神修炼,并逐渐建立起道堂。道堂成为宗教头人用功修炼、布道说教的场所,一些追随宗教功修的穆斯林也逐渐将宗教生活的中心由清真寺转向道堂。在道堂的基础上最终形成了门宦。门宦是宗教头人(教主)的高门世家,富甲一方,辖有数量不等的清真寺或教坊。一般教徒与教主的关系与教长不同,它是一种隶属关系或依附关系,教主被神化,教主或前辈教主的拱北或陵墓受到教徒的朝拜。在西北各地先后兴起了四大门宦——虎非耶、格底林耶、库不林耶和哲合林耶——及其 40 多个分支门宦。

　　"虎非耶"[①]兴于清初。教理思想源自中亚的纳格西班迪教团。约有毕家扬、花寺、穆夫提等 21 个支系,分散于甘肃、宁夏、青海、新疆及云南等地。各支系除遵奉大致相同的教理和宗教仪式外,在道统传授上并无直接联系,各自独立从事宗教活动和传教。各支系最初的创建者,有的来自阿拉伯或中亚的苏非;有的是中国伊斯兰教的教长或穆斯林,他们去麦加朝觐和游学时接受某一苏非教团的思想,返国后传授该教团的神秘主义并创立其门宦;有的是研习苏非经典后自立的。虎非耶除诚信伊斯兰教基本信条和主要经典外,遵行哈乃斐派教法;在教权的继承上采取世袭罔替,父传子受;在修炼方法上教乘(五功)礼仪和道乘修持并重,在"现世繁华"的环境中"闹中取静",早晚默念"齐克尔",鼓励夜间副功拜。成员根据修炼程度的不同,分成若干等级,其中,最高一级为传教授道的"导师",他们被认为能显示种种奇迹。通常导师也就是门宦的教主。

　　"格底林耶"[②]出现于清代康熙年间(1662—1722)。据传源出

---

　　① "虎非耶",阿拉伯文原意是"隐藏"、"低的",因主张低声念诵赞词,又称为"低声派"或"低念派"。

　　② "格底林耶",阿拉伯文原意为"大能"。

波斯人阿布杜·卡迪尔·吉拉尼创立的卡迪里教团。按格底林耶的道统,第一辈道祖是阿拉伯人华哲·阿布杜拉·董拉希,先后在青、甘、宁、陕等地传教。第二辈道祖为甘肃临夏回族人祁静一,传至七辈,道统中断,再无教祖。此后分出两支:一支以大拱北门宦为中心,尊祁静一为始祖;另一支以韭菜坪门宦为中心。两支皆由"勤炼人"充当首领,各立门户。格底林耶在发展过程中也吸取了某些十叶派的观点,但更多地受到佛道思想的影响,具有明显的出世倾向。他们认为"先有道,后有教",主张超俗出世,游山访师,出家修道,迷醉于"道乘"功修,参禅悟道(坐静),默诵"齐克尔"和某些修道"真经",叩拜拱北,以求"返本还原"、认主和近主。

"库不林耶"①始传年代说法不一。一说于明代传入,一说是清康、乾年间传入。传说中始祖为阿拉伯人穆呼应底尼。他先后三次来华传教,最后定居于大湾头(现甘肃东乡自治县境内),并随当地居民取姓张。殁后,大湾头信徒为他建造拱北,故又有"张门"或"大湾头门宦"之称。库不林耶主张静修参悟,教权松弛,由各教坊之教长主持教务,而不设教主和首领。

"哲合林耶"②兴于清代乾隆(1736—1795)初年。创建者为甘肃阶州(今武都)回族人马明心(1719—1781),据说早年曾受教于布哈拉(一说于也门纳格西班迪教团道堂),并朝觐麦加,回国后在甘、青、宁、陕及新疆等地传教,发展迅速。马明心在礼仪等方面曾提出许多具体的改革主张,"入其教者皆有周济,人情贪利,附之者愈众"③,受到下层教众的欢迎,清代官书一度称之为"新教",与虎非耶的花寺门宦相对。历史上哲合林耶教众多次参加反清起义斗争,遭清政府的残酷迫害和屠杀,以致群众视殉教者为"圣徒",加以崇拜。哲合林耶亦遵行哈乃斐派教法,崇信和神化教主,重视清

---

① "库不林耶",阿拉伯文原意为"至大者"。
② "哲合林耶",阿拉伯文原意为"公开的"、"响亮的",因主张高声念诵词,故有"高声派"或"高念派"之称。
③ 见《循化志》。

心、节食、坐静等"道乘"修持。在教权继承上由早年的传贤演变为后来的父子相传,以后分化出不同支系的分支门宦。[①]

在各门宦中,哲合林耶人数较多,组织严密,传播地域广,影响较大。

19世纪末叶,在西北地区门宦制度发展的同时,伊斯兰教发生了新的分化,兴起了反对门宦制度的伊合瓦尼派。20世纪初,宗奉教主的西道堂建立。但伊合瓦尼派和西道堂只是到民国以后才得到真正的发展。

穆斯林的反清斗争　清朝开国不久,各地的抗清运动不断爆发。顺治五年(1648)四月,回将米剌印、丁国栋为首在甘州举兵起事。他们拥出明朝延长王朱识锊,高喊"反清复明"口号,两年之内转战甘肃各地,得到新疆维吾尔、回族人民的支持与响应,给予清政权以沉重打击。这次起义以失败告终,但揭开了清代回民起义的序幕。从乾隆后期起,各族人民的反清斗争由秘密活动走向公开的武装起义。马明心和花寺门宦在教理和礼仪上的分歧导致伊斯兰教中新老教派之争,由于清统治者的干预和迫害,教派之争遂发展为声势浩大的反清斗争。首先揭竿而起的是乾隆四十六年(1781)苏四十三领导的陕、甘、青、宁地区撒拉族与回族人民起义。乾隆四十八年(1783)田五又领导了另一次起义。清统治者镇压这两次起义后,对伊斯兰教的态度由歧视、怀柔转而防范、高压。一方面,利用教派之争,挑起穆斯林间的内讧,削弱他们的实力,从中渔利;另一方面,挑动和制造国内各民族矛盾,或"联蒙制汉",或"护汉抑回",或"以回制回"。他们故意压制伊斯兰教,在官方文书中诬回民为"逆"、"贼"、"子"、"匪"。在法律地位上,压回人在汉人之下,规定回民犯罪"加等科罪","回伤汉民,一以十抵;汉伤回民,十以一抵"。始于雍正年间(1723—1735)的乡约制度在西北各信仰伊斯兰教地区进一步推行,并发展为寺约和回约,利用伊斯兰教

---

①　哲合林耶门宦以后形成官川系和灵州系两大支系;随后又分化出大的分支,主要有沙沟门宦、板桥门宦、北山门宦、南川门宦等。

约束回民。乾隆曾训饬各清真寺在聚礼日时要宣讲所谓圣谕广训,并刻印成碑,永立寺中;强令寺内供奉书有"皇帝万岁万岁万万岁"的牌碣,以志"感戴";勒令拆毁寺院,强占寺产,革除掌教,对起义者"尽绝根株,不留余孽"。

19 世纪中叶,在太平天国运动的影响和推动下,云南、陕西、甘肃、青海、新疆爆发了一系列回、撒拉、维吾尔等族人民起义。其中云南杜文秀领导的反清起义(1856—1873)规模最大,云南各地的回、汉、彝、白各族人民纷纷响应。起义军曾占领大理,组建"大元帅府",建立和颁布一些法令、制度,深得当地群众拥护。起义军乘势大举东征,声势浩大,但坚持 18 年后终在清军的合力"围剿"下失败。与云南杜文秀起义遥相呼应的陕、甘、青的回民起义(1862—1873)也坚持了 12 年。同治(1862—1874)初年,新疆地区爆发了维吾尔族人民的大规模武装起义,势猛异常,席卷库车、吐鲁番、哈密、喀什、伊犁、塔城、和田、莎车等广大地区。但由于领导起义的民族宗教上层未能正确引导,把反清斗争演变成政教合一的封建割据,有的甚至勾结外部势力,引狼入室,妄图分裂中国,终使起义斗争归于失败。

清代信仰伊斯兰教各民族人民的历次起义,在不同程度上与宗教有关系。它或是以伊斯兰教为旗帜,或直接源出于教派斗争,或是由阿訇和民族宗教上层分子领导。从根本上说,这些起义是对清代统治阶级封建压迫和民族压迫的反抗,具有民族斗争和反封建斗争的性质。

新疆地区的伊斯兰教 除塔吉克和柯尔克孜族外,新疆地区的维吾尔、哈萨克、乌孜别克、塔塔尔族穆斯林大多属逊尼派,遵行哈乃斐派教法,少数信奉沙斐仪派。

塔吉克族原是中亚的土著民族,分平原塔吉克人和高原塔吉克人两大支。我国塔吉克族是一支独特的高原塔吉克人,系古代分布于新疆南部的操印欧语系东伊朗语部族的后裔,在 10 世纪中叶后信奉了伊斯兰教,约在 16 世纪末 17 世纪初追随十叶派教义。据传,明末清初时,一位十叶派人由波斯来到塔什库尔干传入伊斯玛仪派教义,该派受印度霍加派影响尤深,奉阿迦汗为"活主"和伊玛目,后经塔吉克族的封建统治者的支持和大力推行而传开。宗教仪式简单,一般不设礼拜寺,多分散自行宗教活动。每日礼拜只作晨礼和昏礼,余为义务礼,不专门封斋和去麦加朝觐,崇拜麻扎①,朝奉阿迦汗。宗教首领称为"依禅"(或"辟尔"、"穆克农")。

柯尔克孜族原居于中亚,公元 6 世纪前已部分进入新疆。10世纪中叶后始奉伊斯兰教十叶派,还有少部分人信奉藏传佛教、萨满教。

维吾尔、回、乌孜别克等族中一部分人属依禅教派。依禅派源自苏非主义,因其宗教首领称"依禅"(意为"他们")而得名。据传,依禅派是 17 世纪初由自称为穆罕默德后裔的玛哈图木阿杂木及其后代传入喀什噶尔的,到 17 世纪末已在南疆取得宗教及政治的统治权,成为一支强大的宗教社会势力。南疆的伊斯兰教此时进入全盛时期。

玛哈图木阿杂木有两个儿子,长子玛木特阿敏和次子伊斯哈克。他们到喀什噶尔后,都自称"和卓"②,通过传教活动,引起当地穆斯林的狂热崇拜,成为南疆六城伊斯兰教的领袖。其后,兄弟间为统治权发生争夺。以玛木特阿敏为首的白山派(教徒头戴白帽),同以伊斯哈克为首的黑山派(教徒头戴黑帽)在教义上并无很大分歧,仅在礼仪和形式上有小异,但围绕着政治与宗教权益各找靠山,相争不已,延续 300 年之久。黑山派与白山派之间的长期斗争,既不利于社会稳定和发展,危害了国家的统一和民族的团结,也给清代统治者实行分化和"钳制"的民族政策以可乘之机。直到 20 世纪,两派才泯灭。这时期,依禅派得到进一步发展,依禅派中出现了许多派系,其中大多源于中亚的各种苏非教团。据

---

① "麻扎",阿拉伯语译音,意为"圣地"、"圣徒墓"。一般由大门、围墙、庭院、墓室等建筑组成,有的还盖有"拱北"(即圆屋顶)。

② "和卓",波斯文音译,原意为"显贵"或"富有者"。又译为"和加"、"霍加"。系伊斯兰教对"圣裔"(一说指穆罕默德的后裔,一说为四大哈里发的前三任哈里发的后裔)和学者的一种尊称。

传,当时推崇纳格西班迪教团和虎非耶的阿帕克和卓,就有信众30万人。

依禅派重视苏非经典与修持,主张克制与禁欲,通过神秘主义的直觉,入神与参悟,以图认识安拉,达到"人主合一"。该派的宗教仪式比较狂热,在赞念"齐克尔"时配以各种动作,崇拜圣徒,并朝拜圣墓。依禅派的宗教思想及礼仪制度中吸收并融合十叶派和当地各民族传统风习的某些因素。该派活动中心场所是大小不等的"罕尼卡"(意为"道堂"),多设在麻扎所在地。依禅的道统采取世袭制,内部有较严格的组织系统和等级制度,依禅往往被神化为接近安拉的现世活"圣人",一般教众同依禅之间是隶属关系,对依禅应绝对服从。

第四节　民国时期的伊斯兰教

伊斯兰教在新形势下的发展　1911 年辛亥革命推翻清朝统治,中国人民仍然身受帝国主义、官僚资产阶级和封建地主的三重压迫,辛亥革命提出的"五族共和"和"民族平等"的主张并未真正实现。民国政府和民国约法虽承认伊斯兰教的存在,声言"信教自由",但又把信仰伊斯兰教的内地诸民族(如回族)视为汉族的"宗支",仅仅是一个"回教集团",企图用宗教上的信仰替代民族的存在。

统治当局延用清朝"以夷制夷"、"以回制回"的手法,扶植利用民族上层维护其统治,并多次挑起新的教派斗争。例如军阀杨增新在辛亥革命后统治新疆的 17 年中,更是运用种种手法,剪除异己,压制信教群众反抗,维护其统治。1943 年甘肃临夏地区在马步芳等挑动下发生新老教派冲突,回民一次就被杀数百人。一些宗教上层则与官府和地方封建势力勾结,欺压盘剥穆斯林。仅东乡地区各种宗教摊派的款项即达 34 种之多。

伊斯兰教虽然面临着许多艰难和不利的环境,但仍有新的发展。在此期间,赴麦加朝觐者络绎不绝,宗教界的一些教长、开明人士和宗教学者力主进行宗教改革,提出"倡经义、除陋俗"的主张,出现了穆斯林新文化运动。不少受资产阶级思想影响的知识分子倡建新式学校,出版伊斯兰教书刊,组织全国或地区性的伊斯兰教团体;从事伊斯兰教的社会调查和研究活动,派遣留学生,兴办实业等。与此同时,穆斯林的爱国情绪和革命热情十分高潮,积极参加中国近代史上的历次重大的反帝爱国运动和革命斗争,作出巨大贡献。抗日战争中,在中国共产党领导下的各抗日根据地分别建立了穆斯林的抗日组织和抗日武装。1944—1949 年间,新疆维吾尔等族人民在伊犁、塔城、阿勒泰地区建立以阿合买提江·哈斯林(1914—1949)为首的革命政权和武装部队,有力地打击了新疆的反动势力,为新疆地区各民族人民的解放作出了贡献。

伊合瓦尼派的发展 清末西北地区兴起的伊合瓦尼派①到民国时期得到迅速发展。伊合瓦尼派是在瓦哈比教义影响下诞生的一个教派。它强调穆斯林间的兄弟情谊,主张"一切回到《古兰经》去",倡导"凭经立教"、"尊经革俗"。所以,该派又自称"遵经派"、"圣行派"、"新行派"、"新兴派"或"新派"等。

403

伊合瓦尼派的创始人东乡族人马万福(1849—1934),因出生地在东乡县果园村,又名"马果园"。1888 年他去麦加朝觐、留学。1892 年回国后,开始凭经传教,对当时盛行的门宦和格底木的某些礼仪和风习持批判态度,抨击不合经典的礼仪。他的主张受到陆续返国的朝觐者的支持。他经与十位阿訇共商,决心改革中国伊斯兰教,提出该派的十条纲领,其中包括:不聚众念《古兰经》,一人念众人听;不高声赞圣;不多做"都阿"(祈祷);不朝拜拱北;不聚众念"讨白"(忏悔);不纪念亡人的日子等。从此,他们以革新者的姿态在甘肃临夏一带传教,因提出以"伊合瓦尼"来"统一教派和门宦",遂遭格底木和各门宦的反对。此后马万福辗转陕西、新疆等地讲学,皆难以立足。1918 年,在长期统治青海的马骐、马步芳父子的大力支持和扶植下,情况有了变化。到 40 年代,伊合瓦尼派在

---

① "伊合瓦尼",阿拉伯语音译,原意为"兄弟"。

甘、青两省中已占有优势,在宁夏则受马鸿逵的扶持,也渐有声势。伊合瓦尼派坚持"认主独一";严格遵行"五功",反对门宦制度,提倡革俗,禁止利用宗教活动从中牟利的做法,受到一部分教众的欢迎。

伊合瓦尼派在宁夏地区的传播,也得力于虎嵩山等阿訇的传教活动。虎嵩山主张在讲经和教学中既学阿文又学汉文,举办中阿学校,重视培养新型的宗教人才。对宗教礼仪,他既坚持"凭经立教",对不合经训的加以废除与改革,但又避免偏激、过分的做法,提出各行其是、互不干涉的原则,缓和了与格底木和各门宦的紧张关系。

约在1937年,伊合瓦尼派分成两派。以尕苏个为首的一派,奉行马万福的原旨,人数较多,称为"苏派"或"一抬"。以马得宝(尕白庄)为首的一派,主张对原宗旨加以修改,早期被称为"白派"或"三抬",以后自称"赛来菲耶",意为"遵祖派"。

伊合瓦尼派在寺坊方面与格底木的区别不大。它同样实行互不隶属的教坊制,内部没有严密统一的宗教组织;在清真寺的管理方面亦实行以"学董"为首的"董事会"制,这相当于寺的管理委员会,其成员由教民推选。

西道堂的兴起与发展　西道堂是清末民初出现于甘肃临潭的一个比较独特的宗教社团。它的教民为数虽不多,但解放前已遍及甘、宁、青、新各省区,包括回、撒拉、东乡、保安等族群众。

西道堂的创始人是临潭回族人马启西(1857—1914)。他出身于阿訇家庭,幼习经文,后就学于当地名儒,中试秀才,阿拉伯文和汉文造诣亦深。他不求仕途,喜博览群书,尤刻苦精研刘智、王岱舆等人的汉文伊斯兰教著述。中年后,他一面进行宗教功修,一面设帐讲学。1902年他在临潭创立西道堂,"根据清真教教义,并祖述清真教正统,以宣扬金陵介廉氏学说,而以本国文化发扬清真教学理,务使本国同胞了解清真教义意为宗旨"[①]。

---

①《清真西道堂之史略》,原载于《回教青年》(1942),转引自李兴华、冯今源《中国伊斯兰教史参考资料选编(1911—1945)》上册,第875页,宁夏人民出版社,1985。

西道堂在宗教上遵奉伊斯兰教的基本信条,遵行"五功",并将刘智等人的学说贯彻于宗教实践之中。礼仪方面,兼有格底木和哲合林耶的特点,并有一些有别于其他教派或门宦的特殊礼仪与风习。教权结构上似门宦,实行教主集权制,教主之言行对教民有约束力;其职可终身,但不世袭,"选贤能者以受之",死后建拱北,受教民朝拜,殁日则为重大纪念日。在组织上,分集体户和个户两种,部分教民以道堂为家过集体生活。

西道堂既是宗教社团,又是一个社会经济实体。它倡导实业办教,分工合伙经营商、农、牧、副各业,从事生产。堂内设总经理统管,其下各行业设经理,财产收益归道堂,实行统一分配,建立了一套宗教性的集体经济体制。

1914年,马启西被军阀马安良遣人杀害。1917年,马明仁继任教主,经数十年努力,不仅重整教务,扩大农、商、文、教各业,经济得到全面发展,且结交政要寻找靠山,积极开展对外活动。1946年,马明仁殁后,敏志道继任教主。道堂内上层多只顾及自己敛聚私财,教徒间貌合神离,组织涣散,经济走下坡路,下层群众生活贫困,一度呈衰落之势。

穆斯林的新文化运动　近代中国穆斯林新文化运动的开拓者是北京人王宽。王宽(1848—1919),字浩然,自幼受叔祖、经师王守谦和其他伊斯兰学者的教育与熏陶,博览群书,精通阿拉伯文和伊斯兰教经籍。成年后,在数地清真寺出任教长。由于他热心讲学,各方学生负笈而至。1906年,他偕弟子马善亭赴麦加朝觐,到过埃及、土耳其等地,得经书千余卷。归国后锐意兴学,宣传教旨。1907年,他在北京牛街清真寺内创办回文师范学堂。他改进教学,增定课程,除经文外兼授汉文和科学知识,改经堂教学为新式学校。1908年又与马邻翼等在牛街清真寺后院兴办京师公立清真第一两等学堂,延请四方知名伊斯兰教学者任教,对穆斯林子弟开展普及教育,后又在北京多处分设小学。

辛亥革命后,王宽和一些穆斯林知名人士共同发起成立"中国回教俱进会",以"兴教,固国体,回汉亲睦"为宗旨。各地纷起响应,成立分会。他先后奔走于南北各地,或亲任教长,或设讲席,为兴办学堂、发展教育、改良风习而呼号。他还提倡"振兴工艺",发展民族经济,1914年前后在北京牛街首先办起了回民工厂。与此同时,他积极支持革命事业,1912年在北京与孙中山先生会见于"回教俱进会",两人"一见投契"。以后,他多次用实际行动支持共和与护法运动。

自王宽兴学后,各地回民普遍办起小学和师范学校。十余年中总数已不下六七百所。1925年马松亭(1895—1992)等人在济南创办成达师范学校,校名取"成德达才"之意,以启发回民知识、阐扬伊斯兰文化、兴教救国和造就人才为目的;1929年师范学校迁往北京。继起办学的还有上海、万县、昆明、晋城、杭州等地。其中一类是中等师范性质的学校,以宗教教育为主,也教授一般知识和自然科学,培养具有宗教知识的新型阿訇或担任普通教育的师资。另一类为普通中学,以造就回民子弟为名,实则回汉学生兼收,课程安排与一般中学相同。为办好教育,成达师范学校创办人马松亭和上海伊斯兰师范学校创办人达浦生(1874—1965)分别到埃及和印度考察。在新疆,阿布杜·卡德尔(?—1924)大毛拉于喀什创办新式学校,自编有关宗教及普通教育的教材,教学方式及内容皆有创新。这些新型学校为培养人才作出了贡献,但其后因资金拮据,难以为继中途停办。

伊斯兰教新式学校的发展,给仍然存在的经堂教育以影响。一些清真寺开始改变旧例,在寺内附设中阿文兼授的小学。经堂教育与新式学校两种制度的并存,是近代中国伊斯兰教教育的特点。

自1921年王静斋(1879—1949)留学埃及爱资哈尔大学后,赴国外留学之风渐开。从1937年起,云南、上海、北京等地回民学校先后组成留埃学生团赴爱资哈尔大学深造。1937—1945年间共派出留学生50余人。为管理中国穆斯林学生的学习,爱资哈尔大学也相应成立了中国学生部。

这一时期,伴随着穆斯林教育的发展及专门人才的成长,许多穆斯林和非穆斯林学者积极从事伊斯兰经典和著作的翻译、出版。《古兰经》最早有李铁铮和姬觉弥翻译的两个汉译本。以后,王静斋的《古兰经译解》是我国诸汉译本中影响较大、流传较广的一种。继王静斋之后,还有杨仲明(1870—1952)、刘锦标等人的《古兰经》汉译本。此外,王静斋的《中阿新字典》和《伟嘎业》、李虞宸的《圣谕详解》、马坚(1906—1978)的《回教哲学》、纳子嘉的《伊斯兰教》、杨仲明的《教心经》等译本都是力作。在各种原创著作中,杨仲明的《回教要括》、金吉堂的《中国回教史研究》、马松亭的《回教与人生》等皆具代表性。

伊斯兰教刊物最早出现于光绪(1875—1908)末年,由留日中国穆斯林学生主编,在东京出版,名曰《醒回篇》,仅出一期。从1905—1936年,在全国大中城市先后出现的刊物达六七十种,但因经费匮乏、稿件不足,大多不能按期发刊,有的则被迫停刊。其中《月华》发行于国内外,历时最久。

1917年后,类似"清真学社"这种群众性宗教学术团体纷纷出现。1925年,哈德成(1888—1943)阿訇等在上海成立"中国回教学会",以翻译经典、编辑书报、开办学校、提倡教育、扶助公益事业等为主要活动内容,影响较大。1928年,北京各大学的穆斯林同学发起成文"伊斯兰学会",后有15个省近百位大学生参加。1929年,达浦生阿訇等在上海成立了"中国回教公会",其活动以培养宗教专业人员、广设学校及图书馆、兴办医院等为主。

新文化各项事业的发展是在困难条件下,通过我国穆斯林各界人士的努力取得的。它对培养人才,传播伊斯兰教的思想和文化,促进中国和伊斯兰国家的文化交流,增进我国人民对伊斯兰教的了解起了积极作用。

第四编

近现代伊斯兰教

引 言

　　拿破仑在法国与英国争夺东方市场的角逐中,为打开通向印度的道路,于 1798 年侵占埃及。从此,伊斯兰世界受到西方资本主义日益频繁的侵略,逐步沦为西方的殖民地、半殖民地。伊斯兰教也随之步入它的近代历史的发展时期。

　　18 世纪中叶兴起并在以后得到发展的瓦哈比运动,不同于基督教的改革运动,它没有给予封建制度以沉重打击,也没有带来宗教的改革。相反,却在阿拉伯半岛地区强化了伊斯兰教,建立起政教合一的封建君主制度的国家,形成新的信仰堡垒。

　　进入近代以来,尽管伊斯兰教在政治、经济、文化、教育、法律、伦理等社会生活的各个领域仍然有着强烈的影响,但它终难抵挡西方意识形态和生活方式以及科学文化的冲击和渗透,穆斯林的社会生活日益世俗化、现代化,有的地区则出现了西方化的现象。因此,伊斯兰教内部,不论是坚持宗教原旨教义的传统主义者,还是主张改革以适应现代社会发展潮流的现代主义者,都渴望伊斯兰教的原有精神和传统价值在现代社会生活中得以延续和发展,这就是近代以来伊斯兰世界不断出现的社会思潮和社会运动,总与伊斯兰教或多或少相关联的原因所在。

　　二次大战以来,伊斯兰教在世界各地呈发展趋势并不断地强化。20 世纪 70 年代兴起的伊斯兰运动表明,伊斯兰教在地区和国际政治生活中有着不可低估的影响。这种态势可能仍要继续一段相当长的时间。

第十三章 近现代伊斯兰教的社会思潮和社会运动(1800—1945)

第一节 瓦哈比运动的发展与奥斯曼帝国的改革

瓦哈比派的对外扩张 第一次世界大战前,阿拉伯半岛的很大一部分地区名义上仍属奥斯曼帝国领地。南部的也门,原属栽德派的伊玛目国家,16 世纪和 18 世纪曾两度为奥斯曼军队所占领。但也门在大部分时间里仍保持着政教合一的伊玛目体制。中部和北部,因有伊斯兰教圣地麦加和麦地那而显得更加重要。自 16 世纪,历代奥斯曼苏丹都自称为两大圣地的监护人,享有宗主权,但同时给予当地的封建贵族和宗教上层许多特权。奥斯曼帝国于 18 世纪急剧衰落后,对希贾兹控制明显减弱,当地统治者纷纷要求独立。

在圣地麦加,政治与宗教的实权长期掌握在圣族后裔手里,其族长被尊称为"谢里夫"。以谢里夫为首的圣族同其他望族时有摩擦,但能联合一致对外。谢里夫家族在宗教界地位显赫,但其兴趣不在于宗教事务上,而热衷于维护自己的政治地位。他们经常收容和保护外地迁来的伊斯兰学者,但很少亲自参加学术活动,尤其厌恶外来的新思想、新观念。在麦地那,历史上从未形成盘根错节的统治家族,因而难以抗拒外部势力的侵入,实权掌握在奥斯曼总督手里。当地的封建贵族把持着寺院等宗教设施的管理权,从世界各地获取优惠的津贴和捐赠。18 世纪以来许多外籍宗教学者迁居麦地那,使当地封建贵族的成分发生某些变化。在宗教思想上,麦地那不像麦加那样固执、僵化、墨守传统。

瓦哈比派兴起后,圣地麦加成为必争之地。1765 年,瓦哈比派首领阿布杜·阿齐兹继续对外征服,1788 年其势力已抵达半岛东北海岸的唯一港口科威特并占领大片土地。瓦哈比军的胜利,直接威胁到麦加圣族的利益。1769 年,麦加的谢里夫派兵进攻瓦哈比军,遭到失败,瓦哈比军继续北上。1797 年,巴格达总督采取防御措施,派遣 7 000 名突厥士兵,协同当地的阿拉伯驻军进攻瓦哈比军控制的哈萨省。当瓦哈比军予以还击时,巴格达总督反而妥协,双方达成为期六年的停战协定。1801 年,瓦哈比军攻占伊拉克十叶派圣地卡尔巴拉,扒倒了侯赛因陵墓的拱顶,夺取了大量战利品。此后,瓦哈比派因纳季德的大部分贝杜因部落加入而力量倍增。1803 年 4 月朝觐期间,瓦哈比军攻占麦加,麦加的谢里夫逃亡吉达。同年 11 月,阿布杜·阿齐兹在达里亚清真寺被一名狂热的十叶派信徒暗杀。其子沙特即位后解除吉达之围,让麦加的谢里夫做他的封臣,迫使谢里夫放弃他获利最大的岁入——吉达的关税收入。1804 年,瓦哈比军夺取麦地那,捣毁了先知陵墓并劫掠了墓地的全部物品,驱逐了麦地那的大批突厥人,控制了整个纳季德地区。

独立的瓦哈比国家的建立使奥斯曼苏丹惊恐不安。1811 年,苏丹责令埃及总督穆罕默德·阿里率军讨伐。埃军分陆海两路开进阿拉伯半岛,于历史上著名的白德尔战场附近遭到大败,几乎全军覆没。1812 年,大批埃及援军乘瓦哈比军北上之际夺取了麦地那。次年占领塔伊夫。1814 年 4 月,沙特国王去世,其子阿布杜拉即位,继续与埃军周旋。1818 年 4 月,埃军包围瓦哈比派最后一个据点达里亚,9 月阿布杜拉战败投降,后于伊斯坦布尔被处决。至此,瓦哈比国家被推翻。但埃军未长期留驻纳季德。不久,瓦哈比派再起,于利雅得附近建立新政权。1838 年,即位的费萨尔国王被埃军俘获,解往埃及,后设法逃回,继续领导瓦哈比运动。1849 年,最后一个埃及总督被迫撤回埃及,从此瓦哈比派开始恢复在阿拉伯半岛的统治。

瓦哈比派统治地位的确立 19 世纪 60 年代末,费萨尔国王去世。其后因争夺继承权,王室成员分裂:一派以拉希德家族为中

413

心,建都哈伊勒;另一派以老沙特家族为中心,建都利雅得。拉希德王朝不再鼓励狂热的瓦哈比派宗教情绪,改善了同驻麦地那的奥斯曼帝国总督的关系,势力大增,于19世纪末推翻利雅得王朝。沙特王室逃往邻国科威特避难。1902年,沙特王室的阿布杜·阿齐兹二世(即伊本·沙特)自科威特回归故乡,召集旧部收复利雅得。为恢复沙特家族的统治,他再度求助于瓦哈比派的"圣战"传统,于1910年创建了穆斯林兄弟会组织,推行"伊赫万运动"①。兄弟会既是军事组织又是生产组织,随着成员的不断增加,逐步向纳季德农业区迁移,为新国家的建立奠定基础。1913年,阿布杜·阿齐兹二世乘奥斯曼帝国忙于巴尔干战争之机,征服了一直在巴格达总督统治下的哈萨省,打开了一条通海之路。帝国苏丹看到大势已去,遂任命他为纳季德的总督,以便加以利用。但是,就在瓦哈比军节节胜利之时,麦加的谢里夫·侯赛因企图借助英国势力控制整个阿拉伯半岛。1915年7月,侯赛因致信英国高级专员麦克马洪,表示如果英国同意在阿拉伯半岛建立一个哈里发国家,他将协同英国方面同奥斯曼人作战。英国未立即给予明确答复。1916年10月29日,侯赛因向麦加贵族宣布自己是全阿拉伯的国王。但英、法、意后来只承认他为希贾兹的统治者。侯赛因的称霸要求为瓦哈比派的扩张提供了借口。1919年5月,阿布杜·阿齐兹二世的军队于塔伊夫东部击败侯赛因,取得决定性的胜利。1924年3月5日,侯赛因乘土耳其革命胜利废黜苏丹制度和哈里发制度之机,在英国的授意下,自称哈里发,但遭到全世界穆斯林的反对。在这种情况下,英国抛弃了侯赛因,转而支持新兴的瓦哈比派。1924年8月,瓦哈比军攻占塔伊夫,10月占领麦加。侯赛因被迫退位,逃亡国外。1925年12月,侯赛因部队控制的最后一个据点吉达港沦陷。至此,瓦哈比派控制了整个希贾兹。

在纳季德中部,瓦哈比派的扩张一度遭受挫折。1915年1月,在奥斯曼人扶植下的拉希德王朝军队曾战胜得到英国支持的瓦哈

①"伊赫万",阿拉伯语音译,原意为"兄弟"。

比军。1920 年,哈伊勒国君被刺,阿布杜·阿齐兹二世趁机向哈伊勒发动进攻,于 1921 年 11 月战胜拉希德家族,恢复了在整个纳季德的统治。西部的阿西尔,原为一个独立的酋长国。1923 年因内部分裂,南部也门栽德派教长国乘机侵入,夺取了沿海地区。阿西尔酋长向阿布杜·阿齐兹二世求助,于 1926 年 10 月在麦加签订条约,阿西尔成为瓦哈比国家的保护领地。至此,沙特家族统一了希贾兹、纳季德和阿西尔三个地区,确定了今天的沙特阿拉伯的边界。

瓦哈比派在阿拉伯半岛兴起后,一度在伊斯兰世界引起惊恐,致使哈里发问题成为一个敏感的政治问题。奥斯曼帝国的末代哈里发被废黜后,逊尼派伊斯兰世界不再有领导中心,开罗和麦加的封建统治者都企图借哈里发的权威来抬高自己的地位。1926 年 5 月,开罗举行了一次世界伊斯兰教大会,讨论哈里发问题,未取得结果。同年 6 月,阿布杜·阿齐兹二世倡议于麦加再次就此进行磋商,会议同样未达成协议,但他却借东道主之便,通过灵活的外交手腕,消除了外部逊尼派宗教界对瓦哈比派的疑虑,提高了国际威信。会上达成了不分教派自由朝觐圣地的决议。1930 年,阿布杜·阿齐兹二世在麦加加冕,成为希贾兹和纳季德的国王。1932 年定国名为"沙特阿拉伯王国"。从此,瓦哈比派教义被立为国教,国王同时又是教长,总穆夫提作为国王的副手,代表国王执掌伊斯兰教法。瓦哈比派在王权和统治家族的支持下,成为沙特阿拉伯居统治地位的教派。

马赫茂德二世的改革　苏丹马赫茂德二世当政时期(1808—1839 在位),改革呼声再起。鉴于以往失败的教训,马赫茂德首先强化权力,采取审慎做法,在恢复奥斯曼传统的名义下来推动改革。1825 年 5 月,苏丹颁布一项敕令,要求在保留近卫军团的同时,抽调部分兵员补充新军。新军团成立后不久,近卫军团再次发动兵变,结果被早有准备的苏丹炮兵部队歼灭。6 月 17 日,苏丹宣布废除近卫军团,代之以"穆罕默德常胜军"。一个月后,苏丹下令解散了长期同近卫军团保持密切联系的比克塔希教团,封闭所属道堂,处决三名首领,其余人全部被流放外地。

剪除近卫军团后,苏丹采取一系列改革措施,包括建立警察部队,扩建新军,成立军事院校,聘请欧洲教官,实行为期12年的新兵服役制度,废除分封制,限制地方官吏权限,提高文官地位,改善国家行政效率等。在宗教方面,采取最重要的措施是加强国家对宗教基金和清真寺"卧各夫"(意为"教产")的限制。1826年,苏丹在加强中央集权制的同时,将分散的、各行其是的卧各夫管理机构合并为一个部门,由中央直接控制,但仍保留卧各夫管理机构制度和寺院的教产。

"坦吉麦特"时期　19世纪30年代,统治集团内部出现一批受过西方教育的文职官员,成为改革运动的推动者。其首领是曾任土耳其外交大臣并多次出任首相的穆斯塔法·拉希德·帕沙。在他的推动下,改革不断深入。1839年11月,拉希德首相以新任苏丹阿布杜·马吉德的名义,在皇宫御花园里对各部大臣、伊斯兰教上层和各国外交使节宣读了由他草拟的"御园敕令"。敕令宣布:保障帝国全体臣民的生命、荣誉和财产安全;实行固定税率,废除租税包收制度;实行正规的、有章可循的新兵役制度;一切人不分宗教信仰,在法律面前一律平等。敕令还谴责官吏的腐败、受贿行为,宣布对违法者要严加惩处。由此开始的立法、司法、行政改革,在近代奥斯曼帝国历史上称为"坦吉麦特"(意为"改革")。

"坦吉麦特"时期(1839—1876),奥斯曼政府还对国家法制作了重大改革。伊斯兰教法曾在奥斯曼帝国居统治地位。按照教法,法来自神意,国家没有立法权,没有独立的司法机构;除教法外,没有其他法律。因此,法制改革必然会遇到宗教势力的抵制。1840年,奥斯曼帝国首次颁布一部刑法,确认全体臣民在法律面前一律平等。这部法律没有超出伊斯兰教法的范围,未引起伊斯兰学者的反对。但1841年,当拉希德首相在最高法制会议上提议依照法国法律制定一部商法时,立即遭到伊斯兰教上层的谴责,并因此被解职。1845年拉希德再次出任首相。两年后,他设立民法刑法混合法院,其中欧洲法官和帝国法官各占一半,证据和审判程序沿用法国法律制度。1850年,颁布独立于教法的商法,作为商务法院的审判依据。1851年,颁布了重新修订的刑法典。1852年,在伊斯兰教上层的压力下,拉希德首相再度被解职。1854年,在奥俄战争(即土俄战争)中失败的帝国苏丹,为寻求欧洲列强的支持,再次保证实行改革,这样改革派又得到重用。1855年5月,帝国宣布废除非穆斯林属民必须交纳人丁税和不得携带武器的传统规定。这两项变更,后来被收入"改革宪章",并写入《巴黎条约》的序言。1858年,新任首相阿里·帕沙成为改革运动的领导者。在其任职期间,改革运动被推向新阶段。同年,帝国颁布新刑法,1860年改组商务法院。1861年和1863年,分别颁布商业程序法和海洋商业法,成立世俗法院,称为"尼札米亚"。鉴于全部民事审判(除涉及穆斯林私人身份的案件外)均已被纳入国民世俗法院的职权范围,旋于1869—1876年间编纂了一部民事基本法,称为"麦吉拉",即著名的"奥斯曼民法典"。至此,刑法和民商法不再受伊斯兰教法的制约。但教法仍适用于穆斯林属民的婚姻、继承和卧各夫的捐赠。

哈米德二世的泛伊斯兰政策 19世纪中叶,随着资本主义因素的发展,奥斯曼帝国境内出现一批提倡欧化的知识分子,积极鼓吹社会改良。1865年6月,他们在首都伊斯坦布尔成立秘密会社,其成员自称为"新奥斯曼党人"。新奥斯曼党人密谋立宪,后因事情败露,部分党人被捕,其余逃亡国外。19世纪70年代初期,新奥斯曼党人再度活跃。他们于1876年发表宣言,指责帝国苏丹是"万恶之源"。同年5月22日,在伊斯坦布尔举行一次声势浩大的游行示威,反对苏丹的专制统治。5月30日,新奥斯曼党人发动宫廷政变,废黜苏丹阿布杜·阿齐兹(1861—1876在位),扶其弟哈米德二世(1876—1909在位)登上王位。哈米德假意发表立宪誓约,任命新奥斯曼党领袖米德哈德为首相,骗取了改良派的信任。1876年,奥斯曼苏丹颁布第一部宪法,规定伊斯兰教为国教,突厥语为国语,国家实行两院制,保障全体臣民在法律面前一律平等。但哈米德二世并非真正拥护君主立宪,只是在等待反扑时机。1877年4月,奥俄战争再次爆发,奥斯曼人遭到惨败,苏丹乘机把战败的责

417

任归诸于立宪运动。不久,哈米德二世强行解散国会,宣布停止实行宪法,逮捕并杀害米德哈德首相,从此转向泛伊斯兰教主义。

苏丹哈米德鼓吹泛伊斯兰主义,企图利用帝国境内各族穆斯林民众共同的宗教信仰、礼仪习俗和宗教感情来加强苏丹的权威,维护其摇摇欲坠的统治。这一政策的荒唐性在于:按照伊斯兰教的哈里发学说,唯有虔诚无私、德高望重的哈里发才是全体穆斯林的代表者和信仰的监护人,而在奥斯曼历史上,早自1512年赛里姆一世当政时起,哈里发制即为苏丹制所代替。因此,当哈米德二世宣称自己为全世界穆斯林的哈里发时,其地位极其虚弱,不仅十叶派和阿拉伯半岛新兴的瓦哈比派拒绝承认,即使在帝国境内,也难以得到逊尼派穆斯林的有力支持。为改变这种不利处境,哈米德二世曾多次同宗教界的亲信秘密策划,向各地派遣代理人,不惜以重金来收买各宗派、教团、圣地、陵园的宗教首领,还从印度、阿富汗、苏门答腊、爪哇、伊斯坦布尔等地收罗一批伊斯兰王公贵族的子弟,进行专门培训。据说,他把国家一半的税收耗费在泛伊斯兰宣传活动上,但收效甚微。

阿富汗尼与泛伊斯兰主义　　泛伊斯兰主义的奠基人是加马路丁·阿富汗尼(1839—1897)。阿富汗尼出身于喀布尔附近的一个贫苦的穆斯林家庭。①青年时代曾在阿富汗和波斯求学,受到传统伊斯兰教的熏陶,后赴印度深造,开始接触欧洲科学和研究方法。1857年自麦加归来后,曾任阿富汗首相。后因政局变动,于1869年取道印度到埃及访问,旋又转赴伊斯坦布尔,受到改革派人士的欢迎。他在奥斯曼帝国上流社会中的活动,引起伊斯兰总法官的猜忌,后以发表"诋毁"伊斯兰教的罪名被驱逐出境,于1871年3月返回埃及。在埃及逗留八年期间,阿富汗尼于爱资哈尔大学任教,同时进行泛伊斯兰主义的宣传活动。他的反英情绪引起英殖民当局的注意。1879年12月,埃及政府迫于英国的压力,将阿富汗尼驱逐出境。自埃及迁居印度后,阿富汗尼用波斯文发表了一部长

----

① 据最新研究成果,阿富汗尼出生地为今伊朗哈马丹附近的阿萨达巴德村。

418

篇论著《驳唯物论者》。1882 年埃及发生阿拉比领导的起义,阿富汗尼因同情、支持起义被印度政府拘留,直到起义失败后才获准离境,经伦敦转赴巴黎。旅居巴黎的三年间,阿富汗尼全力投入泛伊斯兰主义的宣传。1884 年,他同他的学生埃及人穆罕默德·阿布杜创办了一份阿拉伯文周刊《团结报》,号召全世界穆斯林团结起来,共同反对西方殖民者的统治。报纸仅出 18 期即被查封。阿富汗尼还在麦加秘密成立一个泛伊斯兰会社,企图拥立一个哈里发,领导"圣战"。该会社后来被苏丹哈米德二世取缔。《团结报》停刊后,阿富汗尼应波斯国王的邀请,曾短期出任波斯战争部长,后因国王对他猜疑,他不得不迁居俄国的莫斯科和圣彼得堡。1889 年,波斯国王再次请他担任首相,但不久阿富汗尼又因鼓动民众推翻国王而被押解出境。此后他长期居住在伊拉克的巴士拉养病,于 1892年迁居伊斯坦布尔,直到去世。

阿富汗尼终生致力于泛伊斯兰主义的宣传鼓励,他的足迹遍及阿富汗、印度、伊朗、伊拉克、埃及、奥斯曼等地,影响是非常广泛的。他以宗教为旗帜,号召全世界被压迫的穆斯林各族人民联合起来,摆脱外国殖民统治,在当时具有一定的进步意义。只是他对奥斯曼封建统治者抱有不切实际的幻想,把实现这种主张寄希望于封建统治者,而不诉诸群众,这是他遭到失败的基本原因。

凯末尔革命后的宗教政策　第一次世界大战后,灾难深重的奥斯曼终于获得新生。1919 年,凯末尔发动和领导了反帝、反封建王朝的资产阶级革命,于 1920 年成立土耳其国民政府。1923 年 10月 29 日,土耳其宣告成立共和国,凯末尔当选为第一任总统。

革命胜利后,土耳其在新国家的建设中,对伊斯兰教进行全面改革。1922 年,伊斯兰教的总法官职务被废除。随之,废除伊斯兰长老制,撤销伊斯兰教法院,同时撤销国家的宗教事务部门和宗教基金的管理部门。1924 年 3 月 3 日,凯末尔在土耳其大国民议会上宣布废黜哈里发,取消哈里发-苏丹制度,并将奥斯曼王室成员全部驱逐出境。4 月 20 日,大国民议会通过国家宪法,并根据宪法颁布一项法令,确认大国民议会的立法权,授权各独立的法院代表国家执行法律。国家成立两个部门负责宗教事务。宗教事务管理委员会受国务院领导,负责管理清真寺,任免伊玛目、讲经师等教职,监督穆夫提的工作等。独立的宗教基金管理总局负责管理宗教基金,保护宗教建筑设施和宗教文物。东部地区的库尔德人于1925年2月发生暴动,要求恢复哈里发制度,继续实施伊斯兰教法,以显示对土耳其当局的不满。

土耳其宗教改革的根本目的是实现政教分离,使宗教信仰成为公民的私事。这项原则在1920年4月20日大国民议会通过的《叛国法》里首次得到确认,继而在1926年通过的土耳其《刑法典》里加以重申。其中规定:禁止滥用宗教、宗教情绪或宗教圣物进行危害国家安全的活动,禁止组建以宗教或宗教感情为基础的政治团体。1928年4月5日,土耳其大国民议会进一步通过决议:从宪法中删除"伊斯兰教是土耳其国教"一语。

土耳其的宗教改革还涉及法制、教育改革及民间宗教的地位问题。革命前历次法制改革只涉及伊斯兰教法中有关行政、商法和刑法的内容,基本上未触及作为教法核心领域的"穆斯林家庭法"。社会上有人甚至主张以1917年颁布的《奥斯曼家庭权利法》作为土耳其民法典的基础。为此,凯末尔决心采取进一步的改革。1924年9月,法律起草委员会以《瑞士民法典》为蓝本,结合国情,起草一部民法典,于1926年正式颁布实施。至此,国家从法制上摆脱了宗教对国家的控制,确立了男女平等的婚姻制度,废除了一夫多妻制和不受限制的夫权,建立了一夫一妻制和较为平等的婚姻家庭关系。教育改革旨在使教育摆脱宗教的控制,建立统一的国民教育体系。国家在发展世俗教育的同时,设立了一批初级宗教学校,培养普通教职人员,使教士成为国家公务员。原有的高等宗教院校经过调整,并入伊斯坦布尔大学宗教学院,采用国家规定的教材。始自1924年的世俗化、民族化、现代化的宗教体制改革,最初主要是针对因循守旧的伊斯兰学者阶层,但不久就发现,来自民间苏非教团的阻力极大。1925年11月土耳其大国民议会通过一项立法,解散所有苏非教团,没收其教产,关闭其宗教活动场所,禁止广泛流行于民间的圣徒、圣墓崇拜及对教主的崇拜。

第二节 埃及的伊斯兰现代主义

拿破仑的入侵与穆罕默德·阿里的改革 直到第一次世界大战前,埃及名义上仍为奥斯曼帝国的藩属,实际上处于半独立状态。一些占有大量土地的马木留克"贝伊"(封建主)割据一方,不受奥斯曼驻埃及总督的控制。1798 年 5 月,拿破仑为打开通向东方印度的通道,在与英国的竞争中率兵远征埃及,在"金字塔战役"后的第三天(7 月 24 日)占领开罗。1801 年,法军在埃及人民的起义反抗下被迫撤退。胜利鼓舞了埃及人民的斗志,1805 年,他们在发动反马木留克贝伊的起义后,再次举行起义,反对奥斯曼苏丹的残暴统治。苏丹派驻埃及的阿尔巴尼亚军团指挥官穆罕默德·阿里率军加入起义,被推举为总督(1805—1849)。

穆罕默德·阿里统治时期,埃及已出现资本主义生产关系,农业、手工业商品生产有了一定的发展。为巩固中央集权统治,需要彻底摧毁马木留克贝伊的经济基础。为此,他采取了一系列的改革措施。1811 年,他下令没收马木留克贝伊占有的全部土地,收回清真寺占有的部分土地,其中大部分归国家所有,小部分分配给自己的部属、亲信。在新兴地主阶级的支持下,巩固了中央集权制。其政府体制依照欧洲国家,首次实行内阁制,内阁由各部部长组成。在经济方面,他采取了一些有利于发展生产、改善人民生活的措施。国家鼓励兴修水利,改良耕作方法,扩大农作物耕种面积。同时,国家实行强制征购农产品、垄断外贸的政策。他还创设军校,聘请法国人任教官,建设起一支强大的军队。在文化教育方面,他创设世俗学校,选派留学生出国学习。

上述改革增强了国家的经济实力,不久埃及就走向对外扩张的道路。首先在奥斯曼苏丹的敕令下,派兵镇压瓦哈比运动,继侵占阿拉伯半岛后,又占领叙利亚、苏丹等大片土地。但是,欧洲列强不容许在通往东方的道路上出现一个强大的埃及。1839 年列强

421

唆使奥斯曼苏丹对埃及发动战争,次年埃及战败,被迫接受屈辱条件。埃及丧失了国外的全部属地,承认奥斯曼的宗主权,削减军队9/10。从此,埃及的经济、军事实力日衰,外国资本乘虚而入。1882年英军占领埃及,埃及沦为英国的殖民地。

埃及苏非主义的发展　18世纪前,埃及民众的宗教生活深受苏非主义的影响,教主崇拜成为民间信仰的主要形式。18世纪末,随着商业的发展,思想文化交流的日益频繁,传统的苏非主义开始受到怀疑。在外籍宗教学者的影响下,强调苏非主义向正统信仰靠拢,并与官方教义相结合的思潮在开罗兴起。该思潮主要鼓吹者是自也门来开罗定居的印度宗教学者穆罕默德·札比迪(?—1791)。札比迪长期从事圣训研究,精于苏非主义。他在名著《安萨里著作评注》一书里,系统地批判了伊本·阿拉比的泛神论思想,重申安萨里的神秘教义,阐述伊斯兰教的基本信仰。其学术成果吸取了印度著名宗教学者瓦利乌拉的主张以及纳格西班迪教团和哈勒瓦提教团的苏非思想。前述的哈勒瓦提教团穆斯塔法·巴克里的弟子多为圣训学者,包括曾任爱资哈尔大学校长的穆罕默德·本·沙里姆(?—1767)。在其影响下,正统的哈勒瓦提教团在埃及宗教学者中有很大发展。竭力鼓吹这一思潮的还有来自北非的宗教学者。在北非,苏非主义形成独特的传统。它不是强调个人虔修,而注重加入教团,接受导师专门培训。宗教生活以当地的某一圣者为中心,圣徒、圣墓崇拜极为流行。但自18世纪起,这一传统崇拜形式开始发生变化。一些教团的导师强调苏非崇拜之目的并非与主合一,而在于同先知的精神交融。这一新倾向,通过思想交流,对埃及的苏非传统发生了一定的影响。

爱资哈尔宗教学者　18世纪时,埃及的宗教学者阶层凭借宗教知识和威望,开始成为统治者与人民之间的桥梁,成为一支重要的社会力量。在马木留克王朝时期,宗教学者受封建王室的保护。当封建主之间发生冲突时,他们经常请宗教学者居中调停。宗教学者中尤以开罗爱资哈尔大学的宗教学者地位更加显赫。16世纪初,奥斯曼征服埃及后,许多宗教学校不再获得国家的津贴资助,唯有爱资哈尔大学仍享受优厚的待遇,因而声誉日增。到18世纪,它已成为伊斯兰世界最高学府,吸引了大批外籍留学生。这所大学成为埃及宗教学者活动的中心,校长在政治-宗教生活中的地位要远远高于担任其他公职的宗教学者。在爱资哈尔任教的主要教师皆为本校毕业生,他们虽然有时也抱怨统治者的腐败无能,但主张维持现状,很少直接干预政治。在统治者看来,他们是宗教传统的象征,一支不可缺少的稳定力量。拿破仑占领埃及后,甚至专门成立了一个乌里玛委员会,以协助他维持社会秩序。由于这种重要地位,一些著名宗教学者实际上成为民意的代言人。

宗教改革家穆罕默德·阿布杜 外国殖民统治破坏了埃及旧的封建秩序,激化了民族矛盾,引起社会各阶层的不满,宗教界的一些爱国人士也加入了民族斗争的行列。其中最有代表性的人物是穆罕默德·阿布杜(1849—1905),他鼓吹的伊斯兰教现代主义,成为继瓦哈比运动之后最有影响的宗教社会思潮。

穆罕默德·阿布杜出生于尼罗河三角洲一个贫苦农民家庭。自幼受传统宗教教育,青年时代入爱资哈尔大学学习,深受苏非神秘教义的影响。1871年结识来开罗访问讲学的阿富汗尼,从此拜阿富汗尼为师。在阿富汗尼的影响下,他在思想上发生很大变化,不时在报刊上发表文章,提倡普及教育,振兴民族文化,学习现代科学技术,使埃及赶上先进的西方国家。他从爱资哈尔毕业后,于1877—1879年间在开罗的一所阿拉伯语文学校任历史课教员,1881年3月任国家高等教育委员会委员。他撰文批评一夫多妻制,抨击社会腐败现象,宣称埃及人民的真正贫困在于"愚昧无知"。1882年9月,阿布杜因同情阿拉比领导的反英起义,被判处流刑。流放期间,他在黎巴嫩讲授法学与哲学,他的哲学讲稿后来以《回教一神论大纲》之名问世。1884年,他赴巴黎,与阿富汗尼一起从事泛伊斯兰主义宣传活动。1888年,穆罕默德·阿布杜刑满归国,被任命为开罗上诉法院的法律顾问,但他仍念念不忘教育改革。1895年,爱资哈尔设立校务委员会,他以政府代表身份参加工作。在他的积极推动下,这所古老的宗教院校首次实行某些改革,

423

增设了代数、几何、语法、伊斯兰教史等新学科。后因守旧的宗教学者的阻挠,改革工作未能深入下去。1899 年 6 月,他离开爱资哈尔大学,被任命为埃及总穆夫提,成为伊斯兰法典的权威解释者。为打破教法的僵化性,他不顾传统派宗教学者的反对,发表了某些颇有争议的法律"法特瓦"(意为"见解"),还就法制改革问题做了大量的调查研究。1905 年,穆罕默德·阿布杜病逝,政府在爱资哈尔大清真寺里为他举行了隆重的葬礼。

伊斯兰现代主义　穆罕默德·阿布杜生活的时代,埃及人民正处在外国殖民主义和本国封建主义的双重压迫之下,一些有识之士正在探索救国救民之路。他发起的伊斯兰现代主义运动是一个带有资产阶级改良主义性质的宗教改革与复兴运动。

穆罕默德·阿布杜认为,埃及民族的屈辱遭遇是封建统治者造成的。统治者离经叛道,用世俗法律代替神圣的伊斯兰法典,导致目无纲纪;宗教家热衷于宗派纠纷,忽视对民众的经训教育;苏非教师以假乱真,把信众引入歧途。总之,最根本的原因就在于伊斯兰教丧失了早年的纯洁性,因而首先需要恢复纯真的伊斯兰教。所谓纯真的伊斯兰教,指的是穆罕默德时代的伊斯兰教,包括它的基本信仰、宗教制度、礼仪习尚。他主张凡违反原旨教义的,应予革除。基于这种观念,以穆罕默德·阿布杜为首的"伊斯兰现代主义者",对圣徒、圣墓崇拜以及一夫多妻制、蓄奴制等封建习俗给予一定的批判;提倡简化宗教礼仪。由此形成以原旨教义为基础的宗教教义。他所提倡的原旨教义,并不是要把社会拉回到中世纪去,而是使宗教能够适应现代社会的发展潮流。为此,需要解决宗教与科学、信仰与理性的矛盾。他采取了调和的态度。一方面,他把万物看作安拉的创造物,其规律由安拉所掌握;另一方面,他又鼓励人们探索自然的奥秘,认识安拉的万能,视宗教为科学的"益友"。他继承穆尔太齐赖派的唯理论观点,宣称理性为伊斯兰教所固有,因而首要的任务在于恢复理性地位。他通过对《古兰经》新的注释表明:以理性的权威来判断真理与谬误、有益与有害、理性与信仰的关系,这涉及经训的地位问题。对经训中明显不合理性的内容,他提出两种解决方法:或根据上下文作合理性的解释,或宣布为"奥秘",不予探究。然而,他并不主张以理性来审判一切。他认为,天启是不谬的,理性是易错的,理性离不开天启的指导,需要天启的核准、修正和补充。他重申理性在信仰中的作用的观点和改革主张,在当时是有一定进步意义的。由于他的理论基础是建立在信仰之上,加之他的改革思想具有明显的不彻底性,其消极方面后来为教权主义者所利用。

伊斯兰教与埃及民族主义 19世纪末,埃及民族主义兴起。可是,它从一开始就有着两种不同的主张,长期以来,未能形成统一的力量。穆罕默德·阿布杜在鼓吹伊斯兰现代主义时,事实上已经包含着复兴古老的阿拉伯民族文化、逐步摆脱外国殖民统治的民族主义的内容;以拉希德·里达(1865—1935)为代表的伊斯兰民族主义者,主张伊斯兰教是阿拉伯埃及民族特性的体现,鼓吹从宗教内部寻求国家与民族复兴的动力。拉希德·里达逐步脱离日渐高涨的埃及民族主义运动,只停留在原旨教义的宣传活动上,提不出任何切合实际的行动纲领。

425

与伊斯兰民族主义产生的同时,埃及还兴起世俗民族主义思潮。其早期鼓吹者是阿里·优素福和穆斯塔法·凯末尔。阿里·优素福在爱资哈尔大学任教。1889年,他创办了一份报纸《支持者》,提倡宪制改革,对要求摆脱英国驻埃及总督克罗默控制的埃及海迪浮阿巴斯二世(1892—1914在位)表示声援。1907年,他在阿巴斯二世的赞助下,建立宪制改革党,成为埃及最早的民族主义政党。穆斯塔法·凯末尔青年时代就学于法国人开办的一所法学院,后赴法留学,接触过18世纪法国启蒙主义者的著作。1896年归国后,长期从事埃及民族独立的宣传鼓动工作。1900年,他创办一份激进的报纸《标准》,号召所有埃及人不分出身和信仰,团结在埃及海迪浮的周围,以摆脱英国人的统治。在随后的年代中,埃及民族主义运动不断高涨,一方面表明伊斯兰教在民众中具有根深蒂固的影响,另一方面则预示着政治与宗教分离的不可避免性。

穆斯林兄弟会 第一次世界大战后,埃及国内政治斗争激化,民族矛盾不断加深。在新的斗争面前,伊斯兰现代主义运动的领导人越来越消极,代之而起的是复兴伊斯兰教的种种活动,其组织形式则是各种宗教社团组织的建立。其中建立最早、影响最广泛的是哈桑·巴纳(1906—1949)创建的埃及穆斯林兄弟会。

哈桑·巴纳原为苏伊士运河沿岸伊斯梅利亚城的一名教师,是个虔诚的伊斯兰教徒。在开罗学习期间,他是拉希德·里达的追随者,但他相信只有采取行动,才能实现复兴伊斯兰教的目标。1928年,他在家乡成立一个研讨会社,会员们经常聚集一起讨论社会问题。后来在此基础上建立起兄弟会组织。该组织内部有严格的纪律,入会者要以安拉的名义宣誓。初期,兄弟会以从事社会、文化活动为主,创建许多学校和文化俱乐部。它吸引着大批追随者,入会者多为学生、教师、公务员、职员和乡村里的农民。30年代,巴纳在开罗成立了许多分会,并相继在叙利亚、约旦、巴勒斯坦、苏丹等地建立组织。不久,兄弟会即转入政治斗争。它反对外国殖民统治和犹太复国主义,并从事暗杀、爆破等恐怖活动。

426

穆斯林兄弟会以伊斯兰教义为基础,强调穆斯林的兄弟情谊至上,提出了广泛而独特的社会政治主张。其基本纲领是在现代社会中振兴伊斯兰教、恢复哈里发制度、重建政教合一的神权教体。它主张建立一个不分民族、不受地域限制的世界穆斯林共同体;《古兰经》和圣训为伊斯兰教的基础;国家、社会和个人应受伊斯兰教法的约束;伊斯兰教作为一种基本信仰,经过科学解释后,永葆其活力,适用于一切民族、一切时代。在社会问题上,它主张铲除压迫与剥削,提高人民的生活水平,平等利用国家资源,平均分配社会财富,建立一个没有贫困、没有疾病、没有文盲、没有罪恶、公正合理的伊斯兰社会。这种理想的社会,后来于60年代被含糊不清地解释为"伊斯兰社会主义"。

宗教法制改革 19世纪下半叶,在殖民当局的压力下,埃及政府采取一系列重大的法制改革,传统伊斯兰教法受到一次又一次的冲击。1874年,埃及取得独立的司法权。次年,以法国法律为基础,颁布一部《埃及刑法典》,其中只保留一项伊斯兰教法的条款:

未经埃及穆夫提确认,不得对穆斯林罪犯执行死刑。不久,又参照法国法律颁布《商法典》和《海商法典》,制定分别适用于混合法庭和埃及国民法庭的两部法典,建立独立于宗教法庭的世俗法律制度,称为"尼札米亚"。到 19 世纪末,埃及刑事、商事和民事的大部分领域里的纠纷,已不属于伊斯兰法庭的司法权限。伊斯兰教法作为"私法",仍适用于穆斯林"私人身份事情",包括婚姻、家庭、继承、宗教基金等。这些仍受传统法律约束的领域,也采取一些个别的修改和调整。从 1880—1931 年,埃及政府曾四次颁布《沙里亚法庭组织和程序法》,限制伊斯兰法庭的审判权。其中 1920—1927 年间,又多次颁布法令,规定适婚年龄为男子 18 周岁、女子 16 周岁,限制童婚,并就丈夫纳二房妻子作出某些限制。1943 年,埃及政府颁布《继承法》,对伊斯兰教的继承原则加以修改和补充,以克服法定继承的僵化性,维护包括配偶和直系女性亲属在内的核心家庭成员的权益。1946 年,埃及颁布《遗嘱处分法》,通过"义务遗嘱"实行代位继承,以维护失去父母的孤孙女的权益。上述法制改革,大大削弱了伊斯兰教法的地位,引起宗教学者的不满。

427

第三节　北非的宗教改革与宗教社会运动

殖民主义入侵　自 15 世纪起,马格里布国家就不断遭到葡萄牙和西班牙的入侵,当地人民奋起反抗,多次击退侵略者。继葡、西之后,荷兰、英国、法国相继侵入。18 世纪时,阿尔及利亚和突尼斯名义上仍属奥斯曼帝国,实际上是独立的封建国家。摩洛哥的伊斯兰教领袖谢里夫长期领导当地人民抗拒奥斯曼和西方的入侵,权势和威望日增,成为摩洛哥的实际统治者。1830 年,法军侵入阿尔及利亚,经过长期的侵略战争,至 1905 年,阿尔及利亚沦为法国的殖民地。1837 年,法国殖民者开始侵入突尼斯。1881 年,法国强迫突尼斯君主接受《巴尔杜条约》,将突尼斯置为法国"保护地"。1883 年 6 月,又强行签订《拉马尔沙公约》,使突尼斯沦为法国的半殖民地。1912 年,法国强迫摩洛哥苏丹接受《非斯条约》,使摩洛哥成为其"保护地"。至此,法、英、西等欧洲列强完全控制了西北非洲。

赛努西运动 18世纪以后,调和苏非主义与官方信仰的思潮在北非各地流传,成为复兴伊斯兰原旨教义的一股强大的推动力。赛努西运动即是在这一思潮影响下产生的宗教社会运动之一。

穆罕默德·本·赛努西(1787—1859)是著名的伊斯兰学者。青年时代求学于摩洛哥的非斯,受到当地的苏非教团,特别是流传广泛的提加尼教团的影响。他在希贾兹进修时,曾先后加入几个教团。在接受苏非神秘主义教义的同时,伊本·赛努西开始萌生宗教改革思想。1837年,他在麦加建立道堂,从而创立赛努西教团。该教团保留了传统的苏非神秘教义和礼仪,但严厉谴责带有泛神论倾向的圣徒、圣墓崇拜,要求信徒恪守经训、教法,过简朴的生活,甚至禁穿奢华服装。它所主张的原旨教义与瓦哈比派教义一脉相承。赛努西运动兴起之际,其故乡阿尔及利亚大部分为法军侵占,他自麦加返回北非后被迫落脚于今利比亚的昔兰尼加,并在那里建立起几个宗教教育与社会活动中心——道堂。这种称为"札维亚"的道堂又是生产组织,周围的居民被吸收入教后,在教主的领导下耕种田地,从事各种生产劳动。具有政教合一性质的基层组织,在他的布道过程中得到迅速发展,为分散的部落间的联合提供了基础。到19世纪末,在摩洛哥、利比亚、埃及、苏丹、土耳其及阿拉伯半岛等地,出现了许多属于该教团的"札维亚"。赛努西教团的泛伊斯兰民族情绪使它后期在政治上向奥斯曼苏丹靠拢。1886年,苏丹哈米德二世被正式接纳为教团成员,不久又被拥戴为哈里发,并在土耳其首都伊斯坦布尔设立赛努西教团的常驻机构。它具有强烈的排斥异教徒情绪,禁止信徒同基督徒、犹太教徒交往。20世纪初意大利军队侵入利比亚以后,赛努西教团成为抗击侵略的主力军,他们以"圣战"为号召,同入侵者展开英勇斗争,给意军以有力的打击。抵抗失败后,教团总部自利比亚、埃及边界的贾格赫布迁至苏丹的瓦代。尽管如此,它为近代利比亚王国的建立奠定了基础。

428

突尼斯的现代主义与伊斯兰复兴思潮 19 世纪下半叶,现代主义与伊斯兰复兴这两股思潮同时在突尼斯兴起。现代主义的鼓吹者们企图缓和与欧洲列强的冲突,采取了一些社会改革。最初,改革是在封建君主阿赫默德·贝伊(1837—1855 在位)领导下进行的。他创建一批现代学校,改善军事装备,按欧洲方式训练新军,并在欧洲列强的压力下建立制宪政府。但这些改革措施收效甚微,国家财政状况日益恶化,部族人起义连续不断。1869 年,欧洲列强成立一个委员会接管突尼斯的财政。

继阿赫默德·贝伊之后,海亚尔·帕沙首相(1873—1877 任职)成为突尼斯现代改革运动的领导者。海亚尔原为高加索的一名马木留克,他既熟悉欧洲事务又精通伊斯兰教。他的基本目标是保留伊斯兰文化遗产的同时,按照欧洲的方式改造传统的伊斯兰社会,使之适应现代社会发展的潮流。其改革方案仅限于教育领域,试图将西方的科学知识同伊斯兰教的传统学科融为一体。他建立一所教授欧洲语言的沙迪克学校。突尼斯沦为法国"保护地"后,知识界大多采取妥协态度,沙迪克学校的毕业生陆续被任命为殖民政府的低级官员。后来出现了一个自称为"青年突尼斯人"的集团,他们不主张同法国人直接对抗,而热衷于充当法国殖民统治者的代理人。为此,他们于 1896 年成立了伊本·赫尔东学院,试图按现代观点进行传统宗教教育。

伊斯兰复兴思潮的兴起,同埃及人穆罕默德·阿布杜的宗教改革思想有直接的关系。它的主要鼓吹者是阿布杜·塔里比。他认为,现代主义不是目的,而是强化伊斯兰信仰的手段。在其领导下,一批不满于社会日益世俗化、西方化的伊斯兰教学者,鼓吹恢复伊斯兰教的原旨教义和礼仪制度。1912 年,青年突尼斯派在多次同法国殖民当局发生冲突后,遭到镇压。从此,带有民族主义情绪并主张复兴伊斯兰原旨教义者成为反对殖民统治的一支主要力量。

伊斯兰教与突尼斯民族主义 第一次世界大战后,以塔里比为首的一批伊斯兰民族主义者组建突尼斯宪政党,致力于争取民族独立的斗争。宪政党一度受到埃及现代主义运动的影响,但从

429

未把主要精力放在宗教改革上,而专注于维护阿拉伯民族的传统价值。但该党的领导阶层热衷于发动城市穆斯林中产阶级开展合法斗争,影响有限。1920 年以后,一批突尼斯青年知识分子加入宪政党,其中包括布尔吉巴,从而为独立运动注入新活力。

布尔吉巴毕业于沙迪克学院,后留学法国。他主张接受西方现代科学思想,但拒绝法国提出的民族归化政策。1923 年,法殖民当局宣布,突尼斯穆斯林可以取得法国公民资格。但绝大多数突尼斯人不为所动,因为归化意味着穆斯林不再受教法的约束,而这无异于叛教。此后,围绕着归化问题斗争日益激化。1932 年,一位穆夫提宣布:改变身份的突尼斯穆斯林死后不准埋葬在穆斯林公墓。这一裁决在社会上引起广泛支持。为此,法殖民当局只好派卫队护送那些接受归化的穆斯林死者的灵柩到墓地下葬。宪政党领导人在这一重大问题上的软弱无力使他们在党内失掉大批群众,而以布尔吉巴为首的青年知识分子则站在斗争的前列,威望日增。1933 年,宪政党执行委员会以违反党纪为由,就布尔吉巴擅自领导游行示威一事追究责任,导致分裂。次年,布尔吉巴组建新宪政党,成为突尼斯独立运动的主要领导者,直到 1956 年取得独立。

伊斯兰教与阿尔及利亚民族主义　一个世纪以来,阿尔及利亚人民为争取民族独立进行了英勇的斗争,曾举行 50 余次起义。但民族主义运动因思想不统一,长期未能联合为一支统一的力量。第一次世界大战以后,阿尔及利亚民族独立运动开始蓬勃发展,形成较为明确、统一的阿尔及利亚民族意识,其中包括共同的宗教信仰和历史文化传统。阿尔及利亚第一个有组织的民族主义运动于1926 年始建于法国,领导者是流亡法国的米沙里·哈吉,他在流落法国的阿尔及利亚工人中成立劳工组织。该组织以争取阿尔及利亚民族独立为号召,一度受到马克思主义思想的影响,但不久就以伊斯兰教与民族主义为指导思想。1936 年米沙里归国后,成立阿尔及利亚人民党。人民党谴责殖民当局的民族归化政策,要求承认阿拉伯语为官方语言,号召阿尔及利亚各派政治力量在伊斯兰教的基础上团结起来,组成民族联合战线。

伊斯兰民族主义运动的另一领导者是伊本·巴迪斯(1889—
1949)。他出身富裕之家,青年时代是个文静的伊斯兰教师。1925
年,他在埃及现代主义运动的影响下创办了一家报纸,鼓吹宗教改
革。1931 年,他与一批好友发起成立阿尔及利亚伊斯兰学者联合
会,致力于宗教改革。他们开办学校,布道宣传,号召人民摈弃有
害的苏非习俗,恢复纯正的伊斯兰教义,抵制法殖民主义者提出的
民族归化政策。他们还特别强调复兴以伊斯兰教为基础的阿拉伯
民族文化。这些活动促进了阿尔及利亚民族特征的形成,但他们
避免与法国殖民者直接对抗。

苏非主义在摩洛哥的发展 18 世纪末,主张苏非主义与官方
信仰相结合的思潮传入摩洛哥之际,苏非派的传统组织形式在民
众中已遭到抵制,因而这股思潮主要是在宗教学者中间流传。摩
洛哥的提加尼教团由出生于阿尔及利亚南部的阿赫默德·提加尼
(1737—1815)教长创立。提加尼早年曾在非斯研究圣训,加入过
几个教团,后赴麦加朝觐。朝觐途中,他曾在开罗停留,接受了哈
勒瓦提教团的影响。自希贾兹返回北非后,提加尼宣称他受先知
之命,建立新教团——提加尼教团。该教团以圣训为基础,强调信
仰的根本目标不是追求与安拉合一,而是与先知的人格和精神相
通。这一新教旨后来得到具有改革思想的摩洛哥苏丹苏莱曼的支
持,结果许多政府官员率先加入该教团。提加尼教团自称为苏非
教义的最高体现,要求入教团者应割断与其他教团的联系,戒绝朝
拜圣徒、圣墓。这种排他性限制了它的广泛传播,因而该教团未能
像其他教团那样有许多分支。

在整个 19 世纪,设在摩洛哥的提加尼教团,不同于该家族在阿
尔及利亚创建的各教团,它一直同摩洛哥苏丹密切合作,尤其是在
法国"保护地"设立以后。老的苏非教团仍沿袭传统的组织形式和
礼拜方式,为了与苏丹抗衡,它们纷纷投入法国殖民者的怀抱。

摩洛哥的现代宗教改革 摩洛哥现代宗教改革的领导者是摩
洛哥苏丹。在摩洛哥,苏丹同时也是最高宗教权威。但苏丹的统
治权威经常遭到以传统苏非教团为代表的地方宗教势力的蔑视,

因而初期的宗教改革主要是为了加强王权。最早实行改革的是苏丹穆罕默德·阿布杜拉(1757—1790 在位)。他注重圣训研究,鼓励复兴宗教学术活动,为此对主要的宗教学院凯鲁万大学的课程设置采取某些改革。其子苏莱曼苏丹当政时期,把改革引向深入。由于苏非主义与官方信仰相结合的思潮,完全适应了摩洛哥苏丹的需要,他在接受这种主张的同时,对苏非崇拜发起猛烈的攻击。为寻求思想武器,他于 1812 年专门派遣一个使团到麦加,向瓦哈比派取经。此后,一些苏丹甚至通过武力镇压地方宗教势力。自 19 世纪末,改革的主要推动力不再是苏非主义,而是埃及的现代主义运动。最早把穆罕默德·阿布杜的宗教改革思想介绍到摩洛哥的,是伊本·赛努西。1870 年他在麦加朝觐期间开始接触改革思想,归国后被苏丹哈桑一世提名为皇家宗教学者会议成员。伊本·赛努西主张对《古兰经》作字面解释,严格遵循圣训,反对地方的苏非习俗。宗教改革的另一鼓吹者是阿布·杜卡里(1878—1937)。他在青年时代就学于埃及,一度在麦加任教,归国后在法国"保护地"任教法执行官。他帮助凯鲁万大学进行教育改革,增设了自然科学和宗教历史课程。但总的说来,苏丹对宗教改革是三心二意的,担心苏非主义与伊斯兰复兴思潮合流从而形成为一股难以控制的异己力量。因而,尽管采取了某些表面的改革,传统的苏非教团仍然是最强大的地方宗教势力。

苏丹的马赫迪运动　18 世纪末,统治苏丹全境的芬吉苏丹国,因内战连绵不断,渐趋解体,失去对大部分地区的控制,外部势力乘虚而入。1820 年,埃及总督穆罕默德·阿里派兵侵入苏丹,占领大片领土,从此置苏丹于埃及的统治之下。

芬吉苏丹国统治末期,主张苏非主义与官方信仰相结合的思潮已通过哈特米教团和沙曼尼教团传入苏丹内地,成为伊斯兰复兴的积极推动者。埃军侵占苏丹以后,苏丹的埃及殖民政府继续推行现代主义的宗教改革政策,为此需要建立一支受埃及控制的宗教学者队伍,以削弱带有民间宗教色彩的地方宗教势力。这使沙曼尼教团和哈特米教团面临重大抉择:要么同侵略者站在一起去反对民间宗教习俗,要么联合地方宗教势力共同反抗外来统治。结果,沙曼尼教团因痛恨殖民统治开始与当地宗教习俗融合,日益地方化;而哈特米教团则在埃及人的支持下,发展为全国性的宗教组织。

19世纪80年代初,英国在吞并埃及以后,企图以埃及为据点侵占苏丹。在此之前,英国势力已通过埃及驻苏丹官吏渗入苏丹。英殖民主义者和埃及官吏的专横统治和残酷剥削早已激起苏丹人民的愤慨,1881年爆发了声势浩大的马赫迪起义。

起义的领导者是沙曼尼教团导师、努比亚人穆罕默德·阿赫默德(1848—1885)。阿赫默德出身贫苦的船工家庭,幼年时在尼罗河沿岸过着流浪生活,深知穷人的疾苦。1871年,他隐居阿巴岛,从事布道宣教,在贫苦渔民中影响很大。他谴责富人、官吏的贪婪,揭露宗教上层的伪善,用宗教语言诉说人世间的不平,号召人民同外国压迫者进行斗争。1881年,他自称是民众期待的救世主"马赫迪",宣布要在人世间铲除不义,建立平等、正义的理想之国,号召人民积极参加"圣战"。

433

1881—1885年为马赫迪运动的第一阶段。其间马赫迪多次击败英、埃联军,将外国势力逐出苏丹。1885年1月,起义军经过五个月的激战,攻克英军重兵设防的喀土穆,击毙英国殖民军头子戈登①,解放了绝大部分国土。自1885年起,马赫迪运动进入第二阶段,以组建国家、巩固胜利果实为标志。在同殖民主义者的斗争过程中,苏丹各部落逐步联合为统一的国家。1885年6月,马赫迪去世。阿布杜拉继任马赫迪的职位,改称"哈里发"。苏丹成立封建的神权政体,定都喀土穆。但新国家的建立并未给人民带来实际利益,起义初期提出的平等口号未能兑现,人民继续负担沉重的赋税。阶级对立和部落之间的矛盾日益加深,结果削弱了国家的防卫力量。1898年9月,苏丹军队在喀土穆战役中遭到惨败,马赫迪

---

① 戈登(1833—1885),英国的将军,曾任苏丹总督,是镇压中国太平天国运动的刽子手。

运动在英军的镇压下终告失败。

苏丹的马赫迪教义 马赫迪运动是以宗教为思想武器而发动的一次大规模的民族起义。在起义的过程中,形成了适合当时斗争需要的独特的马赫迪教义。马赫迪运动主张对伊斯兰教义进行改革。《古兰经》仍被奉为最高经典,但马赫迪有自己的启示录和律法。其核心是信仰和服从救世主马赫迪,不信仰马赫迪为不可宽恕的大罪。马赫迪教义注重禁俗主义,反对奢侈腐化,提倡衣食俭朴。为打破贫富差别,他还规定了称为"珠巴"的统一服装。为了规范信徒的行为举止,马赫迪参照伊斯兰教,提出一系列的规定、戒律、禁忌,主要包括:禁止偷盗、饮酒、吸烟,违者分别处以断手、100鞭或80鞭;实行共产制,一切财富归公共金库,由马赫迪统一分配;禁止举行婚礼、葬礼,禁止蓄长发、痛哭死者和用草书写信,除战时外,不得骑马,一律步行;此外,还要求信徒规避三种"邪恶"(忌妒、傲慢、疏忽礼拜),遵守两大美德(贫困、圣战)。另有十戒,其中主要是针对妇女的,诸如披带面纱、不上坟祭奠死者、不索要大量聘礼、按时礼拜等。

第四节 波斯(伊朗)的政教关系与宗教社会运动

王权与神权的冲突 16世纪初,自沙法维王朝立十二伊玛目派教义为波斯国教以来,王权与神权之间时常发生冲突。争论的焦点是十叶派宗教学者,特别是穆智台希德在国家中的地位问题。到18世纪,宗教学者阶层提出系统的宗教政治学说,逐渐取得社会舆论的支持。按照这种学说,穆智台希德作为隐遁伊玛目的代言人,就重大社会问题所作的判断,具有普遍的指导意义;由于时代条件的不同,前人的判断对后世没有拘束力,不得以死者的判断代替生者的判断。这样,便确立了宗教学者的政治指导作用,而国家则成为十叶派神权政治的工具。

进入19世纪后,波斯的君主制被限定在十叶派教士提出的社会结构之内。乌里玛在总体上接受君主统治,但在理论上则认为,一切不符合伊玛目教义的国家政权皆为非法,他们有权监督、批评和限制君主的独裁统治。为争取社会的支持,乌里玛经常联合要求自决的部族、少数民族首领和不满于中央集权制的城市商人,有时也联合逊尼派社团,结成松散的联合阵线,对国王施加压力。由于国王势孤力单,实力强大的宗教学者阶层因循守旧,因而波斯很少接受外来的新思想、新观念。资产阶级现代改良派力量弱小,缺少社会支持,影响甚微。19世纪初,王储阿巴斯·米尔札企图引进欧洲军事技术,被乌里玛指斥为"叛逆"。19世纪中叶,艾米尔·卡比尔首相准备实施一系列重大的行政、司法改革,后因乌里玛煽动群众暴乱,被解除职务,并于1851年被谋害。王权与神权的矛盾和对抗,成为近代波斯历史上,特别是卡加王朝(1779—1924)统治时期政治斗争的显著特征之一。

谢赫派　谢赫派的创建者是谢赫·阿赫默德·阿沙伊(1741—1826)。谢赫派认为,十二个伊玛目作为神旨的体现,是安拉意愿的解释者,发挥作用的创造动因;如果他们不存在,安拉就不会创造任何事物;他们是创造的第一因。他们产生了整个的神圣行为,但自身没有或不具备任何力量;他们仅仅是转达的器官。在末日学上,谢赫派否认肉身的复活,认为人拥有两种身体:一种是由临时元素构成,"就像一件衣袍,人们有时候穿上,有时候脱下",这些临时元素在坟墓中融解;另一种是在临时元素腐蚀成尘末时继续存在,它是难以捉摸的东西,且属于肉眼看不见的世界,它在今世复活,然后去天园或火狱。关于安拉的知识,谢赫派认为存在两种:一种是基本的知识,和偶性无关;另一种是新的被创造了的知识,这种知识就是实际存在的知识,而伊玛目是获得这些知识所通过的"门"。谢赫派把安拉规定的秩序赋予特殊重要性。此外,他们解释先知的奇迹,不是从物质意义上,而是运用比喻,以理性主义的方法来解释。谢赫派的这些理论被十叶派乌里玛宣布为"异端",并一度遭到迫害,但谢赫派的理论为巴布派教义的产生铺平了道路。

巴布运动　自19世纪30年代,欧洲资本通过对波斯的商品输

435

出大量涌入,使波斯封建经济受到巨大冲击。商品经济的发展破坏了旧有的土地关系,大批农民失去土地,生活没有保障,新兴地主阶级乘机兼并土地,增加地租,加重了农民的负担。在外来商品竞争下,手工业者也面临着破产的威胁。外国资本的侵入激化了波斯的阶级矛盾。1848—1852年,终于爆发了反对封建压迫和殖民掠夺的巴布运动。

巴布运动的创始人米尔札阿里·穆罕默德出身于波斯南部设拉子的一个棉布商人家庭,后来成为谢赫教派的信徒和首领。早在青年时代,他就撰写过《朝觐指南》,表达了他对隐遁伊玛目复临的信仰和期待。1844年,他提出:"第十二伊玛目和他的信徒之间,存在着中介,这个中介的原型即四道相继的'巴布'(门),通过这些门,第十二伊玛目在隐遁期间保持与其信徒的联系。"他宣称自己就是"巴布",人们通过这座"知识之门",即可了解期待的救世主的旨意。不久以后,他在麦加朝觐时更宣称自己为"马赫迪",即期待的救世主。其使命是铲除人间不平,建立正义之国。消息传开后,国王极为惊恐,于1847年将他逮捕入狱。官方的教士则视他为"异端",予以抨击。1847—1850年,巴布在大不里士狱中完成了《默示录》,后来成为巴布教派的经典。巴布认为,人类社会各个时代依次传递向前发展,每个时代皆有其特定的制度和律法,旧的制度和律法必将随着时代的结束而被废止,代之以新的制度和律法。但新的制度和律法不能由凡人制定,只能由神主差遣的"先知"颁布。巴布宣称他即是受托而降世的新先知,《默示录》是高于一切的代替旧经典的新圣经。因此,摩西的《旧约全书》、耶稣的《新约全书》、穆罕默德的《古兰经》都必须让位于《默示录》,现存的一切制度和律法也应按照《默示录》的精神加以修订。

巴布宣传的理想的正义王国反映了波斯的贫民和小商人的愿望。在这个幻想的世界里,没有压迫,没有剥削,人人平等,过着幸福美满的生活。为实现这一理想,他提出了一些具体措施:保障人身自由,尊重财产所有权、继承权,以及偿还负债,支取商业利息,统一币制,修复交通等。根据该派教义,"19"这一数字具有神圣性。巴布规定简化宗教礼仪,取消妇女面戴面纱的戒律。每年为19个月,每月为19日,并成立19名公众领袖组成的委员会。他所采取的宗教改革以后为巴哈教(巴哈伊)所继承。

巴布原打算诉诸封建统治阶级以实现他的主张。他被囚禁后,接替他领导这一运动的侯赛因·穆罕默德·巴尔福鲁什被迫转向人民群众,争取大批支持者,转入武装起义。1848年9月,巴布教徒在伊朗北部马赞德兰省发动武装起义,迅速发展到全国。到1849年2月,起义队伍发展到10万余人。巴布在狱中仍与外界保持着联系,号召信徒为建立神圣的"正义之国"战斗到最后一滴血。1850年7月,巴布在大不里士监狱遇难,大批巴布信徒惨遭杀害。1851年,巴布教派运动被镇压下去,起义领袖在战斗中相继阵亡。巴布运动转入低潮。在残酷的斗争环境中,巴布教派不可避免地发生了分裂。

巴哈派　　巴布教派成分复杂,缺乏统一的思想和行动纲领。巴布起义失败后,内部发生分裂,后来产生了不同于巴布教义的巴哈派。该派由巴布的早期信徒之一米尔札·侯赛因·阿里(尊号"巴哈乌拉")所创。

巴哈乌拉出身于乌赞德兰省的封建贵族世家,因不满朝政,卷入巴布运动。1852年,巴布教徒于德黑兰谋刺伊朗国王纳希德丁(1848—1896在位)未遂,大批教徒遭到杀害。他因涉嫌被捕入狱,1853年获释后,家产被查抄,本人亦被逐出伊朗。他先抵巴格达,继续布道行教,被尊为"哈里发"。不久,其异母弟与他争夺教权。在波斯国王的请求下,奥斯曼政府从中干预,于1863年将他"邀请"到君士坦丁堡,其异母弟仍派出信徒与他争夺教权。奥斯曼政府遂遣其异母弟至塞浦路斯岛,巴哈乌拉被押解至叙利亚的阿卡。在其后的教权争斗中,巴哈乌拉势力渐大。在近40年的受逐和囚禁生活中,巴哈乌拉埋头于写作,其著作后来成为巴哈派的经典。他提倡一种普世宗教,主张上帝是独一无二的,宗教是一元的,人类是一体的。以后,这成为巴哈教义的核心。他认为上帝可以有不同的名称,诸如神、安拉、天主等,只是不同的人赋予他不同的称谓,实质是一样的。上帝的旨意通过差遣的先知连续不断地显现,因而各主要宗教的先知,包括亚伯拉罕、克里希南(印度教)、摩西(犹太教)、琐罗亚斯德(祆教)、释迦牟尼(佛教)、耶稣(基督教)、穆罕默德(伊斯兰教)、巴布和巴哈乌拉等,均为同一上帝所差遣。在社会学说上,他主张忠于政府,拥护国家的法制、政策;号召以博爱来消除贫富差别、人与人之间的不平等,最终实现人类一体、世界大同。

巴哈乌拉晚年长期侨居国外,靠奥斯曼帝国苏丹发给的津贴为生,不再介入政治斗争。为改善屡遭迫害的国内广大信徒的处境,他同波斯国王达成妥协,责令他们隐瞒信仰,承认十叶派为国教,作为国王的顺民。但仍有大批信徒因不满于国王的统治而逃亡国外,散居于奥斯曼、印度、缅甸、叙利亚、埃及、苏丹等地。19世纪末,经一个叙利亚商人的介绍,巴哈派传入美国芝加哥等地。进而演变为独立的宗教——巴哈教。此后的巴哈教同早期的巴布派已无共同之处,而形成新的世界性的宗教。

438

波斯的伊斯兰现代主义 19世纪下半叶,随着欧洲资本主义的发展和东西方联系的加强,波斯的经济、战略地位变得日益重要。英、俄、德三国加紧对波斯的争夺和控制。

1863年,英国获得自波斯全境到卡拉奇铺设电报线的特权;1872年,英国取得修筑铁路、开采矿山、开设银行、采伐森林、开凿运河等为期70年的特权;1890年和1901年,英国又获得为期50年的烟草专卖权和石油开采权。到20世纪初,波斯的南部和中部成为英国的势力范围。与此同时,沙俄控制了波斯北部,取得铺设电报线、修建公路、捕鱼等特权。德国同样怀有野心,企图通过增加投资、扩大贸易渗入波斯,重划势力范围。到20世纪初,波斯已沦为帝国主义的半殖民地。

19世纪末20世纪初,波斯的民族资产阶级尚未形成一支独立的力量。由于民族危机不断加深、封建统治者卖国求荣,在国内出现了一股微弱的民主改革的呼声。其代言人是受过现代资产阶级教育的封建贵族马尔库姆(1833—1908)。19世纪80年代,他在德黑兰成立一个秘密会社,宣传君主立宪思想。他厌恶乌里玛的愚昧无知,但为了取得支持,他同一心想攫取教权的乌里玛结盟,以对抗国王。国王发觉他的活动后,将他调往国外,出任驻英公使。马尔库姆在伦敦继续活动。1889—1890 年,他创办《法言报》,揭露社会的黑暗腐败,反对殖民统治,鼓吹君主立宪。但由于脱离广大民众,马尔库姆的改良主张未能实现。

在此期间,泛伊斯兰主义在波斯中小商人、手工业者和农民中间影响很广。如前所述,阿富汗尼应国王纳希鲁丁的邀请,曾先后出任过战争部长和首相。他劝说国王按照欧洲资产阶级国家体制进行改革,遭到拒绝。后来,他组织民众示威,反对波斯国王,抗议外国殖民统治。1890 年,他被国王驱逐出境。

穆智台希德与 1906 年宪法　1890 年,波斯国王给予英国一家公司以烟草收购、加工和销售的特许权,侵害了商人和消费者的利益。1891 年,在大不里士、伊斯法罕、设拉子等地举行了抗议烟草专营的群众大会。穆智台希德在这场斗争中起到了领导和组织作用,他们发布宗教禁令,禁止在撤销专营权之前吸烟,群众纷纷响应,所有烟草商店停止营业。国王迫于压力于 1891 年 12 月宣布废除烟草专营协定。

抵制烟草专营权的斗争,继巴布运动以后,发展为大规模的反帝群众运动,成为 20 世纪初期波斯资产阶级革命的前奏。在俄国 1905 年革命的鼓舞下,波斯人民于同年 12 月掀起新的斗争,要求罢免首相,实行民主改革。示威群众遭到军警镇压,数千人逃往清真寺里避难,并继续提出改革要求。翌年元月,国王被迫宣布实行改革,召开由各界人士组成的立法议会,但迟迟不履行诺言。直到 7 月 30 日,国王才宣布罢免首相;8 月宣布实行宪法。1906 年 10 月,国王在群众运动的压力下,在德黑兰召开第一届国民议会,通过国家宪法。宪法规定议会为国家最高权力机关,有权颁布法律、批准预算,国王未经议会批准,不得向外国贷款和签订条约。宪法宣布伊斯兰教为国教,给予伊斯兰教士许多特权。宪法还规定,成立一个由五名以上宗教学者组成的立法监护委员会,审查议会提

439

出和通过的立法草案是否符合伊斯兰教义;未经委员会的批准,国王不得批准、颁布任何法律。宗教神权在与王权斗争中,借助群众运动的支持,取得一定进展。

护宪运动与礼萨汗时期的政教关系 1906 年波斯资产阶级革命削弱了以国王为首的封建势力,给英俄帝国主义以有力的打击。但这场革命很不彻底,自由派惧怕革命深入发展,满足于君主立宪制的实现。1907 年秋,国王发动反革命政变,人民群众掀起广泛的护宪运动。政变以后,受俄国革命影响较深的大不里士成为革命中心。大不里士革命政权建立起一支革命武装,提出恢复宪法、捍卫宪制、召开议会、驱逐反动派等口号,号召全国人坚持斗争,直到取得胜利。1909 年 7 月,革命军攻占德黑兰,推翻反动政权。国王逃入俄国使馆。革命再度胜利以后,组成资产阶级自由派和南部地方部族势力的联合政府,废黜国王,恢复宪法,召开第二届国民议会,立年仅 14 岁的王储阿赫默德为国王。

1911 年,逃亡俄国的前国王在沙俄政府支持下,率军进攻革命政权,但复辟阴谋被粉碎。不久,俄国又勾结英国直接采取武装干涉。俄英两国的军队分别从北部和南部同时入侵。波斯国内的反革命集团乘机在德黑兰发动政变,占领国会大厦,强行解散议会。革命终告失败,从此又恢复了黑暗的封建专制。

1921 年 2 月,近卫军团哥萨克旅旅长礼萨汗·巴列维在英国的支持下,发动军事政变,于 1925 年末推翻卡加王朝,建立巴列维王朝(1925—1979)。

礼萨汗(1925—1941 在位)名义上仍尊重 1906 年宪法,实行君主立宪制,实际上则采取各种手段,不断扩充王权。历史上由于王权经常受到教权的限制,礼萨汗上台后不久就对教权严加控制。为削弱经常持不同政见的十叶派宗教学者的影响,他采取了许多改革措施。在政治上,他逐渐削减宗教界在议会中的代表比例。如 1926 年组成的第 6 届议会中,宗教学者占 40%议席,而到 1937 年举行第 11 届议会时,宗教学者竟无一名代表参加。在经济上,他限制教士占有大量教产,将部分清真寺占有的土地和资产收归国有,用于兴办学校、医院和工业设施,对其余的教产(卧各夫土地和资产)则派国家官员严加管理,监督其预算和经费开支,并将收入用于世俗目的。在司法上,对传统上由教士控制的伊斯兰法庭的审判权严加限制,禁止他们在国民法院中任职,教法仅适用于涉及穆斯林私人身份事情上的次要的民事诉讼。礼萨汗推行的世俗化、现代化改革,使伊朗伊斯兰教界遭到沉重打击。1927 年,他采取法国的司法制度。1929 年通过一项法令,规定宗教法庭的司法权仅限于穆斯林的婚姻家庭关系等私事。为指导宗教法庭的司法实践,礼萨汗于 1931 年以国家的名义颁布一部穆斯林婚姻法,对传统伊斯兰教法有关婚姻家庭关系的规定作了许多修改。其中规定:结婚、离婚和复婚必须向国家法院注册登记,领取有关证书,违者判处 6 个月至 1 年的徒刑;结婚必须符合法定适婚年龄,禁止童婚;丈夫有义务赡养妻子,丈夫如拒绝履行义务,妻子有权向法院提出离婚请求等。1935 年,礼萨汗改波斯国名为"伊朗",同时,下令取消妇女外出必须戴面纱的伊斯兰教禁令,关闭大批宗教学校,以公立的国民学校来代替传统宗教教育。上述改革措施加强了王权,打击了伊斯兰教界的特权,因而政教关系趋于紧张。不时发生的王权与教权的冲突,引起教徒群众对教士的同情。早在三四十年代即抨击伊朗国内政治和社会弊端的教界人士霍梅尼,在他的《揭露秘密》一书中首次提出"反抗暴君是穆斯林的首要职责",这一政治性的战斗口号后来在十叶派人夺权斗争中,产生了广泛的影响。

441

第五节　印度伊斯兰教的社会思潮与社会运动

圣战者运动　瓦利乌拉去世后,其学派继续发展,于 19 世纪初达到极盛时期。在该学派的影响下,终于爆发了旨在复兴正统信仰的圣战者运动。运动的领导者赛义德·阿赫默德系瓦利乌拉之子阿布杜·阿齐兹的学生。瓦利乌拉的两个孙子也参与运动的领导工作。这个由瓦利乌拉家族发起的运动,有些类似发生于阿拉伯半岛的瓦哈比运动,但基本上是印度本地的产物。

1822年,赛义德·阿赫默德赴麦加朝觐前,根据《古兰经》编著了《正道》一书,为运动定下思想基调。之后,沙赫·伊斯玛仪以其祖父瓦利乌拉的《一神论者之瑰宝》为基础,撰写《信仰之坚振》,成为运动的经典之作。这两部著作继瓦利乌拉之后,继续坚持正统教义,以此来融合苏非信仰和实践。在苏非派内部,则强调"万流归宗",企图将印度的卡迪里、契斯提、纳格西班迪三大教团合为一体。为此,书中提出三大教团皆以先知的神秘体验行教,因此应当以"先知之道"为基础,求同存异,并共同恪守教法。圣战者运动直接向印度北部的城乡穆斯林大众布道宣教,吸引了众多的追随者。在布道中,他们强调伊斯兰教的一神教义,呼吁仅以经训为信仰之基础,号召清除一切违反教义和礼仪的外来习俗。这些习俗包括崇拜圣徒、圣墓,忽视宗教戒律,以及朝拜印度教神明、圣地,呼喊印度教口号等信仰混杂现象。

圣战者运动的实际目标包括两个方面,这是根据瓦利乌拉提出的"不完善国家"与"理想之国"之说制定的。前者指的是在英国或其他异教徒占领下的印度国土,后者指的是通过"圣战"建立起来的理想的神权政体。圣战者们企图通过布道和改革来改变"不完善的国家",并通过对异教徒的"圣战"以实现"理想之国"。为此,他们以村庄为基地,在非穆斯林统治区广泛建立圣战者组织,委任清真寺的教长为宣讲员,宣传伊斯兰教义,还设立宗教法庭,在穆斯林居民中间实施伊斯兰教法。后来他们选定印度西北边境锡克教徒的聚居区为"圣战"的战场,以取得附近的帕坦部族人的支援。1830年,赛义德·阿赫默德宣布对锡克教徒举行"圣战",一度攻占白萨瓦,并在那里建立一个神权国家。但在锡克教徒的反击下,运动不久就宣告失败。1831年,圣战者兵败于巴拉科特,赛义德·阿赫默德死于战场,圣战者运动至此结束。

英殖民统治下的法制改革　英国东印度公司侵入印度后,于1609年取得治外法权,但长时期未直接控制印度的立法、司法机构。1726年,公司在加尔各答、孟买、马德拉斯三个管辖区设立"市长法院",根据英国法处理民事纠纷,而刑事案件则归公司董事会审理。1765 年,东印度公司取得对孟加拉、比哈尔、奥里萨三邦的司法权。1774 年,英国驻印度总督沃伦·哈斯丁按照莫卧儿的司法惯例,首次对印度地区民法法院和刑法法院作了改组。改组后的民法法院由英国税收官员主持,分别由伊斯兰教法官(卡迪)和印度教执法官(潘迪特)予以协助。民法法院有权审理涉及私人身份的案件,包括婚姻、继承、宗教习俗、宗教礼仪制度等。1781 年,英国殖民当局进一步规定,上述法院在无法可循时,应当根据英国普通法的"公正、平等和良心"的原则执行审判。自 18 世纪末,英国殖民当局开始根据自己的需要,修改传统伊斯兰教法。1790 年,英国东印度公司接管印度地区法院的刑事审判权,并对伊斯兰法院刑事审判的程序作出规定。按照新规定,下级法院的伊斯兰教法官须将审判意见提交大法官和穆夫提审议,最后呈送最高民法法院批准。同年,废除"故意杀人罪被害人的血亲可以宽恕罪犯"这一古老的伊斯兰教习俗,判断故意杀人罪的标准也从只检验是否使用致命凶器(按哈乃斐派教法)改为是否有杀人动机;还废止了伊斯兰教的固定刑罚,如对偷盗者断手,对抢劫者断手、削足,对通奸者以石块击毙等。改革后的伊斯兰教法,称为"英属印度伊斯兰教法",它是以流传广泛的哈乃斐派教法为基础改编的,执行中参照英国判例法的平衡原则。然而,这些改革同后来的法制改革相比,不过是权宜之计。1832 年,英国殖民当局宣布:伊斯兰教刑事法不再适用于印度的非穆斯林属民,成为仅适用于穆斯林的私法。

19 世纪中叶,印度完全沦为英国的殖民地。

1860 年,英国殖民当局相继通过《印度刑法典》、《刑事诉讼法》、《证据法》、《契约法》等法规。在英国法律制度的影响下,伊斯兰教法越来越变得徒有其名了。对此,印度伊斯兰教界曾多次表示抗议。1913 年,英殖民当局曾通过《穆斯林卧各夫有效条令》,部分地恢复了伊斯兰教法。

阿赫默德汗与伊斯兰现代主义运动 1857—1859 年印度各民族大起义失败后,印度穆斯林资产阶级知识分子中间出现了一股改良主义思潮。其中,著名的代表人物有赛义德·阿赫默德汗(1817—1898),他领导的现代主义运动,后来成为印巴次大陆伊斯兰教界最有影响的社会运动之一。

　　阿赫默德汗出身于德里的一个封建贵族之家,青年时代曾在英国东印度公司供职,与此同时,仍与有名无实的莫卧儿皇帝保持着联系。印度民族大起义期间,他忠实地效力于英国王子,曾因营救英国殖民官员有功,被英王赐封为爵士。起义失败后,他成为印度穆斯林民众的领袖。1859 年 7 月 28 日,他在德里大清真寺里发表讲话,代表 15 000 名印度穆斯林,对英国女王维多利亚宣布大赦表示感谢。他的政治生涯大致分为三个时期。1859—1870 年,他极力缓和印度穆斯林民众的反英情绪,号召穆斯林民众与英国人合作,做英王保护下的"顺民";1871—1884 年,他强烈谴责日渐高涨的泛伊斯兰主义和哈里发运动,认为这是危险的"政治冒险",宣称英国在印度的统治是"迄今世界上最美好的现象";1887—1898年,随着印度民族主义组织——印度国民大会党的成立,他转向穆斯林政治分离主义,认为印度穆斯林人数较少,文化落后,政治不成熟,经济贫困,如果与国民大会党合作,势必被强者吞没。

　　阿赫默德汗一生的主要活动是改革传统的伊斯兰教教育,这也是他领导的现代主义运动的基本目标。他认为,印度穆斯林之所以受剥削、被奴役,根本原因在于文化落后、愚昧无知。因此,只有改善教育、提高文化,才是改变现实困境的唯一出路。早在 1859年,他就提倡以英语为教学语言,主张发展西学。1864 年,他发起成立了科学学会,向印度穆斯林知识界介绍西方科学。同年,于加齐普尔创建一所现代学校。1868 年,在他的积极倡议下,印度东北部几个地区成立了穆斯林教育委员会。为发展穆斯林的高等教育,1869—1870 年,他亲赴英国考察剑桥大学。1874 年,阿赫默德汗以英国剑桥大学为蓝图,拟定了建立盎格鲁-伊斯兰东方学院计划。1878 年,这所学院于阿里迦正式成立。学院是个跨教派的教育机构,招收逊尼、十叶两派的学生,同时录取一定比例的印度教学生。这所学院注重解放思想,发展人文科学,培养科学的实证观和实用主义的政治人才,以造就一批新一代的穆斯林知识精英,充实到英国殖民统治下的文官政府中去。它为印度穆斯林分离主义运动培养了大批领导骨干。1886年,为在印度穆斯林中间普及西学,阿赫默德汗成立伊斯兰盎格鲁-东方教育会议组织。该组织以乌尔都文翻译,出版了大量的西方科学著作,并要求以乌尔都语为学校的第二教学语言。

在宗教思想上,阿赫默德汗提出了一些现代主义的改革主张。青年时代,他曾就学于德里的瓦利乌拉学校,接受了瓦利乌拉复兴伊斯兰教的思想和思辨哲学。但他没有停留在伊斯兰教的原旨教义上,而是以思辨哲学和理性主义为基础,重新解释原旨教义。阿赫默德汗认为,宗教作为一门学科,其宗旨是确立伦理准则,它的本质是真理而非信仰。宗教既是真理,当然可借助理智加以认识,并与自然法则相一致。这样,理智和科学就成为他的宗教观的两根支柱。正是从理性和科学的观点出发,阿赫默德汗提出了经注学的15点原则,在重申伊斯兰教基本信仰的同时,极力调和宗教理性和科学的矛盾。例如,他宣称《古兰经》里没有任何违反自然法则的内容,后经废止前经(停经)的观点不能成立,经中所言末世说、天使说、恶魔说和宇宙说不能违反科学实际,只能用科学的术语加以解释等等。他的这些观点使他在一系列问题上脱离了传统教义的束缚。他认为,9世纪以后编纂的圣训,大多是不可信的,应断然加以拒绝;蓄奴制不符合自由、平等的原则,并非伊斯兰教所提倡;一夫多妻制下,无平等可言,应当废除这一不合理的制度等等。但他并不主张用科学和理性的观点来审判一切,而只限于改革,摈弃教义、礼仪、习俗和制度中明显不合时宜的内容,以适应时代的需要。他的宗教改革思想的局限性和不彻底性,后来为因循守旧的封建传统派所利用。

伊斯兰教传统派三大中心　19世纪,同阿里迦的现代派相对立,印度伊斯兰教传统派形成三大宗教教育中心。其中最古老的是勒克瑙的法朗吉马哈勒经学院。这所学院不介入社会政治,置身于现代派与传统派争论之外,而热衷于纯学术活动,在学术思想上融合中世纪的理性主义传统与神秘主义的苏非教义。课程设置包括阿拉伯语和波斯语法、中世纪数学和形而上学、教法学、教义学和圣训注释学等。

另一中心是德里附近的迪欧班德经学院，它是在瓦利乌拉学校的基础上创建的。圣战者运动失败后，瓦利乌拉学派渐趋解体，以赛义德·阿赫默德汗为首的一批学者转向现代主义，而以穆罕默德·卡希姆和拉希德·阿赫默德为首的传统派继续坚持瓦利乌拉的主张。印度民族大起义失败后，穆罕默德·卡希姆同一批伊斯兰学者决定在德里附近的迪欧班德小镇建立一所经学院，以发扬瓦利乌拉传统。1867年，学院正式开学。课程设置包括阿拉伯语和波斯语语法、伊斯兰教史、文学、逻辑学、希腊-阿拉伯哲学、教义学、辨证学、希腊-阿拉伯医学、教法学、圣训学、经注学等。在教学思想上，强调瓦利乌拉的正统思想与阿里迦的宗教思辨传统相结合；在宗教教义上，遵循艾什尔里教义；在教法思想上，坚持严格的哈乃斐派法学传统。该院的建立旨在加强宗教学者与穆斯林大众之间的联系，弥合中世纪伊斯兰教义与现代西方理性主义之间的鸿沟，以造就一批既熟悉传统教义又有开明思想的新一代穆斯林知识分子。但由于课程内容排除了所有现代学科，这项目标始终未能实现。在其后的发展中，迪欧班德经学院愈加脱离现代社会潮流，成为印度伊斯兰教界最重要的传统派学术中心，并与埃及爱资哈尔大学的宗教学者团体建立起广泛联系。

随着殖民统治的建立，伊斯兰学者在穆斯林居少数的各邦不再掌握司法权。这一重大变化使乌里玛的社会地位受到威胁，因而引起强烈反对。他们在谴责无神论、世俗化、西方化的口号下联合起来，成立捍卫自身利益的团体。1894年，沙布里·努尔曼尼于勒克瑙创立伊斯兰教师联合会。这是一个介于正统派与现代派之间的学术团体。它的建立是对英国殖民统治下的政教分离原则和社会日益世俗化的抗议。该团体实际上是印度伊斯兰教传统派的第三个学术文化中心。

泛伊斯兰主义与哈里发运动　19世纪末，奥斯曼苏丹哈米德二世鼓吹泛伊斯兰主义,最初未得到印度穆斯林的有力支持。第一次世界大战前夕,由于国际形势和印度国内形势的变化,在印度穆斯林中间开始产生一种同情奥斯曼的遭遇、支持奥斯曼苏丹的思想感情。1911年,英国殖民当局在印度国民大会党的压力下,宣布取消一度应允的孟加拉分省方案,引起印度穆斯林上层的强烈抗议。同时,印度穆斯林联盟改变了一贯亲英的政策,宣布其最终目标是在印度组建自治政府。1916年,穆斯林联盟与国民大会党签署了两党合作的文件——《勒克瑙公约》。与此同时,部分印度穆斯林民众因不满英国的政策,更加同情奥斯曼帝国,从而转向泛伊斯兰主义。

1913年,印度伊斯兰教界采取泛伊斯兰主义的行动,它派遣一支医疗队,支援在巴尔干作战的奥斯曼军队。1914年第一次世界大战爆发后,奥斯曼加入同盟国方面,阿里迦运动的领导人穆罕默德·阿里在报刊上发表文章赞扬奥斯曼的"选择",并为此被英国当局逮捕,直到1919年战争结束后才被释放出狱。穆罕默德·阿里出狱后,成立了哈里发会议组织,领导印度穆斯林中产阶级和部分群众加入印度国民大会党。哈里发会议组织的成立有两个目的:一是发动群众、动员舆论,阻止英国政府签署旨在肢解奥斯曼的《塞夫勒条约》;一是以伊斯兰教所"特有"的方式,同英国殖民者进行斗争。1920年,穆罕默德·阿里率领一个代表团访问伦敦,要求英国首相劳伊德·乔治通过外交努力,保留奥斯曼哈里发对麦加、麦地那和耶路撒冷圣地的监护权,保留奥斯曼帝国在阿拉伯半岛、叙利亚和伊拉克的领地,尊重其战前的边界。他的这些要求遭到英方的拒绝。同年,印度的伊斯兰学者根据传统的伊斯兰教理论,宣布在英国殖民统治下的印度为"敌占国土",号召全体穆斯林脱离敌占区,迁居邻国阿富汗去。约1.8万名贫困的穆斯林在宗教领袖的鼓动下,背井离乡,踏上迁徙之途。数千人因饥饿和疾病的折磨,悲惨地死于途中。

以"希吉拉"著称的"迁徙运动",是根据传统哈里发学说提出来的。运动的鼓吹者们对此作了大量的宣传。哈里发运动的主要理论家古拉姆·阿沙德宣称,一切人类社会都处在凝聚力量与分裂势力的搏斗之中。在伊斯兰教史上,先知穆罕默德和正统哈里发是凝聚力的代表。继他们之后的倭马亚人、阿巴斯人和奥斯曼人,体现了另一种类型的凝聚力,即君主集权的普世哈里发制度。哈里发虽然不再代表教权,但仍然是伊斯兰世界的政治中心,拥有广泛的司法权。因而,全世界的穆斯林都必须服从哈里发,听从哈里发的召唤,包括在不利情况下撤出非穆斯林统治下的"敌占国土"和参加各种形式的"圣战",以恢复失地。阿沙德还认为,每一个穆斯林国家都需要有一位公认的宗教领袖,以领导"圣战"。他建议,在第一次世界大战中迁居麦加的迪欧班德经学院的宗教学者马赫茂德·哈桑为印度穆斯林圣战者运动的领袖。但是,就在印度伊斯兰教界大肆鼓吹哈里发运动之际,奥斯曼帝国却发生了历史性变化。1924 年 3 月,随着凯末尔领导的资产阶级革命的胜利,土耳其大国民议会通过了废除哈里发制度的决议,并将末代哈里发阿布杜·马吉德驱逐出境。哈里发制度的废除,使印度哈里发会议失去存在的意义。其后影响日衰。

穆斯林联盟与"两个民族"理论　19 世纪下半叶,印度民族主义运动日益高涨,印度人民多次举行起义,反对英国殖民统治。由于宗教信仰、历史文化传统不同,加之英帝国主义者从中挑拨离间,占人口多数的印度教徒与处于少数的穆斯林长期处于对立状态,未能形成一支统一的力量。1906 年,在英国殖民者的策划下,分别于孟买和达卡成立了两个互相对立的组织,即"印度国民大会党"和"全印穆斯林联盟"。从此,印度民族主义运动走向分裂。

穆斯林联盟是个代表印度伊斯兰教封建主和资产阶级上层利益的政党。其主要宗旨包括:"在印度的穆斯林中促进效忠于英国政府的感情,消除对政府在印度事务中所采取措施的意图可能产生的任何误解,维护和增进印度穆斯林的政治权利等。"1912 年,随着大批中下层穆斯林民众的加入,穆斯林联盟对其章程作了修改。以主席穆罕默德·阿里·真纳(1876—1948)为首的主流派通过了与印度国民大会党合作的决议,但长期仅满足于同英国进行"合法"斗争。1928年,穆斯林联盟与国民大会党在中央立法机构两院代表权和选举代表的名额分配比例问题上发生原则分歧,导致合作关系的破裂。从此,穆斯林联盟一直以争取实现穆斯林聚居区的自治和建立分离的穆斯林国家为行动目标。

穆斯林分离主义运动在印度有其特殊的文化、历史背景和深厚的群众基础。早在1867年当贝拿勒斯的印度教领袖们发起一个以印地语代替穆斯林的主要语言乌尔都语的运动时,穆斯林的民众领袖阿赫默德汗就敏感地意识到,印度教徒与穆斯林之间的敌对情绪迟早会发展到"不可收拾的地步"。1883年,他在一次讲话中首次提出印度教徒与伊斯兰教徒是"两个民族"。这一思想,后来为穆斯林联盟领导人伊克巴尔(1877—1938)、真纳等所发展。1930年,伊克巴尔在阿拉哈巴德穆斯林联盟年会上发表演说时宣称,伊斯兰教不仅是理想的伦理准则,而且是一种以法则为基础的社会结构,它的宗教秩序同它所创造的社会秩序密不可分。他明确提出在印度建立一个"统一的穆斯林国家",并为这个新国家确定了边界。他说:"我愿意看到旁遮普、西北边境省、信德、俾路支斯坦合并为一个单独的国家。"并认为这将是印度的穆斯林,至少是西北部的穆斯林的"最终结局"。伊克巴尔再次提出"两个民族"的理论,没有立即为穆斯林联盟所接受。1930年和1931年,英国政府为解决印度教徒与穆斯林之间的纠纷,于伦敦举行两次"圆桌会议",但均陷入僵局,这使穆斯林联盟领导层更加倾向于政治分离主义。1940年,真纳在英国报刊《时代与浪潮》上发表专文,系统阐述"两个民族"理论,要求英国制定一部承认印度有两个民族的宪法,以便使他们共同分享对国家的管理权。同年3月,穆斯林联盟于拉合尔会议上正式通过关于两个民族和建立巴基斯坦的决议。经过长时期的争论、辩论、讨价还价,英国政府、印度国民大会党和穆斯林联盟终于就"印巴分治"问题达成协议。1947年6月,英国政府公布"蒙巴顿方案",同意印巴分治,把英属印度按居民的宗教信仰划分为印度和巴基斯坦两个自治领地。这样,在印度次

449

大陆出现了第一个伊斯兰教国家——巴基斯坦。

第六节 殖民统治下的印度尼西亚伊斯兰教

印度尼西亚的殖民化过程 17世纪中叶,印度尼西亚处于封建割据状态。群岛上的伊斯兰教政权主要有爪哇的马塔兰、西爪哇的万丹、苏门答腊的亚齐。南洋群岛,特别是马鲁古群岛因出产珍贵的香料,一向驰名于东西方市场,早已为欧洲殖民者所垂涎。1511年,葡萄牙人首次侵入印尼,强行霸占安汶岛。1598年,荷兰船队驶入万丹港,其时正值万丹与葡萄牙人发生武装冲突,荷兰人以援助万丹苏丹为名,获取大量商业利益,并在安汶设立一座收购站。此后,荷兰先后组织十几次远航船队到印尼抢购香料。1602年,荷兰国会通过决议,成立荷兰东印度公司,对印尼发动大规模的侵略。到17世纪初,公司征服了马鲁古群岛上的诸小苏丹国,控制了安汶、德那地、蒂多雷等地的香料贸易。1610年,东印度公司在印尼设立总督府。1619年,荷兰与英国因争夺雅加达而发生武装冲突,结果英军战败,撤出雅加达。两年以后,雅加达改名为"巴达维亚",成为荷兰侵略印尼和亚洲各国的大本营。此后,荷兰的侵略矛头转向富庶的爪哇岛。荷兰人对强大的马塔兰和万丹采取"分而治之"政策。荷兰在爪哇的扩张,遭到马塔兰人民的顽强抵抗,直到1679年荷军才控制东爪哇。1680年万丹发生宫廷政变,荷兰乘机攻占万丹港,后来与万丹签订不平等条约,使万丹变为荷兰的附属领地。占领爪哇以后,荷兰东印度公司在爪哇实行两种占有制度:公司直辖殖民地和公司间接控制的藩属土邦。从此,整个南洋群岛逐步沦为荷兰的殖民地。

巴德利运动 苏门答腊西海岸的米南卡包,原为满者伯夷的保护领地。15世纪末满者伯夷灭亡后,这里出现了伊斯兰化的势头,封建领主企图借助宗教势力来维护自己的经济利益。结果出现了三种不同体制并存的局面:伊斯兰教封建主控制的地区实行宗教法制,当地旧王室控制的地区实行世俗法制,山区和乡村地方势力控制的地区沿用当地的习惯法。该地区的经济发展长期依赖塔纳达塔尔的金矿和外贸。但自1780年以后,黄金资源日渐减少,与此同时,咖啡、制盐、纺织等新工业兴起。新兴的工业主企图利用伊斯兰教势力来维护自己的社会地位和经济利益,成为伊斯兰复兴与改革运动的推动力量。

1803年,三名自麦加朝觐归来的哈吉,在瓦哈比教义影响下,企图以武力改变米南卡包地区的社会习尚。他们在当地居民中发起一个净化信仰运动,要求人们戒绝赌博、斗鸡、饮酒、抽烟、吸鸦片等恶习,改革以母系为基础的继承惯例,恪守伊斯兰教的礼仪制度和道德规范,但不反对圣徒、圣墓崇拜。运动的领导者是从亚齐的巴德利港渡海到麦加朝觐并从该港归来的。这一自发的宗教改革运动,后来被称为"巴德利运动"(1803—1838)。

巴德利运动借助武力布道宣教,发展很快,抵制改革的旧王室成员大部被杀。当运动扩展到苏门答腊中部信奉原始宗教、巫术和印度教的巴塔克人居住区时,遭到当地居民的强烈抵制。1819年,荷兰军队开进巴东,公开支持当地战败的封建王室。1821年,双方签订条约,封建王室将早已不在其控制之下的米南卡包领地转让给荷兰人。此后不久,荷军向巴德利运动开战。巴德利运动在亚齐穆斯林的支持下,顽强战斗,战争一直继续到1837年最后一个军事堡垒朋佐尔失陷。巴德利运动失败后,荷兰在米南卡包建立了殖民统治,有意识地抬高当地习惯法的地位,以抵制伊斯兰教的传播。这项排斥伊斯兰教的政策使当地的穆斯林更加坚持传统教义。自19世纪30年代起,在改革运动中一度起主导作用的沙兹里教团逐步为更接近逊尼派正统教义的卡迪里教团和纳格西班迪教团所取代。

亚齐穆斯林的抗荷斗争 巴德利运动失败后,荷兰军队继续向苏门答腊北部深入,引起英国的疑虑。为避免冲突,1824年英荷两国签订《伦敦条约》,划分了各自的势力范围。此后,荷军步步深入,逼近苏门答腊北部的亚齐苏丹国。与此同时,美国亦有侵吞亚齐之心。英国为了维护其在南亚、东南亚的霸主地位,不愿美国人插手,宁愿让软弱的对手荷兰独吞印尼。1871 年 11 月,英荷签订《苏门答腊条约》,英国表示不干预荷兰在苏门答腊采取的任何行动。1873 年 3 月,荷兰对亚齐开战,1874 年 1 月占领亚齐首都。但亚齐人民继续在各地开展游击战争,给侵略者以有力的打击。荷兰殖民者耗费了大量的人力、物力,到 1879 年仅占领了亚齐沿海地区,对内陆的占领遭到了顽强的抵抗。在战争后期,在民众中颇有号召力的宗教领袖成为抵抗运动的领导者、组织者,他们以对异教徒举行"圣战"为口号,发动穆斯林民众开展各种形式的斗争。荷兰看到仅凭武力难以征服印尼人民,不得不改变策略。自 19 世纪末,荷兰采纳荷兰伊斯兰学者、土著印尼事务顾问史努克·胡尔格龙涅的建议,实行"以夷治夷"的政策。在荷兰人的胁迫、利诱之下,亚齐的大封建主陆续投降,于 1898 年成立了效忠荷兰人的伪政权。但广大穆斯林民众又坚持了十余年斗争,直到 1913 年亚齐战争才宣告结束。

伊斯兰现代主义思想的传入　16、17 世纪,随着商业活动的增加,南洋群岛的伊斯兰学者同马来半岛、印度和阿拉伯等地的伊斯兰学者产生了接触,交流日益频繁,到圣地麦加朝觐、学习的人数激增。18—19 世纪末,荷兰殖民当局慑于带有民族情绪的泛伊斯兰主义在印尼的传播,严格限制朝觐人数,但每年仍有大批朝觐者外出。由于英国殖民当局鼓励外籍穆斯林移居海峡殖民地,对取道新加坡到中东旅行不加限制,每年都有大批的印尼穆斯林借道新加坡赴开罗、麦加等地旅行。结果外来的宗教思想,特别是盛行于埃及和中东地区的伊斯兰现代主义思潮,沿着朝觐路线逐步渗入马来半岛和南洋群岛。

1906 年,新加坡出现了马来文刊物《伊玛目》,这是东南亚第一个用伊斯兰现代主义观点阐述社会、宗教和经济问题的刊物。该刊创始人是苏门答腊米南卡包地区的一位伊斯兰学者塔希尔·加拉路丁(1869—1957)。加拉路丁出身于一个宗教学者家庭,其堂兄曾任麦加圣寺沙斐仪派教长,印尼早期的现代改革派大多是他的弟子。加拉路丁本人青年时代曾在麦加居住十余年,后来又在开罗学习四年,是拉希德·里达的好友,深受穆罕默德·阿布杜宗教改革思想的影响。在他的倡导和影响下,苏门答腊和爪哇的伊斯兰教界出现一批自称为"新派"的宗教学者。他们不满于苏非派的传统教义和礼仪,认为伊斯兰教要想跟上时代的步伐,首先需要对它的社会学说、哲学观念、法律制度加以认真的思考,采取必要的革新以恢复活力。1909年,新派在巴东设立第一所现代学校,后来又在巴东巴央设立一所"模范"现代学校,作为推广现代教育的基地。学校除教授宗教课程外,增设了阿拉伯语、地理、历史等学科,采用埃及课本。1911年,新派出版了双周刊《启蒙》,成为宣扬伊斯兰现代主义的喉舌。宗教改革思想不久又从苏门答腊的米南卡包传入爪哇。1905年和1915年,新派在雅加达开办了两所现代学校,用马来语、阿拉伯语和荷兰语授课。1911年,西爪哇以沙斐仪派一批拥护革新的伊斯兰教师为核心,首次成立一个新派宗教学者组织——伊斯兰教师联盟。1915年,一所穆斯林女子学校在巴东巴央成立。伊斯兰教师联盟于1916年创建一所学校、一所孤儿院,还组织盟员从事印刷、编织、农业生产等经济活动。

453

　　穆罕默德协会　1912年,自麦加归来的爪哇伊斯兰学者阿赫默德·达赫兰(1868—1923),在日惹组建一个新派组织,称为"穆罕默德协会"。该派宣称伊斯兰教以理性为基础,它与现代科学的发展是一致的,而外来的"迷信活动"和陈规陋习则应予清除,以维护信仰的纯洁性。这一新思想的推崇者主要是城市知识阶层,特别是受过现代西方教育的知识分子和专业技术人员。为抵制乡村的地方习俗和基督教势力的传教活动,协会提出了布道计划,进行广泛的宣教运动。由于不断遭到传统派伊斯兰教师的强烈抵制,穆罕默德协会初期发展缓慢,到1925年仅有会员4 000人,学校55所,医院2所。此后协会向苏门答腊地区发展,在米南卡包吸收大批新会员,仅五年,人数猛增至24 000人。到1938年,协会在印尼各岛屿都成立了分会,号称拥有25万会员,成为印尼最大的宗教组织,拥有清真寺834座,图书馆31座,学校1 774所。长期以来,协会只热衷于伊斯兰教内部的制度改革,满足于发展现代宗教教育、增进穆斯林社团的福利、发展信徒、布道传教等活动,很少参与社会政治斗争。特别是在印尼民族主义运动蓬勃兴起以后,该会更加置身于民族解放运动之外。同时,它在宗教思想上也越来越向封建正统派靠拢。

伊斯兰教联盟 19世纪至20世纪初,印尼的民族资本在荷兰和其他帝国主义的重压下,缓慢发展起来。随着民族资本的发展,民族主义运动开始在民族资本较发达的爪哇等地兴起,出现了一些政党和群众组织。1911年,印尼的花裙商在梭罗成立了"伊斯兰教商人联合会",1912年改名为"伊斯兰教联盟"。联盟提出的基本纲领是:救助贫困盟员,维护盟员的物质和精神利益,发展民族资本,捍卫伊斯兰教的纯洁性。联盟不是一个激进的政治组织,它的领导人佐克罗阿米诺托曾多次宣布,联盟无意推翻荷兰的殖民统治。到1913年,联盟已有盟员8万人,并在全国各地设立了支部。在印尼共产党(当时称为"东印度社会民主联盟")的推动和广大工人群众的参加下,伊斯兰教联盟急剧发展和左倾化。1919年12月,印尼共产党与伊斯兰教联盟达成合作协议,共同成立"印尼工会联合会",下设22个分会。由于双方从一开始在政治指导思想上就有原则分歧,第一次世界大战以后,伊斯兰教联盟日益倾向泛伊斯兰主义,遭到印尼共产党的严肃批评。双方就"伊斯兰教与民族主义"问题在报刊上展开论战,终于导致关系破裂。1921年,伊斯兰教联盟领导层通过"党的纪律决议",规定盟员不能同时加入另一政党,并将印尼共产党员逐出联盟总部,基层支部后来也分裂为"红色联盟"和"白色联盟"两派。1923年2月,联盟召开全国代表大会,决定改名为"伊斯兰教联盟党",并在印尼共产党控制的支部重建基层组织,至此两党合作关系宣告结束。倾向于印尼共产党的盟员,另立组织,称为"人民联盟"。

伊斯兰教联盟党的再分裂 印尼共产党党员退出伊斯兰教联盟以后,联盟内部在思想上仍然存在分歧,又多次发生分裂。1916年,早在印尼共产党退出之前,联盟的米南卡包支部就已发生分裂:坚持宗教改革的现代派称为"白卡联盟",而以苏非导师为核心的传统派自称为"红卡联盟"。1919年,苏门答腊学生总会宣告成立,在现代派控制的学校里宣传伊斯兰共产主义思想,遭到现代派的反对。1925年,不愿介入政治的现代派伊斯兰教师与学生脱离关系,并将穆罕默德协会苏门答腊分会会址迁往米南卡包。在爪哇,现代派与传统派的矛盾也日益激化。1918年1月,梭罗一家报纸上刊登了一篇攻击伊斯兰教创始人穆罕默德的文章,愤怒的穆斯林群众成立了一个捍卫伊斯兰教信仰的组织,称为"先知军"。与此同时,反对宗教改革的爪哇地方势力,成立了一个对应组织,称为"爪哇民族主义委员会"。1923年,一批穆斯林商人于万隆成立"伊斯兰教商会",竭力维护伊斯兰教现代主义,主张净化伊斯兰教,清除来自当地习俗的"迷信活动",同时严厉谴责爪哇民族主义,结果引起内部分裂。一部分主张伊斯兰教可以同民族主义携手合作的会员,于1926年另立"伊斯兰教协议派"组织。

20世纪20年代以后,统一的印尼穆斯林社团因政治主张不同,思想倾向各异,已变得四分五裂。伊斯兰教联盟党由于越来越倾向于泛伊斯兰主义和非暴力的"不合作运动",同受荷兰殖民当局保护并领取教育津贴的穆罕默德协会关系日趋紧张。1929年,联盟党通过"党纪决议",将协会会员清除出党。与此同时,以沙斐仪派伊斯兰教师为首的正统派同现代派的裂痕日益加深。国际伊斯兰教界的一次新的危机,终于导致印尼伊斯兰教界现代派与正统派的分道扬镳。

1924年土耳其废除哈里发制度以后,埃及和沙特阿拉伯的宗教领袖们分别策划召开世界伊斯兰教大会,讨论恢复哈里发制度问题。印尼伊斯兰教界于1924—1926年成立委员会,决定代表团出席这两次大会。但代表团成员大多来自现代派,其中最著名的人物是伊斯兰教联盟党领导人佐克罗阿米诺托。爪哇的正统派一贯厌恶现代派的主张,他们视现代派为只尊崇新罕百里派的瓦哈比派,担心正统的沙斐仪派在开罗和麦加大会上受到歧视。为维护正统派的利益,以东爪哇宗班宗教学校校长哈斯吉姆·阿斯加里为首的正统派,于1926年成立了"伊斯兰教师联合会"。该会不介入政治斗争,以发展宗教教育、维护穆斯林的福利为主旨。到 1942 年,该会在爪哇、加里曼等地建有 120 个分会,成员主要是中小商人和乡村里的农民。

伊斯兰教与民族主义　1927—1942 年,印尼民族主义运动进入一个新阶段。此前,印尼的伊斯兰教政党和组织尽管组织群众同荷兰殖民者作过各种形式的斗争,由于缺乏坚强的领导和统一的目标,加之内部分裂,均以失败告终。在荷兰殖民者的严酷镇压下,印尼人民开始觉醒,认识到团结的重要性,联合的呼声日强。而联合的思想基础则是印尼民族主义。它的提出者是以苏加诺(1910—1970)为首的印尼民族主义者。

苏加诺出生于爪哇的一个教师之家。自幼在欧洲人开办的学校读书,青年时代接受了东印度党的思想影响,后来逐渐形成以爪哇文化为背景的印尼民族主义的思想、理论。1925 年他在泗水技术学校读书时,发起成立争取民族独立的政治组织——学习俱乐部。1926 年,苏加诺发表一系列文章,主张伊斯兰教、马克思主义与印尼民族主义携手合作,以民族主义为印尼的主体思想。1927 年 7 月,他与万隆的学习俱乐部联合发起成立"印尼民族主义者协会",1928 年 5 月易名为"印尼民族党"。作为印尼第一个世俗政党,其目标是通过组织民众开展"不合作运动",来实现全体印尼人民的政治独立。1929 年,在民族党、伊斯兰教联盟党、泗水学习俱乐部、爪哇的地方组织和基督教组织的共同努力下,成立了一个多党派的联合阵线——印度尼西亚人民政治协议会。它的成立标志着统一的印尼民族主义思想的兴起,这种思想要求印尼各党派、各团体捐弃分歧,以共同的民族利益为重。但联合仍然是表面的,不牢固的。次年,伊斯兰教联盟党退出联合阵线。分歧在于以城市商人为主体的联盟党领导人要求承认伊斯兰教在印尼的特殊地位,遭到其他政党和组织的强烈反对。从此,印尼的伊斯兰教政党和组织在争取印尼民族独立的斗争中,一直是一支分离的力量。随着世俗民族主义思潮的勃兴,印尼的伊斯兰教界对民族主义理论和策略愈加反感。但伊斯兰教并未因民族主义的兴起而走向联合,以城市商业阶层为主体的联盟党领导人仍积极鼓吹现代主义,而以乡村为基础的伊斯兰教师联合会则坚持正统教义。现代派领导人不时对民族主义发起攻击。1931 年,穆罕默德·纳席尔发表一篇文章,宣称唯有伊斯兰教可作为印尼国民性的基础,印尼穆斯林的最终目标是建立一个由宗教领袖领导的、以伊斯兰教法为基础的伊斯兰国家,而民族主义是一种源自西方帝国主义的理论,它使穆斯林共同体四分五裂。伊斯兰教与民族主义的对立,削弱了印尼人民反殖民主义的斗争。

日本统治时期的宗教政策　第二次世界大战中,从 1942 年 3 月至 1945 年 8 月,南洋群岛被日本侵略军占领。日军占领印尼后,为巩固其统治,扩大在整个亚洲的侵略战争,开始在占领地区陆续建立所谓的"新秩序"。由于广大穆斯林群众痛恨荷兰殖民者,一些伊斯兰教上层甚至对日军的到来抱有幻想,企图采取"以日制荷"的策略,因而日本军事当局最初把伊斯兰教势力作为一支可借用的力量加以拉拢、利用。1942 年 3 月,日本军事当局在爪哇宣布解散印尼一切政治组织,禁止一切政治集会和活动;与此同时,成立"宗教事务处"。为进行"大东亚共荣圈"的欺骗宣传,日本军事当局委任战前印尼伊斯兰教联盟党领袖佐克罗阿米诺托的弟弟为印尼伊斯兰教界的代言人,成立效忠日本占领军的基层民众组织,但不久又对他的忠诚产生怀疑。同年 9 月,日本军事当局于雅加达召开"印尼伊斯兰教领袖会议",企图扶植一个亲日的傀儡组织,代替战前成立的印尼伊斯兰教最高会议,结果大失所望。会议不得不决定保留原来的名称,推举新的领导机构,其中伊斯兰教联盟党仍居多数,而日本军事当局企图加以扶植、利用的伊斯兰教师联合会和穆罕默德协会只取得少数席位。这次会议以后,日本军事当局转向扶植、拉拢乡村的地方宗教势力。1942 年 10 月,日本占领军的雅加达宗教事务处处长窜到爪哇农村各地活动,拜会当地的伊斯兰教师。12 月,日本驻雅加达最高军事长官接见 32 名来自各地的伊斯兰教师,鼓励他们同日本人"合作"。1943 年 7 月,日本军事当局召集 60 名各地伊斯兰教师到雅加达作短期培训,进行效忠日本天皇的奴化教育。此后,这类培训连续不断。到 1945 年,经过培训的农村伊斯兰教师达到 1 000 余人。这样,日本军事当局通过扶植亲日派,实际上割断了城市宗教领袖同各地的联系。同年 10 月,印尼伊斯兰教最高会议被强行解散,代之以便于控制的、以伊斯兰教师联合会和穆罕默德协会为主的"马斯友美"组织(印尼穆斯林协商会议)。二次世界大战末期,随着日军在各个战场上的节节败退,爪哇、苏门答腊农村多次爆发大多是由当地的伊斯兰教师领导的抗捐运动和小规模的武装暴动。为加强对农村伊斯兰社团的控制,日本军事当局指派前伊斯兰教师联合会主席哈斯吉姆·阿斯加里在印尼全国各地遍设宗教事务处分支机构。但是,随着国际反法西斯战争的胜利,这些受日本控制的伊斯兰教组织,也纷纷拿起武器,参加反对日本军国主义的游击战争。

第十四章 战后伊斯兰教
（1945— ）

第一节 西 亚

战后西亚诸国的政教关系 西亚地区的伊斯兰国家包括土耳其、叙利亚、伊拉克、黎巴嫩、约旦、沙特阿拉伯、科威特、巴林、卡塔尔、阿曼、阿拉伯也门共和国、也门民主人民共和国。[①] 二次世界大战后，这些国家相继摆脱外国殖民统治，建立起拥有独立主权的国家。国家的独立，民族的复兴，国家对宗教历史文化传统的重视和保护，为伊斯兰教在战后各国的复兴创造了有利的环境。而科学的发展，文化教育水平的提高，社会生产力的逐步解放以及社会自身的发展、变化等，又使传统宗教观念、民俗风尚不断受到新思想、新观念的冲击，致使政教关系再度成为一个十分敏感的问题，需要不断加以调整。

战后西亚各国的政教关系，大致表现为三种不同的类型。第一种是明确宣布实行政教分离的国家，即土耳其。自 1924 年土耳其资产阶级革命胜利后，土耳其历届政府都遵循这项原则。1961年 7 月通过的土耳其宪法规定：土耳其是个民族、民主、政教分离和实行法治的国家。土耳其的政教分离原则，包括宗教信仰是公民的私事，国家保证宗教信仰自由，但宗教组织必须爱国、守法，只能在法律许可的范围内活动，不得干预国家的政治、法制和文化教育。第二种类型是实行政教合一的国家，包括沙特阿拉伯、阿曼、

---

① 1990 年 5 月 22 日，"阿拉伯也门共和国"与"也门民主人民共和国"宣布统一，成立"也门共和国"。

阿拉伯联合酋长国和革命前的也门①。这些国家不仅奉伊斯兰教为国教,而且实行宗教法制,以伊斯兰法典为国家全部立法的渊源。其中最典型的是沙特阿拉伯王国,它是一个政教合一的封建王国,国王同时也是教长,王室控制着国家的军事、政治、经济大权,没有成文法和现代立法机构,《古兰经》和圣训为法律的根本依据,宗教法院是国家重要的司法机关。其余国家(如叙利亚、伊拉克等)属于第三种类型。这些国家虽然有些也宣布伊斯兰教为国教或官方宗教,但实际上国家奉行近似于政教分离原则的政策。在这些国家里,伊斯兰法典不再是立法的渊源,宗教法院不再是主要的司法机关,伊斯兰教法不再是国家的基本法;教法作为一种"私法"被不同程度地保留下来,仅在涉及穆斯林公民"私人身份"事情上(包括婚姻、财产继承、遗嘱、监护、宗教基金等),有一定的拘束力。

土耳其宗教传统的恢复　第二次世界大战后,土耳其执政的共和人民党继续奉行凯末尔提出的政教分离政策,但出于政治需要,对宗教和宗教组织比较宽容。自 20 世纪 50 年代起,土耳其的宗教活动日益活跃,伊斯兰教的某些传统习俗得到一定程度的恢复,宗教再次成为土耳其人民生活中一个重要因素,得到各主要政党和组织的关注。

宗教传统复兴的最初迹象是战后关于恢复宗教教育的全国性的大辩论。这个问题起初是由土耳其的宗教领袖们提出来的。1946 年 12 月,土耳其国民议会就此举行正式辩论,未取得结果。接着,报刊、议会和其他场合,继续展开长时期的争论。1949 年初,土耳其政府决定,小学恢复宗教教育,列为选修课,每周两个课时。1950 年 10 月,进一步规定宗教教育为四、五年级学生的必修课。同年,政府决定恢复伊斯兰教高等教育,并在首都安卡拉新建附属

①　1962 年 9 月,也门"自由军官组织"发动革命,推翻北部的巴德尔王朝,成立"阿拉伯也门共和国";1967 年,南部也门摆脱英国殖民统治,成立"也门民主人民共和国"。

大学的几所伊斯兰学院,受教育部直接领导。随着宗教教育的恢复,宗教活动越来越活跃。到清真寺做礼拜的人数显著增加,宗教书籍和报刊的发行量创历史记录。革命时代受压制的一些宗教学者和被取缔的教权主义组织也公开恢复活动;重新出版、发行按照"正宗"观点编写的《土耳其文伊斯兰大百科全书》以及为奥斯曼王室歌功颂德的教权主义刊物《大东方杂志》;同奥斯曼王室有联系的提加尼教团再度活跃,要求伊斯兰教在土耳其公共生活中发挥更大的作用。为了向政府施加压力,该教团还煽动群众,于1949年在土耳其国民议会大厦前举行游行示威,用阿拉伯语高声呼喊,以示对政府禁令的蔑视。他们还以反对偶像崇拜为名,捣毁凯末尔的雕像。为此,土耳其政府于1952年对骚乱的策划者提起公诉和审判,并重申对苏非教团的禁令。然而,50年代土耳其宗教传统的复兴有其历史根源和社会根源。土耳其资产阶级革命虽然对伊斯兰教及与之相联系的封建制度给予很大的冲击,但革命的根本目的不是要消灭宗教,而是为了确立资产阶级专政制度及与此相适应的宗教形式。伊斯兰教早已深深植根于政治、经济、思想、文化、艺术各个领域,成为土耳其民族共性和历史传统的一部分,很难通过革命的手段摧毁其存在的基础。许多政府官员主张,适当地恢复宗教信仰和习俗有利于国家与社会的安定。因为广大农民仍然一如既往地笃信宗教;城市中的手工业者和小业主仍然是宗教的狂热信徒;商业资产阶级中甚至有人主张以伊斯兰教来防止共产主义思想的传播;教权主义者和封建的遗老遗少则幻想借助宗教力量,恢复昔日的特权。尤其是后者,成为伊斯兰教原旨教义的狂热鼓吹者。这一切决定了随后的政治斗争中,伊斯兰教必将成为一个不可忽视的因素。

教权主义政党和组织　20世纪60年代,宗教再度卷入政治,成为土耳其政党斗争的工具。1961年,通过政变上台的土耳其军人集团,宣布恢复政党活动,同年组成共和人民党和正义党联合政府,从此土耳其进入多党联合执政时期。由于两党都采取实用主义策略,竭力拉拢在野的政党和组织,其中包括教权主义组织和宗教色彩较浓的政党。结果,不是旧的教权主义政党积极恢复活动,就是建立起新的教权主义政党,政教关系变得更加复杂化。

民族党是个教权主义政党。它始建于 1948 年,曾因反对共和制被宣布为非法。1958 年,它经过组织调整,同土耳其农民党合并为"共和农民民族党"。除共和人民党外,它是 60 年代军人集团政变后唯一获准继续活动的独立政党。1965 年选举中,阿尔帕斯兰·图尔吉斯当选为党的主席,改党名为"民族行动党",宗旨由泛伊斯兰主义、泛奥斯曼主义转向土耳其民族主义。

60 年代另一教权主义的救国党兴起,其领导人是尼克米廷·厄尔巴甘。它是于 1970 年建立的民族秩序党的前身。该党因反对凯末尔的共和制和政教分离原则于 1972 年被取缔。1973 年重新恢复活动后,该党具有强烈的伊斯兰教色彩,鼓吹"宗教道德复兴",反对"世俗主义和极端自由主义",要求建立一个以伊斯兰法制为基础的伊斯兰国家。该党代表土耳其封建宗教势力和安纳托利亚的商业资产阶级的利益。救国党的活动得到纳格西班迪教团残余势力和所谓"光明追随者"组织的支持。"光明追随者"系 60 年代兴起的一个主张伊斯兰教复兴的组织,由赛德·努尔西所创,其前身在青年土耳其党革命时代是一个伊斯兰组织。另一教权主义组织是始建于 1966 年的土耳其统一党。它是一个代表土耳其中部十叶派穆斯林上层利益的宗教政党,党徽上有十二颗星,象征十二伊玛目。这些教权主义政党和组织作为政党斗争的工具活跃于政治舞台上,但在土耳其政治生活中并不占主导地位。

沙特阿拉伯与泛伊斯兰主义　20 世纪 60 年代末,随着石油资源的开发,沙特成为世界头号石油生产输出国。巨额石油财富的不断涌入,使国家贫穷、落后的面貌迅速改变;西方的意识形态和生活方式随之而入,使传统的宗法制度受到猛烈冲击,传统的社会结构和生活方式正在发生着明显的变化。为了适应社会发展新潮流,沙特封建王室一方面不得不采取某些改革措施,另一方面则大力强化伊斯兰教的思想统治。1962 年 9 月 26 日,邻国北也门的自由军官发动革命,推翻封建的伊玛目政权。这一事变加深了沙特

当代穆斯林人口分布示意图

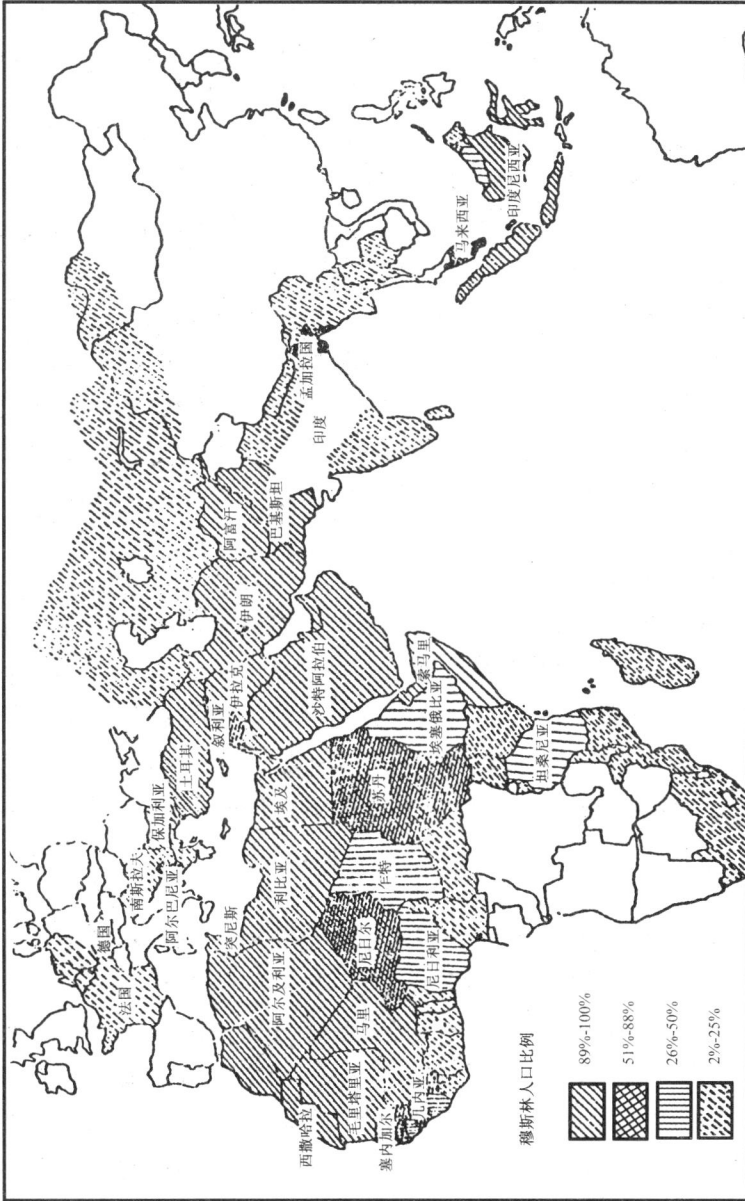

马来尼西亚

印度尼西亚

马米西亚

孟加拉国

印度

巴基斯坦

阿富汗

伊朗

叙利亚

土耳其

保加利亚

阿尔巴尼亚

南斯拉夫

德国

法国

希腊

突尼斯

利比亚

埃及

沙特阿拉伯

卡塔尔

苏丹

索马里

坎塔俄比亚

也门

坦桑尼亚

扎伊尔

乍得

尼日利亚

尼日尔

阿尔及利亚

马里

毛里塔尼亚

布内加

西撒哈拉

塞内加尔

穆斯林人口比例

89%～100%

51%～88%

26%～50%

2%～25%

王室的危机感。1963年,沙特"大臣会议"决定废黜沙特,立"开明的"费萨尔王储为国王。费萨尔执政后,采取"灵活实用"的政策。一方面,他宣布《古兰经》和圣训仍然是国家的根本大法,重申要不断健全法制,要求国民恪守伊斯兰教法,防止外来思想的侵蚀。自70年代以来,沙特政府陆续颁布一系列的规定和禁令,要求人民戒绝赌博、酗酒,禁穿奢华服装,注意公共场合下的言行举止,还根据《古兰经》的规定,颁布对偷盗罪、通奸罪的刑罚。另一方面,费萨尔又提出旨在实现现代化的社会与经济纲领。这项纲领包括重建中央政府和省政府,重建司法机构,发展国民经济,改善社会福利,废除奴隶制度等。纲领还明确提出:鉴于经训的内容是固定不变的和有限的,而时代和人民的社会生活经验是不断变化的,因此要充分发挥教法学家们的作用,根据经训的表义和精神灵活地解释法律。为此,成立了一个由法学家和宗教学者组成的法律顾问委员会。

464

1967年第三次中东战争爆发后,沙特向埃及提供大量经济援助,并改善和加强同埃及、叙利亚、约旦等国的关系。1973年第四次中东战争中,沙特同其他阿拉伯产油国,利用"石油武器",支援前线国家,有利地打击了美国和以色列。战后中东的政治形势和沙特的国际地位,使它跃居为阿拉伯伊斯兰国家的实际领导者,为它的泛伊斯兰主义、泛阿拉伯主义的对外政策创造了有利条件。

由于第三次中东战争的爆发,一批伊斯兰国家迫切感到需要加强在共同宗教信仰基础上的国际团结,以共同抗击以色列。1969年3月,众多的伊斯兰国家于摩洛哥的拉巴特举行最高级会议,旋于1970年3月召开的伊斯兰国家外长会议上,正式宣布成立"伊斯兰会议组织"。它包括最高级、部长级和宗教组织级三个层次,常务秘书处设在沙特阿拉伯的吉达,现已有57个成员国。在沙特等伊斯兰国家的共同努力下,这一泛伊斯兰国际组织,广泛开展政治、经济、文化、外交等领域的协调与合作,成为举世瞩目的一支政治力量。实际上,20年代建立的世界穆斯林大会早于1948年即已恢复活动(其中心现在巴基斯坦的卡拉奇);1962年,麦加又成立了一个泛伊斯兰的国际组织——伊斯兰世界联盟,它是当今最活跃的泛伊斯兰主义的国际性组织。70 年代以来,在沙特等伊斯兰国家和国际伊斯兰教组织的推动下,在伊斯兰世界陆续建立了一系列泛伊斯兰性质的国际组织和机构。其中重要的有伊斯兰广播事业联合体、伊斯兰红新月联合会、伊斯兰开发银行、伊斯兰国家科学技术会议、伊斯兰工业国家会议、国际伊斯兰教育协会、国际伊斯兰通讯社等。

宗教极端分子强占麦加禁寺事件 伊朗伊斯兰革命的胜利对伊斯兰世界,尤其是对海湾国家的影响更为直接。在这一地区,首当其冲的是沙特。标志性的事件则是少数宗教极端分子武装占领麦加禁寺。

1979 年 11 月 20 日凌晨,以朱海曼·乌特比及其表弟穆罕默德·卡塔尼为首的400 多名宗教极端分子,手持各种武器,封锁了禁寺的所有出入口,用高音喇叭向被惊呆的礼拜者们宣布,沙特家族的统治是非伊斯兰的,号召人们行动起来同他们一起推翻这一不得人心的"腐败政权",建立真正的伊斯兰政权。朱海曼向人们宣布,伊斯兰复兴的新世纪已经到来,卡塔尼就是人们期待的新先知"马赫迪",他将引领人们恢复正信,结束黑暗,使大地重见光明。

恐怖袭击事件使沙特政府和王室受到强烈震动。为应对局势,哈立德国王闻讯后立即召开紧急会议,征询伊斯兰学者委员会的意见。之后,国王调动了一支一万多人的军队将禁寺团团包围,巴基斯坦方面应要求迅速派来了数千名军警增援,还特地从法国请来一批富有经验的防暴专家出谋献策。经过两周的浴血战斗,沙特军警从暴力恐怖分子们手里夺回了对麦加禁寺的控制权。在战斗中有 127 名军警被打死,卡塔尼等 117 名武装叛乱分子和 25 名朝觐者被击毙,另有 170 名叛乱分子被抓获。一个月后,经过审判,包括朱海曼在内的 67 名武装叛乱分子被斩首处决,其中包括埃及人、苏丹人、也门人、科威特人等 26 名外国人。

几乎与此同时,沙特当局还镇压了东方省十叶派穆斯林的暴动事件。

465

　　沙特宗教政治反对派的兴起　　长期以来,沙特国内存在着一股反美情绪。一部分知识分子和宗教界人士不满于沙特与美国结盟的政策。1991年海湾战争爆发后,有的宗教界人士曾通过秘密录制、散发录音盒带的方式表达不同政见。他们认为,尽管伊拉克侵占科威特,但美国也派兵占领了沙特领土,所以真正的敌人不是伊拉克,而是西方。1991年2月,43名自由派知识分子向法赫德国王提交了一份"备忘录",要求在沙特实行民主改革。同年5月,来自社会各阶层的500多名宗教界人士再次通过沙特伊斯兰长老伊本·巴兹向法赫德国王呈交了一份"劝告备忘录",要求实行广泛的政治、经济改革。1992年8月,102名宗教学者和教长再次向法赫德国王呈交一份"请愿书",明确陈述了一系列改革建议,包括建立政治协商机构、严格实施伊斯兰教法、实行司法独立、修订对外政策、避免违背教法的政治结盟等。面对宗教界和政治反对派的压力,法赫德国王于1992年底在同高级伊斯兰学者举行的一次座谈会上向反对派提出严厉警告,要求他们停止反政府宣传活动。

　　1993年8月,当局首次宣布成立沙特协商会议。但提出建议的、具有反政府倾向的传统派宗教学者和自由派知识分子则被排除在政治协商机制之外。国王还通过伊本·巴兹及司法部、宣教指导部的高级伊斯兰学者发表声明,谴责反对派散布谣言和"误导、分裂、无视国家的行为",警告宗教学者要"恪守宗教,远离政治"。1994年9月,当反对派准备再次发难时,沙特政府依据国家安全法,将要求改革的反对派人士110人逮捕法办。

　　要求实施改革和政治参与的,除了一些非宗教界的自由派人士外,主要是那些自称"赛来菲耶"的非官方的宗教学者、各地教长及拥戴他们的青年学生,据说约有2.5万人。他们属于政治上貌似激进、宗教思想上更为保守的瓦哈比派(新瓦哈比派或极端瓦哈比派)。沙特政府相信,本·拉登与持不同政见的教界和政治反对派相勾结,故于1994年取消了他的沙特国籍。

　　到1995年,政治反对派的组织纷纷转入地下。社会上指责政府腐败、要求改革和政治参与的呼声减弱,但暴力恐怖活动则明显上升。1995 年 11 月,利雅得的沙特国民卫队训练中心遭到汽车炸弹袭击。1996 年 6 月,沙特东部宰赫兰美国空军基地同样遭到汽车炸弹袭击。两次袭击都造成人员伤亡。后来自称为"阿拉伯半岛伊斯兰变革运动"和"海湾猛虎"的两个极端伊斯兰组织宣布对这两起事件负责。它的肇事者大部分是当年参加过阿富汗抗苏战争的沙特"老兵"。

伊斯兰复兴对海湾国家的影响　随着伊斯兰复兴运动的兴起,科威特民众,特别是青年学生的宗教意识也日趋强化,宗教信仰成为表达民意的重要方式。科威特禁止政党活动,政府格外注意民众宗教情绪的波动变化。为顺乎民情,当局采取不同方式扩大宗教影响力,政府领导人在公开场合广泛使用伊斯兰教词汇,通过电视、电台对重大宗教活动进行实况转播,甚至提防十叶派伊斯兰极端组织的活动,非政治性的宗教活动仍然明显增加。民间仿照埃及穆斯林兄弟会的模式,成立具有政治倾向的"社会改革学会"等组织。它的出版物指责埃及、利比亚、突尼斯、摩洛哥、阿尔及利亚等国压制国内的伊斯兰运动。

1983 年 12 月,美国和法国驻科威特使馆分别遭到汽车炸弹袭击。为此,科威特国家安全部门逮捕了"召唤党"的几名成员,指控他们受伊朗的指使制造恐怖事件。

1971 年巴林独立后,虽有宪法和议会对权力起到某种制约作用,但国家权力一直掌握在哈利法统治家族手里。哈利法家族属于逊尼派,而占全国总人口 70％的十叶派则处于无权地位。伊朗伊斯兰革命后,不断对巴林施加政治压力,甚至公开号召巴林的十叶派信徒推翻哈利法家庭的统治。

十叶派的"解放巴林伊斯兰阵线"主要领导人哈迪·穆达里西,是一位高级伊斯兰宗教学者,自称为霍梅尼在巴林的代理人。1979 年他因从事反政府活动被判流放后,与在伊朗境内的反政府的"伊斯兰行动组织"关系密切,经常通过广播电台对巴林进行策反宣传。1981 年 12 月,巴林政府和沙特政府共同宣布,破获了一个旨在颠覆巴林政府的阴谋集团,逮捕了 65 名十叶派"阴谋分子",

467

据称他们曾在伊朗接受过穆达里西的训练。

伊拉克伊斯兰宣教党 1957 年,穆罕默德·巴基尔·萨德尔于十叶派圣城纳杰夫创立伊斯兰宣教党。它是一个得到政府批准、主要致力于宗教教育的宗教政党。20 世纪 60 年代初,伊斯兰宣教党的部分宗教学者在纳杰夫创办发行《光明》周刊,宣传自己的主张;60 年代末,在纳杰夫发行该党机关刊物《宣教之声》。该党为了自我保护也曾使用过"法蒂玛党"的名称。1968 年复兴社会党接管国家政权后,对该党活动严加限制,伊斯兰宣教党被迫转入地下,其宗旨也从促进宗教教育转向从事反政府的政治活动。1974 年 2 月,伊斯兰宣教党借十叶派阿术拉节之机,于圣地卡尔巴拉举行大规模的反政府游行示威,并与军警发生暴力冲突。这次事件导致该党的 5 名主要成员被处决。80 年代和 90 年代,该党在境外创办了两家主要刊物,一个是在德黑兰发行的《圣战》周刊,一个是在伦敦出版的《伊拉克之声》。

伊朗伊斯兰革命的胜利,给予伊拉克十叶派穆斯林以巨大的激励,宗教政治意识明显加深,与复兴党政府的矛盾也不断激化。伊拉克出现了三大宗教政治反对派组织,其中以宣教党更为激进、更有影响。它极力鼓吹推翻复兴党政权,建立伊朗式的伊斯兰共和国,使伊拉克成为施行伊斯兰教法统治的、真正的伊斯兰国家。1979 年 6 月,萨达姆·侯赛因总统将素以"伊拉克的霍梅尼"著称的巴基尔·萨德尔逮捕入狱。同时被捕的还有该党骨干分子数百人,一般成员和支持者数千人;另有许多成员逃到国外避难。1980 年 4 月,巴基尔·萨德尔及几百名追随者以"叛国罪"被处决。

两伊战争爆发后,留在境内的宣教党成员以小股部队形式,不时袭击复兴党目标。境外的成员组建了一支规模不大的武装力量与伊朗军队协同作战,同时,对支持伊拉克的阿拉伯国家和西方国家从事恐怖活动。两伊战争结束后,宣教党停止了在境外的武装行动,但在党的决策和行动上应否保持独立性、对西方民主思想采取何种态度等问题上出现分歧。1991 年海湾战争爆发后,宣教党内部分歧导致组织分裂。新产生的派别组织自称为"伊斯兰宣教党伊拉克干部派",强调伊斯兰身份认同和独立自主的决策。

萨达姆政权倒台后,其势力和影响已无法同以西斯塔尼(伊拉克十叶派最高宗教领袖)为首的主流十叶派相比,也远不及以阿卜杜勒·阿齐兹·哈基姆为主席的伊拉克伊斯兰最高革命委员会。

叙利亚复兴社会党的宗教政策　二次世界大战期间,阿拉伯复兴社会党在叙利亚建立。它作为泛阿拉伯的民族主义政党,成为战后叙利亚民族解放运动的主要领导者。该党的政治口号是"统一、自由和社会主义"。它的最重要的两支是叙利亚复兴社会党(总部设在大马士革)和20世纪60年代中期自该党分裂出去的伊拉克复兴社会党(总部在巴格达)。1963年3月,叙利亚复兴社会党夺取政权,成为执政党。它所采取的政策,在很大程度上决定了伊斯兰教在叙利亚国家政治生活中的地位、作用和影响。

1958年叙利亚与埃及组成"阿拉伯联合共和国";60年代复兴社会党一度推行社会主义与世俗化的政策,遭到教权势力和民众的强烈抵制。1970年哈菲兹·阿萨德总统执政后,发动"纠偏运动",纠正在企业国有化、土地改革及对待群众宗教信仰等问题上的"过激"做法,强调实现"全国政治稳定",增强"民族团结",加强"自由气氛"。在宗教问题上,采取更加审慎的态度和灵活实用的政策。但阿萨德政权仍经常被教派纷争所困扰,面临着来自反对社会世俗化的压力。阿萨德来自叙利亚的一个十叶派支派阿拉维派,为寻求支持,他任命该派一批信徒为政府要员,引起占人口大多数的逊尼派的不满。1973年,叙利亚政府向全国公布宪法草案,其中强调了民族主义、民族解放、社会公正等内容,但未规定伊斯兰教为国教,结果引起民众不满。后来宪法起草委员会提出一条修正条款,规定共和国总统只能由穆斯林担任。宪法还规定,伊斯兰教法为立法的主要依据。在宪法辩论中,复兴社会党领导人坚持国家世俗化原则,宣布各教一律平等,国家保护信教自由。但为了照顾逊尼派穆斯林的宗教感情,被迫采取某些妥协。

70年代末期,随着国际伊斯兰复兴思潮的兴起,复兴党的宗教政策再次遭到国内教权主义者的攻击。叙利亚穆斯林兄弟会多次举行民众示威,公开号召推翻阿萨德政府,建立以伊斯兰教为基础的神权政体。1979 年 6 月 30 日,阿萨德总统发表重要讲话,重申复兴社会党的宗教政策,拒绝穆斯林兄弟会的要求。他强调全体公民在法律面前一律平等,宣布复兴社会党是个泛阿拉伯的社会主义政党,不是以某一宗教或宗教团体的名义来领导国家,号召人民同僵化和宗教狂热作斗争。

叙利亚穆斯林兄弟会　1935 年,叙利亚穆斯林兄弟会始建于阿勒颇市。1944 年总部迁往大马士革,著名宗教学者穆斯塔法·西巴伊被推举为总训导师。1948 年,许多叙利亚人因阿拉伯国家在第一次中东战争中战败,对阿拉伯民族主义失望而加入穆斯林兄弟会。1954 年,埃及穆斯林兄弟会被纳赛尔政府取缔,大批成员逃到政治环境较为宽松的叙利亚避难;1958 年埃、叙联合为“阿拉伯联合共和国”,受埃及“党禁”影响,叙利亚的穆斯林兄弟会组织自动宣布解散。1961 年叙利亚退出“阿拉伯联合共和国”,国内民众对纳赛尔主义的不满而使穆斯林兄弟会获得发展。1963 年 3 月,阿拉伯复兴社会党发动政变上台,宣布禁止一切政党活动。此后,穆斯林兄弟会一直以宗教组织名义扮演政治反对派角色。

1967 年 5 月,军队机关刊物《人民军队》发表强调人的创造能力的署名文章。首都大马士革的一位宗教领袖以该文“攻击”真主创世之说向政府施压,要求严惩文章作者。穆斯林兄弟会以此为借口,在大马士革组织大规模的游行示威和罢工罢市,与复兴党政府发生冲突,当局依靠工人民兵恢复社会秩序。

1975 年,黎巴嫩爆发内战。翌年,叙利亚军队介入并支持黎巴嫩马龙派基督徒武装,反对黎巴嫩穆斯林和巴勒斯坦民兵。穆斯林兄弟会视此为“背信弃义”而宣布对阿萨德政府举行“圣战”。最初,以“战斗者先锋队”为名的圣战组织把复兴党领导人、政府要员、保安警察和“告密分子”作为暗杀目标。1978 年 2 月,在穆斯林兄弟会的影响下,一支部队哗变,参与了反政府军行动。1979 年 6 月,它的武装组织进攻阿勒颇炮兵学院,成为轰动一时的重大新闻。在这次以不满的逊尼派军官为内应的袭击中,总共造成 83 名阿拉维派军官死亡。为此,保安部队逮捕穆斯林兄弟会成员300余人。当局还发动宣传运动,把穆斯林兄弟会成员描绘为接受伊拉克、以色列、美国和黎巴嫩马龙派基督徒津贴资助的"匪徒"。

1980年3月,阿勒颇市商人为抗议政府控制物价,宣布举行全市总罢市。同时,哈马市的交通警察因开枪打死穆斯林兄弟会的一位领导人,引发了民众的强烈抗议。抗议者要求举行公正自由的选举、实行自由经济、净化伊斯兰教信仰。不久,全国各地的律师、工程师、医生和学者等专业协会纷纷发表声明,要求结束国家紧急状态,释放政治犯,结束宗派主义统治。4月,为稳定政局,阿萨德政府决定向骚乱中心阿勒颇市和哈马市派驻重兵,实行军管。部队进城后,经过巷战和挨家挨户的搜查,拘捕可疑分子500余人,打死和处决穆斯林兄弟会成员数百人。同年6月25日,穆斯林兄弟会一极端组织企图暗杀阿萨德总统未遂,导致更严厉的镇压。7月7日,叙利亚人民议会通过一项法令,宣布穆斯林兄弟会为非法组织,参加该组织或与之保持联系构成刑事犯罪。经过多年严厉打击,穆斯林兄弟会急剧衰落,其成员从巅峰时期的3万人减少到5 000人。10月,它的极端组织"叙利亚伊斯兰阵线"成立,仍得到一些群众的支持。1981年4月,它在哈马市发动的骚乱遭到镇压后,以杀害阿拉维派100余名军人作为报复;1982年初,它在哈马清真寺策划新的武装暴乱,因阴谋败露,当局调动17 000名士兵围歼,经过三周战斗,共有3万余人丧生(其中有6 000余名士兵),伤者不计其数,被捕者达万余人。1986年4月,这一组织以阿拉维派返乡度假的军校学员为目标,在霍姆斯、哈马、阿勒颇等地同时进行数十起爆炸。据官方统计,有750名军人丧亡,约150名受伤。80年代是叙利亚伊斯兰复兴运动达到高峰的时期,这以后逐渐趋于和缓。

黎巴嫩政局与教派冲突 西亚国家中,除以色列和塞浦路斯外,战后的黎巴嫩是唯一一个不以伊斯兰教为居民主要宗教信仰的国家。这个面积仅1万余平方公里,人口300余万的小国,民族成分非常单纯,而宗教信仰和教派成分却十分复杂。居民中不仅有人数众多的马龙派天主教徒以及希腊正教会、希腊天主教会、亚美尼亚正教会、亚美尼亚天主教会和新教教会的信徒,而且有分属于逊尼派、十叶派和德鲁兹派的伊斯兰教徒。战后又出现了许多以教派为基础的形形色色的政党和组织。宗派林立,纷争不已,成为 20 世纪 70—90 年代黎巴嫩国内政局的一大特色。

黎巴嫩的政治体制是"独立"前夕确定下来的。黎巴嫩原为奥斯曼帝国的一部分,第一次世界大战后沦为法国的委任统治地。1943 年,法国同意向新成立的黎巴嫩民族内阁移交政权,但实权仍控制在法国殖民当局手里。同年,在法国的主持下,马龙派天主教徒与逊尼派穆斯林两个实力最强的宗教势力达成"民族公约"。其中规定:在未来的议会选举中,议员候选人不是由各政党,而是由宗教团体推举产生;基督教与穆斯林的席位按六比五的比例分配。国家总统由马龙派天主教徒担任,逊尼派穆斯林担任总理,十叶派穆斯林担任议长;内阁政府各部长职位,也按教派实力分配。这项以教权分权制为基础、便于法国人从中控制的政策,是根据 1926 年黎巴嫩宪法和 1932 年黎巴嫩人口普查时各教派在全国总人口的比例确定的,后来被收入黎巴嫩通过的历次宪法,成为不可变更的原则。

战后,法国殖民统治时期遗留下来的权力平衡政策一直延续到 60 年代末。其间,由于基督教社团在政府中居支配地位,以及战后穆斯林人口比例的增长(据估计约占总人口的 60%),日益引起穆斯林社团的不满。70 年代以来,穆斯林社团强烈要求修改宪法,提出:(1)基督徒与穆斯林在议会中的席位对等;(2)总统任命内阁总理应尊重大多数议员的意愿;(3)内阁部长由总统任命改为由总理任命;(4)免除部长职务和批准条约的权力属于内阁,而不属于总统。此外,南部的十叶派社团也要求增加该派在议会中的名额比例,增加对落后的南部的开发投资,甚至还要求建立一支十叶派穆斯林的地方自卫武装。为防止教派冲突、实现民族和解,1974 年黎巴嫩政府曾多次提出"内务改革方案",但因基督教集团的长枪党和自由国民党的反对,未能付诸实施。与此同时,国际间的争夺

472

在中东愈演愈烈,黎巴嫩内部的教派矛盾、天主教势力与巴勒斯坦游击队之间的矛盾不断加剧。1975 年 4 月,黎巴嫩终于爆发了以天主教马龙派为一方和以穆斯林"全国运动"为另一方的大规模的武装冲突。后来,巴勒斯坦抵抗运动卷入黎内战,叙利亚军队也以调解为名进入黎巴嫩,以色列也不时派兵侵入,从而使黎巴嫩问题更趋复杂化。1976 年 10 月 18 日,黎巴嫩、叙利亚、埃及、沙特阿拉伯、科威特和巴勒斯坦解放组织于利雅得举行最高首脑会议,达成停火协议,并决定由阿拉伯国家组成维和部队进驻黎巴嫩,监督决议的实施。黎巴嫩的教派冲突削弱了国家的经济、军事实力,为外部势力干涉黎内政提供了可乘之机。1975 年黎巴嫩内战和政局长期动荡不安,为人民带来了深重的苦难。

西亚诸国的社会法制改革　随着社会改革的逐步深入,法制改革成为西亚许多伊斯兰教国家的当务之急。历史上,伊斯兰教法是在中世纪封建制度下形成的,它的许多规定越来越同社会发展不相适应。在此情况下,西亚的部分国家以自上而下的方式,对伊斯兰教法某些明显不合时宜的内容作了修改。改革主要是针对教法的核心领域,即婚姻法和继承法。

473

传统宗教法制下的婚姻家庭关系最突出的问题,一是不合理的一夫多妻制,一是夫妻之间在法律上和事实上的不平等。为了改变这种状况,许多国家颁布了一系列新的法规。1951 年,约旦颁布《家庭权利法》,规定法院应尊重配偶双方婚前的约定,约定条件必须写入结婚证书。据此,妻方可以将夫方婚后不纳二房妻子作为约定条件,一旦夫方婚后违反承诺,妻方有权依法解除婚姻关系。1953 年,叙利亚通过《私人身份法》,规定已婚男子再婚,必须经法院批准;如果有证据表明,男方在经济上无力供养妻子,法院有权拒绝批准。1974 年,南也门颁布《家庭法》,规定未经地区法院批准,丈夫不得纳二房妻子;而法院原则上无权批准,除非有医疗证书证明妻子不育或患有不治之症,而丈夫婚前不知道。

历史上传统婚姻关系的另一不平等之外,是夫方几乎可以随意"休妻",而妻方则无权解除不合理的婚姻关系。为了改变这种状况,一些国家除通过有关立法废止了教法允许的多种休妻习俗外,规定离婚必须经过法院批准,同时还在法律上确认妻方的离婚权。约旦、叙利亚、伊拉克、南也门等国的立法都规定,妻方有权根据以下理由提出离婚:(1)丈夫因身体或精神不健全而无力圆房;(2)丈夫无力供养妻子;(3)丈夫虐待妻子;(4)丈夫遗弃妻子。

继承法领域里的改革,旨在更合理地分配亡人的遗产,维护与亡人关系更密切的直接继承人的权益。历史上流行广泛的逊尼派继承法,是在维护父系家庭利益的前提下形成的,带有明显的片面性和僵化性。这种继承制度忽视了作为姻亲的妻子的权益,不适当地照顾到远亲利益,不承认代位继承原则。因此,一些国家就此采取了适当的改革。这方面以伊拉克和叙利亚最为突出。为了维护直接继承人特别是妻子的权益,1959年伊拉克《私人身份法》确认,被继承人有权以遗嘱方式,将不超过其净资产的1/3转让与"份额"继承人(即《古兰经》规定的继承人)。这样,妻子既是法定的又是遗嘱的继承人,因而改善了法律地位。1953年叙利亚《私人身份法》进一步规定,遗偶优先于其他合法继承人。叙利亚的立法还剥夺了远亲的继承权。按照传统伊斯兰教法,祖父在继承顺序上优先于亡人的兄弟姊妹。这项规定的后果是使亡人的兄弟姊妹往往被远房叔伯父排除继承权。这项传统习俗已被有关国家立法废止。传统伊斯兰教法不承认代位继承,结果是失去父母的孤孙子女,无权继承祖父母的遗产。这一惯例已被叙利亚的有关立法所废除。法律规定,孤孙子女有权以父母的身份继承祖父母的遗产。而伊拉克在这一点上则采取与此相似的十叶派继承原则。

第二节　北　　非

战后北非诸国的政教关系　北非的伊斯兰国家包括埃及、利比亚、突尼斯、摩洛哥、阿尔及利亚、苏丹、毛里塔尼亚等。战后,这些国家相继摆脱殖民统治,赢得了独立。随着新国家的诞生,伊斯兰教在各地均呈复兴趋势。同时,如何对待人民群众的宗教信仰问题以利于国家的安定、团结,成为一个亟待解决的问题。为此,各国宪法都就宗教地位作出明确规定。其中除苏丹因多种宗教信仰并存未定为国教外,其他六国都规定伊斯兰教为国教或官方宗教。埃及和利比亚还规定伊斯兰教法典为国家立法的主要渊源,而毛里塔尼亚则宣布为伊斯兰共和国。伊斯兰教在这个地区有其特殊的意义,它不仅是广大穆斯林的一种宗教信仰,而且是阿拉伯民族历史文化传统的一部分,由此形成的宗教民族特性,又因反对外来殖民统治的斗争而得到加强。各国领导人都以谨慎的态度对待宗教问题,有时还利用宗教的力量推行某种社会改革。而社会自身的发展又使传统宗教受到冲击,因而许多国家又都在不断地调整政教关系,以利于社会的发展。

20世纪60—70年代,北非各国大多开展带有反封建性质的社会改革,实行企业国有化和土地改革,制定和实施国民经济与社会发展计划。有些国家,如埃及、利比亚、阿尔及利亚和苏丹,还宣布以社会主义为目标。国家通过行政、立法等手段,加强对宗教组织的领导和管理,要求宗教服从阿拉伯民族主义和社会主义纲领。国家还通过法制改革,建立和完善现代司法制度,改组或撤销宗教法院,削弱伊斯兰教法的影响。70年代以后,随着国内外形势的变化,各国普遍进行政策调整,明显放慢企业国有化等社会改革的步伐,放松对宗教活动的管理。70年代以来,随着伊斯兰复兴思潮演变为复兴运动,伊朗政权更迭,各国的宗教社团十分活跃。在此压力下,各国政府普遍放宽对宗教的限制,力图创造一种宽松的政治环境和气氛。

纳赛尔与伊斯兰社会主义 1952年7月,以纳赛尔为首的埃及"自由军官组织"在民众的支持下,推翻法鲁克封建王朝。1953年6月18日,宣告成立埃及共和国。

纳赛尔执政时期(1952—1970)陆续采取一系列重大社会改革措施。在农业方面,实行土地改革。1952—1969年,埃及政府曾三次颁布《土改法》,规定地主占有土地的最高限额,多余的土地由国家赎买,分配给无地和少地的农民。在工业方面,采取旨在"消灭垄断集团和资本对政府的控制"的政策,对原有规模较大的工业、商业、银行、运输等行业和进出口贸易领域,实行国有化,发展国家垄断资本。为缩小贫富差别,国家通过税收政策,对个人所拥有的土地、资本和个人所得,规定法定最高限额。1958 年,埃及与叙利亚合并,成立"阿拉伯联合共和国"。纳赛尔当选为总统。但不久,叙利亚即退出。自 1960 年,埃及进入大规模经济建设时期,国家制订了国民经济与社会发展计划。为加快土改和企业国有化的步伐,1961 年,纳赛尔总统提出社会主义经济纲领。

对伊斯兰教的某些教义作社会主义的解释,在伊斯兰世界早已有之。埃及穆斯林兄弟会组织就持有类似的主张。最初,穆斯林兄弟会一度支持过纳赛尔政权。由于自由军官组织没有按照它的所谓社会公正和宗教原则实行国家的治理,穆斯林兄弟会不时进行恐怖活动,制造事端,甚至阴谋暗杀纳赛尔本人。1954 年,它暗杀纳赛尔的阴谋败露后,遭到残酷镇压,领导成员被捕入狱,大多数成员转入地下。它的领导中心也转移到国外。

这时,叙利亚人穆斯塔法·西巴伊阐述的伊斯兰社会主义的理论,很适应埃及官方的政策需要,于是伊斯兰社会主义作为一种社会思潮风靡一时。穆斯塔法·西巴伊是叙利亚穆斯林兄弟会的领导人之一,曾任大马士革大学伊斯兰法学院教务长。他的《伊斯兰教社会主义》提出社会主义源自伊斯兰教义,但书中的某些主张,如一切财富皆为安拉所创,人人皆有权占有和使用,以及国家有权实施企业国有化,有权干预社会财富的占有、使用和分配,社会各阶层、各集团和个人应当互助友爱等观点,刚好与埃及政府的经济政策相符合,受到埃及官方的欢迎。该书于 20 世纪 60 年代在埃及出版发行,流传广泛,被誉为这方面的权威之作。

伊斯兰社会主义的内容相当广泛,除实行计划经济,保障民主、自由、社会公正等原则外,这一理论特别强调社会进化论和所谓"第三条道路"。按照这种理论,社会主义的根本目标是"消除阶级区别"、"解放被剥削者",但这并不意味着"对从前的剥削者实行阶级报复",而是通过"互助友爱"、"和平共处"的方式,创造一种

476

"和谐的条件",使社会各阶级都能发挥其"有效的职能",因此,它主张阶级斗争和无产阶级专政是可以避免的。伊斯兰社会主义宣称对资本主义持批判态度,同时否认与科学社会主义有任何联系,鼓吹走一条既非资本主义又非科学社会主义的第三条发展道路。

伊斯兰社会主义企图证明土改和企业国有化政策符合伊斯兰教精神,而宗教教义不应妨碍社会主义。在政府的大力鼓励下,爱资哈尔大学的一些宗教学者纷纷著书立说,阐述伊斯兰社会主义,为国家的政策作注解。也有部分宗教学者持有异议,认为伊斯兰教与社会主义是两种截然相反的社会学说,没有调和的余地。

萨达特时期的政策调整　1970 年 9 月纳赛尔总统病逝。安瓦尔·萨达特当选为总统后,出于政治需要,全面实行"非纳赛尔化"的"纠偏运动"。对内强调"民主"、"自由"的原则,采取一系列的改革和开放措施。对外转向美国,实行"阿以和解"和"和平解决"中东问题的新政策。与此相应,政府调整宗教政策,采取灵活、适宜的"现代主义"的态度,放宽对宗教活动的限制。1971 年,埃及颁布新的"永久宪法",重申伊斯兰教为埃及的国教。起草宪法过程中,伊斯兰法典在国家立法中的地位问题曾引起激烈争论。一种意见主张教法应为立法的渊源,另一种意见主张为立法的渊源之一。后来通过民众投票表决,确定伊斯兰法典为立法的主要渊源之一。与此同时,国家对宗教组织采取更加宽容的态度。纳赛尔时代曾经严加取缔的穆斯林兄弟会这时仍被视为非法,但当局却释放在押的穆斯林兄弟会成员,并对其成员的活动不加干预。于是穆斯林兄弟会公开发行出版物,宣传自己的主张,特别是在大专院校里,一些坚持宗教传统的学生,实际上充当了穆斯林兄弟会的喉舌。他们经常组织集会,散发传单和各种印刷品,公开抨击国家政策,鼓吹全面恢复伊斯兰法制。1979 年伊朗"伊斯兰革命"胜利后,萨达特为被赶下台的巴列维国王提供避难所,加上他与以色列总理贝京签订《埃以和约》,引起穆斯林极端分子的极大愤怒。1980年,萨达特一方面多次发表讲话,重申"政治里没有宗教,宗教里没有政治",号召人民对宗教狂热保持警惕;另一方面,却对宗教狂热采取某种让步政策,明确规定伊斯兰法典为立法的主要渊源。他最终成为穆斯林极端分子枪下的牺牲品。

埃及穆斯林兄弟会宗教极端主义的发展 随着伊斯兰复兴思潮的兴起,穆斯林兄弟会的宗教极端主义获得发展。赛义德·库特布是其重要代表。他的宗教思想,以后成为形形色色的伊斯兰激进组织最重要的思想基础之一。

赛义德·库特布(1906—1966)是埃及穆斯林兄弟会的思想家,曾任该组织工作委员会成员和机关刊物《穆斯林兄弟》主编。由于他长期从事反对纳赛尔政府的活动,于1954年被捕入狱;假释后又涉嫌参与新的政变阴谋而于1966年被判处死刑。在狱中,他撰写的宣教小册子《路标》因充斥着极端主义宗教思想,长期被埃及政府列为禁书。但在纳赛尔去世后,由于继任的萨达特总统施行"非纳赛尔化"政策,《路标》一书得以广泛传播。该书极力鼓吹全面"复兴"伊斯兰教并绝对排斥一切非伊斯兰的政治制度、发展道路和文化方式,宣扬反对"蒙昧主义"①,强调"圣战"②,主张泛伊斯兰主义"乌玛"观念③。受到赛义德·库特布思想影响的伊斯兰极端势力,一般都有广泛的国际联系,成为以后国际性的宗教极端主义发展的重要基础之一。

---

① "蒙昧"一词,《古兰经》中称为"贾希利耶"(Jāhilyah),意指伊斯兰教兴起前阿拉伯社会处于"蒙昧时代"。赛义德·库特布则把当今一切不符合伊斯兰原旨教义的东西都成为必须反对的"蒙昧主义"。泛化"蒙昧主义"的结果,是使怀疑一切、否定一切的无政府主义思想泛滥成灾,在受其影响的人群中造成严重的思想混乱、是非不分。

② 赛义德·库特布在《路标》中宣称伊斯兰教本质上就是进行"圣战",认为这个理由"始终是成立的"。他甚至把不赞成其宗教思想的穆斯林也视为"异教徒"和"圣战"的合法目标,主张可以从肉体上予以消灭。这种泛化"圣战"的思想已为当今宗教极端组织所接受,成为它们从事恐怖主义的思想动力。

③ 赛义德·库特布把伊斯兰教与民族主义视为水火不相容的对立之物,并竭力宣扬一种"教籍"高于族籍和国籍的极端主义观点。这种泛伊斯兰主义观念在行为活动上的突出表现,往往是一国的宗教极端组织经常以支持他国的伊斯兰运动为名来干预别国的内部事务。

穆斯林兄弟会复出后,内部不同派别因对萨达特政府内外政策的意见分歧和对兄弟会的宗旨、策略看法不一,很快便发生组织上的分化。以第三代总训导师欧麦尔·塔勒玛沙尼为首的主流派,虽不赞成政府亲美远苏的外交政策、对外开放的经济政策以及单方面与以色列和解的政策,但反对使用暴力,主张在现行体制下开展合法斗争,参加议会选举,希望取得合法宗教政党的资格。而以涉世不深的青年学生和失业青年为主体的非主流派,特别是那些新成立的"伊斯兰解放组织"、"赎罪与迁徙组织"等,成为反政府的宗教极端组织。

"伊斯兰解放组织"由巴勒斯坦人萨利赫·西里亚于1974年4月创建。他曾获科学教育博士学位,原为约旦穆斯林兄弟会的武装组织"伊斯兰解放党"成员,1967年第三次中东战争后加入过几个巴勒斯坦武装组织。1971年定居埃及,后以阿拉伯联盟工作人员的身份为掩护,在开罗、亚历山大等地建立反埃及政府的秘密武装组织。该组织进攻开罗郊区的军事技术学院,企图夺取军火武器,发动政变,一举推翻萨达特政府,建立伊斯兰共和国。

"赎罪与迁徙组织"的成员自称"穆斯林组织"。它的创始人苏克里·艾哈迈德·穆斯塔法自称"信众的统帅",被手下拥戴为救世主"马赫迪"。他宣称当今所有的社会都是非伊斯兰社会,只有加入该组织的成员才是真正的穆斯林;面对众多的伊斯兰教的"敌人",真正的穆斯林只有两种选择:或是谴责非信徒以坚定正信,或像当年伊斯兰教先知那样迁移到安全之地,以便掀起复兴正教的伊斯兰运动。苏克里认为除《古兰经》外,没有任何东西是真实可信的,甚至逊尼派的四大教法学派及其著作也都是虚妄的,因此应当废除传统伊斯兰教法。1978年3月,该组织因策划绑架并杀害了时任埃及宗教事务部长的侯赛因·达哈比而被埃及政府取缔。埃及主流媒体称该派为"20世纪的哈瓦利吉派"。

始建于1979年的"伊斯兰圣战组织"(吉哈德)是从兄弟会分化出来的另一宗教极端组织。它的创始人穆罕默德·法拉吉原为电气工程师,著有《圣战:被遗忘的义务》,鼓吹对"异教徒"或"无神论

479

者"的埃及政府进行"圣战"。他宣称,"圣战"教义并未过时,一切真正的穆斯林应当拿起"圣战"武器,履行真主的"天命"。

1981年10月6日,萨达特在纪念"十月战争"和"武装部队节"的盛大阅兵式上,该组织潜伏于埃及军队中的四名成员乘检阅之机,刺杀萨达特,造成举世震惊的恐怖主义事件。

埃及另一有影响的宗教极端组织称为"伊斯兰社团"。它是在纳赛尔总统去世后成立的公开组织,由许多伊斯兰组织联合而成,共同推举著名的盲人教长阿布杜·拉赫曼为精神领袖,主要通过独立的清真寺和大学校园学生会开展各种活动。其部分成员来自原穆斯林兄弟会组织,部分为新成员,多为青年学生。该组织宣称反对施行"非伊斯兰的统治",要求以伊斯兰教法为埃及国法,施行伊斯兰制度,反对政府干预宗教事务。拉赫曼长老于1988年和1989年曾因反政府罪名两次被捕入狱。90年代初,他经阿富汗、巴基斯坦转赴美国定居。后因策划、实施针对美国本土的恐怖活动被捕治罪。"伊斯兰社团"在上世纪90年代初曾在埃及境内制造多起暴力恐怖事件,主要有:1990年10月暗杀埃及人民议会议长里法特·马哈祖布,1992年6月刺杀埃及自由派著名作家法拉杰·法沃达赫,1993年3月企图暗杀埃及内阁总理阿提夫·西迪基未遂等。此外,它还曾在亚历山大等地制造穆斯林与基督徒之间的流血冲突,两次袭击参观金字塔的外国游客。90年代以后,圣战组织在埃及政府的打击下急剧衰落,但它在境外的分支仍很活跃。境外的圣战组织是以副总指挥艾曼·扎瓦希里医生为首领,总部设在阿富汗,与本·拉登的"基地"组织关系密切。

卡扎菲与利比亚"伊斯兰革命" 1969年9月8日,以卡扎菲为首的一批利比亚青年军官发动政变,推翻赛努西家族的伊德里斯封建王朝,建立共和国。新政权施政纲领宣布,它"将为建设一个革命的、进步的、致力于同殖民主义和种族主义进行斗争的社会主义的利比亚而努力"。同年11月颁布的临时宪法宣布:利比亚的目标是实现社会主义和阿拉伯的全面统一。此后,利比亚领导人曾多次重申,新国家将遵循"伊斯兰社会主义"纲领,并陆续在国内采取一系列重大的社会改革,称之为"伊斯兰革命"。

卡扎菲成立以他为首的"革命指挥委员会",作为国家的最高权力机关;宣布禁止一切政党活动,原有的四个政党均被取缔,执政的阿拉伯社会主义联盟,成为全国唯一合法的政治组织。在巩固全国政权之后,卡扎菲着手实施他的"社会主义革命纲领"。国家在经济领域实行企业国有化,将外国石油公司、银行、保险公司和其他大的工矿企业收归国有。与此同时,在全国范围内开展旨在"消除官僚主义和滥用行政权力"的运动,从上到下成立各级人民代表大会和人民委员会,以代替腐败的旧的政府机构。这项政治体制改革到1977年宣告完成。同年3月举行的全国人民代表大会,通过了一项"人民权力"宣言,宣布利比亚进入"人民直接掌握政权"的"民众时代",并改国名为"阿拉伯利比亚人民社会主义民众国"。

卡扎菲自称为纳赛尔主义者,他领导的"伊斯兰革命"与纳赛尔所提倡的"伊斯兰社会主义"有许多相似之处,也有明显的差别。利比亚的"伊斯兰革命"带有更强烈的宗教色彩,许多政策措施甚至直接源自《古兰经》和伊斯兰教义。早在推翻封建王朝以后不久,卡扎菲就明确表示:利比亚革命指挥委员会深信宗教的神圣性和崇高的《古兰经》的精神价值,"我们的社会主义不是列宁或马克思的社会主义",而是"伊斯兰教的社会主义,一种来自人民的遗产和信仰的纯正的社会主义"。这种伊斯兰社会主义的宗教社会学说,随着改革的逐步深入不断完善,被应用到各个领域。1973年4月,卡扎菲提出内务改革"五点纲领",在消灭"一切资产阶级外来思想"的口号下,在全国展开一场净化思想信仰的群众运动。在政府的鼓动下,大批青年学生和民众冲入学校、书店、广播电台和新闻出版机关,呼喊宗教口号,焚毁违反经训的"有害"书刊,封闭放映色情影片的影院,捣毁传播西方生活方式的酒吧、夜总会和娱乐场所。

在开展"伊斯兰文化革命"的同时,卡扎菲还多次发表演说,阐释他的伊斯兰社会主义革命思想和"世界第三理论"。他认为"宗

481

教与民族主义是历史发展的两股基本动力",宣称利比亚要建设一个"既非剥削成性的资本主义,又非极权的共产主义的、以伊斯兰教和阿拉伯民族传统为基础"的"标准的社会主义",鼓吹这一"世界第三理论"具有广泛意义,适用于解放阿拉伯世界和第三世界的经济、政治和社会事务。

利比亚自70年代以来还广泛实行了法制改革,颁布一系列新的法律、法令和条规,恢复伊斯兰教法的统治,称之为"法律的伊斯兰化"。1971年3月,革命指挥委员会颁布法令,成立一个法制委员会,根据伊斯兰法典的精神,重新编纂利比亚《私人身份法》。同年10月,国家宣布以伊斯兰教法为立法的主要渊源,并对全部现行法律进行全面的审查和修订。与此同时,颁布《天课法》,规定完纳"天课"为公民的法定义务,责成财政部、司法部征收。1972年6—12月,国家先后颁布四项法令,就商法、刑法、婚姻家庭法的某些方面作了新的规定。这些规定包括:禁止在商业交易中支付、收取利息;对犯有偷盗罪或通奸罪者,分别处以断手刑或鞭刑;禁止童婚,保障妇女在婚姻家庭关系中的合法权益,受虐的妇女有权依法解除婚姻等。

利比亚的"伊斯兰革命"是在卡扎菲的"革命哲学"指导下进行的,他的言论由利比亚政府汇集成"绿皮书",作为全国的"指导手册"。这部著作共分3册,分别于1976年、1977年和1979年出版。

突尼斯的宗教改革 1956年突尼斯人民摆脱法国殖民统治,赢得独立。1957年7月25日,突尼斯制宪议会通过决议,废黜国王,宣布成立"突尼斯共和国"。在反殖民主义斗争中兴起的突尼斯宪政党(今"社会主义宪政党")成为唯一合法的执政党。主席哈比卜·布尔吉巴当选为共和国总统。

突尼斯政府实行赎买和国有化政策。收回外国人占有的土地,逐步实现干部的突尼斯化,使之掌握国家的经济命脉。1961年,国家制订"十年发展计划",进入大规模的经济建设时期。随着国民经济的发展和社会改革的不断深化,突尼斯政府多次调整宗教政策,对伊斯兰教采取多方面的改革,以适应现代社会的发展。

突尼斯的宗教改革是在对宗教历史文化传统作新解释基础上进行的,并未从根本上否定传统。它仿效穆罕默德·阿布杜开创的"伊斯兰现代主义",意在坚持伊斯兰教的"基本要道"的同时,对"非本质方面"加以适当的改革。其基本宗旨是为了实现政教分离,使宗教信仰成为"公民的私事"。早在 1956 年,突尼斯政府就根据伊斯兰法典编纂并颁布了适用于全体穆斯林公民的《私人身份法》,以代替传统的伊斯兰教法。该法就婚姻与家庭关系作了许多新的规定。为保障新法的实施,国家建立民法法院和完整的现代司法制度,废除由教法官主持的传统伊斯兰法院。在法制改革的同时,国家对传统宗教教育也实行改革。传统宗教教育以清真寺为中心,以经训、教法、宗教知识为主课,以培养宗教职业者为主旨,难以适应现代发展的需要。独立以后,突尼斯政府提出了"国民教育计划",将殖民统治时期并存的法国教育、法突混合教育和传统宗教教育纳入统一的国民教育体制。新教育体制强调阿拉伯语教学与爱国主义思想教育、宗教教育与国民教育相结合,不再是单一的宗教传统教育。新的教育体制分为初级、中级、高级三个阶段。初级教育增设"宗教与国民教育"课,属于免费的义务教育,又称为"道德与社会"课,旨在使学生通过学习《古兰经》和伊斯兰教史,了解历史文化传统,做一个献身于祖国事业的好穆斯林。中级教育旨在使学生掌握全面的知识,既熟知经训、教法,又了解社会实际,善于运用宗教基本原理,解决国家和社会面临的实际问题。高级教育实际上仅限于始建于 1958 年的全国唯一的一所综合大学——突尼斯大学,原有的伊斯兰高等学府宰图那经学院,已于 1961 年并入突尼斯大学法学院。合并后的法学院仍以旧的宗教课程为基础,但增设了宗教学概论、哲学、历史、语言等新学科,以及伊斯兰教关于政治、社会、经济等宗教学科。

483

由于突尼斯的宗教上层大多与法国殖民当局合作,独立后威信扫地,失去对民众的号召力,因而改革未引起他们强烈的反对。

突尼斯伊斯兰倾向运动 20 世纪 70 年代,"古兰经保存协会"在突尼斯兴起。它主张大力保护和弘扬伊斯兰传统文化,反对盲目追随西方文化和生活方式的世俗化倾向。1979年,以拉希德·格努西为首的一批"进步的伊斯兰主义者",在该协会内部另立组织。它主张改革,强调发挥伊斯兰的政治作用,提出伊斯兰教应对社会发展起指导作用。格努西出身于农民家庭,父母都是虔诚的穆斯林。青年时代,他在首都的宰图那大学求学,后赴叙利亚留学,获大马士革大学哲学博士学位。1970年他从法国回国后,一直在中学里教授哲学。由于格努西对总统布尔吉巴的世俗化政策强烈不满,他于80年代初同一批年轻人一起决定成立"伊斯兰倾向运动"组织。

格努西在1981年的一次新闻发布会上宣布,该组织的建立,是为了使突尼斯能够在更公平的基础上重构国家经济生活,结束一党统治、实行政治多元主义、消除社会腐败、恢复伊斯兰教的根本原则。该组织还要求当局承认它为合法政党。尽管突尼斯政府曾于1980年确认过实施多党制原则,但成立宗教政党仍被视为非法。不久,它的大部分成员被监禁。1984年被监禁的领导成员获释,但政府的基本态度未变,伊斯兰倾向运动仍被视为非法组织。为表明政府的严正立场,针对该组织关于穆斯林妇女应戴面纱以表明身份的一贯主张,1985年当局依法禁止妇女戴面纱。1987年,政府加大打击政治反对派的力度,逮捕它的成员和支持者3 000余人。同年8月,该组织的几位主要领导人被控破坏治安罪受到国家安全法院审判,并被缺席判处死刑。11月,内阁总理本·阿里发动政变,接替布尔吉巴出任总统。新政府明确宣布实行多党制度,政治气氛较为宽松。为适应新形势,伊斯兰倾向运动于1988年易名为"复兴党",党名不再与宗教挂钩。但这一姿态并未改变其政治处境,在1989年4月举行的立法选举中,复兴党仍被排除在参选政党的名单之外。

1991年海湾战争爆发后,由于阿拉伯民众反西方情绪普遍高涨,突尼斯的伊斯兰主义者们与政府的关系日趋紧张。同年2月,执政的宪政联盟总部遭到伊斯兰主义者的袭击,此后国家安全部门宣布破获了两起企图推翻政府的阴谋活动。在随后的清剿行动中,有多达 8 000 余人被捕。1992 年,279 名复兴党成员在军事法庭受到审判,复兴党的许多领导人再次被治罪。该党的主要领导人拉希德·格努西,尽管早在 1989 年就逃到欧洲避难,但在名义上他仍被视为该党的领袖。

阿尔及利亚宗教政策的调整 20 世纪 50 年代,阿尔及利亚人民在阿尔及利亚民族解放阵线(前"团结与革命行动委员会")的领导下,举行武装起义,反对法国殖民主义者。1958 年 9 月 19 日,成立阿尔及利亚共和国临时政府。1962 年 3 月 18 日,法国与阿尔及利亚临时政府就停火和举行公民自决投票达成协议。同年 7 月 1 日,阿尔及利亚举行全国公民投票,7 月 3 日宣布独立。阿尔及利亚民族解放阵线成为全国唯一合法的执政党。总书记本·贝拉当选为共和国总统。

本·贝拉当政时期,强调以阿拉伯民族主义和阿拉伯社会主义为方向,甚至提出以"科学社会主义"为指导思想,对宗教采取过激的政策,要求宗教信仰绝对服从社会主义纲领,结果损害了在反殖民主义斗争中形成的统一战线和民族团结。1964 年,民族解放阵线召开第一届全国代表大会,会上通过了一部比较温和的社会主义革命纲领,强调以传统的宗教教义为国家的指导原则。指导原则之争,引起民族解放阵线领导层的分裂。1965 年 6 月,胡阿里·布迈丁发动政变,推翻本·贝拉政府。从此,阿尔及利亚进入全面政策调整时期。

布迈丁执政时期(1965—1978),阿尔及利亚政府继续坚持阿拉伯社会主义革命纲领。1972 年,布迈丁总统提出"工业革命"(优先发展重工业,逐步实现国家的工业化;在工业部门里实行工人自治的"社会主义企业管理")、"土地革命"(实行土改和牧区改革,建立生产合作社)和"文化革命"(实行阿拉伯化,大力发展民族文化、教育事业,提高全民族的文化水平,培养本国的技术人才)三大口号,计划到 80 年代末摆脱不发达状态。与此同时,国家十分重视"思想建设"和社会的平衡发展,强调阿拉伯化和伊斯兰化,以伊斯兰教和阿拉伯民族主义为消除殖民主义影响、发展民族文化、增进

485

民族团结的重要手段。1975 年,布迈丁总统曾以伊斯兰教与社会主义为题发表讲话,宣称阿尔及利亚的社会主义是"真主加革命"。为此,国家决定将继续大力兴建清真寺和宗教院校,保护群众的宗教信仰,并为宗教活动提供方便。到 1975 年,全国已有清真寺 3 200 余座,任职的伊玛目 1500 余名,每年赴麦加朝觐者 10 万人以上。1978 年沙德利总统继任以后,更强调国家的宗教历史文化和阿拉伯的属性,提出一种语言、一个宗教(即伊斯兰教)、一个民族的政策。

阿尔及利亚伊斯兰拯救阵线 1988 年 10 月,经济形势的持续恶化导致食品短缺,引起全国范围的罢工、罢市和游行示威。为稳定政局,沙德利总统以满足政治自由化和经济公正的要求为由,提出了一系列改革建议。1989 年 2 月的宪法修正案中,补充了关于允许建立政治组织的新规定,为取消一党制、实行多党制确立了法律依据。开放党禁不到三年,阿尔及利亚就出现了几十个政党,其中仅以伊斯兰教名义建立的政党就有 20 多个。其中,以始建于 1989 年 3 月的"伊斯兰拯救阵线"势力最大。它是许多政治反对派组织为竞选联合而成的统一阵线,宗旨并不完全一致。它的两位主要领导者都自称是"大众伊斯兰"的代言人。其中,阿巴斯·马达尼是阿尔及利亚东南部的一位宗教领袖,他在 20 世纪 50 年代初曾加入阿民族解放阵线党并参加过反对法国殖民统治的斗争,后来转向伊斯兰教原旨主义;阿里·贝勒哈吉则是在阿尔及利亚独立后出生的年轻一代的伊玛目,早在 1982 年和 1987 年因鼓吹宗教狂热曾受到监禁。他们两人在思想观点上都曾受到埃及穆斯林兄弟会的影响,主张用伊斯兰教来代替一切外来的政治、经济制度和意识形态,全面实施伊斯兰教法,建立政教合一的伊斯兰国家。

1990 年 6 月,阿尔及利亚举行独立后的首次地方议会选举。参选的伊斯兰拯救阵线在全国大部分选区中以明显的优势战胜执政党候选人,基本上控制了地方议会。为遏制它的强劲势头,1991 年 5 月在全国大选前不久,执政党政府突然宣布修改选举法,造成对伊斯兰拯救阵线不利的局势。不久,它的领导人以及骨干分子

8000余人在举行游行示威中遭到逮捕。尽管如此,伊斯兰拯救阵线仍以"不要宪法,不要法律,《古兰经》就是一切"的竞选口号挑战执政党政府。1991年12月26日,伊斯兰拯救阵线在首轮选举中获胜。依当时局势,它在第二轮选举中也将必胜无疑,并将组阁执政。在此关键时刻,为阻止伊斯兰拯救阵线染指政权,1992年1月11日,沙德利总统在军方压力下宣布辞职。以布迪亚夫将军为首的五人"最高国务委员会"接管权力,宣布首轮全国议会选举结果无效,第二轮选举取消。伊斯兰拯救阵线不甘心失去几乎到手的权力,再次发动大规模的游行以示抗议,军方则以铁腕制止。1992年2月6日,军方颁布紧急状态法;3月4日,宣布号称拥有300万成员的伊斯兰拯救阵线为非法组织,强行予以取缔。

伊斯兰拯救阵线被取缔后,那些主张进行合法斗争的温和派领导人几乎全都失去自由,它的领导权转移到强硬派之手。加之主张诉诸暴力的其他伊斯兰武装组织也纷纷进行反政府活动,一时间阿尔及利亚几乎陷入了全国范围的"内战"。以暴力和"圣战"反对政府的伊斯兰极端势力有"伊斯兰拯救军"、"阿富汗人组织"、"真主党"等派系,有时统称为"伊斯兰武装集团"。他们采取暗杀政要、定点爆炸、绑架人质、攻击军警哨所、杀害平民百姓和外国游客等恐怖主义手段,与当局相对抗。1999年9月,阿尔及利亚全民公投通过了《全国和解法》,各党派和团体就反恐问题取得广泛共识,对恐怖主义团伙起到了有效的威慑、分化、瓦解作用。

第三节 伊朗与中亚

战后伊朗的政教关系 近代以来,伊朗的十叶派一直是一支举足轻重的宗教、社会势力。现代伊朗的国家体制是1906—1907年立宪运动的产物。根据1906年通过的伊朗宪法,国王作为国家元首,拥有广泛的权力。国王经国民议会批准,有权任免内阁首相和各部大臣。根据1949年通过的一项宪法修正案,国王还有权在必要时解散参议院和众议院。立法权名义上属于参众两院,实际上控制在国王手里。为寻求宗教势力对王权的支持,国家宪法和有关法律中,就宗教的地位作了许多规定。其中包括:伊斯兰教(指十叶派的十二伊玛目派教义)为伊朗的国教,国王必须信奉和宣扬该派教义;参议员只能由穆斯林担任;立法议会颁布的一切法律不得违背伊斯兰教义和先知的法律(即伊斯兰教法);国王之下设立一个由五名最博学的宗教学者组成的法律监护委员会,审核、监察法律的制定与实施。法律还规定,在首都和各省府设立宗教法院,有关穆斯林公民的婚姻、遗嘱、继承、未成年子女的监护、宗教课税、宗教基金、教义和教派纠纷等事宜,由教法官根据伊斯兰教法裁决。这些规定虽然赋予十叶派上层许多权力,但由于国王一贯采取世俗化和政教分离的政策并不断扩大王权,因而很少付诸实行,经常引起教权势力的不满。自60年代起,教权势力与王权的关系日趋紧张,成为战后伊朗政治的显著特征之一。

教权阶层的社会地位 伊朗的十叶派教士约有18万人(据20世纪70年代估计),其中以宗教学者影响较大。宗教学者分为两类:担任公职的官方宗教学者和不任公职的传统宗教学者。前者领取国家薪金,包括宗教事务部门的官员、宗教法院的教法官、部分国家资助的清真寺里的毛拉、阿訇等。不任公职的宗教学者通称为"乌里玛",其中,包括高级宗教学者"穆智台希德",权威宗教大师"阿亚图拉",以及极少数群众所公认的宗教领袖,获得"大阿亚图拉"(真主的象征)尊号者。毛拉或阿訇构成伊朗十叶派教士的基本队伍。他们一般都在纳杰夫、卡尔巴拉、库姆、马什哈德等圣地的宗教学校或德黑兰和马什哈德大学经学院受过中等或高等宗教教育。他们的社会地位并不很高,与小商人、手工业者和下层群众关系密切。上层宗教学者多居住在库姆、马什哈德等圣城,他们多半出身于宗教名门世家,与大封建主、大商人关系密切。

除司法外,宗教学者的另一世袭领地是传统宗教教育。到1963年,全国共有宗教院校229所,在校生人数达到1.3万人,仅库姆一地即有6 000余人。此外,全国5 400余座清真寺,也都是业余的宗教教育场所。

宗教职业者除领取薪金者,其经济来源主要靠富人的施舍和信徒交纳的宗教课税,其中最重要的是用作宗教基金的清真寺教产的收益。1962 年土改法颁布之前,清真寺占用的卧各夫土地,计有 6 000 个村庄。此外,宗教上层还可从圣地、陵园等教产,获得可观的收入。据有关统计,截止于 60 年代末,仅马什哈德的十叶派第八伊玛目阿里·里达陵地,每年从数百万朝圣者身上获得的收入即达到 4.5 万里亚尔。

国王的专制统治与宗教领袖的抗议　1951 年 4 月,伊朗国民议会通过石油工业国有化法案。国有化运动的倡导者、伊朗民族阵线领导人穆罕默德·摩萨台出任内阁首相,组成战后伊朗首届民族政府。在国有化运动中遭到沉重打击的英国石油公司,与美国中央情报局相勾结,策动伊朗右派军人于 1953 年 8 月发动政变,推翻摩萨台政府,夺取政权。以查赫迪将军为首的军政府上台后,对伊朗民族民主运动进行残酷镇压。由于国内政局动荡不安,军政府无能为力,查赫迪于 1955 年 4 月宣布辞职。巴列维国王乘机独揽军政大权,对内实行独裁统治,加紧镇压民族民主运动,实行白色恐怖,对外投靠美国,从而激起伊朗人民的强烈不满。由于反对党有组织、有领导的抗议活动多次遭到残酷镇压,十叶派宗教组织自然而然地成为伊朗民众反抗暴政的唯一合法渠道。而在组织上遭到瓦解的伊朗人民党和世俗民族主义者,在思想倾向上也逐步向宗教靠近。自 60 年代起,伊朗国内的政治反对派和人民群众,开始以宗教的形式同国王作斗争;此后,十叶派宗教领袖很自然地成为民众运动的主要领导者和组织者。

伊朗民族主义与十叶派教义相结合,产生了一种温和的伊斯兰主义,成为伊朗人民争取民主自由、反对独裁统治的思想武器。其主要鼓吹者是十叶派的大阿亚图拉马赫茂德·塔里加尼和沙里亚特·马达里。他们同 60 年代初人民党成员发起的"自由运动"保持着密切联系。塔里加尼是德黑兰著名的十叶派宗教领袖,在民众中威望很高,曾因反对礼萨汗而被捕入狱。他宣称,伊斯兰教是捍卫民主自由的;宗教领袖应当支持人民的民主权利,反对独裁统治。马达里是个资深的大阿亚图拉,为全国公认的几个宗教领袖之一,其地位和威望甚至远远高于后来才成名的阿亚图拉霍梅尼。他主张,专制独裁不符合伊斯兰精神,宗教领袖应同人民同甘苦、共患难。他们两人虽未站在斗争第一线,但其鼓吹的民主自由思想,通过布道宣教、著作、传单等形式,流传非常广泛,对民众反王权的斗争起到了很大的鼓舞作用。

民众运动的另一位领导者是阿亚图拉霍梅尼。霍梅尼出身于伊朗的一个宗教学者世家,其祖父和父亲都是知名的宗教学者。他青年时代受过系统的宗教教育,后来随导师迁居圣城库姆,成为一名学识渊博的宗教学者。他生活的时代,经历了新老王朝的更迭,王权的扩张和传统宗教的衰落,使他深为不满,他为此经常表示抗议。早在1941年礼萨汗被废黜时,他在著作中就对巴列维王朝作了尖锐的抨击,指责"建立在刺刀尖上"的旧王朝无视神圣法律,为理智和经验所不容,呼吁建设一个以"真主的法律"为基础的"正义之国"。1962年,大阿亚图拉布鲁吉尔迪去世后职位空缺,霍梅尼成为最理想的人选,但其威望还是在后来反王权斗争中树立起来的。

霍梅尼同国王之间的首次公开冲突是在1962年。当年10月,国王颁布一项法令,宣布取消地方议员的候选人只能由男性穆斯林担任这一传统规定。霍梅尼联合一批宗教领袖,对此提出抗议,后来国王撤销了这项法令。1963年1月,国王提出"六点社会改革方案",称为"白色革命"(后改称"国王与人民革命")。其内容主要包括土地改革(规定地主占有土地的限额,多余的土地由国家赎买,分给无地、少地的农民)、工人入股分红、给妇女以选举权和被选举权等。后来内容又陆续增加,到1977年8月计有19项,包括建立卫生工作队、扫盲工作队,免费教育,限制物价、房租等。这些现代化的改革措施,旨在提高国王在人民心目中的威信,以巩固其统治。由于改革势必进一步削弱宗教势力的社会基础,因而遭到宗教界的反对和抵制。就在为通过改革方案而举行的全国公民投票后不久,霍尼梅在库姆的菲吉经学院发表了一系列的讲演,严厉谴责国王的"白色革命",揭露公民表决的欺骗性。库姆广播电台播送了霍梅尼的讲话。国王派空降兵包围、袭击了菲吉经学院,开枪打死、打伤了几十名学生,并对霍梅尼提出警告。但在暴力面前,霍梅尼没有屈服,继续多次发表演说,对国王进行攻击。1963年6月,霍梅尼在阿术拉日再次发表讲话,全面抨击国王的政策,两天以后,国王下令逮捕霍梅尼,并将他幽禁于德黑兰。为抗议国王的暴行,库姆、德黑兰、设拉子、马什哈德、伊斯法罕、喀山等地的群众举行声势浩大的游行示威。国王派遣大批军警前往镇压,两天内开枪打死、打伤群众1.5万人。1964年4月6日,在民众和宗教领袖的强烈要求下,霍梅尼被释放出狱。但在同年10月底,霍梅尼在库姆再次发表讲话,抨击国王根据维也纳公约给予驻扎在伊朗的美国军人及其家属豁免权,是出卖国家主权的叛逆行为。为此,国王再次逮捕霍梅尼,由秘密警察押解出境,流放土耳其。1965年10月,在国内群众的要求下,霍梅尼从土耳其西部的布尔萨被转移到伊拉克的十叶派圣地纳杰夫,直到1979年革命胜利后才重返伊朗。

491

伊斯兰共和国的建立 进入20世纪70年代以后,巴列维国王凭借暴力镇压,控制国家政权,但在表面平静的背后,却酝酿着一场深刻的危机。自1973年起,世界石油提价,伊朗的石油收入剧增。由于经济建设的规模超出实际可能,国家的消费支出过大(1973年开始的第五个五年计划,消费总额超过前四个五年计划的投资总额),出现巨额财政赤字。随之而来的国际石油需求锐减,使伊朗的国民经济备受打击。官方大肆宣传的土地改革,也因贪污、腐败的政府官员从中作弊,使大批农民并未真正得到实惠。大量农村人口盲目流入城市,给国家带来巨大的压力。通货膨胀,物价飞涨,加之国王专制独裁,缺乏起码的民主权利,广大人民群众深为不满。

1977年8月,国王为缓和民众的不满情绪,撤销长期担任首相的胡韦达的职务,任命原内政大臣兼复兴党总书记阿穆泽加尔为首相。新政府执政后,情况并无好转。十叶派上层对国王宣布实行的"自由化"政策、土改、解放妇女、由国家司法部代替宗教法庭、接管宗教基金、普及世俗教育等削弱宗教势力的改革措施强烈不满,极力加以反对和抵制。一直反对专制统治的伊朗人民党和政治反对派,乘机积极活动。1977年以后,长期动荡不安的伊朗政局更趋恶化,几十座城市连续发生反政府的游行示威。为维持局势,国王于1978年8月27日宣布改组内阁,由长期出任参议院议长的加法尔·埃马米担任首相。新政府上台后,于9月8日宣布对德黑兰等12座城市实行军管。与此同时,释放了一批政治犯,并宣布国家将继续实行"自由化"政策,保障"民主权利",创造"开放的政治气氛"。但形势日益严重,反政府的游行示威此伏彼起,罢工运动的规模越来越大,造成石油工业全面停产。11月6日,国王任命最高司令参谋部参谋长爱资哈里将军为首相,组成以军人为主的临时政府,以收拾残局。但此时爱资哈里首相已无法挽救每况愈下的政局,被迫于12月31日向巴列维国王提出辞呈。之后,"自由派"人士巴赫蒂亚尔以巴列维国王必须离开伊朗为先决条件,同意出任内阁首相,于1979年1月6日组成文官政府。同月16日,巴列维国王离开伊朗。2月1日,流亡国外的霍梅尼自巴黎飞回德黑兰接管伊朗政权,任命巴札尔甘为伊朗临时政府总理。2月12日,巴札尔甘接管政府的权力。至此,统治伊朗50余年的巴列维王朝宣告结束,代之以宗教领袖为指导的伊斯兰共和国。1979年12月初,伊朗举行全国投票,通过有史以来第一部"伊斯兰宪法",以法律的形式宣告"伊斯兰革命"在伊朗的胜利。这使70年代以来遍及伊斯兰世界的宗教复兴运动达到高潮。随之而爆发的"两伊战争"延续了8年之久。1988年8月交战双方达成停战协定,受到世界各国人民的欢迎。

伊朗的伊斯兰化举措与调整内外政策 伊斯兰革命胜利后,霍梅尼的宗教思想成为巩固政权和从事建设的指导思想。宪法规定:十叶派伊斯兰教(十二伊玛目派)为伊朗的国教,国家的"绝对主权"属于安拉,著名教法学家任国家精神领袖,国家实施立法、司法、行政"三权分立"原则;由忠诚于伊斯兰革命事业的人执掌国家权力；"法律监护委员会"（由教法学家主导）保障议会的决议不违背伊斯兰教义，监督并审核法律的制定和实施。宪法还就最高司法委员会的主旨和人员构成作了原则规定。这是当今伊斯兰世界宗教色彩最浓的一部宪法。

霍梅尼的支持者在接管政权过程中，建立一支拥有17万人的"伊斯兰革命卫队"，成立唯一合法的伊斯兰共和党。它排斥民族主义者、温和的十叶派著名宗教领袖塔里加尼和马达里，以及以青年学生为主的"伊朗人民圣战者组织"。

在对外政策方面，根据霍梅尼的"不要东方，也不要西方，只要伊斯兰"的口号，除了明确反对美国的霸权主义和以色列的扩张主义政策外，也反对中东和海湾地区一些亲美的伊斯兰国家（如沙特阿拉伯、埃及、土耳其等）。为此，它重视对外，特别是对海湾地区"输出"伊斯兰革命。

20世纪80年代中叶，伊朗期望解决紧迫的社会经济问题，开始调整内外政策。霍梅尼指定的继承人阿亚图拉蒙塔泽里因政见分歧而被迫辞职。为使宗教职称不高的哈梅内伊能够顺利当选为国家领袖，伊朗议会于1989年通过宪法修正案，对担任国家领袖候选人资格作了新的规定，强调担任国家领袖最重要的条件不是宗教方面的资历、地位和学识，而是具有行政能力和政治经验。1989年2月，两伊战争宣告结束，自此和平建设成为政府工作的中心，各项政策也采取了相应的调整；对黎巴嫩真主党的经费援助，只相当于过去的1/10；在外交领域广交朋友，打破外交孤立。后由于爆发拉什迪的《撒旦诗篇》事件，伊朗与西方的关系再度紧张起来。到90年代中叶，对外关系才有所改观。

1989年6月3日霍梅尼病逝，专家会议推举时任总统的哈梅内伊为精神领袖；7月，议长拉夫桑贾尼当选为总统。1997年5月，总统文化事务顾问、前文化和伊斯兰指导部长哈塔米当选第七届总统，继续调整内外政策成为新形势下面临的重要课题。

战后阿富汗的政教关系　阿富汗是个多民族的国家。长期居统治地位的阿富汗族（又称普什图族）约占总人口的40%，属突厥

493

语系的塔吉克族约占 30％,此外还有乌兹别克、哈札拉、土库曼、吉尔吉斯、俾路支、努里斯坦等少数民族和部族。伊斯兰教为国教,穆斯林占总人口的 100％。历史上伊斯兰教曾经是统一的基础,早期的阿富汗国家是在共同的宗教信仰的旗帜下联合而成的。但地方主义和部落割据没有因统一的信仰而减弱,教派归属与民族属性密不可分。各少数民族不仅反对中央集权和普什图人的至上地位,彼此之间也长期对立,纷争不已。

战后,阿富汗的政教关系经历了三个不同时期。查希尔王朝统治时期,实行君主立宪制政体,对宗教采取保守的适应主义政策,旨在使伊斯兰教传统教义和制度逐步适应社会发展的需要。1964 年,国家颁布一部伊斯兰教义与西方政治制度相结合的宪法,其中在肯定君主制的同时,规定伊斯兰教为阿富汗的国教,国家颁布的一切法律不得有悖于伊斯兰教法。但又规定,国王作为国家元首不得参加任何政党,伊斯兰教法仅适用于国家法律未覆盖的领域,属于穆斯林公民的"私法"。与这一"现代主义"的宗教政策相适应,国家通过发展国民教育、完善司法制度,逐步削弱宗教界在文教、司法领域里的影响。

1973 年,查希尔的堂兄穆罕默德·达乌德发动军事政变,推翻查希尔封建王朝,建立"阿富汗共和国"。达乌德总统统治时期,加强了中央政权,废除 1964 年宪法,解散"长老院"和"民众院",保留了伊斯兰教的国教地位。新政权采取的世俗化、现代化政策,尽管对传统的宗教势力造成一定的冲击,但反对新政权的主要是失去权力的以部落酋长为首的地方封建势力。

1978 年 4 月,阿富汗再次发生政变。以塔拉基为首的人民民主党夺取政权,改阿富汗共和国为"阿富汗民主共和国"。塔拉基政权在政治上受苏联的控制,在宗教政策上采取实用主义的灵活态度。它们企图通过土地改革,解放妇女,限制教权和部落、部族首领的权力,以削弱伊斯兰教的社会基础。这些政策和改革措施,遭到部落首领和宗教上层的强烈反对。1979 年 12 月,苏联军队侵入阿富汗,推翻取代塔拉基的阿明政权,建立以卡尔迈勒为首的亲苏傀儡政权。

阿富汗穆斯林的武装斗争 1979 年,苏联以武力侵占阿富汗后,民族矛盾上升为主要矛盾,阿富汗人民为维护主权和领土完整,同入侵的苏军和卡尔迈勒政权的军队展开英勇的武装斗争。

阿富汗穆斯林抵抗组织包括伊斯兰主义派和民族主义派两大集团。前者大多数来自社会中下层,其中有许多知识分子和青年学生。他们主张以伊斯兰教为社会、政治、经济、思想、文化和个人生活各方面总的指导原则。在国内,反对君主制,要求进行"伊斯兰革命",建立伊斯兰共和国;对外,既反对苏联模式的社会主义制度,又反对西方资本主义。该派总部设在巴基斯坦的西北边境城市白沙瓦,包括以拉巴尼为首的阿富汗伊斯兰协会、以古尔布丁为首的伊斯兰党和伊斯兰党哈里斯派等。1982 年,它们联合组成"阿富汗伊斯兰圣战者联盟"。

民族主义集团的成员有许多属于原来的特权阶层,如地主、牧主、部族首领和一部分宗教上层。由于土地改革、企业国有化等社会改革损害了他们的既得利益,他们也坚决反对入侵的苏军和阿富汗傀儡政权。但该派认为伊斯兰教仅仅是与私人生活有关的一种信仰,不赞成国家的全面伊斯兰化,只要求适当恢复伊斯兰教。他们主张学习西方文化和科学知识,甚至希望被推翻的国王复辟,实行君主制。民族主义集团于 1982 年成立了"阿富汗圣战者伊斯兰团结战线",总部也设在巴基斯坦的白沙瓦。其中实力较强的包括:以盖拉尼为首的伊斯兰民族阵线(以普什图族逊尼派穆斯林为主体)、以穆加迪迪为首的阿富汗民族解放阵线(以部族为基础)和伊斯兰革命运动。1982 年 5 月 16 日,上述两大集团经过协商,成立了新的"阿富汗伊斯兰圣战者联盟"(简称"七党联盟")。此外,在阿富汗中部和阿富汗与伊朗边界地区还有一些十叶派穆斯林抵抗组织,其总部设在伊朗,包括伊斯兰联合革命委员会(又名"古兰经党")、胜利组织、圣战组织、闪电组织、伊斯兰力量组织等。经过国际间的斡旋,前苏联决定于 1988 年起从阿富汗撤军。阿富汗人民通过武装斗争取得胜利。

阿富汗塔利班的兴衰 1992年4月,苏军撤出阿富汗三年后,阿富汗傀儡政权在抵抗组织的不断打击下宣告失败,于原外交部举行政权交接仪式。同年6月28日,为期两个月的阿富汗过渡政府宣布结束工作,由拉巴尼(伊斯兰教促进会)出任临时政府总统,希克马蒂亚尔(伊斯兰党)出任总理,新政府拟在四个月内起草一部临时宪法,并向选举产生的正式政府移交权力。阿富汗各派抵抗组织之间争权夺利、互不相让,导致无休止的内战,正式政府难产。

1994年7月,一支以经文学校学生为主体的武装——塔利班,在阿富汗南部迅速崛起。塔利班(约800人)在毛拉奥马尔的领导下举兵起义。最初,它只为惩办欺压百姓的地方军阀恶势力,为民伸张正义。它提出的"铲除军阀,重建家园"的口号,反映了饱受战乱之苦的民众的迫切愿望,受到各地群众的热情欢迎。许多不满于内战的地方武装也纷纷投奔塔利班。1995年1月,以南部重镇坎大哈为战略基地,塔利班发起"进军喀布尔"的战略行动。1996年9月,塔利班攻占首都喀布尔,宣布成立塔利班政权,并于1997年10月27日改国名为"阿富汗伊斯兰酋长国",到2000年9月已控制全国95%的领土。尽管它在军事上节节胜利,但在政治上仍处于十分孤立的地位,只有三个国家(巴基斯坦、沙特阿拉伯、阿联酋)承认塔利班政权。

塔利班以"正义之师"面目登场,但在取得优势后变得愈益保守、偏激、不容异己。它的社会基础和核心力量是南部普什图部落民,但东部的普什图人却遭到排斥。奥马尔奉行的是宗教极端主义。掌权的毛拉们只根据自身对伊斯兰教的随意解释制定政策,发号施令,为所欲为。他们禁止穆斯林妇女受教育和参加社会工作,强迫职业妇女回到家中去服侍丈夫、照顾子女,规定妇女必须穿"体面"的服装,禁止她们独自外出旅行或上街购物,违者会受到"宗教警察"的责罚。他们还以反对偶像崇拜为名,禁止人们看电视、看电影和看录像带,甚至听音乐,还不顾世人的强烈反对,下令炸毁举世闻名的巴米扬大佛。

1996 年,本·拉登拿着苏丹护照,回到当年在阿富汗建立的训练营地。他联合世界各地的伊斯兰极端组织,使营地演变为具有广泛国际联系的恐怖主义组织的真正"基地"。以他为首建立的"伊斯兰反犹太人和十字军国际阵线",不过是为"基地"组织取得一个"宗教"的名义。[①] 塔利班对"基地"组织的大力支持和庇护,使阿富汗成为国际恐怖主义、宗教极端主义的策源地。2001 年"9·11"事件后,美国对阿富汗发动"反恐战争",击溃塔利班政权和以本·拉登为首的"基地"组织。

塔吉克斯坦伊斯兰复兴党 20 世纪 70 年代,伊斯兰复兴在中亚地区有所发展。穆罕默德·印度斯坦尼(曾在印度北方邦的一所伊斯兰经学院研修)归国后,在塔吉克斯坦首都杜尚别私自开办经文学校。在他的影响下,举办经文学校成风,到 1982 年全国已有非法经文学校 22 所。不久,他因从事非法活动、触犯刑律,被判处 15 年徒刑。印度斯坦尼入狱后,他的弟子努里和希玛佐达成为伊斯兰复兴运动的主要领导者。前者曾在 1974 年秘密成立"知识之家",向信徒传播具有政治倾向的伊斯兰思想。1987 年他因组织散发非法宣传品、攻击苏维埃政府而被捕入狱。获释后他继续从事反政府活动,并成为塔吉克斯坦伊斯兰复兴党的创始人之一。后者原为一位农机工程师,80 年代曾在阿富汗参加过七党联盟的游击队,与苏军战斗。后来成为塔伊斯兰复兴党非法武装的主要领导人。

1991 年 10 月,长期处于地下活动的宗教极端分子,正式宣告塔吉克斯坦伊斯兰复兴党成立,希玛佐达被推举为党的主席。该党的宗旨在于传播伊斯兰教,促进宗教精神的复兴,致力于塔吉克

---

① 1998 年 2 月,本·拉登与扎瓦赫里(埃及伊斯兰圣战组织)、塔哈(埃及伊斯兰社团组织)、哈姆扎赫(巴基斯坦伊斯兰学者协会)、法兹鲁·拉赫曼(孟加拉国圣战组织)以及两名不知姓名的沙特宗教极端组织的头目,宣布建立"伊斯兰反犹太人和十字军国际阵线"。在此前后,本·拉登发布过多次"圣战宣言"。其后,从该国际阵线中又派生出"伊斯兰圣战解放军"。有资料表明,当前国际社会发生的大量恐怖事件,大多与之有关。

斯坦的政治和经济独立。可是,它成立后不久立即卷入政治斗争,与其他反对党联合掀起"倒阁运动",企图推翻塔政府。1992 年 3 月,政局继续恶化,国家陷入无政府状态,在矛盾不断激化的情况下,终于导致内战。1996 年,塔内战双方在联合国特别代表的调停下开始举行谈判。同年 12 月,双方达成和平协议:内战双方停止战斗,交换战俘;允许反对派人士加入塔多党联合政府,反对派武装应改编为国家军队;促使因战乱而离开家园的难民返回原居住地。此后,双方在实施和平协议过程中,复兴党内的宗教极端势力,包括非法武装的头目拒绝和平协定,不愿接受改编的武装分子中,有的加入了邻国乌兹别克斯坦反政府的非法武装,有些成为无恶不作的匪徒。同时,复兴党的分裂也使它急剧衰落。在 2000 年的议会选举中,复兴党位居第三,仅获得 7.5% 的选票,其地位和影响已无法同执政的人民民主党和共产党相比。

乌兹别克斯坦伊斯兰势力的发展　20 世纪 80 年代,瓦哈比派教士不断深入乌兹别克斯坦各地清真寺传播该派教义。在泛伊斯兰主义,特别是在瓦哈比派思想影响下,乌成为中亚地区伊斯兰势力最为活跃的国家之一。由于乌兹别克斯坦伊斯兰复兴党不适应伊斯兰势力的需要,很快被更为激进或极端的伊斯兰解放党、正义党和"伊斯兰运动"组织所替代。

1995 年,伊斯兰解放党在泛伊斯兰主义影响下建立。它是一个宗教政党,鼓吹普遍实施伊斯兰教法,建立或恢复传统的哈里发制度,将中亚五国和中国新疆联合为一个泛伊斯兰突厥斯坦国;宣称反对使用暴力,因而具有很大欺骗性,在塔什干等城市知识分子和青年学生中有众多的追随者,在吉尔吉斯斯坦和塔吉克斯坦也有一批信徒。它的党刊(《觉悟》)和宣传性的图书著作用三种民族语文和俄文出版。鉴于该党以宗教名义从事非法政治活动,1998 年乌政府依法予以取缔。

在瓦哈比派教义影响下,正义党于 90 年代初成立。它的发起人之一图尔西·尤尔达舍夫,是纳曼干农业小镇的失学青年,自称是当地清真寺的毛拉;他以"新派"宗教导师自居,不断向受其影响的当地民众传播瓦哈比派教义,受其控制和影响的清真寺遍及整个费尔干纳地区乃至吉尔吉斯斯坦的奥什。另一名发起人朱玛·纳曼干尼,曾在苏联军队中服役,后因参加当年苏军入侵阿富汗的战争而成为一名"再造穆斯林"。该党成员大部分是乌伊斯兰复兴党的追随者。最初,他们主要是通过其骨干成员控制的清真寺和经文学校举办各种宗教活动,与宗教团体争夺信教民众,以扩大影响。1991年12月,尤尔达舍夫在正义党成立大会上要求乌政府承认伊斯兰教为"国教",宣布乌为"伊斯兰国家"。他们还煽动群众占领了纳曼干省乌共产党总部办公大楼,改作伊斯兰文化中心。鉴于费尔干纳地区政治形势严重失控,为避免事态进一步恶化,1992年3月当局取缔了正义党。此后,该党的一些成员转移到塔吉克斯坦,加入了塔伊斯兰复兴党,继续从事暴力恐怖活动,反对本国政府。

1997年塔内战结束,尤尔达舍夫同纳曼干尼共同决定投靠塔利班政权。1998年,两人发表联合声明,宣布正式成立"乌兹别克斯坦伊斯兰运动"组织。它的近期目标是用"圣战"来反对本国的"压迫政权",消除腐败、贿赂和不平等,解救被关押的"穆斯林兄弟"。其远期政治目标是建立伊斯兰制度、伊斯兰政府,使乌成为实施沙里亚的"伊斯兰国家"。该组织是在本·拉登的鼓励和赞助下成立的,经费由本·拉登提供。此外,它还得到巴基斯坦和沙特某些极端宗教组织的积极支持。

从1999—2001年,该组织的非法武装不断派小股部队对乌境内以及乌、塔、吉三国交界地区进行恐怖袭击,从事暗杀政要、劫持外国人质、制造爆炸恐怖事件、袭击边防哨所、杀害平民百姓等罪恶活动,严重破坏了中亚地区的稳定和正常生活。2000年10月,乌法庭对该组织的12名重要头目进行审判,其中9人为缺席审判,包括被判死刑的尤尔达舍夫和纳曼干尼。目前,它的残余势力已隐蔽起来,伺机东山再起。

第四节　南亚与东南亚

巴基斯坦国体之争　1947年巴基斯坦独立后,不久就陷入国家体制之争。印巴分治前夕,巴基斯坦运动的领导者穆斯林联盟曾多次提出建立独立的伊斯兰国家的主张,而大部分伊斯兰学者则表示反对,认为伊斯兰教不受语言、民族、地域的限制。1948年初制定国家宪法前夕,真纳总督提出,未来的巴基斯坦宪法既不能违背伊斯兰教法,又不能完全以教法为基础。这一基本原则,后来成为立宪的指导思想。同年3月,制宪议会通过"目的决议",作为起草宪法的基本原则。其中规定:整个宇宙之主权仅属于万能之安拉,安拉通过人民授予巴基斯坦国家的有限权威是一项神圣委托;国家在伊斯兰教的社会结构内实行民主、自由、平等、宽容和社会公正的原则。与此同时,在巴基斯坦伊斯兰学者协会的要求下,制宪议会基本原则委员会任命了一个由知名宗教学者组成的伊斯兰教义顾问委员会。顾问委员会提出一部反映传统派宗教学者观点的宪法草案,其中规定:国家元首必须由穆斯林担任;由穆斯林选民推举产生的虔诚人士主持政府工作;伊斯兰学者委员会有权废止违背经训的立法等。上述要求,大部分被基本原则委员会所否决,但争论并未就此结束。1951年1月,巴基斯坦伊斯兰教界举行一次全国会议。会上,伊斯兰教促进会主席毛杜迪(1903—1979)就宪法基本原则问题与伊斯兰教义顾问委员会达成22项协议,重申当年被否决的宪法草案。1953年,西巴基斯坦的旁遮普省发生针对阿赫默迪亚教派的骚乱,使国体之争演变为教派冲突。骚乱系由一个反对印巴分治的穆斯林团体所煽动,后来得到伊斯兰教促进会的支持。骚乱者向巴基斯坦政府提出两点要求:第一,鉴于阿赫默迪亚教派否认穆罕默德为"封印使者",故应宣布该派为非穆斯林少数派团体;第二,既然非穆斯林无权担任政府高级职务,因此应解除外长扎伏鲁拉·汗及该派信徒在政府中担任的所有高级职务。巴基斯坦中央政府拒绝了上述要求,并决定对闹事中心拉合尔市实行军法统治,避免事态扩大。1956年,第二届制宪议会通过一部宪法,重申了"目的决议"中规定的关于国家和政府体制的基本原则。这部宪法向宗教势力作了三点妥协:其一,将国名改为"巴基斯坦伊斯兰共和国";第二,成立了一个中央伊斯兰教研究所,协助政府在伊斯兰教义的基础上重建穆斯林社会;其三,设立一个法律监护委员会,监督国家立法,并以经训为依据,修订全部现行立法。

阿尤布·汗时期 巴基斯坦独立以后,国内政局长期不稳,内阁屡次更迭。1958年10月,陆军元帅阿尤布·汗在军事政变中出任总统,宣布实行军法统治。军政府对宗教问题持谨慎态度,很少干预宗教学者的活动,仅在法制领域采取一项重要改革。1961年,军政府颁布《穆斯林家庭法法令》,对一夫多妻制的夫方随意休妻权加以限制。法令规定,一个穆斯林男子在婚姻的存续期间,未经婚姻和家庭法仲裁委员会批准,不得缔结二次婚姻;丈夫私下休妻须预先通知仲裁委员会主席,主席经过多次调解无效后,才准予离婚;丈夫无视规定纳二房妻子,原妻有权向法院提出离婚请求。法令还规定,结婚必须办理登记手续,领取结婚证书。

501

阿尤布·汗执政时期,对1956年宪法作了修订。为审议旧宪法有关伊斯兰教的条款,司法部于1962年设立一个宪法修订委员会,负责审查前英属印度立法对巴基斯坦现行立法的影响,并使之符合经训的规定。因难以断定圣训的真伪,后来又成立一个专家委员会,负责法律的伊斯兰化。这项工作后来被无限期地推迟,未取得结果。但1962年新宪法仍作了一些重大的修改。新宪法将国名改为"巴基斯坦共和国",扩充了联邦政府的权力。同时,再次向宗教政党作了某些让步,其中包括:对穆斯林公民进行《古兰经》和伊斯兰教义的义务教育;成立一个由5—12名宗教学者组成的伊斯兰思想顾问委员会,充当总统的法律顾问等。顾问委员会有权监督国家立法,保证现行立法不违反伊斯兰教义。它加强了因循守旧的传统派伊斯兰学者的地位,使政教关系更加复杂化,国家立法经常受到宗教势力的干扰。例如,现代经济的发展离不开资本、利息,而伊斯兰思想顾问委员会则坚持《古兰经》关于利息的禁令,视有息借贷为非法。1963 年 12 月,在反对党和宗教势力的压力下,巴基斯坦国民议会再次通过一项宪法修正案,恢复"巴基斯坦伊斯兰共和国"名称。

布托的伊斯兰社会主义 1970 年初,接替阿尤布·汗的巴基斯坦军法管理首席执行长官叶海亚·汗宣布结束军法统治,恢复政党活动,举行全国大选。同年 12 月举行的选举中,以穆吉布·拉赫曼为首的人民同盟和以阿里·布托为首的人民党分别在东巴和西巴获胜。其后,东巴于 1971 年 12 月脱离巴基斯坦联邦,成立孟加拉国。

布托执政时期,提出了包括企业国有化和土地改革在内的社会经济政策,称为"伊斯兰社会主义"。这是根据人民党的一贯主张制定的。该党施政纲领宣布:"我们的体制是民主,我们的信仰是伊斯兰,我们的经济纲领是伊斯兰社会主义。"这项经济政策旨在发展国家资本主义,主张对工厂、铁路、矿山、银行等大企业实行国有化,结果引起激烈争论。实际上,早在布托执政前争论即已开始。1965 年 6 月,国会议员阿齐兹·拉赫曼在一次国民议会上提议,国家应当根据伊斯兰教的社会公正原则,对主要的工矿业实行国有化。这项动议立即遭到一批议员的反对,不久就在全国展开了一场关于伊斯兰社会主义和国家经济体制问题的大辩论。企业国有化的赞同者以《古兰经》为依据,宣称土地和一切财富皆为安拉所有,任何个人无权占有,因而私人占有制是非法的;既然伊斯兰教的根本使命是铲除社会不公正,而保留私人占有和经营制度必然会导致社会不公正,所以国家应当建立一种社会主义的经济秩序。反对派的主要代言人是巴基斯坦伊斯兰教学者协会和伊斯兰教促进会。他们援引经训,力图论证私人占有制是天经地义、神圣不可侵犯的,声称私有制是履行宗教义务的前提,一旦废除,诸如天课、朝觐、慈善捐赠等宗教义务也将不复存在。他们还认为,伊斯兰教既不提倡社会主义,也不提倡资本主义,而伊斯兰社会主义是"亲大资本家的",是"大鱼吃小鱼"。这场争论从 60 年代持续到 70 年代,始终未取得结果。

齐亚·哈克的伊斯兰化政策 1977 年 3 月,巴基斯坦人民党在大选中再次获胜,组成以布托总理为首的内阁政府。但反对党巴基斯坦全国联盟指责人民党在选举中舞弊,拒绝承认选举结果,并发动反政府运动。同年7月,陆军参谋长齐亚·哈克将军宣布对全国实行军法统治,禁止一切政党活动。1978年8月,齐亚·哈克组成新内阁,9月出任总统。

早在布托执政时期,执政的人民党就面临着来自伊斯兰政党和组织的巨大压力。人民党政府倒台后,在巴基斯坦全国掀起前所未有的伊斯兰复兴的浪潮,伊斯兰政党再次提出建立伊斯兰社会的强烈要求。齐亚·哈克政府为了压制实力雄厚的人民党,需要寻求宗教政党的支持,因而当政不久就提出国家体制伊斯兰化的政策。为逐步实现所谓"伊斯兰秩序",齐亚·哈克政府自1979年2月陆续颁布了一系列的法令和政策,主要采取了三方面的措施。首先,重建伊斯兰思想顾问委员会,责成其就现行国家法律的伊斯兰化提出实施方案。为此,在拉合尔、白沙瓦、卡拉奇、基达设立伊斯兰法院,并在首都伊斯兰堡设立最高伊斯兰法院。上述法院有权审查国家的全部现行立法和未来的立法,并根据审查结果提出修改建议。其次,恢复伊斯兰教的札卡特税和欧舍尔税(对农产品征收的什一税),成立从中央到地方各级税收机构,负责征收上述现金。与此同时,削减原来实施的个人所得税率。国家还保证在三年内实现低息借贷制度。第三,修订刑法,使之符合经训的规定。为了减少犯罪率,国家宣布恢复伊斯兰教法规定的"固定刑",对偷盗、酗酒、抢劫、私通、诬陷私通五种犯罪行为,按伊斯兰教法处理。此外,在教育和广播事业方面也采取了某些改革。国家指定专人负责修订教科书,使之符合伊斯兰教义和巴基斯坦的立国思想,严格审查广播、电视节目,使之符合伊斯兰教的伦理准则,并鼓励电台、电视台播放宗教仪式和宗教专题节目。这些措施受到传统派伊斯兰教势力的欢迎,但也遭到社会上一些人士的批评。

巴基斯坦的教派冲突 巴基斯坦教派冲突的恶化,有其内外原因。齐亚·哈克的伊斯兰化政策,是导致该国逊尼与十叶两大教派矛盾不断激化的内在原因,而防范和抵制伊朗"输出"革命,则是它的外在原因。

1979 年 2 月,齐亚·哈克向全国发表讲话,正式宣布"引进"伊斯兰教法、施行"伊斯兰体制"。他所引进的是逊尼派伊斯兰教法,它的许多规定不同于十叶派伊斯兰教法。由于国家未就十叶派社团颁布相应的立法,特别是在财产处理问题上两派的法规有很大的出入,加之十叶派继承法更为重视妇女的权益,因此,十叶派认为这是一种"歧视"政策。推行伊斯兰化政策最直接的负面效应,是它刺激了十叶派于 1979 年成立"保卫加法尔法律阵线"的宗教极端组织。这一组织的成立引发和加剧了巴逊尼派社团的对立情绪,巴逊尼派的宗教极端组织"巴基斯坦先知弟子军"、"简戈维的战士"、"纯洁的战士"(隶属于"圣训派")等在此后也纷纷建立。① 反过来,这又促使十叶派于 1991 年建立另一宗教极端组织"穆罕默德军"。

巴基斯坦是贫困落后的国家,教育事业很不发达,在公立学校严重不足的情况下,以教授《古兰经》经文为主课的私立宗教学校(马德拉萨)成为重要的补充。1947 年巴建国之初,全国只有经文学校 137 所,到 20 世纪末已猛增到 8 000 所。私立宗教学校失控,大部分学校又长期接受沙特、阿联酋等海湾国家民间宗教组织的资助,在课程设置和教学思想上难免受到外来的影响。沙特、阿联酋等海湾国家需要在伊朗周围构筑一道逊尼派的伊斯兰教"防护墙",这种战略意图随之成为巴许多经文学校教学的指导思想。在各组织热衷于维护狭隘的宗派利益,且都有自己的非法武装的情况下,巴逊尼派与十叶派之间的教派冲突,多少反映出伊斯兰世界内在斗争的缩影。

鉴于国内宗教极端势力十分活跃,暴力袭击愈演愈烈,教派冲突对社会治安和社会正常生活构成严重威胁,穆沙拉夫总统于 2002 年 1 月宣布五个宗教极端组织为非法组织,依法予以取缔。

巴基斯坦伊斯兰复兴的发展　　长期以来,巴基斯坦与邻国阿

---

① 逊尼派的宗教极端组织经常接受沙特民间宗教组织的捐赠,在宗教思想上不可避免地受沙特瓦哈比派的影响。

富汗关系中最棘手的问题是普什图尼斯坦问题。它关系到跨界居住的普什图人造成的两国边界纠纷以及是否允许巴境内的普什图人"自决"的问题。出于国家利益考虑,巴历届政府都不希望与阿发生边界纠纷,也不希望普什图民族主义者主宰阿富汗政治。从齐亚·哈克时期起,在长达十余年的阿富汗抗苏战争中,巴与美国、沙特结盟,全力援助阿抵抗组织,巴政府和军方都一贯支持阿富汗的伊斯兰势力在阿主政。这一政策深深影响到巴民间伊斯兰复兴的发展,以及巴的伊斯兰势力在地区冲突中所扮演的角色。

　　巴的伊斯兰势力之一是以青年学生为主的伊斯兰教促进会。它借阿富汗战乱之机,与埃及穆斯林兄弟会、沙特的赛来菲耶派建立了密切联系,并在情报信息方面进行合作,扩大了在境外的影响力,并渗入阿富汗,在印占克什米尔和孟加拉国建立了分支组织。而与伊斯兰教促进会关系密切的圣战者组织,则加紧对印控克什米尔的渗透。事实上,巴的圣战者组织于 20 世纪 70 年代已渗入印控克什米尔,并参与当地宗教极端势力(历来鼓吹"净化伊斯兰教信仰,回归宗教传统",主张从印度控制下分离出来)的活动。圣战者组织宣称,它的短期目标是"解放"全部克什米尔领土,而长期目标则是使巴基斯坦成为"真正"的伊斯兰国家。这不仅影响巴的伊斯兰复兴的发展,而且不时激化印巴在克什米尔的冲突。

　　1993 年,隶属于巴伊斯兰学者协会(迪欧班德学派的地区性组织)的、自称"辅士圣战者"的组织更为活跃。它鼓吹用"圣战"解放印控克什米尔领土,经常游击袭击印边防驻军。90 年代中叶塔利班崛起后,伊斯兰学者协会在阿富汗积极与巴军方、三军情报局和内务部合作。它所开办的经文学校培养出来的学生,不断为塔利班输送兵源。[①] 它还直接参与对塔利班武装人员的培训。1996 年,

505

---

① 事实上,一贯主张"圣战"的迪欧班德学派,它的学者在大批阿富汗难民涌入巴西北边境地区后,就为他们的子弟举办几百所简易经文学校,免费向难民子弟提供宗教文化教育。除了教授《古兰经》和一般宗教知识外,更着重于传授"圣战"思想;以后还进行实战的培训。

塔利班决定将阿境内的一些训练营地交给巴伊斯兰学者协会下属的一些派别组织管理,从此该派信徒成为塔利班武装力量的重要来源。据估计,在1994—1998年间,受过营地训练而被陆续派往前线的巴武装人员有8万—10万人。这些以巴基斯坦人为主的"新塔利班分子"及其党派,其影响主要是在巴俾路支省和西北边境省,后来则越过普什图人居住区而扩及旁遮普省和信德省,并成为不安定的因素。

印尼的伊斯兰教政党 战后,印尼各种社会力量十分活跃,形成民族主义、伊斯兰教、共产主义三大思潮并存的局面。印尼伊斯兰教上层积极参与政治活动,企图将国家、社会和民众的生活纳入伊斯兰教的轨道,因而经常与民族主义、共产主义思想发生冲突。为适应战后印尼的新形势,各伊斯兰教政党都在组织上作了调整。战前各派穆斯林联合成立的协商机构——马斯友美,因内部意见不合,不久即告解体。1947年以苏吉曼为首的伊斯兰教联盟党退出马斯友美。该党在政治上主张与印尼共产党合作,但影响日衰,属于较小的宗教政党。1952年,伊斯兰教师联合会退出马斯友美,另立独立的政党。该党支持苏加诺政府,不拒绝同印尼共产党合作,在宗教思想上强调伊斯兰教的固有传统,要求实施伊斯兰法制,以实现伊斯兰教的统治。上述两党退出后,马斯友美党人数大减,但仍为印尼最大的宗教政党。自1950年9月至1956年3月,该党曾五次与民族党或其他两个伊斯兰教政党组成联合政府。但该党组织松散,领导层意见不一致。以主席穆罕默德·纳席尔为首的"主流派"主张创造条件,逐步使印尼转变为教权至上的伊斯兰国家,而以沙·安沙里为首的"极端派"则主张立即使印尼成为伊斯兰国家。两派都敌视共产主义,拒绝同印尼共产党合作。

印尼建国五原则 印尼独立前夕,各派政治力量关注即将成立的新国家的国体、政体问题。1945年6月1日,苏加诺对印尼《独立宣言》起草委员会发表讲话,提出著名的"建国五原则",即民族主义、人道主义、民主、社会公正和信仰神道。关于"信仰神道",苏加诺解释说,印尼民族不仅有自己的神明,而且允许每个国民在

宽容和互相尊重的基础上崇拜自己所信奉的神明。上述五项基本
原则得到起草委员会的一致通过,于 6 月 22 日举行的续会上被收
入《雅加达宪章》。收入时将"信仰神道"提到首位,并在其后补充
一句话:"伊斯兰教信仰者有义务根据正确的和道德的人道主义原
则,实行伊斯兰教法。"但在 8 月 18 日通过宪法序言时,又把"信仰
神道"修改为"信仰唯一的神",并删除"雅加达宪章"中补充的那句
话。对这一含混不清的措词和两个文件可能产生的歧义,当时印
尼各政党均未提出异议,因而《雅加达宪章》和 1945 年印尼临时宪
法得以顺利通过。但在随后争取国家独立直到独立后的议会斗争
中,拥护还是反对"建国五原则",一直是政治斗争的焦点。

伊斯兰教各政党长期以来把反对荷兰殖民统治的斗争视为一
场"圣战",并以此为实现伊斯兰国家最终目标的第一步,而民族主
义者和基督徒则把"建国五原则"视为政教分离的法律依据。从
1945—1950 年,以马斯友美党和伊斯兰教联盟党为一方,同另一方
民族党和基督教政党就国体问题展开激烈争论。自 1951 年,两个
伊斯兰政党在议会中结成联合阵线,对政府施加压力,要求承认伊
斯兰教为国家的思想基础。1953 年初,苏加诺总统断然拒绝这一
要求,从此争论在全国公开化。4 月,全印尼伊斯兰教师于棉兰召
开了大会,会议提出以伊斯兰教法为国家的基础,国家总统只能由
穆斯林担任等要求。1955 年,苏加诺总统宣布举行全国大选,以组
成制宪议会,制定正式宪法。1956 年 11 月 10 日,印尼第一届制宪
议会于万隆成立。此后连续三年陷入内部纠纷。由于伊斯兰集团
和拥护"建国五原则"的民族集团任何一方都得不到法定的 2/3 多
数票,制宪工作被迫中止。为打破僵局,内阁会议于 1959 年 2 月
19 日通过决议,实行"有领导的民主",恢复 1945 年印尼临时宪法。
在随后举行的制宪议会辩论中,伊斯兰政党要求政府就《雅加达宪
章》的含义作出解释。政府在一份书面答复中表示,《雅加达宪章》
与 1945 年印尼临时宪法的精神是完全一致的,其中关于宗教问题
的原则规定为国家立法的依据。5 月,伊斯兰集团提出宪法修正
案,要求以立法的形式确认《雅加达宪章》中有关实行伊斯兰教法

507

的规定,结果被否决。7月5日,苏加诺总统宣布解散制宪议会,恢复1945年印尼临时宪法。在宪法草案五审时,苏加诺总统再次申明,《雅加达宪章》与1945年宪法是完全一致的、不可分割的。从此,伊斯兰政党一再宣称,总统这次讲话具有立法性质。自60年代起,伊斯兰政党在态度上有所改变,不再公开宣传成立伊斯兰国家的一贯主张,但仍坚持,只有坚信伊斯兰教才能实现《雅加达宪章》中关于"信仰神道"的原则规定。这一教权主义的立场,寄希望于国家的逐步伊斯兰化,使伊斯兰集团与其他政党的关系长期处于紧张的状态。

苏哈托政权下的政教关系 1965年9月底,以苏哈托为首的"将领委员会"发动政变,推翻苏加诺政府,夺取政权。政变以后,几十万共产党人和革命人民惨遭杀害,数十万人被投入监狱,印尼共产党被宣布为非法组织。随着政权的更迭,苏加诺政府于60年代初期实行的"有领导的民主"和"纳沙贡"体制(民族主义、宗教、共产主义三大思潮合作)宣告结束,印尼历史进入所谓"新秩序"时期。

新政权上台后,军人集团控制了国家政府的大部分权力。最初伊斯兰政党曾指望借助军人集团来扩充势力,但是不久它们就对苏哈托政权感到失望。新政权于1967年通过人民协商会议解除苏加诺总统职务后,宣布国家将继续遵循"建国五原则",奉行政教分离政策,不准宗教干预国家事务。为了削弱反对党,特别是伊斯兰集团的影响,苏哈托政府采取了一系列的措施。1969年,苏哈托政府颁布《关于人民协商会议、国会和地方议会组织和地位的法令》,规定人民协商会议1/3的代表由政府指定。1971年,由印尼政府控制和支持的"专业集团"(全称为"专业集团联合秘书处")成立,掌握国家的实权。与此同时,还颁布《政党组织法》,强令印尼所有的反对党合并为两个党。1973年1月,伊斯兰教师联合会党、印尼穆斯林党(前马斯友美党)、印尼穆斯林联盟党和白尔蒂伊斯兰党被合并为"团结建设党",印尼民族党、基督教党、天主教党等党派被合并为"印尼民主党"。合并后,印尼穆斯林党不再存在,仅保留了下属群众组织。其他三个伊斯兰政党也降格为群众组织,分别易名为"伊斯兰教师联合会"、"印尼伊斯兰教联盟"和"伊斯兰教真谛协会"。

自1971年印尼普选以后,印尼民主党影响日衰,伊斯兰教集团成为唯一有影响的反对党。该党虽对苏哈托政权不满,但只进行合法的斗争,避免与政府公开对抗。70年代国际伊斯兰复兴思潮兴起,印尼国内的宗教组织十分活跃。1978年,爪哇、苏门答腊等地出现"伊斯兰教国"的武装反叛活动和"伊斯兰圣战者组织"的恐怖活动。随即,副总统阿丹·马立克发表讲话,号召加强人民团结,反对分裂活动,抵制宗教狂热。

印尼伊斯兰复兴的发展 20世纪70年代,印尼穆斯林中已有"圣战指挥中心"、"伊斯兰青年运动"和"印尼伊斯兰革命委员会"等规模很小的激进主义组织。它们不断指责苏哈托政府独裁专制、堕落腐败,是反伊斯兰的政府,号召人们行动起来,推翻苏哈托政府,但对印尼政局并未构成严重威胁。

1976年,苏门答腊地区的亚齐穆斯林,以资源分配不均和宗教文化差异为由,宣告建立"自由亚齐运动"组织,极力要求亚齐独立。自从分离主义运动活动以来,它的武装与政府军警的冲突至少已造成上万人伤亡。历史上,亚齐是伊斯兰教传入印尼最早的地区之一。早在11世纪时已建立"亚齐伊斯兰教苏丹国"。它因较早笃信伊斯兰教而号称为"麦加的前院"。

1998年5月,苏哈托政府倒台。"自由亚齐运动"变得更为活跃,要求独立的呼声也更为强烈。1999年,倡导民族和解的瓦希德上台后,与"自由亚齐运动"的领导人进行了一系列和谈,承诺给予亚齐特区更大的自主权,但坚决反对亚齐独立。双方签订的和平协议,未能遏制分离主义者的独立要求,国家重新陷入交战状态。2003年1月,梅加瓦蒂政府与"自由亚齐运动"仍期望通过谈判和对话来消除分歧,停止在亚齐省的流血冲突,并重新启动该地区的和平进程。但流血冲突时有发生。

在印尼,不仅存在穆斯林的分离主义运动,而且穆斯林社团对基督教的传教活动忧心忡忡。苏哈托政府更迭后,印尼政治进入民主改革时期。在新旧体制之交,不同宗教社团之间的各种矛盾不断暴露,造成严重后果。1999 年,马鲁古群岛一向和睦相处的穆斯林、基督教徒和天主教徒,首次爆发大规模宗教冲突。此后,双方矛盾、冲突不断发生。在此过程中,据说由宗教极端分子组建的非法武装"圣战军"在制造流血冲突中起了重要作用。它打着"保卫伊斯兰"的旗帜,鼓吹对异教徒进行"圣战",不断用现代武器袭击基督徒,甚至企图把暴力冲突扩大到邻近的苏拉威西岛。马鲁古群岛宗教冲突仅是印尼社会矛盾激化的一种典型表现。

战后马来西亚的政教关系　马来西亚的穆斯林主要是马来族人,约占全国总人口的半数略强,另一半包括信奉佛道两教的华人、信奉印度教的印度人和信奉原始部落宗教的几个少数民族。马来西亚原称"马来亚",二战前沦为英国殖民地。战后,民族解放运动不断高涨,陆续出现一些宗教政党和组织,使宗教与政治的关系更加密切,与民族的关系日趋复杂。1957 年 8 月 31 日,马来亚在英联邦内取得独立,同年通过一部《马来亚联合邦宪法》。宪法规定:伊斯兰教为马来亚的国教,国家保证公民有选择宗教信仰、传播宗教教义、举行宗教活动的自由;伊斯兰教作为国教,享有特殊的地位。宪法还规定:国家有权通过法律手段,限制在穆斯林群众中间传播其他宗教教义;禁止传播虚伪的伊斯兰教义;禁止印刷、出版、发行有损于逊尼派正统教法学派学说的书刊、出版物。宪法还特别规定:穆斯林公民除受国家民法、刑法、刑事诉讼法等法律的约束外,还有义务遵守伊斯兰教法。有关穆斯林"私人身份"事情的纠纷,包括婚姻、继承、子女监护、遗产的赠予和分割、寡妇遗产的留置和赡养费等,皆由伊斯兰法院裁决。1963 年马来西亚联邦成立后,伊斯兰教在马来穆斯林占多数的西马仍保持国教的地位。西马九个州的世袭苏丹享有特权,他们是国家统治者会议的当然成员,在推举国家元首时只有他们有选举权和被选举权。

独立后的最初十余年间,国家奉行民族和解和政教分离的政策,组成包括马来族统一机构(巫统)、马来华人公会和马来印度人大会党的联合政府,政教关系较为和谐、稳定。1969 年全国大选后,发生了反华、排华的民族流血事件,联邦政府重申所谓"尊重马来人特权"的政策,导致多党制政府破裂。掌握国家实权的巫统采取反华、排华,鼓吹马来人至上的民族分裂政策,适应了社会上伊斯兰教权势力的需要。自 70 年代起,社会上掀起一股以伊斯兰教为马来民族特征的思潮,与国际伊斯兰复兴思潮和复兴运动遥相呼应。在野的泛马来伊斯兰党和其他一些伊斯兰组织,不断向联邦政府施加压力,要求以《古兰经》为行动指南,以伊斯兰教法为国家的根本大法。在这股思潮的推动下,本来就异常活跃的传教活动,更加一浪高过一浪。一些受过现代教育的穆斯林青年,发起传教与净化信仰运动。他们甚至相信,伊斯兰教的复兴有助于消除社会上的贫困、腐败和不公正现象。马来西亚政府对这股宗教势力采取利用与限制相结合的政策。执政的巫统一方面希望借助伊斯兰教势力来扩大马来族人的特权,另一方面又担心走向极端。1978 年 12 月内阁总理佟吉·侯赛因·奥恩在"全国布道月"发表讲话,宣称伊斯兰教能够抵制共产主义思想的传播,但是,"我们需要布道,不需要宗教狂热"。

马来西亚伊斯兰复兴的发展 在马来西亚,伊斯兰复兴的鼓吹者首先是"马来西亚全国穆斯林青年联盟"(ABIM)。它是从马来西亚穆斯林学生总会分化而出的一个派别组织。它的主要领导人安瓦尔·伊卜拉欣在政治上很活跃,曾任马联邦政府副总理。尽管他鼓吹伊斯兰复兴,但他认为马来西亚是文化多元社会,伊斯兰政治行动必须与国内的非穆斯林民众密切合作,伊斯兰社会应当是民主的和宽容的。

马来西亚伊斯兰复兴运动另一强有力的推动者是始建于 1951 年的"马来伊斯兰党"。它受埃及穆斯林兄弟会和巴基斯坦伊斯兰教促进会的宗教思想影响较深,鼓吹全面实施伊斯兰教法,包括恢复已被许多国家废止的"伊斯兰教刑事法"。

1993 年 11 月,该党控制的吉兰丹州立法会议通过一项"沙里亚刑事法法案"(简称"胡杜德法案"),要求在该州实施《古兰经》中关于惩处酗酒、偷窃、抢劫、通奸、诬告私通和叛教等"大罪"的"伊斯兰教刑事法"。继吉兰丹州之后,丁加奴州立法会议也通过了"胡杜德法案"。

"胡杜德法案"问题引起马来西亚社会舆论的严重关切。影响广泛的"伊斯兰姐妹"组织更是群情激愤,表示强烈不满和抗议。该组织揭露了"法案"的虚伪性和危害性,认为它假借"真主的法律"之名对男女两性实行赤裸裸的"双重"标准;它不顾马来西亚多元文化的社会现实,极大地败坏了马来西亚的国际形象;它还与现代精神背道而驰。因此该组织指出,应重新思考"沙里亚"在当代的地位和作用问题。

根据马来西亚联邦宪法,州级沙里亚法院仅有权受理可能判处三年以下徒刑的民事、刑事案件,没有"胡杜德法案"判处死刑的司法权。为实施该法案,需要通过"修宪"授权,而"修宪"要取得2/3以上议员支持;该法案未获联邦立法机构批准,无法付诸实施。马来西亚联邦政府总理马哈蒂尔指出,马来西亚是民主国家,政府体制不是以伊斯兰教义和伊斯兰哲学为基础,因此全面实施伊斯兰教法在马来西亚是根本行不通的。

一　伊斯兰教大事记

570 年　伊斯兰教创立人穆罕默德(约 570—632)诞生。

610 年　穆罕默德首次接获"启示"。

613 年　穆罕默德在麦加公开布道。

615 年　麦加反对派的迫害,两批穆斯林避居阿比西尼亚(今埃塞俄比亚)。

621 年　"阿克巴协议"。

622 年　穆斯林分批迁徙麦地那(希吉来);伊斯兰教纪元开始;阿布杜拉·本·阿巴斯(622—688)诞生。

624 年　白德尔之战;犹太盖努嘎尔部落被逐出麦地那;阿里长子哈桑(624—669)诞生。

625 年　伍侯德之战;犹太奈迪尔部落被逐出麦地那。

626 年　阿里次子侯赛因(626—680)诞生。

627 年　城壕之战;犹太古来扎部落被歼。

628 年　侯达比亚协议;征服犹太人的海巴尔绿洲;斐得克、瓦迪古拉、太玛犹太人请降。

629 年　拜占廷在摩耳台打败穆斯林军。

630 年　征服麦加;侯乃尼之战;远征塔布克,诸犹太部落降服。

631 年　"代表团之年"。

632 年　辞朝;赛基发会议;阿布·伯克尔称哈里发;阿布·伯克尔平定半岛诸部落反叛后开始对外征服,终于 634 年。

633 年　搜集整理"天启"经文;征服希拉城。

634 年　战胜巴勒斯坦拜占廷人的艾扎那代因之战;阿布·伯克尔逝世;欧麦尔继哈里发位。

635 年　征服大马士革;于嘎迪西叶战胜波斯人。

636 年　于雅穆克河战胜拜占廷人。

637 年　降泰西封;征服伊拉克;建立巴士拉、库法营地;赛尔德·本·阿比·
瓦嘎斯于库法建伊拉克第一座清真寺。

638 年　耶路撒冷请降。

639 年　开始征服埃及,终于 642 年,其间建弗斯塔德(开罗)营地,建埃及
第一座清真寺——阿慕尔清真寺。

642 年　阿慕尔开始占领拜尔盖,终于 643 年;艾巴尼·奥斯曼(642—723)
诞生;哈桑·巴士里(642—728)诞生。

643 年　阿瓦尔·祖白尔(643—712)诞生。

644 年　欧麦尔遭暗杀;欧麦尔任命选举人团,奥斯曼当选哈里发。

651 年　奥斯曼遣使来华,至 798 年共遣使 39 次;《古兰经》"定本";侯达
伊法逝世。

652 年　阿布·达尔逝世。

653 年　阿布杜拉·本·麦斯欧德逝世。

655 年　阿里追随者于库法发难。

656 年　奥斯曼被刺;阿里继哈里发位;伊斯兰教史上第一次内战开始;
骆驼之战,脱勒哈、祖白尔战死,阿以莎被俘。

657 年　隋芬之战。

658 年　哈瓦利吉派离开阿里队伍,于哈鲁拉村选阿布杜拉·拉西比为哈
里发;穆阿维叶派阿慕尔夺取埃及。

659 年　艾兹鲁哈的仲裁;拿赫鲁宛之战。

660 年　穆阿维叶于耶路撒冷拥戴称哈里发。

661 年　阿里被刺;正统哈里发时期结束;伊拉克宣布阿里之子哈桑为哈
里发;穆阿维叶于大马士革宣布建倭马亚王朝(白衣大食,661—
750)。

663 年　阿慕尔·本·阿斯逝世;开始征服呼罗珊,终于 670 年。

667 年　伊本·杰希尔(667—737)诞生。

670 年　征服西北非,建凯鲁万城,以后数年内建起北非第一座清真寺;
屈底波(古太白·本·穆斯林,670—715)诞生。

674 年　越乌浒水,侵入布哈拉。

677 年　阿布·胡赖勒逝世。

678 年　阿以莎逝世。

680 年　穆阿维叶创立哈里发世袭制,侯赛因于卡尔巴拉被杀;十叶派建立;库法的"忏悔者运动";穆赫塔尔·本·俄拜德·塔基菲占领库法。

682 年　库马尔特(682—743)诞生。

683 年　伊斯兰教史上第二次内战开始;阿拉伯部落(盖斯人与凯勒布人)间的斗争;阿布杜拉·本·祖白尔于麦加称哈里发(683—692),任命盖斯人首领达哈克为叙利亚临时摄政者。

684 年　麦尔旺出兵拯救大马士革,达哈克战死,倭马亚王朝麦尔旺系哈里发开始;哈瓦利吉派离麦加返回伊拉克;纳菲·本·阿扎里加逝世。

685 年　阿布杜·马立克开始实行王朝的阿拉伯化政策,终于 705 年。

687 年　穆赫塔尔·本·俄拜德·塔基菲逝世。

688 年　阿布·阿斯瓦德·杜尔里逝世。

691 年　阿布杜·马立克于耶路撒冷建圆顶寺。

515

692 年　哈查只战胜阿布杜拉·本·祖白尔,随之战胜哈瓦利吉派在伊拉克各地的叛乱;纳吉德·本·阿密尔·哈乃斐(纳吉德派奠基人)逝世。

693 年　欧麦尔之子阿布杜拉逝世;倭马亚人歼纳吉德派。

695 年　哈查只于库法铸造金币。

698 年　阿布·哈希姆(伊本·哈乃菲亚之子)(698—716)诞生。

698 年　一说 699 年,哈查只的助手穆海莱布围歼伊本·阿扎里加(阿扎里加派)残部。

699 年　马尔白德·祝哈尼逝世;加法尔·萨迪克(699/702/705—765)诞生;阿布·哈尼法(699—767)诞生。

700 年　穆罕默德·本·哈乃菲亚(阿里之子)在此前后逝世。

704 年　屈底波任呼罗珊总督,率军征伐中亚,数年内征服吐火罗斯坦、巴尔黑、布哈拉、撒马尔汗、花剌子模、拔汗那。

705 年　开始伊斯兰教史上第二次征服,终于 715 年。

710 年　穆罕默德·本·卡西姆征服莫克兰,通过俾路支,次年由海路攻入印度,占领信德,713 年征服木尔坦。

711 年 塔立克·本·齐亚特率军渡海于西班牙登陆。

712 年 穆萨·本·努赛尔率军进入西班牙,次年与塔立克会师。

714 年 穆萨与塔立克应哈里发召,返大马士革;哈查只·本·优素福逝世。

715 年 屈底波深入药杀河地区;瓦立德于大马士革建倭马亚清真寺;马立克·本·艾奈斯(715—795)诞生。

717 年 欧麦尔二世开始税收改革,迫害异教徒,鼓励改宗,加速帝国的伊斯兰化,运动终于 720 年;女圣徒拉比亚·阿达维亚(717—801)诞生。

718 年 阿拉伯人越过比利牛斯山。

730 年 加伊兰·大马士基逝世;迪拉尔·本·阿慕尔(730—800/820)诞生。

732 年 图尔-普瓦提埃之战,穆斯林军在西班牙征服受阻。

733 年 哈里斯·本·苏拉吉任呼罗珊总督,后起兵反倭马亚人。

735 年 素凯奈逝世。

737 年 罕马德逝世;穆萨·卡西姆(737/745/746—799)诞生。

740 年 栽德起义,战死后,其追随者形成栽德派。

742 年 阿布杜·拉赫曼·穆伊勒逝世;左海里逝世;赛义德·马立克·艾什尔里家族始为库姆十叶派公社族长,终于 891 年。

743 年 栽德·本·阿里逝世;栽德派再次起义;阿巴斯曾孙穆罕默德·阿里逝世。

744 年 阿里派起义;阿希姆逝世。

745 年 加赫姆·本·沙夫旺逝世;哈瓦利吉派运动复起,推选达哈克·盖斯·舍巴尼为哈里发;次年,达哈克战死。

746 年 哈希姆家族族长伊布拉欣派遣阿布·穆斯林到呼罗珊组织起义。

747 年 呼罗珊的清真寺升起伊布拉欣授予的黑旗。

748 年 瓦绥斯·本·阿塔逝世;阿布·穆斯林起事,夺取内沙布尔。

749 年 哈希姆家族族长伊布拉欣逝世;阿布·穆斯林占领呼罗珊首府木鹿;卡赫塔巴·本·萨利之子占领库法,率众向阿布·阿巴斯宣誓效忠。

750 年 大马士革降,倭马亚王朝亡;阿巴斯王朝(750—1258)建立;阿布·萨拉马被杀害。

516

751 年 穆斯林军征服赭时(今塔什干);怛逻斯之战。

752 年 镇压哈瓦利吉派起义。

753 年 阿布·胡载里(753—850)诞生。

754 年 哈瓦利吉派于河洲起义;曼苏尔打败他的叔父伊布拉欣,监禁七年后再设计将他陷害致死;阿布·穆斯林被曼苏尔杀害。

755 年 倭马亚王子阿布杜·拉赫曼(756—788 在位)抵达西班牙,次年建后倭马亚王朝(756—1031),自称艾米尔。

757 年 唐肃宗借大食兵 20 万,平"安史之乱";后大食兵留居中国;伊本·穆盖法尔被处焚刑。

758 年 大食和波斯人于广州暴动,赶走刺史韦利见;曼苏尔屠杀狂热信徒;穆萨·本·欧格伯逝世;哈瓦利吉派阿布·哈塔布领导北非柏柏尔人起义,终于 761 年。

760 年 加法尔·萨迪克长子伊斯玛仪逝世,追随者形成伊斯玛仪派;田神功掠扬州,大食、波斯人死数千。

762 年 阿慕尔·本·俄拜德逝世;曼苏尔建巴格达城,四年后建成;哈桑重孙穆罕默德·本·阿布杜拉("纯洁灵魂")起义失败后被杀;伊本·艾米尔逝世。

763 年 哈桑重孙伊布拉欣起义失败被杀。

767 年 沙斐仪(767—820)诞生。

768 年 伊本·伊斯哈格逝世。

770 年 阿布·欧麦尔逝世。

772 年 伊本·阿比·奥查被处决;哈姆扎逝世。

774 年 法学家奥扎仪逝世。

775 年 马赫迪开始迫害摩尼教,终于 785 年;伊本·鲁斯塔在北非建哈瓦利吉派王朝(8 世纪中叶至 909 年)。

776 年 禁欲主义者查尔比亚·本·哈彦享有盛名;伊本·阿比·杜尔德(776—854)诞生。

777 年 巴尔黑王子、禁欲主义者伊布拉欣·本·艾德杭逝世。

778 年 哈希姆(蒙面纱的人)起义,780 年失败后自焚;苏富扬·撒维里逝世。

780 年 穆罕默德·本·穆萨·花剌子密(780—850)诞生;阿赫默德·本·罕

517

白勒(780—865)诞生。

781年　哈里斯·本·阿萨德·穆哈西比(781—857)诞生。

785年　哈桑曾孙伊德里斯·本·阿布杜拉于麦加参加阿里派起义,失败后逃至北非,后建伊德里斯王朝;建造科尔多瓦大清真寺;纳菲逝世。

786年　赫拉里·本·阿赫默德逝世;巴尔马克家族开始掌权,终于803年;哈查只·本·优素福·本·麦台尔开始闻名。

788年　伊德里斯于北非建十叶派王朝(788—974)。

791年　叶海亚·马赫德于波斯达伊拉姆起义。

793年　科尔多瓦大清真寺建成;西伯威逝世。

798年　教法学家阿布·优素福逝世。

800年　马立克派教法于西班牙居统治地位;沙哈姆(800—880)诞生。

801年　铿迪(801—873)诞生。

803年　巴尔马克家族失宠。

804年　基沙伊逝世。

518

805年　舍伊巴尼逝世;西班牙骚乱开始,一直延续到814年,数百人被处死。

806年　哈伦·拉希德大胜拜占廷;伊本·嘎西姆逝世。

809年　侯奈恩·本·伊斯哈格(809—872)诞生。

810年　布哈里(810—870)诞生。

813年　马门战胜其兄阿明,于巴格达称哈里发。

815年　达伍德·本·赫莱夫(815/818—884)诞生。

815年　马尔鲁夫逝世。

816年　马门宣布十叶派第八伊玛目为王储,并以女嫁之,以十叶派绿旗取代黑旗。

817年　穆斯林·本·哈加吉(817—875)诞生;阿布·达伍德(817—888)诞生。

818年　马门于第八伊玛目去世后又将另一女嫁其子塔基;塔亚里希逝世;萨赫尔·图斯塔里(818—896)诞生。

819年　马门打败其叔伊布拉欣,恢复黑旗为国旗。

822年　一说823年,瓦基迪逝世。

824 年　伊本·马哲(824—886)诞生。

825 年　比希尔·本·穆尔塔米逝世。

827 年　马门宣布《古兰经》受造说为官方信条。

828 年　苏马马·本·阿希拉斯逝世。

830 年　马门创智慧馆;穆尔迈尔逝世。

833 年　马门建立宗教裁判所,迫害持异议者;伊本·希沙姆逝世;谢赫·
穆罕默德·本·穆罕默德·加扎里逝世。

834 年　伊本·哈希姆于呼罗珊起义。

836 年　建萨马腊城;撒比特·本·古赖(836—901)诞生。

838 年　塔百里(838—923)诞生。

841 年　穆尔达尔逝世。

845 年　伊本·赛尔迪逝世。

847 年　穆塔瓦基勒开始迫害穆尔太齐赖派,一直持续到 861 年;罕百里
派得势。

848 年　李彦升中进士。

850 年　攸罗吉阿斯开始领导反伊斯兰教的殉教者运动,终于 859 年,共
44 人被处死;祝巴仪(850—915)诞生;诗人鲁达基(850—941)
诞生。

854 年　伊本·库拉布逝世。

857 年　约哈纳逝世;哈拉智(857—922)诞生。

860 年　栽德派思想家卡西姆·拉西·本·伊布拉欣逝世;苏非派神智论奠
基人祖奴逝世;《希世璎珞》编纂者伊本·阿布杜·赖比(860—940)
诞生。

864 年　医生、哲学家拉齐(864—925)诞生;哈桑·本·栽德建栽德派国家
(864—1126)。

868 年　穆罕默德·本·卡尔拉姆逝世。

869 年　十叶派库姆长老阿赫默德·本·穆罕默德·尔撒·艾什尔里逐坚持
极端主张的十叶派成员出库姆住地;查希慈逝世;黑奴大起义,
建黑奴国家(869—883)。

870 年　一说 871 年,伊本·阿布杜·哈卡姆逝世;法拉比(870—950)诞生。

874 年　阿布杜拉·本·买伊蒙逝世;第十二世伊玛目隐遁,十叶派的小隐

遁时期(874—941);阿布·亚齐德·塔伊弗尔逝世。

875 年 巴亚齐德·比斯塔米逝世。

878 年 穆宰尼逝世;哈姆丹·卡尔马特于库法传播卡尔马特派教义。

881 年 卡尔马特派于也门建立据点。

883 年 伊斯玛仪派海萨姆于信德布道。

884 年 阿布·沙里赫·哈姆丹·本·阿赫默德·本·欧马拉·卡沙尔逝世。

886 年 阿布·麦尔舍尔逝世;伊本·木格莱(889—940)诞生。

889 年 伊本·古太白逝世。

890 年 卡尔马特派于伊拉克活动。

892 年 提尔米基逝世;阿赫默德·白拉左里逝世。

893 年 阿布·阿布杜拉·侯赛因受遣赴马格里布传教,伊斯玛仪派起义;沙拉马起义失败,遭火焚。

895 年 伊本·哈尼法·阿赫默德·迪奈韦里逝世。

896 年 萨赫尔·本·阿布杜拉·图斯塔里逝世。

897 年 文学史家阿布·法拉吉·伊斯巴哈尼(897—967)诞生。

520

898 年 阿布·阿布杜拉·穆罕默德·本·阿里·哈基姆·提尔米基逝世。

899 年 赛义德·本·买伊蒙(?—934)继任伊斯玛仪派首领,自称欧贝杜拉·马赫迪;哈拉兹逝世;卡尔马特派于巴林建立国家(899—1077)。

900 年 哈姆丹·卡尔马特与伊斯玛仪派分裂,建库法"迁士之家"。

901 年 哈迪·哈格(?—911)于也门建栽德派国家(901—962);西班牙出现马赫迪,矛头指向非穆斯林。

902 年 阿布·侯赛因·哈亚特逝世。

907 年 欧贝杜拉·马赫迪离开萨拉米亚总部。

909 年 阿布·阿布杜拉·侯赛因推翻阿格拉布王朝(800—909),建法蒂玛王朝(909—1171),立欧贝杜拉·马赫迪为哈里发。

910 年 祝奈德逝世。

911 年 欧贝杜拉·马赫迪杀阿布·阿布杜拉·侯赛因。

912 年 赛义德·本·阿布杜拉·艾什尔里逝世。

914 年 法蒂玛人攻占亚历山大。

915 年 祝巴仪逝世;奈萨仪逝世;诗人穆台奈比(915—965)诞生。

917 年 小隐遁时期第二任代理阿布·加法尔·穆罕默德逝世。

920 年 法蒂玛人迁都马赫迪亚。

922 年 哈桑·本·穆萨·诺伯赫特逝世。

923 年 阿布·萨赫勒·伊斯玛仪·本·阿里·诺伯赫特逝世。

929 年 阿布杜·拉赫曼三世于西班牙称哈里发;白塔尼逝世。

930 年 卡尔马特派攻占麦加,劫走黑石,30 年后归还;阿布·伯克尔·尼萨布拉逝世。

931 年 西班牙神秘主义奠基人伊本·萨拉马逝世。

933 年 《古兰经》文本写法确定;阿布·哈希姆逝世。

934 年 布维希人于设拉子建立政权;阿布·阿里·塔尔苏希逝世。

935 年 一说 936 年,艾什尔里逝世。

936 年 伊本·穆查希德逝世。

938 年 小隐遁时期第三任代理阿布·卡西姆·侯赛因·本·鲁赫·诺伯赫特逝世;伊本·阿布·哈提姆逝世。

939 年 库拉尼逝世。

940 年 诗人费尔道西(940—1020)诞生。

941 年 小隐遁时期第四任代理阿布·侯赛因·阿里·本·穆罕默德·萨马里逝世;小隐遁时期结束;大隐遁时期开始。

942 年 塔哈维逝世。

944 年 马图里迪逝世。

945 年 阿赫默德进军巴格达建布维希王朝(945—1055);哈里发穆斯台克菲授他"大元帅"官职和"穆仪兹·道莱"称号。

950 年 阿布·胡尔曼逝世。

953 年 阿布·阿巴斯·沙亚里逝世。

955 年 哈拉汗国推行伊斯兰文化。

957 年 阿布·哈桑·阿里·麦斯欧迪逝世。

960 年 20 万帐突厥人皈依伊斯兰教。

962 年 穆仪兹·道莱确定十叶派节日;《安达鲁西亚学者列传》作者伊本·法赖迪(962—1013)诞生。

967 年 阿布·赛义德·本·阿比·哈伊尔(967—1049)诞生。

968 年 大食商人开始来华进贡,至 1168 年共计达 49 次。

969 年　法蒂玛部将昭海尔夺取埃及,建新开罗城。

972 年　昭海尔建爱资哈尔清真寺。

973 年　法蒂玛人定都开罗;历史家、天文学家比鲁尼(973—1050)诞生。

974 年　伊斯玛仪派教法官努乐曼逝世。

977 年　阿布·伯克尔·本·欧麦尔(伊本·孤帖叶)逝世。

978 年　圣训学家伊本·阿布杜拉·巴拉(978—1071)诞生。

979 年　十叶派学者加法尔·本·库鲁西逝世。

980 年　鲁基巴里逝世;哲学家、医生伊本·西那(980—1037)诞生。

982 年　阿布·阿布杜拉·穆罕默德·本·哈菲夫·设拉子逝世。

987 年　历史家伊本·哈彦(987 或 988—1079)诞生。

988 年　阿布·纳斯尔·萨拉吉逝世。

990 年　阿布·穆罕默德·卡拉巴基逝世。

991 年　一说992年,十叶派圣训著名编纂者穆罕默德·本·巴布亚逝世。

994 年　阿里·本·阿巴斯·麦朱西逝世;伊本·哈兹姆(994—1064)诞生。

995 年　十叶派圣训著名编纂者穆罕默德·本·哈桑·图西(997—1067)诞生。

996 年　阿布·塔里布·麦基逝世。

999 年　拉姆图纳人向加纳传播伊斯兰教;伽色尼王朝(962—1186)的马赫茂德获得"苏丹"(权威)称号(999—1030)。

1001 年　伊斯兰教传入于阗、叶尔羌。

1003 年　诗人伊本·宰敦(1003—1071)诞生。

1006 年　安沙里(1006—1089)诞生。

1013 年　艾什尔里派阿布·伯克尔·巴基拉巴逝世。

1015 年　艾什尔里派伊本·弗拉克逝世。

1016 年　阿布·阿里·达加格逝世。

1017 年　波斯传教师达拉齐和哈姆扎·本·阿里到埃及布道。

1018 年　尼查姆·穆尔克(1018—1092)诞生。

1019 年　波斯传教师达拉齐逝世。

1021 年　波斯传教师哈姆扎·本·阿里于哈里发哈基姆(996—1021 在位)逝世后,离埃及前赴叙利亚——黎巴嫩山区继续神化哈基姆,后创德鲁兹教派;伊斯玛仪派传教师哈米德丁·基尔曼尼逝世。

1022 年 伊本·穆阿里姆(穆菲德长老)逝世。

1023 年 阿布杜·加巴尔逝世。

1024 年 苏拉米逝世。

1027 年 艾什尔里派阿布·伊斯哈格·伊斯法拉伊尼逝世;伊本·哈兹姆接受表义学派教法。

1029 年 胡迈迪(伊本·哈兹姆和伊本·阿布杜拉·巴拉的弟子)(1029—1095)诞生。

1030 年 米斯凯韦逝世。

1031 年 西班牙贵族废哈里发制。

1033 年 阿布·伊斯哈格·设拉子逝世。

1037 年 巴格达迪逝世;塞尔柱人从伽色尼人手中夺取木鹿、内沙布尔等地,从此步入历史舞台;阿布·奴阿姆·伊斯法罕逝世。

1044 年 阿拉姆·胡达逝世。

1048 年 阿布杜拉·雅辛·朱祖利随叶海亚到撒哈拉后在塞内加尔建"里巴特"(1048—1049)。

1050 年 诗人伊本·哈法哲(1050—1139)诞生。

1056 年 哈里发嘎义姆出巴格达城迎接突格里勒(1037—1063 在位),任命他为摄政王,授予"苏丹"官衔,塞尔柱王朝建立;哈里发与苏丹于京城并存;巴格达十叶派遭袭击。

1058 年 布维希的突厥将领白萨西里投奔法蒂玛人,后带兵攻占巴格达前后达 40 周并掠走大批战利品;安萨里(1058—1111)诞生。

1060 年 塞尔柱人战胜白萨西里以叛国罪判他死刑。

1061 年 穆拉比特王朝(1090—1147)奠基人塔士芬在位(1061—1106)。

1062 年 穆拉比特王朝建都马拉喀什。

1063 年 尼查姆·穆尔克任塞尔柱王朝首相;楚瓦伊尼应尼查姆·穆尔克之约,任内沙布尔尼查姆神学院教师。

1065 年 巴格达尼查姆神学院始建,至 1067 年而成。

1067 年 阿布·加法尔·穆罕默德·本·哈桑·本·阿里·图西(谢赫塔伊法)逝世;伊斯玛仪派传道师阿布·阿拉自也门来印度布道。

1069 年 是年至次年,尤素福·哈斯·哈吉甫的《福乐智慧》成书。

1071 年 塞尔柱人战败拜占廷,开始定居于小亚细亚;波斯著名苏非侯吉维里逝世。

1074 年　艾什尔里派库萨伊里逝世；马立克沙开始召开天文学讨论会并修改波斯历法，1075 年哲拉里历问世；穆尔太齐赖派经注家阿布·凯希姆·扎马赫沙里（1074—1143/1144）诞生。

1076 年　穆拉比特人征服加纳；沙哈拉斯塔尼（1076—1153）诞生。

1077 年　阿布杜·卡迪尔·吉拉里（1077—1166）诞生。

1078 年　穆瓦希德运动的奠基者伊本·图马尔特（1078—1130）诞生。

1083 年　卡迪亚特（1083—1149）诞生。

1084 年　法尔玛基逝世。

1085 年　艾什尔里派楚瓦伊尼逝世。

1090 年　阿萨辛派奠基人哈桑·本·萨巴建阿拉穆特要塞（"鹫巢"），一直延续到 1256 年。

1091 年　塞尔柱人中央政府从伊斯法罕迁入巴格达；安萨里任巴格达尼查姆神学院教师。

1092 年　阿萨辛派刺杀阿布·穆斯林·拉迪和塞尔柱首相尼查姆·穆尔克。

1094 年　地理学家阿布·欧拜德·阿布杜拉·本·阿布杜·阿齐兹·白克里逝世；伊斯玛仪派分裂为尼查尔派和穆斯塔里派。

1095 年　卡尔巴拉侯赛因陵墓被毁；安萨里离开教职，以苦行僧身份四处云游；基督教十字军开始东侵，并持续到 13 世纪末。

1097 年　阿布·纳吉布·苏哈拉瓦迪（1097—1168）诞生。

1101 年　希拉成为十叶派学术中心。

1105 年　安萨里出任内沙布尔神学院教师。

1106 年　阿赫默德·本·阿里·里法伊（1106—1182）诞生。

1120 年　阿布·加法尔·穆罕默德·本·阿拉·塔里百逝世。

1121 年　伊本·图马尔特自称马赫迪。

1122 年　巴加维逝世。

1123 年　一说 1124 年，诗人、天文学家欧曼尔·哈扬逝世。

1124 年　阿萨辛派奠基人哈桑·本·萨巴逝世。

1126 年　哲学家伊本·路西德（1126—1198）诞生。

1127 年　阿布杜·卡迪尔于巴格达布道；法蒂玛·拉齐亚逝世；赞吉王朝崛起（1127—1262），有效地抵御住十字军的东侵。

1132 年 阿萨辛派开始占领卡德穆斯要塞(1132—1133)。

1138 年 哲学家伊本·巴哲逝世。

1140 年 阿萨辛派开始占领马西亚夫要塞(1140—1141),在叙利亚的山寨国家一直延续到 1260 年。

1141 年 尼扎米(1141—1209)诞生。

1144 年 赞吉(1127—1146)夺回鲁哈城,标志着伊斯兰世界对十字军侵略的反击;绥哈布丁·欧麦尔·本·阿布拉·苏哈拉瓦迪(1144—1234)诞生。

1145 年 十叶派学术中心由希拉转到阿勒颇。

1146 年 穆瓦希德人围困马拉喀什次年,后灭穆拉比特王朝。

1149 年 法赫尔丁·拉齐·侯赛因(1149—1209/1210)诞生。

1150 年 阿勒颇始建女道堂,至 1250 年共计建有七个。

1152 年 穆瓦希德人开始征服北非(1152—1160)。

1153 年 迪亚尔丁·法德尔拉·本·阿里·侯赛因·拉旺迪逝世;法德尔·本·哈桑·塔百里希逝世;绥哈布丁·叶海亚·苏哈拉瓦迪(1153—1191)诞生。

1154 年 乌古斯人摧毁道堂。

1157 年 苏丹桑贾尔逝世,大塞尔柱王朝在巴格达的统治结束;哈里发试图恢复帝国的统治。

1160 年 伊本·阿西尔(1160—1223)诞生;伊本·艾西尔(1160—1234)诞生。

1162 年 阿萨辛派承认哈桑·阿拉·吉克里希·萨拉姆为伊玛目(1162—1166)。

1165 年 伊本·阿拉比(1165—1240)诞生。

1166 年 阿赫默德·亚萨维逝世。

1169 年 阿迪德邀请努尔丁协助抗击十字军;拉希德丁·息南改组叙利亚的阿萨辛派。

1171 年 萨拉哈丁推翻法蒂玛王朝,建阿尤布王朝,在埃及恢复逊尼派的统治。

1173 年 埃及出现第一座罕卡。

1176 年 萨拉哈丁进军拉希德丁·息南的要塞,后双方达成协议。

1178 年　库特布丁·赛义德·本·希白特拉·拉旺迪逝世。

1181 年　欧麦尔·本·法里德(1181—1235)诞生。

1184 年　萨迪(1184—1232)诞生。

1185 年　伊本·图斐利逝世;开罗建女道堂。

1186 年　廓尔王朝(1150—1206)灭伽色尼王朝。

1189 年　十叶派学者伊本·祖赫拉逝世。

1192 年　十叶派学者伊本·沙赫拉逝世;拉希德丁·息南逝世。

1193 年　沙兹里教团创始人沙兹里(1193—1258)诞生。

1196 年　哈桑·阿里·沙兹里(1196—1258)诞生。

1197 年　阿布·马迪·苏阿布逝世。

1200 年　巴达维教团创始人,阿赫默德·巴达维(1200—1276)诞生。

1201 年　伊本·阿拉比从北非到麦加;纳西丁·图西(1201—1274)诞生。

1205 年　西印度的传教师贾汗·沙赫任阿齐苏丹。

1206 年　德里苏丹国建立,进入六个不断更迭的奴隶王朝(1206—1526)。

1207 年　鲁米(1207—1273)诞生。

1211 年　赛典赤·赡思丁(1211—1279)诞生;伊本·赫尔康(1211—1282)诞生。

1212 年　60 万穆瓦希德人于西班牙惨败。

1217 年　花剌子模沙召集宗教会议册立十叶派哈里发。

1221 年　蒙古人追击花剌子模人,逼近德里;纳吉姆丁·库布拉逝世。

1223 年　穆瓦希德人被逐出西班牙。

1224 年　阿布杜·瓦希德·马拉喀什撰穆瓦希德王朝史。

1236 年　穆因丁·穆·契斯提逝世。

1240 年　曼丁哥人在加纳废墟上建马里国家。

1250 年　马木留克王朝建立;河洲系马木留克统治埃及(1250—1382)。

1255 年　穆罕默德·本·阿里·本·穆罕默德逝世;杜苏给教团创始人杜苏给(1255—1296)诞生。

1256 年　蒙古人摧毁阿萨辛派的阿拉穆特要塞;鲁克尼丁·库尔沙兹被蒙古人杀害。

1258 年　蒙古人攻入巴格达,杀末代哈里发,灭阿巴斯王朝。

1259 年　旭烈兀建马腊格天文台;纳西尔丁·图西编伊儿汗历。

1260 年　蒙古人夺取叙利亚马斯雅德要塞;马木留克人于艾因贾拉特战役中击败蒙古人的西侵;苏丹拜伯尔斯于埃及扶植阿布·嘎西姆为傀儡哈里发,此后直到 1517 年,埃及共有 16 任哈里发。

1263 年　马木留克人始胜十字军,至 1268 年给予十字军沉重打击。

1265 年　苏丹拜伯尔斯建立逊尼派四大法官制度。

1269 年　马林人占领马拉喀什,灭穆瓦希德王朝。

1273 年　阿布·菲达(1273—1332)诞生;加拉路丁·鲁米逝世;萨德尔丁·库纳维逝世。

1276 年　阿赫默德·巴达维逝世;马木留克人征讨努比亚。

1289 年　法赫尔丁·阿拉基逝世。

1292 年　穆斯林建城镇于苏门答腊的霹雳。

1297 年　加赞汗(? —1304)皈依伊斯兰教后,推行伊斯兰化政策;萨法迪(1297—1363)诞生。

1299 年　蒙古人灭塞尔柱公国,苏丹阿拉乌丁逝世;独立的奥斯曼人政权建立,以后形成地垮欧亚非三大洲的奥斯曼大帝国。

1300 年　哈菲兹(1300—1389)诞生。

1301 年　穆达里克逝世。

1304 年　伊本·白图泰(1304—1377)诞生。

1313 年　赖世德丁编《伊利汗的中国科学宝藏》。

1317 年　巴哈丁·纳格西班迪(1317—1389)诞生。

1332 年　历史哲学家、《历史绪论》作者伊本·赫尔东(1332—1406)诞生。

1337 年　汪大渊到达丹吉尔。

1345 年　苏门答腊统治者奉沙斐仪派教法(1345—1346)。

1349 年　伊本·法特勒·阿默里逝世。

1362 年　奥斯曼人开始征服东南欧(1362—1562)。

1363 年　贾巴尔·库图比·哈勒比逝世。

1364 年　伊本·麦格里奇(1364—1442)诞生。

1382 年　碉楼系马木留克开始统治埃及(1382—1517)。

1398 年　帖木儿率 12 万大军侵入印度,于次年留部将驻守印度后离去。

1414 年　加米(1414—1492)诞生。

1418 年　努比亚与埃及统一,诸小伊斯兰王国建立;阿赫默德·盖勒盖山迪逝世。

1445 年 加拉路丁·苏尤提(1445—1505)诞生。

1453 年 奥斯曼人攻克君士坦丁堡,改圣索菲亚大教堂为清真寺。

1459 年 一说 1460 年,加拉鲁丁·马哈里逝世。

1492 年 西班牙奈斯尔王朝(1232—1492)灭亡。

1499 年 西班牙基督教设立宗教法庭,迫使穆斯林改宗,焚毁伊斯兰教
书籍。

1502 年 伊斯玛仪(1502—1524 在位)建沙法维王朝(1502—1722),奉十
叶派伊斯兰教为国教。

1509 年 伊德鲁斯逝世。

1517 年 奥斯曼人攻克开罗,处死马木留克苏丹;也门诸艾米尔和麦加
谢里夫臣服奥斯曼人。

1519 年 奥斯曼人开始控制北非。

1522 年 胡登洲(1522—1597)诞生。

1526 年 帖木儿六世孙扎希鲁丁·巴布尔率军攻占德里,统一印度,建莫
卧儿帝国(1526—1857)。

1536 年 舍姆斯丁逝世。

1537 年 阿布杜·拉赫曼·迪巴逝世。

1538 年 奥斯曼人开始控制阿拉伯半岛东南部地区(1538—1568)。

1556 年 西班牙菲利普二世颁布法律,迫使穆斯林放弃语言、宗教信仰、
风俗习惯和生活方式。

1563 年 谢赫·阿赫默德·希尔信迪(1563—1624)诞生。

1571 年 奥斯曼人开始丧失早年侵占的东南欧大片领地(1571—1774)。

1573 年 纳吉姆丁·菲伊兑逝世。

1578 年 阿克巴大帝(1556—1605 在位)结识苏非导师塔杰丁·阿尤德哈
尼,转向泛神主义和教义上的折中主义,颁布"不谬敕令"。

1579 年 阿克巴大帝于是年至 1582 年间,颁布种种宗教改革法令,尤以
1581 年的"神圣信条"(包括"十诫"、"十德")为著。

1584 年 张中(1584—1670)诞生。

1592 年 蒙巴萨的希沙姆逝世。

1598 年 伍遵契(1598—1698)诞生。

1609 年 西班牙菲利普二世逐 50 万穆斯林出西班牙。

1638 年 奥斯曼人在与法沙维人一个多世纪的争夺中,最终控制巴格达。

1640 年 毛拉·萨德拉逝世;马注(1640—1711)诞生。

1662 年 刘智(1662—1731)诞生。

1681 年 马来迟(1681—1766)诞生。

1699 年 穆罕默德·巴基尔·马吉里西逝世。

1703 年 谢赫瓦利乌拉(1703—1762)诞生;穆罕默德·本·阿布杜·瓦哈布
(1703—1792)诞生。

1705 年 别赫别哈尼(1705—1803)诞生。

1719 年 马明心(1719—1781)诞生。

1720 年 哈达德逝世。

1737 年 阿赫默德·提加尼(1737—1815)诞生。

1740 年 瓦哈布到德里亚的阿纳扎部落和伊本·沙特结盟,娶伊本·沙特
之女为妻。

1741 年 谢赫派奠基人谢赫·阿赫默德·阿沙伊(1741—1826)诞生。

1765 年 阿布杜·阿齐兹继续对外征服。

1766 年 阿布·伯克尔·本·阿布杜·拉赫曼逝世。

1767 年 穆罕默德·本·沙里姆逝世。

1769 年 麦加谢里夫派兵进攻瓦哈比派失败。

1781 年 苏四十三领导反清起义。

1783 年 田五领导反清起义。

1787 年 穆罕默德·本·赛努西(1787—1859)诞生。

1788 年 阿布杜·阿齐兹抵科威特。

1791 年 穆罕默德·扎比迪逝世。

1792 年 奥斯曼赛里姆三世(1789—1807)颁布改革法令,解散比克塔希
教团(1792—1796)。

1794 年 马复初(1794—1874)诞生。

1797 年 巴格达总督派兵镇压瓦哈比派,双方达成停战协定。

1789 年 拿破仑入侵埃及,1801 年被迫撤退。

1801 年 瓦哈比派攻占卡尔巴拉,扒倒侯赛因陵墓。

1803 年 瓦哈比派攻占麦加;巴德利运动开始,终于 1838 年。

1804 年　瓦哈比派夺取麦地那,捣毁圣墓。

1811 年　埃及总督穆罕默德·阿里实行改革;他受奥斯曼苏丹之命进攻瓦哈比派,后失败。

1812 年　埃及援军占领麦地那。

1813 年　穆罕默德·阿里占领塔伊夫。

1817 年　丹·福迪奥逝世;赛义德·阿赫默德汗(1817—1898)诞生。

1818 年　埃军于达里亚包围瓦哈比派,国王阿布杜拉战败投降,后于伊斯坦布尔被处决。

1822 年　赛义德·阿赫默德的《正道》为印度圣战者运动奠定思想基础。

1823 年　亚齐兹逝世。

1825 年　奥斯曼马赫茂德二世颁布改革敕令。

1830 年　赛义德·阿赫默德宣布对锡克教徒举行"圣战"。

1831 年　圣战者败于巴拉科特,赛义德·阿赫默德死于战场。

1837 年　穆罕默德·本·赛努西于麦加建立道堂,创赛努西教团,随之北非出现赛努西运动;阿赫默德·本·伊德里斯逝世。

1838 年　沙特国王费萨尔被俘后,从埃及逃回。

1839 年　奥斯曼发起"坦吉麦特"(改革),终于 1876 年;加马路丁·阿富汗尼(1839—1897)诞生。

1840 年　穆罕默德·萨里哈(1840—1897)诞生。

1841 年　马联元(1841—1903)诞生。

1844 年　米尔扎·穆罕默德·阿里自称"巴布",不久,巴布派形成。

1847 年　巴布开始创作《默示录》,于 1850 年完成。

1848 年　巴布派开始起义,终于 1851;穆罕默德·阿赫默德(马赫迪)(1848—1885)诞生;王宽(1848—1919)诞生。

1849 年　穆罕默德·阿布杜(1849—1905)诞生;埃及总督从阿拉伯半岛撤回,瓦哈比派恢复在半岛的活动;马万福(1849—1934)诞生。

1850 年　巴布于狱中遇害。

1856 年　杜文秀领导反清起义,终于 1873 年。

1857 年　马启西(1857—1914)诞生;阿富汗尼任首相。

1863 年　巴哈乌拉离开巴格达,创巴哈派,其后发展为巴哈教。

1864 年　赛义德·阿罕默德汗发起成立印度科学学会并创立学校。

1867 年 穆罕默德·卡希姆创立迪欧班德经学院。

1868 年 赛义德·阿罕默德汗倡仪成立印度穆斯林教育委员会;穆罕默德·达赫兰(1868—1923)诞生。

1869 年 阿富汗尼在伊斯坦布尔受哈米德二世欢迎;塔希尔·加拉路丁(1869—1957)诞生。

1871 年 阿富汗尼于埃及任教并传播泛伊斯兰主义。

1873 年 亚齐穆斯林开始抗荷斗争,终于 1913 年。

1874 年 伊布拉欣·拉希德逝世。

1876 年 奥斯曼颁布第一部宪法,规定伊斯兰教为国教。

1876 年 穆罕默德·阿里·真纳(1876—1948)诞生。

1877 年 伊克巴尔(1877—1938)诞生。

1878 年 印度阿里迦(阿利加尔)学院建立。

1880 年 阿富汗尼写《驳唯物论者》。

1881 年 苏丹爆发马赫迪运动。

1882 年 穆罕默德·阿布杜被放逐出国,在黎巴嫩著《回教一神论大纲》。

1883 年 赛义德·阿罕默德汗提出印度教徒和伊斯兰教徒是"两个民族"。

1884 年 阿富汗尼与穆罕默德·阿布杜合办《团结报》。

1886 年 赛努西教团接纳哈米德二世为成员;赛义德·阿赫默德汗建立伊斯兰盎格鲁——东方教育会议组织。

1889 年 阿富汗尼再次出任伊朗首相。

1892 年 马万福创伊合瓦尼派。

1894 年 沙布里·努尔曼尼于勒克瑙创伊斯兰教师联合会。

1902 年 逃亡科威特的阿布杜·阿齐兹二世(即伊本·沙特)召集旧部,收复利雅得;马启西创立西道堂。

1903 年 毛杜迪(1903—1979)诞生。

1906 年 波斯实行宪法,宣布伊斯兰教为国教;全印穆斯林联盟建立;哈桑·巴纳(1906—1949)诞生。

1910 年 阿布杜·阿齐兹二世建立穆斯林兄弟会,推行"伊赫万运动"。

1911 年 西爪哇的"新派"建立"伊斯兰教师联盟";梭罗花裙商成立"伊斯兰教商人联合会",次年改名"伊斯兰教联盟";印度哈里发运动开始,持续到 1924 年。

1912 年 穆罕默德·达赫兰建立"穆罕默德协会"。

1913 年 阿布杜·阿齐兹二世占领哈萨省。

1916 年 麦加谢里夫·侯赛因宣布是全阿拉伯的国王,遭西方国家反对。

1919 年 阿布杜·阿齐兹二世战败侯赛因;穆罕默德·阿里建立哈里发会议组织。

1920 年 穆罕默德·本·谢赫逝世。

1921 年 阿布杜·阿齐兹二世恢复在纳季德的统治。

1922 年 土耳其革命取消"伊斯兰教长老"制度。

1923 年 印尼"伊斯兰教联盟"改名"伊斯兰教联盟党"。

1924 年 土耳其革命成功,凯末尔宣布废除苏丹制度和哈里发制度,废除总法官职务,对伊斯兰教进行全面改革,实现政教分离;侯赛因在英国授意下,自称哈里发,遭各国穆斯林反对;瓦哈比派占领塔伊夫、麦加。

1925 年 侯赛因控制的吉达港陷落,瓦哈比派控制希贾兹;土耳其解散苏非教团,没收其教产。

1926 年 沙特家族统一希贾兹、纳季德和阿西尔,沙特阿拉伯边界确定;开罗举行世界伊斯兰教大会,讨论哈里发问题;阿布杜·阿齐兹二世倡仪于麦加再次磋商,达成自由朝觐决议;印尼哈斯吉姆·阿斯加里建立"伊斯兰教联合会"。

1928 年 土耳其宪法删除"伊斯兰教是国教"一语;哈桑·巴纳建埃及穆斯林兄弟会。

1932 年 沙特阿拉伯王国建立,瓦哈比派教义为国教。

1935 年 哈比布长老逝世。

1937 年 马万福逝世,伊合瓦尼派分裂为分两支:苏派和白派。

1941 年 霍梅尼抨击巴列维封建王朝。

1943 年 印尼成立"马斯友美"组织(印尼穆斯林协商会议)。

1947 年 英国公布蒙巴顿方案,同意印巴分治,巴基斯坦建国。

1948 年 巴基斯坦制宪会议任命知名学者组成伊斯兰教义顾问委员会。

1949 年 土耳其恢复小学宗教教育,提加尼教团在土耳其恢复活动。

1950 年 土耳其恢复伊斯兰教高等教育。

1953 年 旁遮普发生反阿赫默迪亚教派的骚乱。

1954 年　埃及穆斯林兄弟会刺杀纳赛尔未遂,穆斯林兄弟会遭镇压。

1956 年　巴基斯坦制宪会议定国名为"伊斯兰教共和国",决定成立中央伊斯兰教研究所。

1962 年　伊朗大阿亚图拉鲁吉尔迪逝世,霍梅尼当选补缺;巴基斯坦成立伊斯兰思想顾问委员会;以沙特为首的伊斯兰国家建立伊斯兰世界联盟。

1963 年　霍梅尼抨击巴列维国王后被捕。

1964 年　霍梅尼获释后再次抨击国王,被放逐土耳其。

1965 年　霍梅尼流亡纳杰夫;巴基斯坦全国开展关于伊斯兰社会主义的大辩论。

1969 年　耶路撒冷的阿克萨清真寺被焚,拉巴特举行伊斯兰国家最高级会议。

1970 年　伊斯兰国家外长会议,正式成立"伊斯兰会议组织"。

1973 年　利比亚开展伊斯兰文化革命。

1978 年　巴基斯坦的伊斯兰复兴热潮。

1979 年　伊朗"伊斯兰革命",霍梅尼返回德黑兰接管政权,年底,伊朗通过"伊斯兰宪法";巴基斯坦重建伊斯兰思想顾问委员会;苏军入侵阿富汗,导致伊斯兰世界的"圣战者"前赴阿富汗参加抗苏战争。

1980 年　霍梅尼提出输出革命口号,伊朗与伊拉克战争爆发。

1981 年　萨达特被穆斯林极端分子枪杀。

1985 年　阿富汗圣战者伊斯兰联盟(七党联盟)建立。

1988 年　在阿富汗圣战者组织抗击下,苏联从阿富汗撤军;伊朗与伊拉克战争停火;齐亚·哈克遇难。

533

二　穆斯林王朝世系表

（一）麦地那公社

穆罕默德（622—632）

阿布·伯克尔（632—634）

欧麦尔（634—644）

奥斯曼（644—656）

阿里（656—661）

（二）倭马亚王朝哈里发世系表

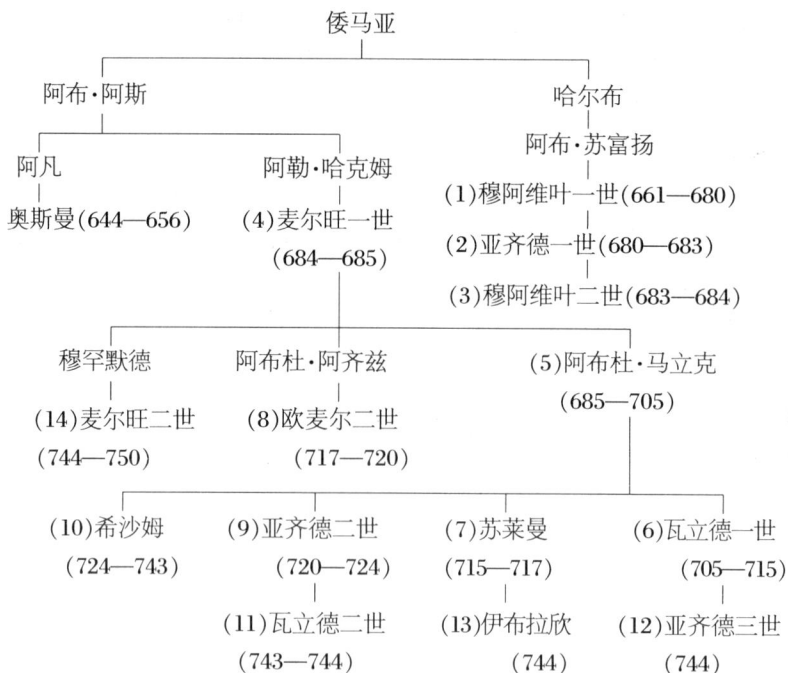

534

倭马亚
├─ 阿布·阿斯
│　├─ 阿凡
│　│　└─ 奥斯曼（644—656）
│　└─ 阿勒·哈克姆
│　　　└─（4）麦尔旺一世（684—685）
│　　　　　├─ 穆罕默德
│　　　　　│　└─（14）麦尔旺二世（744—750）
│　　　　　├─ 阿布杜·阿齐兹
│　　　　　│　└─（8）欧麦尔二世（717—720）
│　　　　　└─（5）阿布杜·马立克（685—705）
│　　　　　　　├─（10）希沙姆（724—743）
│　　　　　　　├─（9）亚齐德二世（720—724）
│　　　　　　　│　└─（11）瓦立德二世（743—744）
│　　　　　　　├─（7）苏莱曼（715—717）
│　　　　　　　│　└─（13）伊布拉欣（744）
│　　　　　　　└─（6）瓦立德一世（705—715）
│　　　　　　　　　└─（12）亚齐德三世（744）
└─ 哈尔布
　　└─ 阿布·苏富扬
　　　　├─（1）穆阿维叶一世（661—680）
　　　　├─（2）亚齐德一世（680—683）
　　　　└─（3）穆阿维叶二世（683—684）

（三）阿巴斯王朝哈里发世系表

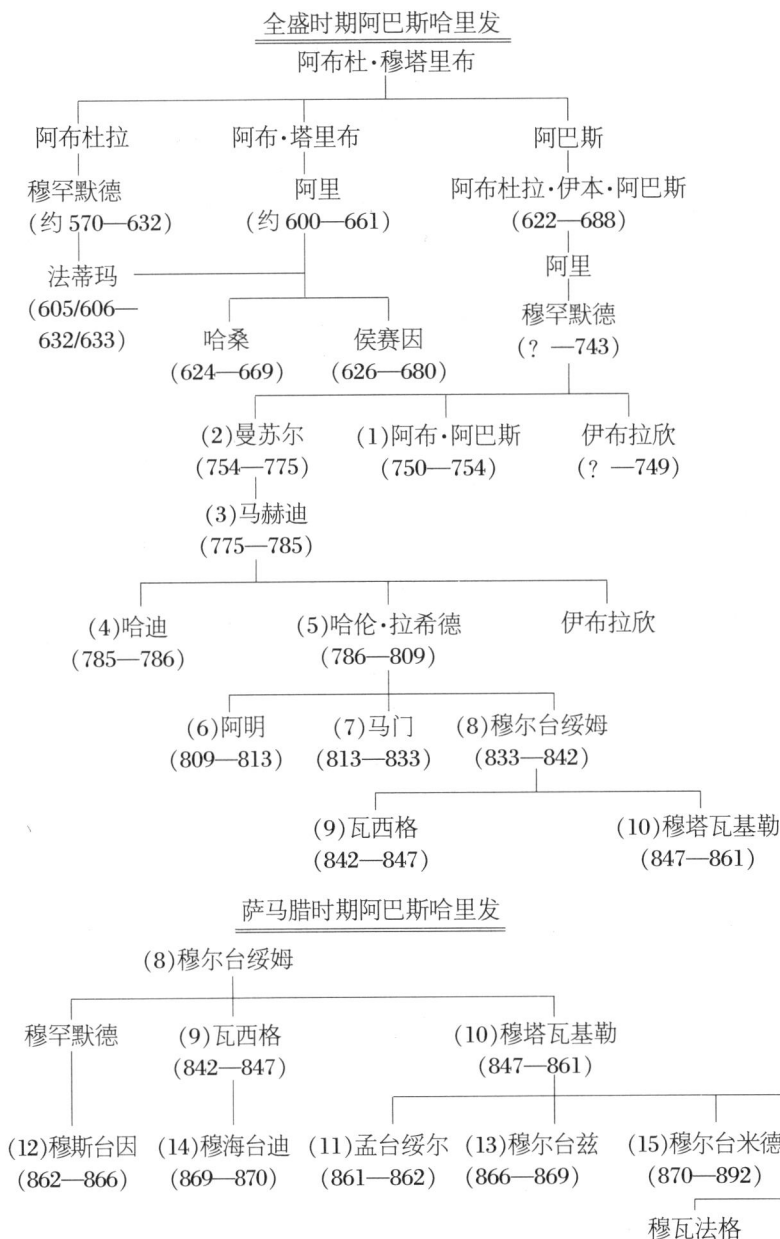

全盛时期阿巴斯哈里发

阿布杜·穆塔里布

阿布杜拉　　　　阿布·塔里布　　　　　　阿巴斯

穆罕默德　　　　　　阿里　　　　阿布杜拉·伊本·阿巴斯
（约570—632）　　（约600—661）　　　（622—688）

法蒂玛　　　　　　　　　　　　　　　阿里
（605/606—　　　　　　　　　　　　穆罕默德
632/633）　　哈桑　　　　侯赛因　　　（？—743）
　　　　　（624—669）　（626—680）

　　　　　（2）曼苏尔　　（1）阿布·阿巴斯　　伊布拉欣
　　　　　（754—775）　　（750—754）　　　（？—749）

　　　　　（3）马赫迪
　　　　　（775—785）

　（4）哈迪　　　　（5）哈伦·拉希德　　　伊布拉欣
　（785—786）　　　（786—809）

　　（6）阿明　　　（7）马门　　（8）穆尔台绥姆
　（809—813）　（813—833）　　（833—842）

　　　　　　（9）瓦西格　　　　（10）穆塔瓦基勒
　　　　　（842—847）　　　　　（847—861）

萨马腊时期阿巴斯哈里发

（8）穆尔台绥姆

穆罕默德　　（9）瓦西格　　　　（10）穆塔瓦基勒
　　　　　（842—847）　　　　（847—861）

（12）穆斯台因　（14）穆海台迪　（11）孟台绥尔　（13）穆尔台兹　（15）穆尔台米德
（862—866）　（869—870）　（861—862）　（866—869）　（870—892）

　　　　　　　　　　　　　　　　　　　　　　穆瓦法格

535

突厥将领统治下的阿巴斯哈里发

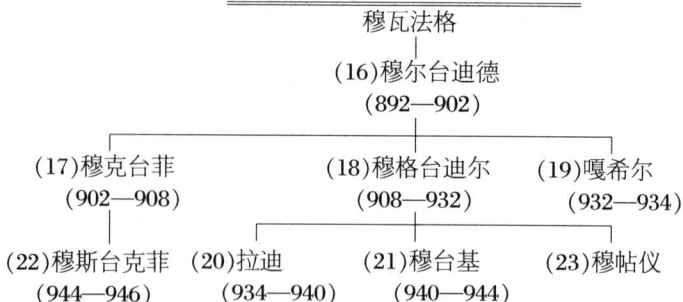

穆瓦法格

(16)穆尔台迪德
(892—902)

(17)穆克台菲　　　　(18)穆格台迪尔　　　(19)嘎希尔
(902—908)　　　　　(908—932)　　　　　(932—934)

(22)穆斯台克菲　(20)拉迪　　　(21)穆台基　　　　(23)穆帖仪
(944—946)　　　(934—940)　　　(940—944)

布维希人统治下的阿巴斯哈里发

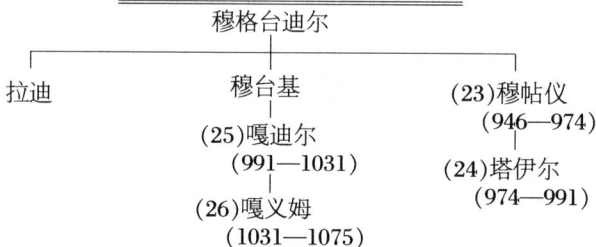

穆格台迪尔

拉迪　　　　　　穆台基　　　　　　　(23)穆帖仪
　　　　　　　　(25)嘎迪尔　　　　　(946—974)
　　　　　　　　(991—1031)
　　　　　　　　　　　　　　　　　(24)塔伊尔
　　　　　　　　(26)嘎义姆　　　　　(974—991)
　　　　　　　　(1031—1075)

塞尔柱人统治下的阿巴斯哈里发

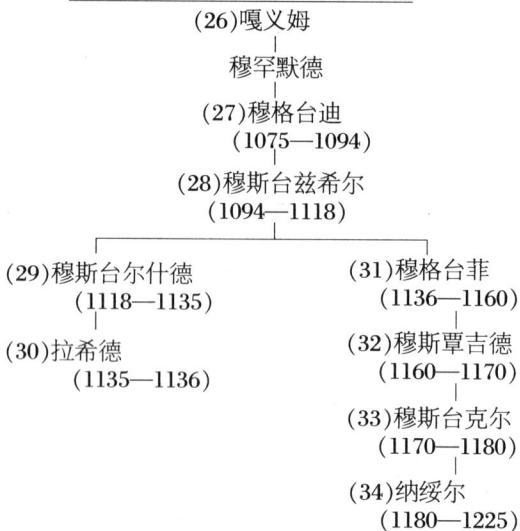

(26)嘎义姆

穆罕默德

(27)穆格台迪
(1075—1094)

(28)穆斯台兹希尔
(1094—1118)

(29)穆斯台尔什德　　　　　(31)穆格台菲
(1118—1135)　　　　　　　(1136—1160)

(30)拉希德　　　　　　　　(32)穆斯覃吉德
(1135—1136)　　　　　　　(1160—1170)

(33)穆斯台克尔
(1170—1180)

(34)纳绥尔
(1180—1225)

阿巴斯王朝崩溃前的几任哈里发

(34)纳　绥　尔
|
(35)札　希　尔
(1225—1226)
|
(36)穆斯坦绥尔
(1226—1242)
|
(37)穆斯台尔绥姆
(1242—1258)

（四）后倭马亚王朝艾米尔和哈里发世系表

后倭马亚王朝艾米尔

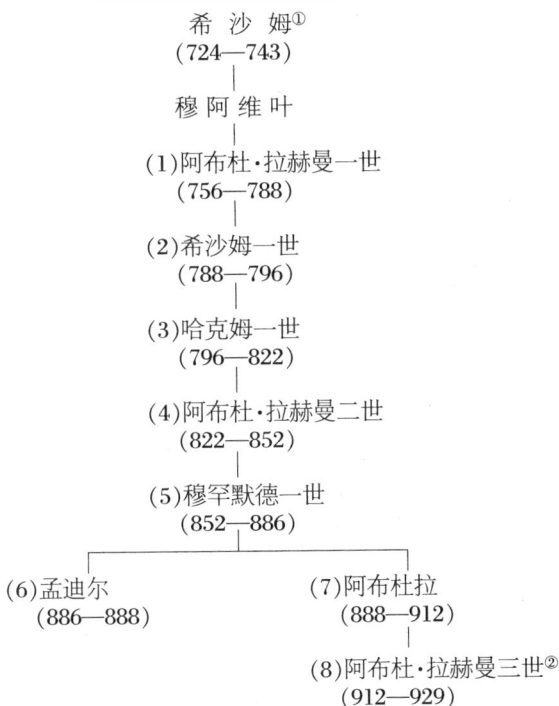

希　沙　姆①
(724—743)
|
穆阿维叶
|
(1)阿布杜·拉赫曼一世
(756—788)
|
(2)希沙姆一世
(788—796)
|
(3)哈克姆一世
(796—822)
|
(4)阿布杜·拉赫曼二世
(822—852)
|
(5)穆罕默德一世
(852—886)
|
(6)孟迪尔　　　　　　(7)阿布杜拉
(886—888)　　　　　(888—912)
|
(8)阿布杜·拉赫曼三世②
(912—929)

① 倭马亚王朝(661—750)的第十任哈里发。

② 阿布杜·拉赫曼三世在位年代为912—961年,929年他改称哈里发。

后倭马亚王朝哈里发

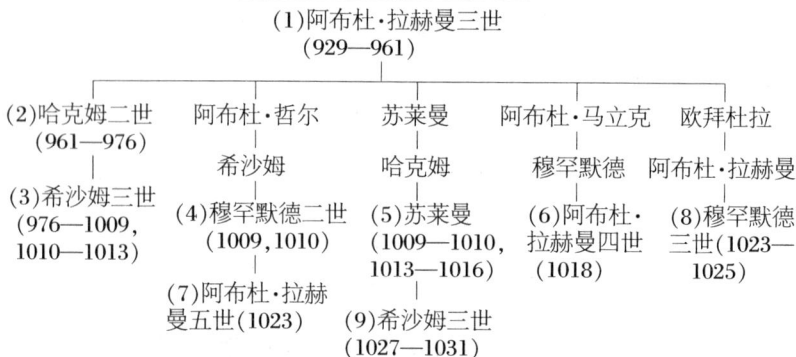

(1)阿布杜·拉赫曼三世
(929—961)

(2)哈克姆二世　阿布杜·哲尔　　苏莱曼　　阿布杜·马立克　欧拜杜拉
(961—976)

希沙姆　　　哈克姆　　　穆罕默德　　阿布杜·拉赫曼

(3)希沙姆三世　(4)穆罕默德二世　(5)苏莱曼　　(6)阿布杜·　(8)穆罕默德
(976—1009,　(1009,1010)　(1009—1010,　拉赫曼四世　三世(1023—
1010—1013)　　　　　　　1013—1016)　(1018)　　　1025)

(7)阿布杜·拉赫　(9)希沙姆三世
曼五世(1023)　(1027—1031)

（五）哈蒂玛王朝哈里发世系表

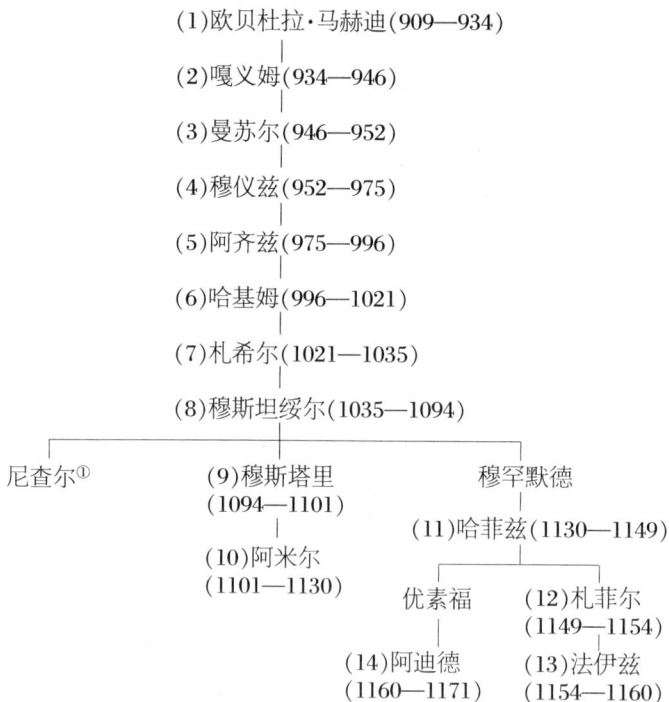

(1)欧贝杜拉·马赫迪(909—934)

(2)嘎义姆(934—946)

(3)曼苏尔(946—952)

(4)穆仪兹(952—975)

(5)阿齐兹(975—996)

(6)哈基姆(996—1021)

(7)札希尔(1021—1035)

(8)穆斯坦绥尔(1035—1094)

尼查尔①　　　(9)穆斯塔里　　　穆罕默德
(1094—1101)

(11)哈菲兹(1130—1149)

(10)阿米尔
(1101—1130)　　优素福　　(12)札菲尔
(1149—1154)

(14)阿迪德　　(13)法伊兹
(1160—1171)　(1154—1160)

---

① 其追随者称尼查尔派。受哈桑·本·萨巴的拥戴,于波斯阿拉穆特山建立城堡要塞(公国),专门从事暗杀活动,又称阿萨辛派。

（六）奥斯曼帝国苏丹世系表

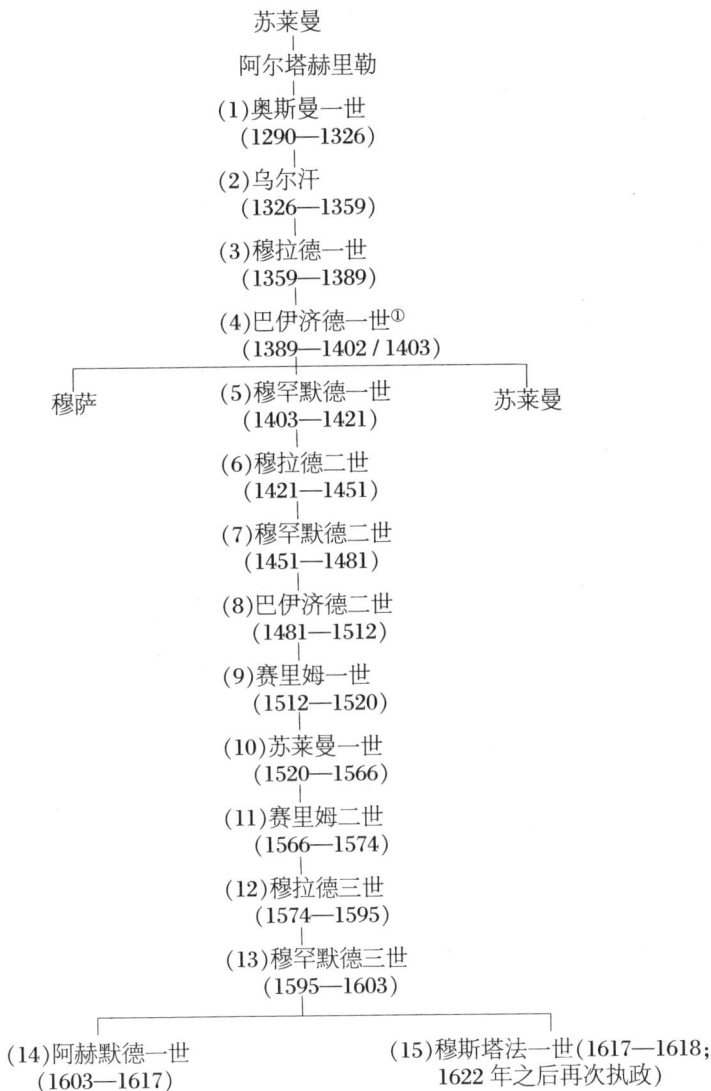

苏莱曼
|
阿尔塔赫里勒
|
(1)奥斯曼一世
(1290—1326)
|
(2)乌尔汗
(1326—1359)
|
(3)穆拉德一世
(1359—1389)
|
(4)巴伊济德一世①
(1389—1402 / 1403)
|

穆萨　　　　　　(5)穆罕默德一世　　　　　　苏莱曼
　　　　　　　　(1403—1421)
|
(6)穆拉德二世
(1421—1451)
|
(7)穆罕默德二世
(1451—1481)
|
(8)巴伊济德二世
(1481—1512)
|
(9)赛里姆一世
(1512—1520)
|
(10)苏莱曼一世
(1520—1566)
|
(11)赛里姆二世
(1566—1574)
|
(12)穆拉德三世
(1574—1595)
|
(13)穆罕默德三世
(1595—1603)
|

(14)阿赫默德一世　　　　　　(15)穆斯塔法一世(1617—1618;
(1603—1617)　　　　　　　　　　1622 年之后再次执政)

539

----

① 1403 年后因帖木儿入侵和他的后裔争权而于 10 年内(至 1413 年)苏丹位空缺。

（续上表）

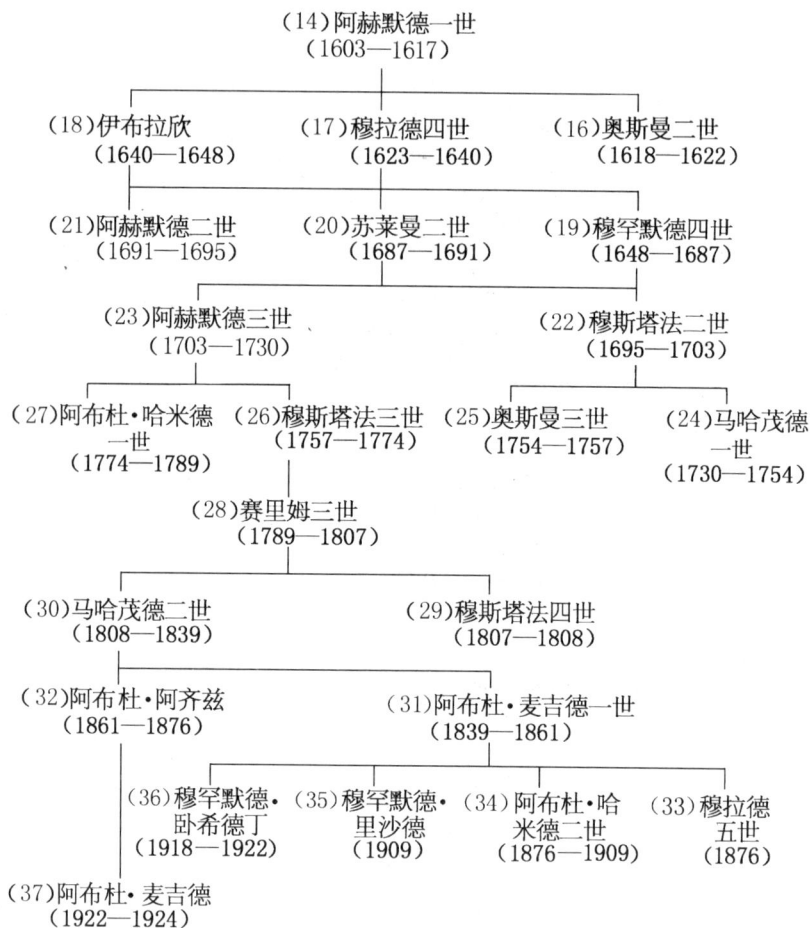

（七）马木留克王朝苏丹世系表

河洲(伯海尔)系马木留克苏丹

撒列哈·艾优卜

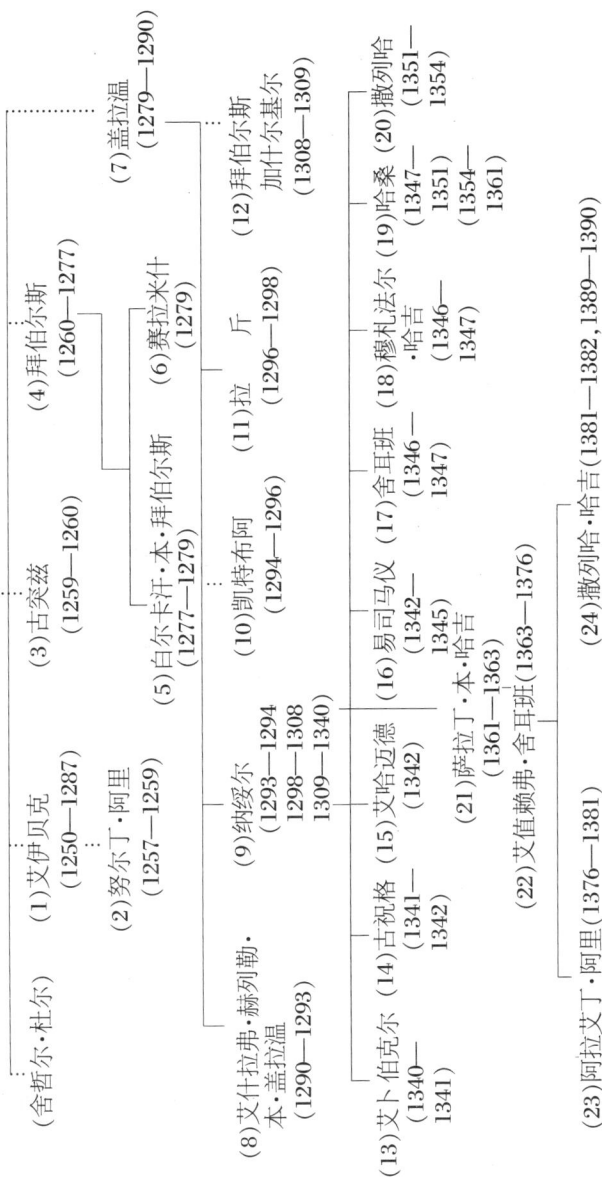

(舍哲尔·杜尔)

(1)艾伊贝克 (1250—1287)

(2)努尔丁·阿里 (1257—1259)

(3)古突兹 (1259—1260)

(4)拜伯尔斯 (1260—1277)

(5)白尔卡汗·本·拜伯尔斯 (1277—1279)

(6)赛拉米什 (1279)

(7)盖拉温 (1279—1290)

(8)艾什拉弗·赫列勒·本·盖拉温 (1290—1293)

(9)纳绥尔 (1293—1294, 1298—1308, 1309—1340)

(10)凯特布阿 (1294—1296)

(11)拉斤 (1296—1298)

(12)拜伯尔斯·加什尔基尔 (1308—1309)

(13)艾卜伯克尔 (1340—1341)

(14)古祝格 (1341—1342)

(15)艾哈迈德 (1342)

(16)易司马仪 (1342—1345)

(17)舍耳班 (1346—1347)

(18)穆札法尔·哈吉 (1346—1347)

(19)哈桑 (1347—1351, 1354—1361)

(20)撒列哈 (1351—1354)

(21)萨拉丁·本·哈吉 (1361—1363)

(22)艾值赖弗·舍耳班 (1363—1376)

(23)阿拉艾丁·阿里 (1376—1381)

(24)撒列哈·哈吉 (1381—1382, 1389—1390)

说明：实线表示血统关系，虚线表示主奴关系。

碉楼(布尔吉)系马木留克苏丹

(1) 巴尔古哥		1382—1398
(2) 法尔吉·本·巴尔古哥(第一次执政)		1398—1405
(3) 阿布杜勒·阿齐兹·本·巴尔古哥		1405—1406
法尔吉·本·巴尔古哥(第二次执政)		1406—1412
(4) 阿迪勒		1412
(5) 穆阿伊德		1412—1421
(6) 艾哈迈德·本·穆阿伊德		1421
(7) 赛伊夫丁·塔特尔		1421
(8) 穆罕默德·本·塔特尔		1421
(9) 艾什拉弗·巴尔西白		1422—1438
(10) 尤素福·本·巴尔西白(执政 94 天)		1438
(11) 加哥麦嘎		1438—1453
(12) 奥斯曼·本·加哥麦嘎		1453
(13) 赛伊夫丁·伊加勒		1453—1460
(14) 艾哈迈德·本·伊拉勒(执政四个月)		1460
(15) 哈什嘎德姆		1461—1467
(16) 巴勒白		1467—1468
(17) 铁木尔·布加		1468
(18) 盖哥古白		1468—1495
(19) 穆罕默德·本·盖哥古白		1495—1498
(20) 札希尔·甘素卧·艾什拉弗		1498—1499
(21) 艾什拉弗·坚比拉特		1499—1500
(22) 艾什拉弗·甘素卧·乌拉		1500—1516
(23) 多曼巴伊		1516—1517

542

（八）阿尤布王朝

萨 拉 哈 丁 系

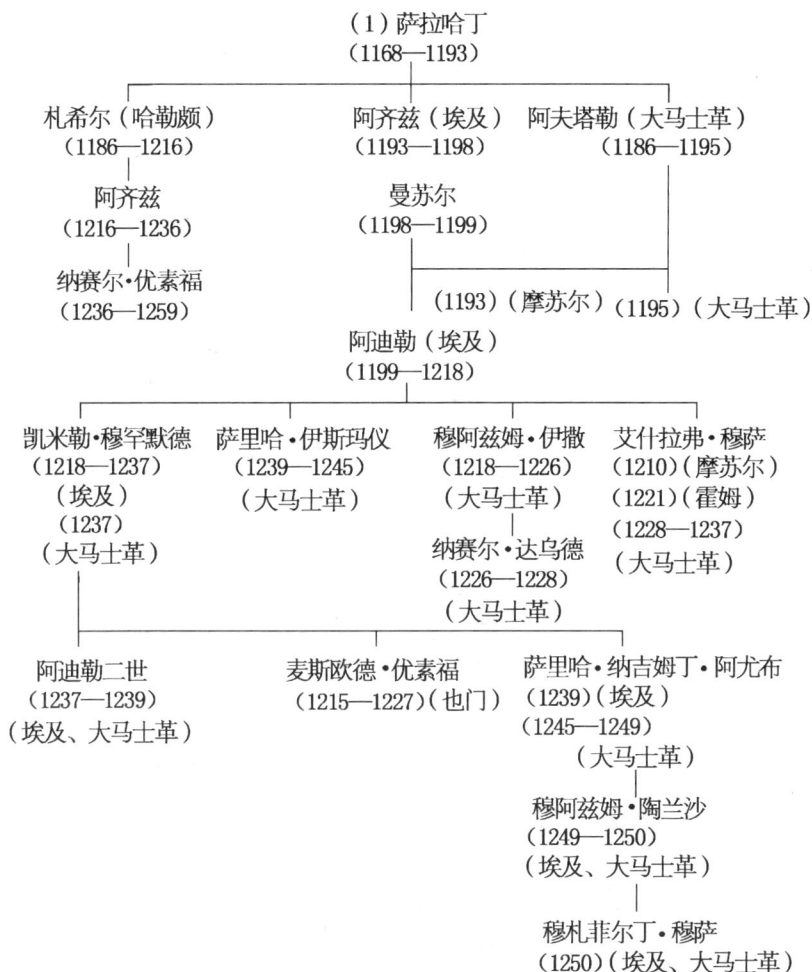

（1）萨拉哈丁
（1168—1193）

札希尔（哈勒颇）
（1186—1216）

阿齐兹（埃及）
（1193—1198）

阿夫塔勒（大马士革）
（1186—1195）

阿齐兹
（1216—1236）

曼苏尔
（1198—1199）

纳赛尔·优素福
（1236—1259）

（1193）（摩苏尔）（1195）（大马士革）

阿迪勒（埃及）
（1199—1218）

凯米勒·穆罕默德
（1218—1237）
（埃及）
（1237）
（大马士革）

萨里哈·伊斯玛仪
（1239—1245）
（大马士革）

穆阿兹姆·伊撒
（1218—1226）
（大马士革）

艾什拉弗·穆萨
（1210）（摩苏尔）
（1221）（霍姆）
（1228—1237）
（大马士革）

纳赛尔·达乌德
（1226—1228）
（大马士革）

阿迪勒二世
（1237—1239）
（埃及、大马士革）

麦斯欧德·优素福
（1215—1227）（也门）

萨里哈·纳吉姆丁·阿尤布
（1239）（埃及）
（1245—1249）
（大马士革）

穆阿兹姆·陶兰沙
（1249—1250）
（埃及、大马士革）

穆札菲尔丁·穆萨
（1250）（埃及、大马士革）

543

萨拉哈丁之兄弟沙信沙系

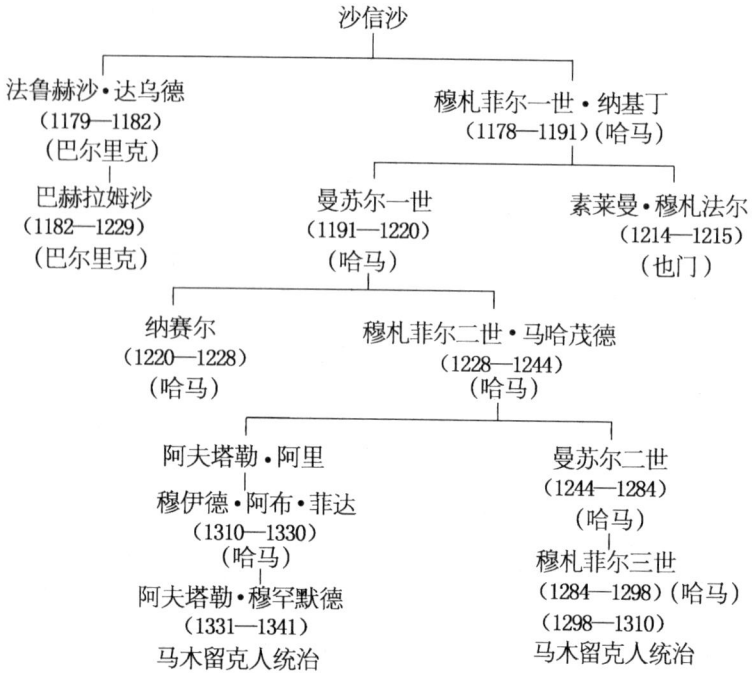

沙信沙

法鲁赫沙·达乌德
(1179—1182)
(巴尔里克)

穆札菲尔一世·纳基丁
(1178—1191)(哈马)

巴赫拉姆沙
(1182—1229)
(巴尔里克)

曼苏尔一世
(1191—1220)
(哈马)

素莱曼·穆札法尔
(1214—1215)
(也门)

纳赛尔
(1220—1228)
(哈马)

穆札菲尔二世·马哈茂德
(1228—1244)
(哈马)

阿夫塔勒·阿里
穆伊德·阿布·菲达
(1310—1330)
(哈马)
阿夫塔勒·穆罕默德
(1331—1341)
马木留克人统治

曼苏尔二世
(1244—1284)
(哈马)
穆札菲尔三世
(1284—1298)(哈马)
(1298—1310)
马木留克人统治

萨拉哈丁之兄弟塞伊夫·伊斯兰系

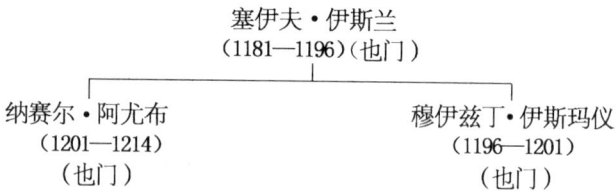

塞伊夫·伊斯兰
(1181—1196)(也门)

纳赛尔·阿尤布
(1201—1214)
(也门)

穆伊兹丁·伊斯玛仪
(1196—1201)
(也门)

萨拉哈丁之叔父阿塞德丁·西尔库之子系

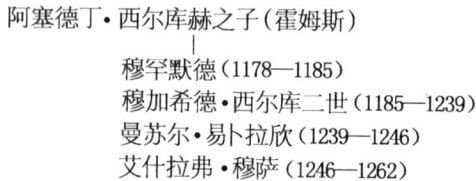

阿塞德丁·西尔库赫之子(霍姆斯)

穆罕默德(1178—1185)
穆加希德·西尔库二世(1185—1239)
曼苏尔·易卜拉欣(1239—1246)
艾什拉弗·穆萨(1246—1262)

三　十叶派世系表①

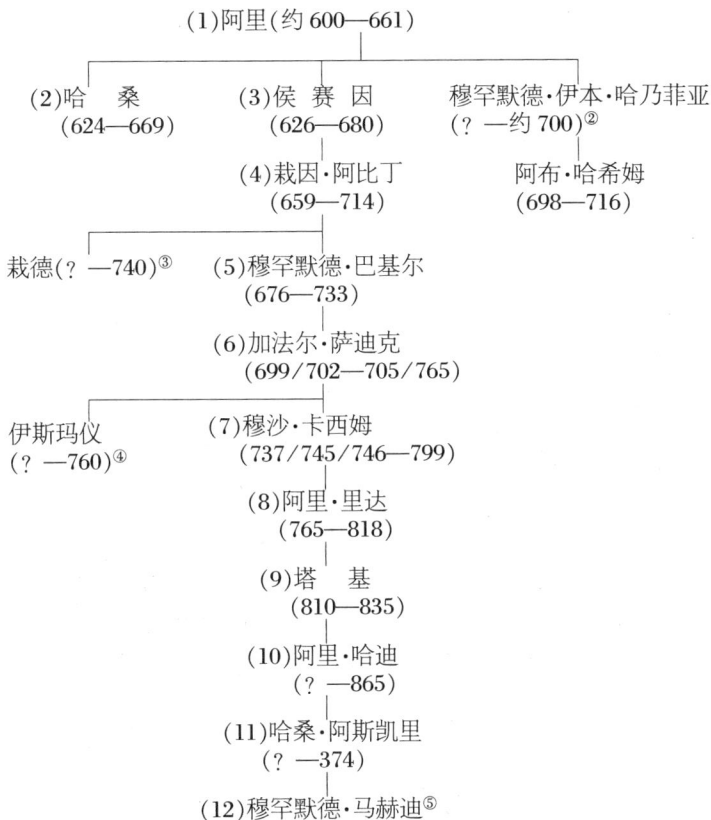

```
                    (1)阿里(约600—661)
          ┌───────────────┼──────────────────┐
    (2)哈　桑          (3)侯赛因        穆罕默德·伊本·哈乃菲亚
    (624—669)        (626—680)         (?—约700)②

                    (4)栽因·阿比丁          阿布·哈希姆
                    (659—714)            (698—716)
          ┌──────────────┤
    栽德(?—740)③   (5)穆罕默德·巴基尔
                    (676—733)

                    (6)加法尔·萨迪克
                    (699/702—705/765)
          ┌──────────────┤
    伊斯玛仪         (7)穆沙·卡西姆
    (?—760)④        (737/745/746—799)

                    (8)阿里·里达
                    (765—818)

                    (9)塔　基
                    (810—835)

                    (10)阿里·哈迪
                    (?—865)

                    (11)哈桑·阿斯凯里
                    (?—374)

                    (12)穆罕默德·马赫迪⑤
```

545

---

① 指其主体十二伊玛目派世系。

② 其追跟者形成凯桑派。

③ 其追随者形成栽德派。

④ 其追随者形成伊斯玛仪派。

⑤ 十二伊玛目信奉的隐遁伊玛目,亦称穆罕默德·蒙塔札尔。

四 穆斯林主要王朝年代表

麦地那公社(622—661) 希贾兹

倭马亚王朝(661—750) 叙利亚

阿巴斯王朝(750—1258) 伊拉克

　　布维希王朝(945—1055)

　　塞尔柱王朝(1055—1194)

奥斯曼帝国(1299—1924) 小亚
　　细亚

卡尔巴特王国(899—1077) 巴林

栽德派王朝(901—1962) 也门

塔希尔王朝(820—872) 波斯

栽德派王朝(864—1126) 里海南部

萨法尔王朝(867—908) 波斯

萨曼王朝(874—999) 波斯

伽色尼王朝(962—1186) 阿富汗

哈拉汗王朝(992—1212) 中亚

昔班尼王朝(1500—1598)

希瓦王朝(17世纪)

阿萨辛派山寨(1090—1256) 波斯

花剌子模王朝(995—1156—1231)
　　波斯、中亚

黑羊王朝(1378—1468) 波斯、中亚

白羊王朝(1468—1502) 波斯、中亚

沙法维王朝(1502—1722,1729—
　　1736) 波斯

阿富沙尔王朝(1736—1747) 波斯

赞德王朝(1747—1794) 波斯

卡加王朝(1794—1925) 波斯

巴列维王朝(1925—1979) 波斯

后倭马亚王朝(756—929—1031)
　　西班牙

阿巴德王朝(1023—1091) 西班牙

奈斯尔王朝(1232—1492) 西班牙

哈瓦利吉派王朝(8世纪中叶—
　　909) 北非

伊德里斯王朝(788—974) 摩洛哥

阿格拉布王朝(800—909) 北非

齐里王朝(1012—1090) 北非

穆拉比特王朝(1056—1147) 北非、
　　西班牙

穆瓦希德王朝(1147—1269) 北非、
　　西班牙

阿布德·瓦德王朝(1235—1554)
　　北非

哈夫斯王朝(1236—1534) 北非

马林王朝(1275—1554) 北非

伊赫什德王朝(935—969) 叙利亚、
　　埃及

图伦王朝(868—906) 叙利亚、埃及

法蒂玛王朝(909—969—1171) 北
　　非、埃及、叙利亚

哈姆丹王朝(929—991) 叙利亚

乌卡勒王朝(929—1096) 摩苏尔

乌兹亚德王朝(1012—1150) 希拉

米尔达斯王朝(1023—1079) 阿
　　勒颇

赞吉王朝(1127—1262) 叙利亚

阿萨辛派山寨(1140—1260) 叙
　　利亚

阿尤布王朝(1171—1250) 埃及、叙
　　利亚

马木留克王朝(1250—1517) 埃及
　　河洲系马木留克(1250—1382)
　　碉楼系马木留克(1382—1517)

廓尔王朝(1151—1206) 印度

德里奴隶王朝(1206—1526) 印度
　　卡勒吉王朝(1290—1320)

图克鲁格王朝(1414—1451)

赛义德王朝(1414—1451)

洛迪王朝(1451—1526)

克什普尔苏丹国(1346—1589) 克
　　什米尔

孟加拉苏丹国(1336—1576) 印度

马尔瓦苏丹国(1401—1531) 印度

江普尔苏丹国(1394—1479) 印度

坎德什苏丹国(1370—1601) 印度

巴赫曼王朝(1347—1527) 印度

莫卧尔帝国(1526—1857) 印度

马塔蓝王朝(1582—1755) 印尼

万丹王朝(1568—1684) 印尼

亚齐王朝(约1500—1873) 印尼

五　世界穆斯林人口统计表

说　明

　　本表据 http：//www.factbook2004.com 和 http：//www.norislam.com 相关资料编制而成；表内数据截至 2004 年止；有关中国部分的数据不包括港、澳、台地区。

国家或地区	总人口	穆斯林人口	穆斯林所占比例（%）
阿富汗	28,717,213	28,717,213	100
阿尔巴尼亚	3,582,205	2,507,543	70
阿尔及利亚	32,818,500	32,490,315	99
安哥拉	10,342,899	2,585,725	25
阿根廷	34,672,997	693,460	2
阿鲁巴	67,794	3,390	0.05
澳大利亚	18,260,863	382,000	2.09
阿塞拜疆	7,676,953	7,170,274	93.4
巴林	590,042	590,042	100
贝宁	5,709,529	856,429	15
孟加拉国	123,062,800	104,603,380	85
不丹	1,822,625	91,131	5
波斯尼亚-黑塞哥维那	2,656,240	1,062,496	40
博茨瓦纳	1,477,630	73,882	5
巴西	162,661,214	1,000,000	0.6
文莱	299,939	188,962	63
保加利亚	8,612,757	1,205,786	14
布基纳法索	10,623,323	5,311,662	50
缅甸	45,975,625	4,597,563	10
布隆迪	5,943,057	1,188,611	20
柬埔寨	10,861,218	108,612	1

（续上表）

国家或地区	总人口	穆斯林人口	穆斯林所占比例(%)
喀麦隆	14,261,557	7,843,856	55
加拿大	28,820,671	400,000	1.48
中非	3,274,426	1,800,934	55
乍得	6,976,845	5,930,318	85
中国	1,265,830,000	20,000,000	1.6
科摩罗	569,237	489,544	86
刚果	2,527,841	379,176	15
科特迪瓦	14,762,445	8,857,467	60
克罗地亚	5,004,112	60,049	1.2
塞浦路斯	744,609	245,721	33
吉布提	427,642	401,983	94
埃及	63,575,107	59,760,601	94
赤道几内亚	431,282	107,821	25
厄立特里亚	3,427,883	2,742,306	80
埃塞俄比亚	57,171,662	37,161,580	65
斐济	782,381	86,062	11
法国	58,317,450	4,082,222	7
加蓬	1,172,798	11,728	1
冈比亚	1,204,984	1,084,486	90
约旦河西岸	923,940	911,929	98.7
德国	83,536,115	2,840,228	3.4
加纳	17,698,271	5,309,481	30
直布罗陀	28,765	2,301	8
希腊	10,538,594	158,079	1.5
几内亚	7,411,981	7,041,382	95
几内亚比绍	1,151,330	805,931	70
圭亚那	712,091	106,814	15
印度	952,107,694	133,295,077	14
印度尼西亚	206,611,600	196,281,020	95
伊朗	66,094,264	65,433,321	99

(续上表)

国家或地区	总人口	穆斯林人口	穆斯林所占比例(%)
伊拉克	21,422,292	20,779,623	97
以色列	5,421,995	759,079	14
意大利	57,460,274	574,603	1
日本	125,449,703	1,254,497	1
约旦	4,212,152	4,001,544	95
哈萨克斯坦	16,916,463	8,661,229	51.2
肯尼亚	28,176,686	8,312,122	29.5
科威特	1,950,047	1,735,542	89
吉尔吉斯斯坦	4,529,648	3,447,062	76.1
黎巴嫩	3,776,317	2,643,422	70
利比里亚	2,109,789	632,937	30
利比亚	5,445,436	5,445,436	100
莱索托	1,970,781	197,078	10
马其顿	2,104,035	631,211	30
马达加斯加	13,670,507	2,734,101	20
马拉维	9,452,844	3,308,495	35
马来西亚	19,962,893	10,380,704	52
马尔代夫	270,758	270,758	100
马里	9,653,261	8,687,935	90
马耳他	375,576	52,581	14
毛利塔尼亚	2,336,048	2,336,048	100
毛里求斯	1,140,256	222,350	19.5
马约特	100,838	99,830	99
蒙古	2,496,617	99,865	4
摩洛哥	29,779,156	29,392,027	98.7
莫桑比克	17,877,927	5,184,599	29
纳米比亚	1,677,243	83,862	5
尼泊尔	22,094,033	883,761	4
荷兰	15,568,034	467,041	3
尼日尔	9,113,001	8,292,831	91

（续上表）

国家或地区	总人口	穆斯林人口	穆斯林所占比例（%）
尼日利亚	103,912,489	77,934,367	75
挪威	4,438,547	66,578	1.5
阿曼	2,186,548	2,186,548	100
巴基斯坦	129,275,660	125,397,390	97
巴拿马	2,655,094	106,204	4
菲律宾	74,480,848	10,427,319	14
卡塔尔	547,761	547,761	100
罗马尼亚	21,657,162	4,331,432	20
俄罗斯	148,178,487	26,672,127	18
卢旺达	6,853,359	68,534	1
沙特阿拉伯	19,409,058	19,409,058	100
塞内加尔	9,092,749	·8,638,112	95
塞尔维亚-蒙特内哥罗	10,655,744	2,016,766	19
塞拉利昂	4,793,121	3,115,529	65
新加坡	3,396,924	577,477	17
斯洛文尼亚	1,951,443	19,514	1
索马里	9,639,151	9,639,151	100
南非	41,743,459	834,869	2
斯里兰卡	18,553,074	1,669,777	9
苏丹	31,547,543	26,815,412	85
苏里南	436,418	109,105	25
瑞士	998,730	99,873	10
瑞典	9,800,000	320,000	3.6
叙利亚	15,608,648	14,047,783	90
塔吉克斯坦	5,916,373	5,028,917	85
坦桑尼亚	29,058,470	18,888,006	65
泰国	58,851,357	8,239,190	14
多哥	4,570,530	2,513,792	55
特立尼达和多巴哥	1,272,385	152,686	12

(续上表)

国家或地区	总人口	穆斯林人口	穆斯林所占比例(%)
突尼斯	9,019,687	8,839,293	98
土耳其	62,484,478	62,359,509	99.8
土库曼斯坦	4,149,283	3,609,876	87
乌干达	20,158,176	7,256,943	36
阿联酋	3,057,337	2,935,044	96
英国	58,489,975	1,579,229	2.7
美国	266,476,278	9,992,860	3.75
乌兹别克斯坦	23,418,381	20,608,175	88
加沙地带	1,427,741	1,070,806	75
西撒哈拉	222,631	222,631	100
也门	13,483,178	13,348,346	99
扎伊尔	46,498,539	4,649,854	10
赞比亚	9,159,072	1,373,861	15
津巴布韦	11,271,314	1,690,697	15

六　伊斯兰教常用词汇译名表

A

'abd 奴隶;黑奴

abu (阿布)父亲、××之父

adhān (艾赞)宣礼

ahl al-Bayt 先知家族、圣族

ahl al-Dhimmah 顺民

ahl al-kitāb 有经人

ahl al-nass 合法主义派

ahl al-Tawhīd wa-'l-adl 统一派与
　公正派

Akhbār (阿赫巴尔)十叶派圣训

akhlāq 道德

Ākhūnd (阿訇)

al-Amīn (艾敏)忠诚可靠者

al-asmā' al-husna 美名

al-'Id al-kabīr 大节(开斋节)

al-'Id al-saghir 小节(宰牲节)

al-Ilāh 那位神灵

al- khulafā' al - Rāshīdūn 正 统 哈
　里发

Alawī (阿拉维)阿里后裔

Allāh (安拉)真主

'ām al-fīl 象年

"āmīn!"(阿敏、阿门)"主啊,请答
　允我的祈求吧!"

'āmil (阿米勒)收税官;县长、省长

amīr (艾米尔)长官;县长、省长

amīr al-mu'minīn 信士们的长官、
　穆民的长官

amr 主命

"ana' l-haqq!""我是真理!"

ansāb 神石

ansār (安萨尔)辅士

al-'Aqā'id 信仰

'aql 理性

arkān 五大纲领

āshūrā (阿术拉)十;第十日;阿术
　拉节

ayah (《古兰经》的)节;象征、标志

Āyātu'llāh (阿亚图拉)真主的象征

'azrā'īl (阿兹拉伊来)天使名

553

B

bāb (巴布)门

bābā (巴巴)导师

badā 神旨变换

bahr (伯海尔)运河

bahrī 河洲系(伯海里系)马木留克

baqā 永存

Bāqiyyat Allāh (巴基亚特·安拉)
　真主之迹

bārāt (白拉台)

barmak (巴尔马克)佛教大和尚

ba Shar' 遵法派

batin (巴丁)内在的、隐秘的

batinī（巴颓尼）秘教徒

bay‘ah（拜伊尔）誓言

Bayt al-Lāh 天房

bida’（比达尔）标新立异；异端

bi Shar‘ 非遵法派

burdah（布尔德）先知的斗篷

burhān（布汉尔）证据

burj（布尔吉）碉楼

burjī 碉楼系（布尔吉系）马木留克人

D

dahr, al- 时间、光阴

dā‘i（达伊）传道师、传教师

dā‘i al-du‘āt 总传道师、总传教师

dā‘i al-kabīr 总传道师、总传教师

dājjāl（达加勒）独眼魔鬼；反基督者

dār al-harb 战争地区

dār al-Islām 伊斯兰地区，和平地区

darwish 德尔维希、苦行僧

dawla（道莱）新纪元

dhikr（见 zikr）

dīn（丁）宗教

dīnār（第纳尔）金币

dirham（第尔汗）银币

diwān（迪旺）公共注册簿

diyah 血金、罚金

du‘ā’（都阿）祈祷

F

falāsifah 哲学家

falsafah 哲学

fanā’ 寂灭、无我

faqīh 宗教学者、教法学家

faqīr（法基尔）贫困者

farā’id 遗产继承

fard（法尔德）绝对的义务

fātihah（法谛哈）（《古兰经》的）首章

fatwa（法特瓦）决断；宗教上的主张

fay’（斐物）战利品

fidā’i（菲达伊）献身者、义侠

fityān（菲特彦）武士

fiqh（费格赫）教律；智慧；认识

firdaws 天堂、天国

fuqahā’（faqih 之复数）

futūwah（富图瓦）结义组织、豪侠

G

ghaybah 隐遁

ghazw 劫掠

ghulāh 极端派

ghusl（乌斯里）大净

H

hadīth（哈底斯）圣训

hafīz（哈菲兹）（《古兰经》）背诵家

hājib（哈吉布）侍从长

hājj（哈只）朝觐者

hajj（哈吉）朝觐

hākam（哈卡术）仲裁人

hakīm(hukamā')智者、哲人

hāl 状态

halāl（哈拉勒）合法的

hanīf（哈尼夫）信一神者

haqīqa 真理

haram（哈拉姆）违禁；禁忌；禁地

harām（哈拉姆）非法的

haramayn, al- 两禁地

hasan（哈桑）良好的

hashīsh（哈希什）大麻叶

hiba 赠与

hijra（希吉拉）迁徙

hujjah（胡加）传道师领袖

hulūl 神灵降入人体

I

'Ibādāt（仪巴达特）宗教义务

Iblīs（易卜劣斯）魔鬼

ibn（伊本）儿子、××之子

'īd alAdha 宰牲节

'īd al-Fitr 开斋节

'īd al-Qurbān 古尔邦节、宰牲节

Idhn(Izn)（以赞）口唤

iftār 开斋

ihlāl 俗衣

ihrām 戒衣

ihsān（伊赫桑）善行

jimā'（伊制马尔）公仪

ijtihād（伊智提哈德）尽力而为；独立判断；创制

lkhwān（伊赫瓦尼）兄弟

Ilāh 神

'ilm'（伊勒木）知识；科学

'Ilmu'l-'Aqā'id 信仰学

'Ilmu'I-Bātin 内学、隐秘之学

'Ilmu'l-Fiqh 教法学、教律学

'Ilmu'I-Hadīth 圣训学

Ilmu'l-Ilāhi（'Ilmu'l-Ilānīyāt）神学

'Ilmu'l-Qirā'āt（'Ilmu'l-Tajwid）诵经学

'Ilmu'I-Kalām 教义学、凯拉姆学、辩证学

'Ilmu'l-Tafsīr 经注学

'Ilmu'l-Tawhīd 认主学

'Ilmu'l-Usūl 法理学、教法原理学

Imām（伊玛目）教长

Imān（伊曼尼）信仰

Injīl（引支勒）福音书（新约）

Insān al-kamīl, al- 完人

'ird（伊尔德）荣誉

Ishān（依禅）导师、师长

islām, Islām（伊斯兰）伊斯兰教；和平；顺从

ism 名；名字

'ismah 免罪性、不谬性

isnād（伊斯纳德）传系

Israfil（伊斯拉菲来）天使名

istihbab（伊斯提赫巴布）赞同

555

istihsān（伊斯提赫桑）抉择、嘉纳

istislāh（伊斯提斯拉赫）公众利益的考虑

i'tazala 分离

izār 戒衣

J

Jabr（贾尔卜）强制的

Jahānnām（哲罕南木）火球

jāhiliyah（贾希里耶）蒙昧

jā'iz 教法允许的行为

jāmi'（jawāmi'）清真寺

janāza（者那则）殡礼

jannāt（占乃提）天园

Jibrā'il（哲布勒依来、吉布利勒）大天使；迦伯利

jihād（吉哈德）圣战；奋斗

jinn（精尼）精灵

jizyah（吉兹亚）人头税

jum'a（主麻）聚礼

K

Ka'ba（克尔白）立方体；天房

kabīrah 不可宽恕的大罪

kāfir（卡菲尔）不信者

kāhin（卡欣）巫士、卜士

kāhina（卡希娜）女巫、女卜士

kalām（凯拉姆）变话、演说

kalimat（凯里马特）词、言语

Kalima tal-Tayibah, al- 清真言

karāmāt 奇迹

kāshif 宣布

khalīfah（哈里发）继任者、继承人

Khalīfat Allāh 真主的代位者

Khalīfatu al-Rasūli'llāh 真主使者的继任者

khānāqāh（罕卡）道堂

kharāj（哈拉吉）土地税

kharij（哈利吉）出走

khatam（亥听）选段、选录

khātimah 封印、最后者

khatīb（海推布）讲道者

khatnah（海特乃）割礼

khawārij（kharj 之复数）哈瓦利吉

khisyān 宦官

khudāi（胡达）自在者

khutbah（呼图白）讲道

khwaja（和加、和卓、霍加）显贵；圣裔；学者

kuhhān 占卜者

kursi（库尔西）（安拉之）宝座

L

"La ilāha illa'l-lāh" "除安拉外，再无神灵"、"万物非主，唯有真主"

Lailat al-Qabr 大赦之夜

M

madhhab（麦兹哈布）学派；道路；礼仪

ma'dhūn（马遵）可以讲经者

Madīnat al-Nabī 先知之城（指麦地

那）

madrasa（宗教）学校

Mahdī 马赫迪、得正道者；教世主

majūs 琐罗亚斯德教徒、袄教徒、拜火教徒

makrūh（马克鲁赫）可恶的行为

malā'ikah 天使

malak 天神

mamlūk（马木留克）奴隶、白奴

ma'na 表征

manārat 宣礼楼

mandūb（曼杜卜）可嘉的行为

manīyah 命运

maqām 阶段

ma'rifah 神智

masjid（masājid）（麦斯吉德）清真寺

matn 正文

maut 归真、死亡

mawāli（马瓦里）平民、非阿拉伯穆斯林、保护民（被护民）

mawashshah（穆瓦希赫）二重韵诗

mawla（毛拉）学者

mawlid al-Nabī 圣纪

mazār（麻札）陵墓

mihna 甄别；考验

mihrāb（米哈拉布）凹壁、壁龛

Mikaāil（米卡伊来）天使名

minbar（敏拜尔）讲座

mi'rāj 升霄

mirza（米尔扎）

mitlāb 休妻大家

mizān，al- 天秤

muzarab（穆扎赖布）阿拉伯化的基督徒

mu'adhdhin（穆安津）宣礼员

mu'āmalāt 事务

mu'atrala 剥皮人、不信安拉者

mubāh（穆巴赫）准许的行为

Muftī（穆夫提）教法阐释者

Muhājirūn（穆哈吉勒）移民；迁士

muharam（穆哈拉姆）犯禁的行为

muhriz 受戒者

muhtasib（穆哈台斯布）市场监督官

mujāhid（穆加希德）战士

Mujtahid（穆智台希德）教法权威阐述人

mukāsir（穆卡西尔）劝道者

Mulaththamūn（穆勒台赛蒙）戴面罩者、蒙面人

mulk（穆尔克）王朝

Mumin（穆民）信士

munāfiqūn（穆纳菲克）伪信者

munatzar（蒙塔扎尔）期待的伊玛目

muqallid（穆盖里德）仿效者

muqarnas 壁龛

murīd（穆里德）弟子、学生

murji'ah（穆尔吉亚）延缓

murshid（穆尔西德）导师

murū'ah（穆鲁阿）美德、人格

muslim（穆斯林）

mustatir 隐蔽的

mut'ah（穆塔尔）临时婚姻

mustahabb 可嘉的行为

mutakalim（mutakalimūn）穆台凯里姆、教义学家

mu'tazilah（穆尔太齐赖）分离者

muwahid（muwahidūn）（穆瓦希德）一神教徒

muwalladūu（穆瓦莱敦）义子

N

Nabī（纳比、乃宾衣）先知

nadhīr 警告者

nafl 副功拜

nafs（纳夫斯）灵魂；自己、自我

namāz（乃玛孜）礼拜

nasab 世系

nasārāh（乃索拉）基督徒

nāsikh 停经

nass 天命

nātiq 代言先知；声

nawbakht（诺伯赫特）幸运

nazr（乃滋尔）宰牲献祭

nikāh 正式婚姻

nizami（巴扎米）法庭

niyai 心愿；乜贴

nūr（奴尔）光

Nūr Mahammadī 穆罕默德之光

P

pīr（辟尔）导师

Q

qābā'il 部族

qadar（盖德尔）前定

qādi（卡迪）教法官

qadīm（格底木）古老、古老的

qadr, al（盖德尔）力量

qā'im（卡伊姆）擢升者，主人

Qā'im al-zamān（卡伊姆·扎曼）时代的主人

qara' 诵读

qarabā 血亲

qāri（《古兰经》）诵经家

qawm 氏族

qiblah（礼拜）朝向

qīyās（格雅斯）类比推理

qubba（拱北）陵墓；圆屋顶建筑

Qur'an《古兰经》

Quraysh（古来氏）部落名

qurrā'（《古兰经》)的诵读者

qutb（固特卜）宇宙的北极；中轴

R

rakat 祈祷

rahmān（拉赫曼）仁慈的

raj'a 再世

rafida（拉斐德）拒绝

Ramadān（莱麦丹）斋月、伊斯兰教历九月

ramynu'l-jimār 投石（朝觐仪式之一）

rashidūn, al- 正统派

Rasūl (来苏里)使者

rāwī 传述者

ra'y (赖艾伊)意见

ribāt (里巴特)道堂

Riddah (里达)叛教

Rozah 肉孜节

rūh(鲁哈)精神;灵魂;气

Rūh al-Qudus 圣灵

Rūh Muhammadī 穆罕默德精神

rukū'(sujūd) 跪拜、叩首

S

sadaqah (赛德格)施舍

sadaqa al-Fitr 开斋捐

safā (沙法)清净

saff (沙夫)品位

saghā'ir 可宽恕的小罪

sahābah al-Nabī 圣门弟子团

Saiyid, Sayyid (赛义德)先生;主子;圣裔(侯赛因后裔)

Saj'(赛杰)有韵的散文

Salafiyah (赛来菲叶)坚持祖先传统的

Salām (撒拉姆)和平

salāt (撒拉特)礼拜

salāt al-'asr 晡礼

salāt al-fijr 晨礼

salāt al-'id 会礼

salāt al-'ishā' 宵礼

salāt al-jum'ah 聚礼

salāt al-maghrib 昏礼

salāt al-zuhr 晌礼

Sālik 寻道者;旅行者

Sāmit 沉默先知

sanam 偶像

sarāt (萨拉特)(通过火狱的天桥)

sawm (沙渥姆)斋戒

sa'y 奔走、绕行(朝觐仪式之一)

Shahādah (舍哈达)表白信仰、作证、念证词

Shahīd (舍西德)殉教者

Shaikh, shaykh (谢赫、舍谢)长老;导师

Shaikh al-akbar 大长老

Shaikh al-Islām 伊斯兰教长老

Shaikh al-Jabal 山中老人

Shā'ir (沙仪尔)感知者、诗人

Shar' 天启法、神法

Shari'a (沙里亚)伊斯兰教法;道路

Shrif (谢里夫)贵人;圣裔(哈桑后裔)

Shaytān (撒旦)魔鬼

Shi'a 党派;十叶派

Shirk (什克尔)多神崇拜;偶像

Shūra (舒拉)协商;选举人团

siddiq, al- (逊底格)虔信者

Sifāt 德行

Silsila 道统、宗谱传系

Sirah 先知传

Sirr 内心深处

Sophos（苏夫斯）智慧

Subhah 念珠

sūf（苏夫）羊毛

suffah（苏法）

sūfi 苏非；苏非派、神秘派

sūfiya 苏非派人

sufltān（苏丹）权威

Sunna（逊奈）惯例、习惯

Sūrah（苏拉）（《古兰经》的）章

T

tābi‘ūn, al 再传弟子

tafnid 委托权力

tafsīr（太甫绥鲁）注释

tahāra（塔哈勒）净礼

talāq 离婚

tanāsukh 灵魂转宿

tanzīmāt（坦齐马特）改革

taqdir 前定

taqīyah（塔基亚）掩饰；警惕、谨防；敷衍

taqlīd（塔格利德）仿效；绝对服从权威

taqīr 默认

taqwa 敬畏

tarīqah（塔里格）道路、方法；教田

tasbih 念珠

tashbīh 神人同形同性

tasmiyah 命名

tasawwuf 加入苏非派者

taubah（讨白）忏悔

tawāf（塔瓦夫）绕行（朝觐仪式之一）

tawhid 真主独一；与主合一

Tawrāt（讨拉特）摩西五经、律法书

tayyammun（泰亚蒙）土净；代净

tekke, tekkiye（提基亚）道堂

U

ujra 彩礼、聘礼

ulamā’（乌里玛）宗教教师、宗教学者

ummah（乌玛）公社、社团；民族

umrah（欧姆赖）小朝、副朝

unzilat 启示

uqūbāt 刑罚

ushr 什一税

usūl（乌苏尔）根源；原则

W

wahdat ash-shuhūd 见证的单一

wahdat al-wujūd 存在的单一

wahy 默示

wajd 入神、忘我

wājib（瓦吉卜）义务的行为

wikala（维卡拉）代理

wālī（卧里）安拉的朋友

waqf（卧各夫）宗教公产；宗教基金

wasāya 遗嘱

wudū（渥都）小净

Y

yawm al-dīn 审判日

yawm al-qiyāmah 复活日

Z

Zabur（则逋尔）大卫诗篇

zahīr（札希尔）表面的、表义的

zajar（泽及尔）民歌体

zakāt（札卡特）天课；课税

zāwiyah（札维亚）道堂

zikr（齐克尔）赞念、记忆

zikr jalī（齐克尔·加里）高诵、高声赞念

zikr khafi（齐克尔·哈菲）低诵、低声赞念

Zill Allāh'ala al-Ard 真主在大地上的影子

zindiq（精底格）异教徒；自由思想者

zuhd 禁欲主义

七　索　引

说　明

（1）本索引收录了本书出现的主要人名、地名、国家、民族、部落、教派、学派、组织、机构、经籍、著作、事件、称谓、典故、术语等。

（2）词目按拼音顺序排列，拼音相同者以笔画简繁顺序排列。

（3）简名和重名以括注方式相区别，同名异称亦酌情括注。

563

574

575

579

581

J

M

591

O

604

W

606

607

Y

613

后 记

　　《伊斯兰教史》是国家教育委员会组织编写的高等学校宗教史教学参考书之一。这套宗教史教学参考书由任继愈任总主编。

　　本书各章的执笔人(按姓氏笔画为序)为:王怀德(第 8 章)、王建平(第 9 章)、王俊荣(第 7、11 章)、吴云贵(第 10、13、14 章)、周燮藩(第 1、2 章)、金宜久(第 3、4、5、6 章)、戴康生(第 12 章)。

　　在编写过程中,黄心川、张俊彦、郭应德、赵增泉、陈恩明、钱志和、马肇椿、李兴华等提出过宝贵意见,谨申谢意。

　　周振琦协助绘制了地图;小忠、李海燕、关成华、金颖、赵继红协助抄写或编排了索引,在此一并致谢。

　　本书如有错误之处,敬请读者指正。

金宜久

1989 年 3 月 15 日

新版后记

《伊斯兰教史》于1990年8月出版,曾获首届(1977—1991)中国社会科学院优秀科研成果奖。值此修订再版,拟作如下说明:

一、在结构和史实方面,本书没有大的更动,只是对部分章节做了些微的增补;

二、除原有的撰稿人外,李维建参加了部分增补工作;

三、修正了1995年5月第4次印刷中出现的错字;

四、1995年5月第4次印刷时无故删去的索引,此次重新予以收录。

金宜久

2004年8月28日